Sozialpolitik
und
Verwaltungswissenschaft.

Aufsätze und Abhandlungen

von

Dr. J. Jastrow,
Privatdozent an der Universität Berlin, Stadtrat in Charlottenburg.

Band I.

Arbeitsmarkt und Arbeitsnachweis. Gewerbegerichte und Einigungsämter.

Berlin.
Druck und Verlag von Georg Reimer.
1902.

Vorwort.

Was in dem vorliegenden Buche unter „Sozialpolitik" und unter „Verwaltungswissenschaft" verstanden wird, ist in den einleitenden Abschnitten ausführlich dargelegt. Wiederholt sind Versuche gemacht worden, den Teil des Staatslebens herauszufinden, der für sozialpolitisch gelten soll: die Arbeiterversicherung, den Arbeiterschutz, diesen oder jenen Bestandteil der Wirtschaftspolitik. Der Verfasser will diesen Versuchen nicht einen neuen hinzufügen. Ihm ist die Sozialpolitik „die Politik, aufgefaßt unter sozialem Gesichtspunkte". Da hierbei Politik im Sinne von Verwaltungspolitik gebraucht ist, so ergibt sich, daß die Sozialpolitik kein anderes Objekt hat, als die Verwaltungswissenschaft überhaupt. Sie durchdringt alle ihre Teile, indem sie jeden unter sozialem Gesichtspunkte betrachtet.

Die hier vertretene Auffassung von Sozialpolitik und Verwaltungswissenschaft ist dieselbe, die ich im Laufe der letzten Jahre meinen Vorlesungen zu Grunde zu legen pflegte. Mit der Einfügung der Sozialpolitik in den akademischen Unterrichtsstoff war in einer Beziehung eine gewisse Gefahr verbunden: Reformgedanken sind ein wenig geeigneter Stoff für die junge Generation, wenn ihr das, was reformiert werden soll, noch nicht bekannt ist. Universitäts-Vorlesungen über Sozialpolitik müssen des festen Bodens ermangeln, wenn sie sich nicht auf der breiteren Grundlage einer Verwaltungswissenschaft erheben. Zu dem Nachweis, daß dies, von jenen mehr pädagogischen Gründen abgesehen, auch in rein wissenschaftlicher Beziehung erforderlich und möglich ist, ist das vorliegende Werk bestimmt. Allerdings reicht der gegenwärtige Stand der Wissenschaft noch nicht aus, um auf dieser Grundlage die Aufführung eines in sich geschlossenen wissenschaftlichen Systems zu gestatten. Es wird in dem Ersten Buche der Versuch gemacht, die Grundlinien eines solchen Systems zu skizzieren. In der Hauptsache ist jedoch nur die Behandlung einzelner, wenn auch besonders wichtiger, Gegenstände aus der Sozialpolitik und Verwaltungswissenschaft in Aussicht genommen. Um dies anzudeuten, ist dem Titel die Bezeichnung „Aufsätze und Abhandlungen" eingefügt.

Als solche Gegenstände sind für den ersten Band Arbeitsnachweis und Gewerbegericht ausgewählt. Das hatte zunächst den rein äußerlichen Anlaß, daß meine Tätigkeit im Verbande deutscher Arbeitsnachweise und im Verbande deutscher Gewerbegerichte mir die Sammlung des gesamten einschlägigen Materials ohnedies notwendig machte. Doch stellte sich heraus, daß auch aus sachlichen Gründen diese beiden Gegenstände für eine Einführung besonders geeignet waren. Es sind beides junge Einrichtungen, die im Entstehen beobachtet werden konnten. Zusammengefaßt bilden sie ein einheitliches Ganze, an dem die Beziehungen der geplanten sozialpolitischen Verwaltungswissenschaft zu den beiden Wissenschaften, aus denen sie herauswachsen soll, zur Nationalökonomie einerseits und zur Jurisprudenz andrerseits, deutlich vor Augen geführt werden konnten. Dabei war nach der juristischen Seite eine Erdrückung durch Einzelheiten nicht zu befürchten, da das materielle Recht des Arbeitsvertrages und die mannigfachen Streitfragen, die das Bürgerliche Gesetzbuch hervorgerufen hat, nicht in den Rahmen dieses ersten Bandes fallen. Der Arbeitsnachweis gab eine ausgezeichnete Gelegenheit, an einem einzelnen Beispiele die fruchtbaren Beziehungen eines Verwaltungszweiges zu allen anderen darzulegen, während an dem Gewerbegericht, soweit es Gerichtsbehörde ist, die mehr isolierte richterliche Tätigkeit besprochen werden konnte. Beide Einrichtungen sind in Deutschland eigenartig ausgebildet; aber bei beiden ist die deutsche Entwicklung nicht so selbständig, daß nicht die zahlreichsten Anknüpfungspunkte für internationale Vergleiche gegeben wären. Hierbei war das Augenmerk darauf gerichtet, für das einzelne Problem das Beispiel nach Möglichkeit aus dem Lande zu entnehmen, das in dieser Beziehung am lehrreichsten war. In dieser Art sind zum Vergleiche Einrichtungen aus England und seinen australischen Kolonien, aus Frankreich, Italien, Nordamerika und teilweise den skandinavischen Staaten herangezogen (vergl. hauptsächlich die Abschnitte: „Die Eingliederung des Arbeitsnachweises in die öffentliche Verwaltung" und: „Das Einigungsverfahren in internationaler Vergleichung").

Die hier behandelten Verwaltungseinrichtungen sind auf die Mitwirkung weiter Kreise, insbesondere der gewerblichen Unternehmer und Arbeiter, angewiesen. Der Verfasser ist bestrebt gewesen, diese Teilnahme durch eine möglichst gemeinverständliche Darstellung nach Kräften zu fördern. Literatur-Angaben und wissenschaftliche Nachweise sind für den Schluß des ganzen Werkes aufgespart. Inzwischen wird in den meisten Fällen aus den von mir geleiteten oder mitherausgegebenen Zeitschriften, „Arbeitsmarkt" und „Gewerbegericht", mit Hilfe der Inhaltsverzeichnisse das Material sich auffinden lassen. Daß sich nicht für jeden Satz eine gedruckte Quelle anführen, daß ein erheblicher und gerade der wichtigste Teil der in Betracht kommenden Tatsachen sich nur durch eigene Anschauung und eigene Erfahrung gewinnen läßt, ist im Wesen der Verwaltungswissenschaft begründet und bildet für sie keineswegs einen Nachteil gegenüber anderen Fächern.

Die Sammlung des Materials, das den einzelnen Arbeiten zu Grunde liegt, geht in ihren Anfängen bis in den Beginn der

90er Jahre zurück, wo in Deutschland die ersten Gewerbegerichte auf Grund des Reichsgesetzes und die ersten paritätischen Arbeitsnachweise begründet wurden. Die Umfragen und Aufnahmen, an deren Hand die Ergebnisse der früheren Beobachtungen auf das Laufende gebracht worden sind, wurden zumeist in den Jahren 1897 bis 1901 veranstaltet. Von meinen teils in den genannten Organen, teils in Conrads Jahrbüchern für Nationalökonomie und Statistik veröffentlichten Vorarbeiten sind nur solche aufgenommen worden, die nicht inzwischen durch die Ereignisse überholt waren. Berichtigungen und Hinweise auf übersehene Einrichtungen, sowie Zusendung einschlägiger Materialien an die unten angegebene Adresse werden stets mit Dank angenommen werden.

Charlottenburg-Berlin, im September 1902.
Berlinerstraße 54.

Dr. Jastrow.

Inhalt.

Erstes Buch: Einleitung.

Zweites Buch: Arbeitsmarkt und Arbeitsnachweis.

Drittes Buch: Gewerbegerichte und Einigungsämter.

Tabellen.

Erstes Buch.

Einleitung.

1. Was ist Sozialpolitik?

Die Gesetzgebung, die man heute als die sozialpolitische zu bezeichnen pflegt, hat ihren Ausgangspunkt von England genommen. Hier, in dem Heimatlande der Dampfmaschine, wo sich zuerst die Glanzseite der neuen Fabrikation zeigte, wurde man auch zuerst auf ihre Kehrseite aufmerksam. In die Jahre 1767 und 1785 fällt die Erfindung der ersten brauchbaren Spinn- und Webemaschinen, und nur 10 Jahre später hören wir bereits von einer gewaltigen Erregung der öffentlichen Meinung über die veränderten Arbeiterverhältnisse im Textilgewerbe. Wo die Herstellung des Gewebes durch Handarbeit aufhörte, und an ihre Stelle die Bedienung einer Maschine trat, wurde der gelernte Spinner und Weber entbehrlich. Und da für die Bedienung der neuen Maschinen auch die schwächste Arbeitskraft brauchbar war, so griff man auf die billigste, die kindliche Arbeitskraft. Die Kirchspiele, die nach alter Sitte die Waisenknaben ihres Bezirks an Meister in die Lehre zu geben hatten, gaben jetzt diese Kinder in Massen an die neuen Fabriken; damit entstand eine Kategorie von Arbeitern, die, nicht im stande, sich selbst zu schützen, jeder erdenklichen Verschlechterung des Arbeitsverhältnisses ausgesetzt waren. Im Laufe weniger Jahre entwickelte sich in England ein förmlicher Kinderhandel. Als im Jahre 1795 in Manchester eine Epidemie ausbrach, wurde sie auf eine Schiffsladung Kinder zurückgeführt, die kurze Zeit vorher im dortigen Hafen eingetroffen war. Dieses Ereignis wurde in ganz England besprochen. Man verlangte einen gesetzgeberischen Schutz der Fabrikkinder. Daraus ging die „Moral and Health Act" von 1802 hervor, das Muttergesetz der englischen

Fabrikgesetzgebung. Neben einigen allgemeinen gesundheitlichen Anordnungen über Arbeitsräume enthielt dieses erste englische Fabrikgesetz hauptsächlich Bestimmungen zum Schutze der Fabrikkinder. Die Nachtarbeit wird für sie verboten, und bestimmte Essenspausen bei Tage werden für sie vorgeschrieben. Spätere Gesetze haben hieraus eine genaue Festsetzung der Arbeitszeit für Fabrikkinder entwickelt, ähnliche Vorschriften für jugendliche und sodann auch für weibliche Arbeiter geschaffen. Auf die Arbeitszeit der erwachsenen Männer übten diese Beschränkungen von selbst eine Einwirkung, da es sich in Betrieben mit gemischtem Personal empfahl, die Arbeitszeit-Beschränkungen, welche die Gesetzgebung nur für junge und weibliche Arbeiter verlangte, einheitlich für alle durchzuführen. Andere Beschränkungen, welche diese Gesetzgebung schuf, wurden allgemein für alle auf Grund eines Arbeitsvertrages beschäftigten Personen in Geltung gesetzt. So namentlich der Schutz gegen Übervorteilungen bei der Lohnzahlung, die ausdrückliche Vorschrift, daß der Lohn stets in barem Gelde auszuzahlen sei, daß den Arbeitern Waren weder statt baren Geldes gegeben, noch auch nur kreditiert werden dürfen (Truck-Verbot). Diese Bestimmungen zur Beschränkung des freien Arbeitsvertrages gelten für alle Arbeiter ohne Unterschied von Alter und Geschlecht. Die Ausführung der neuen Gesetzgebung wurde schon im Jahre 1833 unter den Schutz einer eigenen unabhängigen Beamtung, der Fabrikinspektion, gestellt, deren Befugnisse im Jahre 1844 erheblich verschärft wurden. Die gesamte einschlägige Gesetzgebung erhielt eine einheitliche Zusammenfassung in dem „Fabrik- und Werkstätten-Gesetz" von 1878 und 1883.

England gegenüber war der Kontinent zurückgeblieben. Namentlich in Deutschland herrschte in der Zeit, in welcher zuerst der Norddeutsche Bund und dann das Deutsche Reich eine einheitliche Gewerbeverfassung erhielten, eine entgegengesetzte Politik. Fürst Bismarcks Ideal blieb in dieser Beziehung auch in der Folgezeit die möglichst ungehinderte Stellung des einzelnen Unternehmers in seinem Betriebe. Und wenn nach seiner Ansicht in die inneren Angelegenheiten des einzelnen Betriebes der Staat sich möglichst wenig einmischen sollte, so befand er sich darin mit einer in Deutschland weitverbreiteten Anschauung in Übereinstimmung. Dieser Anschauung wurden zwar in den verschiedenen aufeinander folgenden Gewerbeordnungen einzelne Zugeständnisse abgerungen; aber aus der Gewerbegesetzgebung einen Haupthebel zur Fürsorge für die Arbeiter zu machen, hat der damalige Leiter der deutschen Politik mit seinen Ansichten nicht für vereinbar gehalten. Es sollte vielmehr die Fürsorge für die Arbeiter, auf die allerdings auch er ein großes Gewicht lege, Gegenstand einer ganz besonderen, von der Gewerbeverfassung losgelösten Gesetzgebung bilden und dann in so umfassendem Maße geübt werden, daß die Arbeiterbevölkerung dadurch allein befriedigt und von weiteren Forderungen abgehalten würde. Die Grundsätze dieser Politik sind niedergelegt in der Kaiserlichen Botschaft Wilhelms I. vom 17. November 1881. Die Botschaft geht von der Anschauung aus, daß die Heilung der sozialen Schäden zunächst „im Wege der Repression sozialdemokratischer Ausschreitungen" zu suchen sei. Aber sie betont, daß man diese Heilung nicht „ausschließlich" auf jenem Wege suchen dürfe, sondern „gleichmäßig auf dem der positiven Förderung des Wohles der Arbeiter". Hierfür entfaltet die Botschaft ein umfassendes Programm: Für den kranken Arbeiter sollte das Krankenkassenwesen, das bisher in örtlicher Verschiedenheit entstanden war und vielfach gänzlich fehlte, gleichmäßig über das ganze Reich hin organisiert werden. Gegen Folgen der Betriebsunfälle sollten die Arbeiter auf Kosten der Unternehmer versichert werden, und für den Verlust der Erwerbsfähigkeit durch Alter oder Invalidität wurde ein Anspruch der Arbeiter auf staatliche Fürsorge grundsätzlich anerkannt. Noch bei keinem Volke der Erde hatten so umfassende Veranstaltungen für Arbeiterinteressen bestanden. Von ihrer Ausführung (und sie wurden im Laufe des nächsten Jahrzehnts ausgeführt) versprach Fürst Bismarck sich eine augenfällige Wirkung auf die Arbeiterbevölkerung. Indem durch diese Versicherungsgesetze eine große Anzahl kleiner Rentenempfänger geschaffen würde, schaffe man ebensoviele Personen, die dadurch an der Erhaltung des Bestehenden interessiert würden. Für die in der Botschaft von 1881 verheißene und alsbald in Angriff genommene Gesetzgebung bürgerte sich in Deutschland der Ausdruck „sozialpolitische Gesetzgebung" ein. Unter sozialpolitischer Gesetzgebung verstand man seit damals die Gesetzgebung über Kranken-, Unfall- und Invalidenversicherung.

Unter der Herrschaft dieser in sich geschlossenen und zusammenhängenden Politik stand Deutschland acht Jahre, von 1881—1889, bis der große rheinisch-westfälische Bergarbeiter-Streik mit einem Schlage klar machte, daß die Leistungen der neuen Gesetzgebung und die Forderungen der Arbeiter, zu deren Beruhigung sie bestimmt war, auf ganz verschiedenen Gebieten lagen. Am 4. Mai 1889 traten Bergarbeiter auf der Zeche Hibernia aus örtlichen Gründen in Ausstand. Als den Forderungen der Ausständigen sich auch die Arbeiter einiger benachbarter Gruben anschlossen, entstand daraus ein allgemeiner Bergarbeiter-Ausstand mit einer Schnelligkeit, die sich nur erklären ließ, wenn man annahm, daß hier ein unbemerkter reichhaltiger Zündstoff bereit lag. Bereits am 14. Mai schätzte man die Zahl der Streikenden in Rheinland-Westfalen auf 90000 Mann, dazu kamen aber noch im Saargebiet 13000, in Sachsen c. 10000, in Schlesien 15—20000 Mann. Der Aufsehen erregende Waldenburger Streik von 1869 hatte nur 7000, der größte bis dahin in Deutschland vorgekommene Ausstand, der Essener Streik von 1872, auch nur 10000 Bergleute umfaßt. Die Bergbehörden waren von der Bewegung völlig überrascht. Man wähnte die Arbeiterbevölkerung durch die Versicherungs-Gesetzgebung, die den besten Willen der leitenden Kreise so unzweifelhaft zeige, beruhigt oder doch auf dem Wege der Beruhigung. Und jetzt brach eine so allgemeine Arbeiterbewegung aus, die nicht etwa ein schnelleres Fortschreiten auf dem Wege jener Gesetzgebung verlangte, sondern mit ganz anderen Forderungen kam: achtstündige Arbeitszeit, Abschaffung zwangsweiser Überschichten, bessere Form der Abkehrscheine, reellere Berechnung der Abzüge für Pulver, Öl ꝛc. Wenn diese Forderungen von den Behörden unbemerkt in so ungeheurer Ausdehnung und mit solcher Intensität sich verbreiten konnten, so war damit der Beweis geliefert, daß die Forderungen der Arbeiter auf *diesem* Gebiete lagen, nicht auf dem, in welchem damals die Gesetzgebung arbeitete.

Die heute in Deutschland lebende Generation kennt kein Ereignis, das auf irgend einem Gebiete des öffentlichen Lebens mit solcher Plötzlichkeit einen Umschwung herbeiführte, wie der rheinisch-westfälische Bergarbeiter-Ausstand vom Mai 1889. Jene Versicherungs-Gesetzgebung hatte zum Gegenstande den kranken, den unfallverletzten, den invalide und alt gewordenen Arbeiter. Objekt der Arbeiterforderungen aber war gerade die Verbesserung der Lage des gesunden und kräftigen Arbeiters. Indem jene Gesetzgebung sich abmühte, dem kranken Arbeiter seine Gesundheit wieder zu verschaffen, dem Unfallverletzten eine Entschädigung zu gewähren, indem man auch dem invaliden und alten Arbeiter eine Beihilfe in Aussicht stellte, nahm man zwar Aufgaben in Angriff, die an sich durchaus nützlich waren. Aber wenn sie selbst alle auf das glänzendste gelöst worden wären, so wäre von dem, was die Arbeiterbevölkerung in ihrem politisch vordringenden Teile verlangte, nichts erfüllt. Die oberen Gesellschaftsklassen Deutschlands standen in jenen Tagen wie vor einer neuen Offenbarung.

Der Ausdruck der damaligen Stimmung waren die beiden Botschaften Wilhelms II. vom 4. Februar 1890. Bei aller herzlichen Pietät gegen die Versicherungs-Gesetzgebung Wilhelms I. spricht die preußische Botschaft es mit ausdrücklichen Worten aus, daß die bisherigen Maßnahmen die ganze Aufgabe nicht erfüllen könnten. Neben den weiteren Ausbau der Arbeiterversicherung wird als zweiter Teil des Werkes eine Revision des Gewerbeordnungs-Abschnittes über die Fabrikarbeiter gestellt, „um den auf diesem Gebiete laut gewordenen Klagen und Wünschen, soweit sie begründet sind, gerecht zu werden". Als Zielpunkt dieses zweiten Teiles der Gesetzgebung wird bezeichnet: „die Zeit, die Dauer und die Art der Arbeit so zu regeln, daß die Erhaltung der Gesundheit, die Gebote der Sittlichkeit, die wirtschaftlichen Bedürfnisse der Arbeiter und ihr Anspruch auf gesetzliche Gleichberechtigung gewahrt bleiben". Neben die Versicherungsgesetze soll also eine Gesetzgebung zur Regelung von Arbeitszeit und Arbeitsart treten, in Form einer Revision der Gewerbeordnung. An demselben Tage ordnete ein Erlaß an den Reichskanzler die Einberufung einer Staaten-Konferenz an „behufs einer internationalen Verständigung über die Möglichkeit, denjenigen Bedürfnissen und Wünschen der Arbeiter entgegenzukommen, welche in den Ausständen der letzten Jahre und anderweit zu Tage getreten sind", und als Gegenstand der gemeinsamen Prüfung wurden ausdrücklich die Bestrebungen bezeichnet, „über welche die Arbeiter dieser Länder unter sich schon internationale Verhandlungen führen". Für diese Konferenz bürgerte sich der Ausdruck Arbeiterschutz-Konferenz ein, ebenso wie man die neue Fassung des Titel VII der Gewerbeordnung, die als Ergebnis der Reichstags-Verhandlungen unter dem 1. Juni 1891 verkündet wurde, „als deutsches Arbeiterschutz-Gesetz" zu bezeichnen pflegt.

Seit dieser Botschaft Wilhelms II. hat sich der Sprachgebrauch in Deutschland verschoben. Die Bezeichnung sozialpolitische Gesetzgebung im Sinne von Arbeiterversicherungs-Gesetzgebung ist nicht ganz erloschen (man begegnet ihr namentlich in den Tageszeitungen noch sehr häufig). Überwiegend aber neigt der Sprachgebrauch jetzt dazu, sozialpolitische Gesetzgebung als gemeinsamen Ausdruck für Arbeiterschutz und Arbeiterversicherung zusammen zu gebrauchen.

Legt man den bisherigen Sprachgebrauch zu Grunde und sucht man, davon ausgehend, sich über die Grenzen klar zu werden, die für eine Sozialpolitik als Wissenschaftszweig zu ziehen wären, so stellt es sich als unmöglich heraus, bei diesen Grenzen haltzumachen. Dies nicht etwa bloß in dem Sinne, wie die Bewältigung jedes Wissensstoffes auch eine weitgehende Beschäftigung mit zahlreichen Nachbargebieten verlangt; sondern für den, der aus Arbeiterschutz und Arbeiterversicherung eine Sozialpolitik als Wissenschaft begründen will, drängt sich die Notwendigkeit auf, mit diesen Objekten zugleich, und zwar vollkommen gleichberechtigt mit ihnen, andere in den Kreis dieser Wissenschaft einzubeziehen. Geht man beispielsweise in der gesetzlichen Beschränkung der Arbeitszeit noch so weit, schließt man sich selbst der radikalsten heute bestehenden Forderung, dem gesetzlichen Achtstundentage für sämtliche Arbeiter, an, so kann der Zweck der Arbeiterschutz-Maßregel hiermit allein nicht erreicht werden. Denn ob diese Maßregel der Arbeiterbevölkerung zum Schutze oder zum Verderben gereicht, hängt nicht bloß von der Gewährung der Ruhezeit ab, sondern auch von dem Gebrauche, der von der Ruhezeit gemacht wird. Der heilsame oder schädliche Gebrauch der Ruhezeit hängt von dem Bildungsgrade, der Gelegenheit zu bildenden Vergnügungen u. s. w. ab. Gibt es eine Wissenschaft, die sich mit den Maßregeln zur Verkürzung der Arbeitszeit zu beschäftigen hat, so gehört die Lehre von der Volksbildung, zum mindesten so weit sie die Voraussetzung für einen heilsamen Erfolg der Maßregel darstellt, in die neue Wissenschaft. Hierbei ist es völlig unerheblich, ob man meint, daß der heutige Bildungsgrad der Arbeiterbevölkerung genüge, um besondere Maßregeln nach dieser Seite hin überflüssig zu machen, und daß auch Ausnahmen (zum Beispiel in den östlichen Grenzprovinzen) verhältnismäßig leicht zu überwinden scheinen. Denn die Abgrenzung eines Wissensgebietes kann nicht nach dem geschehen, was in einem Lande zu einer Zeit zutrifft, sondern die Abgrenzung muß begrifflich und allgemeingiltig vorgenommen werden. Unter diesem Gesichtspunkte ist es unmöglich, den Arbeiterschutz wissenschaftlich zu behandeln, ohne auch die Lehre von der Hebung des Volksbildungs-Niveaus als mindestens gleichberechtigten Gegenstand einzufügen. Noch deutlicher wird die Notwendigkeit der Ausdehnung an anderen Zusammenhängen. Millionen von Arbeitern müssen in ihrer Ruhezeit in die Schenke gehen, weil sie keinen anderen erträglichen Aufenthaltsort haben, weil in ihrer Wohnung sämtliche Familienmitglieder in ein oder zwei Räumen zusammengepfercht sich aufhalten, und die Luft durch jeden längeren Aufenthalt der Personen bei Tage nur noch verschlechtert wird. Das ganze Wohnungssystem beruht zum Teil darauf, daß der Familienvater entweder in der Arbeitsstätte oder in der Schenke ist. Vergrößerung der freien Zeit bedeutet Entziehung der Arbeitsstätte als Aufenthaltsstätte. Es ist unmöglich, eine Sozialpolitik als Wissenszweig so abzugrenzen, daß gesetzliche Bestimmungen über Arbeitszeit hineinfallen, aber die Regelung der Wohnungsfrage nicht hineinfiele.

Dieselbe Ausdehnungs-Notwendigkeit wie bei Maßregeln des Arbeiterschutzes zeigt sich auch bei denen der Arbeiterversicherung. Krankenkassen-, Unfall-, Invalidenversicherung sind Veranstaltungen mit dem Zwecke, die Folgen der Krankheit, der Unfallverletzung, der Invalidität zu mildern. Die Wissenschaft, zu der diese Dinge gehören, muß notwendigerweise sich auch mit der Verhütung der Ereignisse befassen, deren Folgen gemildert werden sollen. Eines vom andern zu trennen, wäre wissenschaftlich unausführbar. Am deutlichsten zeigt sich das in der Unfallversicherung, wo auch in der Praxis von vornherein die Unfallverhütung mit zu demselben Verwaltungszweig gezählt wurde. Die Berufsgenossenschaften als Träger der Unfallversicherung erhielten gleich bei ihrer Begründung die Befugnis, Unfallverhütungs-Vorschriften zu erlassen und Revisions-Ingenieure anzustellen, die sich von dem Vorhandensein der Unfallverhütungs-Vorrichtungen zu überzeugen haben. Aber auch in der Invalidenversicherung fehlte es von vornherein nicht an Anzeichen, die auf die Notwendigkeit einer solchen Ausdehnung hinwiesen. Daß die Anstalt, die einem Invaliden eine lebenslängliche Rente zu geben verpflichtet ist, auch berechtigt sein muß, ihm, wenn die ärztliche Kunst es gestattet, statt dessen seine Gesundheit wiederzugeben, ist selbstverständlich. Von da ist aber nur ein kleiner und unbedeutender Schritt dazu, auch dem, der noch nicht Invalide ist, eine gesetzliche Fürsorge dergestalt zuzuwenden, daß es zur Invalidität und zur Forderung einer Rente garnicht erst kommt. Hierbei ist die deutsche Invalidenversicherung nicht mehr auf die Ausheilung der Krankheit im engsten Sinne beschränkt, seitdem ihr die Berechtigung gegeben ist, auch „Anstalten für Genesende" zu beschicken. Die vorbeugende Fürsorge für völlig Gesunde wird am wirkungsvollsten geschehen, wenn die Invalidenversicherung nicht sowohl für den Einzelnen, wie für die ganze Schicht der versicherungspflichtigen Bevölkerung Maßregeln trifft. Daher ist der Versicherungsanstalt die Befugnis gegeben, einen Teil ihrer Gelder auf Veranstaltungen auszuleihen, die eine Verminderung der Invaliditätsgefahr in ihrem Bezirke zu bewirken insofern geeignet sind, als sie „ausschließlich oder überwiegend der versicherungspflichtigen Bevölkerung zu gute kommen". Wenn die Versicherungsanstalten einen Teil ihrer Gelder zu mäßigem Zinsfuß ausleihen, um eine Verbesserung der Arbeiterwohnungen in ihren Bezirken herbeizuführen, so sehen wir auch an dieser Stelle die Unzertrennlichkeit der Wohnungsfürsorge von der „sozialpolitischen Gesetzgebung". Was aber von der Wohnungsfürsorge gilt, gilt von jeder anderen Maßregel zur Hebung der Volksgesundheit und der Volkswohlfahrt überhaupt. So besitzen denn die Invalidenversicherungs-Anstalten nicht nur Krankenhäuser und Genesungsheime, sie unterstützen die Errichtung von Volksbädern und Schlachthäusern, von Kanalisationen und Wasserleitungen. Für Herbergen zur Heimat und Gewerkschaftshäuser haben sie Kapitalien flüssig gemacht. Die Förderung landwirtschaftlicher Meliorationen, Wegebauten, Maßregeln zur Förderung der Viehzucht spielen, innerhalb der gesetzlich erlaubten Grenzen, in ihrer Vermögensverwaltuug eine Rolle, die der bloßen Aussicht auf höheren Zinsgenuß übergeordnet ist. Für den Fall, daß eine Versicherungsanstalt in eine günstige Vermögenslage kommt, stellt sich der Zusammenhang der Invaliditäts-Verminderung mit allen Maßregeln zur Hebung des Lebensniveaus so bedenkenfrei dar, daß das Gesetz in seiner neuesten Fassung sich kurzerhand zu der Erlaubnis entschlossen hat, Überschüsse „im wirtschaftlichen Interesse" der Versicherten, sowie ihrer

Angehörigen zu verwenden; und in der Tat findet eine solche Verwendung z. B. schon in der Weise statt, daß den Angehörigen eines Kranken, der in eine Heilanstalt gebracht wird, über die gesetzliche Verpflichtung hinaus bares Geld in die Hand gegeben wird. Eine Maßregel, die von dem klaren Gedanken diktiert ist, daß die beste Vorbeugung der Invalidität in einem Schutz der Gesunden gegen Nahrungssorgen liegt. Tatsächlich wird schon heute unter den Leitern der Invalidenversicherungs-Anstalten nicht der am höchsten geschätzt, der mit den Einzelheiten dieses Versicherungsgeschäftes am besten vertraut ist (diese Vertrautheit wäre in wenigen Wochen oder Monaten zu erwerben), sondern wer die Weite des Blickes und die praktische Lebenserfahrung besitzt, um die 10 oder 20, ja sogar 80, 90 oder 100 Millionen Mark, die das Vermögen einer derartigen Anstalt bilden, in solcher Art in die volkswirtschaftlichen Kanäle zu leiten, daß sie fruchtbringend und gesundheitspendend wirken. — Bei den Krankenkassen tritt ähnliches in der Praxis weniger in die Erscheinung, weil die meisten Krankenkassen nur klein sind und einer Ausdehnung ihrer Aufgaben geradezu ängstlich aus dem Wege gehen müssen. Aber in Einzelfällen tritt auch hier schon die Ausdehnungsnotwendigkeit mit solcher Energie hervor, daß die Kassen sich ihr garnicht entziehen können. Das zeigt sich namentlich bei Krankheiten, die in der Regel Invalidität zur Folge haben. Ein Schwindsüchtiger, der sich krank meldet, wird zunächst von seiner Krankenkasse ein Vierteljahr hindurch (oder bis zum Ablauf der statutenmäßigen Verlängerung dieser Frist) unterstützt. Dann ist der Kranke auf sich selbst angewiesen, bis der Zeitpunkt eintritt, wo er einen Anspruch auf Invalidenrente geltend machen kann. Ohne Zweifel kann sich dieses Geschäft aktenmäßig und ohne Gesetzesverletzung abwickeln. Daß es aber einen Sinn hätte, in tausenden von Fällen diese Abwickelung vorzunehmen und alles, was dazu dienen könnte, ihr vorzubeugen, als außerhalb des Ressorts liegend zu betrachten, das wird kein Verständiger behaupten wollen. Wenn daher die Invalidenversicherungen Deutschland mit einem Netz von Lungenheilstätten überziehen, um die Invalidität zu verhüten, so haben auch die Krankenkassen eingesehen, daß es in ihrem Interesse liegt, Vorbeugungsmaßregeln dagegen zu ergreifen, daß der, der den Keim der Lungenschwindsucht in sich trägt, „krank" (im Sinne des Gesetzes) werde. Der große Kongreß zur Bekämpfung der Tuberkulose als Volkskrankheit, der im Mai 1899 in Berlin tagte, ist undenkbar ohne die vorhergegangene Tätigkeit der Versicherungsanstalten; und wie sehr die Krankenkassen einsahen, daß hier ihre Angelegenheit verhandelt wurde, zeigte sich darin, daß ihre Vertreter im Anschluß an den Kongreß eine eigene Konferenz abhielten, um aus den Verhandlungen das Ergebnis für die Krankenkassen-Verwaltungen zu ziehen. — Der Zusammenhang mit weiter reichenden Maßregeln tritt in den drei Versicherungsarten nicht gleich anschaulich zu Tage; aber die innere Notwendigkeit ist vollkommen die gleiche. Wer für einen abgehauenen Arm die Rente zu zahlen hat, besitzt ein Interesse daran, seine Maschine so einzurichten, daß sie keine Arme abhaut. Aber was hier grobsinnlich in die Erscheinung tritt, ist garnichts anderes als das Interesse, das auch die Invalidenversicherung an Verhütung der Invalidität, die Krankenkasse an Verhütung der Krankheit besitzt. Mag man dieser Ausdehnung in der Praxis gewisse Grenzen setzen, in der Wissenschaft sind nachträgliche und vorbeugende Maßregeln nicht so voneinander zu trennen, daß aus jenen für sich allein eine Wissenschaft gebildet werden könnte, die nicht auch diese mit umfassen müßte.

Hält man sich daher an den heute herrschenden Sprachgebrauch, wonach Arbeiterversicherung und Arbeiterschutz als „sozialpolitische Gesetzgebung" bezeichnet werden, so kommt man von hier aus in jedes Ressort des Staatslebens. Mag man im Arbeiterschutz sich von der Lohnregulierung noch so fernhalten, gewisse einschlägige Vorschriften werden heute schon von allen Seiten als unbedingt notwendig anerkannt, z. B. die Vorschrift der Barzahlung (das Truckverbot), die Untersagung willkürlicher Abzüge, der Beschlagnahme u. s. w. Aber es hätte keinen Sinn, Gesetze zu geben, die auf die Löhnung einen Einfluß haben sollen, und sich darum nicht zu kümmern, ob die Gerichte auch so eingerichtet sind, daß der Arbeiter sie in Anspruch nehmen kann. Hohe Gerichtskosten, langwierige Verhandlungen, unverständliche Amtssprache würden alle Rechte, die dem Arbeiter gegeben werden, wiederum in der Ausführung vereiteln. Wer irgend eine auch noch so eng begrenzte Lohnpolitik will, muß auch eine Einrichtung der Gerichte wollen, die volkstümlichen Anforderungen entspricht. Die Praxis hat sich zunächst soweit damit abgefunden, daß sie besondere „Gewerbegerichte" verlangt und eingerichtet hat. Wissenschaftlich pflegt man seit damals die Gewerbegerichte mit zum Arbeiterschutz zu rechnen und aus der Justiz gewissermaßen herauszuheben. Dies ist auf die Dauer garnicht haltbar, schon aus dem einfachen Grunde, weil ein einmal bestehendes volkstümliches Gericht früher oder später den anderen Gerichten seine Verfassung und sein Verfahren aufnötigt. Die Gründe, die zur Einführung der Gewerbegerichte nötigten, lassen sich Punkt für Punkt für eine volkstümliche Ausgestaltung der gesamten Gerichtsverfassung verwenden. Gleiche Gedankengänge führen in Ressorts, mit denen jene „sozialpolitische Gesetzgebung" zunächst gar keine direkten Beziehungen unterhält. Je mehr von den oben skizzierten Erweiterungs-Aufgaben in Angriff genommen wird, desto dringender wird die Frage, wie die Geldmittel dafür aufgebracht werden sollen. Der Sozialpolitiker, der sein Fach wissenschaftlich auffaßt, kann unmöglich auf diese Frage antworten, sie gehöre nicht in sein Fach, sondern in ein anderes Fach. Er hat Rede und Antwort zu stehen, wie er sich die Aufbringung der Mittel denkt. Und wenn er es nicht kann, so würde man ihm mit Fug und Recht entgegenhalten, er möge seine Wissenschaft erst nach dieser Seite hin vervollständigen, bevor er verlangt, sie anerkannt zu sehen. Ja, schließlich reicht die Sozialpolitik, von allen einzelnen Ressorts abgesehen auch in das Gebiet der „allgemeinen Staatsverwaltung" hinein. Wenn ein Sozialpolitiker Maßregeln für die Arbeiter verlangt, sich aber um den Aufbau des Staates im ganzen nicht kümmert, von dem es schließlich abhängt, ob in die Ämter, in die Parlamente, in die Gemeindeversammlungen Vertreter ihrer Interessen hineinkommen, so würde er einem Baumeister gleichen, der einen prächtigen Aussichtsturm errichtet, aber die Frage, ob durch den umliegenden Sumpf ein Weg zu bahnen sei, als nicht zu seiner Aufgabe gehörig betrachtet. Über Ämterbesetzung und Wahlrecht sind, rein wissenschaftlich angesehen, sehr verschiedene, mehr aristokratische oder mehr demokratische Meinungen möglich. Auch innerhalb der Sozialpolitik als Wissenschaft sind hierüber alle erdenklichen verschiedenen Ansichten zulässig. Allein unvereinbar mit einer wissenschaftlichen Auffassung von der Sozialpolitik wäre die Vorstellung, als ob alle diese Dinge nicht zu ihr gehörten.

Das Ergebnis ist: Alle bisherigen Versuche, ein sozialpolitisches Ressort des Staatslebens sachgemäß abzugrenzen und von den andern Ressorts zu unterscheiden, sind mißlungen, und alle nur möglichen derartigen Versuche müssen notwendigerweise wiederum mißlingen. Denn es gehört zum Wesen der Sozialpolitik, daß sie in alle Ressorts des Staatslebens hineinführt. Dadurch aber wird eine sach- und wortgemäße Auffassung nicht erschwert, sondern erleichtert. Die Sozialpolitik ist: die Politik aufgefaßt unter sozialem Gesichtspunkte; d. h.: die Sozialpolitik umfaßt das Gesamtgebiet der Politik —, jedoch immer nur unter sozialem Gesichtspunkte.

Das Wort „Politik" wird in dreifach verschiedenem Sinne gebraucht. Im täglichen Verkehr ist die „Politik" der Inbegriff aller Ereignisse des öffentlichen Lebens, die augenblicklich zur Entscheidung stehen, sei es nun im Verhältnis der Staaten untereinander (äußere Politik), oder innerhalb eines Staates (innere Politik). In diesem Sprachgebrauch ist die augenblickliche Wichtigkeit der Sache ein wesentliches Merkmal. So ist es gemeint, wenn bisweilen Gespräche über Politik verbeten werden, weil man von der Unterhaltung alles auszuschließen sucht, was wegen der augenblicklichen Wichtigkeit im öffentlichen Leben nicht wohl ohne Gefahr der Erregung erörtert werden kann. Da fast alles, was innerhalb eines Staates nur einigermaßen augenblickliche Wichtigkeit besitzt, von den Parteien in ihr Programm aufgenommen wird, so umfaßt Politik in diesem Sinne ziemlich genau: die auswärtige und die Partei-Politik, d. h. den Inbegriff aller Gegenstände, welche in einem gegebenen Zeitpunkt entweder dem Staate im Verhältnis zu andern Staaten, oder innerhalb des Staates seinen Parteien von Wichtigkeit sind. — Gänzlich abgewendet von jedem Zusammenhang mit dem augenblicklichen Interesse ist der Begriff der Politik, wie er seit Plato und Aristoteles zur Bezeichnung wissenschaftlicher Werke verwendet worden ist. Im altgriechischen Sprachgebrauch bedeutete das Wort nichts, als „die Lehre vom Staat" schlechthin. Nachdem im Laufe der Jahrhunderte eine größere Anzahl von Spezialwissenschaften ausgeschieden, das Staats- und Völkerrecht den Juristen, die Wirtschaftslehre den Nationalökonomen zugefallen ist, blieb in der „Politik" als Wissenschaft nichts übrig als die Lehre von der Natur und den Formen des Staates (Monarchie, Aristokratie, Demokratie u. s. w.). Diese beiden Anwendungen des Wortes — Tagespolitik und Politik als Wissenschaft — sind ziemlich unberührt nebeneinander hergegangen. Daher ist jeder, der sich für Politik interessiert, ungemein enttäuscht, wenn er eines Tages ein Buch dieses Titels angekündigt sieht und in der Hoffnung, nun über alles aufgeklärt zu werden, was den Gegenstand politischer Gespräche bildet, sich auf die Lektüre stürzt. Er findet nichts von alledem, was augenblicklich von Wichtigkeit ist; er findet im Gegenteil eine Wissenschaft, die sich gänzlich vom augenblicklichen Interesse zu befreien sucht und den Staat sozusagen unter ewigen Gesichtspunkten betrachten will. — Neben diesen beiden Anwendungen des Wortes gibt es aber noch eine dritte, die freilich niemals selbständig, sondern immer nur in Zusammensetzungen vorkommt. Wir sprechen von einer Finanzpolitik, einer Agrarpolitik, einer Gewerbe-, Eisenbahn-, Kirchen-, Schulpolitik u. s. w. Hierbei denken wir keineswegs an Maßregeln, die gerade augenblicklich von Wichtigkeit sind. Wir machen es z. B. einem Minister zum Vorwurf, wenn er seine Gesetze nach augenblicklich wichtigen Umständen einrichtet, aber die Grundsätze einer festen Finanzpolitik dabei außer acht läßt. Es schwebt in diesem Sprachgebrauch vielmehr der klare Gedanke vor, daß es in jedem Ressort des Staatslebens gewisse Grundsätze gibt, die praktisch zu beobachten und auch wissenschaftlich zu entwickeln sind. Politik in diesem Sinne ist Verwaltungspolitik. Praktisch angesehen ist die Verwaltungspolitik eines Ressorts der Inbegriff aller Maßregeln, die in Bezug auf dieses Ressort ergriffen werden; wissenschaftlich ist es die Lehre von diesen Maßregeln.

Wenn wir die Sozialpolitik erklären als die Politik, aufgefaßt unter sozialem Gesichtspunkte, so ist dabei das Wort Politik im Sinne von Verwaltungspolitik verstanden.

Nunmehr aber ergibt sich die weitere und schwierigere Frage, was unter dem Wort „Sozial" zu verstehen ist.

Das erste mir bekannte Ereignis, das das Wort Sozial in schlagwortmäßiger Verwendung in die Kulturwelt hineinschleuderte, ist das Erscheinen von Rousseaus „contrat social" im Jahre 1762. Die noch immer nicht ausgerottete Vorstellung, als ob der eigenartige

Gedanke Rousseaus darin gelegen habe, die Verfassung des Staates auf den Abschluß eines Herrschaftsvertrages zurückzuführen, ist geeignet, mit aller nur denkbaren Schärfe, an der Hauptsache vorbeizulenken. Der Gedanke, daß jeder Herrschaft ein Vertrag vorangegangen sei, in welchem das Volk die Herrschaft an den König abgetreten habe, hat Jahrhunderte vor Rousseau den Vordergrund politischer Erörterungen eingenommen. Er spielt in den Staatsphilosophien des Mittelalters eine hervorragende Rolle. Die Absetzung von Kaisern und von Päpsten hat ihren theoretischen Rückhalt an der Lehre, daß im Falle des Mißbrauches der Herrschaftsvertrag als gebrochen und hinfällig anzusehen sei. Auch war man schon vor Rousseau über jene Fragestellung nach dem Ursprung der Herrscherrechte über das Volk weiter rückwärts gegangen und hatte die Frage aufgeworfen: woher stammt das Volk, das einem Einzelnen die Herrschaft überträgt? Dieses Volk tritt nicht als eine bloß zufällige Ansammlung von Personen, sondern als eine Einheit auf. Wodurch hat es diese Einheit gewonnen? Auch hierauf hatten bereits vor Rousseau andere Theoretiker geantwortet: durch einen Vertrag. Die einzelnen zusammenhanglos nebeneinander lebenden Menschen vereinigen sich zu einer Gemeinsamkeit (Vereinigungsvertrag) und übertragen die Herrschaft über diese Vereinigung, sowie über ihre Mitglieder einem bestimmten Organe (Herrschaftsvertrag): einem erblichen Monarchen, einem Senat, einem in Zwischenräumen zu wählenden Präsidenten. Diese beiden Elemente einer Staatserklärung hat Rousseau vorgefunden: den Vereinigungsvertrag und den Herrschaftsvertrag. Er hat diesen letzteren gestrichen und aus jenem die ausschließliche Hauptsache gemacht. Nach Rousseau schaffen die einzelnen nebeneinander lebenden Menschen, indem sie sich durch einen Vertrag zusammentun, eine „Gesellschaft" mit der Wirkung, daß diese Gesellschaft der Souverän über die Einzelnen ist und bleibt. Das ungeheuer Revolutionierende dieser Lehre lag darin, daß ein Übergang etwa von der Monarchie zur Demokratie sozusagen ein bloßes Spielwerk wurde. Nicht einmal mehr die Kraftanstrengung der Kündigung eines Herrschaftsvertrages war dazu erforderlich; denn der wahre Souverän war ja doch immer die Gesellschaft selbst geblieben, mochte sie sich je nach vorübergehenden Verhältnissen eines monarchischen, aristokratischen oder demokratischen Organs bedient haben. Wenn in unsrer Zeit nachgewiesen worden ist, daß auch dieser Gedanke schon vor Rousseau von einem deutschen Gelehrten genau in derselben Art gelehrt und selbst praktisch verwendet worden ist, so ändert dies an der Seite des Sachverhaltes, die wir hier im Auge haben, nichts. Uns interessiert hier ausschließlich die Erfassung des Augenblickes, in dem zum erstenmal das Wort Sozial schlagwortmäßig mit großer Wirkung auftrat. Dies geschah genau in der dem Worte sprachlich zukommenden und aus dem Lateinischen ins Französische übernommenen Bedeutung „Gesellschaftlich". Rousseau hat den Herrschaftsvertrag aus der Theorie gestrichen und Volk, Staat, Herrschaft ausschließlich auf einen Gesellschaftsvertrag begründet; mit dem Titel seines Werkes ist das Wesentliche seiner wissenschaftlichen Tat gezeichnet. Damit ist die „Gesellschaft" als ein neuer und ursprünglicher Begriff in die Wissenschaft eingeführt. — Die Gesellschaft ist ein weiterer Begriff als der Staat. Der Staat und das positive Recht schaffen bestimmte Einrichtungen. Die wissenschaftliche Betrachtung des Zusammenlebens der Menschen ist aber an das, was staatlich (rechtlich) feststeht, nicht gebunden; die Wissenschaft hat völlig unabhängig von den Satzungen des Staates zu betrachten, wie sich das Zusammenleben der Menschen als rein tatsächlicher Vorgang (etwa ähnlich den Formen des Zusammenlebens der Tiere) gestaltet. Diese gesellschaftliche Auffassung, einmal in die Wissenschaft hineingeworfen, ist aus ihr nicht wieder verschwunden. Sie hat ein besonders deutliches Objekt an der Einteilung des Volkes in Gruppen gefunden. Wo diese Einteilung vom Staate durch Recht und Gesetz sanktioniert ist, da zerfällt das Volk in mehrere Stände (Adel, Bürger, Bauern ꝛc.). Fast überall ist in den modernen Verfassungen der Unterschied der Stände aufgehoben worden. Für die politisch-rechtliche Betrachtung des Staates war damit dieser Unterschied nicht vorhanden. Dennoch lebte er weiter und war für jeden aufmerksamen Beobachter zu erkennen. Als alte Stände im politischen (rechtlichen) Sinn haben sie aufgehört; sie bestehen fort als Klassen im gesellschaftlichen Sinn. Die Beobachtung von Klassenbildungen und Klassenverschiedenheiten, völlig unabhängig davon, ob das staatliche Recht sie anerkennt oder ignoriert, ist in der Wissenschaft das ausgesprochenste Symptom der gesellschaftlichen, der „sozialen" Auffassung. Die gesellschaftliche Auffassung läßt sich nicht dazu zwingen, die Existenz dessen zu leugnen, was das staatliche Recht nicht mehr anerkennt, sondern sie macht gerade dieses Fortbestehen zum Gegenstande der Untersuchung.

Indem die soziale Auffassung der menschlichen Gemeinschaften sich von der staatlichen emanzipierte, vollzog sie für sich nur eine Befreiung, die auf anderem Gebiet genau um dieselbe Zeit ebenfalls im Gange war. Dieses andere Gebiet ist das wirtschaftliche. Während hier die ältere Auffassung von dem Gedanken beherrscht war, daß die Vermehrung des Wohlstandes die Aufgabe der Obrigkeit sei, verfocht eine neue Richtung die Anschauung, daß die wirtschaftliche Entwicklung ihren Gang unabhängig vom Staate gehe, daß sie ein Naturvorgang sei. Wegen dieser Betonung der natürlichen Entwicklung und des steten Hinweises auf die natürlichen Hilfsquellen eines Landes nannte man die neuere Richtung die „physiokratische". Die Entwicklung der physiokratischen Richtung fällt genau in dieselbe Zeit wie das Erscheinen des „contrat social". Als ihr Begründer gilt der Leibarzt Ludwigs XV., Quesnay. Seine „ökonomischen Tafeln" erschienen im Jahre 1758, und 18 Jahre später, im Jahre 1776, war daraus der systematische Bau der neuen Auffassung vom wirtschaftlichen Leben in Adam Smith' Hauptwerk hervorgegangen. Hatte die neue Nationalökonomie mit der sozialen Auffassung das Negative gemeinsam, daß sie sich beide gleichzeitig von der rein staatlichen (rechtlichen) befreiten, so waren sie aber positiv voneinander durchaus verschieden. Die Lehre der Physiokraten, Adam Smith' und seiner Nachfolger, betrachtet als einziges Ziel des Volkswirtes die Vermehrung des Volkswohlstandes. Die soziale Auffassung aber, auch wo sie sich auf wirtschaftliches Gebiet begibt, würde betonen, daß die Vermehrung des Wohlstandes an sich für die Bewertung eines gesellschaftlichen Körpers noch nicht entscheidend ist; hierfür kommt es vielmehr auch darauf an, wie der Wohlstand unter die verschiedenen Schichten des Volkes verteilt ist. Die Summe des Wohlstandes kann in zwei Völkern genau die gleiche sein, und dennoch kann das eine, wenn man seine wirtschaftliche Verfassung unter gesellschaftlichem Gesichtspunkte betrachtet, von dem anderen völlig verschieden sein, indem dort einer reichen Oligarchie eine in Armut schmachtende Masse gegenübersteht, während hier eine gewisse Gleichmäßigkeit der Verteilung statthat. So steht die soziale Auffassung vom menschlichen Gemeinleben von vornherein wie zur rein politischen, so auch zur rein wirtschaftlichen in einem Gegensatze.

Sowohl in politischer wie in wirtschaftlicher Beziehung trat immer deutlicher hervor, daß es zwei Arten gab, das Zusammenleben von Menschen wissenschaftlich zu betrachten. Da eine Gemeinschaft sich aus einzelnen Menschen und nur aus solchen zusammensetzt, so kann man, um die Gemeinschaft zu erkennen, die Einzelnen betrachten. Eine Gesamtheit ist mit Tatkraft und Weisheit geleitet; man findet den Grund hiervon darin, daß in ihr tatkräftige und weise Männer vorhanden sind. Geht man von der Voraussetzung aus, daß in einer Gemeinschaft von Menschen nichts enthalten sein kann, als was die einzelnen Individuen ihr zuführen, so muß auf diesem Wege eine vollständige Erkenntnis des Gemeinschaftslebens möglich sein. Diese Betrachtungsweise, die überall vom Einzelnen, vom Individuum, ausgeht, ist die individuale. Ihr steht die soziale Betrachtungsweise gegenüber. Sie geht umgekehrt von der Anschauung aus, daß der einzelne Mensch die Eigenschaften besitzt, die ihm von den Gemeinschaften, denen er angehört, zugeführt werden. Er besitzt Körperstärke und verstandesmäßige Begabung infolge der Abstammung von kräftigen und geistig begabten Eltern; er besitzt Tapferkeit und Zähigkeit, weil er in einem spartanischen Gemeinwesen aufgewachsen ist; Sparsamkeit oder Verschwendungssucht, schwere oder leichte Auffassung des Lebens, weil die Verkehrskreise, denen er angehörte, ihn nach der einen oder nach der anderen Seite formten. Für diese Auffassung ist der einzelne Mensch der Schnittpunkt aller gesellschaftlichen (sozialen) Kreise, denen er angehört. — Die individuale Auffassung, bis ins schroffste Extrem fortgetrieben, würde nur Individuen anerkennen und in einem Zusammensein von Menschen nichts erblicken als bloße Beziehungen zueinander, die von diesen geschaffen und von diesen gelöst werden: Anarchismus. Die soziale Auffassung, in ihr Extrem getrieben, würde dabei anlangen, nur die Gemeinschaft als berechtigtes Lebewesen anzuerkennen, das Individuum aber in all und jedem dem Gemeinschaftszwecke unterzuordnen. In diesem Sinne sind philosophische Aussprüche benutzt worden, wie der, daß der Staat früher sei als der Mensch, daß erst der Staat der wahre Mensch sei; nach dieser Richtung liegen ebenso die asketischen Ideale des Mittelalters, deren

Ziel die Beugung des Individuums bis zur Selbstvernichtung des Individualwillens ist. Allein es ist nicht gerade notwendig, daß die Gegensätzlichkeit sich in diesen Extremen zeigt. Sie tritt schon darin hervor, daß die individuale Auffassung von der Betrachtung des Einzelnen ausgeht und auf diesen das Hauptgewicht legt, während umgekehrt die soziale Auffassung ihren Ausgangspunkt von der Gemeinschaft nimmt und auf diese das Hauptgewicht zu legen geneigt ist. Auch in dieser schwächeren Form bleibt des Gegensätzlichen genug übrig. Die individuale Richtung, die annimmt, daß die Gemeinschaft ihre Kräfte aus der Stärke der Individuen ziehe, wird es für die Hauptaufgabe der Staatsweisheit halten, die Verfassung so einzurichten, daß die Individuen möglichst stark gedeihen können. Ihr stehen die sogenannten Individualrechte: Redefreiheit, Preßfreiheit, Vereins- und Versammlungsfreiheit u. s. w., in erster Linie, und die ganze übrige Staatsverfassung hat sich dem anzupassen. Die soziale Auffassung muß diese Rechte nicht etwa notwendigerweise bekämpfen, aber sie wird das Hauptgewicht darauf legen, die Gemeinschaft so zu gestalten, daß sie den Individuen möglichst viel gute Eigenschaften zuführen kann; sie wird daher in der Politik weit mehr geneigt sein, Rechte der Einzelnen zu Gunsten eines starken Gesamtwillens einzuengen. In wirtschaftlicher Beziehung hat in der Tat die individuale Richtung eine Schule ausgebildet, die das völlig freie Gewährenlassen der Einzelnen für das Ideal erklärt (Manchestertum), während eine soziale Richtung zwar der wirtschaftlichen Freiheit des Einzelnen durchaus nicht feindlich gegenüberzustehen braucht, aber das Hauptgewicht doch immer auf die Ausgestaltung der Wirtschaftsgemeinschaft legen und jedenfalls viel leichter bereit sein wird, auch in wirtschaftlicher Beziehung die Freiheit des Einzelnen zu beschränken.

Die soziale Auffassungsweise ist nicht auf das politische und wirtschaftliche Gebiet beschränkt; sie ist anwendbar auf jede Art menschlichen Zusammenlebens, mag der Zweck sein, welcher er wolle. Eine religiöse Gemeinschaft findet ihre kennzeichnenden und unterscheidenden Eigenschaften in ihrem Glaubensbekenntnis und ihrer Pflichtenlehre. Ihre Ausbreitung und ihr Bestand aber hängt keineswegs ausschließlich von ihren Dogmen ab, sondern auch von der Art, wie diese Dogmen vertreten werden: von der Unterordnung ihrer Mitglieder unter einen einheitlichen Willen, oder von ihrer Sicherung gegen ein allzu schroffes Einheitsverlangen; von der Aufbringung der erforderlichen Geldmittel und von dem Schutze gegen Mißbrauch der Kirchensteuern; kurzum von der gesellschaftlichen Verfassung, in der die Religionsgesellschaft lebt. Man kann nun die Religionsgesellschaften behandeln entweder nach ihren Dogmen (wie dies die Kirchengeschichte in der Regel tut) oder vom Standpunkte des Gemeinschaftslebens, vom sozialen Standpunkte. Selbst das Gedeihen eines Vergnügungsvereins hängt keineswegs bloß von den Vergnügungen ab, die er zu bieten vermag, sondern auch von der Art der Leitung, von der Höhe der Beiträge, von der Gestaltung der Vorstandsorgane, die über die Verwendung dieser Beiträge zu beschließen haben, von der mehr oder minder weitgehenden Heranziehung der einzelnen Mitglieder, kurzum von seiner sozialen Verfassung. Die soziale Anschauung tritt mit dem Anspruche auf, daß das Wesen der menschlichen Gemeinschaften sich nicht erfassen lasse, wenn man sich nur mit dem Zwecke beschäftigt, dem sie dienen, mag dieser ein religiöser, ein unterhaltender, ein politischer, ein wirtschaftlicher oder sonst irgendwelcher sein; daß man vielmehr, wenn man ihr Wesen ergründen will, immer auch auf die Form des gesellschaftlichen Zusammenlebens eingehen müsse. Danach bestimmt sich genauer, was oben als ein Gegensatz des Sozialen zum Politischen und zum Wirtschaftlichen bezeichnet war. An sich besteht ein solcher Gegensatz nicht. Das Politische und das Wirtschaftliche ist vielmehr Objekt sozialer Betrachtungsweise. Ein Gegensatz besteht zu der rein politischen und der rein wirtschaftlichen Auffassungsweise, indem diese nur den politischen oder nur den wirtschaftlichen Zweck des Zusammenlebens im Auge haben, während die soziale Anschauungsweise auch auf die Formen der Vergesellschaftung eingehen will, die ihre Bedeutung haben unabhängig von dem politischen und dem wirtschaftlichen Zwecke, dem sie in diesem Falle dienen.

Eine dritte gegensätzliche Betonung entstand im 19. Jahrhundert dadurch, daß die Volksschicht, die hauptsächlich für die soziale Auffassung eintrat, dieser auch ihr Gepräge gab, im Gegensatze zu den Schichten, die an der älteren Auffassung festhielten. Diese neue Schicht war die Arbeiterklasse, die sich als Klasse der Besitzlosen im Gegensatze zu den besitzenden Klassen fühlte. Die Arbeiterklasse verfocht jene Forderung, menschliche Angelegenheiten unter sozialen Gesichtspunkten, unter Berücksichtigung der Wirkungen auf die verschiedenen sozialen Schichten zu betrachten, hauptsächlich deswegen, weil die Unterlassung einer derartigen Analyse zu einer unwillkürlichen Beschränkung auf die Interessen der Besitzenden geführt hatte, auch da, wo diese vermeintlich in voller Weitherzigkeit vorgegangen waren. Die Bewegung, in der diese neue Auffassung vor ganz Europa zu lautem Ausdruck gelangte, war die Februar-Revolution von 1848. Die erste französische Revolution hatte die Frage, was der dritte Stand sei, dahin beantwortet, daß er im Gegensatze zu den privilegierten Ständen, Adel und Geistlichkeit, das Volk sei; sie hatte alle Standesunterschiede beseitigt und die einheitliche Anrede „Bürger" geschaffen; das Königtum, bei dem Frankreich nach seinen mannigfachen Wandlungen angelangt war, nannte sich mit Stolz ein „Bürgerkönigtum". Dieser ganzen Bewegung, mochte sie sich in republikanischen oder in monarchischen Formen geäußert haben, wurde nunmehr der Krieg erklärt. In jeder dieser Formen seien tatsächlich nur die besitzenden Klassen zu Worte gekommen, und sie hätten ihren eigenen beschränkten Horizont für das Weltganze gehalten. Jetzt wollte man das Königtum nicht stürzen, um an seine Stelle eine Republik zu setzen, die von demselben beschränkten Ideenkreis beherrscht war, sondern man verlangte die soziale Auffassung, die ein Volk unter Berücksichtigung aller seiner Schichten betrachtete, die mit der Fiktion aufräumte, daß der dritte Stand das Volk sei, die hinter diesem der vordringenden Arbeiterklasse zu ihrem Rechte verhalf, das heißt, man verlangte die „soziale Republik". In die provisorische Regierung von 1848 wurde ein Arbeiter aufgenommen. Ein Hauptvertreter jener Richtung, Ledru-Rollin, wurde aus der provisorischen Regierung auch in den Vollziehungsausschuß übernommen, der von der konstituierenden Nationalversammlung eingesetzt wurde. Auf den Präsidenten dieser Republik, den späteren Kaiser Napoleon III., ging als ihr Erbteil die „soziale Frage" in dem Sinne der Arbeiterfrage über. — Das Schlagwort Sozial im Sinne einer Berücksichtigung der Arbeiterinteressen hat auch auf die deutsche Revolution des Jahres 1848 eingewirkt. Diese Bewegung machte zwar für Deutschland im großen und ganzen die Kreise mobil, die in Frankreich in der ersten Revolution sich gegen den alten Staat erhoben hatten: den „dritten Stand". Aber hinter ihm, teils zu dem gemeinschaftlichen Zwecke mit ihm gehend, teils auch schon in bewußtem Gegensatze, sah man bereits den in der Folgezeit vielgenannten „vierten Stand". Die Arbeiter verlangten die soziale Auffassung und meinten damit eine Auffassung zu Gunsten der Arbeiterklasse. Hierbei scheint infolge eines fruchtbaren Mißverständnisses in Deutschland der Gegensatz eine noch deutlichere Zuspitzung gefunden zu haben. Die französische Sprache besitzt für Bürger zwei Ausdrücke, indem sie den Staatsbürger im Sinne des allgemeinen gleichen Bürgerrechtes citoyen nennt, hingegen den Stadtbürger als den priviligierten Inhaber von Bürgerrechten im Unterschiede von der übrigen Einwohnerschaft als bourgeois bezeichnet. Der bourgeois war für die hereinstürmende Arbeiterklasse genau ebenso der Inbegriff des ungerecht Privilegierten, wie ehemals für den Bürgerstand Adel und Geistlichkeit es gewesen waren. Gegen die Bourgeoisie war hauptsächlich die soziale Republik verlangt worden, wiewohl sie schließlich mit ihr gemacht wurde. Louis Philippe hatte sich roi-citoyen nennen lassen. Wenn man aber in Deutschland vom „Bürgerkönigtum" sprach, so erweckte der Monarch, der, um Papiere an der Börse billig einzukaufen, eigens krank wurde und mit Gerüchten über die Gefährdung der Monarchie die Kurse drückte, die Vorstellung des bourgeois auf dem Throne. In Deutschland erblickte man in dem Bürgerkönigtum und der Forderung der sozialen Republik den Gegensatz von Bourgeoisie und Arbeiterklasse. So ging der Gegensatz von bürgerlicher und sozialer Auffassung unter den verschiedensten Formen in den Schlagwörterschatz über.

Das Wort Sozial war in Aufnahme gekommen, im Gegensatze zuerst zu der rein politischen, sodann zu der rein wirtschaftlichen Auffassung. Zu den beiden Reibungen war eine dritte hinzugekommen, indem die Klasse, welche die soziale Auffassung hauptsächlich forderte, sie als die Auffassung zu ihren Gunsten im Gegensatze zur Bourgeoisie stempelte. Von den drei Betätigungsfeldern für das Wort „Sozial" stand für die weitere Entwicklung des Sprachgebrauchs das wirtschaftliche in einer Beziehung verschieden von den beiden anderen. Hier fehlte es an jedem großen Ereignis, das, den Sprachgebrauch bestimmend, auf eine Generation mit einer gewissen Plötzlichkeit eingewirkt hätte. Weder ein Buch, wie der contrat social hat hier wortprägend gewirkt, noch ein Ereignis wie die Februar-Revolution bedeutungspendend. Die Entwicklung ist hier durchaus allmählich verlaufen. Trotz der großen Reihe von Autoren, die den Gegensatz der sozialen Auffassung zur wirtschaftlichen betonen, trotz der Denker ersten Ranges, die sich unter ihnen befinden, hat es doch niemals einen Augenblick gegeben, in dem der lesenden und disputierenden Mitwelt zu klarer Bedeutung gelangte, daß dieselben Dinge entweder unter rein wirtschaftlichen oder unter gesellschaftlichen Gesichtspunkten aufgefaßt werden können. Da nun aber sowohl die soziale Auffassung wie die wirtschaftliche beide dadurch hochgekommen waren, daß sie sich von der rein staatlichen (rechtlichen) emanzipiert hatten, und da mit dieser Emanzipation die Gebildeten aller Nationen reichlich zu tun hatten, ja, da sogar die wissenschaftliche Literatur mit diesem Stadium noch nicht einmal vollständig fertig geworden ist, so kann es nicht wundernehmen, daß die Gemeinsamkeit in mancher Beziehung stärker gewirkt hat, als das Unterscheidende. So gehen die Ausdrücke Sozial und Wirtschaftlich bisweilen durcheinander. Da übrigens jede gesellschaftliche Entwicklung eine wirtschaftliche, und umgekehrt jede wirtschaftliche Entwicklung eine gesellschaftliche ist, so wird jene Vermengung dadurch bisweilen entschuldigt (nur daß es niemals als gerechtfertigt bezeichnet werden kann, wenn Sozial gesagt wird, wo Wirtschaftlich gemeint ist). — Jene allmähliche Einführung des Gegensatzes war der Einwirkung solcher Richtungen geöffnet, die eine soziale Beeinflussung des wirtschaftlichen Lebens zu einem bestimmten Ziele hin forderten. So kam der Name Sozialismus für eine derartige Beeinflussung auf. Er taucht zuerst in England in einem verhältnismäßig kleinen Kreise auf, der sich den stolzen Namen eines Vereins aller Volksklassen gab. Es waren die Anhänger Owens, die für die Forderung einer Abschaffung des Privateigentums zu Gunsten des Gesamteigentums den Namen Sozialismus prägten. Das Wort wird in diesem Kreise programmatisch im Jahre 1835 gebraucht, ist im Jahre 1837 in die Literatur aufgenommen, verbreitet sich von England nach Frankreich und Deutschland und hält sodann seinen

Siegeszug durch die Sprachen aller zivilisierten Völker. Alle Versuche, zwischen Sozialismus und Kommunismus Unterschiede festzustellen, sind gescheitert. Beides bezeichnet die Richtungen, die das Privateigentum durch Gesamteigentum ersetzen wollen. Hierbei ist es nicht erheblich, ob diese Ersetzung das gesamte Eigentum oder nur einen wesentlichen Teil erfassen soll. Der Sozialismus in der verbreitetsten Richtung, die durch Marx begründet worden ist, erstrebt das Gesamteigentum lediglich an den Produktionsmitteln. — Zu diesem Worte Sozialismus ist dann das Eigenschaftswort Sozialistisch gebildet worden, welches eine Unterart von Sozial bezeichnet. In der Anwendung auf das Wirtschaftsleben ist sozial jede Auffassung, die die gesellschaftliche Seite der wirtschaftlichen Entwicklung betont. Sozialistisch ist die Auffassung, die diese Betonung in der einen bestimmten Schulrichtung vornimmt, daß die Vergesellschaftung des Privateigentums (sei es im ganzen, sei es zu einem wesentlichen Teile) verlangt wird. Selbstverständlich kann jede sozialistische Richtung sich sozial nennen (und die sozialistische Demokratie hat von diesem Rechte Gebrauch gemacht, indem sie sich Sozialdemokratie nannte), aber nicht umgekehrt. Durch jene Prägung des Wortes Sozialismus ist in den Sprachgebrauch eine Zweideutigkeit hineingekommen. An sich kann sprachlich Sozialismus nur eine wissenschaftliche Richtung bedeuten, die vom Sozialen, Gesellschaftlichen, ausgeht, ebenso wie Individualismus eine Richtung bezeichnet, die vom Individualen ausgeht; Sozialist müßte das technische Wort für den Anhänger einer solchen Richtung sein, ebenso wie Individualist für den Anhänger der anderen Richtung. In dieser Beziehung ist Sozialismus keine andere sprachliche Bildung als Positivismus, Naturalismus, Monotheismus. Nun ist aber seit zwei Menschenaltern das Wort Sozialismus festgelegt nicht sowohl für die Anschauungs*richtung*, wie für ein ganz bestimmtes *Ergebnis*, nämlich dafür, daß es richtig sei, das Privateigentum zum wesentlichen Teile der Gemeinschaft zu geben, ja, wie man nach der Entwicklung des letzten Menschenalters wohl kurzweg sagen könnte, für die Richtung, welche die Verstaatlichung der Produktionsmittel verlangt; unter einem Sozialisten versteht man dementsprechend einen Anhänger der Lehre, die jene Umwandlung des Privateigentums oder die Verstaatlichung der Produktionsmittel fordert. Darum ist aber jener sprachliche Sinn der Endungen „-ismus“ und „-ist“ nicht hinfällig geworden. Es ist heute noch möglich, das Wort Sozialismus im dem Sinne zu gebrauchen, daß es jede Richtung umfaßt, die vom Sozialen ausgeht, völlig ohne Rücksicht darauf, ob sie zu weitgehenden oder weniger weitgehenden Ergebnissen gelangt. Das Wort Katheder-Sozialismus ist ausgegangen vom Sozialismus in der radikalen Bedeutung. Als H. B. Oppenheim im Jahre 1873 im einem Feuilleton der Nationalzeitung den Professoren, die gegen die individualistische Richtung des volkswirtschaftlichen Kongresses Front machten, zurief, sie verträten gewissermaßen einen Katheder-Sozialismus oder Süßwasser-Sozialismus, da war das spottweise gemeint in dem Sinne, sie verträten eine radikale Richtung, mehr ins Harmlose übersetzt. Seitdem aber der Name Katheder-Sozialist, wie dies mit so vielen Spottnamen gekommen, zu einem Ehrennamen geworden ist, zeigt sich, daß die spottfreie Bedeutung sprachlich gar nicht ungerechtfertigt ist. Das Wort Sozialismus in einem ganz weiten Sinne, weit mehr in dem der Problemstellung als einer bestimmten Beantwortung zu gebrauchen, ist sogar die wissenschaftlich korrektere Anwendungsweise, und der Hinweis auf das Katheder deutet gar nicht übel auf die Rückeroberung des wissenschaftlichen Sprachgebrauches hin. — Dementsprechend muß man sich vor Augen halten, daß das Wort Sozialismus auf zweierlei Art gebraucht werden kann, in einem weiteren und in einem engeren Sinne, und dasselbe gilt von dem Worte Sozialist.

Diese Zweideutigkeit mag zwar psychologisch eine gewisse Unsicherheit im weiteren Umkreise herbeiführen; allein an sich ergreift sie das Wort Sozial noch nicht. Nichts von dem, was wir über Entwicklung und Gebrauch dieses Wortes ausgeführt haben, wird durch diese Zweideutigkeit irgendwie erschüttert.

Überblicken wir sonach unser Gesamtergebnis, so hat sich gezeigt, daß es unmöglich ist, die Sozialpolitik als einen neuen Zweig staatlicher Tätigkeit zu fassen, der zu den alten, die Zahl dieser Zweige vermehrend, hinzukäme. Die Sozialpolitik ist vielmehr: die Politik, aufgefaßt unter sozialem Gesichtspunkte. Das Wort Politik ist hierbei gefaßt in dem Sinne von Verwaltungspolitik. Das Wort Sozial bezeichnet die Anschauungsweise, die in der Betrachtung menschlichen Zusammenlebens von der Gemeinschaft ausgeht und auf diese das Hauptgewicht legt, im Unterschiede von der individualen Anschauung, die von dem Einzelnen ausgeht und auf diesen das Hauptgewicht legt. Der Unterschied tritt auf staatlichem (rechtlichem) Gebiete hervor, indem hier die individuale Anschauung nur Einzelpersonen sieht und Gemeinschaften nur insoweit, wie der Staat (das Recht) sie anerkennt, während die soziale Anschauung zum Gegenstande ihrer Betrachtung und Berücksichtigung jede Art von Gruppierungen macht, die sich in Wirklichkeit äußert, ohne Rücksicht darauf, ob der Staat sie anerkennt oder nicht (Stände — Klassen). Der Unterschied macht sich auf wirtschaftlichem Gebiete geltend, indem die individuale Anschauung nur die einzelnen und die (objektive) Vermehrung des Wohlstandes im Auge hat, während die soziale Anschauung auch die Verteilung des Wohlstandes unter die verschiedenen Schichten der Bevölkerung betrachtet. Endlich tritt in unsrer Zeit der Gegensatz noch nach einer anderen Richtung in die Erscheinung, indem die Arbeiterklasse, welche die energischte Verfechterin der sozialen Anschauungsweise geworden ist, ihr das Gepräge einer Anschauungsweise zu Gunsten der Arbeiterklasse, im Gegensatz zur Bourgeoisie, aufgeprägt hat.

2. Was ist Verwaltungswissenschaft?

In dem hergebrachten Sprachgebrauch der Wissenschaft, der sich in Deutschland an die Einteilung des Universitätsunterrichts anschließt, kommt die „Verwaltung" in den Vorlesungen und Lehrbüchern über Verwaltungsrecht zur Geltung, die neben denen über das Staatsrecht hauptsächlich im Laufe der letzten drei Jahrzehnte erwachsen sind. Über die Abgrenzung des Verwaltungsrechtes vom Staatsrecht gibt es nicht viel weniger Definitionen, als Autoren, die sich damit beschäftigt haben. Dennoch ist es möglich, eine Erklärung zu geben, die fast durchgehends dem herrschenden Sprachgebrauche der Praxis entspricht. Das Verwaltungsrecht ist das Recht der einzelnen Verwaltungszweige, während man beim Staatsrecht das Recht des Staatsorganismus als eines Ganzen im Auge hat. Die Frage, wer befugt ist, einen Lehrer anzustellen, gehört in das Verwaltungsrecht der Unterrichtsverwaltung; die Lehre vom Recht der Beamtenanstellung im allgemeinen gehört in das Staatsrecht. An wen ich mich zu wenden habe, wenn mir der Landrat einen Jagdschein versagt, darüber muß ich Aufschluß im Verwaltungsrecht der landwirtschaftlichen Verwaltung (Forstwirtschaft) suchen; allein die Lehre von der Überordnung der höheren Behörden über die unteren im allgemeinen, von den daraus hervorgehenden Rechten, von der Beschränkung dieser Rechte u. s. w. gehört in das Staatsrecht.

Wenn daher im Verwaltungsrecht alle Zweige der Verwaltung abgehandelt werden, so verschafft es trotz dieser Vollständigkeit dennoch nicht die Kenntnisse, die zum Verwalten nötig sind. Dies möge an einem Beispiele dargelegt werden. Wir nehmen hierfür eine ländliche Gemeinde, die, in einiger Entfernung von einer Großstadt gelegen, anfängt, sich mehr nach städtischer Art auszuwachsen, und die sich nicht weiter in der altväterlichen Art des Haus-an-Haus-Reihens vergrößern kann, sondern für die neuen Gemeindeteile einen einheitlichen Bebauungsplan festsetzen will. Die Gemeinde sieht ein, daß der Dorfschulze alten Schlages für die neuen Aufgaben nicht mehr genügt, und stellt an ihre Spitze einen Verwaltungsmann, dessen Qualifikation durch seine Kenntnis des Verwaltungsrechts erbracht wird. Kraft dieser Kenntnis des Verwaltungsrechts weiß in der Tat der neue Gemeindevorsteher anzugeben, wie der Bebauungsplan zustande kommt. Er kennt, wenn wir annehmen, daß der Ort in Preußen liegt, das Fluchtlinien-Gesetz vom 2. Juli 1875. Er weiß danach: 1. daß er und sein Kollegium (der Gemeindevorstand) den Bebauungsplan festzusetzen hat; 2. daß dies im Einverständnis mit der Gemeinde*vertretung* erfolgen muß; 3. daß die Zustimmung der „Orts-Polizeibehörde" erforderlich ist. Er kennt namentlich die Tragweite der letzteren Bestimmung und weiß, daß gegen eine ungerechtfertigte Versagung der Zustimmung ihm der Weg an den Kreisausschuß offen steht; ebenso, wenn er selbst die Orts-Polizeibehörde darstellt, daß dieser Weg auch gegen ihn beschritten werden kann. Er weiß ferner, daß selbst beim Übereinstimmen aller beteiligten Behörden der Bebauungsplan noch nicht in Kraft treten kann, daß vielmehr 4. erst noch eine öffentliche Auslegung und Bestimmung von Fristen für Einwendungen erfolgen müsse; 5. die Behandlung derartiger Einwendungen; sodann 6. die förmliche Feststellung; 7. die Offenlegung; endlich 8. auch die Art und Weise, wie für das Unternehmen die Kosten aufzubringen, insbesondere bis zu welchem Grade und in welcher Art die Anlieger, die von dem Unternehmen den Vorteil haben, auch zur Kostendeckung herangezogen werden können. In allen diesen und der großen Fülle noch weiter dazu gehörender Vorschriften findet sich aber keinerlei Anleitung darüber, wie denn nun die Linien zu ziehen sind, die den Bebauungsplan bestimmen. Die alte Art der Städteanlegung, durch einen Festungsgürtel beengt, zog die beiden Linien, die die Straße begrenzen, möglichst nahe aneinander. Gegenüber dieser Einengung verlangte man für die Bewohner der modernen Städte Luft und Licht und führte ein System breiter Straßen ein.

Je höher an diesen breiten Straßen die Häuser gen Himmel wuchsen und nach hinten in derselben Höhe sich um einen Hof herumgruppierten, desto mehr sah man, daß der größte Teil der Bevölkerung gar nicht an der Luft und Licht gewährenden breiten Straße, sondern an einem engen schlotartigen Lichthof wohnte. Es erhob sich nun die Parole, die großen Häuserblocks durch kleine Straßen zu teilen, d. h. man wandte sich wieder von dem Kultus der breiten Prachtstraße ab und verlangte mehr bescheidene schmale Straßen. Wie breit sollen nun in einem guten Bebauungsplane die Straßen sein? Ist 20 oder 30 Meter eine gute normale Breite? Soll man in manchen Hauptstraßen noch darüber hinaus, in Nebengassen noch darunter gehen? — Gegenüber dem poetischen Reize der krummen und winkligen Straßen der mittelalterlichen Städte hat man in der Neuzeit seinen Ehrgeiz darein gesetzt, Straßen womöglich von einem bis zum anderen Ende des Ortes gerade verlaufen zu lassen. Der Verkehr rollte sich vorzüglich ab, aber der Wind sauste ebenso vorzüglich hindurch. So ist man in neuerer Zeit stutzig geworden und fragt sich, ob es nicht praktischer ist, den Straßenzug ab und zu zu unterbrechen und in die geradlinig verlaufenden Straßen mitten hinein Straßen-Dreiecke zu legen. — Wie soll das städtische Bild im ganzen orientiert sein? Läßt man die Linien wie Meridiane und Parallelkreise der Landkarte genau von Norden nach Süden und von Osten nach Westen ziehen, so erleichtert dies namentlich dem Fremden die Orientierung in hohem Maße. Aber neben der auch hier wichtigen Rücksicht auf die in der Gegend vorherrschende Windrichtung kommt allgemein in Betracht, ob es richtig ist, ganze Straßenzüge der ungemilderten Bestrahlung durch die Mittagssonne auszusetzen oder durch Züge von Nordwesten nach Südosten Sonne und Schatten mehr gleichmäßig zu verteilen. — Es leuchtet ein, daß bei gleich genauer Beobachtung aller Vorschriften des Verwaltungsrechtes das Ergebnis ein guter oder auch ein sehr schlechter Bebauungsplan sein kann. Es ist auch gar nicht gesagt, daß in dem vom Verwaltungsrecht vorgesehenen Einspruchsverfahren etwaige Mängel zum Vorschein kommen müssen. Denn unter den oben erwähnten Mängeln befinden sich zwar manche, die den Interessenten zum Widerspruch reizen (z. B. zu große Straßenbreite, deren Kosten von den Anliegern zu tragen sind), aber die meisten stehen mit Privatinteressen nicht in einem sichtbaren oder wenigstens nicht in einem leicht erkennbaren Zusammenhange. Zuweilen wird der Einspruch von Interessenten sich gerade gegen gute Eigenschaften des Bebauungsplanes richten, und aus dem Verwaltungsrechte ist keine Norm für diese Güte oder ihr Gegenteil zu entnehmen. Übrigens kann die Leistung des Verwaltungsmannes nicht darin bestehen, daß er einen beliebigen Bebauungsplan macht, aus dem nachher im Einspruchsverfahren etwas erträglich Gutes wird; sondern wenn die Herstellung von Bebauungsplänen zu den Aufgaben des Verwaltungsmannes gehört, so muß er befähigt sein, ihn von vornherein gut zu machen und um die Sachkenntnis in seinem Fach anderen ebenso überlegen sein, wie überall der Fachmann den Laien überragt. Für alles dieses versagt in unserem Beispiel das Verwaltungsrecht vollständig. — Andererseits aber ist klar, daß ohne die Kenntnis des Verwaltungsrechtes der Bebauungsplan nicht zustande gekommen wäre. Der hervorragendste Kenner des Städtebaues würde nicht imstande sein, der Gemeinde zu einem Bebauungsplane zu verhelfen, wenn er nicht das Verwaltungsrecht beherrscht. Der vorzüglich aufgestellte Plan würde, wenn die gesetzlichen Vorschriften nicht erfüllt sind, nicht in Kraft treten und also nie ausgeführt werden können.

Dasselbe Verhältnis läßt sich an jeder größeren Verwaltungsaufgabe dartun. Will eine Gemeinde eine Gasanstalt anlegen, so ist aus dem Verwaltungsrecht zu ersehen, welche feuer- und gewerbepolizeilichen Vorschriften für Gasanstalten innezuhalten sind, welche Vorschriften für die Bewilligung der Anstalt als einer kommunalen Einrichtung in Betracht kommen, inwieweit der Magistrat an die Zustimmung der Stadtverordneten gebunden ist (Geldbewilligung), inwieweit er selbständig vorgehen kann (Beamtenernennung) u. s. w. Allein, ob die so zustande gebrachte Gasanstalt gut oder schlecht wird, hängt mit der größeren oder geringeren Kenntnis des Verwaltungsrechtes gar nicht zusammen. Für die Größe einer Gasanstalt und die Fassungsfähigkeit der Rohrleitungen kommt beispielsweise nur der Bedarf eines einzigen Tages im Jahre in Betracht, nämlich des 24. Dezember. Wer die Gasanstalt anlegt und sie nicht auf diesen Tag einrichtet, der kann erleben, daß am Heiligabend die Bevölkerung ihm die Scheiben einschlägt, und daß die Übeltäter nicht einmal zu fassen sind, weil auch die Straßen in tiefem Dunkel liegen. Wenn es ein so feststehender Satz ist, daß die Größe der Gasanstalt nach dem mutmaßlichen Bedarf des 24. Dezember zu bemessen ist, so muß die Wissenschaft, die der Verwaltungsmann braucht, so eingerichtet sein, daß er das aus ihr ersehen kann; die Wissenschaft des Verwaltungsrechts lehrt es nicht. — Der gewiegte Kenner des Finanzrechts wird aus seiner Rechtskenntnis allein niemals eine Antwort auf die Frage schöpfen, wann es vorteilhafter ist, eine Anleihe zu 3%, wann zu 3½ oder 4% aufzunehmen; er muß hierzu die Geld- und Börsenverhältnisse, die Bedingungen der Rückzahlung, das Verhältnis des Agiogewinnes zur Mehrzahlung von Zinsen u. s. w. kennen.

Daß in allen diesen Dingen für die Erfüllung der Verwaltungsaufgaben die Kenntnis des Verwaltungsrechts unentbehrlich ist, und daß sie sich gleichwohl niemals mit den Kenntnissen deckt, die erforderlich sind, um die gute Ausführung der Verwaltungsaufgabe zu sichern, das erklärt sich dadurch, daß zum weitaus größten Teile das Verwaltungsrecht negativ ist. Es gibt in der Hauptsache die rechtlichen Schranken an, die der Tätigkeit des Verwaltungsmannes gesetzt sind. Die Vorschrift, daß der Bebauungsplan offenzulegen, daß für die Gasanstalt die Bauerlaubnis einzuholen, daß für die Anleihe die Beschlüsse der Repräsentativ-Körperschaften erforderlich sind, haben im wesentlichen die Bedeutung, daß es unzulässig ist, einen Bebauungsplan anders als im Offenlegungs-Verfahren, eine Gasanstalt anders als mit Bauerlaubnis, eine Anleihe anders als mit jener Zustimmung in die Welt zu setzen. Welche Rücksichten aber zu nehmen sind, damit ein guter Bebauungsplan, eine ausreichende Gasanstalt, eine sachgemäße Anleihe zustande käme, damit beschäftigt sich das Verwaltungsrecht in der Regel nicht. Hierin gerade läge die Hauptaufgabe einer Verwaltungswissenschaft. In einem vollständigen System der Verwaltungswissenschaft würde das Verwaltungsrecht in jedem Zweige als ein unentbehrlicher, aber in keinem als der wesentliche Bestandteil eine Rolle spielen.

Die erste Frage, die die Verwaltungswissenschaft zu beantworten hat, lautet: Wie *wird* verwaltet? Erst die zweite würde lauten: Wie *soll* verwaltet werden? Das Material zur Beantwortung der zweiten Frage kann aus keinem anderen Schöpfbecken als dem der praktischen Verwaltung entnommen werden. Die Verwaltungswissenschaft ist eine empirische Wissenschaft. Sie muß mit Sammlung der Erfahrungs-Tatsachen beginnen, und erst auf diese Art, induktiv, gewisse Grundsätze finden, aus denen sie nachher, deduktiv, andere ableiten kann. Aber gerade wegen dieser Unentbehrlichkeit der Tatsachen-Kenntnis könnte man auch schlechthin sagen, die Verwaltungswissenschaft habe es mit der Frage zu tun, wie verwaltet werden soll; denn in der Beantwortung würde die Erledigung der ersten Frage, wie tatsächlich verwaltet wird, mit unumgänglicher Notwendigkeit enthalten sein.

Es ergibt sich nun freilich die Frage, ob bei der unendlichen Mannigfaltigkeit und Ausdehnung der Verwaltungsaufgaben eine solche Wissenschaft als einheitliche überhaupt noch möglich ist. Kann es Sache ein und derselben Wissenschaft sein, anzuleiten, wie in der Schule die Lektüre der Klassiker, in der Feuerwehr die Einrichtung der Dampfspritzen, in der Landwirtschaft die Drainage zu gestalten ist? Scheitert der Aufbau einer solchen Wissenschaft nicht von vornherein daran, daß es niemals einen Menschen geben kann, der dies alles beherrscht?

An diesen Einwänden ist zunächst soviel richtig, daß die Einheitlichkeit dieser Wissenschaft nur herzustellen ist, wenn für jeden Verwaltungszweig die Einzelheiten der Technik ausgeschieden werden. Um den Zusammenhang mit der Technik zu wahren, dazu genügen drei Dinge: der Verwaltungsmann muß aus ihr das Wichtigste — d. h. das für ihn Wichtigste — kennen; er muß mit der Technik sich so viel beschäftigt haben, um zu wissen, in welchen Punkten er genauere Auskunft einzuholen hat; endlich drittens muß er wissen, welcher Techniker für die einzelnen Fragen der geeignete Fachmann ist. Eine fernere Einschränkung muß dahin zugegeben werden, daß der Verwaltungsmann nicht alle Zweige in gleich hohem Maße beherrschen kann; er wird in der Regel einen oder einige Verwaltungszweige als sein eigentliches Betätigungsfeld betrachten. Aber mit diesen Einschränkungen ist der Satz aufrecht zu erhalten: daß der Verwaltungsmann alle Zweige der Verwaltung als sein Fach im weiteren Sinne zu betrachten hat.

Mit diesem Satze steht und fällt auch die Einheit der Verwaltungswissenschaft. Der Satz befindet sich in Übereinstimmung mit dem herrschenden System, wonach die Verwaltungsmänner wechseln, und heute die Finanzen dirigiert, wer vorgestern noch die Polizei verwaltete, wonach ein abgedankter Diplomat Theater-Intendant werden und direkt aus der höheren Kirchenverwaltung der Weg an die Spitze eines großen Krankenhauses führen kann. Freilich so sicher wie jener Satz mit dem herrschenden System übereinstimmt, so sicher ist er auch im Widerspruch mit einer weitverbreiteten — vielleicht heute die Mehrzahl der Gebildeten umfassenden — Meinung, die es für unrichtig hält, daß in jedem Verwaltungszweige die Sachkenner in den unteren Ämtern bleiben, während die oberen einer nur untereinander wechselnden Schicht von Verwaltungsmännern vorbehalten sind. Dieser Widerspruch äußert sich in den Klagen über den Assessorismus in der Verwaltung. Er ist im Begriff, sich zu der grundsätzlichen Forderung zu verdichten, daß an die Spitze jedes Verwaltungszweiges ein Fachmann gestellt werden müsse: an die Spitze der Unterrichtsverwaltung ein Lehrer, an die der Medizinalverwaltung ein Arzt, an die der Eisenbahnverwaltung ein Ingenieur u. s. w. Soweit diese Forderungen betonen, daß das gegenwärtige System die spezielle Sachkenntnis in den einzelnen Verwaltungszweigen nicht zu genügendem Einfluß kommen lasse, haben sie Recht. Allein sieht man genauer zu, so richtet sich alles, was diese Kritik anführen kann, nicht dagegen, daß Verwaltungsmänner an der Spitze aller Ressorts stehen, sondern weit mehr dagegen, daß die, die heute an der Spitze stehen, vielfach nicht Verwaltungsmänner, sondern nur Juristen sind. Daß die verwaltungs*rechtliche* Vorbildung zur Verwaltung nicht befähigt, ist richtig; aber daß es keine einheitliche zur Verwaltung aller Zweige befähigende Vorbildung gebe, ist damit in keiner Weise bewiesen. Über das Vorherrschen der Juristen in der Verwaltung ließe sich noch viel Schärferes sagen, als jene kritische Opposition ausspricht, oder mit der Faust in der Tasche in sich hineinspricht. Denn für einen großen Teil der Juristen, die bei uns in die Verwaltung gelangen, würde es noch einen auffälligen Euphemismus darstellen, wenn man sagen wollte, sie seien einseitig verwaltungsrechtlich vorgebildet. Es mangelt ihnen oft alle und jede Kenntnis des Verwaltungsrechts, und sie besitzen lediglich vermöge ihrer privatrechtlichen Vorbildung eine gewisse Anstelligkeit, um sich im Laufe der

Zeit durch eine Reihe von Fehlern hindurch allenfalls in das Verwaltungsrecht hineinzuarbeiten. Allein wenn auch der Assessorismus darin irrt, daß er den Assessor für genügend vorbereitet hält, um alle ordentlichen Verwaltungsämter sachgemäß verwalten zu können, so hat er doch darin recht, daß es eine solche allgemeine und einheitliche Vorbereitung geben soll. Und wenn heute trotz der in den weitesten Kreisen der Nation anerkannten Mangelhaftigkeit dieser Vorbildung sich der Assessorismus gleichwohl hält, so ist dies ein starkes Indizium dafür, daß er irgend eine in der Tat notwendige Staatsfunktion erfüllt. Diese dürfte in der Notwendigkeit eines irgendwie einheitlichen Standes von Verwaltungsmännern liegen, die nicht Spezialisten in der Verwaltung der Eisenbahnen, oder der Finanzen, oder der Polizei u. s. w., sondern Verwaltungsmänner als solche sind. — Die angemessene Art, dem Assessorismus in der Verwaltung entgegenzutreten, läge dementsprechend nicht darin, daß man das einzig Richtige am Assessorismus, nämlich die Einheitlichkeit der Vorbildung, bekämpft, sondern umgekehrt darin, daß die, die an seine Stelle treten wollen, sich diesen seinen einzigen Vorzug anzueignen suchen. Das heißt: die Techniker sollen nicht darauf ausgehen, den Stand von Verwaltungsmännern zu negieren, sondern sie sollen umgekehrt sich selbst zu Verwaltungsmännern ausbilden; sie sollen in ihrer Ausbildung, so sehr auch ein jeder seinen Zweig pflegen möge, darauf bedacht sein, sich alle die Kenntnisse zu erwerben, die der Verwaltungsmann im allgemeinen braucht. Wenn wirklich einmal ein Lehrer an die Spitze des Unterrichtsministeriums tritt, so wird er dazu nicht deswegen befähigt sein, weil er es versteht, den Homer vorzutragen oder die sphärische Trigonometrie klar und einfach auseinanderzusetzen, sondern weil er weiß, wie ein Schulhaus zu bauen ist, das den Anforderungen des Unterrichts und der Hygiene in gleichem Maße entspricht, wie die Geldmittel für die Schule aufzubringen sind, nach welchen Grundsätzen Ruhegehalts- und Alterszulage-Kassen eingerichtet werden, welche Mittel es gibt, um den Fortschritten der Unterrichtsverwaltung in andern Ländern zu folgen u. s. w. Der Ingenieur Freycinet ist in Frankreich nicht deswegen Eisenbahn-Minister geworden, weil er seiner Vorbildung nach befähigt war, Tracierungslinien und Dampfkessel-Revisionen zu beurteilen, sondern weil er ein Mann war, der mit dieser Kenntnis die Fähigkeit verband, große Beamtenkörper zu leiten und Organismen in Bewegung zu setzen; weil er diese Fähigkeiten in so hohem Maße besaß, daß er ebensogut wie das Eisenbahn- auch das Auswärtige und das Kriegsministerium verwaltet hat. Ein Techniker kann, wenn er außer seiner Technik von Verwaltung nicht mehr versteht, als was gerade damit im notwendigen Zusammenhange steht, immerhin ein leidlich guter Verwaltungsmann in seinem Fache sein; ja er kann unter Umständen auch Hervorragendes in dieser Verwaltungstätigkeit leisten. Ein Stand von Technikern in irgend einem Zweige kann es aber zur Geltung in der Verwaltung nur dann bringen, wenn er sich als Stand von Verwaltungsmännern fühlt und demgemäß für sich in Anspruch nimmt, nicht bloß seine Technik, sondern nötigenfalls und in bestimmtem Umfange auch die anderer Verwaltungszweige zu bemeistern.

Alles das tritt am deutlichsten an der Spitze der Verwaltung in die Erscheinung, wo (namentlich in parlamentarisch regierten Ländern — aber auch in andern —) oft genug nur der ein Ministerium erhält, der nicht gerade lange wählt, ob er die Domänen oder die Justiz oder Posten und Telegraphen übernimmt. Allein im Prinzip ist auf jeder Stufe zu verlangen, daß der Verwaltungsmann für die Verwaltung im allgemeinen vorbereitet sein soll, mag auch für einzelne Ämter eine spezielle Vorbereitung daneben noch erforderlich sein oder nicht. Die Einheitlichkeit einer Verwaltung ist nur dann zu wahren, wenn in dem Personal ein Wechsel aus einem Verwaltungszweig in den andern wenigstens zuweilen und nicht als bloße Ausnahme stattfindet. Nur so auch ist es zu erreichen, daß in dem einzelnen Verwaltungszweig die Beziehungen zu allen anderen erkannt und gepflegt werden.

Fassen wir danach die Verwaltungswissenschaft als die Wissenschaft von der besten Verwaltung, so folgt daraus schon, daß wir das Wort Wissenschaft nicht in dem stolzen Sinne eines großen Bestandteiles in einem System der Wissenschaften gebrauchen. Diese Disziplin ist Wissenschaft nur in demselben Sinne, wie es etwa die Chirurgie ist. Sie ist Kunstanleitung auf theoretischer Grundlage. Solche Disziplinen sind für den, der das Fach ausüben will, nicht in jedem Stadium und unter allen Umständen unentbehrlich. Es gab schon eine Chirurgie von ziemlicher Entwicklung, als noch immer ein einzelner Feldscher mit gutem Blick in der Erfassung des richtigen Moments für eine Operation dem theoretisch Gebildeten überlegen sein konnte. Bei dem bescheidenen Stande der heutigen Verwaltungswissenschaft wird sich gar nicht leugnen lassen, daß es auch heute noch unter Umständen einen geborenen Verwaltungsmann geben kann, der ohne jede theoretische Schulung den rite vorgebildeten Verwaltungsmännern sich überlegen zeigt. Je weiter ein Wissenszweig fortschreitet, desto seltener wird dieser Fall. Wie er heute in der Chirurgie bereits unmöglich ist, so wird bei zunehmender Vervollkommnung die Verwaltungswissenschaft auch einmal die Höhe erreichen, auf der sie jedem, der in der Verwaltung etwas leisten will, unentbehrlich ist. — Übrigens ist eine gewisse theoretische Kenntnis der Verwaltungswissenschaft auch heute schon selbst dem Verwaltungsgenie notwendig. Denn mag er selbst für seine Person kraft außerordentlicher natürlicher Beanlagung ohne diese Vorbildung häufiger das Richtige treffen als andere mit ihr, so beruht doch die Verwaltung auf einem Zusammenarbeiten und einem Ineinandergreifen der Teile; und um dieses herbeizuführen, um in jedem Augenblicke zu wissen, wie die anderen arbeiten, kann auch der Genialste des bescheidenen Maßes von Kenntnissen, das die heutige Verwaltungswissenschaft bietet, nicht entraten. Nur muß man nicht die äußerliche Auffassung haben, daß der geistig hochstehende Mann dies gerade in seinen Studienjahren gelernt haben und ein Abgangszeugnis darüber besitzen müsse. Die erfolgreichste Schule für die Verwaltung bleibt schließlich die Verwaltung selbst.

Zum Vorstehenden sind zur Vermeidung von Mißverständnissen noch einige zusätzliche Bemerkungen zu machen. Es ist herkömmlich, im Verwaltungsrecht die Verwaltung der Justiz entgegenzusetzen und diese also von der Verwaltung auszuscheiden. Dieser Sprachgebrauch hat in der politischen Entwicklung der europäischen Staaten seinen Grund und ist für die Terminologie, innerhalb deren er entstand, nicht unberechtigt. Für die obige Darlegung konnte dieser Sprachgebrauch nicht als bindend erachtet werden. Das Prozeßrecht ist tatsächlich das Verwaltungsrecht der Gerichte. Ebensowenig kann die Begrenzung der Verwaltung auf die „innere" Verwaltung unter Ausscheidung des Auswärtigen hier maßgebend sein.

Umfaßt sonach für uns die Verwaltung alle Zweige der Staatsverwaltung, so würde sie in wissenschaftlicher Abgrenzung nicht einmal darauf zu beschränken sein. Daß auch die Gemeinde ihre Verwaltung hat, würde zwar der Beschränkung auf den Staat nicht im Wege stehen, da es auch sonst üblich ist, die Gemeinden, selbst in ihrer autonomen Tätigkeit, als Glieder des Staates aufzufassen oder wenigstens im Systeme unterzubringen. Allenfalls könnte man sich auch mit der Kirchengemeinde und der Kirche als Gesamtorganismus aus Gründen historischer Entwicklung abfinden. Aber „Verwaltung" findet auch da statt, wo alle und jede Berührung mit dem Staatsleben fehlt. Verwaltet wird überall, wo Menschen zu dauernder Gesamttätigkeit organisiert sind. Ein kaufmännisches Geschäft hat ebensogut seine Verwaltung, wie das Büreau eines Landrates. Und gerade gegenwärtig nimmt der Handel Organisationsformen an, in denen die genaue Ähnlichkeit, ja sogar die Identität mit dem, was im Staate Verwaltung genannt wird, unverkennbar ist. Bedeutet schon die Aktiengesellschaft einen Schritt nach dieser Seite hin, so noch mehr die vielfachen Beziehungen der Handelsgesellschaften untereinander in Gestalt von mehr innerlichen oder äußerlichen Fusionen, ferner die Herstellung von Kartellen, Syndikaten, Trusts, die Gesellschaften und Einzelfirmen gemeinsam umfassen und die Tätigkeit von oben nach unten von einer Zentralstelle aus leiten. Die ideale Verwaltungswissenschaft müßte so ausgestaltet sein, daß sie jede Art von Verwaltungstätigkeit in gleichem Maße berücksichtigt, und der bloße Umstand, daß die Tätigkeit staatlich ist oder mit dem Staate zusammenhängt, dürfte auf die wissenschaftliche Erforschung keinen ausschließlich bestimmenden Einfluß üben. Faßt man die Verwaltungswissenschaft in diesem Umfange, so würde sie geradezu ein Kapitel der allgemeinen Soziologie darstellen. Aber auch so lange diese Höhe nicht zu erklimmen ist, darf doch jener weite Geltungsbereich der Verwaltungswissenschaft nicht ganz außer Augen gelassen werden. Schon deswegen nicht, weil garnicht feststeht, welche Aufgaben der Staats-, welche einer privaten Verwaltung zufallen. Noch vor dreißig Jahren galt es in Deutschland als die weitaus überwiegende Meinung, daß die Verwaltung von

Eisenbahnen Sache der Privaten sei, daß es einen Ausnahmezustand darstelle, wenn der Staat, der die Aufsicht führe, gleichzeitig Konkurrent der Beaufsichtigten sei. Heute ist die entgegengesetzte Ansicht in Deutschland wahrscheinlich ebenso allgemein, und sicher ist der entgegengesetzte Zustand allgemein. Gemeinnützige Einrichtungen, für die noch vor wenigen Jahren Verein auf Verein begründet wurde, werden von Gemeinden übernommen, ohne daß darin ein Systemwechsel erblickt würde. Selbst eine Verwaltungswissenschaft, die die Absicht hätte, sich auf die öffentliche Verwaltung zu beschränken, könnte die private nicht ignorieren; denn auch das gehört zum Verwaltungsmann in Staat und Gemeinde, gerüstet zu sein auf die neuen Aufgaben, die der öffentlichen Verwaltung aus der privaten zuwachsen oder doch täglich zuwachsen können.

Unsere Ausführungen über die Stellung der Verwaltung in der juristischen Literatur gingen von der Disziplin des Verwaltungsrechtes gegenüber der des Staatsrechtes aus. Diese Gegenüberstellung kann eine sprachliche Berechtigung für sich nicht in Anspruch nehmen. Ein vollständiges System des Staatsrechtes ist ohne das Recht der Staatsverwaltung nicht denkbar. In der Tat haben die älteren Lehrbücher des Staatsrechtes stets alles mitbehandelt, was über das Recht der Verwaltung zu sagen war. Erst als die Abschnitte über dieses eine immer steigende Bedeutung erhielten und die Loslösung einer besonderen Disziplin unter dem Namen des Verwaltungsrechtes notwendig machten, blieb auf der Rest- oder Stammwissenschaft der alte Name des Staatsrechtes haften. Dieses „Staatsrecht im engeren Sinne" behandelt das, was nach Ausscheidung des Rechtes der einzelnen Zweige noch übrig blieb. Es ist daher in der juristischen Literatur auch vielfach bereits zugestanden, daß für das heutige Staatsrecht der Name Verfassungsrecht angemessener wäre. — Einer Einteilung des gesamten Staatsrechtes in Verfassungs- und Verwaltungsrecht liegt ein deutlich erkennbares Einteilungsprinzip zu Grunde. Verfassung bezeichnet einen Zustand, Verwaltung eine Tätigkeit. Da aber eine Zustandsbeschreibung mehr auf das Allgemeine, eine Tätigkeitsbeschreibung auf das Besondere gerichtet ist, so steht jene Einteilung mit der von uns gegebenen Erklärung des Verwaltungsrechtes keineswegs im Widerspruch. Das Verwaltungsrecht wäre auch hiernach das Recht der einzelnen Verwaltungszweige (der Heeres-, Finanz-, Unterrichts-, Gewerbeverwaltung u. s. w.), während in das Verfassungsrecht die Teile des Staatsrechtes gehören, die allen Verwaltungszweigen gemeinsam sind: Monarchie, Parlament, Begriff des Beamtentums als solchen, Grenzen des Staatsgebietes, Staatsangehörigkeit u. s. w. Es läuft also die Zweiteilung des Staatsrechtes im Grunde genommen auf nichts anderes hinaus, als auf den üblichen juristischen Schematismus des „Allgemeinen Teiles" und des „Besonderen Teiles". — Wie man aber auch die Zweiteilung gestalte, so läßt sie sich in keiner Weise so durchführen, daß nicht gewisse Schnittflächen übrig blieben, die beiden Kreisen gemeinsam sind. Auch die Verfassungsinstitute bedürfen einer Verwaltung. Ein Parlament muß ebensogut seine Bureauräume, seine Aktenführung, seine Kassenrechnung, seine Bibliothek haben, wie jede Verwaltungsbehörde. Soweit die hierauf bezüglichen Bestimmungen überwiegend unter dem Gesichtspunkt ihrer Bedeutung für das Verfassungsleben im allgemeinen betrachtet werden — so z. B. die Frage, ob das Parlament selbst seine Beamten ernennt oder ob sie ihm von der Regierung gestellt werden; ob das Parlament selbst die etatsmäßig feststehenden Gelder für die Ausstattung seines Gebäudes verwenden kann, oder ob dies Sache der Regierung ist (Inschrift am Reichstagsgebäude), — insofern weist man diesen Fragen mit Recht ihren Platz im Verfassungsrecht an. Allein je reicher entwickelt ein parlamentarisches Leben ist, je länger es besteht, desto umfangreicher wird seine Verwaltung in ihren Einzelheiten, und es fällt schließlich jeder wesentliche Unterscheidungsgrund zwischen diesen Einzelheiten des Verwaltungsrechtes und denen anderer Ressorts fort. Man kann die Frage, ob die Regierung das Recht habe, von den Unterschriften der Petitionen Kenntnis zu nehmen, oder ob der Reichstag eine bei ihm eingereichte Petition als *sein* Eigentum verwalten dürfe, als Frage des Verfassungsrechtes behandeln. Wenn aber im Laufe der Jahrzehnte oder gar der Jahrhunderte ein ganzes Reichstags-Archiv erwächst, das unter dem jedesmaligen Präsidenten in derselben Weise wie andere Archive verwaltet wird, so kann man die im Laufe der Zeit in Gestalt von Reichstagsbeschlüssen oder Präsidialverfügungen niedergelegten Grundsätze über die Benutzung dieses Archivs (z. B. auch für Zwecke der historischen Forschung) unmöglich aus dem Grunde zum Verfassungsrecht rechnen wollen, weil sie ihrem Wesen nach etwas anderes seien, als die Grundsätze für die Benutzung anderer Archive. Erkennt man aber einmal den Begriff des parlamentarischen Verwaltungsrechtes an, so kann man ihm seinen wichtigsten Bestandteil, das Recht der Geschäftsordnung, nicht entziehen.[1]) Sobald eben das Verfassungsrecht die Verfassungsinstitute in ihrer Tätigkeit behandeln will, gewinnt es eine verwaltungsrechtliche Seite. — Umgekehrt, wenn das Verwaltungsrecht das Recht der einzelnen Verwaltungsressorts sein will, so wird die Aufzählung der einzelnen Ressorts niemals vollständig sein, wenn ihnen nicht noch eines hinzugefügt wird, das die Staatsaufgaben im allgemeinen wahrzunehmen hat. Die „allgemeine Staatsverwaltung" ist ein Spezialressort wie jedes andere, insofern jede Organisationsfrage, die für ein Spezialressort zu lösen ist, hier ebenfalls gelöst werden muß. Es muß in jedem Staate ein solches Ressort geben, nicht etwa bloß deswegen, damit die Dinge, die bei der Einteilung übersehen worden sind, doch irgendwo einen Unterschlupf finden, sondern weil es auch in der Verwaltung gewisse Objekte so allgemeiner Natur gibt, daß sie bei einer bloßen Spezialeinteilung gerade um ihrer allgemeinen Wichtigkeit willen heimatlos würden (Bevölkerungspolitik, Landesvermessung u. a.). — So läuft denn die Einteilung in Verfassungsrecht und Verwaltungsrecht darauf hinaus, daß beide dasselbe Objekt haben, es aber unter verschiedenem Gesichtspunkte ansehen. Das Verfassungsrecht ist das

---

[1]) Ganz ebenso gibt es auch ein Verwaltungsrecht der monarchischen Gewalt. Auch hier kann man zwar die großen maßgebenden Grundsätze, deren Bedeutung weitaus überwiegend in ihrer Tragweite für das gesamte Staatsleben liegt, a parte potiori zum Verfassungsrecht rechnen, und man kann davon absehen, daß ihre Handhabung schließlich auch Verwaltung ist, wie jede andere. Man kann es z. B. ganz gut mit dem Grundsatz der Gegenzeichnung so halten, wiewohl die Gegenzeichnung eine allgemeine Verwaltungseinrichtung ist, die vom Bureauassistenten bis zum Minister die gesamte Verwaltung durchzieht. Aber die Entschließung des Königs bis zu dem Augenblicke, wo sie die Gegenzeichnung des Ministers erhält (oder wie es sich in der Praxis regelmäßig stellt, die Entschließung auf die vorgelegte Gegenzeichnung hin) entsteht auch nicht formlos. Auch hierfür gibt es einen Apparat, der teils in hergebrachten, teils in schriftlich festgelegten Formen, d. h. nach einem bestimmten Verwaltungsrecht, arbeitet. Daß die herrschende Methode diese Verwaltungsseite der monarchischen Gewalt in der Regel übersieht, hat zur Folge, daß über Institutionen, wie das geheime Zivilkabinett, das Heroldsamt und andere, eine bei praktischen Anlässen recht schmerzlich empfundene Unklarheit besteht.

Staatsrecht, betrachtet unter dem Gesichtspunkte des Verfassungszustandes; das Verwaltungsrecht ist dasselbe unter dem Gesichtspunkte der Verwaltungstätigkeit. In dieser Beschränkung aber ist jene Zweiteilung aufrecht zu erhalten und auch als wissenschaftlich fruchtbar anzuerkennen. — Wenden wir dieses Ergebnis, seines juristischen Charakters entkleidet, auf die Verwaltungswissenschaft im allgemeinen an, und suchen wir daran unsere frühere Erklärung von Sozialpolitik zu messen, so werden wir in einem Punkte diese Erklärung modifizieren können. Wie nämlich dem Verwaltungsrecht das Verfassungsrecht gegenüber steht, so kann es neben der Verwaltungspolitik auch eine Verfassungspolitik geben. Es besteht dann kein Anlaß, die Sozialpolitik auf jene zu beschränken. Es ergibt sich vielmehr auch hier eine Zweiteilung: die soziale Verfassungspolitik und die soziale Verwaltungspolitik. Wie diese in jedes Verwaltungsressort mit sozialen Gesichtspunkten hineintritt, so hat jene die Sozialisierung auch in den allgemeinen Instititutionen des Verfassungslebens (Wahlrecht, Beamtenernennung, Selbstverwaltung) durchzuführen. Allein da wir daran festhalten, daß es keine noch so allgemeine Frage des Staatslebens gibt, die nicht auch von der Verwaltung aus zu erreichen wäre, da also auch der Verwaltung das Allgemeine nicht entzogen ist, so genügt für uns diese Pforte, um der Sozialpolitik den Eintritt in das gesamte Staatsleben zu eröffnen. Für die von uns zu behandelnden Fragen wird das Schwergewicht der Beantwortung auf der Verwaltungsseite liegen.

3. Die Beziehungen von Sozialpolitik und Verwaltungswissenschaft.

Ist die Sozialpolitik die Politik aufgefaßt unter sozialem Gesichtspunkte, so zeigt sich ihr Einfluß auf die Verwaltungswissenschaft zunächst nach der Seite hin, daß der Verwaltungsmann genötigt ist, seine Tätigkeit nach der Wirkung auf die einzelnen sozialen Schichten zu betrachten. Der Individualismus steht zu allen Volksgliedern gleich, weil er allen mit derselben Gleichgiltigkeit gegenübersteht. Die volkswirtschaftliche Wirkung hat es nur mit der Wirkung an einem unpersönlichen Objekt zu tun. Das Eintreten sozialer Gesichtspunkte in die Verwaltung hat zur Folge, daß man die einzelne Maßregel nicht mehr bloß darauf prüft, wie sie auf die Vermehrung des Wohlstandes im ganzen, sondern auch, wie sie auf die einzelnen Schichten des Volkes wirkt. So tritt vor das Auge des Verwaltungsmannes mit einem Male die ganze Buntheit der Wirkungen, die von jeder seiner Maßregeln ausgehen. — Die Änderung besteht aber nicht darin, daß überhaupt in diese Tätigkeit soziale Gesichtspunkte und soziale Beweggründe eintreten. Ohne diese hat eine Verwaltung niemals bestanden. Neu treten jene Motive nicht sowohl in die Tätigkeit, wie in das Bewußtsein ein. Unbewußt wirken Rücksichten auf einzelne soziale Schichten zu allen Zeiten mit. Jede Verwaltung ist beherrscht von den sozialen Anschauungen der Gesellschaftsklasse, aus der ihre leitenden Kräfte hervorgegangen sind und täglich neu hervorgehen. Hier zeigt sich der Einfluß der Sozialpolitik gerade darin, daß die Einseitigkeit der eigenen Anschauungen zum Bewußtsein kommt und neben den Interessen der herrschenden Klasse die der andern zur Berücksichtigung sich melden. Die älteren Steuer- und Kostengesetze ließen die Beträge nach der Höhe des Objektes steigen, machten aber bei einer bestimmten Höhe Halt, gewissermaßen von dem Anstandsgefühle geleitet, daß es doch irgendwo eine Grenze haben müsse, wieviel man dem Untertanen abnehmen könne. Noch bis zum Jahre 1895 galt in Preußen für Akte der freiwilligen Gerichtsbarkeit ein Tarif, der beispielsweise für Testamente nach der Höhe des Wertobjekts von 300—60000 M. mit einer Gebühr von 6—38 M. anstieg, aber für höhere Objekte ein für allemal 50 M. festsetzte. In Wahrheit schlug dieser Tarif dazu aus, daß von den großen Vermögen, je größer sie waren, ein desto geringerer Prozentsatz erhoben wurde, so z. B. auf der untersten Stufe 5/6 %, bei 60000 M. 1/15 %, bei 100000 M. 1/20 %, bei einer Million gar nur 1/200 %. Was hier als anständige Rücksichtnahme galt, war (wenn auch völlig unbewußt) die Rücksichtnahme auf das Interesse der hochbegüterten Volksklassen. Die soziale Anschauungsweise, d. h. diejenige, die unter dem Gesichtspunkte der Wirkungen auf alle sozialen Schichten urteilt, sieht darin eine Schonung der Reichen zu Lasten der Minderbegüterten. Ein besonderes Beispiel für den unbewußten Druck der Anschauungen einer einzelnen sozialen Schicht bietet die Verwaltungsorganisation selbst in der Gestaltung des unentgeltlichen Ehrenamtes. Die Vorstellung, daß es zu den schönsten Bürgerpflichten gehöre, seine Tätigkeit unentgeltlich in den Dienst des Gemeinwesens zu stellen, entspricht dem Vorstellungskreise einer Bevölkerungsklasse, die von der Sorge um des Lebens Notdurft nicht gar zu schwer bedrückt ist. Indem sie ihre Anschauungsweise für allgemeingiltig hält, betrachtet sie es als selbstverständlich, Ehrenamt und Besoldung als unverträglich hinzustellen. Ganz anders ist die Wirkung auf die besitzlosen und schwer arbeitenden Klassen, die dadurch, wenn auch nicht von allen, so doch von einem großen Teile der Ehrenämter ausgeschlossen werden. Zuweilen ist die Gesetzgebung von jenen Anschauungen so vollständig beherrscht, daß der Verwaltungsmann suchen muß, sich neue Wege, wenn auch nicht gegen das Gesetz, so doch neben ihm, zu beschaffen. Das Bürgerliche Gesetzbuch hat in dem Abschnitt „Führung der Vormundschaft“ 2 Paragraphen über die Person und 33 über das Vermögen des Mündels. Das Gesetzbuch ist hierin nicht besser und nicht schlechter als seine Vorgänger waren, die die Vormundschaft hauptsächlich als Vermögensfürsorge behandelten. In Wahrheit kommt der Fall, daß ein Waisenkind Vermögen hat, nur sehr selten vor; und das Institut, das auf diesen Ausnahmefall zugeschnitten ist, paßt wohl für einen ganz kleinen Teil des Volkes, aber nicht für seinen Hauptbestandteil. Hier muß der Verwaltungsmann, der für die Hilflosen unter der heranwachsenden Generation sorgen will, die Einseitigkeit des Gesetzgebers erkennen. Nur dann wird er imstande sein, eine Nebeneinrichtung, wie den Waisenrat, ein fakultativ zugelassenes Verfahren, wie die Anstalts-Vormundschaft, so auszubauen, daß durch die ausgiebige Benutzung dieser Nebeneinrichtungen wieder gut gemacht wird, was an der Haupteinrichtung verdorben ist. Erst der bewußten Betrachtung der Wirkungen auf alle sozialen Klassen weicht allmählich der Druck jener unbewußten Einseitigkeit. Und der Lohn für diese Umdeutung, die nicht ohne große geistige Anstrengung und auch nicht ganz ohne geistige Erschütterungen vor sich geht, ist die Erweiterung des geistigen Gesichtskreises, ja eine unendliche Bereicherung des Weltbildes.

Die Interessen der einzelnen sozialen Schichten, die auf diese Art zur Berücksichtigung gelangen sollen, sind aber nichts Feststehendes. Sie können nur erkannt werden aus den Forderungen und Ideen, die in den einzelnen Kreisen lebendig sind. Die Vertrautheit mit diesem Ideenleben ist mehr als bloßes Hilfsmittel zur Erkenntnis der Interessen. Das Vorhandensein von Wünschen, Bedürfnissen, Anschauungen aller Art ist an sich ein Faktor, mit dem gerechnet werden muß, ohne Rücksicht darauf, ob man den einzelnen Punkten eine objektive Berechtigung zugesteht oder nicht. So liegt denn eine zweite Einwirkung der Sozialpolitik auf die Verwaltungswissenschaft darin, daß sie das Ideenleben der einzelnen sozialen Schichten in diese Wissenschaft einströmen läßt. Hierdurch treten die Parteien, die jene Vorstellungswelt zum Ausdrucke bringen, in eine ganz andere Stellung zur Verwaltung des Staates. Je mehr eine Partei sich von der Rücksichtnahme auf das Bestehende loslöst, um, frei entfaltet, Zukunftspläne zum Ausdruck zu bringen, je rücksichtsloser und lauter ihre Sprache ertönt, desto leichter ist es, aus ihren Lebensäußerungen zu erkennen, nach welcher Richtung hin die Wünsche einer Bevölkerungsschicht liegen. Darauf beruht die Bedeutung einer radikalen Partei in unserer Zeit. Sie leistet gewissermaßen die Dienste eines sozialen Mikroskops. So erklärt sich auch der ungeheure Einfluß, den die Sozialdemokratie auf alle Sozialpolitiker und Verwaltungsmänner unserer Zeit geübt hat. Vergleicht man den Ideenschatz der Verwaltungsmänner von heute und vor dreißig Jahren, so sind in dem Gedanken-Inventar deutlich die Plätze zu bezeichnen, die auf diese Art ihre Füllung erhalten haben. —

Genau nach der entgegengesetzten Seite liegt der Einfluß, den die Verwaltungswissenschaft auf die Sozialpolitik ausübt. Faßt man die Sozialpolitik als Verwaltungspolitik, so muß sie alle charakteristischen Merkmale der Verwaltung mit ihr teilen. Unter den Aufgaben der Verwaltung steht keine so hoch, wie die, das verwaltete Objekt in seinem Bestande zu erhalten. Mag ein Verwaltungsmann Umwandlungsplänen noch so weitherzig und schaffensfreudig gegenüberstehen, neun Zehntel seiner Tätigkeit wird immer auf den gewohnten Gang der Geschäfte zu verwenden sein, dessen Hauptaufgabe es ist, den anvertrauten Gegenstand der Fürsorge zunächst vor Untergang und Verderben zu bewahren. Hierauf beruht der konservierende Charakter jeder Verwaltungstätigkeit. Er ist unabhängig von der eigenen politischen Meinung. Er drängt sich jedem Verwaltungsmann und darum jedem Sozialpolitiker auf, ohne Unterschied der Parteirichtung.

Eine zweite große Änderung hat die Auffassung der Sozialpolitik als Verwaltungspolitik zur Folge, indem sie, aus ihrer Isolierung befreit, in den Zusammenhang des Ganzen hineingestellt wird. Jetzt, wo die Sozialpolitik nicht mehr als ein neuer den überlieferten Bestandteilen der Verwaltung hinzugefügter Teil erscheint, wo sie ebenso wie jede andere Auffassung der Verwaltung diese als Ganzes betrifft, kann eine sozialpolitische Aufgabe nicht mehr mit der Schaffung der geforderten Einrichtung als gelöst erscheinen. Der neu gepflanzte Baum soll aus dem gesamten ihn umgebenden Erdreich seine Kräfte saugen, und der Gärtner, der ihn gepflanzt hat, hat die fortlaufende Aufgabe, ihm diese Möglichkeit zu wahren. Ja schon der Standort, der einer neuen Einrichtung gegeben wird, ist unter diesem Gesichtspunkte auszusuchen. Ebenso muß auch jede sozialpolitische Schöpfung Kräfte an die anderen Verwaltungsorganisationen abgeben. Hierbei ergeben sich dann zwischen der Sozialpolitik und den sonstigen Staatsaufgaben ganz andere Beziehungen als die eines eifersüchtigen Abrechnens. Keineswegs hat eine neue sozialpolitische Einrichtung von dem, was sie an andere Verwaltungseinrichtungen abgibt, immer Verlust. In einem wohlgefügten Verwaltungsorganismus muß der Verkehr der einzelnen Zweige untereinander so geregelt sein, daß sie alle aus ihm Vorteil haben. Und bestände dieser Vorteil im Einzelfalle selbst in nichts anderem, als in einem gut geregelten Erfahrungsaustausch, so würde auch dieser schon von hohem Wert sein.

Die dritte und vielleicht bedeutsamste Beeinflussung der Sozialpolitik ergibt sich daraus, daß die Verwaltungswissenschaft nicht bloß Wissenschaft von der öffentlichen, sondern ganz ebenso auch von der privaten Verwaltung ist. Bei jeder sozialpolitischen Einrichtung sind eine Fülle von Aufgaben unabhängig davon, ob die Einrichtung von Staats wegen oder durch freie Vereinsbildung durchgeführt wird. Auf diese Art tritt die Frage, ob staatliche oder private Mittel, mehr in den Hintergrund, und den Vordergrund nimmt die andere Frage ein, was mit diesen Mitteln anzustreben ist. Der Sozialpolitiker, der beispielsweise an die Krankenversicherung herantritt und ihre Regelung als Verwaltungsaufgabe betrachtet, findet an Problemen vor: die Ausdehnung der Krankenunterstützung über einen möglichst großen Zeitraum, Einführung von Genesungsheimen, freie Arztwahl oder beamtete Ärzte, Vertragsverhältnis der Kassen zu den Apothekern, Vorzüge der Kassengliederung nach Berufen oder Zusammentreffen verschiedener Berufsgattungen in ein und derselben Kasse, — alles Aufgaben, die zu lösen sind, mag die Krankenversicherung durch staatlichen Zwang oder durch freie Initiative herbeigeführt werden. Indem aber auf diese Art die Streitfrage, ob staatlicher Zwang oder freie Initiative, in den Hintergrund gerückt wird, wird doch gleichzeitig ein sehr erheblicher Einfluß zu Gunsten der einen Seite geübt. Rein logisch angesehen, hat es zwar garnichts zu bedeuten, wenn durch die Auffassung der Sozialpolitik als Verwaltungspolitik eine Wissenschaft geschaffen wird, die lehrt, wie die Einrichtungen ins Werk zu setzen sind, gleichgiltig, ob sie auf staatlichen Zwang oder aus freier Initiative entstehen. Psychologisch aber hat diese Gleichsetzung zur Folge, daß auf diesen Gebieten die staatliche Tätigkeit als ebenso berechtigt erscheint wie die private. Oder, anders ausgedrückt: je mehr die Einzelheiten der Verwaltung erörtert werden, desto mehr entwöhnt man sich des Eingehens auf jene Prinzipienfrage. — So bietet denn auch die in der Praxis längst zur Geltung gelangte (wenn auch theoretisch noch nicht vollzogene) Auffassung der Sozialpolitik als Verwaltungspolitik den Schlüssel zu der großen Verschiebung der sozialpolitischen Parteien, die sich in den letzten Jahrzehnten vollzogen hat. Für Deutschland fällt die Scheidung der Geister deutlich erkennbar in das Jahr 1872. Bis dahin hatte als eine alle Richtungen umfassende Vereinigung der Kongreß deutscher Volkswirte bestanden. Da in diesem Kongreß, der damals überwiegend herrschenden Strömung entsprechend, die Gegner der Staatseinmischung die Oberhand hatten, so traten eine Anzahl angesehener Sozialpolitiker, die einer stärkeren Staatseinmischung günstig gesinnt waren, in Eisenach zum „Verein für Sozialpolitik" zusammen. Der Gegensatz, ob für oder wider staatliche Einmischung, beherrschte auch die Literatur dieser Zeit und brachte Männer, die in ihrer politischen Gesamtüberzeugung nahe verwandt waren, auf das schärfste aneinander, wie denn der Treitschke-Schmollersche Broschürenwechsel aus jener Zeit lange als programmatisch für beide Teile gelten konnte. So sicher nun die Streitfrage wissenschaftlich erörtert werden mußte, ebenso sicher war die Wissenschaft die allerungeeignetste Stätte, wenn nach solchen Programmen hin eine Vereinsgruppierung stattfinden sollte. Denn wissenschaftliche Vereine können sich wohl nach Problemen sondern, aber nicht nach bestimmten Antworten, die sie auf ein und dasselbe Problem geben. In den beteiligten Kreisen selbst hatte man auch ein Gefühl davon, daß jene Scheidung für und wider Sozialpolitik mit wissenschaftlicher Vorurteilslosigkeit nicht wohl vereinbar, daß es vielmehr Aufgabe einer wissenschaftlichen Vereinigung sei, Anhänger verschiedener und entgegengesetzter Richtungen zusammenzubringen. Deswegen versuchten der Verein für Sozialpolitik und der Kongreß deutscher Volkswirte abwechselnd Jahr um Jahr zu tagen, indem abwechselnd die Mitglieder des einen wie des anderen Vereins als Gäste erscheinen sollten. Es hätte damals nicht an Persönlichkeiten gefehlt, die als Leiter der Gesamtverhandlungen sich das gemeinsame Vertrauen erwerben und die verschiedenen Richtungen wieder in eine gemeinsame wissenschaftliche Organisation hätten einführen können. Indes ist es zu dieser Entwicklung nicht gekommen, da der Kongreß deutscher Volkswirte immer mehr zurücktrat und seit 1885 überhaupt keine Sitzungen mehr hielt. Das Interesse für die Erörterung jener Prinzipienfrage, die ehemals scharf scheidend gewirkt hatte, ist heute in Theorie und Praxis in gleicher Weise schwach geworden. Heute ist die Frage, ob für oder gegen stärkere Staatseinmischung, nicht mehr das Schiboleth, an dem der Gesinnungsgenosse erkannt wird, sondern auf der einen Seite stehen die, welche die Hebung der unteren Volksklassen wollen (sei es mehr mit staatlichen, sei es mehr mit privaten Mitteln), und auf der anderen Seite die, welche diese Hebung nicht wollen. Den Schlüssel zu dieser in den letzten Jahrzehnten eingetretenen Verschiebung gibt die immer steigende Auffassung der Sozialpolitik als Verwaltungspolitik und die Tatsache, daß die Verwaltungswissenschaft sich als eine Wissenschaft erweist, die ihr Problem zu behandeln hat, gleichgiltig, ob der Träger der Lösung ein öffentlicher oder ein privater Verwaltungskörper ist. — Hiermit soll über die Bedeutung jener Prinzipienfrage nicht etwa geringschätzig geurteilt, es soll nur erklärt werden, wieso sie in der letzten Zeit in den Hintergrund getreten ist. Aber eine so hohe Bedeutung man selbst der allgemeinen Frage beilegen möge, *ob* Sozialpolitik getrieben werden soll, — in eine Wissenschaft der Sozialpolitik gehört sie nicht, so wenig wie die Frage, ob Kriege geführt werden sollen, in die Wissenschaft der Strategie gehört. Die zuständige Stelle für jene Frage ist die allgemeine Staatslehre, die allgemeine Gesellschaftslehre, die allgemeine Nationalökonomie; und in dem Lehrgebäude, namentlich der letzteren, nimmt ja auch in dem Kapitel von dem Eingreifen des Staates in das wirtschaftliche Leben diese Frage einen breiten Raum ein. In die sozialpolitische Wissenschaft aber gehört nur die Frage: *wenn* Sozialpolitik getrieben werden soll, *wie* soll sie getrieben werden?

Ist die Forderung einer sozialpolitischen Verwaltungswissenschaft, wie sie hier erhoben wird, etwas gänzlich Neues? Im Verwaltungs*recht* sucht man sie vergebens. Und der beherrschende Einfluß, den das juristische Moment auf die heutige Literatur über Verwaltung geübt hat, macht sich auch hierin geltend. Allein wenn auch eine solche Wissenschaft heute nicht besteht, so hat sie doch früher einmal bestanden. Der sozialpolitische Gedanke, als Gedanke der Fürsorge für die einzelnen sozialen Schichten, ist recht eigentlich das Formgebende für die alte „Polizeiwissenschaft" als Verwaltungswissenschaft gewesen. Daß hierbei die Hauptvertreter der alten Polizeiwissenschaft in ihrer Blütezeit auf die möglichste Erhaltung der sozialen Schichten in ihrer Verschiedenheit ausgingen, während gerade ihre Überwindung der großen Mehrzahl der heutigen Sozialpolitiker als Hauptaufgabe gilt, das kann wohl einen Unterschied in der Auffassung, aber nicht in der Abgrenzung der Wissenschaft begründen.

Die alten Lehrbücher der Polizeiwissenschaft, wie sie vom 18. in das 19. Jahrhundert hineinragen, haben um die Zeit, als man anfing, dem Polizeistaat den Rechtsstaat als vermeintlich ausschließenden Gegensatz gegenüberzustellen, noch eine letzte versöhnende Darstellung durch Robert v. Mohls „Polizeiwissenschaft nach den Grundsätzen des Rechtsstaates" in den Jahren 1832—1834 erhalten. Hiermit schließt diese Lehrbuch-Literatur ab. Der Gesichtspunkt der Fürsorge und der verwaltungsmäßigen Rücksichtnahme auf die einzelnen sozialen Schichten erlebte dann, etwa in den 60er und 70er Jahren, noch einmal eine hervorragende Nachblüte. Im Jahre 1865 begann Lorenz v. Stein seine große „Verwaltungslehre", die er nur in der kürzeren Fassung des Handbuches (1870) zum Abschluß brachte. Und innerhalb des Verwaltungs*rechtes* suchte Gneist in seinen Studien über die englische Selbstverwaltung (1857—63), sowie in seinen gesetzgeberischen Forderungen über „Verwaltung, Justiz, Rechtsweg" (1869) denselben Gesichtspunkten zur Geltung zu verhelfen. Dann aber ist diese Wissenschaft wie erloschen. Nur noch neue Auflagen jener Werke erinnern an die frühere Entwicklung (so Mohl noch 1866, Stein 1888; um dieselbe Zeit mehrfach Gneist). In den Lektionskatalogen verschwindet die alte Vorlesung über Polizeiwissenschaft, und wo sie sich noch eine Zeitlang hält, wird die Bedeutung der Ankündigung von den Studierenden in der Regel nicht mehr verstanden. Die gewaltigste Zusammenfassung des staatswissenschaftlichen Wissensstoffes, die unsere Zeit hervorgebracht hat, das „Handwörterbuch der Staatswissenschaften", hat nicht einmal mehr einen besonderen Artikel Polizeiwissenschaft und erwähnt diese Wissenschaft unter „Polizei" nur mit wenigen Zeilen. Das Wort

Polizeiwissenschaft scheint aus dem Sprachgebrauch ganz und gar verschwunden zu sein. Wir besitzen in Deutschland zwei Wörterbücher, von Sachs-Villatte und von Muret, die für die Übersetzung in das Französische und Englische den deutschen Sprachschatz mit einer so vollständigen Berücksichtigung der technischen Ausdrücke zusammenstellen, wie sie kaum in einer anderen Wörtersammlung erreicht wird. Das Wort Polizeiwissenschaft fehlt in beiden. — Dadurch darf man sich nicht täuschen lassen, daß in der heutigen Literatur zuweilen statt des Wortes Verwaltungs r e c h t auf dem Titel Verwaltungs l e h r e erscheint, und daß auch die Einleitung eines Buches vielfach eine Lehre von der besten Verwaltung erwarten läßt. Tatsächlich sind derartige Werke ausschließlich oder weitaus überwiegend juristischen Charakters. Das gilt selbst von dem größten Teile der „Verwaltungslehre" in dem Schönbergschen Handbuch, wiewohl es immerhin schon als ein beachtenswertes Zugeständnis an das Bedürfnis nach einer Verwaltungswissenschaft gelten muß, daß ein Handbuch der „politischen Ökonomie" vorurteilslos genug ist, um einer besonderen Abteilung den Titel Verwaltungslehre zu geben.

Dieser literarische Zustand bestimmt die nächsten Aufgaben einer Verwaltungswissenschaft. Die erste und wichtigste Aufgabe ist: die Anknüpfung an die alte Polizeiwissenschaft wieder zu suchen. Es macht sich in der Wissenschaft unserer Tage nach vielen Seiten eine gewisse Überhebung in der Geringschätzung der alten Literatur geltend. Nach keiner Seite hin hat sie verhängnisvoller gewirkt, als in der bis zur Vernichtung getriebenen Vernachlässigung der alten Polizeiwissenschaft. Hier gilt es, Brücken rückwärts zu schlagen.

Immerhin werden wir auf diese Art nicht mehr, als eine gewisse, wohldurchdachte und ehemals wohl angebrachte Systematik kennen lernen, die im Aufbau einer Wissenschaft niemals zu entbehren ist, solange sie nicht durch eine bessere ersetzt worden. Aber der Rahmen, der auf diese Art gewonnen wird, bedarf einer Füllung. Die Herbeischaffung des Materials für diese Füllung bezeichnet die zweite große Aufgabe. Für die Materialsammlung ist in der Zwischenzeit der Faden gerissen, und diese Tätigkeit muß an den meisten Punkten von neuem beginnen. Die Kenntnis des Details der Verwaltung gewinnt aber für unsere Zeit eine ganz neue, früher nicht gekannte Bedeutung. Die Änderungen in den Einzelheiten folgen heute ungleich schneller aufeinander, als in früheren Zeiten. Früher hatte der gereifte Mann, etwa in den dreißiger Jahren, im großen und ganzen sich die Kenntnisse erworben, mit denen er bis an sein Lebensende auskommen konnte. Die Regel war, daß die Änderungen etwa im Wechsel der Generationen sich vollzogen. Heute ist es umgekehrt die Regel, daß ein und dieselbe Generation die Einrichtungen, in denen sie groß geworden ist, zu Grabe tragen muß, um andere an ihre Stelle zu setzen. Darum ist es heute von unendlich viel größerer Wichtigkeit als früher, die Flüssigkeit aller Verwaltungseinrichtungen zu betonen, nicht eine Sammlung als eisernen Bestand zu schaffen, sondern Vorrichtungen und Anleitung zu Beobachtungen zu geben, die eine beständige, unaufhörliche Erneuerung ermöglichen. — Dieser Gesichtspunkt ist gerade mit besonderer Intensität durch die Sozialpolitik der Verwaltungswissenschaft aufgenötigt. Denn nur in wenigen Gebieten sind die sozialpolitischen Fortschritte durch große Akte der Gesetzgebung eingeleitet worden. In weitaus den meisten Ressorts heften sie sich an eine veränderte Auffassung des Details, die in keiner anderen Weise gelernt werden kann, als durch unausgesetzte Beobachtung. Indem aber unsere Zeit so der Verwaltungswissenschaft neue Aufgaben gestellt hat, hat sie gleichzeitig auch die Mittel geschaffen, diesen schwierigen Aufgaben in höherem Maße gerecht zu werden. Ein höher entwickeltes Verkehrswesen gestattet heute in ganz anderem Umfange als früher, selbst für die Beobachtung von Einzelheiten eigene Reisen von Ort zu Ort zu unternehmen und persönliche Beziehungen zu pflegen. Fast für alle Gebiete der Verwaltung gibt es große Wanderversammlungen, die bald an dem einen, bald an dem anderen Orte einen Erfahrungsaustausch größten Maßstabes bewerkstelligen oder vorbereiteten. Im Staats-, Gemeinde- und Vereinsleben macht die Öffentlichkeit und Zugänglichkeit der Verwaltung beständige Fortschritte. So wächst mit der Schwierigkeit der Aufgabe auch die Möglichkeit ihrer fortschreitenden Lösung. — — —

Für ein solches Lehrgebäude der Sozialpolitik und der Verwaltungswissenschaft zunächst einige Bausteine beizusteuern, ist der Zweck des vorliegenden Werkes.

Zweites Buch.

Arbeitsmarkt und Arbeitsnachweis.

1. Der Arbeitsmarkt im Vergleich zu andern Märkten.

Es hat eine Zeit gegeben, in der die Getreidehändler, wenn sie für ihre Ware einen höheren Preis erzielen wollten, das Getreide einsperrten, bis nach Wochen oder Monaten entweder die hungernde Bevölkerung den geforderten Preis zahlte, oder eine gesteigerte Einfuhr die Unmöglichkeit der Preissteigerung klarlegte und die Türen der Speicher öffnete. Heute kommen derartige Vorgänge auf dem Warenmarkte zwar zuweilen auch noch vor, und der Kupferring von 1887 hat gezeigt, daß sie bis in die äußersten Konsequenzen durchgeführt werden. Allein wenn sie sich einmal ereignen, so tragen sie den Charakter des vereinzelten Ereignisses. In der Regel spielt sich heute der Preiskampf auf dem Warenmarkte schneller und einfacher ab. Statt das Getreide einzusperren, sich dem Hunger auszusetzen, schließlich den geforderten Preis notgedrungen herabzusetzen, oder den gebotenen ebenso notgedrungen zu erhöhen, einigen sich Anbietende und Nachfragende von vornherein auf den Preis, den die Entziehung der Brotfrucht oder die Zurückhaltung vom Kauf mutmaßlich erzwingen würde. In ähnlichen Formen vollzieht sich heutzutage der Kampf überall, wo der Besitzer der Ware mehr verlangt, als der Kauflustige geben will. Es können zwar Tage und Wochen vergehen, bis das Geschäft in flotteren Gang kommt; aber der Versuch, zum Zwecke der Preiserhöhung die Ware ganz aus dem Markte zu nehmen und den Verkehr stillzulegen, kommt heute nur noch als kuriose Ausnahme vor.

Nur *einen* Markt gibt es, auf dem diese urzeitliche Art des Preiskampfes noch die nahezu allgemein übliche ist: den Arbeitsmarkt. Wenn Arbeiter, die einen Tagelohn von 2,50 Mark beziehen, den Satz von 2,75 Mark für angemessen halten, so tun sie sich zusammen und erklären einheitlich, daß sie ihre Ware Arbeitskraft überhaupt nicht feilhalten, so lange nicht der geforderte Preis gezahlt wird. Am schärfsten und deutlichsten tritt dieses Vorgehen beispielsweise bei den Generalstreiks im Baugewerbe hervor, wenn die Bauarbeiter eines Ortes geschlossen erklären, daß die Bautätigkeit stillgelegt sei, bis die Forderungen auf allen Bauten bewilligt wären. Umgekehrt kommt auch der Fall vor, daß die Unternehmer erklären, alle Betriebe stillzulegen, so lange für einen Teil der Arbeiter Mehrforderungen erhoben werden. Ist der Generalstreik die schroffste und daher deutlichste Form dieses Kampfes, so ist doch die Kampfesweise im wesentlichen dieselbe, wenn die Betriebseinstellung nicht auf alle, sondern nur auf die widerstrebenden Betriebe erstreckt wird; ja selbst dann, wenn sich Arbeitgeber und Arbeiter nur eines Betriebes gegenüberstehen: immer besteht das Kampfesmittel darin, daß die Ware Arbeitskraft eingesperrt, daß die Kauflust zurückgehalten, daß der Markt (sei es nun allgemein, sei es für einen bestimmten Fall) leergesetzt wird, daß durch Aushungern festgestellt werden soll, welche Partei es am längsten aushält.

Untersucht man, wie der Warenmarkt jene primitive Kampfesweise allmählich überwunden hat, so ergiebt sich, daß es im Laufe der Jahrhunderte desto seltener zu ihrer Anwendung kommt, je besser beide Teile über die Lage des Marktes unterrichtet sind. Solange es auf dem Warenmarkte an einer zuverlässigen Berichterstattung fehlte, solange der Einzelne, der Nachrichten über die Preisbildung an anderen Orten besaß, sie als Geschäftsgeheimnis ängstlich hütete, um durch den Besitz dieser Kenntnis seinem Gegner ebenso überlegen zu sein, wie dieser sich im Besitze vielleicht einer gegenteiligen Mitteilung auch überlegen glaubte: solange mußte es der regelmäßige Fall sein, daß jeder, gestützt auf seine vermeintlich bessere Kenntnis der Marktlage, das Äußerste wagte und durchzutrotzen suchte. Je mehr aber die Mitteilungen von den verschiedenen Märkten in eine große vergleichende Berichterstattung zusammenflossen, je mehr die Nachrichten von der einen und von der andern Seite im Lichte der Öffentlichkeit sich gegenseitig kontrollierten, desto geringer mußte die Versuchung zu so gewaltsamem Vorgehen werden. Und rein objektiv: je feiner und vollkommener der Melde-Apparat wurde, je häufiger die Berichterstattung mit dem wahren

Sachverhalt sich deckte, und je bessere Schulung beide Teile in der Beherrschung des Materials und in der richtigen Urteilsbildung erlangten, desto häufiger mußte auch der Fall eintreten, daß beide Teile in ihrem Urteil über die Marktlage zusammentrafen, oder wenn sie einmal auseinandergingen, sich in verhältnismäßig kurzer Zeit gegenseitig überzeugten.

Auf jener Stufe mangelhafter Information, auf der der Getreidehandel vielleicht in der Zeit vom 15. bis zum 17. Jahrhundert stand, befinden sich in der Regel heute noch die beiden Teile, die um den Preis der Ware Arbeitskraft streiten. Kaum, daß sie über die Lage am Platze selbst ausreichend unterrichtet sind, noch weniger über den Stand an anderen Plätzen. Da hat ein Arbeitgeber gehört, daß sein Nachbar Arbeiter entlassen hat, und er ist sofort überzeugt davon, daß die Mehrforderungen seiner Arbeiter leichtsinnig sind, da ja sofort andere zu haben wären. Daß seit einigen Tagen die in den Vorstädten gelegenen Militär-Werkstätten Arbeiter suchen, ist ihm entgangen. Nachdem er seinen Betrieb ein paar Tage hat stillstehen lassen, ist er froh, an Stelle der ausgeschiedenen Arbeiter andere, vielleicht zu etwas höheren Löhnen, als die geforderten waren, einstellen zu können. Umgekehrt ist es kein seltener Fall, daß die Arbeiter in gut besuchten Versammlungen feststellen, daß alle Arbeitskräfte am Orte vergeben, ja sogar daß weitere noch gesucht sind; aber sobald sie, darauf gestützt, in den Streik getreten sind, strömen auf ein einziges Inserat hin aus anderen Städten derartige Massen von Arbeitern herbei, daß der Streik in sich zusammenbricht.

Will man daher die gewaltigen Erschütterungen des gewerblichen Lebens, die durch die Arbeitskonflikte in Gestalt von Streiks und Aussperrungen herbeigeführt werden, im Laufe der Zeit seltener machen, so hat man zu diesem Ziele denselben Weg vor sich, den der Warenmarkt der historischen Entwicklung nach bereits hinter sich hat: man muß versuchen, eine ebenso zuverlässige und ebenso rasche Berichterstattung über die Lage des Arbeitsmarktes zustande zu bringen.

Der tiefere Grund, weswegen die Berichterstattung über den Arbeitsmarkt so sehr zurückgeblieben ist, liegt darin, daß der Arbeitsmarkt selbst noch nicht entfernt die Organisation gefunden hat, die ihm seiner volkswirtschaftlichen Bedeutung nach zukäme. Wandelt man die Ergebnisse der letzten deutschen Berufszählung nach der inzwischen stattgefundenen Volksvermehrung um, so kann man die Zahl der Personen, die von ihrer Handarbeit leben, auf etwa 15 Millionen angeben. Rechnet man im Durchschnitt auf jeden auch nur wenig mehr als 1—2 Mark Tagelohn, so würde dies bei einem Arbeitsjahr von 300 Tagen schon eine Jahressumme von rund 5—10 Milliarden Mark ergeben. Dies ist etwa der jährliche Umsatz, der in der Ware „Arbeit" in Deutschland gemacht wird. Um die Bedeutung dieser Umsatzziffer würdigen zu können, stellen wir einige andere Ziffern aus der deutschen Handels- und Produktionsstatistik daneben. Die Umsatzziffer hält schon in ihrem Minimum die Höhe inne, wie sie der gesamte deutsche Außenhandel nach den Erhebungen für den Spezialhandel zeigt (1901 Einfuhr: 5,7 Milliarden; Ausfuhr: 4,5 Milliarden). Der Wert aller Bergwerks-Erzeugnisse im Deutschen Reiche zusammengenommen, beträgt (1900) nur etwa 1¼ Milliarde. Der Verbrauch an sämtlichen Getreidearten, in- und ausländischen zusammengenommen, mag sich in seinem Werte auf 2—3 Milliarden Mark belaufen.

Nach alledem käme der Ware „Arbeit" nach dem Werte des jährlichen Umsatzes in der Organisation der deutschen Volkswirtschaft und in der berichterstattenden Statistik ein geradezu majestätischer Platz zu. In Wirklichkeit ist das Gegenteil der Fall. Die amtliche Statistik steigt in der Spezialisierung der Waren bis zu kleinen Gruppen herab. Sie hält es für der Mühe wert, den auswärtigen Handel in seinem Steigen und Sinken bis auf Bettfedern und Blauholz, bis auf Rosinen und Korinthen herab zu spezialisieren. Die Statistik des Außenhandels ermittelt eine große Reihe von Positionen, deren gesamter Jahresumsatz sich nur noch in Bruchteilen von Millionen ausdrücken läßt. Die deutsche Produktions- und Konsumtions-Statistik geht schon jetzt so weit, wie die Steuerverfassung und die Ernteermittlungen nur irgend gestatten. Sie wird (und das mit vollem Recht) für noch nicht annähernd ausreichend erachtet und gegenwärtig auf ganz neue Grundlagen gestellt. Aber noch niemand, scheint es, ist bisher auf den Gedanken gekommen, Produktion, Konsumtion und Umsatz der Ware Arbeit zum Gegenstande amtlicher Statistik, wenn auch nur in rohen Umrissen, zu machen. — Diese Vernachlässigung in der Statistik ist nur ein Abbild der Vernachlässigung in der wirtschaftlichen Organisation. Märkte, Messen und Börsen zeigen jene steigende Vervollkommnung der Organisation im Waren- und Effektenhandel, der eine zunehmende Feinfühligkeit der Berichterstattung entspricht. Angebot und Nachfrage werden ohne Rücksicht auf die räumliche Entfernung der Produktionsstätten und der Niederlagen dicht aneinander gerückt, und der Umsatz vollzieht sich in Massen unmittelbar unter den Augen der Interessenten, die jeder noch so kleinen Schwankung mit Aufmerksamkeit folgen. Wie kläglich nimmt sich demgegenüber der bestehende Zustand in der Arbeitsvermittlung aus. Eine Unzahl gewerblicher Vermittlungs-Bureaus bestehen nebeneinander. Regellos wachsen dazwischen Bureaus hinein, die teils von Arbeitgebern, teils von Arbeitnehmern errichtet sind. Während auf der einen Seite gewisse Anfänge einer umfassenden Organisation in den allgemeinen Arbeitsnachweisen (gemeinnützigen wie kommunalen) einer Anzahl deutscher Städte vorhanden sind, hält sich auf der andern Seite die unorganisierte Art, sich gegenseitig im Wege des öffentlichen Ausgebots (Inserats) zu suchen, oder gar die ganz primitive Form der Umschau, in welcher der Arbeitsuchende von Fabrik zu Fabrik, von Werkstatt zu Werkstatt geht und seine Dienste anbietet.

An diesen Zustand, daß die Vermittlung der Arbeit unorganisiert ist, während die Vermittlung des Waren- und Effektenhandels eine höchst verfeinerte Organisation zeigt, sind wir so gewöhnt, daß wir hier jede Störung empfinden, während wir dort, auf dem Arbeitsmarkt, der Organisationslosigkeit uns kaum bewußt werden. Die größte Störung der Börsenorganisation, die wir in unserer Zeit erlebt haben, liegt in der Auflösung der Berliner Produktenbörse und in der Schließung des „Feenpalastes". Vom Oktober 1897 bis zum März 1900 hat es in Berlin weder amtliche noch private Zusammenkünfte der Getreidehändler gegeben, alles beschränkte sich auf den „Verkehr von Comptoir zu Comptoir" in den nebeneinander gestellten Kojen und Schreibstuben des Heiligengeist-Spitals. Aber wie haushoch stand diese vielbeklagte „Desorganisation des Berliner Getreidehandels" über der Organisationslosigkeit des Berliner Arbeitsmarktes! Ließe sich für diesen der Zustand herbeiführen, wie er damals für den Berliner Getreidehandel bestand; ließen sich sämtliche oder auch nur die wichtigsten Arbeitsvermittlungs-Bureaus in einem Hause unterbringen, wie die den Berliner Getreideumsatz vermittelnden Firmen im Heiligengeist-Spital untergebracht waren; ließe sich unter ihnen ein beständiger „Verkehr von Comptoir zu Comptoir" einrichten, — die kühnsten Träume aller Arbeitsmarkt-Verbesserer wären übertroffen. Gewiß war die Berichterstattung über die Getreidepreise desorganisiert im Vergleich zu allem, was wir gewohnt sind. Aber wenn wir für die Arbeitslöhne auch nur eine Fülle solcher täglichen Notizen erhielten, wie sie der Reichsanzeiger in seinen (ganz gewiß mit Recht angefochtenen) „Berichten von deutschen Fruchtmärkten" damals zusammenzustellen begann, — es würde alles überbieten, was sich gegenwärtig an Berichten über Arbeitslohn-Schwankungen vorderhand auch nur hoffen läßt. — Einen Zustand des Warenmarktes, wie er auf dem Arbeitsmarkt tatsächlich noch besteht, können wir uns heutzutage nicht mehr vorstellen. Oder wessen Einbildungskraft reichte wirklich so weit, daß er sich in der heutigen Volkswirtschaft eine Organisationsstufe des Getreidehandels vorstellen könnte, auf welcher jeder Vermittler sein Bureau für sich hat, ohne mit den anderen in Verbindung zu stehen, auf welcher der übliche Weg, einen Abnehmer zu erhalten, darin besteht, daß man im „Intelligenzblatt" nachsieht, ob etwa jemand ein paar Zentner Roggen sucht; eine Stufe, auf welcher der Produzent von Stadt zu Stadt und von Haus zu Haus „Umschau" hält, bis er jemanden findet, der seine Ware brauchen kann?

Diese Verschiedenheit in der Organisation der Vermittlung auf dem Waren- und Effektenmarkt einerseits, auf dem Arbeitsmarkt andrerseits ist mit ein Element für das verschiedenartige Verhältnis, in welchem die miteinander verkehrenden Parteien hier und dort zueinander stehen. Der Hauptunterschied ist freilich schon durch andere Momente gegeben: durch die gesellschaftliche Verschiedenheit von Unternehmer und Arbeiter, durch die einzigartige Lage des Arbeitanbietenden, der von der Arbeit noch an demselben Tage leben will, durch die untrennbare Verbindung von Mann und Person u. s. w. u. s. w. Gewiß bedingt schon dies, daß Unternehmer und Arbeiter anders zueinander stehen, als Käufer und Verkäufer im Waren- und Effektenmarkt. Aber neben diesen sachlichen Gründen wirkt auch der formale mit, daß im Handel der Markt organisiert ist, in der Arbeitsvermittlung aber sich noch in urwüchsiger Verwilderung befindet. Eben weil auf dem Arbeitsmarkt Angebot und Nachfrage sich nicht an großen Zentren treffen, herrscht über den Umfang beider, über etwaigen Mangel oder Überfluß eine Unklarheit, die jeder Teil auf seine Art deutet, und die eine ungezügelte Phantasie für Lohndruck oder Lohnsteigerung ausnutzbar hält. Es ist die fürchterlichste Art des Kampfes, in welchem die Streitenden nichts mehr miteinander gemein haben, nicht einmal den Kampfplatz.

Zum Teil ist die unvollendete Technik des Arbeitsmarktes im Wesen seines Gegenstandes begründet. Es zeigt sich eben auch hier, daß der Mensch schließlich doch keine Ware ist, so sehr auch der Wirtschaftsverkehr versuchen mag, ihn dazu zu stempeln. Wollte man selbst das Erfordernis der börsenmäßigen Durchschnitts-Qualität durch die ungeheure Bedeutung befriedigt sehen, welche die „ungelernten Arbeiter" im Zeitalter der Maschinen gewonnen haben, so bleibt doch für den Ausgleich von Markt zu Markt die Tatsache bestehen, daß der Mensch sich eben nicht wie eine Ware hin und her verschicken läßt, weil er nicht überall hingehen *will*. Und er kann dazu umsoweniger gezwungen werden, da er häufig sehr zutreffende Gründe dafür hat, einem wirtschaftlichen Drucke nicht sofort mit dem Wechsel seines Wohnsitzes nachzugeben (Wechsel der Schule für Kinder, dauernder Verzicht auf vorhandene Beziehungen u. s. w.). Auch ist der Mensch nicht in jeder beliebigen Gegend dasselbe wie in seiner Heimat. Von den großen klimatischen Unterschieden abgesehen, welche den internationalen Ausgleich erschweren, ist selbst innerhalb derselben Nation der Binnenländer an der See, der Flachländer im Gebirge kaum zu brauchen. Aus zahlreichen anderen Gründen bedeutet die Raumveränderung für die Kalkulation im Arbeitsmarkt unendlich mehr, als für die tote Ware der bloße Frachtzuschlag.

Nach dem Maße heutiger Erkenntnis wird man diese Schwierigkeiten vielleicht so hoch schätzen müssen, daß man es für geradezu unmöglich erklären wird, dem Arbeitsmarkt in Organisation und Berichterstattung eine Vollkommenheit zu beschaffen, wie sie der Warenmarkt schon erreicht hat. Die Unmöglichkeit, ein Ziel zu erreichen, ist aber an sich noch kein Grund dagegen, den Weg nach dem Ziele hin anzutreten. Wie weit wir auf diesem Wege vorzudringen vermögen, kann nur die Erfahrung lehren; aber auch diese nur dann, wenn der Versuch wirklich gemacht wird.

2. Das Problem der Berichterstattung über den Arbeitsmarkt.

Aus der vorstehenden Skizze ist der Zustand der Berichterstattung über den Arbeitsmarkt zu entnehmen, wie er war, als der Verfasser dieses Buches vor etwa 6—7 Jahren mit den ersten Versuchen begann, das Problem einer praktischen Behandlung auf wissenschaftlicher Grundlage zu unterziehen. Es gab damals wohl Berichte über den Arbeitsmarkt; sie tauchten hier und da auf, wenn aus Anlaß eines Streiks mit fieberhafter Erregung Fragen gestellt und oft mit ebenso fieberhafter Erregung die Antworten gegeben wurden. Aber eine Berichterstattung, wenn man darunter eine zusammenhängende, von vorübergehenden Anlässen unabhängige Tätigkeit versteht, war überhaupt nicht vorhanden. Es gab weder Tageszeitungen, noch wissenschaftliche Zeitschriften, noch Fachblätter, die dafür eine Rubrik besaßen. Es gab vor allen Dingen nicht einmal eine Methode, die einer solchen Berichterstattung zur Verfügung gestanden hätte.

Sollte eine solche Methode geschaffen werden, so mußte zunächst zwischen zwei Arten der Berichterstattung unterschieden und mit völliger Klarheit und Bestimmtheit gewählt werden. Eine Berichterstattung ist technisch verschieden einzurichten, je nachdem ihre Absicht darauf geht, möglichst große Zeiträume einheitlich zu umfassen, oder in möglichst kleinen Zeiträumen eine Reihe von Augenblicksbildern nebeneinander zu stellen. Die erstere könnte man die historische Berichterstattung nennen; wobei es gleichgiltig ist, ob man über eine längst vergangene oder über eine eben erst verflossene Zeit berichtet. Derartige zusammenhängende Berichte über ein abgelaufenes Jahrzehnt, Jahrfünft oder Jahr sind, wissenschaftlich betrachtet, von der höchsten Bedeutung. Allein für den oben dargelegten Zweck, den streitenden Teilen in ihrer Urteilsbildung zu Hilfe zu kommen, tragen sie nichts aus. Wer bei Streiks und Aussperrungen sich zwischen die streitenden Teile stellen und ihnen einen Vortrag darüber halten wollte, wie die Lage des Arbeitsmarktes im vergangenen Jahre gewesen sei, würde im günstigsten Falle eine Aufnahme finden wie in Wallensteins Lager der Kapuziner, den man mit einem gewissen Rest von Achtung vor seiner ehrbaren Person sein Sprüchlein hersagen läßt, weil es vollkommen unschädlich ist. Für den hier im Auge behaltenen Zweck kann nur die zweite Art der Berichterstattung in Frage kommen, die für möglichst kurze Zeiträume möglichst häufige Augenblicksbilder gewähren will. Da für eine tägliche oder auch nur wöchentliche Berichterstattung alle Voraussetzungen fehlten, so konnte zunächst nur an eine monatliche gedacht werden. In so unbestimmten Umrissen mir daher auch das Problem zu Anfang vorschwebte, so war soviel von vornherein klar: diese Berichterstattung stand und fiel mit der Möglichkeit, sie pünktlich nach Monatsschluß erscheinen zu lassen. Diesen Grundsatz habe ich während der ganzen Dauer des Experiments bisher festgehalten, und er enthält meines Erachtens das A und das O für eine Arbeitsmarkt-Berichterstattung im gegenwärtigen Stadium.

Für die genauere Fragestellung lag es nahe, da einzusetzen, wo auf dem Waren- und Effektenmarkte in einer jahrhundertelangen Entwicklung jede Berichterstattung ausnahmslos eingesetzt hatte: bei den Preisen. Es wäre also darauf angekommen, entsprechend den Preisen hier die Löhne zum Gegenstande der Berichterstattung zu machen und eine Methode zu finden, die Steigen und Sinken der Löhne allmonatlich anschaulich vor Augen führte. Alle Versuche, die nach dieser Richtung hin gemacht wurden, sind gescheitert. Zwar sind die beiden Methoden der Preisbestimmung für Waren, die man etwa als Marktpreis und als Börsenpreis unterscheiden könnte, an sich auch auf den Tagelohn anwendbar. Man kann entweder eine gute, mittlere und geringe Markt-Qualität unterscheiden und den Lohn in Abstufungen ermitteln, oder man kann eine bestimmte Qualität ein für allemal als börsenmäßigen standard nehmen, nur diese verfolgen und in ihr den Maßstab für die Veränderungen erblicken, denen dann auch entsprechend die höheren und die niederen Qualitäten ausgesetzt sind. Das erstere würde vielleicht auf gelernte, das letztere auf ungelernte Arbeiter anzuwenden sein. Allein unter den gelernten Arbeitern ergab sich eine solche Fülle der verschiedensten Löhnungsarten, daß eine Enquête größten Stils erforderlich gewesen wäre, um auch nur die richtigen Beispiele für eine auswahlweise Fragestellung herauszufiuden. Der Tagelohn der ungelernten Arbeiter aber ist nicht so häufigen und so schnellen Schwankungen ausgesetzt, daß eine monatliche Berichterstattung Aussicht auf Erfolg hätte, wenn sich nicht Gelegenheit böte, sie von vornherein über ein ungeheueres Berichtsfeld auszudehnen. Was aber die Hauptsache war: der Zeitlohn spielt im gewerblichen Leben überhaupt nicht die maßgebende Rolle, daß man seine Entwicklung als typisch ansehen könnte. Es gibt große bezeichnende Veränderungen, die sich ausschließlich im Akkordlohn äußern. Bei der Mannigfaltigkeit der Akkordsätze hat sich bisher noch keine Methode finden lassen, um an einzelnen bezeichnenden Beispielen das Steigen oder Sinken der Akkordlöhne zu messen. Es kommen auch die Lohnveränderungen durchaus nicht immer in einer sichtbaren Änderung der Lohn s ä t z e zum Ausdruck. Unaufhörlich scheiden einzelne Waren, Façons u. s. w. aus der Fabrikation aus und ähnliche treten an ihre Stelle. Die unveränderten Lohnsätze stellen gleichwohl eine verschiedene Entlohnung dar, wenn der neue Gegenstand schwerer herzustellen ist als der alte. In jeder Branche gibt es unter nahe verwandten Gegenständen solche, die besser, und solche, die schlechter entlohnt werden. Bei niedergehender Konjunktur kommt es vor, daß die Fassons mit ungünstiger Löhnung bevorzugt und zur allmählichen Verdrängung der anderen benutzt werden. Dann ist eine Veränderung der Lohn s ä t z e überhaupt nicht zu bemerken, während das Lohn e i n k o m m e n erheblich sinken kann. Der Versuch wiederum, das Lohneinkommen zu messen, hätte fortlaufende Verbindungen mit genau denselben Arbeitergruppen zur Voraussetzung, da hier jede auch nur einigermaßen erhebliche Veränderung des Personenbestandes die Ziffern unvergleichbar machen würde. Endlich spielt in allen Lohnfragen bei Arbeitern wie bei Arbeitgebern eine große Abneigung gegen ständige Offenlegung dieser Ziffern mit. — Alle diese Schwierigkeiten dürfen durchaus nicht als unüberwindlich gelten. Aber die erste Voraussetzung für ihre Überwindung liegt darin, daß ein gewisser Stamm von Arbeitern besteht, der zu einer brauchbaren Berichterstattung bereits einigermaßen herangebildet ist. Für den Beginn einer Berichterstattung über den Arbeitsmarkt erwies sich die Lohnermittlung als ein ungeeignetes Thema.

Es mußte daher für die geplante Berichterstattung gerade an einem Punkte eingesetzt werden, den die Berichte über Waren und Effekten trotz ihrer sonst zum Muster genommenen Erfolge nicht hatten erledigen können. Wenn auf einem Markttage der Zentner Hafer mit einem Mittelpreis von 8,50 Mark und auf dem nächsten mit 8,25 Mark bezahlt worden ist, so wird daraus geschlossen, daß Hafer billiger geworden sei. In Wahrheit reicht jene Tatsache allein zu diesem Schlusse noch nicht aus. Denn wenn auf dem ersten Markte 20—30 Fuhren verkauft wurden, während auf dem zweiten nur ein vereinsamtes Bäuerlein ein oder zwei Käufern sich gegenüber befand und seine paar Scheffel losschlug, so gut es gerade ging, so folgt aus der zweiten Notiz in keiner Weise ein Rückgang des Haferpreises. Ja, es ist möglich, daß Hafer inzwischen teurer geworden ist, und dieser vereinzelte Fall eines billigeren Preises einer von jenen war, die sonst im Durchschnitt untergehen. Zu einer vollständigen Bewertung der Preisziffern gehört eine Kenntnis der Warenmengen, die gehandelt worden sind. Dieser Mangel zieht sich bis in die höchsten Regionen der verfeinertsten Berichterstattung hinein. Die Kurszettel der Fondsbörse sind davon nicht frei. Es ist ein offenes Geheimnis, daß unter den Kursen sich zahlreiche Notierungen befinden, die eine Preisveränderung nur deswegen registrierten, weil bei der völligen Geschäftsstille es niemandem lohnte, dem entgegenzutreten, daß nach einem einzelnen wenig umfangreichen Geschäft der Kurs „gemacht" werde. Keineswegs bezieht sich dies bloß auf die Notizen, die mit „Brief" und „Geld" sich als bloßes Angebot und Nachfrage darstellen, sondern auch auf solche, die mit „bezahlt" über einen wirklichen Geschäftsschluß berichten. In den unteren Regionen werden die Wochenmarkt-Berichte durch diesen Mangel stellenweise geradezu entwertet. In der Zeit, als für den Getreidemarkt die Börsenberichte ausblieben und der Reichsanzeiger den Notbehelf der „Berichte von deutschen Fruchtmärkten" in die Lücke treten ließ, wurde zum ersten und einzigen Male der Versuch begonnen, neben den Preisen auch die gehandelten Warenmengen anzugeben. Es geschah dies aus dem Bedürfnis heraus, den an sich sehr unvollkommenen Preisangaben dadurch eine gewisse Stütze der Zuverlässigkeit zu geben. Für den Arbeitsmarkt mußte man nach dieser Seite hin noch viel weiter gehen. Die Preisangaben (Lohnangaben) mußten ganz fallen gelassen werden. Man mußte ausschließlich die an den Markt gebrachten Mengen von Angeboten und Nachfragen, sowie ihr Verhältnis zueinander registrieren.

Konnte dies für irgend einen nicht willkürlich abgegrenzten Kreis geschehen, so war es möglich, an den Veränderungen des Verhältnisses von Angebot und Nachfrage die Schwankungen des Arbeitsmarktes zu messen. Ein solcher Kreis war immerhin schon damals an den „öffentlichen Arbeitsnachweisen" im Deutschen Reiche gegeben. Zwar tobte auch damals noch der große Prinzipienstreit darüber, ob es richtiger sei, den Arbeitsnachweis als kommunale Einrichtung zu gestalten, oder ihn der freiwilligen Thätigkeit von Vereinen zu überlassen. Immerhin war aber doch trotz des vorhandenen Gegensatzes der Kreis der Vereins-Arbeitsnachweise, die mit den kommunalen auf eine Stufe zu stellen waren, schon mit hinlänglicher Deutlichkeit erkennbar, um den Vorwurf einer willkürlichen Abgrenzung vermeidbar zu machen. Für das Zustandebringen der Berichterstattung ergaben sich nun zunächst folgende Aufgaben.

1. Es mußte festgestellt werden, wo sich solche Arbeitsnachweise befanden. Diese Aufgabe wäre damals geradezu unlösbar gewesen, wenn nicht der Berliner Verein in den Freundschen Jahresberichten beständig über die eigene Tätigkeit hinausgegangen wäre und auch von anderen Arbeitsnachweisen, soweit möglich, Kenntnis gegeben hätte. Diese Zusammenstellungen gaben für die Nachforschungen den ersten Anhalt. Freilich stellte sich heraus, daß manche jener Arbeitsnachweise lediglich auf dem Papier standen. Andere, die in ihrem Bezirke eine gar nicht unbedeutende Tätigkeit entfalteten, waren in Berlin bis dahin nicht bekannt geworden. Noch andere waren bei dem Mangel genauerer Bezeichnungen für die Post nicht auffindbar. Mit Zuhilfenahme persönlicher Beziehungen gelang es, zunächst wenigstens ein Adressenverzeichnis der in Betracht kommenden Arbeitsnachweise zustande zu bringen.

2. Da die Arbeitsnachweise in völliger Vereinzelung als lediglich örtliche Einrichtungen entstanden waren, so fehlte es unter ihnen an jeder Verbindung. Diese Verbindung konnte in ihrem ersten Stadium keine andere als eine bloß wissenschaftlich-literarische sein. Zu diesem Zwecke wurde die „Literarische Zentralstelle für Arbeitsnachweise" (Zentralstelle für Arbeitsmarkt-Berichte) durch den Verfasser begründet. Diese Zentralstelle nahm Berichte von Arbeitsnachweisen entgegen und erteilte aus den Zusammenstellungen Auskünfte. Auf die Nachricht von dem Bestehen einer solchen Zentralstelle nahmen auch die Mitteilungen über neu begründete Arbeitsnachweise zu.

3. Es mußte die geplante Berichterstattung auf einen bestimmten Punkt konzentriert und eine feste Methode ausgebildet werden. Von den Ziffern, die bei den Arbeitsnachweisen erwuchsen, schied diejenige, an der die Nachweise selbst am ehesten geneigt waren, die Marktlage zu messen, die Ziffer der Stellenbesetzungen, aus. Denn mit der erfolgten Stellenbesetzung hört das Interesse der Beteiligten an der Benachrichtigung des Arbeitsnachweises in der Regel auf, und es gibt keine Registrierung, die namentlich bei jungen Arbeitsnachweisen (und damals waren fast alle Arbeitsnachweise jung) so verschiedenartig und so unzuverlässig erfolgt, wie die der Stellenbesetzung. Da ferner diese Arbeitsnachweise immer nur einen sehr kleinen Ausschnitt des örtlichen Arbeitsmarktes beherrschten, so hing es vielfach noch vom bloßen Zufall ab, ob sie für einen Bewerber eine geeignete Stelle besaßen oder nicht. Aus der ausgebliebenen Stellenbesetzung ließ sich auf die Unmöglichkeit einer solchen am Orte kaum ein erheblicher Schluß ziehen. Hingegen konnte man die an diesen Arbeitsnachweisen sich treffenden Mengen von Angeboten und Nachfragen, wenn auch keineswegs mit den am Orte vorhandenen für identisch, so doch wenigstens in ihrem Steigen und Sinken für symptomatisch halten. Für die Ausbildung einer festen mathematischen Formel zur Ermessung dieses Verhältnisses bot wiederum der Berliner Verein am ehesten einen Anhalt. Er pflegte nach Ablauf des Jahres eine Rechnung darüber aufzumachen, wieviel Stellen für je 100 Bewerber zur Verfügung gestanden hatten. Das war eine Berechnung, die sich ebenso sofort am Monatsschluß vornehmen ließ. Nur mußte im Interesse der Anschaulichkeit das Verhältnis umgekehrt und be-

rechnet werden, wieviel Bewerber sich um je 100 offene Stellen drängten. War diese Ziffer größer als im entsprechenden Monat des Vorjahrs, kamen zum Beispiel auf 100 offene Stellen 110,7 Arbeitsuchende, während es im Vorjahr nur 104,3 gewesen waren, so konnte man annehmen, daß der Andrang gestiegen war, und umgekehrt.

4. Nach dem früher Ausgeführten (s. o. S. 63) hing das Zustandekommen der Berichterstattung davon ab, ob es gelang, die Arbeitsnachweise dafür zu gewinnen, die Ziffern der ausgebotenen offenen Stellen und der Arbeitsuchenden schon am letzten Geschäftstage des Monats zur Post zu geben.

5. Für die weitere Ausgestaltung der Berichterstattung, für die Interessierung größerer Kreise, deren Teilnahme ganz unentbehrlich war, mußte zur Bezeichnung des Objekts ein Wort schlagwortmäßig ausgebildet und verbreitet werden, das die Analogie mit dem Waren- und Effektenmarkt in Kürze und Anschaulichkeit zum Ausdruck brachte. Ein solches Wort war im deutschen Sprachschatze vorhanden in dem hie und da, wiewohl nicht gerade ständig und allgemein gebrauchten Worte „Arbeitsmarkt". Es wurde damals selten anders, wie als Bezeichnung für Inseraten-Beilagen von Zeitungen angewendet. Indes widerstrebte der Sprachgebrauch nicht geradezu der beabsichtigten Verwendung. Es erhob sich zwar das Bedenken, daß gerade bei den Arbeitern selbst die Bezeichnung des Menschen als Marktware Anstoß erregen könnte. Über dieses ästethisch nicht unberechtigte Bedenken mußte jedoch im Interesse der Sache hinweggegangen werden. Um den Gedanken, daß es sich hier um eine Berichterstattung handle, wie über jeden anderen Markt, zu klarem und entschiedenem Ausdruck zu bringen, um ihm eine weite Verbreitung bei Arbeitgebern und Arbeitern zu sichern, mußte planmäßig darauf hingearbeitet werden, das Wort „Arbeitsmarkt" als technische Bezeichnung allgemein zu machen.

Darüber hinaus mußte aber für den neuen Markt eine Art Terminologie geprägt werden. Je nach dem Ursprung und den überwiegenden Gesichtspunkten in der Leitung eines Arbeitsnachweises wurden die Ausdrücke für Angebot und Nachfrage in verschiedenem Sinne gebraucht. Die einen verstanden unter Angebot das Argebot von Stellen, die anderen das von Arbeitskräften. Diese Verschiedenheit ging so weit, daß es bei den zahlenmäßigen Aufnahmen lange Zeit hindurch unmöglich war, zu voller Sicherheit darüber zu gelangen, in welche Rubrik der Arbeitsnachweis die verlangten, in welche er die sich meldenden Arbeiter eintrug. Man hätte meinen sollen, daß die Bezeichnungen „offene Stellen“ und „Stellengesuche“ ganz unzweideutig seien. Dennoch stellte sich heraus, daß einzelne Arbeitsnachweise unter „offene Stellen“ nicht die Meldungen der Unternehmer, sondern die der Arbeitslosen eintrugen. Erkärlich wird dies, wenn man auf die Entstehungsgeschichte der einzelnen Arbeitsnachweise eingeht. Wenn ein Arbeitsnachweis überwiegend aus Arbeiterkreisen hervorgegangen war, so konnte er einen Überblick über die offenen Stellen in der Tat nur auf die Art gewinnen, daß er die Entlassenen, das heißt die Arbeitslosen, zählte. Erst als die beiden Rubriken die Bezeichnungen erhielten „Ausgebotene offene Stellen“ und „Arbeitsuchende“, hörten hier die Mißverständnisse auf, weil sie mit dieser sprachlichen Bezeichnung geradezu unmöglich gemacht waren. Für die zukünftige Terminologie kam es aber nicht darauf an, durch ausgeklügelte sprachliche Wendungen die Mißverständnisse mühsam auszuschließen, sondern es mußte für die sprachliche Ausdrucksweise ein fester Standpunkt gewonnen werden, von dem aus die einzelnen Ausdrücke sich in natürlicher Klarheit und Bestimmtheit ergaben. Auf jedem Markte bestimmt sich die Ausdrucksweise nach der Ware, die zu Markte gebracht wird. Auf dem Getreidemarkt sind Angebot und Nachfrage das Angebot und die Nachfrage nach Getreide, und nicht etwa das Angebot und die Nachfrage nach Geld. Dementsprechend können auf dem Arbeitsmarkte Angebot und Nachfrage nur bedeuten: das Angebot und die Nachfrage nach Arbeitskräften. Wenn daher zuweilen berichtet wurde, daß die N a c h f r a g e seitens der Arbeiter in letzter Zeit sich sehr gesteigert habe, so mußte ein solcher Ausdruck konsequent in das Gegenteil verwandelt werden: daß das A n g e b o t seitens der Arbeiter sich gesteigert habe. Eine Klarheit in der Berichterstattung war auf keine andere Art zustande zu bringen, als daß unermüdlich und unerbittlich darauf gehalten wurde, Angebot und Nachfrage nur in dem Sinne des Angebots von Arbeitskräften und der Nachfrage nach ihnen zu gebrauchen. Zur Vermeidung von Verwechselungen wurde daher auch in der zuerst angeführten Terminologie „A u s g e b o t e n e offene Stellen“

das erste Wort gestrichen. Es hatte seine Schuldigkeit getan, indem es über die ersten schwierigen Zeiten einer Verständigung hinweghalf. Auf die Dauer wäre die Zumutung einer Unterscheidung zwischen Ausgebot und Angebot unzulässig gewesen. — Wie jede Marktberichterstattung von der Ware ausgeht, die zu Markte gebracht wird, so geht sie auch in der Bezeichnung Günstig oder Ungünstig stets von dem aus, der die Ware zu Markte bringt, das heißt, vom Verkäufer. Der Getreidemarkt ist günstig, wenn die Getreidepreise steigen, er ist ungünstig, wenn sie sinken. Im Vergleich zu der Sicherheit und Bestimmtheit dieser Ausdrucksweise zeigten die ersten Versuche einer Berichterstattung über den Arbeitsmarkt eine Verworrenheit, die sich nur daraus erklären läßt, daß hier die Ausdrucksweise nicht auf dem Markte entstanden ist (denn die Arbeit ist die einzige Ware, für die es einen organisierten Markt nicht gibt), sondern jeder der beiden Kreise seine Ausdrucksweise für sich entwickelt hatte. Der Fabrikant, der in Schwierigkeiten ist, um seine Preise noch gerade annehmbar kalkulieren zu können, empfindet es als eine Ungunst des Arbeitsmarktes, wenn in diesem Augenblick die Löhne steigen, während der Arbeiter diese Lage als günstig bezeichnet. Auch hier mußte der Grundsatz, der jede Markt-Berichterstattung beherrscht, zu voller Geltung gebracht werden. Gunst oder Ungunst auf dem Arbeitsmarkte bestimmen sich vom Standpunkte dessen, der die Ware Arbeit an den Markt bringt, das heißt: vom Standpunkte des Arbeiters.

7. Diese Terminologie durfte in keiner Weise der Anschauung Vorschub leisten, als ob es sich in dieser Berichterstattung um ein Unternehmen zu Gunsten der Arbeiter handle. Das Wesen dieser Berichterstattung liegt in ihrer vollen Objektivität. Sie soll Arbeitgebern wie Arbeitern die Mittel an die Hand geben, sich ein eigenes Urteil zu bilden. Sie würde, wenn sie für die Arbeiter Partei nähme, nicht etwa bloß die Arbeitgeber schädigen, sondern ganz ebenso auch die Arbeiter. Denn im geschäftlichen Leben kommt es nicht darauf an, angenehme, sondern wahrheitsgemäße Berichte zu erhalten. So wenig daher diese Berichterstattung sich zur Aufgabe machen konnte, die Organisation der Arbeitsnachweise zu beeinflussen; so sicher sie sich darauf beschränken mußte, das, was diese Anstalten ohnehin produzierten, abzuschöpfen und zu verwerten, so mußte doch schon das Vorhandensein einer solchen Berichterstattung und die ihr

innewohnende Tendenz der Unparteilichkeit als ein neues Moment für die gänzlich unparteiische Ausgestaltung des Arbeitsnachweises benutzt werden. Die Arbeitsmarkt-Berichterstattung mußte einen Zusammenhang mit der Bewegung zu Gunsten des paritätischen Charakters der Arbeitsnachweise suchen.

8. Die Berichterstattung durfte den Arbeitsmarkt nicht vom sonstigen wirtschaftlichen Leben loszulösen suchen. Der Arbeitsmarkt führt noch weniger als irgend ein anderer Markt eine Existenz für sich allein. Er bildet einen Bestandteil aller gewerblichen Märkte, für die seine Arbeitskräfte gebraucht werden. Gunst oder Ungunst auf dem Arbeitsmarkte hängt von der Entwicklung des gesamten wirtschaftlichen Lebens ab. Der neuen Berichterstattung mußte von vornherein der Zusammenhang mit den bestehenden alten Berichterstattungen über Märkte und Börsen gewahrt werden. Dies im Interesse der geplanten Berichterstattung selbst, aber auch ebenso im Interesse der schon vorhandenen alten Berichterstattungen. Es mußte von vornherein darauf hingewiesen werden, daß auch die besten und vollkommensten Börsenberichte aus einer halbwegs guten Berichterstattung über den Arbeitsmarkt immer noch Belehrung schöpfen könnten. — — —

Die Ausarbeitung dieses Programms fällt in das Jahr 1896. In diesem, wie teilweise schon in früheren Jahren, benutzte ich jede Zusammenkunft mit Persönlichkeiten aus der Verwaltung von Arbeitsnachweisen zu einer Besprechung dieses Planes. Als ich gegen Ende des Jahres an die Ausführung herantrat, fand ich Entgegenkommen von allen Seiten. Es stellte sich heraus, daß die Arbeitsnachweise selbst für die Bedürfnisse ihrer Verwaltung darauf angewiesen waren, einen Bericht über die Lage des Arbeitsmarktes zu erhalten. Für das Zustandebringen einer solchen Berichterstattung stellte ich die Vorbedingung, daß jeder angeschlossene Arbeitsnachweis sich bereit erklärte, auf einer formularmäßigen Postkarte die Ziffern des Monats noch am *letzten Geschäftstage* des Monats selbst auf die Post zu geben. Hierauf gingen die Arbeitsnachweise in genügender Zahl ein. Es geschah dies teilweise unter großen persönlichen Opfern der Beamten. An größeren Arbeitsnachweisen war es nur dadurch zu ermöglichen, daß schon am vorletzten Tage eine einstweilige Auf-Addierung vorgenommen wurde. Aber auch dann war die pünktliche Absendung zuweilen nur möglich, wenn der Beamte nach Schluß der Geschäftsstunden einen Teil der freien Zeit dieser Aufgabe widmete. In einzelnen Fällen war die Pünktlichkeit nur dann zu erreichen, wenn der Beamte die Karte persönlich an den Bahnhof trug. Dieses Entgegenkommen soll an dieser Stelle nicht unerwähnt bleiben, weil es sich bei dem Zustandekommen eines früher für unmöglich gehaltenen Werkes wohl ziemt, derer zu gedenken, deren Idealismus über die ersten und schwersten Anfänge hinweggeholfen hat. Es konnte sich damals nur um einen sehr kleinen Kreis von Anstalten handeln, um einen Kreis, der in der Hauptsache ein Muster abzugeben und die Möglichkeit einer solchen Berichterstattung darzulegen hatte. Für den Januar 1897 war eine erste Probe-Berichterstattung geplant. Pünktlich am 1. Februar waren die Berichte in der Zentralstelle, am 4. Februar[1]) gedruckt in den Händen der Leser. Es waren die Ziffern von folgenden 22 Arbeitsnachweisen:

Posen, Breslau, Berlin, Rixdorf, Halle a. S., Dessau, Gera, Hörde, Essen, Köln, Wiesbaden, Darmstadt, Straßburg i. E., Freiburg i. B., Mannheim, Ravensburg, Stuttgart, Ulm, Bamberg, Fürth, Nürnberg, München.

Die an sich äußerst bescheidene Zahl von 22 wurde noch dadurch verringert, daß bei zweien dieser Arbeitsnachweise die Vergleichung mit dem Vorjahre sich nicht durchführen ließ (in Breslau, weil diese Anstalt damals noch nicht bestanden hatte; in Hörde, weil im Vorjahre noch nicht registriert worden war), und einer (Bamberg) aus anderen Gründen nicht vergleichbar war. So blieben nur 19 Arbeitsnachweise übrig. Eine Summe zu ziehen und damit den Anschein zu erwecken, als ob man ganz Deutschland summiert habe, erschien bedenklich. Das Resumé beschränkte sich daher darauf, daß von 19 Arbeitsnachweisen 12 ein geringeres Drängen um offene Stellen, als im Vorjahre zeigten, und nur 7 ein stärkeres. Um eine Anschauung davon zu geben, wie

---

[1]) Dieser Termin war so frühzeitig, daß es von vornherein ausgeschlossen war, ihn bei größerem Umfange der Berichterstattung als regelmäßigen Veröffentlichungstag festzuhalten. Da die Zusammenstellung, die Erledigung etwaiger Rückfragen sowie die Drucklegung 10—12 Tage mindestens beanspruchen, so kann eine Zeitschrift, in der diese Zusammenstellung doch nur einen Teil bilden soll, nicht früher als am 15. des Monats erscheinen. Dieser Tag aber muß auch innegehalten werden, wenn die Berichterstattung nicht ihren Wert verlieren soll. Man kann annehmen, daß Ziffern, die in einem Monat erwachsen sind, um die Mitte des nächsten Monats für die Kennzeichnung der Lage noch verwertbar sind, später nicht mehr.

dieser erste Arbeitsmarkt-Bericht sich in die sonstige Berichterstattung über Märkte und Börsen einzufügen suchte, sei der Hauptteil dieses ersten Versuches hier abgedruckt.

„... Soweit sich aus diesem Material ein Schluß begründen läßt, würde derselbe dahin gehen, daß die gegenwärtige Lage des Arbeitsmarktes für die Arbeiter günstig ist. Allenfalls im Osten (Posen, Berlin, Rixdorf) kann gegen das Vorjahr die Arbeitslosigkeit mehr als vereinzelt zugenommen haben. Dieses Ergebnis ist um so bemerkenswerter, da der Januar zwar eine günstige Witterung zeigte, aber die Gunst des Wetters auch im Vorjahre bereits mitsprach. Nach den Ermittlungen für Berlin zeigte das Vorjahr ziemlich genau die normale Temperatur des Januar von 0,0°, und die Niederschläge blieben mit 28,4 mm sehr erheblich unter der Januar-Normale von 38,0 mm. Man darf wohl in der Gestaltung des Arbeitsmarktes mit das Symptom einer Verbesserung der Geschäftslage erblicken. Daß eine solche Verbesserung um die Jahreswende vorhanden war, drückte sich in den erhöhten Exportziffern, in den gesteigerten Eisenbahn-Einnahmen, in dem verhältnismäßig hohen Diskontsatz aus. Inzwischen ist freilich gerade im Laufe des Januar der Diskontsatz gewaltig gesunken (Privatdiskont von 4 3/4 auf 2 3/4 %!), ein Zeichen dafür, daß Geld müßig liegt und der Unternehmungsgeist erlahmt. Dem steht aber die, wie es scheint, ungeschwächte Fortdauer jener anderen günstigen Momente gegenüber, wie sie sich auch in dem fortgesetzten hohen Stande der Eisenbahn-Aktien ausspricht. Welche Dienste könnte für eine zuverlässige Moment-Beurteilung der ganzen wirtschaftlichen Lage eine Arbeitsmarkt-Berichterstattung bieten, die uns die Wirkungen eines Aufschwunges oder Niederganges nicht bloß an den Kapitalsinteressen der kleinen führenden Kreise, sondern auch an den Arbeits-Interessen breiter Massen zeigte!"

Die hier von vornherein versuchte Herstellung eines Zusammenhanges in der Berichterstattung zwischen dem Arbeitsmarkt und der wirtschaftlichen Gesamtlage ist in der Folgezeit festgehalten und beständig weiter ausgebildet worden. Wie die allgemeinen Ziffern des Arbeitsmarktes im Zusammenhange mit Diskontsätzen und Kursen, mit Banken und Börsen besprochen wurden, so kehrte innerhalb jedes einzelnen Geschäftszweiges dasselbe Verhältnis wieder, indem für Bergbau und Hütten, für Metalle und Maschinen, für Textil- und Nahrungsmittel-Gewerbe u. s. w. jedesmal die vom Arbeitsmarkt kommenden Nachrichten mit denen über die geschäftliche Lage der Industrie zusammengehalten wurden. Dies geschah nicht bloß, wenn die Nachrichten übereinstimmten, sondern mit ganz besonderem Nachdrucke auch dann, wenn sie einander zu widersprechen schienen. Es mußte dann geprüft werden, inwiefern eine Vereinbarung möglich sei. Zuweilen mußten auch die Ziffern des Arbeitsmarktes als die der unvollkommeneren Organisation in den Hintergrund rücken. Dies ist jedoch nie der Fall gewesen, wenn die Ziffern des Arbeitsmarktes eine besonders große, in die Augen fallende Bewegung zeigten. In Fällen nämlich, wo die Ziffern des Arbeitsmarktes mit voller Entschiedenheit eine Ungunst anzeigten, während die Börsenkurse sich hielten, haben jene Ziffern sich als Sturmsignale bewährt. Es muß hier aber anerkannt werden, daß nicht erst seit dieser Bewährung, sondern schon vorher der Handelsteil der deutschen Zeitungen auf die Bedeutsamkeit dieser Ziffern eingegangen ist, und heute gibt es in Deutschland keine hervorragende Zeitung mehr, die nicht im Interesse der wirtschaftlichen Orientierung ihrer Leser über diese Ziffern berichtete. Die Börsenpresse war die erste, die die Berichterstattung über den Arbeitsmarkt als ein neues Moment für die Beurteilung der wirtschaftlichen Lage benutzte; erst nachher und ganz allmählich ist die Arbeiterpresse nachgefolgt. Dies war insofern ganz günstig, als dadurch das Mißverständnis, die Berichterstattung über den Arbeitsmarkt sei eine einseitige Arbeiterangelegenheit, auf das glücklichste vermieden wurde.

Nachdem die Berichterstattung zustande gebracht war, mußte die Hauptaufgabe sein, die Zahl der berichtenden Arbeitsnachweise zu vermehren. Die Berichterstattung über die Lage des Arbeitsmarktes, die Herstellung irgend einer Beziehung unter den Arbeitsnachweisen und die Vermehrung dieser Anstalten waren Aufgaben, die geradezu ineinanderwuchsen, und die alle gleichmäßig darauf hinzielten, daß zunächst ein Überblick über die in den verschiedenen Teilen Deutschlands vorhandenen Persönlichkeiten gewonnen werden mußte, die für die Sache der Arbeitsnachweise Interesse besaßen. Als ich, von den Vertretern einiger Arbeitsnachweise aufgefordert, die Initiative zu einer Besprechung zu ergreifen, den Vorschlag machte, daß man sich am Tage vor dem Zusammentritt des Gesundheitspflege-Kongresses, der alljährlich eine Anzahl städtischer Verwaltungsmänner zusammenführte, in Karlsruhe treffen möge, erfolgte auf die Veröffentlichung der Verabredung hin eine so große Zahl von Anmeldungen, daß an Stelle der ursprünglich geplanten zwanglosen Zusammenkunft am 13. September 1897 eine Versammlung stattfand, die in den Formen eines Kongresses tagen mußte. Die 138 Teilnehmer umfassende Präsenzliste, die dem gedruckten Kongreßberichte beigegeben wurde, schuf mit einem Schlage jenes Personenverzeichnis, das die Grundlage für alle weiteren Verhandlungen bilden konnte. Auf dieser Konferenz beruhte die Möglichkeit einer Berichterstattung in Deutschland.

Als einige Monate nach Beginn der Berichterstattung die „Soziale Praxis", in der ich bis dahin die Berichte zur Veröffentlichung gebracht hatte, in andere Hände überging, machte sich die neue Leitung dahin schlüssig, diese Berichterstattung nicht mehr als Bestandteil der Zeitschrift fortzuführen. Die weitere Entwicklung hat ihr darin Recht gegeben; denn es stellte sich in der Tat heraus, daß diese Berichterstattung zu einem Umfange anwuchs, der jede allgemeineren Zwecken dienende Zeitschrift hätte belasten müssen. Es ergab sich so die Notwendigkeit, für diese Veröffentlichungen ein eigenes Organ zu begründen. Als solches erscheint seit Oktober 1897 der „Arbeitsmarkt". Bei dessen Begründung betrug die Zahl der angeschlossenen Arbeitsnachweise bereits 52. Mit der Begründung des Verbandes Deutscher Arbeitsnachweise[1]) war dann endlich die offizielle Organisation gegeben, die bis dahin durch private Beziehungen nur mühsam und unvollkommen ersetzt war. Gegenwärtig umfaßt die Monatstabelle 133 Verbandsmitglieder. Von diesen liefern die Arbeitsnachweise aus folgenden 92 Orten regelmäßig Ziffern, die geeignet sind, einer Addition einbezogen zu werden:

Memel, Königsberg O.-Pr., Graudenz, Bromberg, Posen, Breslau, Liegnitz, Glogau, Hirschberg, Görlitz, Stettin, Frankfurt a. O., Rixdorf, Schöneberg b. Bln., Charlottenburg, Potsdam, Brandenburg a. H., Berlin, Kiel, Flensburg, Hamburg, Magdeburg, Halle a. S., Weißenfels a. S., Aschersleben, Quedlinburg, Erfurt, Mühlhausen i. Th., Dresden, Leipzig, Braunschweig, Hannover, Osnabrück, Bielefeld, Göttingen, Münster i. W., Hagen i. W., Dortmund, Herford, Essen a. R., Elberfeld, Barmen, Düsseldorf, Neuß, Oberhausen (Rhld.), Köln, M.-Gladbach, Bonn, Aachen, Trier, Kreuznach, Wiesbaden, Frankfurt a. M., Mainz, Offenbach a. M., Kassel, Gießen, Darmstadt, Worms, Kaiserslautern, Straßburg i. Els., Heidelberg, Lahr, Freiburg i. Br., Schopfheim, Lörrach, Müllheim, Karlsruhe, Offenburg i. B., Mannheim, Konstanz, Waldshut, Pforzheim, Stuttgart, Cannstatt, Ludwigsburg, Eßlingen, Tübingen, Reutlingen, Schw.-Hall, Schw.-Gmünd, Heilbronn, Ravensburg, Ulm, Würzburg, Bamberg, Fürth, Nürnberg, Augsburg, Regensburg, Straubing, München.

---

[1]) S. u. Abschn. 10.

Folgende 24 befinden sich entweder in zu ungleichmäßiger Entwicklung oder haben eine zu abweichende Organisation, als daß sie regelmäßiges Material für eine vergleichende Berichterstattung liefern könnten:

Grünberg, Freystadt, Sprottau, Haynau, Goldberg, Lauban, Landeshut, Löwenberg, Kremmen, Hadersleben, Gotha, Zwickau, Lemgo, Bethel b. Bielefeld, Hamm i. W., Siegen, Duisburg, Rheydt, Odenkirchen, Landau, Kolmar, Baden-Baden, Göppingen, Heidenheim i. W.

Die anderen erscheinen zwar im Verzeichnis der Verbandsmitglieder, liefern aber keine Ziffern für die Zusammenstellung. Hingegen nehmen an der Berichterstattung noch 7 ausländische Arbeitsnachweise gastweise teil:

Wien, Brünn, Reichenberg i. B., Graz. — Bern, Zürich. — Kopenhagen.

Den Ziffern der Arbeitsnachweise konnte bei ihrem unentwickelten Zustande eine so hohe Bedeutung nicht beigelegt werden, daß es nicht für wünschenswert hätte gelten müssen, neben ihnen noch einen anderen Maßstab zu gewinnen. Ein solcher bot sich in den Mitgliederziffern der Krankenkassen, die im großen und ganzen die Zahl der beschäftigten gewerblichen Arbeiter widerspiegeln mußten. Die Reichsstatistik der Krankenkassen ließ sich hierfür nicht verwerten. Denn wenn auch die Reichsstatistik jeder Krankenkasse zur Pflicht machte, die Mitgliederzahl für den Ersten jeden Monats (bei Gemeindeversicherungen für den Ersten jeden Vierteljahrs) festzustellen, so wurde doch diese Feststellung immer erst nach Jahresschluß für die 12 Monatsbeginne einheitlich auf einem Blatt verlangt. Die Veröffentlichung der Monatszahlen war vom Statistischen Reichsamt eingestellt worden, und die eingelieferten Monatsziffern dienten lediglich dazu, um aus ihnen die mittlere Jahresziffer zu berechnen. Immerhin waren doch die Krankenkassen ein viel leichter erreichbares Objekt als die Arbeitsnachweise. Für eine Einrichtung, die auf Reichsgesetz beruht und in der Hauptsache obligatorisch ist, konnte es bei aller Buntheit der Ausführung zunächst doch keine erheblichen Schwierigkeiten machen, das Vorhandensein und die Adressen der einzelnen Kassen festzustellen. Wenigstens für die Orts-Krankenkassen, mit denen begonnen werden sollte, erwies sich das Siemenrothsche, nach amtlichen Quellen zusammengestellte Verzeichnis als durchaus brauchbar.

Auch gab es in Deutschland bereits drei Städte, in denen wenigstens ein gewisser Ansatzpunkt für die Nutzbarmachung dieser Ziffern zu finden war: Berlin, Dresden und Leipzig. Die leitenden Persönlichkeiten des Städtischen Statistischen Amtes in Berlin hatten die hohe Bedeutung der Mitgliederziffern der Krankenkassen für den Einblick in die jeweiligen Beschäftigungsverhältnisse der Arbeiter betont, ihnen insbesondere in dem amtlichen städtischen Jahrbuch einen Platz angewiesen, und auch in außeramtlichen Publikationen gerade die monatlichen Schwankungen zu weiteren Schlußfolgerungen benutzt. Die Hirschbergschen Kurven über die Jahre 1892—1896 ließen beispielsweise deutlich einen Rückgang des Baugewerbes in Berlin während der genannten fünf Jahre erkennen. Daß man sah, wie unter dem Einfluß der Jahreszeit die Zahl der Beschäftigten sprungweise herab- und heraufgeht, war selbstverständlich. Während bei den Bauhandwerkern der Sommer das Maximum der Beschäftigten aufweist, die Zahl derselben dann bis April herabgeht, um im Mai in die Höhe zu schnellen, zeigen andere Gewerbe, wie die Kürschnerei, zwei oder drei Höhepunkte, im Sommer und Herbst, die Tischler dagegen ein von der Jahreszeit ziemlich unberührtes Beschäftigungsverhältnis. Aber die Zahlen waren nicht bloß eine Illustration der ohnedies bekannten Saison-Schwankungen. Auch besondere Einflüsse und die durch sie bewirkten Verschiebungen des regelmäßigen Ganges traten in den Kurven hervor. Dies zeigte sich besonders in den Zahlen der Zimmerer, die im Februar und März 1896 infolge der Gewerbeausstellung zahlreicher beschäftigt waren. Für jedes Gewerbe, für jeden Monat ließ sich aus dem Mitgliederbestand der Krankenkassen der Beschäftigungsgrad der Berliner Arbeiterschaft entnehmen, es ließ sich ferner ein Bild von dem Wachstum der Gesamt-Arbeiterzahl sowie der Zahlen der in den einzelnen Gewerben tätigen Arbeiter gewinnen. Allerdings fehlte es in Berlin an jedem, auch dem leisesten Versuche, diese Ziffern für eine fortlaufende, den Ereignissen auf dem Fuße folgende Beobachtung des Arbeitsmarktes auszunutzen. Die mit rühmenswerter und stets steigender Vollständigkeit gehaltenen Zusammenstellungen über Krankenkassen (die sog. braunen Hefte) brachten zwar die Monatsziffern, aber stets in Jahrestabellen, also ein bis zwei Jahre später. Das Statistische Jahrbuch der Stadt

Berlin kann ohnedies bei dem ungeheuren Umfange der Verwaltung und der erforderlichen Ermittlungen alljährlich erst in einem noch späteren Zeitraum erscheinen. Zudem war Berlin in einer besonders ungünstigen Lage, weil sein Krankenkassenwesen unter einer weitgehenden Zersplitterung leidet. In dieser Beziehung waren die beiden sächsischen Metropolen, die hervorragende Beispiele zentralisierter Krankenkassen darstellen, in einer günstigeren Lage. In Dresden gab das Statistische Amt Monatsberichte heraus, und die Leipziger Orts-Krankenkasse gab ihre Mitgliederziffer sogar direkt an die Tagespresse. Aber selbst die Dresdener Monatsberichte, die sich vor anderen durch eine ganz besondere Schleunigkeit auszeichneten, hatten doch aus den verschiedenen städtischen Verwaltungszweigen ein so umfangreiches Material zu bewältigen, daß der Bericht über einen Monat in der Regel erst ein bis zwei Monate später zur Ausgabe gelangen konnte. Selbst die Leipziger Veröffentlichung durch die Tagespresse, obwohl sie ohne Zweifel das hervorragendste Beispiel für eine sachgemäße Schätzung dieser Ziffer enthielt, erfolgte doch in der Regel erst in der zweiten Hälfte des nächsten Monats. Für die Berichterstattung aber, wie sie mit den Arbeitsnachweis-Ziffern begonnen war, konnte keine andere Mitteilung in Betracht kommen als eine solche, die pünktlich am 15. des neuen Monats in Tabellenform gedruckt in die Hände der Leser zu bringen war.

Da die Krankenkassen nach der Reichs-Gesetzgebung keinerlei gemeinsame Organisation besitzen, da ihre freiwilligen Vereinigungen sich grundsätzlich von jeder Einmischung in die Geschäftstätigkeit der einzelnen Kassen fern halten, da die Kassen auch gegenüber den städtischen Aufsichtsbehörden eifersüchtig über ihre Selbständigkeit wachen, und da endlich die meisten Krankenkassen mit äußerst knapp bemessenen Bureaukräften ausgestattet sind, so galt es damals als eine ausgemachte Sache, daß es unmöglich sei, eine derartig schleunige und pünktliche Berichterstattung mit Hilfe der Krankenkassen zustande zu bringen. Sollte der Versuch trotzdem gewagt werden, so mußte zunächst damit gerechnet werden, daß nicht jedesmal dieselben Kassen berichten würden, daß bei pünktlichem Abschluß das eine Mal die einen, ein anderes Mal andere in der Tabelle fehlen würden. Dann war eine Vergleichung der Summenzahlen unmöglich. Alles hing also davon ab, ob für die monatliche Verwertung dieser Ziffern eine Methode gefunden werden konnte, deren Anwendung von der genauen Identität der berichtenden Kassen unabhängig war. Diese Methode ergab sich, wenn man nach Analogie der Behandlung der Arbeitsnachweise darauf verzichtete, den Stand der Beschäftigten zu messen und sich damit begnügte, die Veränderung in der Zahl der Beschäftigten festzustellen; und auch dies nicht absolut, sondern nur im Vergleich mit dem Vorjahre. Wenn also beispielsweise in einer gewissen Anzahl Krankenkassen aus den verschiedensten Teilen des Deutschen Reiches die Mitgliederzahl am 1. September 1897 zusammen 816615 betrug, während sie am 1. August 823472 betragen hatte, so ist sie um 0,8 % gesunken. Wenn aber im Vorjahre vom 1. August zum 1. September in denselben Krankenkassen die Gesamt-Mitgliederzahl von 779021 auf 782132 sich vermehrt hatte, das heißt um 0,4 % gestiegen war, so ist klar, daß die Entwicklung diesmal im Vergleich zum Vorjahre ungünstig ist. Es war also die Berichterstattung nur dann zustande zu bringen, wenn man von jeder angeschlossenen Kasse jedesmal (bis der Berichterstattung ein festeres Bett gegraben war) die Angabe von vier Monatsziffern verlangte.

Am 1. Januar 1899 wurde nun der Versuch gemacht, eine solche Berichterstattung erstmalig zustande zu bringen, und in der Tat konnte am 15. Januar ein erstmaliges Zahlenmaterial veröffentlicht werden, an dem sich Krankenkassen aus folgenden 26 Orten beteiligt hatten:

Memel, Königsberg, Danzig, Posen, Breslau, Stettin, Berlin, Charlottenburg, Potsdam, Lübeck, Hamburg, Magdeburg, Halle a. S., Leipzig, Dresden, Gotha, Weimar, Hannover, Darmstadt, Elberfeld, Trier, Karlsruhe, Mannheim, Stuttgart, Augsburg, München.

Nachdem erst einmal die Möglichkeit einer solchen Berichterstattung praktisch dargetan war, hat das Interesse unter den Beteiligten beständig zugenommen. Das Hauptorgan der Krankenkassen, die Kottbuser „Volkstümliche Zeitschrift für praktische Arbeiterversicherung", ist von vornherein mit großer Wärme für diese neue Aufgabe der Krankenkassen eingetreten. Der Zentralverband der Orts-Krankenkassen Deutschlands setzte die Beziehungen zwischen Krankenkassen und Arbeitsnachweis auf die Tagesordnung der Versammlung, die am 16. Oktober 1899 stattfand, empfahl in einer Resolution den Kassen den Anschluß an die Berichterstattung des „Arbeitsmarkt“ und legte ihnen die Feststellung des Mitgliederbestandes sofort am Monatsschluß ans Herz.

Die große Mehrzahl der Krankenkassen ist auf einen statistischen Betrieb nicht eingerichtet. Es mußte daher den Kassen ein Mittel an die Hand gegeben werden, mit dem sie der Forderung pünktlicher Ermittlung ohne erhebliche Mühewaltung gerecht werden konnten. Zu diesem Zwecke war in erster Linie nach schon vorhandenen Vorbildern in Deutschland Umschau zu halten, und diese war nicht vergeblich.

Wie in einer Reihe anderer Punkte, so ist auch hierin die Orts-Krankenkasse für Leipzig und Umgegend, die größte Deutschlands, den andern mit gutem Beispiel vorangegangen. In Leipzig wird der Mitgliederbestand tagtäglich „fortgeschrieben“. Die Tagesliste beginnt mit Aufzeichnung des Bestandes vom Schluß des vorigen Tages, dazu werden die Anmeldungen addiert und die Abmeldnngen subtrahiert, dann das Ergebnis, der augenblickliche Mitgliederbestand, eingezeichnet und auf den andern Tag vorgetragen. Dieses System der Fortschreibung ist sehr früh von einer andern in großem Stile arbeitenden Orts-Krankenkasse, der in Frankfurt a. M., angenommen worden. Nach einer im Jahre 1899 veranstalteten Umfrage bestand dieses System schon damals bei einer großen Anzahl von Kassen in allen Teilen Deutschlands, so in:

Berlin (gewerbliche Arbeiter; Kaufleute; Sattler); Lübeck; Hamburg (Buchdrucker); Altona; Leipzig; Halle a. S.; Gera-R.; Weimar; Köln (Bauhandwerker); Wiesbaden; Frankfurt a. M.; Mainz; Kreuznach; Darmstadt; Straßburg i. E.; Mannheim (Dienstboten); Stuttgart; Heilbronn u. a. m.

Es läßt sich annehmen, daß unter dem Einflusse der Berichterstattung an den „Arbeitsmarkt“ diese Methode inzwischen weitere Fortschritte gemacht hat. Eine Monatstabelle für derartige tägliche Aufzeichnungen hat in ihrer einfachsten Gestalt folgendes Aussehen:

1899	Bestand (morgens)	Dazu Anmeldungen	Ab Abmeldungen	Ergibt (abends)
Januar 1.	1587	20	17	1590
2.	1590	55	96	1549
3.	1549	78	56	1571

Je nach Bedarf können in diese einfache Tabelle Unterscheidungen eingeschoben werden, z. B. besondere Unterabteilungen für männliche und weibliche, für pflichtmäßige und freiwillige Mitglieder, für die verschiedenen Lohnklassen, für etwaige verschiedene Arztbezirke u. s. w. Der Verband der 5 Orts-Krankenkassen in Weimar führt die Liste einheitlich für alle 5 Kassen. Ähnlich ist es in Heilbronn, Kreuznach u. a. O. Wenn die Meldungen nicht bei der Kasse selbst, sondern bei einer Zentral-Meldestelle erfolgen, empfiehlt es sich, auf jeden Tag die Zu- und Abgänge einzutragen, die an dem betr. Tage der Kasse von der Zentral-Meldestelle übergeben werden. — In den obengenannten Orten hat sich das Verfahren bewährt. Irrtümer sind nur selten und in geringem Umfange vorgekommen. Es genügt im allgemeinen, wenn bei Jahresschluß eine genaue Feststellung durch Auszählung erfolgt, die dann für das nächste Jahr die neue Grundlage abgibt. Vorsichtige Kassen stellen allenfalls in der Mitte des Jahres noch eine Kontrollzählung an.

Ein noch einfacheres Verfahren besteht darin, daß auf den Anmeldeformularen selbst die gemeldeten Personen das ganze Jahr hindurch fortlaufend gezählt werden, sodaß z. B. ein Anmeldeformular, auf dem 6 Personen gleichzeitig angemeldet werden, etwa die Nummer 750—755 erhält (Nummerierungs-System). Ebenso verfährt man mit den Abmeldeformularen. Wenn also beispielsweise eine Kasse am 1. Januar mit 1235 Mitgliedern begonnen hat, und am 31. Mai stehen die Anmeldungsziffern bei 219, die Abmeldungsziffern bei 189, so ist der augenblickliche Mitgliederbestand $= 1235 + 219 - 189 = 1265$. In dieser Art verfahren beispielsweise Magdeburg (Altstadt), Kiel I, Oldenburg, Danzig (Töpfer). Bei dem Nummerierungs-System können leichter Irrtümer durch zurückgenommene Meldungen vorkommen; daher ist das Tabellen-System zuverlässiger. Bei sorgfältigem Beamtenpersonal oder bei kleineren Kassen dürfte indes auch das Nummerierungs-System ausreichen.

Die Fortschreibung des Mitgliederbestandes hat nicht bloß statistischen Wert. Sie bietet auch den Kassen für ihre eigene Verwaltung manche Vorteile. Für die vorläufige Abrechnung mit Ärzten ist es zuweilen wünschenswert, den augenblicklichen Mitgliederbestand zu kennen, namentlich wenn Verhandlungen über anderweite Festsetzung der Arzthonorare schweben. Wenn Beamte der Kasse wegen Überlastung sich beklagen, so kann aus der Fortschreibung mit einem Schlage festgestellt werden, ob der Zudrang in der Tat stärker ist als in früheren Jahren u. a. m. Endlich aber bedeutet die Fortschreibung nicht etwa eine Beschwerung der Kasse, sondern im Gegenteil eine Erleichterung. Festgestellt muß der Mitgliederbestand nach den bestehenden Vorschrift ja doch werden. Läßt man diese Arbeit bis zum Quartalsschluß und sucht dann, um der Vorschrift zu genügen, die Mitgliederbestände für jeden der drei letzten Monate nachträglich zu ermitteln, so ist das eine große Arbeit. Vermittelst der Fortschreibung aber wickelt sich die Arbeit schon an jedem Monatsschluß mühelos ab.

Das Ziel dieser Berichterstattung muß sein, im Laufe der Zeit von der Zufälligkeit und dem schwankenden Charakter des Anschlusses unabhängig zu werden und über einen fest begrenzten Kreis regelmäßig berichterstattender Kassen zu verfügen. Würde als ein solcher Kreis etwa die Gesamtheit der Kassen in den Groß- oder in den

Groß- und Mittelstädten ins Auge gefaßt, so wäre hierzu die Mitwirkung der städtischen Verwaltungen unentbehrlich. Der drolende Charakter der Krisis im Jahre 1901 zeigte, daß die Stadtverwaltungen selbst ein Interesse daran haben, sich zum Mittelpunkte für die monatliche Einlieferung der Mitgliederzahl von sämtlichen Kasser des Ortes zu machen. Bei den ersten Alarm-Nachrichten über die Arleitslosigkeit waren die Verwaltungen ratlos, solange sie nicht übe: ein Zahlenmaterial verfügten, das ihnen Aufklärung darüber gab ob und inwieweit der Beschäftigungsgrad der gewerblichen Arbeite: im Abnehmen begriffen war. Ein solches Material läßt sich nicht im Augenblick aus der Erde stampfen. Nur wenn in ruhigen Zeiten die Stadtverwaltung die Mitgliederzahlen beständig verzeichnet, wird sie im stande sein, eine herannahende Krisis zu erkennen, Übertreibungen und Verschleierungen in gleichem Maße entgegenzutreten und nanentlich sich ein Urteil darüber zu bilden, ob das gewerbliche Leber der betr. Stadt von der Krisis ergriffen oder verschont worden ist. Die erste Stadt in Deutschland, die den Versuch machte, die Verfolzung der Lage des Arbeitsmarktes unter die regelmäßigen Verwaltungsaufgaben einzureihen, war Charlottenburg. Hier wurde denn auch die Probe darauf gemacht, ob es möglich ist, eine fortlaufende Mitglrderstatistik der Krankenkassen mit unbedingter Pünktlichkeit amtlig zu organisieren. Und diese Probe ist gelungen. Die der Aufsicht des Magistrats unterstehenden Kassen liefern sämtlich die Zahl am Monatsschluß ein; die Ziffern der eingeschriebenen Hilfskassen wrden von der königlichen Polizeidirektion geliefert. Nachdem dieser Versuch in Charlottenburg in verhältnismäßig kleinerem Kreise, aber immerhin doch mit 24 Kassen und 25—30000 Mitgliedern, die Ausführbarkeit bewiesen hatte, ist dann Berlin nachgefolgt. Sofort nachdem im Juniheft 1901 der „Monatsberichte des Statistichen Amtes der Stadt Charlottenburg“ die erste einschlägige Veröffentlichung erfolgt war, hat der Magistrat Berlin seine Gewerbedeputition beauftragt, die vierteljährliche Aufstellung durch monatliche Nachweisungen zu ersetzen. Auch diese Nachweisung wird nach dem Gundsatze unbedingter Pünktlichkeit verlangt. Und wenn auch Berlin bisher die eingeschriebenen Hilfskassen noch nicht einbezogen, wenn auch ein Teil der kleineren Kassen sich an die Pünktlichkeit noch nicht vollständig gewöhnt hat, so überragt andererseits durch die Größe und Mannigfaltigkeit des Materials die Berliner Zusammenstellung schon jetzt alles, was an irgend einem Punkte der Erde in dieser Beziehung geleistet ist.

Ein erneuter Vorstoß wurde gemacht, als der Verein für Sozialpolitik in dem groß angelegten Plane einer Untersuchung über den Gang der Krisis in Deutschland eine eigene dritte Abteilung für die Krisis auf dem Arbeitsmarkte einrichtete, und die Leitung dieser Abteilung dem Verfasser übertrug. Als auf dessen Wunsch eine große Anzahl Magistrate sich bereit erklärten, für die ihrer Aufsicht unterstehenden Krankenkassen eigene Jahresblättchen für die Zeit von 1895—1902 auszufüllen, wurde die Gelegenheit benutzt, den Magistraten auch die Fortsetzung dieser Mitteilungen in Form eines regelrechten Anschlusses an die Berichterstattung des „Arbeitsmarkt" vorzuschlagen. So schnellte die Zahl der Krankenkassen, die an der regelmäßigen monatlichen Berichterstattung beteiligt waren, von 100 auf 800 empor und umfaßte bald $1^1/_2$ Millionen Mitglieder. Wenngleich nicht anzunehmen ist, daß bei der nun einmal unerläßlichen Forderung unbedingter Pünktlichkeit die einmal angeschlossenen Kassen ohne weiteres in derselben Zahl zusammenzuhalten sein werden, so ist der Kreis der Berichterstattung doch jetzt immerhin groß genug, um als zweckentsprechend bezeichnet werden zu können. In der Berichterstattung sind zur Zeit folgende 49 Städte vertreten:

Aachen, Barmen, Berlin, Brandenburg, Bremen, Charlottenburg, Chemnitz, Danzig, Darmstadt, Dessau, Dresden, Dortmund, Düren, Düsseldorf, Elberfeld, Frankfurt a. M., Freiburg i. B., Gera R., Göppingen, Guben, Hagen i. W., Hanau a. M., Heilbronn, Karlsruhe, Kiel, Koblenz, Köln, Königsberg i. Pr., Kottbus, Kreuznach, Leipzig, Lübeck, Mainz, Mannheim, Meiderich, Mühlhausen i. Th., Mülhausen i. E., München, Nürnberg, Pforzheim, Potsdam, Schwerin i. M., Siegen, Spandau, Straßburg i. E., Stuttgart, Weißenfels a. S., Wiesbaden, Worms.

Mit dem Versuche, den Arbeitsmarkt zum Gegenstand einer Berichterstattung zu machen, steht Deutschland nicht allein da. England, Frankreich und Belgien sind Deutschland vorangegangen, Österreich ist ihm nachgefolgt.

In England bildet diese Berichterstattung eine amtliche Aufgabe des Arbeitsamtes (Labour office) im Handelsministerium. In der zwischen dem 15. und 20. jeden Monats ausgegebenen „Labour Gazette" wird ein Bild über die Lage des Arbeitsmarktes im verflossenen Monat veröffentlicht. Für die Beurteilung der allgemeinen Lage kommt vornehmlich die Beschäftigungs-Kurve (Employment Chart) in Betracht, die für jeden Monat den Prozentsatz der Arbeitslosen bei den an die Berichterstattung angeschlossenen Gewerkvereinen in Prozenten anzeigt. Die Berichterstattung erstreckt sich auf rund 500000 Arbeiter, die zwischen 140 und 150 Gewerkvereinen angehören. Eine Kurventafel ermöglicht mit einem Blick einen Vergleich mit den Ziffern der vorhergehenden Monate des laufenden Jahres, sowie ebenso mit den entsprechenden Monaten des Vorjahres. Aus dem Grade der Arbeitslosigkeit wird dann auf die augenblicklichen Beschäftigungsverhältnisse geschlossen. In einer Erläuterung zu der Tafel werden die Ergebnisse für die einzelnen Gewerbe spezialisiert. In diesen kurzen Berichten aus den einzelnen Gewerben wird in der Hauptsache das statistische Berichtsmaterial der Trade-Unions nach Gewerben geordnet registriert. Für die landwirtschaftlichen Arbeiter, die sonst regelmäßig berücksichtigt sind, fehlt eine solche Feststellung der Arbeitslosen. Außer diesem auf statistischem Material aufgebauten Einblick in die Beschäftigungsverhältnisse bringt die „Labour Gazette“ beschreibende Berichte über die Lage des Arbeitsmarktes nach Gewerben und nach geographischer Anordnung. Und zwar beruhen diese Mitteilungen in der Regel auf mehr als 2000 Einzelberichten, die sowohl von Arbeiter- als auch Arbeitgeberseite herrühren. Außerdem werden noch alle anderen sonst verfügbaren Quellen benutzt. Neben der Berichterstattung über den Arbeitsmarkt in Großbritannien und Irland bringt die Zeitschrift auch fortlaufend ausführliche Berichte über den Arbeitsmarkt in den englischen Kolonien; ferner die bemerkenswerten Vorgänge auf dem Arbeitsmarkte des Auslandes, unter Benutzung der einschlägigen Zeitschriften und Zeitungen des Auslands, so für Deutschland nach dem „Arbeitsmarkt“.

In Frankreich veröffentlicht das „Office du travail“ (ebenfalls Bestandteil des Handelsministeriums) seine Zeitschrift („Bulletin“) in dem letzten Drittel jeden Monats. Auch diese Zeitschrift teilt ihre Berichterstattung in eine allgemein statistische und eine nach Bezirken geordnete in beschreibender Form. Der statistische Berichtsstoff wird durch die Arbeitersyndikate gewonnen. Diese berichten allmonatlich über die Veränderungen im Beschäftigungsgrad, und zwar bringen sie ihre Beobachtungen unter folgende Bezeichnungen: ob die Arbeit im

Vergleich zum Vormonat reichlicher oder weniger reichlich geworden oder gleich geblieben ist. Die Veränderungen werden prozentual für die Syndikate, für die Zahl der Betriebe und für die Zahl der Arbeiter ermittelt. Im ganzen berichten ca. 300 bis 400 Syndikate, denen 8—900000 Arbeiter in rund 25000 Betrieben angehören. Diese Berichterstattung beruht überwiegend auf subjektiven Eindrücken und Meinungsäußerungen. In einem Gesamtbild über die Marktlage (Situation Générale) werden für jede einzelne Gewerbegruppe die charakteristischen monatlichen Veränderungen unter Benutzung der statistischen Angaben der Syndikate kurz angegeben. Auch die Landwirtschaft wird, jedoch nur ganz nebenbei, berücksichtigt. Ausführlich sind die Situationsberichte, meist je einer aus einem Departement, gehalten. Hier wird das Material der Organisationen örtlich verwendet und Angaben über bedeutende Lohn- und Arbeitszeit-Veränderungen, sowie über wichtige Lohnbewegungen gemacht. Das Material zu diesen Berichten wird geliefert: 1. durch die Handelskammern, Gewerbegerichte, Arbeitnehmerverbände 2c.; 2. durch besondere ständige Berichterstatter. Verschiedenemale wurden auch Angaben über die Vermittlungsergebnisse von Arbeitsnachweisen herangezogen, doch ist in letzter Zeit davon wieder Abstand genommen worden.

Belgien ist äußerlich genau ebenso organisiert wie Frankreich. Tatsächlich aber unterscheidet sich seine „Revue du travail" sehr wesentlich von dem französischen Bulletin. Sie kennt nur die schildernde Berichterstattung nach Bezirken. Ohne ein Auftragsverhältnis zu Arbeitgeber- oder Arbeiterverbänden berichtet jeder Korrespondent über seine Gegend an die Redaktion der Zeitschrift und zeichnet in der Regel mit dem Anfangsbuchstaben seines Namens. Hie und da berichtet auch eine Arbeitgeber- oder eine Arbeitnehmer-Vereinigung; so für Gent die Berufsorganisationen der Arbeiter und Angestellten. Diese letzteren Berichte liefern eingehendes Material über die Zahl der Arbeitslosen in ganz ähnlicher Weise, wie es seitens der englischen Trade-Unions geschieht. Aus sämtlichen Bezirks- und Ortsberichten wird eine kurze Hauptübersicht über die jeweilige Lage ausgezogen. Das Heft über jeden Monat erscheint in der Regel gegen Ende des nächsten Monats.

Ungefähr um denselben Zeitpunkt, zuweilen auch früher, gibt in Österreich seit Oktober 1898 das arbeitsstatistische Amt im Handelsministerium seine monatliche „Soziale Rundschau“ mit dem Bericht über den vorhergangenen Monat heraus. Der Berichterstattung werden die Angebote und Nachfragen von kommunalen gemeinnützigen Innungs-, Gewerkschafts- und gewerblichen Arbeitsnachweisen zu Grunde gelegt und in Prozentberechnungen gebracht. Eine Einzelaufstellung desselben Berichtsstoffes ist nach Berufsgruppen sowie außerdem nach Berufen und Ländern gegliedert. Beschreibende Berichte sind daneben in Aussicht genommen. Die der Handels- und Gewerbekammern beziehen sich zumeist auf ganze Quartale und werden zuweilen durch Augenblicksbilder aus Arbeitgeberkreisen ergänzt.

Suchen wir nun ein Urteil darüber zu gewinnen, wie sich unsere Berichterstattung neben der ausländischen ausnimmt, so fällt zunächst der Unterschied in die Augen, daß in allen genannten Ländern die Berichterstattung über den Arbeitsmarkt amtlich ist, während die deutsche einen rein wissenschaftlich-privaten Charakter trägt. Bei Unternehmungen, die auf Organisation beruhen, verleiht der amtliche Apparat eine gewaltige Überlegenheit. Ich war daher nicht nur bei der Begründung der Berichterstattung, sondern auch noch lange nachher von der Inferiorität des Geleisteten so überzeugt, daß ich an ein Zusammenhalten mit den Leistungen des Auslandes kaum zu denken wagte. Erst Meinungsäußerungen aus England und Frankreich haben mir gezeigt, daß man dort anders dachte. In der Tat hat manches, was in Deutschland ursprünglich Notbehelf war, in mehrjähriger fortgesetzter Anwendung einen selbständigen Wert erhalten. Wenn ich bei Begründung der Berichterstattung nicht die englische Methode, die Zahl der Beschäftigten in den Gewerkschaften zu zählen, einfach nachahmte, so ist dies zwar nur deswegen unterblieben, weil es nach deutschen Verhältnissen für unerreichbar gelten mußte; die gewerkschaftliche Entwicklung ist in Deutschland noch zu wenig umfangreich, als daß sich Zahlen von einer Beweiskraft wie die englischen beschaffen ließen. Nachdem aber statt feststehender Tatsachen (Beschäftigung, Arbeitslosigkeit) ein bloßes Zahlenverhältnis, nämlich das zwischen Angebot und Nachfrage, zum Maßstab genommen wurde, stellte sich heraus, daß diese Methode in einer Beziehung einen ganz unvergleichlichen Vorzug bietet: indem nämlich sie, und nur sie, den Rhythmus des Arbeitsmarktes zum Ausdruck bringt. Dazu kommt, daß in Deutschland die Krankenkassen ein Mittel gewährten, die Zahl der Beschäftigten zu messen, und so auch ohne besondere Auszählung einen Teil des englischen Ergebnisses für Deutschland zu gewinnen. Sicher steht diese Methode den Tatsachen näher und der bloßen Subjektivität der Meinungsäußerung ferner, als die französische und belgische. Die österreichische Berichterstattung endlich, die einzige amtliche, die seit Bestehen des „Arbeitsmarkts“ begründet worden ist, hat dessen Methode glatt angenommen. — Das ist schließlich allen diesen Berichten gemein, daß sie nur über einen Teil des Arbeitsmarktes berichten und diesen Teil als symptomatisch für das Ganze betrachten. In dieser Beziehung hat das englisch-französische System den unleugbaren Vorteil, daß dieser Teil im großen und ganzen derselbe bleibt, während wir in Deutschland keine Kontrolle darüber haben, ob nicht der Gegenstand unserer Berichterstattung stark wechselt. Allein, dieser Fehler ist in den Ziffern der Arbeitsnachweise von Jahr zu Jahr geringer geworden, da hier sich immer mehr ein festes Publikum herausbildet, dessen Kreis sich zwar ständig vergrößert, aber doch nie mehr wesentlich nach rückwärts schwankt; und vollständig vermeidbar wird dieser Fehler im Laufe der Zeit bei den Krankenkassen, da es hier möglich sein muß, einen festen und nicht mehr wechselnden Stand von Krankenkassen der Berichterstattung zu Grunde zu legen. Was die absolute Größe der Arbeiterzahl, über die berichtet wird, betrifft, so erstreckt sich die englische Kurve der beschäftigten und unbeschäftigten Arbeiter auf etwa 500000, die französischen Allgemeinberichte auf etwa 8—900000 Arbeiter, während die deutschen Krankenkassen-Zahlen in dem gegenwärtigen Umfange der Berichterstattung sich auf etwa 1—1½ Millionen beziehen, und die 7—800000 Stellungsuchenden, über die im Laufe eines Jahres von den deutschen Arbeitsnachweisen berichtet wird, bei aller Unbestimmtheit des Personenkreises doch sicher einer Arbeiterzahl von mehreren Millionen schon jetzt entsprechen müssen. In Österreich läßt sich die Zahl der Arbeitsuchenden, über die berichtet wird, auch schon auf 600000 schätzen. — Vergleicht man endlich die Erscheinungszeit der verschiedenen Monatsberichte, so ist es durchaus kein Zufall, daß die private Berichterstattung am frühesten auf dem Platze ist; denn eine amtliche ist weit weniger in der Lage, sich im Ausnahmefalle von einer fehlenden Nachricht zu emanzipieren und muß daher den Termin von vornherein etwas weiter bemessen. Der 15. des Monats, den die deutsche Berichterstattung festhält, gilt amtlich auch für die englische; dank der einzigartigen Schulung der dortigen Gewerkschaften wird dieser Termin nur in Ausnahmefällen, und auch dann nur um wenige Tage hinausgerückt. Frankreich und Belgien lassen die Berichterstattung über einen Monat erst dann folgen, wenn der nächste sich dem Ende nähert oder es bereits überschritten hat. Die österreichische nennt das Heft, das den Bericht über einen Monat bringt, mit dem Namen des nachfolgenden, läßt es aber zumeist einige Wochen später erscheinen (so daß zum Beispiel der Maibericht im Juniheft enthalten ist, dieses aber erst am 15. oder 20. Juli ausgegeben wird). — Endlich hat die deutsche Bezeichnung „Arbeitsmarkt" den ausländischen Sprachgebrauch beeinflußt. Die „Labour Gazette" hat im Januar 1900 für den betreffenden Teil die Überschrift „State of the Labour Market" eingeführt, ebenso wie die belgische „Marché du Travail" überschreibt, und die „Soziale Rundschau" von vornherein die Überschrift „Arbeitsmarkt" angenommen hat. Auch in der Gemeinsamkeit der Ausdrucksweise kommt allmählich zur Geltung, daß die Arbeit ihren Markt hat, und daß er seine Berichterstattung verlangt.

3. Regelmäßige Jahresschwankungen des Arbeitsmarktes.

Neben dem Vergleich mit dem entsprechenden Monat des Vorjahres wird die Berichterstattung über den Arbeitsmarkt versuchen müssen, auch den Vergleich mit dem unmittelbar vorangegangenen Monat desselben Jahres zu benutzen. Wenn im Oktober von massenweiser Arbeitslosigkeit die Rede war, so wird man wissen wollen, ob sie im November größer oder geringer geworden ist.

Um diesen Vergleich sachgemäß würdigen zu können, muß man aber wissen, welches das normale Verhältnis der Monate zu einander ist. Niemand wird sich darüber wundern, wenn der Juni wärmer ist als der Mai, der Dezember kälter als der November. Der erfahrene Börsenmann weiß, daß in den ersten Tagen jedes Quartals oder Semesters die Kurse der Staatspapiere ein wenig anziehen (Bedürfnis nach Anlagepapieren für empfangene Zinsbeträge ꝛc.), ohne daß aus dieser regelmäßig oder häufig wiederkehrenden Erscheinung irgend ein Schluß auf eine Veränderung der Marktlage zu ziehen wäre. Unser Ziel muß nun sein, in ähnlicher Weise herauszubekommen, welches die regelmäßigen Schwankungen des Arbeitslosen-Andranges zu den verschiedenen Zeiten des Jahres sind.

Da die Berichterstattung bereits über 6 abgeschlossene Jahre vorliegt, so ist es möglich, einen erfahrungsmäßigen Durchschnitt des Andranges für jeden einzelnen Monat zu ermitteln. Während der ersten beiden Jahre war die Beteiligung der Arbeitsnachweise an der Berichterstattung so ungleichmäßig, daß damals nachträglich eine durchgehends einheitliche Berechnung für ein und dieselben 38 Arbeitsnachweise des Deutschen Reiches aufgestellt wurde. Es waren dies:

Posen, Berlin, Rixdorf, Kiel, Halle a. S., Quedlinburg, Erfurt, Gera-R., Hannover, Essen (Ruhr), Elberfeld, Düsseldorf, Köln, M.-Gladbach, Trier, Wiesbaden, Frankfurt a. M., Darmstadt, Kaiserslautern, Straßburg i. E., Heidelberg, Lahr, Freiburg i. B., Schopfheim, Karlsruhe, Offenburg i. B., Mannheim, Konstanz, Pforzheim, Stuttgart, Kannstatt, Eßlingen, Heilbronn, Ulm a. D., Fürth i. B., Nürnberg, Augsburg, München.

Seit damals ist die Beteiligung einigermaßen gleichmäßiger geworden, und es lassen sich durch Benutzung der in den Jahren 1899 und 1901 jedesmal in Vergleich mit dem Vorjahre festgestellten Zahlen zwei fernere Jahrespaare bilden, die jenen ersten hinzugefügt werden können. Daraus ergibt sich nebenstehende Tabelle.

(Siehe Seite 91.)

Bezeichnet man jeden Monat, je nachdem er einen größeren oder geringeren Andrang zeigt, als der unmittelbar vorangegangene mit + oder —, so ergeben sich folgende Änderungsreihen:

Tab. 2. **Dasselbe. Änderungsreihen** („zusammen").

Eingeklammert ( ) bedeutet: Unterschied gegen den Vormonat weniger als 1 %.

	Jan.	Febr.	März	April	Mai	Juni	Juli	Aug.	Sept.	Okt.	Nov.	Dez.
1896	·	—	—	—	+	—	+	—	—	+	+	(+)
1897	—	—	—	+	+	—	(+)	—	—	+	+	+
1898	—	—	—	+	+	—	(—)	—	—	+	+	(+)
1899	—	—	—	+	+	—	+	—	+	+	+	(+)
1900	—	—	—	—	+	+	+	—	+	+	+	+
1901	—	—	—	+	+	+	+	—	—	+	+	+
Durchschn.	—	—	—	+	+	—	+	—	—	+	+	+

Ein Blick auf die Durchschnittsreihe der Tabelle 2 zeigt uns in den drei ersten Monaten des Jahres die Abnahme und in den drei letzten die Zunahme des Andranges in so ausnahmsloser Übereinstimmung, daß dies kein Zufall sein kann. Nicht nur der Durchschnitt weist jedesmal drei Monate hintereinander dasselbe Zeichen auf, sondern dieser Durchschnitt ist auch in der Tat aus einer ausnahmslosen Wiederholung desselben Vorganges in jedem der sechs Berichtsjahre entstanden. Von derselben schwerwiegenden Bedeutung

Tab. 1. **Deutsches Reich 1896—1901. Jahresschwankungen des Andranges an den Arbeitsnachweisen.**

Auf 100 offene Stellen kommen Arbeitsuchende:

	Januar			Februar			März			April			Mai			Juni		
	m.	w.	zus.	m.	w.	zus.	m.	w.	zus.	m.	w.	zus.	m.	w.	zus.	m.	w.	zus.
1896	231,4	102,0	179,0	176,7	94,9	147,5	128,4	91,9	117,7	133,8	70,2	115,5	143,6	93,0	130,1	141,3	90,4	126,7
1897	187,8	89,3	152,4	170,5	85,5	139,3	119,2	84,2	108,1	120,6	83,2	109,5	133,0	88,6	120,4	123,9	83,1	112,0
1898	179,2	91,1	149,9	157,8	88,2	134,2	114,8	77,2	103,5	119,0	82,8	108,6	125,1	84,9	114,1	121,6	89,4	113,0
1899	156,2	83,5	131,6	127,0	78,0	111,1	100,5	65,4	89,3	104,8	72,1	95,5	109,2	73,2	98,9	102,1	70,1	93,6
1900	154,9	73,1	126,2	135,3	70,9	113,1	117,9	62,1	99,8	102,2	70,2	93,4	118,2	74,2	106,6	119,4	81,2	108,8
1901	228,2	77,5	165,8	202,4	70,9	146,8	149,8	69,3	122,2	140,8	78,6	141,4	174,8	85,3	145,9	183,3	80,2	148,7
Durchschnitt	189,6	86,1	150,8	161,6	81,4	132,0	121,8	75,0	106,8	120,2	76,2	110,7	134,0	83,2	119,3	131,9	82,4	117,1

	Juli			August			September			Oktober			November			Dezember		
	m.	w.	zus.	m.	w.	zus.	m.	w.	zus.	m.	w.	zus.	m.	w.	zus.	m.	w.	zus.
1896	144,0	99,1	131,4	143,8	90,6	127,7	135,0	99,7	124,4	149,8	108,6	138,1	182,2	120,2	163,9	201,4	92,9	164,4
1897	122,1	84,8	112,4	121,3	82,0	111,1	116,4	93,5	109,8	126,9	106,8	121,6	169,2	118,0	148,6	177,6	100,5	153,3
1898	119,9	89,8	112,5	116,3	83,8	108,5	104,7	80,7	98,3	119,3	100,7	114,8	143,3	110,7	135,0	153,0	87,3	135,2
1899	109,5	74,4	100,7	103,9	68,5	92,5	109,2	72,2	98,9	116,5	88,0	109,0	141,5	99,0	130,8	153,7	73,0	131,2
1900	131,7	89,3	122,2	121,5	71,0	107,5	123,1	77,1	110,5	148,2	98,1	135,3	203,6	96,8	169,3	233,4	82,9	177,9
1901	182,4	93,0	160,9	186,9	84,9	150,2	177,2	89,2	147,5	231,5	127,9	198,1	272,4	127,6	223,9	325,7	95,2	240,6
Durchschnitt	134,9	88,4	123,4	132,3	80,1	116,3	127,6	85,4	114,9	148,7	105,0	136,2	185,4	112,1	161,9	207,5	88,6	167,1

ist das + im Mai und annähernd auch im Juli, sowie das — im August. Das + im April hat nicht die gleich schwerwiegende Bedeutung, da in den 6 Jahren immerhin zwei Ausnahmen vorkommen; der April zeigt auch hier seine sprichwörtliche Witterung. Ähnlich unbestimmt sind die Ergebnisse über Juni und September.

Suchen wir dieses Ergebnis zu deuten, so können wir von den Jahresschwankungen des Andranges an den Arbeitsnachweisen ungefähr folgendes Bild entwerfen. Nach Beendigung der sommerlichen Arbeiten beginnt im Oktober ein gesteigerter Andrang der Arbeitsuchenden, der von Monat zu Monat zunimmt. Die Steigerung setzt ein mit einem Hinaufgehen von 114,9 auf 136,2 im Oktober, setzt sich in erhöhtem Tempo auf 161,9 im November und selbst dann noch ein wenig bis auf 167,1 im Dezember fort. Damit hat der Andrag seinen Höhepunkt erreicht. Mit der Jahreswende läßt er nach. Er sinkt schon im Januar einigermaßen erheblich (auf 150,8), ebenso im Februar auf 132,0 und noch stärker im März auf 106,8. Um die Frühjahrszeit beginnt, zuerst schwankend im April, dann aber steigend im Mai ein verschärfter Andrang. Diese Steigerung des Andranges kehrt nur noch einmal im Juli wieder, ist aber sonst in den Sommermonaten in Verminderung begriffen, bis zum Herbste mit dem erneuten Andrange der Kreislauf wieder beginnt. —

Daß diese Änderungsreihen an den Arbeitsnachweisen ein Spiegelbild von den Änderungen in der Lage des Arbeitsmarktes geben, wird nun freilich nicht behauptet werden dürfen. In einem einzigen Punkte, in der winterlichen Steigerung, die im Oktober einsetzt, findet eine Übereinstimmung statt. Schon das Sinken des Andranges in den Monaten Januar bis März, sowie noch mehr die Steigerung in den Monaten April und Mai widersprechen dem Augenschein. Die Beobachtung des Arbeitsmarktes lehrt, daß der Höhepunkt der Arbeitslosigkeit nicht im Dezember, sondern zumeist in den Monaten Januar oder Februar liegt; und daß die Frühjahrswende April/Mai nicht eine Verschlechterung, sondern eine Verbesserung bringt, liegt auf der Hand. Auch die Steigerung im Juli stimmt mit den gewöhnlichen Beobachtungen nicht überein. Andrerseits treten diese Erscheinungen mit solcher Regelmäßigkeit und Bestimmtheit auf, daß sie eine gleichmäßig wirkende Ursache haben müssen. Man kann die Änderungsreihen sich etwa in der

Art erklären, daß der Andrang der Arbeitsuchenden, nachdem er drei Monate hindurch von Oktober bis Dezember fortgesetzt ist, ein gewisses Ergebnis gezeitigt hat, daß von da ab die Arbeitsuchenden in größerem Umfange sich auf andere Mittel, namentlich auf die Umschau, legen, während von den Arbeitgebern ein gewisser fester Stamm bei dem Grundsatze bleibt, Arbeitsuchende nur durch den Arbeitsnachweis zu beziehen. Dann würde die Steigerung des Andranges bei beginnendem Frühling sich ebenso als eine Reaktion gegen die zu weit getriebene Fernhaltung vom Arbeitsnachweise darstellen: die wiederkehrende Aussicht auf Arbeit lockt jetzt Arbeiter nicht nur in entsprechendem, sondern in noch höherem Maße an, bis im Laufe der Sommermonate wieder der Ausgleich eintritt. Hierbei bleibt die Unterbrechung dieses Ausgleiches, durch eine meistens eintretende nochmalige Steigerung im Juli, der Aufklärung durch weitere Erfahrungen vorbehalten.

Hiernach bestimmt sich das Maß der Brauchbarkeit dieser Ziffern für die Beurteilung der Lage des Arbeitsmarktes. Diese Prozentziffern können nicht für den genauen oder annähernden Ausdruck des Verhältnisses von Angebot und Nachfrage auf dem Arbeitsmarkte ausgegeben werden. Allein, wer in dieser Beziehung eine Täuschung erlebt, hat sie nur sich selbst zuzuschreiben. Daß für so verwickelte Vorgänge wie die des Arbeitsmarktes sich ohne weiteres eine Ziffer finden ließe, an der die Änderungen des Marktes mühelos abzulesen wären, war von vornherein nicht anzunehmen. Solange die Arbeitsnachweise nur einen verhältnismäßig kleinen Teil des Arbeitsmarktes beherrschten, konnte insbesondere nicht erwartet werden, daß hier Angebot und Nachfrage dasselbe Verhältnis zeigen, wie die in Wirklichkeit gesuchten und in Wirklichkeit suchenden Arbeitskräfte. Es ist völlig ausgeschlossen, aus der Tatsache, daß an den heutigen deutschen Arbeitsnachweisen in einem bestimmten Zeitpunkte auf 100 offene Stellen 110,0 Arbeitsuchende kamen, zu folgern, daß in demselben Zeitpunkt am offenen Arbeitsmarkte jeder elfte Mann vergebens eine Stelle suchte. Aber auch noch nicht einmal die Folgerung wäre gerechtfertigt, daß, wenn die Prozentziffer an den Arbeitsnachweisen von einem Monat zum andern zurückgeht, dann auch der Andrang am offenen Arbeitsmarkte gesunken ist. Es kann bei zunehmender Arbeitslosigkeit der Andrang an den Arbeitsnachweisen nachlassen, weil es eine Grenze hat, wie lange der Arbeitslose ein nicht zum Ziele führendes Mittel immer aufs neue versucht. In dieser Beziehung kann es für die junge Berichterstattung über den Arbeitsmarkt als ein Glücksfall angesehen werden, daß die Änderungsreihe für Januar/März jenen in die Augen fallenden offenbaren Widerspruch zu den wirklichen Verhältnissen zeigt; denn dadurch wird die Versuchung zu einer derartigen Gleichsetzung von vornherein ausgeschlossen. — Nachdem so mit voller Deutlichkeit gesagt wird, wofür eine Beweiskraft jener Änderungsreihe nicht in Anspruch genommen wird, soll nun aber auch der übrig bleibende Wert nicht unnötig herabgesetzt werden. Die Änderungen auf dem Arbeitsmarkte setzen sich aus zwei verschiedenen Vorgängen zusammen: aus den normalen, die regelmäßig in jeder Jahreszeit wiederkehren, und aus den abnormen, die durch Schwankungen der Konjunktur entstehen. Hat man nun für irgendwelche mit der Jahreszeit normal vor sich gehende Veränderungen am Arbeitsmarkte einen zahlenmäßigen Maßstab, so kann man an Störungen dieser Reihe messen, ob eine außerordentliche Störungsursache vorhanden ist. Hierfür ist jene Änderungsreihe in der Tat brauchbar. Daß im Januar der Andrang an den Arbeitsnachweisen abnimmt, läßt in keiner Weise den Rückschluß zu, daß der Andrang in Wirklichkeit am offenen Arbeitsmarkte geringer geworden sei. Jene Abnahme ist nun aber eine regelmäßig wiederkehrende Erscheinung. Sollte daher einmal in einem Januar eine zweifellose Zunahme des Andranges an den Arbeitsnachweisen stattfinden, so würde dieses Vorkommnis das Vorhandensein einer abnormen Ursache beweisen. Theoretisch müßte dies schon der Fall sein, wenn nicht ein — in ein + verwandelt, sondern das — nur bedeutend abgeschwächt würde. Praktisch werden wir diese Schlußfolgerung einstweilen nicht immer vornehmen können, weil die Ziffern (Zeile Durchschnitt in Tabelle 1) bis jetzt noch nicht auf einer genügend reichen Erfahrung beruhen. Diese Ziffern sind noch nicht die, die für die Kennzeichnung der Jahresschwankungen des Arbeitsmarktes gebraucht werden. Aber sie sind gewissermaßen das Unterpfand dafür, daß es der Wissenschaft im Laufe der Zeit gelingen muß, derartige Ziffern zu erarbeiten.

Für die Bewertung der durchschnittlichen Änderungsreihe kommt noch in Betracht, inwieweit sie für die beiden Geschlechter übereinstimmt. Die Unterscheidung nach männlichen und weiblichen geht aus den beiden folgenden Tabellen hervor.

Tab. 3. **Dasselbe. Änderungsreihen** („männliche").

	Jan.	Febr.	März	April	Mai	Juni	Juli	Aug.	Sept.	Okt.	Nov.	Dez.
1896	·	−	−	+	+	−	+	(−)	−	+	+	+
1897	−	−	−	+	+	−	−	(−)	−	+	+	+
1898	+	−	−	+	+	−	−	−	−	+	+	+
1899	+	−	−	+	+	−	+	−	+	+	+	+
1900	+	−	−	−	+	+	+	−	+	+	+	+
1901	−	−	−	−	+	+	(−)	+	−	+	+	+
Durchschn.	−	−	−	−	+	−	+	−	−	+	+	+

Tab. 4. **Dasselbe. Änderungsreihen** („weibliche").

	Jan.	Febr.	März	April	Mai	Juni	Juli	Aug.	Sept.	Okt.	Nov.	Dez.
1896	·	−	−	−	+	−	+	−	+	+	+	−
1897	−	−	−	−	+	−	+	−	+	+	+	−
1898	−	−	−	+	+	+	(+)	−	−	+	+	−
1899	−	−	−	+	+	−	+	−	+	+	+	−
1900	(+)	−	−	+	+	+	+	−	+	+	−	−
1901	−	−	−	+	+	−	+	−	+	+	(−)	−
Durchschn.	−	−	−	+	+	(−)	+	−	+	+	+	−

Von vereinzelten Schwankungen abgesehen zeigt der weibliche Arbeitsmarkt *eine* durchgehende Abweichung: ausnahmslos weist der Dezember eine Verminderung des Andranges auf, während auf dem männlichen Arbeitsmarkte die mit dem Oktober beginnende Verschärfung des Andranges ebenso ausnahmslos in allen Jahren in den Dezember hineinreicht. Dies hängt vermutlich damit zusammen, daß auf dem städtischen Arbeitsmarkte das Weihnachtsgeschäft weibliche Arbeitskräfte (Verkäuferinnen, Näherinnen) in besonders hohem Maße in Anspruch nimmt.

Inwieweit die Durchschnittslinie des gesamten Arbeitsmarktes auf einer Übereinstimmung der Ergebnisse für beide Geschlechter beruht, zeigt die folgende Zusammenstellung.

Tab. 5.

	Jan.	Febr.	März	April	Mai	Juni	Juli	Aug.	Sept.	Okt.	Nov.	Dez.
männlich	−	−	−	−	+	−	+	−	−	+	+	+
weiblich	−	−	−	+	+	(−)	+	−	+	+	+	−
zusammen	−	−	−	+	+	−	+	−	−	+	+	+
	·	·	·		·		·	·		·	·	

Hierbei ist unter die Monate, die Übereinstimmung aufweisen, ein Punkt gesetzt. Im großen und ganzen bleibt das oben entworfene Bild unverändert. Das Verhältnis der Jahresschwankungen für „männlich“, „weiblich“ und „zusammen“ bringt die nachfolgende Kurve zur Anschauung.

(Siehe Seite 97.)

Eine Verbesserung der zahlenmäßigen Grundlagen könnte man vielleicht von einer über lange Zeiträume hin fortgesetzten Jahresreihe erwarten, die schließlich einen guten und zuverlässigen Durchschnitt ergeben müßte, so daß man je nach der Abweichung der Andrangsziffer einfach sagen könnte: der Oktober dieses Jahres zeigt den normalen Andrang, einen übernormalen oder einen unternormalen. Eine gewisse Verbesserung nach dieser Seite hin ist in der Tat von der Verlängerung der Tabellen während der nächsten Jahre zu erwarten. Allein eine Entwicklung bis zu jenem Ziele ist ausgeschlossen. Die meteorologischen Beobachtungen sind auf diesem Wege mit Erfolg vorgeschritten. Nachdem die Beobachtungen der durchschnittlichen Temperaturen über Jahrzehnte, ja teilweise von einem Jahrhundert ins andere fortgesetzt waren, zeigte der Durchschnitt eine weitgehende Zuverlässigkeit. Unter den vielen Verschiedenheiten, die für die Beobachtung von Natur und Kultur in Betracht kommen, ist von ganz besonderer Wichtigkeit, daß in jener die Unveränderlichkeit gewisser Voraussetzungen eine Rolle spielt, die wir innerhalb des Kulturlebens vergebens suchen. Auch der Arbeitsmarkt als ein Kulturprodukt ist im Laufe der Zeit so großen Änderungen unterworfen, daß eine Beobachtung über Jahrzehnte hin nicht mehr berechtigt wäre, Durchschnittsziffern zu ziehen und sie als Norm hinzustellen. Man wird einen vergleichenden Rückblick immer auf eine verhältnismäßig kurze Zeit beschränken müssen.

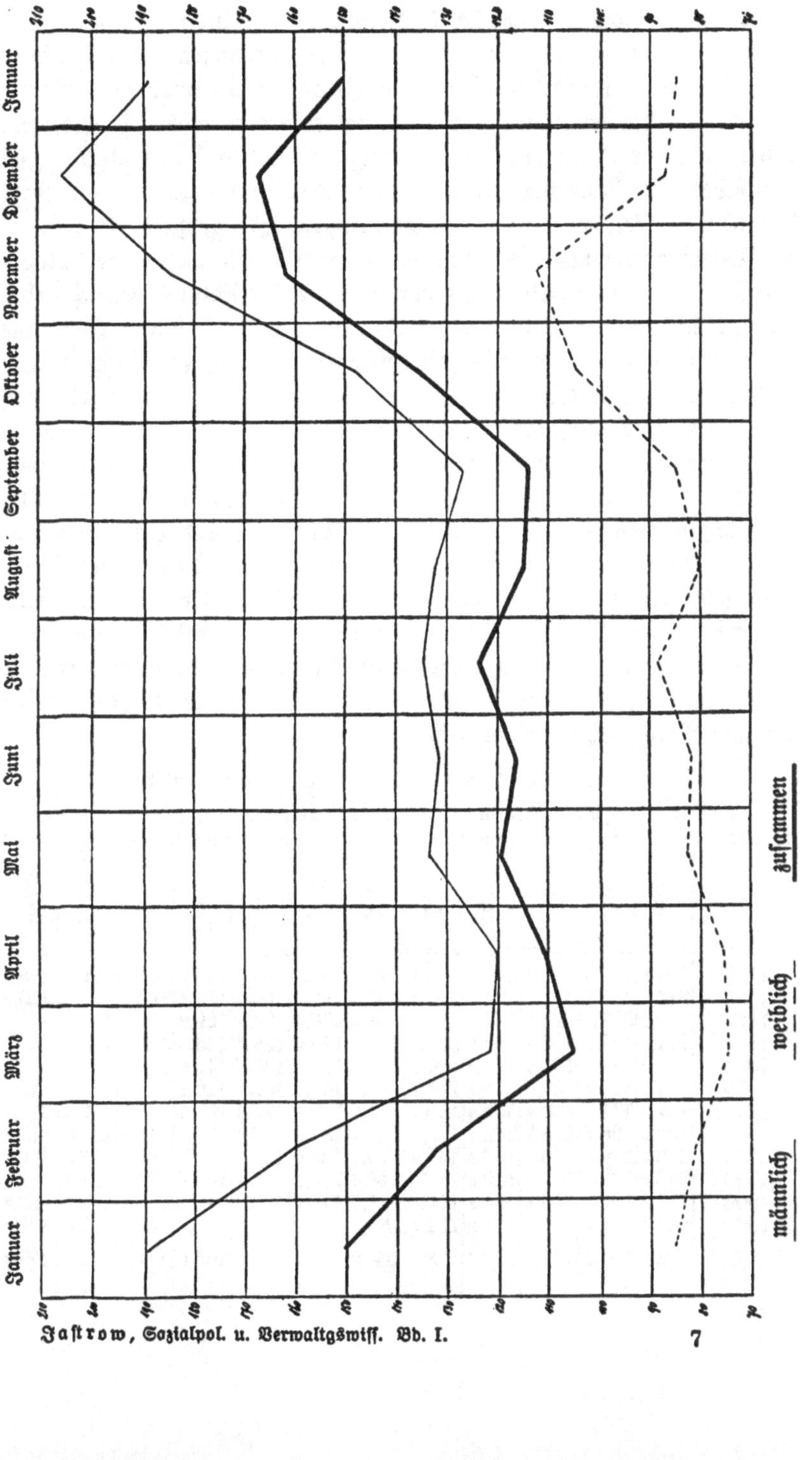
Januar
Februar
März
April
Mai
Juni
Juli
August
September
Oktober
November
Dezember
Januar
männlich
weiblich
zusammen

Dazu kommt noch ein zweiter Unterschied. Die bloße Tatsache, daß über den Arbeitsmarkt berichtet wird, übt auf diesen einen Einfluß. Die Berichterstattung, die die Beteiligten mit Nachrichten versorgt, und sie dorthin leitet, wo ein Ausgleich erfordert wird, ist selbst ein Glied in einer Kette von Veranstaltungen, die auf das ideale Ziel hinstreben, den Andrang der Arbeitsuchenden im Verhältnis zur Zahl der offenen Stellen auf 100% zu bringen. Je größere Fortschritte die Berichterstattung über den Arbeitsmarkt im Laufe der Jahrzehnte macht, desto mehr wird von ihr das Verhältnis von Angebot und Nachfrage beeinflußt, und desto weniger brauchbar werden die alten Jahrgänge für Durchschnittsbildungen. Daß es hingegen auf das Wetter einen Einfluß übe, ob es von einer Sternwarte aus beobachtet wird oder nicht, wird sich füglich nicht behaupten lassen. — Hingegen kann von jenen meteorologischen Beobachtungsreihen etwas anderes für unseren Gegenstand entnommen werden: die Beziehung auf bestimmte Örtlichkeiten. Man muß auch hier versuchen, die Durchschnittstemperatur jeden Monats für den einzelnen Ort festzustellen. Das verhältnismäßig am weitesten zurückreichende Material besitzt Berlin. Es umfaßt von 1890—1901 bereits zwölf Jahre. Da die weibliche Arbeitsvermittlung im Berliner Zentralverein keine erhebliche Rolle spielt, so genügt es, die Ziffern für die gesamte Vermittelung einheitlich zu geben.

Tab. 6. **Berlin 1890—1901. Jahresschwankungen.**
Auf 100 offene Stellen kamen Arbeitsuchende:

	Januar	Februar	März	April	Mai	Juni	Juli	August	Septbr.	Oktober	November	Dezember
1890	191,6	179,9	93,3	141,6	146,4	149,5	139,1	104,5	120,2	155,0	186,2	148,2
1891	216,9	180,5	118,3	194,6	201,2	253,8	182,8	130,7	112,4	162,9	192,4	159,2
1892	189,8	237,0	121,5	167,5	166,4	152,9	150,4	96,5	106,2	95,7	198,8	111,7
1893	147,9	157,0	108,0	160,0	189,8	168,6	173,0	129,7	123,5	162,1	183,8	135,1
1894	206,2	144,7	104,5	173,0	190,1	173,1	157,7	136,4	112,0	143,1	184,5	148,8
1895	172,7	115,2	120,0	175,7	154,1	145,0	141,6	106,3	110,5	129,7	140,4	113,9
1896	157,0	117,5	100,0	135,3	135,1	159,5	103,1	125,8	109,8	115,2	132,6	114,5
1897	154,5	136,4	118,2	132,6	155,8	127,3	131,8	112,7	92,0	118,0	155,2	119,3
1898	242,4	176,2	126,7	157,3	145,9	175,9	136,0	125,7	103,9	131,0	179,5	174,6
1899	220,5	171,7	119,2	140,8	148,7	144,6	115,7	111,9	108,3	136,0	182,7	127,4
1900	175,0	127,7	106,4	94,2	110,5	137,6	110,6	103,5	76,8	103,3	196,8	156,8
1901	237,7	195,4	128,1	135,3	154,5	189,1	142,7	138,1	93,4	127,5	177,6	161,6
Durchschnitt	192,7	161,6	113,7	150,7	158,2	164,7	140,4	118,5	105,8	131,6	175,9	139,3

Die Tafel der monatlichen Änderungen stellt sich wie folgt:

Tab. 7. **Dasselbe. Änderungsreihen.**

	Jan.	Febr.	März	April	Mai	Juni	Juli	Aug.	Sept.	Okt.	Nov.	Dez.
1890	·	−	−	+	+	+	−	−	+	+	+	−
1891	+	−	−	+	+	+	−	−	−	+	+	−
1892	+	+	−	+	−	−	−	−	+	−	+	−
1893	+	+	−	+	+	−	+	−	−	+	+	−
1894	+	−	−	+	+	−	−	−	−	+	+	−
1895	+	−	+	+	−	−	−	−	+	+	+	−
1896	+	−	−	+	(−)	+	−	+	−	+	+	−
1897	+	−	−	+	+	−	+	−	−	+	+	−
1898	+	−	−	+	−	+	−	−	−	+	+	−
1899	+	−	−	+	+	−	−	−	−	+	+	−
1900	+	−	−	−	+	+	−	−	−	+	+	−
1901	+	−	−	+	+	+	−	−	−	+	+	−
Durchschn.	+	−	−	+	+	+	−	−	−	+	+	−

Als auffallendste Abweichung von dem allgemein deutschen Durchschnitt zeigt die Änderungstafel die durchgehende Verminderung des Andranges im Dezember parallel der genau ebenso durchgehenden Verstärkung im deutschen Gesamtdurchschnitt. Obgleich die weibliche Arbeitsvermittelung in Berlin nur ganz unbedeutend ist, teilt der Arbeitsnachweis diese Eigenschaft doch gerade mit dem weiblichen und nicht mit dem männlichen Reichs-Durchschnitt. Das Weihnachtsgeschäft, auf das wir jene Beeinflussung des weiblichen Arbeitsmarktes zurückführten, spielt in Berlin eine besonders große Rolle, nicht nur wegen der steigenden Anziehungskraft der Warenhäuser, Bazare u. s. w. auch für Auswärtige, sondern wegen der ganz besonderen Stellung, die das Weihnachtsfest im Berliner Volksleben einnimmt. Namentlich im Westen und im Süden Deutschlands ist der Karneval die Zeit des üppigen Geldausgebens. In Norddeutschland steht in dieser Beziehung das Weihnachtsfest konkurrenzfrei da, und in Berlin wird ihm nicht einmal durch ein örtliches Volksfest (Vogelwiese) ein Wettbewerb bereitet. Für das Detailgeschäft spielt das Weihnachtsfest in Berlin eine Rolle, wie kaum in einer anderen Stadt. Diese Abschwächung des Andranges im Dezember hat nun zur Folge, daß der Januar ebenso abweichend vom Reichs-Durchschnitt eine Steigerung zeigt.

Für ähnliche Berechnungen an der Hand der Krankenkassen-Ziffern liegen bis jetzt noch nicht genügende Jahresreihen vor.[1])

---

[1]) Dieselben werden gegenwärtig aus der Zeit 1895—1901 für die Untersuchungen des Vereins für Sozialpolitik über den Gang der Krisis in Deutschland nachträglich ermittelt.

4. Charakteristische Züge des Arbeitsmarktes.

Die landläufige Vorstellung von der Lage des Arbeitsmarktes geht dahin, daß das charakteristische Merkmal der Marktlage in einem beständigen und bedeutenden Überangebot von Arbeitskräften bestehe. Während auf dem Warenmarkte sich Angebot und Nachfrage das ungefähre Gleichgewicht halten, scheint es das Verhängnis des Arbeitsmarktes zu sein, daß hier das Angebot an Händen beständig die Nachfrage übersteige.

Will man hierüber zu einem begründeten Urteil gelangen, so ist zunächst erforderlich, daß man sich von dem Eindruck augenblicklicher Verhältnisse unabhängig macht. Daß gegenwärtig in Deutschland eine weitgehende Arbeitslosigkeit herrscht, darf für die Untersuchung nur einen Umstand unter vielen bilden. Die Untersuchung jener Frage hat es nicht mit dem augenblicklichen Zustand oder wenigstens nicht mit ihm allein zu tun. Die Frage ist nicht, ob ein Überfluß an Arbeitskräften zuweilen besteht (denn das bestreitet niemand), sondern ob es wahr ist, daß dieser Überfluß dem Arbeitsmarkte sein dauerndes und charakteristisches Gepräge verleihe. Oder in engerer Umgrenzung: inwieweit sprechen die Ergebnisse der bisherigen Berichterstattung über den Arbeitsmarkt für oder gegen jene Anschauung?

Da ist denn zunächst in negativer Beziehung sehr merkwürdig, daß die Arbeitslosigkeit keineswegs die intensivste Erscheinung des deutschen Arbeitsmarktes ist. Tritt einmal Arbeitermangel ein, so erreicht dieser eine weit höhere Intensität. Gleich bei Begründung der Berichterstattung, in den Jahren 1896 und 1897, zeigte sich dies an einem auffallenden Beispiel. Während jener beiden Jahre wurde von der Allgemeinen Arbeitsnachweis-Anstalt Freiburg i. B. ein Mangel an Schuhmacher-Gesellen beobachtet. Dieser Mangel ging so weit, daß man sich bereits daran gewöhnte, offene Stellen als unbesetzbar zu betrachten. In Stuttgart bestand derselbe Mangel seit Begründung des Arbeitsamtes. Erst im November 1897 schlug hier wie da das Verhältnis um, und das Angebot von Schuhmachern überstieg die Nachfrage. Dieses Beispiel bewies destomehr, weil Stuttgart schon damals Landeszentrale für ganz Württemberg war, so daß es den Ausgleich von Ort zu Ort, wenn nur genügende Arbeitskräfte vorhanden gewesen wären, sicher auch hätte bewirken können. Schon demgegenüber mußte man sich fragen: wann hat in einem Gewerbe eine Arbeitslosigkeit in einem Teile Deutschlands einen solchen Grad erreicht, daß es Jahre hindurch unmöglich gewesen wäre, Arbeitsuchenden Arbeit zu beschaffen? — Ein typischer Fall für derartigen Arbeitermangel ist das Aufkommen einer schnell beliebt werdenden Industrie. Die Fahrrad-Fabrikation hat in den Jahren 1895—1899 einen solchen Einfluß auf den Arbeitsmarkt der Metallindustrie geübt. Sie nahm eine derartige Menge von Drehern aus dem Markt, daß hier das Angebot von Drehern beständig von der Nachfrage übertroffen wurde. Manche Geschäftserweiterung mußte unterbleiben, weil man sicher war, notwendige Arbeitskräfte nicht erhalten zu können.

Nur ein spezieller, allerdings besonders ausgedehnter Fall ist der Mangel an ländlichen Arbeitern. Über die Intensität dieses Mangels, seine Dauer, seine Ursachen herrschen überwiegend irrige Vorstellungen. Als in den 80er Jahren aus den Kreisen der ländlichen Arbeitgeber die ersten lauten Klagen über Mangel an Arbeitskräften erschollen, führte der scharfe politische Gegensatz, der seit dem Zolltarif von 1878 zwischen den Verfechtern agrarischer Interessen und den nichtagrarischen Parteien bestand, dazu, daß in den Kreisen der Städter die Behauptung von dem Mangel an Arbeitskräften einfach nicht geglaubt wurde. In den Maßnahmen der Regierung zur erleichterten Beschaffung auswärtiger Arbeiter erblickte man nur einen Beweis mehr für die agrarische Färbung der Regierungspolitik. Und doch ist nach den später geführten wissenschaftlichen Untersuchungen gar kein Zweifel mehr möglich, daß jener Mangel schon während der 80er Jahre in weitem Umfange bestanden hat. Es ist auch nicht einmal richtig, daß die Maßregeln zur Abhilfe aus einem Einverständnis der Regierungs- und der agrarischen Kreise hervorgegangen seien. Die preußische Ministerial-Verfügung von 1886, die ermäßigte Eisenbahn-Preise für die Sachsengänger einführte, stieß vielmehr auf den lautesten Widerspruch der ostelbischen Gutsbesitzer, die behaupteten, hierdurch ihrer ohnedies schon knappen Arbeitskräfte noch weiter beraubt zu werden. Das Zentral-Kollegium der verbündeten landwirtschaftlichen Vereine der Provinz Schlesien hat am 5. März 1889 gegen diese Ermäßigung einen geharnischten Beschluß gefaßt. Wir sehen also schon damals die Landwirte von Mittel- und Westdeutschland, die die Arbeitskräfte an sich ziehen (von den Rübenfeldern der Provinz Sachsen als dem ersten Reiseziel haben die Sachsengänger ihren Namen erhalten), und die Ostelbier, die die Arbeitskräfte verlieren sollen, in einem ausgesprochenen Kampfe um ländliche Arbeitskräfte. Wenn die Regierungs-Maßregel der Fahrpreis-Ermäßigung in entschiedenem Gegensatze zu der politisch einflußreichsten Klasse, zu den ostelbischen Gutsbesitzern, erfolgt ist, so hat sie die starke Vermutung für sich, daß sie in der Tat durch eine in der Marktlage begründete Notwendigkeit erzwungen wurde. Die Zulassung russischer und galizischer Wanderarbeiter in die östlichen Provinzen war nicht, wie allgemein angenommen wird, ein hilfsbereites Eingehen auf die Wünsche der ostelbischen Agrarier, sondern stellt sich historisch als eine ebenso notgedrungene Entschädigung für die sehr schroffe antiostelbische Stellungnahme in Sachen der Sachsengängerei dar. Wissenschaftlich kann nicht mehr bestritten werden, daß Deutschland seit etwa einem Vierteljahrhundert an einem Mangel an landwirtschaftlichen Arbeitern leidet. Dieser Mangel bewirkt, daß die west- und mitteldeutschen Arbeitsplätze die Bevölkerung aus den ostelbischen aufsaugen, und daß man in die leer gewordenen Stellen mit Mühe und Not Arbeitskräfte aus Rußland und Galizien zu ziehen bestrebt ist. Von den zahlreichen parlamentarischen Verhandlungen über diesen Notstand der Arbeitgeber sei hier wenigstens eine angeführt.

Am 20. und 21. April 1898 verhandelte das Preußische Abgeordnetenhaus über die Interpellation des Zentrumsabgeordneten Szmula, welche die Regierung befragte, ob ihr der ländliche Arbeitermangel in den östlichen Provinzen bekannt sei, und auf welche Weise sie Abhilfe schaffen wolle, sofern die Zulassung russischer und österreichischer Arbeitskräfte nicht dem Bedürfnisse entsprechend gestattet werde. Da schon vorher am 15. Februar ein vergeblicher Versuch zur Besprechung der Interpellation gemacht wurde, war am 18. Februar das Thema gelegentlich der Etatsberatung angeschnitten worden. In diesen Beratungen brachten der Interpellant sowie einige ihn unterstützende Gesinnungsgenossen eine Anzahl Tatsachen und Beobachtungen bei. Im Kreise Goldberg-Haynau wurde im Jahre 1897 die Zahl der fehlenden landwirtschaftlichen Arbeiter und Dienstboten auf 1600 angegeben. In der nassen Ernte dieses Jahres sei im Kreise Öls ein Bauernguts-Besitzer von 100 Morgen ohne jeden Dienstboten geblieben. Ein Erbscholtisei-Besitzer in Kottwitz bei Breslau suche seit dem 1. Januar 2 Knechte, die er nicht erhalten könne, obwohl er sich schon an 8 Vermieter gewandt habe. Aus der Ortschaft Rielitz im Falkenberger Kreise wurde mitgeteilt, daß dort 13 Knechte und 16 Mägde fehlen, was auf 25 % der erforderlichen Arbeitskräfte angegeben wird. In den Gemeinden Winsdorf und Deutsch-Wette im Kreise Neiße blieben von 120 Stellen 43 unbesetzt (d. h. also ca. 36 %), in der Ortschaft Riemertsheide in demselben Kreise sind 79 Arbeitskräfte vorhanden und 30 fehlen (d. h. von 109 Stellen sind 30 unbesetzt = ca. 27 %). Über den Kreis Frankenstein-Münsterberg hat sein Vertreter im Abgeordnetenhause, der Pfarrer Langer, eine Statistik aufgestellt, „die einen gewissen amtlichen Charakter hat" (Abgeord. Jensen, stenogr. Bericht, S. 2088). Von 95 Ortschaften, die der Kreis zählt, sind nur 16 ohne Arbeitermangel, hingegen in 79 ist ein solcher Mangel hervorgetreten. Im ganzen Kreise sind als fehlend angeführt: je 125 verheiratete männliche und verheiratete weibliche Arbeiter; Unverheiratete: 59 männliche und 51 weibliche; Dienstboten: 327 Knechte und 465 Mägde, zusammen 1152 Arbeitskräfte.

Selbstverständlich sollen diese Zahlen nicht als unbedingt richtig anerkannt werden. Eine Partei, die einen Übelstand zur Sprache bringt, ist immer der Gefahr ausgesetzt, solche Zahlen, die den Übelstand am deutlichsten zu illustrieren geeignet sind, auch am meisten zu bevorzugen. Allein in der weitschichtigen Erörterung, welche diese Interpellation damals in der Presse aller Parteien gefunden hat, hat sich der Widerspruch immer nur gegen die Mittel gerichtet, welche die Interpellanten zur Abhilfe vorschlugen. Die Tatsache des ländlichen Arbeitermangels selbst ist damals von keiner Seite mehr bestritten worden.

Welche Bedeutung haben nun diese Tatsachen für die Charakterisierung der Lage auf dem Arbeitsmarkt? Man sagt wohl, die ländlichen Arbeitskräfte würden sofort zu haben sein, wenn nur die Gutsbesitzer die nötigen Löhne zahlen wollten. Oder man sagt andrerseits, daß die Menschen vielfach nur aus Vergnügungssucht in die großen Städte liefen; man brauche nur die Freizügigkeit abzuschaffen, und man habe den Arbeitermangel gedeckt. Beide Anschauungen gehen von der Voraussetzung aus, daß der städtische Arbeitsmarkt in demselben Verhältnis überbesetzt sei, wie der ländliche Mangel aufweist. Das ist petitio principii. Weil man von der Vorstellung unerschöpflicher Arbeitermassen beherrscht ist, deswegen muß man für einen Arbeitermangel, der sich irgendwo zeigt, sekundäre Gründe und zwar solche ausschließlich anführen. Eine nüchterne Betrachtung muß uns das Gegenteil sagen. Die Bevölkerung in einem Lande reguliert sich etwa wie Wasser in einem Schlauch. Solange in einem wagerecht liegenden Schlauch noch ein Teil leer ist, kann man mit Bestimmtheit sagen, daß nicht soviel Wasser vorhanden ist, wie zur Füllung des Schlauches erforderlich ist; der Schlauch läuft nicht eher über, als bis er alle Ecken ausgefüllt hat. Wenn nun auch die einzelnen Teilchen der Bevölkerung nicht so leicht und schnell verschiebbar sind wie die einzelnen Wasserteilchen, wenn auch manche Verschiedenheiten von Stadt und Land in gewisser Weise mit Abweichungen von der wagerechten Lage zu vergleichen sind, wenn also sehr wohl an einer Stelle eine Überfüllung stattfinden kann, während an einer anderen sehr entfernten Ecke bereits Mangel ist, so ist es doch bei einem so umfangreichen Erwerbszweig, wie die Landwirtschaft, sehr schwer denkbar, daß hier Jahre hindurch ein drückender Arbeitermangel bestehe, ohne daß dies einen Grund in einem vorhandenen Menschenmangel haben sollte.

Der ländliche Arbeitermangel ist die intensivste Erscheinung, die der deutsche Arbeitsmarkt aufzuweisen hat, und es kann nicht als wissenschaftlich zulässig anerkannt werden, bei einer Charakterisierung des Arbeitsmarktes gerade von dieser Tatsache absehen zu wollen.

Vor 20—30 Jahren würde die Behauptung, daß Deutschland Menschenmangel aufweise, nichts Auffallendes gehabt haben. Die damals noch alleinherrschende liberalistische Nationalökonomie, von grundsätzlichem Optimismus erfüllt, die jedes neugeborene Kind als einen neuen Arbeiter willkommen hieß, die mit einem unendlichen Aufschwung aller menschlichen Berufsarten rechnete, war von der Furcht vor Übervölkerung weit entfernt. Diese Furcht ist inzwischen so stark geworden, daß man den Gedanken, wir hätten vielleicht zu wenig Menschen, kaum noch fassen zu können glaubt. Und da die neueren Fortschritte der ökonomischen Wissenschaft gerade unter Überwindung liberalistischer Einseitigkeiten gemacht wurden, so ist es nur natürlich, daß man glaubt, derartige Ansichten als „überwundenen Standpunkt" verachten zu dürfen. Es ist aber nicht gesagt, daß in diesen Punkten die ältere liberale Nationalökonomie durchaus unrecht gehabt haben müsse, und natürlich noch viel weniger, daß die neue, deswegen weil sie neu ist, recht haben müsse.

Es ist merkwürdig, zu sehen, wie die Vorstellungen von einer ungeheuren Übersättigung des Arbeitsmarktes sich nach Möglichkeit so einrichten, um den Zahlen gegenüber bestehen zu können, daß sie sich aber nicht entschließen mögen, ganz das Feld zu räumen. Die überschüssigen Kräfte des Arbeitsmarktes sind im Jahre 1895 in Deutschland zweimal gezählt worden. Sie betrugen in Prozenten der vorhandenen Arbeitskräfte im Sommer am 14. Juni 1,77 %, im Winter am 2. Dezember 4,80 %. Nun muß eine Volkswirtschaft, wenn sie in regulärem, ununterbrochenem Betriebe bleiben soll, in jedem Augenblicke ein gewisses Maß von Arbeitskräften verfügbar haben, schon weil der Stellenwechsel Zeit erfordert und für diese Zwischenzeit Kräfte vorhanden sein müssen; ähnlich wie die Wohnungsstatistiker direkt von Wohnungsmangel sprechen, wenn nicht ein gewisser Prozentsatz von leerstehenden Wohnungen ermittelt ist. Einen Überschuß von durchschnittlich etwa 3—4 % kann man zwar für mehr als notwendig halten. Aber mit der Vorstellung von einer ganz ungeheuren Überfüllung, die uns berechtigte, sie als ein permanentes Kennzeichen des Arbeitsmarktes im Gegensatz zum Warenmarkt zu betrachten, stehen die Zahlen nicht in Einklang. Gleichwohl haben die Arbeitslosen-Zählungen auf diese Vorstellungen keinen sichtbaren Einfluß geübt. Man hält sich daran, daß die Arbeitslosen-Zählungen große Ziffern ergeben haben. Und da es unbarmherzig wäre, zu leugnen, daß die 300000 sommerlichen und gar die beinahe 800000 winterlichen Arbeitslosen eine große Menge von Kummer und Elend in sich schließen, so findet man die landläufige Vorstellung eher bestärkt. Hatte man sich früher die Arbeitslosen als endlose, die Landstraßen sich entlang wälzende Scharen vorgestellt, so mindert man jetzt die Vorstellung herab, bleibt aber dabei, daß *diese* Zahl nunmehr eine ungeheure Überfüllung darstelle.

In kleinerem Maßstabe haben die Ziffern der Arbeitsnachweise ein ganz ähnliches Schicksal gehabt, nur daß hier psychologische

Massenwirkungen nicht zu beobachten sind, weil diese Zahlen bisher auf das große Publikum überhaupt noch nicht gewirkt haben. In kleinen Kreisen habe ich bei Beginn der Berichterstattung über den Arbeitsmarkt wiederholt das psychologische Experiment gemacht, Personen, die in Arbeiterverhältnissen mitten inne standen, angeben zu lassen, wieviel Arbeitsuchende sich nach ihrer Ansicht wohl auf die offenen Stellen melden. Ausnahmslos begegnete ich der Vorstellung, daß um jede offene Stelle sich die Arbeitsuchenden förmlich drängen, daß also auf 100 ausgebotene offene Stellen mehrere Hunderte von Arbeitsuchenden kämen. Jetzt, wo die Berichterstattung über die Arbeitsnachweise vorhanden ist, und die vielfachen Hunderte sich niemals zeigen, ist man damit zufrieden, auch Ziffern wie 200 und 150 für Beweise des gewaltigsten Andranges gelten zu lassen und über niedrige ganz hinwegzusehen. Daß man früher an ganz andere Ziffern gedacht hat, ist vergessen. Schon heute kann man sich kaum noch eine Vorstellung von den Äußerungen machen, wie sie noch vor 5—10 Jahren, als der Plan städtischer Arbeitsnachweise in größerem Umfange zur Debatte gestellt wurde, beinahe regelmäßig in widerstrebenden Stadtverordneten-Versammlungen getan wurden. Einmal über das andere Mal wurde hier der Grund geltend gemacht, daß man auf diese Art ganze Scharen von Arbeitslosen in die Stadt ziehen werde. Die Vorstellung war nahezu allgemein, daß man nur ein Institut zu errichten brauche, welches Arbeitsgelegenheit vermittelt, um sofort die ganze Überfüllung des Arbeitsmarktes in geradezu erdrückender Weise auf diesen Punkt zu konzentrieren. Daher auch der ebenso regelmäßige Einwand, man werde bei diesem Schritt nicht stehen bleiben können; errichte man erst eine Arbeitsvermittlungs-Anstalt, so werde die nächste Forderung die Gewährung des „Rechtes auf Arbeit" sein. Logisch stände zwar die Befürchtung, die Fabrikanten könnten an die Stadtgemeinde die Forderung richten, sie sei nun verpflichtet, ihnen auch wirklich Arbeiter zu beschaffen, genau in derselben Linie. Diese Befürchtung aber wird nicht ausgesprochen und kann auch nicht ausgesprochen werden, da eben die Voraussetzung, daß auf dem Arbeitsmarkte stets eine ungeheure Überfüllung herrsche, für ganz selbstverständlich gilt. Drückt sich doch schon in dem Namen „Arbeitsnachweis" die Zwangsvorstellung aus, daß eine Arbeitsvermittlungs-Anstalt nicht wie ein Vermittler auf dem Warenmarkte die Aufgabe habe, Angebot und Nachfrage aneinanderzubringen, sondern daß hier die einzige und in ihrer Eintönigkeit stets wiederkehrende Aufgabe des Vermittlers sei, dem, der seine Arbeitskräfte anbietet, Arbeit nachzuweisen. Und doch hat es in der ganzen Zeit des höchsten beobachteten Andranges immer daneben noch einen umfangreichen Erwerbszweig gegeben, in dem die Schwierigkeit nicht darin lag, Arbeit, sondern Arbeiter nachzuweisen. Die Durchschnittsziffern der Arbeitsnachweise würden ganz anders lauten, wenn es sich nicht, wie bisher, um fast ausschließlich städtische Anstalten handelte, sondern der Menschenmangel der Landwirtschaft durch ländliche Arbeitsnachweise zu gleichmäßigem Ausdruck gelangte. Und selbst innerhalb des rein städtischen Arbeitsmarktes haben wir gesehen, daß Arbeitermangel nicht bloß als vorübergehende, sondern als typische Erscheinung vorkommt.

In diesen Erörterungen ist der weibliche Arbeitsmarkt einstweilen noch außer acht gelassen, weil das Argument, das aus dem Mangel an weiblichen Arbeitskräften zu entnehmen ist, nicht in vollem Umfange benutzt werden soll. Dieser Mangel ist aber nach den Ergebnissen der Arbeitsnachweise ganz zweifellos. In Tabelle 8 sind zum Zwecke größerer Übersichtlichkeit die Andrangsziffern für den weiblichen Arbeitsmarkt aus Tabelle 1 ausgezogen.

Tab. 8. **Deutsches Reich 1896—1902. Weiblicher Arbeitsmarkt.**

Auf 100 offene Stellen kamen an den deutschen Arbeitsnachweisen Arbeitsuchende:

	Jan.	Febr.	März	April	Mai	Juni	Juli	Aug.	Sept.	Okt.	Nov.	Dez.
1896	102,0	94,9	91,9	70,2	93,0	90,4	99,1	90,6	99,7	108,6	120,2	92,9
1897	89,3	85,5	84,2	83,2	88,6	83,1	84,8	82,0	93,5	106,8	118,0	100,5
1898	91,1	88,2	77,2	82,8	84,9	89,4	89,8	83,8	80,7	100,7	110,7	87,3
1899	83,5	78,0	65,4	72,1	73,2	70,1	74,4	68,5	72,2	88,0	99,0	73,0
1900	73,1	70,9	62,1	70,2	74,2	81,2	89,3	71,0	77,1	98,1	96,8	82,9
1901	77,5	70,9	69,3	78,6	85,3	80,2	93,0	84,9	89,2	127,9	127,6	95,2
Durchschn.	*86,1*	*81,4*	*75,0*	*76,2*	*83,2*	*82,4*	*88,4*	*80,1*	*85,4*	*105,0*	*112,1*	*88,6*
1902	85,5	83,0	78,8	91,6	90,0	89,2	94,2					

Es ist fraglich, ob man hier noch von „Andrangsziffern" sprechen kann. Denn im Jahre 1896 kamen nur in 4 von den 12 Monaten des

Jahres auf 100 offene Stellen mehr als 100 Arbeitsuchende; in den Jahren 1897 und 1898 nur in je 2 und 3 Monaten; in den Jahren 1899 und 1900 aber ist sogar in sämtlichen 12 Monaten des Jahres die Prozentzahl der Arbeitsuchenden unter 100, d. h. der Zustand, daß weniger Arbeiterinnen gemeldet als verlangt waren, hat in diesen beiden Jahren ununterbrochen angedauert. Diese Lage des weiblichen Arbeitsmarktes ist nun aber nicht etwa mit der Hochkonjunktur verschwunden. Auch das Krisenjahr 1901 zeigt nicht mehr als 2 Monate des Überschusses, und auch die aus dem bisherigen Verlauf des Jahres 1902 der Tabelle hinzugefügten Monatsziffern zeigen den gewohnten Unterschuß. Die höchste in der ganzen Beobachtungsperiode vorgekommene Prozentziffer ist 127,9, die niedrigste hingegen steigt bis 62,1 herab. Es läge nahe, in diesen Ziffern des weiblichen Arbeitsmarktes einen durchgehenden Beweis dafür zu erblicken, daß dem Überfluß an gewissen Arbeiterkategorien ein Mangel an anderen zur Seite stehe, und wie könnte dieser Beweis großartiger geführt werden, als durch die Gegenüberstellung der beiden Geschlechter. Allein eine solche Beweisführung wäre nur dann erlaubt, wenn den ungünstigen Zeitumständen für die eine Kategorie günstige für die andere gegenüberständen. Das erhöhte Verlangen nach weiblichen Arbeitern hat aber zwei völlig verschiedene Ursachen. In der Hochkonjunktur nimmt die Nachfrage nach weiblichen Arbeitern gewaltig zu, weil bei einem so fleißigen Volke wie dem unsrigen an männlichen Arbeitskräften schon alles eingespannt ist, was irgendwie eingespannt werden kann. Da wenig Aussicht vorhanden ist, männliche Arbeiter mehr als bisher zu bekommen, so fragen die Unternehmer nach Arbeiterinnen, in der Überzeugung, daß es immer noch eine Anzahl verheirateter Frauen oder Haustöchter geben wird, die sich aus ihrer bisherigen Reserve werden herauslocken lassen. Bei abwärtsgehender Konjunktur aber ist der Grund, weswegen weibliche Arbeitskräfte besonders gesucht werden, der entgegengesetzte: wegen der Ungunst der Lage soll wie an allen Produktionskosten so auch an Arbeitslohn gespart werden, und deshalb werden weibliche Arbeiter gesucht, nicht zu den männlichen hinzu, sondern statt ihrer. Sobald erst die ausreichende Aufarbeitung der Krankenkassen-Ziffern für die letzten Jahre vorliegen wird (s. oben S. 100[1]), wird sich auf das schlagendste zeigen, wie oft dieselbe Ungunst der Zeiten, die den Mann arbeitslos macht, der konkurrierenden Frau zu einer Stelle verhilft. Aus diesem Grunde können die Ziffern des weiblichen Arbeitsmarktes nicht in vollem Umfange als Beweis für das Nebeneinanderstehen von Gunst und Ungunst auf dem Arbeitsmarkte verwendet werden. Allein soviel beweisen diese Ziffern doch, daß man sie immerhin neben der Lage des landwirtschaftlichen Arbeitsmarktes als ein zweites Argument muß gelten lassen. Der Dienstbotenmangel hat trotz des wirtschaftlichen Niederganges bis heute noch nicht aufgehört.

Die Vorstellung von der allgemeinen Überfüllung des Arbeitsmarktes wurzelt desto fester, je mehr sie den allgemeinen prinzipiellen Anschauungen über die heutige Staats- und Gesellschaftsordnung zur Unterlage dient. Sie wird einerseits als Argument benutzt, um darzutun, daß das Elend der Arbeitslosigkeit sich nicht aus der Welt schaffen lasse, und andrerseits ebenso sicher als Beweismittel für die Notwendigkeit, eine Wirtschaftsordnung, die so traurige Folgen mit sich bringe, nicht im einzelnen zu reformieren, sondern gänzlich umzugestalten. Die industrielle Reservearmee[1]), das eherne Lohngesetz, der Malthusianismus, die Predigt, daß jeder mit seinem irdischen Lose zufrieden sein müsse, weil eben nicht jeder wirtschaftlich ausreichend versorgt werden könne, — alle diese so verschiedenartig angelegten Ideenkreise stimmen in der Vorstellung von der Übersättigung des Arbeitsmarktes überein und üben so auf die Festigkeit dieser Vorstellung einen um so stärkeren Druck, gerade weil derselbe von entgegengesetzten Seiten ausgeht.

Was ist nun daraus zu folgern, daß diese Vorstellung in ihrer Festigkeit erschüttert ist? Zunächst, daß es unsre Aufgabe ist, vorurteilslos und mit möglichst exakten Mitteln uns eine zutreffende Ansicht von der Lage des Arbeitsmarktes zu bilden. An Stelle der landläufigen Vorstellungen von Menschenüberfluß einfach die Vorstellung von Menschenmangel zu setzen, das hieße nur: ein Vorurteil durch ein anderes verdrängen. Wir müssen überhaupt von der Vorstellung lassen, als ob für den Arbeitsmarkt das Schicksal

---

1) Es sollte eigentlich nicht erst ausdrücklicher Hervorhebung bedürfen, daß dem Begründer der Lehre von der industriellen Reservearmee die Absicht fern lag, zu behaupten, daß immer ein Überfluß an Arbeitern vorhanden sei. Vgl. z. B. Marx, Kapitel I, S. 649: „Der charakteristische Lebenslauf der modernen Industrie beruht auf der beständigen Bildung, größerer oder geringerer Absorption und Wiederbildung der industriellen Reservearmee.“

unabänderlich feststehe. Sein Gepräge wechselt wie das Gepräge jedes Marktes und ist nicht anders zu erfassen als durch fortlaufende Berichterstattung über die Marktlage. Den älteren liberalen Optimismus zur Seite zu schieben, war ein wissenschaftliches Unrecht, nicht etwa, weil er bewiesen, sondern weil diese Ansicht und die gegenteilige beide gleich unbewiesen sind. Beide Parteien haben also das gleiche Interesse daran, die Berichterstattung über den Arbeitsmarkt so zu vervollkommnen, daß sie uns im Laufe der Zeit ermöglicht, Überfluß oder Mangel in periodischen Zwischenräumen richtig zu erkennen.

Wenn soviel schon jetzt als erwiesen angesehen werden kann, daß die Überfüllung des Arbeitsmarktes jedenfalls nicht die riesenmäßige und nicht die dauernde Ausdehnung aufweist, die man früher geträumt hat, so könnte daraus die Folgerung gezogen werden, daß man nun besonderer Verwaltungsmaßregeln in betreff der Arbeitslosigkeit nicht bedürfe. Eine solche Folgerung wäre bequem, logisch wäre die gegenteilige. Jene Vorstellungen von dem unermeßlichen Elend der Arbeitslosigkeit dienten der Ablehnung der Verwaltungsmaßregeln, ich will nicht sagen zum Vorwand (denn niemand kann die bona fides mehr für sich in Anspruch nehmen, als der von einem Vorurteil fest Beherrschte), aber doch zur wohlwollenden Bemäntelung. Jetzt, wo die Vorstellung von der Unermeßlichkeit, man darf wohl sagen endgiltig, beseitigt ist, wo an ihre Stelle die Vorstellung tritt, daß wir es in der Arbeitslosigkeit mit einem meßbaren Vorgange zu tun haben, ist auch erwiesen, daß hier eine Aufgabe für die Verwaltung vorliegt, die ebenso ihre festen und bestimmbaren Grenzen hat wie jede andere Verwaltungsaufgabe.

5. Messungsmethode. Kritische Bedenken.

Seitdem die Berichterstattung über den Arbeitsmarkt begründet worden ist, sind dem Bearbeiter zwar durchweg wohlwollende, darunter aber auch sehr kritische Meinungsäußerungen zugegangen. Ferner ist die Berichterstattung bereits viermal Gegenstand der Verhandlungen in größeren oder kleineren Konferenzen der Arbeitsnachweise gewesen: in Karlsruhe (1897), Frankfurt a. M. (1898) und München (1899, 1902). Ich stelle im folgenden einige der wichtigsten schriftlich und mündlich vorgebrachten Einwände zusammen.

Hierbei scheide ich alle Einwände aus, die sich gegen die Rubrik „Besetzte Stellen" richten. Zweifellos wird hierunter bei den verschiedenen Arbeitsnachweisen etwas Verschiedenes verstanden. Es gibt manche primitiven Nachweise, welche glauben, eine Stelle als „besetzt" zählen zu dürfen, wenn sie einen Arbeiter hingeschickt haben. Je genauer die Kontrolle des Nachweises darüber ist, ob die Stellenbesetzung wirklich stattgefunden hat oder nicht, je gewissenhafter er arbeitet, desto ungünstiger erscheint er in der Statistik. Allein diese Einwände treffen unsere Ermittlungsmethode nicht, da in dieser aus der Rubrik „Besetzte Stellen" Folgerungen grundsätzlich nicht gezogen werden. Die Rubrik ist nur deswegen aufgenommen, weil die Arbeitsnachweise in der Regel Gewicht darauf legen, ihre Vermittlungsergebnisse zu registrieren, und weil die Verwaltungen einen gewissen Anspruch darauf haben, die Rubrik, auf welche sie das größte Gewicht legen, in dieser Statistik vertreten zu sehen. Aber Rückschlüsse auf die Lage des Arbeitsmarktes aus dieser Rubrik zu ziehen, solange sie sich in keiner besseren Verfassung befindet, wäre wohl in der Tat kaum zulässig. Unsere Ermittlungsmethode gründet sich ausschließlich auf die beiden Rubriken „Offene Stellen“ und „Arbeitsuchende“. Je nachdem in einem Monat die Zahl der Arbeitsuchenden, die auf 100 offene Stellen kommen, größer oder geringer ist, als in dem entsprechenden Monat des Vorjahres, wird dies als ein Symptom von Ungunst oder Gunst angenommen. Die Berechtigung dieser Messungsmethode ist theoretisch allgemein anerkannt. Die Einwände gründen sich hauptsächlich darauf, daß die uns bisher an den Arbeitsnachweisen zur Verfügung stehenden Ziffern mit dem wirklichen Angebot und der wirklichen Nachfrage nicht übereinstimmen.

Es wird zunächst eingewendet, daß an den einzelnen Arbeitsnachweisen die Zahlen eine ganz verschiedene Bedeutung haben können, je nachdem die einmalige Anmeldung längere oder kürzere Zeit giltig bleibt. Die Dauer dieser „Vormerkungsfristen“ sei bei den verschiedenen Anstalten zu verschieden, als daß man sie ignorieren dürfte. Bei manchen Anstalten würde überhaupt nicht vorgemerkt, sondern eine offene Stelle würde ausgerufen, und soviel Arbeiter wie im Melderaum anwesend und zur Annahme bereit wären, meldeten sich als „Arbeitsuchende“. Andere Ungleichmäßigkeiten entständen durch die bloß vorübergehenden Beschäftigungen. Diese Beschäftigungen würden in so großer Zahl notiert, wie sie angemeldet würden, der Arbeiter aber, der sie heute hier und morgen da erhalte, zähle häufig nur als 1 Arbeitsuchender. Ein fernerer Grund, weswegen das Prozentverhältnis der offenen Stellen und der Arbeitsuchenden keinen getreuen Maßstab der Verschiebung von Angebot und Nachfrage bilden könne, sei der, daß alle Nachweisanstalten nur ganz allmählich bekannt würden, und zwar stoßweise: einmal in einem größeren Kreise von Arbeitgebern, ein ander Mal (z. B. durch plötzlichen Anschluß der bis dahin abseits stehenden Gewerkschaften oder Christlich-Sozialen) bei Arbeitnehmern; dadurch erscheine dann das buchmäßige Prozentverhältnis verschoben, während sich der Markt gar nicht geändert habe. — Für die Arbeitsnachweise, welche auch weibliche Arbeit vermitteln, könne durch diese allein die Prozentzahl schon beeinflußt werden. Dienstmädchen suchen im allgemeinen Arbeitsnachweise weniger auf, teils weil sie an den berufsüblichen „Mietsfrauen“ festhalten, teils weil viele von ihnen, wenn sich nicht zufällig eine Stelle bietet, getrost nach Hause gehen und in der Wirtschaft helfen können, teils endlich, weil vielfach notorischer Mangel an Dienstboten ist. — Endlich übe die Organisation eines Nachweises an sich einen Einfluß auf seine Ziffern aus. Es sei ein Unterschied, ob in einem Orte ein Arbeitsnachweis besteht, weil man der vorgesetzten Regierungsbehörde nicht länger widerstehen konnte und einen Ratsschreiber hinsetzte, der sich damit begnügt, das zu notieren, was ihm vor die Feder kommt, oder ob eine Stadt einen rührigen Beamten anstellt, der selbst etwas tut, um bei allzu starkem Angebot die Seite der Nachfrage zu verstärken, der z. B. Zeitungsinserate mit heranzieht u. a. m. Und hierbei bestehe nun wiederum ein Unterschied, ob in einem derartigen Arbeitsnachweise solche selbstgefundenen Vakanzen mitgezählt werden oder nicht.

So viel Richtiges nun auch in diesen und anderen Einwänden enthalten ist, so reicht ihre Beweiskraft doch nur aus, um einen unbedingten Glauben an die Richtigkeit der Ergebnisse (wenn dieser Glaube irgendwo vorhanden sein sollte) zu erschüttern, nicht aber, um ihnen den Wert hoher Wahrscheinlichkeit streitig zu machen.

Zunächst ist zu bedenken, daß in der Berichterstattung, wie sie heute besteht, ein großer Teil dieser Einwände bereits berücksichtigt ist. Diese Berücksichtigung liegt zu einem erheblichen Teile in dem Ausschluß ungeeigneter Arbeitsnachweise. So lieferte das städtische Arbeitsamt Göppingen geradezu rätselhafte Zahlen von Arbeitsuchenden: 1897 im März auf 72 offene Stellen 361 Arbeitsuchende, im Januar auf 25 gar 598. Der Grund liegt darin, daß Göppingen an der schwäbischen Heerstraße ein beliebter Vorspruchsort durchreisender Handwerksgesellen ist, und daß das dortige Arbeitsamt in der Tat überwiegend zu den Registrierbehörden gehört. Seitdem dies festgestellt ist (und das geschah schon in den ersten Anfängen der Berichterstattung), werden die Zahlen von Göppingen zwar monatlich veröffentlicht, aber in die Summierung nicht mehr einbezogen. Ähnlich steht es mit Hamburg. Zwar gehört der Hamburger Arbeitsnachweis durchaus nicht zu den inaktiven. Er entfaltet vielmehr eine weitreichende Tätigkeit. Aber bis jetzt hat die Anstalt im wesentlichen nur die Arbeitsvermittlung unter den Hafenarbeitern ꝛc. Sie vermittelt also in der Hauptsache nur Gelegenheitsarbeit. Wer Arbeiter zum Schiffbeladen oder -entladen braucht, schickt auf den Arbeitsnachweis, wo die Arbeitsuchenden schon seiner harren. Sobald die Arbeit getan ist, kehren diese wieder in den Warteraum zurück. Da hier jeder Arbeitsuchende sich täglich neu melden muß und täglich neu gezählt wird, so ergeben sich ganz riesenmäßige Zahlen von Arbeitsuchenden. Weil also Hamburg gewissermaßen den äußersten Grenzfall der Vormerkungsfrist (= 0) darstellt, so waren seine Ziffern nicht mehr vergleichbar. Hier bot sich aber der Ausweg dar, statt der gesamten Monatszahl den täglichen Durchschnitt einzusetzen. Für eine feinere Statistik wäre es unzulässig, einen Tagesdurchschnitt in eine Addierung einzubeziehen, deren Posten sonst aus Monatssummen bestand. Für eine Statistik, die nur darauf ausging, ein Verhältnis in seinen rohen

Umrissen zu erfassen, bestand dieses Bedenken nicht in erheblichem Maße. — Im übrigen muß in der Tat zugegeben werden, daß die Verschiedenheit der Vormerkungsfristen einen erheblichen Mangel der gegenwärtigen Arbeitsmarkt-Berichterstattung bedingt. Zu bestreiten ist aber: 1. daß die Verschiedenheit in ihren praktischen Wirkungen so weit geht, daß man um ihretwillen die Berichterstattung für unbrauchbar erklären müßte, und 2., daß es irgend ein anderes Mittel zur Erzielung einer größeren Einheitlichkeit gibt, als zunächst einmal die Statistik allmonatlich zu machen und alle, die sich an der Verschiedenheit stoßen, sich allmonatlich stoßen zu lassen. Einen Beweis dafür, daß durch diese Ungleichheit die Berichterstattung nur unsicherer, aber nicht ohne weiteres unbrauchbar wird, bietet München. Als dort der Januar 1897 gegen das Vorjahr ein so bedeutendes Heruntergehen des Andranges aufwies, wurde in einer kritischen Zuschrift darauf aufmerksam gemacht, daß in München statutarisch die 14tägige Vormerkungsfrist gelte, die sich aber als nicht ausreichend erwiesen habe. Während man bei Begründung des Instituts einführte, daß derselbe Arbeitsuchende nach 14 Tagen noch einmal registriert (und gezählt) werden müßte, sah man seit dem 1. Februar 1896 davon ab. Daher habe der Januar 1896 noch eine große Anzahl von Eintragungen unter den Arbeitsuchenden aufgewiesen, und wenn der Januar 1897 weniger Arbeitsuchende aufweise, so liege dies daran, daß nicht mehr so viele Wiederholungen eingetragen worden seien. Aber die übrigen 11 Monate des Jahres, welche doch nur mit gleichfristigen Monaten des Vorjahres verglichen wurden, haben weitaus überwiegend auch ein Sinken gezeigt, wie dies ja auch die Signatur des Jahres in Deutschland überhaupt war. Es mag also durch die Veränderung der Vormerkungsfrist das ohnedies vorhandene Sinken des Arbeitslosen-Andranges sich noch stärker darstellen, als es in Wirklichkeit war. Aber ein praktisches Beispiel dafür, daß durch solche Änderungen der Geschäftspraxis das Ergebnis geradezu in sein Gegenteil verwandelt würde, liefert auch dieser Fall nicht. Bis jetzt sind als praktische Beweise nur solche Fälle vorgebracht worden (Hamburg, Göppingen), die in der Tat so kraß sind, daß sie auch das unbewaffnete Auge erkennt und ausscheidet.

Schließlich ist die wesentliche Frage in dieser ganzen Kritik doch nicht die, ob sich berechtigte Einwände gegen die Ziffern machen ließen (denn das bestreitet niemand; die Ziffernermittlung will ja für nichts anderes als für einen Anfang gelten), sondern ob die Einwände so stark sind, daß man um ihretwillen überhaupt daran verzweifeln müßte, mit dieser Methode zu einem brauchbaren Ergebnis zu gelangen. Hier muß aber allen Ernstes gegen den Aberglauben protestiert werden, als ob die Sicherheit wissenschaftlicher Ergebnisse ausschließlich von der Sicherheit ihrer Grundlagen abhänge. Zu allen Zeiten hat es vielmehr in der Wissenschaft zwei Kriterien der Sicherheit gegeben. Einmal die Sicherheit der Grundlagen, sodann das Zusammenstimmen der Ergebnisse. Keine Wissenschaft kann das letztere entbehren. Und die Tatsache, daß die Ergebnisse einer Untersuchung ein in sich harmonisches Ergebnis liefern, wird immer bis zu einem gewissen Grade als Bestätigung der angewandten Methode gelten dürfen. Jetzt, wo die Berichterstattung bereits auf mehr als 6 Jahre zurückblickt und durchgehends eine in sich zusammenhängende Entwicklung widergespiegelt hat, wird die Brauchbarkeit der Ziffern im Prinzip von keiner Seite mehr angezweifelt. Da andrerseits die Verbesserungsbedürftigkeit der zahlenmäßigen Grundlagen ebenfalls zugegeben ist, so ist einer allgemeinen Verständigung der Boden geebnet. Für eine solche Verständigung aber wird davon sehr viel abhängen, daß man sich darüber klar wird, welche Aufgaben zunächst in Angriff zu nehmen sind.

6. Die nächsten Aufgaben der Arbeitsnachweis-Statistik.[1])

Die hauptsächlichsten Forderungen, die für eine Verbesserung der Arbeitsnachweis-Statistik gegenwärtig erhoben werden, kann man in zwei große Gruppen teilen. Die einen beziehen sich auf eine Aussonderung nach Berufen, die anderen auf eine Verbesserung der Anschreibung.

Die Aussonderung nach Berufen ist ohne Zweifel die wichtigste Voraussetzung für die praktische Verwertung einer jeden Arbeitsnachweis-Statistik. Den Beteiligten liegt in letzter Linie nicht daran, zu wissen, wie die Lage des Arbeitsmarktes im allgemeinen, sondern wie sie in ihrem Gewerbe ist. Ob höhere oder niedrigere Löhne im Schlossergewerbe berechtigt sind, hängt zwar auf die Dauer indirekt auch davon ab, ob der Arbeitsmarkt im allgemeinen überfüllt, oder leer ist; im Augenblick aber nur davon, wie der Arbeitsmarkt gerade in der Schlosserei oder wenigstens in den verwandten Metallgewerben liegt. Die Aussonderung nach Berufen ist überall in Deutschland eine der ersten Aufgaben gewesen, wo ein Landesverband der Arbeitsnachweise sich bildete. Der Badische Verband hat die Statistik nach Berufen seit seiner Begründung in seine Jahresberichte aufgenommen. Die staatliche Statistik des Königreichs Württemberg veröffentlicht die Zusammenstellungen monatlich. Der Rhein-Main-Verband ist noch einen Schritt weiter gegangen, indem er die Verbandsstatistik selbst mit der amtlichen Statistik insofern in Verbindung gesetzt hat, als er das

---

1) Betr. Krankenkassen-Statistik s. o. S. 100[1].

statistische Amt seiner größten Stadt, Frankfurt, zum Mittelpunkte dafür gemacht hat. Ebenso war man auf dem ersten bayerischen Verbandstage (Mai 1902) darin einig, die Statistik nach Berufen zu einer Hauptaufgabe des Verbandes zu machen. Es gibt auch bereits einzelne Anstalten, die die Zahlen nach Berufen geordnet sofort zum Monatsschluß veröffentlichen: München, Nürnberg, Stuttgart, Frankfurt a./M. u. a. m. Allein der Täuschung darf man sich nicht hingeben, daß, auch wenn die genaueste Ausscheidung nach Berufen bei sämtlichen Anstalten des Deutschen Reiches heute durchgeführt würde, man dadurch einen irgendwie brauchbaren Überblick über den Arbeitsmarkt in den einzelnen Gewerben bekäme. Für diese Statistik wie für jede andere ist das Gesetz der größten Zahl maßgebend. Nur bei einer gewissen Größe der Zahl kann man annehmen, daß man sich mit einiger Wahrscheinlichkeit dem wirklichen Verhältnis nähert. Die 1 bis 1½ Millionen beiderseitigen Meldungen zusammengerechnet, die die Statistik der deutschen Arbeitsnachweise in einem Jahre gegenwärtig umfaßt, würden, auch nur auf 50 Berufe verteilt, für jeden derselben auf 20—30000, und sodann auf die 12 Monate und in jedem Monate auf Arbeitgeber und Arbeiter verteilt auf 1—2000 Meldungen monatlich von jeder Seite zusammenschrumpfen. Eine solche Zahl ist für das Erwerbsleben eines Berufes innerhalb der Grenzen des Deutschen Reiches an sich zu unbedeutend, als daß sie nicht als bloße Zufallsstatistik gelten müßte. Für einzelne Berufe wäre es wohl möglich, dieses Bedenken herabzumindern oder vielleicht auch zu beseitigen. Im großen und ganzen aber muß der, der die Aussonderung nach Berufen anstrebt, in erster Linie auf eine Vermehrung der Arbeitsnachweise ausgehen. — In dieser Beziehung liefern die österreichischen Arbeiten sowohl nach der nachahmenswerten wie nach der abschreckenden Seite hin ein höchst lehrreiches Beispiel. Man hat in Österreich ein Berufsschema entworfen, das nach wissenschaftlicher Grundlegung und praktischer Brauchbarkeit das Beste zu sein scheint, was bisher geleistet worden ist: auch auf dem bayerischen Verbandstage ist die Mustergiltigkeit anerkannt worden. Aber gleichzeitig hat man in Österreich selbst die Empfindung, daß die Ausfüllung dieses Schemas in den einzelnen Monaten geradezu irreführend ist, weil es von bloßen Zufällen abhängt, wieviel Zahlen in einem Berufe an offenen Stellen und an Arbeitsuchenden veröffentlicht werden. Gerade das ausgezeichnete österreichische Berufsschema liefert den besten Beweis dafür, daß für die Ausfüllung der erste Schritt sein muß: Vermehrung und Ausdehnung der Arbeitsnachweise. — Für die Zwischenzeit ist das Verfahren in hohem Maße beachtenswert, das der Zentralverein für Arbeitsnachweis in Berlin eingeschlagen hat, um auch schon bei dem jetzigen Zustande des Arbeitsnachweises die Ansammlung größerer Ziffern wenigstens für einen Ort vorzubereiten. Der Zentralverein sucht sich für die Berichterstattung zu einem Mittelpunkte aller in Berlin bestehenden Arbeitsnachweise zu machen und von ihnen die Ziffern einzusammeln. Bei dem gänzlichen Mangel an Zusammenhang zwischen den einzelnen Anstalten, bei der Schwierigkeit, auch Arbeitsnachweise von Arbeitgebern, von Arbeitnehmern, sowie gewerbsmäßige Stellenvermittlungs-Bureaux mit einzubeziehen, war an einen schleunigen Abschluß dieser erweiterten Statistik zunächst nicht zu denken. Die Zusammenstellungen erscheinen meistens erst 4 bis 6 Wochen nach Abschluß des Berichtsmonats. Allein als Anbahnung einer zukünftigen zusammenfassenden Statistik, die gerade vermöge der Zersplitterung der Arbeitsnachweise nach Berufen für diese unter Umständen sehr charakteristisches Material bekommen kann, ist die „Berliner Arbeitsnachweis-Statistik" von sehr bemerkenswerter Bedeutung. Sie begann im November 1900 mit 33 Arbeitsnachweisen und war im Juni 1902 bereits auf 93 gestiegen.

Für die Verbesserung der Anschreibungen in den Arbeitsnachweisen werden seitens der Statistiker von Fach hauptsächlich zwei Forderungen erhoben: Individualkarte statt Buchung und einheitliche Vormerkungsfrist. Wird die Meldung des Arbeitgebers oder des Arbeiters nicht in eine Liste gebucht, sondern auf eine Karte geschrieben, so kann auf dieser Karte fortgesetzt alles vermerkt werden, was sich auf dieselbe Person bezieht. Erst durch dieses Kartensystem wird es ermöglicht, zu unterscheiden, wieviel Arbeiter im Laufe des Monats Arbeit gesucht haben, und wieviel Gesuche von ihnen eingegangen sind, während beispielsweise jetzt der Angabe „800 Arbeitsuchende" nicht angesehen werden kann, ob 800 Arbeiter sich haben einschreiben lassen, oder vielleicht 100 Arbeiter achtmal im Laufe des Monats Arbeitsstellen bekommen und wieder nachgesucht haben. Erst durch dieses System wird auch eine Unterscheidung zwischen der Nachweisung bloß vorübergehender und dauernder Arbeitsstellen ermöglicht. — Die Verschiedenheit der Vormerkungsfristen hat[1]) zur Folge, daß ein Arbeiter, der sechs Wochen lang vergebens Arbeit sucht, an der einen Anstalt als 1 Arbeitsuchender geführt wird, an der andern aber, wo er nach je vierzehn Tagen gelöscht wird und sich neu eintragen lassen muß, als drei Arbeitsuchende. Das ist ein bedeutendes Hindernis für die Vergleichbarkeit der Zahlen seitens der verschiedenen Anstalten.

Die beiden statistischen Forderungen sind ohne Zweifel berechtigt. Aber gegenwärtig trägt die gesamte Statistik einen so rohen Charakter, daß wir zunächst noch mit viel größeren Mißständen zu kämpfen haben. Bis jetzt sind wir noch nicht einmal so weit, daß überhaupt alle Gesuche von den Anstalten verzeichnet werden. Eine große Reihe von Anstalten unterlassen die Buchung, wenn das Gesuch aussichtslos ist. Je größer der Andrang der Arbeitsuchenden, desto mehr von ihnen bleiben als aussichtslos ungebucht; so daß also die weitestgehende Verschlechterung in der Lage des Arbeitsmarktes in diesen Ziffern überhaupt nicht mehr zum Ausdruck gelangt. Einige Anstalten nehmen in ihre Monatsstatistik die unerledigten Meldungen des vorigen Monats mit auf, andere nicht. Letzteres tritt namentlich dann in die Erscheinung, wenn in der Monatsstatistik die Zahl der besetzten Stellen größer erscheint als die der gemeldeten. In diesen beiden Punkten muß zunächst eine Übereinstimmung unter den Anstalten erzielt werden. Es gibt Anstalten, denen man eine Veränderung ihrer Buchführung ohne Kostenersatz für die Mühewaltung schwer zumuten kann. Mögen sie daher Gesuche, deren Buchung für die Geschäftsentwicklung nicht erforderlich ist, ungebucht lassen, aber dann wenigstens durch genaue Anstrichelung die Zahl der ungebuchten feststellen und am Schlusse des Monats in die Monatsstatistik aufnehmen. Soll diese ein Bild von dem Verhältnis zwischen Angebot und Nachfrage innerhalb des Monats geben, so dürfte es angemessener sein, sämtliche auf beiden Seiten zur Verfügung stehende Meldungen aufzunehmen, mögen sie aus dem Vormonat stammen oder innerhalb des Monats neu gemeldet werden. — In ähnlicher Art wird sich vielleicht auch die Frage der Vormerkungs-

[1]) wie oben S. 113 näher ausgeführt.

frist ohne Eingriff in die Organisation erledigen lassen. Das Maß der herrschenden Verschiedenheit geht aus einer Umfrage vom Jahre 1898 hervor. Die Vormerkungsfrist betrug damals:

1 Tag: Hamburg,
3 Tage: Heidelberg,
7 Tage: Dessau,
8 Tage: Frankfurt a./M., Rixdorf, Essen a. Ruhr, Elberfeld, Düsseldorf, Kreuznach, Mainz,
10 Tage: Worms,
14 Tage: Kiel, Halle a./S., Quedlinburg, Hannover, Osnabrück, Dortmund, Köln, Aachen, Trier, Wiesbaden, Gießen, Lahr, Karlsruhe, Mannheim, Cannstatt, Ludwigsburg, Eßlingen, Reutlingen, Göppingen, Ulm, Fürth i./B., Nürnberg,
14—30 Tage: Bern,
28 Tage: Erfurt, Kaiserslautern,
28—56 Tage: München,
30 Tage: M.-Gladbach, Darmstadt, Straßburg i./E. Schopfheim, Pforzheim,
56 Tage: Freiburg i./B.,
60 Tage: Posen, Gera, Offenburg i. B., Augsburg, Wien,
90 Tage: Breslau, Brünn,
Unbestimmt: Berlin, Heilbronn.

Danach schwankte die Vormerkungsfrist zwischen 1 und 90 Tagen (wenn man Hamburg, das im wesentlichen Gelegenheitsarbeiter, streng genommen ohne Vormerkung, vermittelt[1]), als eintägig bezeichnet; (zugelassen ist dort eine dreitägige Reservierung). Bei dieser Verschiedenheit ist der Versuch wenig aussichtsvoll, eine Vormerkungsfrist zu finden, der sich die einzelnen Anstalten fügen werden. Denn wenn eine Anstalt einen erheblichen Umsatz in Arbeitern macht, bei denen sich die Vermittlung erfahrungsgemäß erst in längeren Zeiträumen vollzieht (z. B. landwirtschaftliche Arbeiter, Saisonarbeiter, höher qualifizierte Arbeiter), so wird sie sich schwer dazu bewegen lassen, aus bloß statistischen Rücksichten ein Gesuch, das sie noch für aussichtsvoll hält, zu löschen und nicht wieder in Erwägung zu ziehen, als bis es neu gemeldet wird. Ganz abgesehen davon, daß es eine Kategorie von Arbeitern gibt, bei denen im Interesse einer sachgemäßen Vermittlung eine sehr frühzeitige Anmeldung (3 bis 6 Monate oder noch länger vor dem Fälligkeitstermin) wünschenswert ist: die Lehrlinge. Man wird daher wohl darauf verzichten müssen, die Geschäftserledigung der Arbeitsnachweise in dieser Beziehung an statistische Rücksichten zu binden. Dann bliebe nur übrig,

[1]) S. o. S. 114.

neben der verschiedenen geschäftlichen Vormerkungsfrist eine einheitliche statistische einzuführen, so daß während des Monats die Arbeitsnachweise in ihrer Geschäftsabwicklung unbehindert sind, aber am Schlusse des Monats etwaige Abweichungen für die Statistik hinzuzählen oder abziehen müssen. Zu diesem Zwecke würde eine Anstrichelung oder ein Buchungsvermerk genügen. — Welches soll nun diese, rein statistische, Vormerkungsfrist sein? Es würde gut sein, sie so zu wählen, daß sie mit der geschäftlichen bei einer möglichst großen Zahl von Anstalten zusammenfällt. Bei fast der Hälfte der oben zusammengestellten Arbeitsnachweise — bei 22 unter 53 — beträgt schon jetzt die geschäftliche Vormerkungsfrist 14 Tage. Wurde diese als allgemeine statistische Vormerkungsfrist eingeführt, so war anzunehmen, daß Anstalten, mit deren Geschäftsbetrieb es vereinbar ist, sich derselben anschließen werden, und so konnte man auf diese Art in nicht ferner Zeit auf einem Umwege für die meisten Anstalten das Ziel einer einheitlichen geschäftlichen Vormerkungsfrist erreichen. Indes scheint seit jener Feststellung insofern eine Änderung eingetreten zu sein, als infolge der bayerischen Ministerial-Entschließung vom 31. Dezember 1898 in Bayern die Frist von vier Wochen bevorzugt wird. Falls eine erneute Umfrage ein Ergebnis zu Gunsten dieser Frist haben sollte, so würde es sich empfehlen, sie auf genau einen Monat abzurunden. Auf diese Art würde verhindert, daß dasselbe Gesuch zweimal in eine Monatsstatistik kommt.

Von den mehrfachen Formulierungen, die die Forderung nach einer Verbesserung der zahlenmäßigen Grundlagen gefunden hat, sei hier die neueste angeführt. Es sind die Leitsätze, in die auf dem bayerischen Verbandstage am 26. Mai 1902 der Referent Rechtsrat Bacher-Augsburg die wichtigsten Punkte zusammengefaßt hat:

1. Zur Herbeiführung einer größeren Einheitlichkeit in der Statistik der Arbeitsnachweise ist es notwendig, daß die Aufnahme sowohl der Stellenangebote als auch der Stellengesuche eine möglichst vollständige werde.

a) Es sind daher alle diejenigen Angebote und Gesuche, bezüglich deren eine Vermittlungstätigkeit begonnen wurde, in die Listen einzutragen, gleichviel, ob die Gesuche von Ortsansässigen oder Auswärtigen (Deutschen) oder von Passanten gestellt sind. Wünschenswert ist es jedoch, die Gesuche Ortsansässiger von den Gesuchen Auswärtiger getrennt aufzunehmen.

b) Arbeitsangebote und Stellengesuche, welche amtsbekannterweise in einer der Vormerkungsfrist gleichkommenden Zeit eine Befriedigung nicht finden können, bezüglich deren also eine Zuweisung nicht einmal versucht werden konnte, sind nicht in die allgemeinen Listen aufzunehmen, sondern getrennt summarisch zusammenzustellen und in der Monatsstatistik in besonderer Rubrik (aussichtslose Gesuche) auszuweisen. Der Vermittlungsprozentsatz ist aus der Gesamtzahl der angemeldeten Angebote und Stellengesuche (Summa a + b) zu berechnen.

2. Gesuche von Ausländern (Nichtdeutschen) sind in eigenen Listen aufzuführen und in der Statistik besonders vorzutragen.

3. Angebote und Stellengesuche, welche ständige Arbeit betreffen, sind gesondert von denjenigen aufzunehmen und zu behandeln, welche kurzfristige Arbeit zum Gegenstand haben.

4. Angebote, die mehrfache Arbeitsgelegenheit darbieten, sind mit so vielen Nummern vorzutragen, als Stellen angeboten werden.

5. Wiederholte Gesuche eines und desselben Arbeitnehmers dürfen nur nach Ablauf der Vormerkungsfrist bezw. dann wieder unter neuer Nummer vorgetragen werden, wenn das Gesuch durch Vermittlung oder dergl. erledigt worden ist.

6. Es ist wünschenswert, bei der Aufnahmsverhandlung festzustellen, ob der um Arbeit Nachsuchende arbeitslos ist oder sich zur Zeit in Stellung befindet. In der Statistik wäre zu unterscheiden, wie viele Gesuche von Arbeitslosen gestellt wurden, und wie viele von solchen, welche sich noch in Arbeit befinden. Dankenswert wären weitergehende Feststellungen über die Dauer der Erwerbslosigkeit.

7. Es ist auf die Einführung einer gleichmäßigen Berufs-Gruppeneinteilung hinzuwirken; für größere Ämter ist jedoch eine weitergehende Spezialisierung als für kleine Nachweise notwendig.

8. Es ist die Festsetzung einer gleichmäßigen Vormerkungsfrist für ständige und unständige Arbeitsangebote und Gesuche anzustreben, und zwar entweder die Frist von einem Monat oder die Bestimmung, daß jedes Gesuch am Schluß des folgenden Monats abzuschreiben ist, sofern es nicht erneuert wird (wie in München).

9. Angebote und Gesuche, welche nach Fristablauf erneuert werden, sind mit neuer Nummer wieder vorzutragen.

10. Es ist eine Monatsstatistik mit folgendem Rubrikenbau[1]) zu führen:

Abteilung, dann Berufsart des gesuchten bezw. stellensuchenden Arbeiters.	Stellenangebote											Besetzte Stellen (7+8)	
	Von den vom Vormonate unerledigt gebliebenen Stellen wurden		Neu gemeldete Stellenangebote für		zusammen (2—5)	davon erledigt					unerledigt geblieben	am Ort	auswärts
						durch Vermittlung von Arbeitern		durch Zurücknahme des Angebotes	durch Streichung nach Fristablauf	zusammen (7—10)			
	nicht erneuert	erneuert	ständige	kurzfristige		ständige	kurzfristige						
1	2	3	4	5	6	7	8	9	10	11	12	24	25

[1]) Die einzelnen Rubriken 2 bis 12 sind nur für Stellenangebote bestimmt. Für die Stellengesuche gilt der gleiche Rubrikenbau mit fortlaufender

11. Für Haupt-Arbeitsvermittlungsstellen ist die gleichmäßige Anwendung der vom Münchener Amt festgelegten Grundsätze für den Verkehr mit den äußeren Ämtern und Gemeinden zu empfehlen.

Solange die Verbesserung der Statistik noch mit dringenden Aufgaben zu tun hat, soll jedoch die angestrebte Individualstatistik nicht etwa als einstweilen gänzlich aussichtslos beiseite geschoben werden. Im Berliner Arbeitsnachweis, von dem das Kartensystem ausgegangen ist, hat es so hervorragende Erfolge zu verzeichnen, daß jede Propaganda für die Verbreitung dieses Systems an größeren Anstalten nur freudig zu begrüßen ist. Solange die kleineren nicht nachfolgen können, wäre es möglich, für die Anstalten, die das System annehmen, eine eigene Individual-Statistik zu begründen. Alles dieses wären wünschenswerte Versuche. Nur darf das eine nicht aus den Augen verloren werden: daß die einmal begonnene Statistik unter keinen Umständen der Aussicht auf eine verbesserte geopfert werden darf. Die Geschichte der Statistik lehrt, daß für die Brauchbarkeit fortlaufender Reihen nichts von so großer Wichtigkeit ist, wie die Länge der Reihe. Eine Monatsstatistik, die etwa sechs Jahre umfaßt, bedeutet für den deutschen Arbeitsmarkt einen so gewaltigen Fortschritt, daß die unveränderte Fortsetzung zunächst wichtiger ist, als die Aussicht auf eine Verbesserung. Aus diesem Grunde habe ich die monatliche Statistik, obwohl ich mir ihrer Fehler vollkommen bewußt war, unermüdlich fortgesetzt, und der Erfolg hat mir recht gegeben. Diese Statistik ist durch ihre bloße Fortsetzung von Jahr zu Jahr besser geworden, und unter allen Versuchen, sie weiter zu verbessern, steht keiner so hoch wie der: sie fortzusetzen.

In gewisser Weise tut man mit den feinen statistischen Vorschlägen, die zur Verbesserung der Monatsstatistik gemacht werden, dieser zu viel Ehre an. Sie kann in keiner Weise mehr als einen provisorischen Charakter für sich in Anspruch nehmen. Sie muß gehalten werden solange, bis einmal eine auf besserer Grundlage aufgebaute Statistik nicht nur vorhanden ist, sondern auch schon so lange Reihen hervorgebracht hat, daß die alten abgebrochen werden dürfen. Gemessen an dem, was eine ideale Arbeitsmarkt-Statistik

---

Numerierung 13 mit 23; nur ist für „Stellenangebote“ die Bezeichnung „Stellengesuche“ zu setzen und statt durch „Vermittlung von Arbeitern“ durch „Vermittlung von Arbeit“.

leisten sollte, kann die gegenwärtige, ganz abgesehen von der Unvollkommenheit der Antworten, noch nicht einmal in Bezug auf die Fragestellung befriedigen. Um am Ende des Monats ein Bild über die Lage zu gewinnen, fragt sie, wieviel Angebote und Nachfragen im abgelaufenen Monat sich gegenüber gestanden haben. Im Grunde genommen, ist dies ebenso, wie wenn jemand am Ende des Monats alle Börsenkurse zusammenaddieren wollte. Wie die Lage an der Börse nicht nach der Summe der Kurse im letzten Monat zu beurteilen ist, sondern ausschließlich nach denen des letzten Tages, ja, wie sogar die im Laufe der Börsenstunden wechselnden Kurse ignoriert werden und nur die letzten zur Notierung gelangen, so müßte ein entsprechender Arbeitsmarkt-Bericht das Verhältnis von Angebot und Nachfrage nicht vom ganzen Monat, sondern nur vom letzten Monatstage, ja sogar nur von dem Augenblick des Tagesschlusses geben. Theoretisch steht dem auch gar nichts im Wege, das Verfahren der Preisnotierung auf die Verzeichnung von Angebot und Nachfrage so zu übertragen, daß, wie über die Produkten- und Fondsbörse, so auch über die Arbeitsbörse täglich ein Bericht erscheint. Der Rhein-Main-Verband hat in dem Formular der Tagesausweise ein einfaches Mittel an die Hand gegeben, um diese Zahl festzustellen.

(Siehe S. 126.)

Das praktische Hindernis, das dieser Statistik entgegensteht, liegt ausschließlich darin, daß sie zu kleine Ziffern hervorbringen würde. Auch hier liegt der erste Schritt für Verbesserung der Statistik in einer Vermehrung der Arbeitsnachweise.

Daß gegen eine Statistik, die als ihre Hauptaufgabe betrachtet, den Ereignissen auf dem Fuße zu folgen und dieser Hauptaufgabe alle Einzelheiten des Verfahrens unterordnet, sich mehr methodische Bedenken erheben, als gegen die nachträglich arbeitenden Statistiken, ist in der Natur der Sache begründet. Daß billig denkende Kritiker diesen Unterschied übersehen sollten, ist nicht zu befürchten. Allein zuweilen wird die Anerkennung dieses Unterschiedes in die Worte gekleidet, daß man eine unvollkommene und eine vollkommene Statistik unterscheidet, und daß man auch der unvollkommenen eine Existenzberechtigung zuspricht, wenn sie der vollkommenen voraneilt. Eine solche Unterscheidung ist irreführend. Das Maß der Vollkommenheit

Schema I.

Tagesausweis über die bei der Arbeitsvermittelungsstelle zu . . . . . . direkt gemeldeten offenen Stellen und Arbeitsgesuche und deren Erledigung für den Monat . . . . . . 190 . . .

Datum	Von Arbeitgebern gemeldete offene Stellen								Gesuche von Arbeitnehmern							
	Bestand vom Tage vorher	Neugemeldete Arbeitsstellen[1])	zus.	Davon erledigt durch				Unerledigt blieben	Bestand vom Tage vorher	Neugemeldete Arbeitsgesuche[1])	zus.	Davon erledigt durch				Unerledigt blieben
				Zuweisung von Arbeitern	Zurücknahme der Meldung	Streichung nach Fristablauf	zus.					Zuweisung von Arbeit	Zurücknahme des Gesuches	Streichung nach Fristablauf	zus.	
	I. Männer.															
1.	*159*	48	207	32	5	5	42	165	*206*	68	274	32	—	22	54	220
2.	165	34	199	27	8	—	35	164	220	56	276	27	—	24	51	225
u. s. w.	.	.	.	.	.	.	.	.	.	.	.	.	.	.	.	.
31.	154	24	178	23	4	5	32	*156*	215	34	249	23	—	23	54	*195*
	.	*1465*	1624	1041	239	188	*1468*	.	.	*1808*	2014	1041	—	778	*1819*	.
	II. Frauen.															
1.	*22*	7	29	5	—	2	7	22	7	6	13	5	—	—	5	8
2.	22	10	32	4	1	5	10	22	8	6	14	4	—	4	8	6
u. s. w.	.	.	.	.	.	.	.	.	.	.	.	.	.	.	.	.
31.	32	4	36	5	—	3	8	*28*	7	6	13	5	—	2	7	*6*
	.	*201*	223	110	8	77	*195*	.	.	*140*	147	110	—	31	*141*	.

NB. In diese Tabelle sind alle bei der betr. Arbeitsvermittlungsstelle von Arbeitgebern oder Arbeitnehmern direkt eingelaufenen Meldungen einzutragen.

---

[1]) Zweckmäßigerweise zu trennen in „Erneuerungen nach Fristablauf“ und „Neumeldungen“.

einer Leistung bestimmen wir stets in Rücksicht auf den Zweck, dem sie dienen soll. Steht in diesem Zwecke die Schleunigkeit an erster Stelle, so ist die Leistung, die ein bescheidenes Maß von Brauchbarkeit mit der erforderlichen Schleunigkeit fertigbringt, die relativ vollkommenere, und die andere, die mit ihrer Leistung in einem Augenblick erscheint, in dem sie nicht mehr zu verwerten ist, ist von der vollkommenen das genaue Gegenteil. Die Augenblicks-Statistik und die rückschauende Statistik (wenn man diese Gegensätze für zwei Arten brauchen darf, die im Grunde genommen nicht der Sache, sondern nur dem Grade nach verschieden sind) müssen als zwei verschiedene Aufgaben anerkannt werden, und die Augenblicks-Statistik ist im Vergleich zur ruhig und gelassen zurückschauenden nicht etwas Schlechteres oder Besseres, sondern etwas Anderes. Auch sie soll danach streben, immer vollkommener zu werden; aber sie soll es nicht gerade mit den Mitteln tun wollen, die der anderen Art kongenial sind.

Es gibt eine Wissenschaft, in der diese Unterscheidung Bürgerrecht erlangt hat. Der Medizin ist die Unterscheidung zwischen klinischem und anatomischem Befund vollkommen geläufig. Sie weiß, daß der Arzt am Krankenbett sich sein diagnostisches Urteil aus unzureichenden Unterlagen zu bilden versuchen muß. Allein noch niemandem ist es eingefallen, von einem Arzte, der sich mit zweifelhaften Symptomen einer beginnenden Geisteskrankheit abquält, zu verlangen, daß er eigentlich seinem Patienten die Hirnschale öffnen müsse, um dann als wissenschaftlich gebildeter Mann mit Leichtigkeit festzustellen, ob und wo der Sitz des Übels ist. Zwischen dem klinischen und dem anatomischen Befund liegt eben die klotzige Tatsache, daß „Patient verstorben ist", und sie schützt vor einer Verwechselung der beiden Feststellungsarten. Methodisch aber wäre es ganz dasselbe, ob man am lebenden Körper die Anwendung einer Methode verlangt, die nur gegenüber dem toten durchführbar ist, oder ob man für eine Augenblicks-Statistik Methoden fordert, die nur der rückschauenden eigen sind.

In der Tat ist auch dieser Unterschied von den Berufsstatistikern, die die ersten stammelnden Versuche der Arbeitsmarkt-Statistik besprochen haben, durchweg anerkannt worden. Insbesondere sind die Städtestatistiker auf den Gedanken, daß das Wesen dieser Statistik in ihrer Schleunigkeit bestehe, und daß diesem wesentlichen Zwecke die Frage der Methodenauswahl unterzuordnen ist, stets eingegangen. Mit der Berichterstattung über den Arbeitsmarkt tritt in die moderne Statistik ein neues Element ein. Denn die bisherigen Augenblicks-Statistiken beschränkten sich entweder darauf, Tatsachen festzustellen (tägliche Kurse) oder bloße Aussichten, die gar nicht mit dem Anspruche auftraten, eine Tatsachen-Feststellung zu sein (Erntestatistik). Hier aber handelt es sich um Tatsachen, die die Statistik nur an Symptomen erfassen kann, und zwar einstweilen nur an solchen, deren unsicherer Charakter gar nicht zu verkennen ist.

Hierin ist es auch begründet, daß die Arbeitsmarkt-Berichterstattung sich an Zahlen nicht genugsein lassen kann. Sie bedarf der ergänzenden Beschreibung, nicht bloß durch Berichte über Tatsachen, sondern auch über Meinungen und Stimmungen. Sie kann diese Ergänzung einstweilen noch sehr viel weniger entbehren, als andere Marktberichte, weil sie sich eben noch nicht in dem Zustande der Vollkommenheit befindet, den sie selbst bei Innehaltung der Schleunigkeit erreichen könnte. Das ist eine Schwierigkeit, die namentlich auch einer amtlichen Arbeitsmarkt-Berichterstattung entgegensteht. Denn in Berichten über schwankende Verhältnisse, Meinungen, Stimmungen kann das Richtige nur treffen, wer sich der Gefahr des Unrichtigen auszusetzen entschlossen ist.

7. Der Arbeitsnachweis in den einzelnen Gewerben.

Es gibt in Deutschland kaum ein Gewerbe, in dem nicht im Laufe der letzten Jahre die Frage des Arbeitsnachweises zu grundsätzlichen Erörterungen geführt hätte. In einzelnen Gewerben haben Arbeitgeber, in anderen Arbeiterverbände Arbeitsnachweise errichtet und den Anspruch erhoben, daß nur durch sie die Arbeitskräfte bezogen werden dürften. Fast in allen größeren deutschen Städten haben die kommunalen und gemeinnützigen Arbeitsnachweise gelernte Arbeiter aus den verschiedensten Berufen vermittelt, und zwar teilweise mit solchem Erfolge, daß die Vermittlung bei ihnen als zentralisiert gelten konnte. Daneben haben in anderen Städten, gestützt auf die Bestimmungen der Gewerbeordnung, die Innungen versucht, ihre Arbeitsnachweise umzugestalten oder neue zu errichten. Zwischen diesen verschiedenen Formen der Arbeitsnachweise hat es vielfach einen erbitterten Kampf gegeben. Will man in diesem Kampfe Stellung nehmen, so ist es vor allen Dingen erforderlich, zunächst den tatsächlichen Zustand zu kennen, aus dem der Kampf hervorgeht.

An Beschreibungen über die Art des Arbeitsnachweises in den einzelnen Gewerben fehlt es nicht. Von der Schilderung der Handwerksgebräuche in früheren Jahrhunderten bis herab zu den Enquêten modernen Stils ist bei Gewerbebeschreibungen immer auch auf die Art, wie der Arbeiter eine Stelle findet, ein gewisses Gewicht gelegt worden. Ebenso begnügt sich auch die Literatur über den Arbeitsnachweis nicht mit allgemeinen Angaben, sondern spezialisiert sie nach Berufen. Namentlich das umfassende Referatswerk der Zentralstelle für Arbeiter-Wohlfahrtseinrichtungen (v. Reitzenstein-Freund) gibt für

Deutschland einen so reichhaltigen Aufschluß über die in den einzelnen Gewerben vorkommenden Formen, wie sie in mancher Beziehung nicht einmal Frankreich besitzt. Allein, wenn man weiß, daß in einem Gewerbe gewisse Vermittlungsformen vorkommen, so läßt sich daraus noch kein Schluß ziehen, ob und wo diese Formen herrschend sind. Und wenn man weiß, daß in gewissen Berufen gewisse Vermittlungsformen, in anderen aber andere herrschend seien, so kann für eine Bewertung die Zahl der Berufe nicht entscheidend sein; denn wenn die eine Vermittelungsform in vielen, die andere nur in wenigen Berufen herrschend ist, jene aber sehr klein und diese sehr groß sind, so müssen trotzdem jene für wenig und diese für viel verbreitet gelten.

Einen Überblick nach dieser Seite hin zu gewähren, ist nur einmal versucht worden. Die Zentralstelle für Arbeitsmarkt-Berichte ist seit ihrer Begründung bemüht gewesen, in jede ihrer Enquêten auch eine Frage über die Arbeitsvermittlung aufzunehmen und im Wege der Korrespondenz mit Arbeitgeber-, Arbeitnehmer-Verbänden und Arbeitsnachweis-Verwaltungen die Einzelheiten nach Möglichkeit festzustellen. Obgleich nur selten von einem Orte über alle Gewerbe und von einem Gewerbe über alle Orte seiner Verbreitung Nachrichten zu haben waren, so war doch immerhin das Vorhandene zahlreich genug, um darauf den ersten Versuch einer in großen Zügen gehaltenen Skizze zu gründen. Der daraus hervorgehende Überblick wurde nach Berufsgruppen der deutschen Berufs- und Gewerbezählung von 1895 geordnet. Jeder Berufsgruppe wurde die Zahl der in ihr enthaltenen Arbeiter nach der Berufszählung beigefügt. Der Überblick war zwar in erster Linie auf eine Aufklärung darüber zugespitzt, welchen Umfang der gewerkschaftliche Arbeitsnachweis in der einzelnen Berufsgruppe habe. Um diese zu ergründen, mußte aber jedesmal auf die andern Vermittlungsformen eingegangen werden. Die Zusammenstellung gibt das Bild, wie es sich in den Jahren 1897 bis 1899 gestaltete. Inzwischen sind an einzelnen Orten nicht unerhebliche Veränderungen eingetreten. Aber eine ganz Deutschland ergreifende Verschiebung, die auf das Endergebnis Einfluß hätte, ist nicht vorgekommen. So dürfte denn also das damals gewonnene Bild im großen und ganzen noch gegenwärtig Geltung haben:

Am wenigsten Wurzel hat der gewerkschaftliche Nachweis jedenfalls bei den Bergarbeitern gefaßt, die nach der Berufszählung von 1895 zusammen ein Arbeiterkontingent von 534157 Personen stellen. Bei den Bergleuten herrscht die Umschau vor. Die Arbeiter fragen auf den Gruben bei den Beamten um Arbeit an. Tritt Arbeitermangel ein, so schicken die Werksleitungen Werbeagenten in andere Reviere, um Arbeiter anzuwerben. Angeworbenen Arbeitern werden die Transportkosten für Umzug durch die Agenten vom Lohn abgezogen. Dadurch entsteht ein Abhängigkeitsverhältnis, das die Arbeiter schwer drückt und zu großen Nachteilen führt. Es besteht nirgends ein Nachweis der Arbeitgeber oder der Arbeitnehmer.

Die Umschau, neben der alle übrigen Arten der Arbeitsvermittlung verschwinden, herrscht auch im Baugewerbe vor (1075091 Arbeiter). Als Regel gilt sie bei den Bauarbeitern, Maurern, Zimmerern und Steinsetzern. Einzelne Ansätze einer anderen Art der Arbeitsvermittlung kommen vor, haben aber nur lokale Bedeutung, ohne doch die Umschau selbst irgendwie beeinträchtigen zu können. So existieren bei den Bauarbeitern Arbeitgeber-, wie auch Arbeiternachweise: in Berlin besteht der Arbeitsnachweis der Bauarbeitgeber, in Halle ein solcher der Innung, in Erfurt ein Nachweis der Baugewerksberufsgenossenschaft; in Görlitz hat sich der gewerkschaftliche Nachweis kräftig entwickelt, in Quedlinburg ein Nachweis des Hirsch-Duncker'schen Gewerkvereins. Aber auch die städtischen (bez. gemeinnützigen) Nachweise werden in manchen Orten schon erheblich benützt, so in Würzburg, Augsburg, Mannheim, Erfurt. — Für die Maurer bestehen Arbeitgeber-Nachweise in Erfurt, Halle, ferner neben solchen in Arbeiterhänden: in Berlin, Magdeburg. In Quedlinburg ist der Nachweis der Hauptsache nach in den Händen der Arbeiterorganisation. In Braunschweig bestand früher ein Gewerkschaftsnachweis, der jedoch eingegangen ist. Die öffentlichen Nachweise werden benützt in Mainz, München, Freiburg i. Br., Mannheim, Erfurt und Osnabrück; doch herrscht auch in den angeführten Städten die Umschau überwiegend vor. Zur Umschau tritt in manchen Gegenden das Zeitungsinserat für den Fall des Arbeiterbedarfs. Eine Ausnahme macht das Gewerbe der Fliesenleger, die zu den Maurern zählen. Ihre Organisation hat den Nachweis vollständig in den Händen; ein Arbeitgebernachweis existiert überhaupt nicht. Jedoch ist dieser Beruf eng begrenzt und existiert tatsächlich nur in Berlin. Er umfaßt höchstens einige hundert Mann.

Die Glaser und auch die Dachdecker, bei denen die Arbeitsvermittlung ganz ähnlich liegt, sind im Baugewerbe die beiden Berufe, in denen der gewerkschaftliche Nachweis die ausschlaggebende Rolle spielt, ohne jedoch auch hier die anderen Formen der Arbeitsvermittlung vollständig zu verdrängen.

Zimmerer: wie Maurer. Städtische Nachweise sogar noch weniger benützt, am meisten noch der in Mainz. — Steinsetzer: Umschau fast ausschließlich. Die zahlreichen auf dem Lande wohnenden Arbeiter erhalten bei Beginn der Arbeitsperiode entsprechende Mitteilung von den Unternehmern. Fast nirgends gewerkschaftliche oder Unternehmernachweise. Berlin besitzt als Ausnahme einen Innungsnachweis. Städtische Nachweise wenig benützt.

Fachorgan vermittelt nach Orten, wo infolge von Mangel an Arbeitskräften solche verlangt werden (jährlich ca. 60 Stellen). Mehr Geltung hat der gewerkschaftliche Nachweis bei den Dachdeckern, Glasern, Malern und Stukkateuren. Zwar herrscht auch bei den Malern die Umschau entschieden noch vor, außerdem überwiegt an den Orten mit städtischen resp. gemeinnützigen Nachweisen die Vermittlung durch diese, so in Konstanz, Freiburg i. Br., Würzburg, Nürnberg, Frankfurt a. M., Mainz, München, Stuttgart, Mannheim, Berlin. Gewerkschaftliche Nachweise vermitteln erheblich in Konstanz, Würzburg, Mainz, München, Braunschweig, Stuttgart, Hof, Halle, Berlin und Hamburg. Daneben in München, Halle a. S. und Hamburg auch Innungsnachweise. Bei den Stukkateuren (Gipsern, Weißbindern), an manchen Orten der gewerkschaftliche Nachweis vorherrschend, so in Frankfurt a. M.; in Stuttgart dagegen wird er nicht viel benützt, vielmehr Umfrage. In München in erster Reihe das städtische Arbeitsamt. — Vorherrschend, — an manchen Orten wie Würzburg, Frankfurt a. M. ausschließlich —, in den Händen der Arbeiter ist der Nachweis bei den Glasern. Höchstens, wie in Mainz, München und Stuttgart, auch städtischer Nachweis.

In der Industrie der Steine und Erden (424 320) steht weitaus in erster Linie die Umschau, an zweiter die gewerbsmäßige Stellenvermittlung oder das Inserat. Bei den Steinarbeitern kommt es vor, daß Agenten ausgesandt werden, um in den Steinbrüchen auf dem platten Lande billige Arbeitskräfte für städtische Betriebe zu erhalten. Ende der 80er und Anfang der 90er Jahre wurde in verschiedenen Städten der Versuch gemacht, den Nachweis in die Hände der Arbeiter zu bringen; er scheiterte aber infolge der mangelhaften Organisation der Arbeiter, so in Hamburg, Berlin und Dresden. — Bei den Zieglern herrscht die gewerbsmäßige Vermittlung vor, daneben spielen Inserat und Umschau noch eine hervorragende Rolle. Seit 1. Januar 1899 besteht ein Arbeitgeber-Nachweis, errichtet von dem Verbande deutscher Ton-Industrieller in Berlin, der sich hauptsächlich mit der Beschaffung von galizischen und italienischenArbeitskräften befaßt. Daneben ist am 1. April 1899 auch noch ein gewerkvereinlicher Nachweis in Lippe (Pastor Zeiß-Schwalenberg) errichtet worden. Städtische Nachweise werden bis jetzt noch nicht benutzt. — Bei den Porzellanarbeitern überwiegt Umfrage, Zeitungsannonce, „Verschreibung", mündliche und schriftliche Anfrage. Nur ganz verschwindend kommt der Nachweis des Verbandes der Porzellan- und verwandten Arbeiter zur Geltung, am ehesten noch in Berlin-Charlottenburg. In Gotha werden ungelernte Arbeiter für die Porzellanindustrie durch den neu errichteten städtischen Nachweis vermittelt. — In der Glasindustrie existieren Nachweise überhaupt nicht, städtische Nachweise werden nicht benutzt. Einzig üblich ist die Umschau. Glasschleifer werden in Berlin durch einen gewerkschaftlichen Nachweis vermittelt. — Die Arbeitsvermittlung der Töpfer liegt in sehr vielen Orten bei der Innung. Daneben werden jedoch auch die gewerkschaftlichen Nachweise stark benutzt. In einzelnen Städten, wie z. B. in Chemnitz, besteht ein gemeinsamer Nachweis der Arbeitgeber und Arbeitnehmer. In München und Rixdorf kommen die städtischen Nachweise mehr in Betracht, neben allen die Umschau.

Verwickelter liegt die Arbeitsvermittlung in der Industrie der Metalle und Maschinen (888 641). Zwar scheinen auch hier Umschau und Inserat die erste

Stelle zu behaupten. Aber für die organisierte Großindustrie in Berlin, Chemnitz, Hamburg, Magdeburg, Lübeck, Dresden, Leipzig rc. bestehen Arbeitsnachweise, die ausschließlich in den Händen der Unternehmer liegen. Bei Lohn- und Streikbewegungen werden zuerst die Vakanzen in den Firmen, in denen Differenzen bestehen, nachgewiesen. Weigert sich der Stellensuchende, so erhält er an dem Ort überhaupt keine Stelle nachgewiesen und wird in die Liste der Ausgeschlossenen eingetragen. — In vereinzelten Branchen bestehen eigene Nachweise der Gewerkschaften. Der wirksamste ist ohne Zweifel der der Feilenhauer. Dieser Nachweis ist über ganz Deutschland organisiert. An allen in Betracht kommenden Orten bestehen Filial- und Bezirksnachweise. Der Nachweis, der erst seit dreiviertel Jahren besteht, beherrscht den Arbeitsmarkt beinahe ausschließlich. Freilich ist dieser Markt sehr bescheiden, da es insgesamt nur 5756 Feilenhauer gibt. — Außer diesem Nachweise gibt es für andere Branchen gleichfalls noch örtliche gewerkschaftliche Nachweise, deren Tätigkeit aber auch vom lokalen Standpunkt aus sehr begrenzt ist. Höchstens die Kleingewerbetreibenden nehmen sie in Anspruch, während die großindustriellen Betriebe sich entweder der Arbeitgeber-Nachweise und des Zeitungsinserats bedienen, im allgemeinen jedoch so von Arbeitskräften überlaufen oder durch schriftliche Offerten angegangen werden, daß sie Inserate wohl nur in Zeiten höchsten Geschäftsganges und auch dann nur für Spezialbranchen nötig haben. Die Wirksamkeit der gewerkschaftlichen Nachweise, wo solche überhaupt tätig sind, erstreckt sich Großbetrieben gegenüber höchstens darauf, unter der Hand in Erfahrung gebrachte Stellen den gerade Arbeitslosen mitzuteilen, was meistens auf Umschau hinausläuft. Bei Formern herrscht der Arbeitgeber-Nachweis vor. Schmiede werden schon in hohem Grade durch städtische Nachweise vermittelt, in Stuttgart, wo die Umschau seitens der Organisation verboten ist, bis zu 90%.

Kupferschmiede: in großen Städten in den Händen der Arbeitgeber. Der Verein der Kupferschmiedereien Deutschlands hat Arbeitsnachweise in Berlin, Magdeburg, Halle, Breslau, Görlitz, Dresden, Chemnitz, Leipzig, Zwickau, Stettin, Lübeck, Güstrow, Rostock, Neustrelitz, Flensburg, Neumünster, Hamburg, Bielefeld, Borkum, Dortmund, Köln, Barmen, Düsseldorf, Mülheim, Duisburg, Aachen, Koblenz, Lennep, Krefeld, Elberfeld, M.-Gladbach. In kleineren Orten hauptsächlich Umschau und Inserate. Bis 1894 Hamburg ganz in den Händen der Arbeiter. Auch heute gewerkschaftliche Nachweise in Hamburg, Magdeburg, Berlin, München rc. noch von einiger Bedeutung. In Stuttgart vornehmlich städtisches Arbeitsamt. — Schlosser: Umschau durch kommunale Nachweise mehr und mehr in Anspruch genommen. — Ähnlich Klempner (Spengler, Flaschner): Selbst dort, wo Nachweise in großer Anzahl bestehen, behauptet sich als hauptsächlichste Art die Umschau, so in Hamburg, wo drei Nachweise der Klempner, (des Metallarbeiterverbandes, der Klempnerinnung, der Metallindustriellen) existieren. Städtische Nachweise in Freiburg i. Br., Stuttgart, Osnabrück und Erfurt benutzt. — Maschinisten und Heizer: in der Hauptsache besteht gewerkschaftlicher Nachweis. — Musikinstrumentenmacher: in Berlin sowohl gewerkschaftlicher wie Fabrikantennachweis, beide gleich stark benutzt. Sonst Umschau. — Gold- und Silberarbeiter: Zeitungsinserat. Zentralisierter Nachweis des Verbands fungiert ungenügend. Städtischer Nachweis vornehmlich in Mainz benutzt.

Die Umschau wird in der Metall- und Maschinenbranche nur dort einigermaßen zurückgedrängt, wo der Großbetrieb besonders stark entwickelt ist. Inwieweit aber dessen Nachweise sie verdrängen oder aber benutzen (Handzettel), ist im einzelnen schwer festzustellen. Gewerkschaftliche indes oder auch Innungsnachweise vermochten hier die Umschau jedenfalls nicht einzuengen. In den handwerksmäßig betriebenen Branchen nimmt die Vermittlungstätigkeit der öffentlichen Nachweise schon einen breiten Raum ein. Insgesamt kommt der gewerkschaftliche Nachweis für rund 38000 Metallarbeiter zur Zeit in Betracht.

In der Textilindustrie sind 697523 Personen beschäftigt, die mit ganz vereinzelten Ausnahmen als Stellesuchende auf Umschau angewiesen sind. In Chemnitz ruht die Vermittlung für die meisten Branchen des Textilgewerbes bei einem von den Unternehmern errichteten Nachweis. In Görlitz und Berlin bestehen gewerkschaftliche Nachweise. Eine Reihe städtischer Nachweise vermitteln gleichfalls Arbeiter der Textilbranche.

Im Bekleidungs- und Reinigungsgewerbe (562450) ist die Art der Vermittlung noch bis zu einem gewissen Grade durch den handwerksmäßigen Charakter der Gewerbe bedingt. Im Gegensatz zu dem der Handwerksmeister und kleineren Fabrikanten vermochte sich der gewerkschaftliche Nachweis in einzelnen Branchen ganz erheblich zu entwickeln. So beherrscht er in der Hutbranche den Arbeitsmarkt ziemlich ausschließlich, mit einer Zentrale in Altenburg und 65 örtlichen Filialen. Ein Arbeitgeber-Nachweis besteht nur für die Berliner Wollhutfabriken. In der Seidenhut-, Strohhut- und Damenfilzhutbranche herrscht auch in Berlin der gewerkschaftliche Nachweis vor. In Brandenburg, Köln, Offenburg, Ulm und namentlich Guben ist Umschau ausschlaggebend, da die Fabrikanten den gewerkschaftlichen Nachweis ablehnen. In Mainz und München wird der städtische Nachweis nebenbei benutzt. Eine weit weniger erhebliche Rolle spielt der gewerkschaftliche Nachweis bei den Handschuhmachern. Die Vermittlung durch Inserat im Fachorgan des Verbandes herrscht vor. Eine neue Stelle darf jedoch von dem stellensuchenden Arbeiter nur dann angenommen werden, wenn der Ortsvorstand der Gewerkschaft, der zugleich als Arbeitsnachweisführer fungiert, seine Zustimmung erteilt hat. Dies gilt für Deutschland allgemein. Der gewerkschaftliche Nachweis ist über ganz Deutschland organisiert, die Zentralstelle domiziliert in Stuttgart. Städtische Nachweise werden selten benutzt. Nur für diese beiden Branchen (29736) kommt der gewerkschaftliche Nachweis in Betracht.

Schuhmacher: Umschau. In Berlin ein Arbeitgebernachweis, der gewerkschaftliche wenig. In Chemnitz, München, Konstanz u. a. m. kräftige Innungsnachweise. Städtischer Nachweis besonders stark benutzt in Würzburg, Mainz, Erfurt, München, Frankfurt a. M., Freiburg i. Br., weniger in Stuttgart und Osnabrück. — Schneider: Umschau. Städtische Nachweise steigend frequentiert. Gewerkschaftliche bestehen in Würzburg, München, Braunschweig, Berlin 2c., ohne große Tätigkeit. Innungsnachweise in München und in Hamburg. — Friseure und Barbiere: Umschau und Inserat, in Berlin Vermittlung durch den Verwalter der Krankenkasse.

Während in den letztgenannten, mehr noch handwerksmäßig betriebenen Gewerben teilweise der gewerkschaftliche Nachweis sich entwickeln konnte, ist dies im Nahrungsmittelgewerbe (505 962) bei den Handwerken nicht der Fall, in denen der Arbeiter noch an die Familie des Meisters in hohem Grade gefesselt ist. Hier behaupten noch immer die Innungsnachweise das Feld. Bei den Bäckern sind sie zahlreich und fungieren, wenigstens in den großen Städten, gut. Es besteht meist noch die Einrichtung des Sprechmeisters, der die Gebühren der Arbeitsuchenden bezieht. Auf dem platten Lande und in den kleineren Provinzialstädten herrscht Umschau vor. In Rheinland-Westfalen überwiegt das Zeitungsinserat. In Hamburg, Altona, Bremen, Lübeck bestehen neben den Innungsnachweisen auch gewerkschaftliche, in Dortmund gibt es nur einen gewerkschaftlichen. Städtische und gemeinnützige Nachweise werden noch selten benutzt. — Bei den Konditoren herrscht die gewerbsmäßige Vermittlung und das Inserieren vor. Innungsnachweise bestehen in München und Hamburg; trotz diesen geschieht übrigens der größte Teil der Vermittlung auch in diesen Städten durch Agenten. In Berlin besteht auch ein gewerkschaftlicher Nachweis. — Bei den Fleischern (Schlächtern, Metzgern) liegt die Vermittlung fast ausnahmslos bei Innungen. In Großstädten, wie in Berlin, sind auch erfolgreich private Kommissionäre tätig. In München besteht ein besonderer Schweinemetzgerverein, der den Nachweis beherrscht. In kleinen Städten und auf dem platten Lande überwiegt Umschan und Zeitungsinserat. — Die Brauer sind hauptsächlich auf die Vermittlung vou Gastwirten angewiesen. Umschau kommt nur in kleineren Orten und Städten vor. In Berlin, Halle, Dresden gibt es jedoch für ganze Gruppen von Brauereien paritätische Fach-Arbeitsnachweise. Unternehmernachweise gibt es nicht, wohl aber eine Reihe gewerkschaftlicher, die jedoch wenig vermitteln können, da die Unternehmer nicht mit ihnen in Verbindung treten. Seit einiger Zeit werden auch städtische Nachweise in Anspruch genommen. In Stuttgart haben sowohl Unternehmer wie Arbeiterorganisationen sich verpflichtet, den städtischen Nachweis ausschließlich zu benutzen. Allein bei den Müllern ist der gewerkschaftliche Nachweis von Bedeutung. Der Verband der Mühlenarbeiter vermittelt in 44 Orten. Die Zentrale hat ihren Sitz in Altenburg. In etwa 20 Orten ist der Nachweis insofern ganz in den Händen der Arbeiter, als dort das Umschauen von der Organisation mit Erfolg verboten ist. Neben diesen gewerkschaftlichen Nachweisen gibt es eine große Anzahl gewerbsmäßiger Vermittler, die den Arbeitsmarkt in hohem Grade beherrschen. An manchen Orten, wie in Erfurt und München, wird der städtische Nachweis fleißig benutzt. — Das Tabakgewerbe siedelt sich immer mehr auf dem platten Lande an, so daß die städtischen Betriebe heute nur noch einen geringeren Prozentsatz des Gesamtgewerbes ausmachen. Auf dem platten Lande ist nur die Umschau ausschließlich herrschend. In einzelnen Städten, wie Hamburg und Görlitz, be'tehen auch gewerkschaftliche Nachweise. Die Vermittlung bei den Zigarrensortierern Hamburgs ruht sogar ausschließlich beim Nachweis der Gewerkschaft. Ir Erfurt wird auch vom städtischen Nachweis vermittelt.

Die Art der Vermittlung in der Holz-, Leder- und Schnitzindustrie (596 609) ist nach Ort und Branche sehr verschieden gestaltet. Eine wesentliche Einengung der Umschau ist den Bildhauern gelungen. Während Modelleure und Steinbildhauer allerdings noch in weitem Umfange darauf angewiesen sind, haben die Holzbildhauer den gewerkschaftlichen Nachweis geradezu zur Herrschaft gebracht. Die Vermittlung geschieht zunächst örtlich. Sind Arbeitslose an einem Orte überflüssig, so werden sie an die Zentral-Stellenvermittlung nach Berlin gemeldet, wo sie dann an irgend einen Platz mit offener Stelle gewiesen werden und das Fahrgeld der niedrigsten Wagenklasse bezahlt erhalten. Bei der Vermittlung werden nur organisierte Gehilfen berücksichtigt. In Mainz und Stuttgart wird auch der städtische Arbeitsnachweis in Anspruch genommen. — Das genau entgegengesetzte Bild zeigen Sattler und Tapezierer: schrankenlose, man möchte fast sagen anerkannte Herrschaft der Umschau. Zeitungsinserate werden von beiden Seiten erlassen, haben aber keine andere Bedeutung, als daß sie die Umschau verstärken. Arbeitsnachweise gibt es zweierlei Art: Innungs- und Gesellennachweise. Beide Arten fungieren so schlecht, daß man es auch in den größten Orten von keinem Arbeitslosen verlangen kann, das Umschauen zu unterlassen. Erfolgreiche Konkurrenz ist der Umschau bis jetzt nur hie und da durch städtische Nachweise gemacht worden, die, wo sie bestehen, von Sattlern und Tapezierern fast überall benutzt werden. Um in Berlin, wo mit dem 1. April 1899 eine Zwangsinnung ins Leben trat, einen tauglichen Arbeitsnachweis zu erhalten, erklärten sich die Gehilfen zum Anschluß eines paritätischen Fachnachweises an den „Zentralverein für Arbeitsnachweis" bereit.

Holzarbeiter: in Berlin, Hamburg, Oldenburg, Braunschweig, Görlitz, Nürnberg, Mannheim, Stuttgart bestehen gewerkschaftliche Nachweise. — Möbeltischler und Kistenmacher: in Rixdorf je ein Unternehmer- und je ein gewerkschaftlicher Nachweis. In Mainz hauptsächlich Verband der Möbelfabrikanten und Schreinermeister, in Erfurt und Hamburg Innung. In Stuttgart auch private Vermittlung ziemlich stark. Städtische Nachweise in steigendem Maße benutzt. — Schiffszimmerer: Umschau. Nur während des Streiks 1889/90 vermittelte der Arbeitsnachweis der Eisenindustriellen arbeitswillige Hilfskräfte in großer Anzahl. — Böttcher: gewerkschaftliche neben Innungsnachweisen sehr verbreitet, doch überwiegt Umschau und Vermittlung durch Wirte. — Drechsler: Umschau, auch städtische Nachweise. — Vergolder: Umschau. Arbeiternachweise existieren nur wenige. — Korkarbeiter: Gewerkschaft.

Am weitesten ist der gewerkschaftliche Nachweis in den graphischen Gewerben (116 570) vorgeschritten. Alle Berufe besitzen hier Gehilfenorganisationen, die in mehr oder minder hohem Grade sich mit Arbeitsvermittlung abgeben. Eine gewisse Herrschaft hat indes die gewerkschaftliche Vermittlung in Gestalt eines über Deutschland zentralisierten Nachweises nur in den kleinen Branchen erhalten: bei Graveuren, Ziseleuren, Xylographen. In den großen Branchen konnte der gewerkschaftliche Nachweis weder in der Buchbinderei in seiner ziemlich konkurrenzlosen Stellung, noch im **Buchdruck** zusammen mit Prinzipal- und Tarifamts-Nachweisen eine dreigliedrige Schlachtreihe bildend, die Umschau zurückschlagen, die vollends bei den **Schriftgießern** die Herrschaft unbestritten, bei **Lithographen** und **Steindruckern** neben gewerkschaftlichen Nachweisen behauptet. Während in dieser Lage die Buchbinder wenigstens anfangen, städtische Nachweise zu benutzen, wie z. B. in Stuttgart, stehen diesen die Setzer, mit Ausnahme von Erfurt, fast überall teilnahmslos gegenüber, oder bezeichnen sie gar, wie in Posen, ausdrücklich als eine für sie „nutzlose" Einrichtung. In Berlin, wo die nebeneinander bestehenden 3 Nachweise (1 Prinzipals-, 2 Gehilfen-) sich gegenseitig zu bloßen Notbehelfen degradieren, würden die Gehilfen dem „Hausierengehen mit der Ware Arbeitskraft" gern durch einen gemeinsamen Nachweis ein Ende machen.

Im **Handels-, Verkehrs- und Beherbergungsgewerbe** sind 767 932 Arbeitskräfte tätig. Davon entfallen auf den **Handel** — ohne die (ungelernten) Handelshilfsarbeiter — 270 053. Für diese vermitteln in erster Linie kaufmännische Vereine, die aus Prinzipalen und Gehilfen bestehen; vor allem der Hamburger Verband, dann der Frankfurter, Leipziger u. a. In Berlin ist ein gewerkschaftlicher Zentralnachweis vorhanden, aber ohne Bedeutung. Private Vermittlung und Zeitungsinserate überwiegen. In München erstreckt sich die Tätigkeit des städtischen Nachweises auch auf Kaufleute. — Im **Seemannsberuf** ist das Ausbeutungssystem der Heuer- und Schlafbaase übel berüchtigt und seit den letzten Streiks allgemein bekannt. Die jahrelangen Bestrebungen der Seeleute, diese „Land-Haifische" durch ordnungsmäßige, in Gemeinschaft mit den Rhedern verwaltete Heuerbureaus auszuschalten, sind erfolglos gewesen. In Bremerhaven, Hamburg und Stettin wurden vielmehr einseitige Rhederbureaus errichtet. Dieser Arbeitsnachweis, sowie der der Schauerleute und Hafenarbeiter überhaupt, wird in Zukunft stark durch das Endergebnis der in Hamburg noch schwebenden Verhandlungen beeinflußt werden. — Daß das gesamte **Beherbergungsgewerbe** der klassische Boden für gewerbliche Vermittlung und gewerbliche Ausbeutung ist, ist allgemein bekannt.

Das Ergebnis des Überblicks ist in gewisser Weise überraschend. Begonnen war die Untersuchung, um festzustellen, inwieweit Arbeitgeber-, Arbeitnehmer- oder gemeinnützige und städtische Arbeitsnachweise ein Übergewicht haben. Sie endet damit, daß diese Veranstaltungen sämtlich verschwinden vor der noch alles erdrückenden Macht der Umschau. Die Frage lautet also nicht, ob Arbeitgeber- oder Arbeitnehmer- oder städtische rc. Nachweise, sondern: ob regelloses Umschauen oder regelrecht organisierte Nachweisung der Arbeit. Und in dieser Form gestellt, kann die Beantwortung der Frage gar nicht zweifelhaft sein. Wieviel Opfer an Zeit und Mühe die Umschau dem Arbeiter auferlegt, hat noch kein Volkswirt zu ergründen vermocht. Sie ist diejenige Form des Arbeitsnachweises, welche die Kosten der Vermittlung ausschließlich auf die Schultern des Arbeiters wälzt. Dazu kommt noch, daß die Scharen der Umschauenden die Stärke des Angebots in übertriebener Form zum Ausdruck bringen. Es gibt am Arbeitsmarkte keine Institution, die in dem Maße lohndrückend wirkt, wie die Umschau, ganz abgesehen von einzelnen häßlichen Erscheinungen im Konkurrenzkampfe der Arbeiter untereinander, die nicht selten zu heimlichen Provisions-Zahlungen an Werkmeister ꝛc. führen. Da die Umschau auf dem deutschen Arbeitsmarkt noch allbeherrschend ist, so ist jede regelrechte Form des Arbeitsnachweises an sich schon als ein Fortschritt zu begrüßen.

Fragt man nun speziell, welche Aussichten der gewerkschaftliche Arbeitsnachweis hierbei hat, so ist zunächst zu bedenken, daß von den 14,6 Millionen Arbeitern die landwirtschaftlichen (5,6) und das Gesinde (1,3) schon nach Lage der Gesetzgebung für eine durchdringende gewerkschaftliche Tätigkeit unerreichbar sind. Aber auch unter den übrigen 7,7 Millionen befinden sich zahlreiche Kategorien, wie Eisenbahner, Post- und Telegraphen-Arbeiter, Handel, Beherbergung und Erquickung, sowie das ganze ungeheure Heer der ungelernten Arbeiter, für die kaum Aussicht vorhanden ist, einem gewerkschaftlichen Arbeitsnachweis eine angesehene Stellung zu verschaffen. Innerhalb der zugänglicheren Berufe ist der gewerkschaftliche Arbeitsnachweis, wie der Überblick zeigt, vorherrschend (jedoch ohne die anderen Formen gänzlich zu verdrängen) bei Dachdeckern, Glasern, Feilenhauern, Maschinisten, Hutmachern, Bildhauern, Korkarbeitern, Graveuren und Ziseleuren (ca. 75—76000); nennenswert, aber nicht mehr beherrschend bei den Malern, Stukkateuren, Töpfern, Gold- und Silberarbeitern, Handschuhmachern, Müllern, Böttchern, Buchbindern, Buchdruckern und Lithographen (ca. 466000 Arbeiter). Also von $14\frac{1}{2}$ Millionen Arbeitern sind bis jetzt nur etwa $\frac{1}{2}$ Millicn für einen einigermaßen erheblichen gewerkschaftlichen Arbeitsnachweis gewonnen, während für die übrigen 14 Millionen in der Hauptsache noch gegen Umschau, Inserate und gewerbsmäßige Stellenvermittlung mit allen ihren Schäden im vollsten Umfange anzukämpfen ist.

Diese Tatsachen geben den Schlüssel zu der gänzlich veränderten Bedeutung, die in Deutschland der unparteische und insbesondere der kommunale Arbeitsnachweis im Laufe der letzten Jahre erlangt hat.

8. Die Verfassung des öffentlichen Arbeitsnachweises in Deutschland.

Die Erörterungen über die Einrichtung öffentlicher Arbeitsnachweise haben in Deutschland in den 80er und 90er Jahren hauptsächlich an die Streitfrage angeknüpft, ob es richtiger sei, den Arbeitsnachweis von Gemeindewegen in die Hand zu nehmen, oder ihn privater Initiative, d. h. der gemeinnützigen Vereinstätigkeit zu überlassen. Der Streit wurde mit Heftigkeit, ja zuweilen mit Erbitterung geführt. Die Schlagwörter des „sozialistischen Staates" und des „ödesten Manchestertums" wurden von den streitenden Teilen ausgetauscht.

Wo die Ausführung der Aufgabe auf die eine oder die andere Art in Angriff genommen wurde, sahen sich die Parteigänger jeder Richtung zu Zugeständnissen genötigt. Die Befürwortung der kommunalen Tätigkeit ging gerade von den Anhängern einer kräftigen und lebensvollen Ausgestaltung des Arbeitsnachweises aus. In der praktischen Ausführung mußten sie aber zugeben, daß unsere kommunale Verfassung, so wie sie heute ist, kaum die geeigneten Handhaben besitzt, um einen Arbeitsnachweis lebenskräftig zu organisieren. In dem größten Teile Deutschlands ist das Gemeinde-Bürgerrecht beschränkt. Im Königreich Preußen gibt es nicht eine einzige Stadtverordneten-Versammlung, in welcher nicht den Hausbesitzern allein schon kraft Gesetzes die Hälfte der Sitze gewährleistet wäre, und zwar meistens mit so weitgehenden Sicherungen, daß diese als Gewähr für eine sichere Mehrheit genügen. Überall sind die Stadtverordneten-Versammlungen — teils infolge des gesetzlichen Wahlrechts, teils infolge des gesellschaftlichen

Schwergewichts in seiner Ausübung — ihrer wesentlichen Zusammensetzung nach ein Ausschuß der besitzenden Klassen. Nun soll zwar nicht geleugnet werden, daß trotz dieser Einseitigkeit die kommunalen Körperschaften, namentlich in den Großstädten, vieles zu Gunsten der arbeitenden Klassen geleistet haben. Allein eine Aufgabe wie die der Arbeitsvermittlung, in welcher es gerade darauf ankommt, daß die vermittelnde Instanz von den beiden Teilen, zwischen denen sie vermittelt, als unparteiisch anerkannt wird, war der bisherigen Gemeindeverwaltung noch nicht gestellt. Der Grundsatz der Selbstverwaltung, auf den Arbeitsnachweis angewendet, erfordert, daß Unternehmer und Arbeiter in der Verwaltung des Arbeitsnachweises tätig sind; und daß die Gemeinde in dem heutigen Aufbau ihrer Organe nicht eine gleichmäßige Organisation für die Gesamtheit der Gemeinde-Angehörigen ist, mußte an diesem Beispiel mit voller Deutlichkeit klar werden. Nun wurde durch das Gewerbegerichts-Gesetz von 1890 eine Einrichtung geschaffen, die kommunal war, aber doch außerhalb des kommunalen Verfassungsrechts stand. Der Personalbestand des Gewerbegerichts geht hervor aus getrennten Wahlen von Arbeitgebern und Arbeitnehmern, und nur der Vorsitzende wird durch den Gemeindevorstand oder die Gemeindevertretung benannt; der Vorsitzende darf nach dem Gesetz weder Arbeitgeber noch Arbeitnehmer sein. Die Einrichtung war für Deutschland nicht vollständig neu. Es gab Gemeinden, die an den Vorläufern der Gewerbegerichte, den „gewerblichen Schiedsgerichten", Erfahrungen gesammelt hatten. In einer dieser Städte, in Frankfurt a. M., hatte schon im Jahre 1888 der dortige Vorsitzende, Stadtrat Flesch, gemeinsam mit dem damaligen Oberbürgermeister Miquel eine Kompetenz-Erweiterung des gewerblichen Schiedsgerichts beantragt und durchgesetzt, wonach dasselbe auch zu Gutachten und Anträgen berechtigt sein sollte. Aus dieser Entwicklungstendenz nach der Seite von Arbeitskammern hin erwuchs, ebenfalls von Flesch und Miquel vertreten, im Juni 1890 der Gedanke, das gewerbliche Schiedsgericht auch als Aufsichtsinstanz für einen kommunalen Arbeitsnachweis zu benutzen, die Wahlen für eine Aufsichtskommission durch die beiden Richterbänke des gewerblichen Schiedsgerichts vornehmen zu lassen und den Vorsitz dem unparteiischen Gewerberichter zu übertragen. Als durch das Reichsgesetz das Schiedsgericht in ein wirkliches Gewerbegericht umgewandelt wurde, schien vermöge der diesem beigelegten höheren Autorität die

Ausführung des Planes eher erleichtert. Dennoch zogen sich die Verhandlungen in Frankfurt mehrere Jahre hindurch hin. Wirksam wurde der Frankfurter Plan aber dadurch, daß er an anderen Orten aufgegriffen wurde. Aus Stuttgart, wo man bei der Kommunalisierung des Arbeitsnachweises auf Schwierigkeiten in der richtigen Zusammensetzung der Kommission stieß, wandte sich der Gewerbegerichts-Vorsitzende Lautenschlager im Jahre 1892 mit einer Anfrage nach Frankfurt und entwarf auf Grund der erteilten Auskunft ein Arbeitsnachweis-Statut. Die Annahme verzögerte sich jedoch auch in Stuttgart. Erst nachdem die kleine schwäbische Stadt Eßlingen im Jahre 1894 auf dieser Grundlage ein „städtisches Arbeitsamt" wirklich eingerichtet hatte, sind dann im Jahre darauf Frankfurt und Stuttgart und von da an eine große Reihe anderer Städte nachgefolgt. Wenngleich seit diesen Umwandlungen die kommunalen Arbeitsnachweise in Deutschland einen großen Aufschwung nahmen, so war dieser Aufschwung doch gerade durch Emanzipation von der bestehenden Gemeindeverfassung erreicht. Andrerseits hielten sich die Nachweise der gemeinnützigen Vereine ebensowenig streng an den Grundsatz privater Initiative. Mit diesem Grundsatz, wenn er als Dogma gefaßt wäre, wäre die Annahme von Beihilfen aus öffentlichen Mitteln kaum vereinbar gewesen. Aber fast alle großen Arbeitsnachweis-Vereine Deutschlands beziehen derartige Beihilfen. Mehr oder minder stehen sie auch in direkten Beziehungen zur Gemeindeverwaltung, sei es, daß zwischen dem Gemeinde-Oberhaupt und dem Vereins- oder Anstaltsvorsitzenden eine Art Personalunion besteht, sei es, daß die Satzungen dem Gemeindevorstand einen Einfluß auf die Zusammensetzung der verwaltenden Kommission ausdrücklich einräumen. Das Entscheidende war nun, daß im Jahre 1897 der Berliner Verein eine Ergänzung der privaten Organisation auf genau demselben Wege versuchte, auf welchem man in Frankfurt begonnen hatte, sich von den Einseitigkeiten der Gemeindeverfassung zu befreien. Der Berliner Verein ersuchte das dortige Gewerbegericht, die Verwaltung seines Arbeitsnachweises durch Erwählte der Gewerbegerichts-Beisitzer zu ergänzen. Seitdem dieser Vorschlag in die Wirklichkeit übersetzt ist (1898), hat der Berliner Verein eine Organisation, die von der der kommunalen Nachweise nur sehr wenig verschieden ist.

Wer den Arbeitsnachweis als Bestandteil der öffentlichen Verwaltung anstrebt, wird von der Forderung einer Übernahme durch die Gemeinde schon deswegen nicht ablassen, weil nur auf diese Art die ausnahmslose Durchführung des neuen Verwaltungszweiges an allen Orten zu erreichen ist. Solange aber diese Durchführung ohnedies nur fragmentarisch ist, besteht kein Anlaß, den Unterschied zwischen kommunaler und Vereinstätigkeit gerade in den Vordergrund zu stellen. Weit wichtiger ist es, die Anstalten, die heute den allgemeinen Arbeitsnachweis pflegen, einheitlich zu behandeln, mögen es nun kommunale oder Vereinsanstalten sein. Im folgenden gebe ich ein Verzeichnis dieser Anstalten, soweit sie an die im Abschnitt 2 erwähnte Berichterstattung angeschlossen sind; (* = Gemeinde; † = weiterer Kommunalverband; die österreichischen und schweizerischen sind in Klammern gesetzt), geordnet nach dem Jahre der Eröffnung.

Es wurden eröffnet:

1874 Köln, Allgemeine Arbeitsnachweis-Anstalt.
1883 Berlin, Zentralverein für Arbeitsnachweis.
1885 (*Wien, Verein für Arbeitsvermittlung, seit 1900 „Städtische Arbeitsvermittlungsstelle").
1889 Hannover, Zentralstelle für Arbeitsnachweis.
— (*Brünn, Filiale des Wiener Vereins für Arbeitsvermittlung, seit 1901 „Städtisches Arbeitsvermittlungsamt").
— (*Bern, Anstalt der Stadt Bern für Arbeitsnachweis).
1890 Düsseldorf, Verein für Arbeitsnachweis.
1891 Karlsruhe i. B., Unentgeltlicher Arbeitsnachweis.
1892 *Freiburg i. B., Allgemeine Arbeitsnachweis-Anstalt (begründet als Vereinsanstalt, seit 1897 städtisch).
1893 Hamburg, Arbeitsnachweis der Patriotischen Gesellschaft.
— Darmstadt, Zentralanstalt für Arbeits- und Wohnungsnachweis.
— Schopfheim, Allgemeine Arbeitsnachweis-Anstalt.
— Mannheim, Zentralanstalt für Arbeitsnachweis.
— Augsburg, Arbeitsnachweis des Verbandes ordnungsliebender Arbeitervereine.
1894 *Posen, Zentralanstalt für Arbeitsnachweis (seit 1901 städtisch).
— *Erfurt, Städtisches Arbeitsamt.
— Essen, Zentral-Arbeitsnachweise-Verein.
— *Elberfeld, Städtische Arbeitsvermittlungsstelle.
— *Trier, Städtisches Arbeitsnachweisamt.
— Pforzheim, Allgemeine Arbeitsnachweis-Anstalt.
— *Eßlingen, Städtisches Arbeitsamt.
— *Heilbronn, Städtisches Arbeitsamt.
1895 *Rixdorf, Öffentlicher Arbeitsnachweis.
— Kiel, Allgemeiner Arbeitsnachweis.
— Halle a. S., Arbeitsnachweisstelle des Vereins für Volkswohl.
— *Quedlinburg, Städtisches Arbeitsamt.
— *Mühlhausen i. Th., Städtischer Arbeitsnachweis.
— †Hörde, Zentral-Arbeitsnachweis-Anstalt für den Kreis.

1895 M.-Gladbach, Anstalt für Arbeitsnachweis.
— *Neuß a. Rh., Städtische Arbeitsnachweisstelle.
— Wiesbaden, Verein für Arbeitsnachweis.
— *Frankfurt a. M., Städtische Arbeitsvermittlungsstelle.
— *Kaiserslautern, Städtischer Arbeitsnachweis.
— *Straßburg i. E., Städtische Arbeitsvermittlungsstelle.
— *Lahr i. B., Städtische Arbeitsnachweis-Anstalt.
— Lörrach, Allgemeine Arbeitsnachweis-Anstalt.
— *Offenburg i. B., Städtische Arbeitsnachweis-Anstalt.
— Konstanz, Allgemeine Arbeitsnachweis-Anstalt.
— *Stuttgart, Städtisches Arbeitsamt.
— *Kannstatt, Städtisches Arbeitsamt.
— *Göppingen, Städtisches Arbeitsamt.
— *Ravensburg, Städtisches Arbeitsamt.
— *Ulm, Städtisches Arbeitsamt.
— *Fürth i. B., Städtisches Arbeitsnachweisebureau.
— *München, Städtisches Arbeitsamt.
1896 *Breslau, Städtisches Arbeitsnachweis-Amt.
— *Frankfurt a. O., Städtische Arbeitsnachweisstelle.
— *Osnabrück, Städtischer Arbeitsnachweis.
— Aachen, Allgemeine Arbeitsnachweis-Anstalt.
— *Kreuznach, Städtische Arbeitsnachweisstelle.
— *Gießen, Arbeitsnachweis der Stadt Gießen.
— *Worms, Städtischer Arbeitsnachweis.
— *Offenbach, Städtische Arbeitsvermittlungsstelle.
— *Heidelberg, Städtische allgem. unentgeltl. Arbeitsnachweis-Anstalt.
— *Ludwigsburg, Städtisches Arbeitsamt.
— *Schw. Hall, Städtisches Arbeitsamt.
— *Schw. Gmünd, Städtisches Arbeitsamt.
— *Nürnberg, Städtische Arbeitsnachweisestelle.
1897 Münster i. W., Arbeitsnachweisbureau.
— *Dortmund, Städtische Arbeitsnachweis-Anstalt.
— Bielefeld, Hauptarbeitsnachweis.
— *Mainz, Städtisches Arbeitsamt.
— *Reutlingen, Städtisches Arbeitsamt.
— *Tübingen, Städtisches Arbeitsamt.
— *Würzburg, Städtisches Arbeitsamt.
— *Straubing, Städtisches Arbeitsamt.
— (Graz, Arbeitsvermittlung des Landesverbandes für Wohltätigkeit).
1898 *Charlottenburg, Städtischer Arbeitsnachweis.
— Liegnitz, Zentralanstalt für Arbeitsnachweis.
— Flensburg, Arbeitsnachweis.
— *Aschersleben, Städtische Arbeitsnachweisstelle.
— Herford, Arbeitsnachweis.
— *Hagen i. W., Städtischer Arbeitsnachweis.
— *Hamm i. W., Städtisches Volksbureau und Arbeitsnachweis.
— Müllheim i. B., Arbeitsnachweis-Anstalt.
— *Bamberg, Städtisches Arbeitsamt.
— (*Reichenberg i. B., Städtisches deutsches Arbeitsvermittlungsamt.)
1899 Glogau, Arbeitsnachweisstelle.
— Hirschberg, Zentralarbeitsnachweis.
— *Schöneberg, Städtischer Arbeitsnachweis.
— *Magdeburg, Städtischer Arbeitsnachweis.
— *Göttingen, Städtische Arbeitsnachweisstelle.
— *Kassel, Städtische Arbeitsvermittlungsstelle.
— *Bonn, Städtischer Arbeitsnachweis.

1899 *Potsdam, Städtischer Arbeitsnachweis.
— Waldshut, Allgemeine Arbeitsnachweis-Anstalt.
1900 Grünberg, Allgemeiner Arbeitsnachweis.
— Freystadt, Allgemeiner Arbeitsnachweis.
— Sprottau, Allgemeiner Arbeitsnachweis.
— Lauban, Allgemeiner Arbeitsnachweis.
— Landeshut, Allgemeiner Arbeitsnachweis.
— Löwenberg, Allgemeiner Arbeitsnachweis.
— *Stettin, Städtischer Arbeitsnachweis.
— Leipzig, Verein für Arbeitsnachweis.
— *Braunschweig, Städtisches Arbeitsamt.
— *Oberhausen (Rhld.), Städtische Arbeitsnachweisstelle.
— *Augsburg, Städtisches Arbeitsamt.
— *Regensburg, Städtisches Arbeitsamt.
— (*Zürich, Städtisches Arbeitsamt.)
1901 Görlitz, Arbeitsnachweis- und Gesindevermittlungsstelle für den Stadt- und Landkreis.
— *Weißenfels a. S., Städtischer und landwirtschaftlicher Arbeitsnachweis.
— Barmen, Allgemeine Arbeitsnachweisstelle.
— *Königsberg, Städtischer Arbeitsnachweis.
— *Graudenz, Städtischer Arbeitsnachweis.
1902 *Memel, Städtisches Arbeitsamt.
— *Weißenfels, Städtische Arbeitsnachweisstelle.

Mit dem schwindenden Widerstreit zwischen Vereins- und Gemeindeanstalten ist auch ein Argument verschwunden, welches früher eine große Rolle gespielt hatte: daß nämlich die Gemeindeanstalten im Durchschnitt geringere Erfolge aufzuweisen haben. Dieses Argument gründete sich auf die zweifellose Tatsache, daß es eine nicht unbedeutende Zahl städtischer Arbeitsnachweise gibt, welche bloß auf dem Papier figurieren. Allein so wenig, wie aus einer großen Zahl von Totgeburten zu folgern wäre, daß die Fortpflanzung einer Bevölkerung unbedeutend sei, wie hierfür vielmehr die Lebendgeburten allein ausschlaggebend sind, ohne Rücksicht darauf, ob es neben ihnen viel oder wenig Totgeburten gibt: so ist die Leistungsfähigkeit von Verwaltungseinrichtungen nach den Exemplaren zu beurteilen, die etwas leisten, und nicht nach denen, die untätig sind oder gar von ihren Urhebern mit dem vollen Bewußtsein zukünftiger Untätigkeit in die Welt (oder vielmehr in die Akten) gesetzt wurden. Ob in Ketzin bei Potsdam der Polizei-Sergeant den Auftrag erhält, Leuten, die Arbeit haben wollen, nach Möglichkeit Arbeit zu beschaffen, ob man derartige Veranstaltungen mit dem stolzen Namen „Arbeitsnachweis-Anstalt" versieht oder nicht, ist für die Frage der Leistungsfähigkeit des kommunalen Arbeitsnachweises unerheblich. Es kommt nur darauf an, ob die gut und ernst organisierten Arbeitsnachweise etwas leisten. In dieser Beziehung haben seit der Eröffnung Stuttgarts und namentlich Münchens die Leistungen der kommunalen Arbeitsnachweise eine so ungeteilte Anerkennung gefunden, daß diese Frage heute als erledigt gelten kann. Die Behauptung, daß die öffentliche Verwaltung für diese Aufgabe nicht geeignet sei, ist auf diesem Gebiete ebenso verstummt, wie angesichts der städtischen Gasanstalten, staatlicher und kommunaler Betriebe im Verkehrswesen rc. Man kann die allgemeinen Arbeitsnachweise, welche gegenwärtig an die gemeinsame Berichterstattung angeschlossen sind, als eine bestimmte Kategorie betrachten, ohne Rücksicht darauf, ob sie Vereins- oder Gemeindeeinrichtung sind. Sie repräsentieren den Arbeitsnachweis in seiner Eigenschaft als Verwaltungseinrichtung, sei es, daß die Gemeinde die Verwaltung selbst führt, sei es, daß sie dieselbe einem Verein überläßt und diesen unterstützt. Daher kann man auch die innere Verfassung dieser Arbeitsnachweise einheitlich behandeln. Das Frankfurter System, die Beisitzer durch die beiden Kurien des Gewerbegerichts wählen zu lassen, ist angenommen in Breslau, Eßlingen, Frankfurt a. O., Heilbronn, Hoerde (Kreis-Gewerbegericht), Kannstatt, Ravensburg, Reutlingen, Stuttgart, Trier, Ulm und vielen anderen Orten in allen Teilen Deutschlands. Jedoch besteht die Kommission nicht an allen diesen Orten ausschließlich aus diesen Beisitzern; es werden zuweilen daneben auch Vertreter der Stadtverordneten gewählt. Dem Übelstande einer zu großen Mitgliederzahl geht München dadurch aus dem Wege, daß es die Gemeindekollegien zwar wählen läßt, aber an Arbeitgeber bindet, so daß daneben nur noch Arbeiter durch das Gewerbegericht gewählt zu werden brauchen. Auch ist der Vorsitzende nicht überall und notwendig mit dem Gewerbegerichts-Vorsitzenden identisch. Daß übrigens die Ausstattung der Kommission mit Gewerbegerichts-Vertretern nicht notwendig auf städtische Arbeitsnachweise beschränkt zu sein braucht, beweist das Beispiel des Berliner Vereins (vergl. oben S. 141). Den Grundsatz der Parität, jedoch bei Wahl durch die Gemeindevertretung, haben Kaiserslautern, Mainz, Straßburg. In Worms wählt der Gemeinderat und ist dabei an beiderseitige Gewerbegerichts-Beisitzer, aber auch an Innungen rc. gebunden. Von den Vereinen bildete der (frühere) Wiener unter seinen Mitgliedern selbst für die Wahl 2 Kurien, und für seine Filiale Brünn mußten je 4 Arbeiter und Nichtarbeiter gewählt werden. In Essen wird der Ausschuß vom

Vereinsvorstand eingesetzt und muß aus je einem Arbeitgeber und Arbeiter unter einem Unparteiischen bestehen. Die Anstalten, welche nicht einem einzelnen Vereine, sondern ganzen Vereinsverbänden gehören, haben je nach der Zusammensetzung dieser Verbände schon in deren Abgesandten eine Vertretung beider Teile. Die Zusammensetzung ist allerdings sehr verschiedenartig. Unternehmer- und gemeinnützige Vereine, bestehend aus Mitgliedern der besitzenden Klassen, sind in allen diesen Verbänden. In Karlsruhe außerdem noch der evangelische Arbeiterverein und der katholische Gesellenverein, in München-Gladbach neben diesen noch der Hirsch-Duncker'sche Ortsverband, in Pforzheim, Aachen und in Köln auch das Gewerkschaftskartell; an den beiden letzteren Orten ist die Vertreterzahl so verteilt, daß die Parität gewahrt ist. Unter den Verbandsanstalten befindet sich eine, welche ausschließlich auf Arbeitervereine begründet ist: die Augsburger. Doch sind das diejenigen Vereine, welche grundsätzlich in Arbeiter-Angelegenheiten nur im Einvernehmen mit den Unternehmern vorgehen. Als solche bezeichnen sich in Augsburg: der Hirsch-Duncker'sche Ortsverband, katholische und evangelische Vereine, der Arbeiter-Fortbildungs-Verein, die Arbeiter-Sängergesellschaft Germania u. a. m. (zus. 17 Vereine mit rund 3000 Mitgliedern). Die „Gewerkschaften" sowie sonstige Arbeitervereine, deren Mitglieder ganz oder überwiegend der sozialdemokratischen Partei angehören, sind nicht beteiligt, und der Verband benannte sich „Verband ordnungsliebender Arbeitervereine von Augsburg und Umgebung". Offiziell wurde der Augsburger Arbeitsnachweis nicht als mit einem kommunalen oder gemeinnützigen Allgemeinen Arbeitsnachweis auf einer Stufe stehend anerkannt. Die bayerische Staatsregierung hat seit dem Jahre 1894 wiederholt auch in Augsburg die Errichtung eines kommunalen Nachweises verlangt. Als am 17. April 1898 eine erneute Mahnung der Staatsregierung in einer Plenarsitzung der Gewerbegerichts-Mitglieder zur Beratung gelangte, verneinten die anwesenden Arbeitgeber das Bedürfnis in Rücksicht auf den bereits bestehenden Arbeitsnachweis des Verbandes ordnungsliebender Arbeitervereine. Die anwesenden Arbeitnehmer erklärten, daß dieser Arbeitsnachweis unter Ausschluß der sozialdemokratischen Arbeiter und daher parteiisch verwaltet werde. Aus der Mitte des Magistrats wurde einerseits betont, daß für die Parteilichkeit Beweise nicht erbracht seien; andrerseits aber, daß es wünschenswert sei, einen Arbeitsnachweis so zu konstruieren, daß seine Unparteilichkeit allgemein anerkannt werde, und hierzu sei nach den Erfahrungen anderer Städte die kommunale Einrichtung der beste Weg. Bei dem Mangel an Übereinstimmung wurde von der kommunalen Einrichtung auch damals noch Abstand genommen, und bei der bayerischen Zentralisierung (vergl. unten Abschnitt 10) wurde von der Regierung der Augsburger Arbeitsnachweis übergegangen und die Provinz Schwaben zunächst an Oberbayern angeschlossen. Das Endergebnis war, daß die Stadt Augsburg am 1. Oktober 1900 ein eigenes „Städtisches Arbeitsamt" errichtete, daß aber daneben die Verbandsanstalt bestehen blieb und den Namen annahm: „Arbeitsnachweise-Bureau des wirtschaftlichen Verbandes der Arbeitervereinigungen von Augsburg und Umgebung". Hier liegt allerdings ein Fall vor, wo an ein und demselben Orte ein Vereins- und ein städtischer Arbeitsnachweis beide für sich in Anspruch nehmen, den öffentlichen unparteiischen Arbeitsnachweis darzustellen. Aber es ist der einzige Fall aus ganz Deutschland, und er ist vermutlich nicht von langer Dauer. — Für Preußen hat der Ministerialerlaß vom 8. März 1898 die kollegiale Verwaltung unter gleichmäßiger Beteiligung von Arbeitgebern und Arbeitnehmern betont und eine Prüfung der Frage angeordnet, inwieweit die namentlich in kleinen Städten vorhandenen kommunalen Nachweise mit rein „bureaukratischer" Verwaltung verbesserungsbedürftig sind.

Der Arbeitsnachweis als kommunale Einrichtung, mag er sich in den maßgebenden Punkten auch noch so frei von der kommunalen Verfassung stellen, kann nicht anders ins Leben treten als nach Maßgabe der gesetzlichen Bestimmungen, die für kommunale Einrichtungen überhaupt gelten. Den Ortsstatuten über Einrichtung von Arbeitsnachweisen sind bei der Nachprüfung von Einzelheiten hie und da Schwierigkeiten bezüglich der Bestätigung seitens der Regierungsbehörden erwachsen. Dies legte die Frage nahe, auf Grund welcher gesetzlichen Bestimmung die Einrichtung des Arbeitsnachweises überhaupt einer Bestätigung bedürfe. In der Tat ist im Jahre 1896 dem Kreuznacher Statut betreffend den städtischen Arbeitsnachweis die Genehmigung mit dem Bemerken versagt worden, daß dieselbe gesetzlich nicht erforderlich sei. Da für die Weiterentwicklung des Arbeitsnachweises als öffentlicher Verwaltungseinrichtung die Gemeinde-Autonomie eine gar nicht geringe Bedeutung hat, so hat auch diese Frage eine gewisse Wichtigkeit. Wir besprechen sie nach der Städteordnung für die östlichen Provinzen Preußens vom 30. Mai 1853. Daß Ortsstatute der Bestätigung bedürfen, ist allerdings zweifellos (§ 11 der östl. Städteordn.). Aber es gibt in der Städteordnung keinen Paragraphen, aus welchem gefolgert werden könnte, daß ein Arbeitsnachweis nur durch Ortsstatut eingerichtet werden könnte. Insofern also ist zweifellos, daß die Einrichtung eines Arbeitsnachweises innerhalb der Gemeinde-Autonomie liegt. Anders aber liegt die Frage in betreff der Kommission, welcher der Arbeitsnachweis unterstellt werden soll. Die Städteordnung hat bestimmte bindende Vorschriften für die Zusammensetzung der Verwaltungsdeputation, wobei z. B. die Stadtverordneten und Bürgerdeputierten, welche Mitglieder der Verwaltungsdeputation sein sollen, stets von der Stadtverordneten-Versammlung zu wählen sind. Abweichungen hiervon sind nur durch „statutarische Anordnungen" gestattet (§ 59), und also genehmigungspflichtig. Demnach unterliegt zwar nicht der Arbeitsnachweis als solcher einer Genehmigung, wohl aber die Einsetzung der Kommission, wenn das aktive Wahlrecht für einzelne Mitglieder den Gewerbegerichts-Beisitzern verliehen wird [1]). — Daß aber Arbeiter-Mitglieder der Kommission durch die Arbeiter-Beisitzer des Gewerbegerichts gewählt werden, stellt sich immer mehr als eine unerläßliche Vorbedingung für die Volkstümlichkeit der Arbeitsnachweise in der Arbeiterbevölkerung heraus. Man vergegenwärtige sich die oben

---

[1]) In Kreuznach ist allerdings auch eine solche veränderte Zusammensetzung der Kommission vorgeschrieben. Die 6 Mitglieder der Kommission sollen nach § 4 „zu je einem Drittel aus der Stadtverordneten-Versammlung, aus den Beisitzern des Gewerbegerichts und dem Vorstand der Ortskrankenkasse durch diese Körperschaften" gewählt werden. Wenn gleichwohl ein solches Statut nicht für genehmigungspflichtig erklärt wurde, so kann dies nur so aufgefaßt werden, daß die Kommission nicht für eine Verwaltungsdeputation im Sinne der Städteordnung gehalten wurde. Dem Vernehmen nach ist man in Kreuznach selbst jetzt der Ansicht, daß die Kommission für den Arbeitsnachweis auf einer freien Vereinigung zwischen Stadtgemeinde, Gewerbegericht und Ortskrankenkasse beruhe mit der (unwesentlichen) finanziellen Vereinbarung, daß die Kosten ausschließlich von dem einen Teil, der Stadtgemeinde, getragen werden. — Eine Verschiedenheit der gesetzlichen Bestimmungen gegen Alt-Preußen liegt nicht vor. Die in Kreuznach geltende rheinische Städteordnung ist vielmehr in ihren §§ 10 und 54 den §§ 11 und 59 der östlichen Städteordnung nachgebildet.

erzählte Verfassungsgeschichte der Arbeitsnachweise in der neuesten Zeit, man vergegenwärtige sich ferner die Fremdheit, mit welcher die gesamte, zum Teil sogar vom Gemeinde-Wahlrecht ausgeschlossene Arbeiterbevölkerung dem kommunalen Leben gegenübersteht, man mache sich klar, daß in der Tat das Gewerbegericht heute die einzige Institution ist, welche hier auf voller aktiver Anteilnahme der Arbeiterbevölkerung beruht, und man wird es auch erklärlich finden, daß diese auf das aktive Wahlrecht in Bezug auf die Kommissionsmitglieder das größte Gewicht legt. — Neuerdings ist bei dem in Einrichtung begriffenen Arbeitsnachweis in Charlottenburg ein Weg eingeschlagen worden, um diesem Verlangen durch bloßen Gemeindebeschluß, ohne förmliches Ortsstatut, entgegenzukommen. Man ließ das aktive Wahlrecht bei der Stadtverordneten-Versammlung, schrieb aber vor, daß diese die Arbeiter-Mitglieder aus einer von den Arbeiter-Beisitzern des Gewerbegerichts aufgestellten Liste wähle. Dieser Ausweg bietet insofern eine Schwierigkeit, als die Frage offen bleibt, was denn nun geschehen solle, wenn einmal eine Stadtverordneten-Versammlung trotzdem andere Arbeiter als die präsentierten wählt, und wenn sie sich hierbei auf § 59 der Städteordnung beruft. Indes ist dieser Frage wahrscheinlich keine große praktische Bedeutung beizumessen. Nach einer anderen Seite hin hat jedoch die Befreiung vom Ortsstatut und die bloße Unterstellung unter die Städteordnung in Charlottenburg Wirkungen gezeitigt, die zwar zunächst rein örtlicher Natur waren, in ihrem Endergebnis aber ein allgemeineres Interesse haben.

Den Vorsitz mußte ein Magistratsmitglied führen. Da die Bezeichnung dieses Mitgliedes nach der Städteordnung ausschließlich dem Bürgermeister zusteht, und da außerdem der Gewerbegerichts-Vorsitzende nicht notwendigerweise dem Magistrat anzugehören braucht, so war es nur in sehr gewundener Ausdrucksweise möglich, anzudeuten, daß bei der Wahl des Vorsitzenden für diese Deputation ähnliche Rücksichten zu nehmen seien, wie das Gesetz sie für den Gewerbegerichts-Vorsitzenden vorschreibt. Dem Stellvertreter des Vorsitzenden konnte kein Stimmrecht verliehen werden, wenn man den Grundsatz, die Deputation durch die Erwählten beider Teile unter einem unparteiischen Vorsitzenden zusammenzusetzen, aufrecht erhalten wollte; man konnte ihm, wenn der Vorsitzende nicht verhindert war, höchstens das Recht der Anwesenheit mit beratender Stimme zugestehen. Dieses System ist zwar in anderen märkischen

Orten, so in Schöneberg und (teilweise) in Wittenberge nachgeahmt worden. In Charlottenburg selbst aber ist es einer Änderung unterzogen worden. Die Stellung eines zweiten Magistratsmitgliedes ohne Stimmrecht erwies sich als unhaltbar, da ein solches Mitglied von seinem Rechte der Teilnahme Gebrauch zu machen Anstand nahm. Infolgedessen gab es bei Verhinderung des Vorsitzenden im Magistrat kein Mitglied, das über den Arbeitsnachweis unterrichtet war. Bei Gelegenheit einer Erhöhung der Mitgliederzahl von je 3 auf je 4 Vertreter beider Teile verlangte der Magistrat für sich statt des bloßen Vorsitzenden wenigstens drei Mitglieder in der Deputation. Da nun aus Gründen der Fraktions-Zusammensetzung die Stadtverordneten-Versammlung statt 4 Mitglieder 5 zu haben wünschte, so trug sie, um dies durchzusetzen, selbst dem Magistrat die Vermehrung seiner Mitgliederzahl auf 5 an. Es dürfte nicht ohne Interesse sein, daß dies auf einen Antrag seitens der sozialdemokratischen Fraktion geschah.

So ist in Charlottenburg die Deputation für den Arbeitsnachweis in demselben Zahlenverhältnis wie jede andere aus 5 Magistratsmitgliedern und 10 von der Stadtverordneten-Versammlung gewählten Mitgliedern zusammengesetzt. Sie unterscheidet sich nur dadurch, daß 5 dieser Mitglieder aus einer Liste gewählt werden, die die Arbeiter-Beisitzer des Gewerbegerichts aufstellen, und daß die 5 anderen Arbeitgeber sein müssen. Es ist nicht ausgeschlossen daß in Deutschland bei größerem Umfange der Arbeitsnachweis-Geschäfte das Verlangen nach stärkerer Vertretung des Magistrats im Interesse eines Zusammenhanges mit der Gesamtverwaltung zunimmt. Der Gedanke einer bloßen Selbstverwaltung beider Teile unter einem unparteiischen Vorsitzenden rückt dann in den Hintergrund. Ob diese Symbolik entbehrlich ist, ob sich in der Tat der Arbeitsnachweis mit jener einzigen Abweichung einfach den Bestimmungen der Städteordnung unterwerfen ließe, ist nach den bisherigen Erfahrungen noch nicht zu beurteilen. Denn die Stimmung, in der ein städtischer Arbeitsnachweis verwaltet wird, hängt keineswegs bloß von den Einrichtungen des eigenen Ortes ab. Hier wirken die Strömungen mit, die das ganze Land durchziehen, und in dieser Beziehung ist gar nicht zu verkennen, daß jenes Programm für die paritätische Zusammensetzung der Deputation in Deutschland gewirkt hat und noch beständig weiter wirkt[1]).

---

[1]) Zur Frage der Deputations-Zusammensetzung vgl. auch unten Abschnitt 11.

Überblickt man alle die verschiedenen Formen, die dem öffentlichen Arbeitsnachweis in Deutschland im Laufe der letzten 1½ Jahrzehnte gegeben worden sind, so ist der Grundzug der Entwicklung unverkennbar: Verwaltung durch erwählte Vertreter beider Teile und Sicherung einer unparteiischen Leitung durch Anlehnung an die Gemeinde. Um diese Mittellinie gruppieren sich nach der einen Seite kommunale Anstalten, die jener Entwickelung zuliebe ihre Deputation gänzlich abweichend von der bestehenden Gemeindeverfassung gestalten, und auch solche, die das Grundschema der Städteordnung annehmen und nur eine gewisse Modifikation eintreten lassen; auf der anderen Seite stehen Vereins-Arbeitsnachweise, die durch eine städtische Beihilfe und den damit verbundenen Einfluß der städtischen Verwaltung oder durch ein statutenmäßig den Gewerbegerichts-Beisitzern verliehenes Wahlrecht ihrem Arbeitsnachweise eine ähnliche Verfassung geben. Nun kann man in dem früher so heftig geführten Streite, ob in Sachen des Arbeitsnachweises einer kommunalen oder einer bloßen Vereinsanstalt der Vorzug zu geben sei, zwar eine bestimmte Stellung einnehmen (und ich für meine Person gebe der Kommunalisierung den entschiedenen Vorzug). Aber man kann angesichts einer Entwicklung, in der beide Gattungen nebeneinander mit gleichen Erfolgen arbeiten, nicht mehr behaupten, daß sie die Grund- und Kernfrage der gesamten Organisation des Arbeitsnachweises sei.

Wenn schon in dieser Frage der Prinzipienstreit in den Hintergrund gerückt ist, so kann es nicht wundernehmen, daß dies in Einzelfragen erst recht der Fall gewesen ist. Als einen Beweis, wie die Ausgestaltung der praktischen Tätigkeit in dieser Beziehung gewirkt hat, wähle ich zwei Beispiele aus: die Gebührenfrage und die Streik-Klausel.

In Betreff der Gebührenfrage überwog bei der Einrichtung allgemeiner Arbeitsnachweise in den 80er Jahren die Meinung, daß die Loslösung des Arbeitsnachweises von der Armenpflege auch äußerlich in der Erhebung einer Gebühr zum Ausdruck kommen müsse; teils weil man fürchtete, mit einem gebührenfreien Arbeitsnachweis die Vorstellung eines allgemeinen Rechtes auf Arbeit zu befördern, teils weil man auch meinte, dem Ehrgefühl des Arbeiters entgegenzukommen, wenn man ihm nicht zumutete, eine Leistung, die sonst bezahlt wurde, hier unentgeltlich anzunehmen; teils endlich, weil man glaubte, daß unentgeltliche Einrichtungen bei dem beteiligten Publikum nicht genügend hoch bewertet würden. Zwar ist von vornherein der Grundsatz der Gebührenerhebung nicht allgemein durchgeführt worden. Aber die erste Anstalt in Deutschland, die mit der Gebührenerhebung grundsätzlich brach und den Arbeitsnachweis in allen seinen Teilen unentgeltlich zur Verfügung stellte, war Mannheim. Hier erzielte die Gebührenfreiheit gleich bei ihrer Einführung im Jahre 1893 einen so durchschlagenden Erfolg, daß seit damals die Gebührenfreiheit als das hauptsächlichste Kampfesmittel im Wettbewerbe mit der gewerblichen Stellenvermittlung verkündigt wurde. Zunächst in Baden, dann auch in Württemberg und Bayern machte die Gebührenfreiheit im Laufe der nächsten Jahre beständige Fortschritte. Da aber die ältere Anschauung daneben fortbestand, so setzte der Verband deutscher Arbeitsnachweise zweimal hintereinander in den Jahren 1898 und 1900 die Frage auf seine Tagesordnung. Hierbei stellte sich nun zunächst in einer Umfrage heraus, daß von 98 befragten Anstalten bereits 78 vollkommen gebührenfrei waren. Aber auch unter den 20 Anstalten, die Gebühren erhoben, hatten nur 9 dieses Prinzip noch allgemein, die übrigen 11 nur in der Dienstboten-Abteilung. Teilweise wurde die Gebühr nur von den Arbeitgebern (Herrschaften) erhoben. Die badische Regierung knüpfte die Gewährung einer staatlichen Beihilfe an die Voraussetzung der Gebührenfreiheit und ließ sich nur für die Dienstbotenvermittlung zu einer Ausnahme herbei. Der Arbeitsnachweis Freiburg, der in Süddeutschland am längsten das Prinzip der Leistung gegen Gebühr verfochten hatte, hat sich dennoch dem gegenteiligen Prinzip ständig genähert. Er hat seine Tätigkeit im Jahre 1892 mit einer allgemeinen Gebühr für Arbeitgeber wie für Arbeiter begonnen. Nach kurzer Zeit wurden die Gebühren für Arbeiter aufgehoben, sodann die Gebühr für gewerbliche und landwirtschaftliche Arbeitgeber ermäßigt, nach wiederum einem kurzen Zwischenraum ebenfalls aufgehoben. Es blieb sonach nur noch die Dienstboten-Abteilung übrig, und auch in dieser nur eine Gebühr der Herrschaften. Dies widersprach den Anforderungen, die die badische Regierung stellte, nicht. Da aber die Regierung den Wunsch nach Aufhebung auch dieser

Gebühr aussprach, so wurde dem mit dem 1. April 1900 gleichwohl stattgegeben. Um die Kosten für eine Mädchenherberge aufzubringen, zahlt jedoch noch jede Herrschaft eine Herbergsgebühr von dreißig Pfennigen. Verteidigt wurde in jenen Verhandlungen die Gebühr hauptsächlich von Berlin. Aber auch hier nicht mehr mit den alten Gründen, sondern hauptsächlich mit der Bedeutung, die ein kleines Einschreibegeld (es beträgt in Berlin zwanzig Pfennige) als „Kontrollgebühr" habe; da der darüber ausgefertigte Schein drei Monate lang giltig sei, so lege der Arbeiter Gewicht darauf, jede vorgeschriebene Meldung zu machen, um den Schein in Giltigkeit zu halten; hierauf beruhe die außerordentlich weitgehende Zuverlässigkeit der Berliner Statistik. Der Charakter als Kontrollgebühr kommt in Berlin namentlich auch dadurch zum Ausdruck, daß grundsätzlich die Einnahmen aus dieser Gebühr zum Nutzen der Arbeiter verwendet werden. Der Berliner Brauer-Arbeitsnachweis, der diese Gebühr ebenfalls angenommen hat, verwendet die Einnahmen zur Unterstützung von Arbeitslosen (der Anfang einer Arbeitslosen-Versicherung, s. unten Abschnitt 11). Bei der Angliederung einzelner gewerblicher Arbeitsnachweise an den des Zentralvereins sind überall Arbeitervertreter gehört worden und haben sich nach langen Verhandlungen mit dieser Gebühr einverstanden erklärt. Arbeitslosen wird die Gebühr bereitwillig gestundet und nötigenfalls erlassen.

Diese Entwicklung liefert zunächst den Beweis, daß von den Befürchtungen, die man ehemals an die Gebührenfreiheit knüpfte, auch nicht eine sich bewahrheitet hat. Auf der andern Seite aber liegt auch kein Grund vor, die Forderung der Gebührenfreiheit als ein ausnahmsloses Prinzip hinzustellen, so daß man etwa den Arbeitsnachweisen, die Gebühren erheben, den Charakter der Gemeinnützigkeit bestreiten wollte. Es läßt sich vielmehr aus der Entwicklung der letzten Zeit das Ergebnis mit ziemlicher Sicherheit wie folgt abnehmen.

Als Grundsatz soll bei öffentlichen Arbeitsnachweisen die Unentgeltlichkeit bestehen. Es ist durch die Erfahrung bewiesen, daß die Unentgeltlichkeit ein mächtiges Werbemittel für den allgemeinen öffentlichen Arbeitsnachweis ist. Die Unentgeltlichkeit muß für beide Teile bestehen; denn in einem Vermittlungsgeschäft hat jeder Teil sein Interesse daran, daß der andere in möglichst weitem Umfange herangezogen wird. Der Grundsatz der Unentgeltlichkeit verbietet sowohl Vermittlungs- wie Einschreibegebühr. In betreff der letzteren aber kommt jetzt noch hinzu, daß für die gewerbliche Stellenvermittlung das B.G.B. den ausdrücklichen Grundsatz aufgestellt hat, daß eine Gebühr nur bei wirklichem Zustandekommen des vermittelnden Vertrages zu leisten ist, und dadurch die Anschauung, daß eine bloße Einschreibegebühr im allgemeinen nicht der Billigkeit entspreche, gewissermaßen legalisiert hat.

Als Ausnahme können indessen Gebühren zugelassen werden, ohne daß darum der gemeinnützige Charakter der Anstalt verloren ginge. Als solche Ausnahmen stellen sie hauptsächlich drei dar: 1. Beibehaltung, wo die Gebühr besteht und nicht auf Schwierigkeiten stößt, namentlich als Kontrollgebühr oder als Abgabe für bestimmte Zwecke, 2. in der Dienstboten-Vermittlung, falls dies örtlichen Gewohnheiten entspricht, 3. bei Neueinrichtungen, wenn dieselben dadurch erleichtert werden (wobei jedoch zu betonen ist, daß bisher in den weitaus meisten Fällen eine Neueinrichtung gerade durch Gebührenfreiheit am meisten gefördert worden ist).

Der früher soviel angefeindete Grundsatz der Gebührenfreiheit ist im sichern Vordringen begriffen und hat nicht mehr nötig, auf ausnahmslose Anwendung zu achten. —

Das zweite hier zu behandelnde Beispiel betrifft einen Meinungsstreit, der zeitweise die ganze Einrichtung des unparteiischen Arbeitsnachweises zu sprengen drohte: die Frage, wie der Arbeitsnachweis im Falle von Streiks oder Aussperrungen sich verhalten solle. Wo in den 80er Jahren die Frage Unternehmern und Arbeitern vorgelegt wurde, haben sich die Unternehmer in der Regel dahin ausgesprochen, daß der Arbeitsnachweis, wenn er unparteiisch sein wolle, von dem Vorhandensein der Streitigkeit überhaupt keine Kenntnis nehmen dürfe. Die Arbeitervertretungen erklärten ebenso regelmäßig, dies sei unter dem Scheine der Unparteilichkeit tatsächlich eine Parteinahme gegen die Arbeiter (Lieferung von Waffen an eine der kriegführenden Mächte); wolle der Arbeitsnachweis wirklich unparteiisch sein, so müsse bestimmt werden, daß er im Falle einer Streitigkeit seine Tätigkeit einstelle (Streik-Klausel). Der Einwand von Arbeiterseite ist zweifellos richtig; aber der von dieser Seite gemachte Vorschlag unterliegt demselben Einwand: auch wenn der Arbeitsnachweis bei Streiks und Aussperrungen seine Tätigkeit einstellt, so ist dies unter dem Anscheine der Unparteilichkeit tatsächlich eine Parteinahme gegen den Unternehmer, dem die Zufuhr von dieser Seite abgeschnitten wird. Als daher in den Jahren 1893/94 in Berlin einmal die Errichtung eines städtischen Arbeitsnachweises geplant wurde, haben die dortigen Arbeitervertreter den Vorschlag in jener Schärfe nicht mehr wiederholt, sondern nur verlangt, der Arbeitsnachweis solle sich immer gegen den Teil erklären, der sich weigere, das Gewerbegericht als Einigungsamt anzurufen. In diesem Vorschlage liegt ohne Zweifel ein richtiger Kern. Nur haben die bisherigen Versuche, ihn zu formulieren in der Praxis immer noch empfindliche Schwierigkeiten zur Folge gehabt. So wurde z. B. in Straßburg i. E., wo das Statut im Falle von Streiks eine Beschlußfassung über die Fortsetzung der Tätigkeit verlangte, darüber geklagt, daß mancher an sich ganz unbedeutende Streik, der ohne behördliche Dazwischenkunft höchstwahrscheinlich sehr schnell seine Erledigung gefunden hätte, durch den Beschluß der Kommission eine Art kriegerischen Gepräges erhielt und es nun für beide Teile gewissermaßen zur Ehrensache machte, den Kampf regelrecht durchzuführen. So sah man sich in Straßburg sehr bald genötigt, das Statut abzuändern, die Fälle des Eingreifens zu vermindern und von Anträgen abhängig zu machen. Der Streit über die Klausel nahm einen um so schärferen Charakter an, da bei Einführung kommunaler Nachweise die Aufsichtsbehörden eine verschiedene Stellung dazu einnahmen. In Trier erhielt eine Streik-Klausel die Genehmigung des Bezirksausschusses. Um so größer war die Erbitterung, als in Frankfurt a. M. die Stadtverordneten sich zur Streik-Klausel herbeiließen und der Wiesbadener Bezirksausschuß ihr gleichwohl die Genehmigung verweigerte. Ein Teil der Schwierigkeiten, mit denen der Frankfurter Arbeitsnachweis zu kämpfen hatte, ging darauf zurück, daß ihm durch die Ausmerzung der Klausel in den Augen der dortigen organisierten Arbeiterschaft gewissermaßen ein Stigma aufgedrückt war. — Unter dem Einfluß praktischer Erfahrungen haben sich nun freilich auch die Ansichten über den Wert und die Bedeutung einer Streik-Klausel geändert. In Arbeitsnachweisen, die keine Streik-Klausel besaßen, erlosch die Tätigkeit von selbst, wenn die Arbeiterschaft umfassend und kräftig genug organisiert war. In Städten, wo die Klausel galt, hat wiederholt im Wege des Inserats ein vom

Streik betroffener Unternehmer mit Leichtigkeit Arbeitskräfte erhalten, wenn die Arbeiter nicht genügend organisiert waren. In Frankfurt selbst, wo die Klausel behördlich gestrichen war, hat sich ein Fall ereignet, wo gleichwohl die Anstalt sich genötigt sah, ihre Tätigkeit für im Streik befindliche Betriebe einzustellen. Im Frühjahr 1896 brach in Isenburg in der Nähe von Frankfurt a. M. ein Tischlerstreik aus. Das Gewerbegericht des Landkreises Offenbach sprach sich als Einigungsamt dahin aus, daß das Recht auf seiten der Arbeiter sei, und empfahl den Meistern, nachzugeben. Die Meister aber beharrten auf ihrem Standpunkte. Das Gewerbegericht ersuchte nun den Frankfurter Arbeitsnachweis, nach Isenburg keine Tischlergesellen zu vermitteln. Die Kommission war einstimmig der Ansicht, daß diesem Ersuchen stattzugeben sei. Wie sollte man sich auch einen Zustand denken, in dem eine Behörde als zuständiges Einigungsamt fungiert, der widerstrebende Teil sich aber einfach darauf beruft, er könne dem Einigungsamt trotzen, weil ihm eine andere benachbarte Behörde beistehen werde? Daß diese Nachbarbehörde, so lange die Materie nicht gesetzlich geregelt ist, zu solchen Diensten zum mindesten nicht verpflichtet sein kann, leuchtet ein. Also auch ohne Streik-Klausel wird ein vernünftig geleiteter Arbeitsnachweis in gewissen Fällen seine Tätigkeit einstellen müssen. In jedem Falle erfordert aber die sachgemäße Tätigkeit des Vermittlers, den Suchenden über das, was ihm geboten wird, in jeder Beziehung aufzuklären. So wenig, wie ein reeller Vermittler im Warenhandel Mängel der Ware absichtlich verschweigen wird (seien es auch solche, welche nur der Kunde subjektiv, aber bekanntermaßen für Mängel hält), ebensowenig darf die öffentliche Arbeitsvermittlung solche Eigenschaften einer in Vorschlag gebrachten Stelle verschweigen, von der sie weiß, daß sie unter Umständen den Arbeiter zum Ausschlagen der Stelle veranlassen würde. Daß zu solchen Eigenschaften das Vorhandensein eines Streiks in dem betreffenden Betriebe gehört, kann einem Zweifel nicht unterliegen. Seit dem erzählten Vorfall hat die Frankfurter Kommission den Geschäftsführer des Arbeitsnachweises mit entsprechender allgemeiner Anweisung versehen. — Infolge dieser und anderer praktischer Erfahrungen zeigte sich in der Besprechung des Gegenstandes auf der Arbeitsnachweis-Konferenz in Karlsruhe (1897) ein vollständiger Umschlag der Meinungen. Alle Redner waren einig darin, daß die Streik-Klausel eine wesentliche praktische Bedeutung überhaupt nicht habe, daß mit der Klausel der Unternehmer durch Inserat, Privatvermittler ꝛc. die Herrschaft behaupte, wenn die Organisation schwach sei, und daß auch ohne Klausel der Arbeitsnachweis regelmäßig mattgesetzt werde, wenn die Arbeiter-Organisationen genügend stark seien. Besonders bemerkenswert war, daß die Stuttgarter Vereinigten Gewerkschaften einen Vertreter entsendet hatten, der sich direkt in diesem Sinne aussprach; desto bemerkenswerter, weil das Stuttgarter Arbeitsamt in der Tat keine Streik-Klausel besitzt.

9. Die Leistungen des öffentlichen Arbeitsnachweises in Deutschland.

Als die ersten öffentlichen Arbeitsnachweise in Deutschland gegründet wurden, war das Zutrauen zu ihrer Leistungsfähigkeit nur sehr gering. Heute ist zwar die Annahme, daß eine öffentliche Verwaltung für das Vermittlungsgeschäft nicht geeignet sei, durch die Erfahrung widerlegt. Allein gänzlich beseitigt ist darum diese Meinung nicht. Sie wird von Zeit zu Zeit noch immer in den Kreisen geäußert, die den Arbeitsnachweis ausschließlich als Eigentum der Arbeitgeber in Anspruch nehmen. Die hierauf gerichtete Bewegung hat in Deutschland zwei Zentren: ein gewerbliches und ein örtliches. Jenes ist die Metallindustrie, dieses die Doppelstadt Hamburg-Altona. In der Metallindustrie gibt es an verschiedenen Orten Arbeitsnachweise, die sich ausschließlich in den Händen von Unternehmern befinden, und in Hamburg-Altona gibt es einen Arbeitgeber-Verband der verschiedensten Gewerbszweige, der dieses Ziel anstrebt und teilweise erreicht habt. Die Verwaltungen derartiger Unternehmer-Nachweise haben im Jahre 1898 in Leipzig, und im Jahre 1900 in Dresden Konferenzen gehalten. Aus Anlaß des Antrages Roesicke-Pachnicke, der ein Reichsgesetz zur Beförderung paritätischer Arbeitsnachweise vorschlug, hat im Jahre 1901 die Handelskammer Hamburg eine Gegenpetition an den Reichstag gerichtet. Diese Kundgebung ist zahlreichen Unternehmerverbänden zugestellt worden, und sie bildet gegenwärtig die Schöpfgrube, aus der Argumente gegen den öffentlichen Arbeitsnachweis hervorgeholt werden. Insbesondere hat die Handelskammer Dresden in einem Gutachten an den Rat dieselben Argumente wiedergegeben. Man kann nicht sagen, daß diese Argumente vollkommen falsch seien. Aber sie haben einen Zustand des Arbeitsnachweises im Auge, wie er vor etwa zehn Jahren bestanden hat. Die neuere Entwicklung ist an ihnen spurlos vorübergegangen.

Diese Kritik geht auf zweierlei Weise vor. Entweder wird überhaupt bestritten, daß die Parität im Arbeitsnachweis irgendwelche praktischen Erfolge aufzuweisen habe, und behauptet, daß diese Arbeitsnachweise bloß auf dem Papier stehen, ohne eine wirkliche Tätigkeit zu entfalten. Oder es wird zugegeben, daß diese Arbeitsnachweise sich zwar hier und da als brauchbar erwiesen haben, aber lediglich für die Vermittlung ungelernter Arbeiter, während die gelernten Arbeitskräfte, bei denen es auf die individuelle Beurteilung ankomme, von solchen Anstalten nicht vermittelt werden könnten. Beide Einwände können nicht anders als an der Hand der Erfahrung beurteilt werden.

Für die Erfolge der paritätischen Arbeitsnachweise im allgemeinen gibt einen ziemlich guten Anhalt die preußische Statistik, die alljährlich über die kommunalen oder die kommunal-unterstützten Arbeitsnachweise aufgenommen wird. Die neueste Statistik vom 1. Januar 1902 weist 222 Arbeitsnachweise im Königreich Preußen auf. Aus den beigefügten Zahlen geht ohne weiteres hervor, daß die große Mehrzahl dieser Arbeitsnachweise in der Tat ein papierenes Dasein führen. In Neustadt in Westpr. haben sich im Jahre 1897 11 Arbeitgeber und 1 Arbeiter gemeldet. Für diesen einen hat der dortige städtische Arbeitsnachweis in der Tat eine Stelle vermittelt. Auf diesen Lorbern ruht er seit damals aus. In der ganzen Zwischenzeit ist es nicht wieder vorgekommen, daß er von einem Arbeitgeber oder von einem Arbeiter belästigt worden wäre. Die meisten märkischen und pommerschen Arbeitsnachweise füllen die Rubriken der Statistik mit Strichen aus. Jahreserfolge von 2, 3, 4 oder 5 vermittelten Stellen kommen in allen Landesteilen vor. Allein, sieht man genauer zu, welche Arbeitsnachweise sich davon abheben und Erfolge aufzuweisen haben, so sind dies gerade die paritätischen. So haben Stellen vermittelt:

	1897	1898	1899	1900	1901
Königsberg i. Pr.	—	—	—	3 496	3 763
Berlin	22 692	24 141	30 363	38 393	26 600
Charlottenburg	—	750	3 101	2 953	2 889
Potsdam	—	—	—	1 782	2 625
Rixdorf	1 127	1 193	1 563	1 813	1 852
Schöneberg	—	—	199	825	1 442
Frankfurt a. O.	3 193	3 421	3 219	3 227	3 142
Stettin	—	—	—	214	1 891
Breslau	5 906	7 334	8 666	8 425	6 761
Magdeburg	—	—	3 278[1])	5 823	6 343
Erfurt	12 573	9 463	10 312	10 635	8 010
Dortmund	1 290	702	4 585	5 778	2 792
Kassel	—	—	1 956[2])	3 306	3 887
Frankfurt a. M.[3])	9 699	12 455	15 297	18 655	20 881
Kreuznach	471	682	773	555	325
Köln	13 409	16 352	20 360	22 388	20 210
Elberfeld	1 078	753	717	935	1 884
Aachen	3 477	4 440	5 392	5 163	3 887

Das sind beachtenswerte Erfolge, und die Reihe ließe sich leicht noch vermehren. Dem gegenüber will es nichts heißen, wenn an einigen Orten die Nachweise als kollegial verwaltet bezeichnet werden und doch keine Erfolge vorkommen. Woran dies an Orten wie Itzehoe, Beckum, Gräfrath, Höhscheid u. ä. liegt, wird sich schwer ergründen lassen. Wichtiger mag es sein, daß auch Duisburg im letzten Jahre nur 65, Trier nur 283 Stellen vermittelt hat. Allein über die Frage, ob der paritätische Arbeitsnachweis Erfolge aufzuweisen hat, entscheiden die Orte, an denen die Erfolge erzielt worden sind. Dabei ist Norddeutschland nicht das Ursprungsland des paritätischen Arbeitsnachweises. Im Süden ist dieser älter und hat weit größere Erfolge aufzuweisen. So stellt Stuttgart an Vermittlungsziffern zusammen:

1895 (3/4)	1896	1897	1898	1899	1900	1901
7 512	13 112	14 966	16 911	17 900	17 423	16 366

Aus Baden liegen vom Jahre 1901 folgende Vermittlungsziffern vor:

[1]) Vom 1. April bis Ende Dezember.
[2]) Vom 1. Mai bis Ende Dezember.
[3]) Vom 1. April des einen bis Ende März des nächsten Jahres.

Mannheim	13637	Lörrach	1471
Karlsruhe	11834	Offenburg	1060
Freiburg	8930	Lahr	1042
Konstanz	5732	Waldshut	770
Heidelberg	5454	Müllheim	747
Pforzheim	4076	Schopfheim	323

Diese Ziffern zeigen, daß hier, namentlich auch an kleineren Orten, ein gar nicht unerheblicher Umsatz erzielt worden ist.

Den großartigsten Beweis aber für die Lebensfähigkeit des öffentlichen Arbeitsnachweises liefert München. Hier hat man sich nicht damit begnügt, die steigenden Ziffern der eigenen Geschäftstätigkeit zu verzeichnen, sondern ist auch bemüht gewesen, den Umfang der anderen Vermittlungsbureaus festzustellen. Das Verhältnis stellte sich im Jahre 1901 wie folgt:

Städtisches Arbeitsamt	55 305,
Arbeitgeber- und Arbeiter-Vereinigungen	5 567,
Charitative Vereine	10 534,
Gewerbsmäßige Stellenvermittler	17 936,
Summe	89 342.

Keine der anderen Kategorien kann sich in München mit dem Städtischen Arbeitsamt auch nur entfernt messen. Das Amt hat bereits 61,9 % der Stellenvermittlung in seinen Händen, d. h. das Städtische Arbeitsamt für sich allein vermittelt bereits mehr als alle anderen Arbeitsnachweise zusammengenommen. Die Behauptung, daß der paritätische Arbeitsnachweis mit den anderen Formen nicht wetteifern könne, wird bereits durch die obigen Ziffern widerlegt, und München liefert geradezu ein Beispiel, an dem das Gegenteil genau und zuverlässig dargetan wird. Selbstverständlich sind diese Erfolge nicht auf einmal errungen worden, und auch die Münchener Jahresreihe der Stellenbesetzungen

1895 (Nov. u. Dez.)	1896	1897	1898	1899	1900	1901
1965	25 586	28 855	32 336	40 295	44 498	45 173

gibt ein anschauliches Bild von einem ununterbrochenen Fortschreiten. Dabei sind in dieser Zahlenreihe die erst in den letzten Jahren angegliederten Fach-Arbeitsnachweise noch nicht enthalten. Mit deren Ergebnissen zusammen steigen die Vermittlungen des letzten Jahres auf die oben angegebene Ziffer: 55 305 Es ist heute unmöglich, sich ein sachgemäßes Urteil über den Arbeitsnachweis zu bilden, ohne gerade die Erfahrungen der letzten Jahre zu berücksichtigen.

Daß die öffentlichen Arbeitsnachweise nur ungelernte Arbeiter vermitteln, war ebenfalls vielleicht vor 10 Jahren noch richtig. Aber fast überall, wo ein paritätischer Nachweis Erfolge hatte, haben die Erfolge auf die gelernten Arbeiter und ihre Arbeitgeber eine gewisse Anziehungskraft ausgeübt. In den badischen und württembergischen Anstalten ist die Vermittlung der Gelernten so umfangreich, daß darüber in 40 (47) Rubriken berichtet wird. In Bayern ist diese Übersicht noch mehr in System gebracht, indem die Arbeitsnachweise sich den Kategorien der Berufszählung anschlossen. In München vergeht kein Jahr, in dem das Arbeitsamt nicht den Anschluß neuer Innungen zu melden hätte; so neuerdings: Kupferschmiede, Schneider, Schuhmacher, Kaminkehrer, Drechsler, Gärtner. Unter den 24358 Stellen, die im Jahre 1901 München in der männlichen Abteilung besetzte, waren nur noch 9103 = 37,4 % Ungelernte. Berlin hat ein eigenes System in der Angliederung von Fachnachweisen ausgebildet, von denen jetzt bereits solche für Maler, Schlosser, Klempner, Wäschereinigungs- und Plättgewerbe bestehen, während ein weiterer für Tapezierer in Eröffnung begriffen ist. — Als ein Hauptgrund, weswegen ein öffentlicher Arbeitsnachweis gelernte Arbeiter nicht erfolgreich vermitteln könne, wird die Vergebung nach der Nummernfolge bezeichnet. Wer diese Mythe aufgebracht hat, ist nicht festzustellen. Sie tauchte während des Hamburger Kupferschmiede-Streiks von 1901 in einem Schreiben des Verbandes der Eisenindustriellen an die Lohnkommission in folgender fertiger Gestalt auf: da in einem öffentlichen Arbeitsnachweis keinem Arbeiter Arbeit zugewiesen werde, bevor die ersten Nummern befriedigt seien, da aber unbrauchbare Arbeiter nicht zur Befriedigung gelangten, weil sie niemand annehme, so gelangten bei solchen Arbeitsnachweisen die unbrauchbaren Arbeiter in den Besitz der ersten Nummern, und es entstehe so eine Nötigung, sie zu nehmen, wenn man überhaupt Arbeiter zugewiesen haben wolle. Aus Anlaß dieser Behauptung hat der Arbeitsnachweis des Patriotischen Vereins in Hamburg Auskünfte von 93 dem Verbande deutscher Arbeitsnachweise angeschlossenen Anstalten gesammelt und festgestellt, daß es einen einzigen paritätischen Arbeitsnachweis gibt, der das System der Nummernfolge beobachtete. Dies ist der Nachweis der Berliner Ringbrauereien, in dem übrigens die Einrichtung den vollen Beifall der Arbeitgeber findet, während die Arbeiter die jetzt mit einer langen Wartefrist verbundene Kündigung direkt fürchten. Die anderen Anstalten berichteten übereinstimmend, daß sie eine Nachfrage durch Zuweisung eines geeigneten Arbeiters zu befriedigen suchen und nur, wenn mehrere gleich geeignete in Betracht kommen, den Zeitpunkt der Meldung entscheiden lassen.

Lediglich ein Spezialfall dieser Behauptung, daß ein öffentlicher Arbeitsnachweis nur Arbeiter vermitteln könne, die nach der Nummer vergeben werden, ist die unaufhörlich wiederkehrende Behauptung, daß die öffentlichen Arbeitsnachweise für die Vermittlung von Dienstboten, und daher weiblicher Arbeitskräfte überhaupt, ungeeignet seien. Hier sei die gewerbliche Stellenvermittlung vermöge ihrer größeren Fähigkeit, zu individualisieren, entschieden überlegen. Diese Behauptung, so oft und so sicher sie auch aufgestellt wird, widerspricht gleichwohl der Erfahrung. Im Gegenteil, die gewerbliche Stellenvermittlung bietet wenigstens in Mittel- und Großstädten unaufhörlich Anlaß zu Klagen darüber, daß die „Mietsfrau" nicht imstande sei, auch nur annähernd zu beurteilen, welches Mädchen für welchen Haushalt geeignet sei, daß übrigens auch in manchen Fällen, in denen die Fähigkeit dazu vorhanden ist, sie von der gewinnsüchtigen Absicht, möglichst schnell und möglichst oft die Vermittlungsgebühr zu verdienen, weitaus übertroffen wird. Auch ist der Kreis von Angebot und Nachfrage, der sich bei einer Mietsfrau und selbst in einem sogenannten Vermietungsbureau gewöhnlichen Umfanges trifft, viel zu gering, um in der Regel eine genauere Individualisierung zu gestatten. Hingegen haben bereits eine ganze Anzahl öffentlicher Arbeitsnachweise durch die Tat ihre Leistungsfähigkeit bewiesen. Es vermittelten im Jahre 1901 in der weiblichen Abteilung

1. München	20858	7. Stuttgart	3839
2. Köln	7538	8. Augsburg	3100
3. Frankfurt a. M.	5559	9. Nürnberg	3093
4. Wiesbaden	4855	10. Freiburg i. Br.	2899
5. Erfurt	4469	11. Mannheim	2496
6. Breslau	3960	12. Mainz	2138

Daß sich trotz dieser Ziffern noch immer die Vorstellung hält, ein öffentlicher Arbeitsnachweis sei in der Hauptsache nur für Männer da, erklärt sich zum Teil daraus, daß gerade in der Reichshauptstadt die weibliche Arbeitsvermittlung nur in sehr geringem Umfange in den Kreis der Vermittlungsaufgaben gezogen ist. Die Dienstboten-Vermittlung ist in Berlin einstweilen noch ausgeschlossen, und so hat es die dortige weibliche Abteilung im ganzen im letzten Jahre nur auf 2072 Vermittlungen gebracht. Die Mißstände, die mit der gewerblichen Stellenvermittlung, namentlich für Dienstmädchen und Kellnerinnen, verbunden sind, sind in Berlin keineswegs geringer als an anderen Orten. Ein allgemeiner Kampf gegen diese Mißstände wird schwerlich früher zu entfesseln sein, als bis man sich auch in Berlin entschließt, den Versuch mit dem öffentlichen Arbeitsnachweis für Vermittlung weiblicher Dienstboten zu wagen.

Anstalten, die die richtige Art der Vermittlung für weibliche Arbeitskräfte und insbesondere für Dienstboten dartun, sind in erster Linie München und Wiesbaden. Bei beiden nimmt in der weiblichen Abteilung die Dienstboten-Vermittlung einen hervorragenden Platz ein, dort mit 6923, hier mit 2072 im letzten Jahre vermittelten Dienstboten. Daß grundsätzlich die Vermittlung weiblicher Arbeitskräfte eine besondere Abteilung bildet und von einem weiblichen Beamten geleitet wird, ist von diesen beiden Anstalten, wie auch von Köln, Frankfurt a. M. und Erfurt aus, über ganz Deutschland verbreitet worden. Wurde die Beamtin unter dem Gesichtspunkt ausgesucht, daß sie die für die Stelle erforderlichen Fähigkeiten besitzt, und wurde dazu eine Persönlichkeit genommen, die höheren Bildungsgrad besitzt als der Durchschnitt der Mietsfrauen, so war schon damit eine gewisse Gewähr dafür gegeben, daß die Vermittlung sachgemäßer ausfallen würde. Eine geordnete Registerführung, die Platz läßt für die Eintragung besonderer Wünsche beider Teile, ist in der gewerblichen Stellenvermittlung, die sich in dieser Beziehung mit der bloßen Erfüllung der gesetzlichen Vorschriften begnügt, verhältnismäßig selten. München verdankte seine ersten umfassenden Erfolge zum Teil dem Umstande, daß die Beamtin im stande war, sich noch während der Unterhaltung mit der Herrschaft oder dem Dienstmädchen stenographische Aufzeichnungen zu machen, die dann ihrem Gedächtnis zu Hilfe kamen. Die Einrichtung besonderer Frauen-Nebenkommissionen, die Verbindung mit den am Orte bestehenden Frauenvereinen u. a. m. sind ebenfalls von den genannten beiden Orten ausgegangen. Hingegen fehlt es noch sehr an einer ausreichenden Verbindung mit den Dienstboten, was damit zusammenhängt, daß die Arbeiterorganisation, die sonst einem Arbeitsnachweise die Möglichkeit leichter Fühlungnahme gewährt, hier (von vereinzelten Anfängen in Berlin abgesehen) nahezu vollständig fehlt. Trotz dieser Schwierigkeit bleibt die Intensität der Vermittlung an Dienstboten nicht sehr erheblich hinter dem Durchschnitt der weiblichen Abteilung zurück. Es kamen Vermittlungen zustande

	in München	in Wiesbaden
auf 100 offene Stellen		
in der weiblichen Abteilung überhaupt	69,9	54,0
an Dienstboten	57,9	44,2
auf 100 Arbeitsuchende		
in der weiblichen Abteilung überhaupt	67,7	61,0
an Dienstboten	70,7	56,9

Mit Recht beklagen sich daher die öffentlichen Arbeitsnachweise, wenn ihnen infolge eines herrschenden Vorurteils nur geringe Meldungen von beiden Seiten zuströmen und ihnen dadurch weniger Gelegenheit gegeben wird, ihre Leistungsfähigkeit zu zeigen. Bei jedem Vermittlungsgeschäfte hängt die Aussicht auf Erfolg in erster Linie von dem Umfange der beiderseitigen Anerbietungen ab. Wer ein Interesse daran hat, eine Vermittlungsform als minderwertig hinzustellen, braucht nur dafür zu sorgen, daß ihr Betätigungsfeld klein bleibt, und die Zahl der möglichen Erfolge wird dann sicher noch kleiner sein. So befindet sich das Städtische Arbeisamt Stuttgart in einem unaufhörlichen Kampfe mit den Kunstgriffen der gewerblichen Arbeitsvermittler, die diese Abteilung nicht aufkommen lassen wollen. Und doch läßt sich gerade in Stuttgart die Unfähigkeit der gewerblichen Stellenvermittlung ziffermäßig dartun. Das Städtische Arbeitsamt Stuttgart ist das einzige, dem regelmäßig die polizeilichen Feststellungen über die Geschäftsergebnisse der Gesindevermieter mitgeteilt werden. Nach dem Jahresbericht des Arbeitsamtes kann man daher hier einmal eine Vergleichung über die beiderseitigen Erfolge der Vermittlungstätigkeit vornehmen. Im Jahre 1900 wurden bei den Gesindevermietern 15 091 offene Stellen und 13 702 Stellensuchende gemeldet. Vermittelt wurden 6444 Stellen, d. h. von den ausgebotenen wurden 42,7 % besetzt, von den Arbeitsuchenden 47,0 % befriedigt. Diese Zahlen zeigen nichts von der vielgerühmten Tüchtigkeit der gewerblichen Stellenvermittlung in Er-

Erzielung von Vermittlungs-Erfolgen. Hingegen entfallen am Städtischen Arbeitsamt Stuttgart auf 135730 offene Stellen und auf 139342 Arbeitsuchende 87824 Vermittlungen, d. h. 64,7 % der offenen Stellen und 63,2 % der Arbeitsuchenden. Im Städtischen Arbeitsamt ist der Erfolg der häufigere Fall, in der gewerblichen die Erfolglosigkeit. Die allgemeinen Erfolgsziffern hält das Amt auch in der Vermittlung von Dienstboten für erreichbar. Wenn es hier auf einen kleinen Kreis eingeengt wird, in dem es mehr oder weniger vom Zufall abhängt, ob sich für den Suchenden auf der einen Seite das Entsprechende auf der andern Seite findet oder nicht, und wenn es sich daher in dieser Abteilung mit dem unzureichenden Erfolge begnügen muß, daß beispielsweise von 4211 offenen Stellen nur 902, das heißt 21,4 %, besetzt werden konnten, so liegt hier ein geradezu schlagender Beweis dafür vor, daß sich die gewerbliche Vermittlungsform nicht deswegen hält, weil sie leistungsfähiger ist, sondern daß sie, herrschenden Vorurteilen zu Liebe, trotz ihrer Leistungsunfähigkeit noch gehalten wird und als Hindernis höherer Leistungen fortbesteht. Übrigens zeigt sich ungeachtet aller dieser Schwierigkeiten selbst in Stuttgart ein gewisser Erfolg der Standhaftigkeit auf seiten des Arbeitsamtes. Wie in vielen anderen Großstädten ist auch in Stuttgart die Zahl der stellesuchenden Dienstboten bei dem herrschenden Mangel in Rückgang begriffen. Es meldeten sich Dienstboten

	1897	1898	1899	1900
bei dem Arbeitsamt	1683	1605	1737	1411
bei den gewerblichen Vermittlern	18093	17825	16012	13702

Der Rückgang hat demnach die gewerblichen Vermittler ungleich stärker getroffen als das Arbeitsamt; er hat bei jenen 24,3 %, hier nur 16,2 % betragen.

Nach alledem kann kein Zweifel sein, daß wir es in dem öffentlichen Arbeitsnachweis in Deutschland mit der vordringenden Form des Arbeitsnachweises zu tun haben. Daher erklärt sich auch der Umschwung, der in den letzten Jahren in der Stellung der Arbeiter zum öffentlichen Arbeitsnachweis eingetreten ist.

Im Jahre 1896 erörterte der allgemeine deutsche Gewerkschafts-Kongreß in Berlin die Frage des Arbeitsnachweises und nahm den

Arbeitsnachweis als ausschließliche Angelegenheit der Gewerkschaften in Anspruch. Zwei Jahre später stand in Frankfurt a. M. die Frage wiederum auf der Tagesordnung des Kongresses. Diesmal wurde zwar der grundsätzliche Standpunkt von 1896 nicht geradezu aufgegeben, weitaus das Hauptgewicht aber auf eine Beteiligung an öffentlichen paritätischen Arbeitsnachweisen gelegt und diese nur von gewissen Bedingungen abhängig gemacht. Daß beide Male die Stellungnahme nicht von Zufälligkeiten abhing, geht daraus hervor, daß ungefähr gleichzeitig mit dem deutschen Gewerkschaftskongresse im Jahre 1896 der österreichische, im Jahre 1898 der schweizerische Arbeitertag sich damals wie diesmal in dem gleichen Sinne wie der deutsche Kongreß aussprachen. Tatsächlich sind die Gewerkschaften über den in Frankfurt gefaßten Beschluß noch weit hinausgegangen und haben öffentliche Arbeitsnachweise, wenn sie ihnen zu Beschwerden keinen Anlaß gaben, anstandslos unterstützt. Das „sozialdemokratische Reichtagshandbuch", das zwar keine parteioffizielle Arbeit ist, aber doch in den meisten Punkten die herrschenden Anschauungen dieser Partei richtig wiedergibt, leitet den Artikel Arbeitsnachweis mit folgenden Sätzen ein:

„Die gewerkschaftlichen Arbeiterorganisationen sind zunächst stets bestrebt gewesen, den Arbeitsnachweis nach Möglichkeit selber in die Hand zu nehmen. Ihn von Gemeindewegen oder sonstwie öffentlich zu organisieren, lehnte man meist grundsätzlich ab.

Diese Haltung hat sich allmählich wesentlich geändert, weil für große Arbeiterschichten der gewerkschaftliche Nachweis unwirksam blieb, vor allem jedoch, weil vielfach die Unternehmer die Arbeitsvermittlung zu einem Monopol für sich ausgestalteten, und weil man so vor der Frage stand: ob der leichter zu erreichende, häufig auch von andrer Seite erstrebte paritätische, bez. kommunale Nachweis nicht das zielführendste Mittel sei, den reinen Unternehmernachweis wieder zu beseitigen oder seine Gründung von vornherein zu verhüten".

Hier ist also die Auffassung, daß der Arbeitsnachweis grundsätzlich den Gewerkschaften gehöre, nur noch historisch berichtet, als *gegenwärtiger* Zielpunkt aber der paritätische kommunale Nachweis hingestellt. Nur in der Angabe des Grundes, der die Verschiebung bewirkt hat, geht diese Darstellung irre. Die drohende Gefahr des einseitigen Arbeitgeber-Nachweises ist dieser Grund nicht gewesen. So wenig Zuverlässiges wir auch über die wirklichen

Erfolge dieser Arbeitgeber-Nachweise in Deutschland wissen, soviel steht fest, daß ihre bisherigen Erfolge auch nicht den geringsten Grund zu der Befürchtung einer Verallgemeinerung dieser Form abgeben könnten. Der wahre Grund für den Umschwung, der in der Stellung der Arbeiter eingetreten ist, liegt überhaupt nicht in dem Gegensatze zwischen dem gewerkschaftlichen und irgend einem anderen Arbeitsnachweise, sondern in jenem viel bedeutungsvolleren Widerstreit zwischen den organisierten Formen des Arbeitsnachweises auf der einen Seite, und der organisationslosen Umschau auf der anderen. (S. 138). Da der Arbeiter an der Verdrängung der Umschau das größte Interesse hat, so gehören seine Sympathien der Form des Arbeitsnachweises, die die meiste Aussicht hat, das Ungeheuer zu bezwingen. Ist es doch in dem Kampfe gegen die Mißbräuche der unorganisierten Stellenvermittlung in einem Falle sogar vorgekommen, daß die Arbeiter im reinen Arbeitgeber-Nachweis einen Fortschritt erkannt haben! Dieser allerdings vereinzelte Fall ist im Seemannsgewerbe eingetreten, wo die Heuerbaase und Schlafbaase, die berüchtigten „Land-Haifische", einen derartigen Ruf genossen, daß selbst die ganz einseitigen Heuerbureaus, die die Hamburger Rheder errichteten, trotz aller mit Recht gegen die Einseitigkeit vorgebrachten Klagen, dennoch in dieser einen Beziehung als Erlösung hingenommen wurden. Um wieviel mehr muß es erklärlich sein, daß gegenüber kommunalen Arbeitsnachweisen, die unter gleichheitlicher Beteiligung von erwählten Vertretern der Arbeiter wie der Arbeitgeber verwaltet werden sollen, für den gewerkschaftlich geschulten Arbeiter alle anderen Fragen zurücktreten, wenn die eine bejaht wird, daß mit dieser Form endlich die Möglichkeit geboten wird, der lohndrückenden und verderblich wirkenden Umschau zu Leibe zu gehen.

10. Die Verbände der Arbeitsnachweise.

Wenn die Arbeitsnachweise einen Ausgleich zwischen Angebot und Nachfrage auf dem Arbeitsmarkte bewirken wollen, so können sie sich nicht auf den örtlichen Markt beschränken. Um auch dem Ausgleich von Ort zu Ort dienen, ja auch nur um ihn anbahnen zu können, müssen sie in irgend welchem Umfang in Beziehungen zueinander treten und, sei es feste, sei es lockere Verbände begründen.

Gegenwärtig gibt es in Deutschland 7 derartige territoriale Verbände: Württemberg, Baden, Bayern, Reg.-Bez. Düsseldorf, Rhein-Main-Verband, Reg.-Bez. Liegnitz, Mark Brandenburg. Sie sind sämtlich eine Schöpfung der letzten 3 Jahre. Zuerst ist die württembergische „Landeszentrale für Arbeitsvermittlung" in Kraft getreten: am 1. Januar 1896. Darauf folgte der „Verband der Anstalten für Arbeitsnachweis im Großherzogtum Baden", jetzt mit geschmackvollerem Namen „Verband badischer Arbeitsnachweise", am 4. Mai 1896. Ein Jahr darauf, im Mai 1897, übernahm der städtische Arbeitsnachweis in Kaiserslautern die Funktionen einer Zentrale für das linksrheinische Bayern (Pfalz), und am 1. Juni desselben Jahres trat das „Zentralbureau für die Arbeitsnachweis-Stellen im Reg.-Bez. Düsseldorf" in Tätigkeit. Am 27. Januar 1898 fand in Frankfurt a. M. die konstituierende Versammlung des „Verbandes der öffentlichen Arbeitsvermittlungs-Stellen der Rhein- und Maingegend" statt. Nachdem in Bayern durch Ministerialentschließung vom 1. Mai 1898 dem linksrheinischen Vorbild entsprechend, für jeden Landesteil eine Zentrale eingesetzt worden war, wurde in dem folgenden Jahre für das ganze Königreich ein „Verband Bayrischer Arbeitsnachweise" begründet, dem die meisten und insbesondere die wichtigsten Anstalten als Mitglieder beitraten. Im Jahre 1898 wurde die „Zentralanstalt für Arbeitsnachweis jeglicher Art" in Liegnitz begründet. Da diese aus landwirtschaftlichen Kreisen hervorgegangene Gründung von vornherein den Ausgleich zwischen Stadt und Land als eine Hauptaufgabe betrachtete, so war sie auf eine Ausdehnung über den gleichnamigen Regierungsbezirk angelegt; die Arbeitsnachweise in den einzelnen Städten sind Tochtergründungen von Liegnitz und bilden zusammen den „Verband zur Förderung des Arbeitsnachweises im Regierungsbezirk Liegnitz". Endlich traten am 18. Februar 1901 die kommunalen Arbeitsnachweise der Provinz Brandenburg mit dem Zentralverein Berlin zum „Verband Märkischer Arbeitsnachweise" zusammen.

Baden und Württemberg haben das zweifellose Verdienst, in der großen Verwaltungsaufgabe einer Zentralisierung des Arbeitsnachweises bahnbrechend vorangegangen zu sein. Der bayerischen Verwaltung scheint das Verdienst zuzukommen, die Aufgabe in größerem Umfange erfaßt und ihre Lösung auf festere Grundlagen gestellt zu haben. Schon nach dem Umfang des Gebietes bedeutet die bayerische Zentralisierung einen erheblichen Fortschritt. Baden, das zuerst in Deutschland den Gedanken faßte, die Arbeitsnachweise in irgendwelche Verbindung miteinander zu bringen, umfaßt etwa 900000 Einwohner; Württemberg, das sodann mit der organisierten Landeszentrale in Stuttgart folgte, etwas mehr als 1 Million, Bayern hingegen 3 Millionen. Noch deutlicher tritt dies in einer Vergleichung des räumlichen Umfanges hervor, über den die Organisation auszudehnen war: Baden mit 273 Quadratmeilen, Württemberg mit 354, Bayern mit 1378. In anderen Verwaltungszweigen mit alten Erfahrungen und festgefügten Organisationen ist es ein Leichtes, was im kleinen Kreise sich bewährt hat, auf große Gebiete zu übertragen. Der Arbeitsnachweis aber ist der jüngste aller Verwaltungszweige (wo man ihn überhaupt schon einen Verwaltungszweig nennen darf), und hier bietet jede räumliche Erweiterung andersartige Aufgaben. Für ein so großes Gebiet, wie das Königreich Bayern, den Arbeitsnachweis irgendwie einheitlich auszugestalten, ist nicht bloß nicht in Deutschland, sondern überhaupt noch in keinem europäischen Staate versucht worden. — Gegenstand der Zentralisierung war in Baden die Statistik, in Württemberg die regelmäßige Mitteilung der Vakanzenlisten. Wie Baden bereits mit Verhandlungen über einen Listenaustausch begonnen hat, so ist in Württemberg die einheitliche Statistik von Staatswegen in die Hand genommen worden. Das württembergische Muster, zunächst eine Landeszentrale mit Listenaustausch zu begründen, ist auch in Düsseldorf, dessen Zentralbureau für den ganzen Regierungsbezirk errichtet ist (ein Gebiet von 100 Quadratmeilen mit etwa 2 Mill. Einwohnern, allerdings mit zum Teil noch unvollkommener lokaler Organisation) nachgeahmt worden. Diesem Vorgange ist ebenso Bayern gefolgt. Aber der Größe des Gebietes entsprechend wurde von vornherein darauf verzichtet, eine Zentrale für den ganzen Staat zu errichten. Kaiserslautern, welches die Pfalz zentralisiert hatte, blieb bestehen, und der Landeshauptstadt, deren Arbeitsamt auch ohne besondere Zentralorganisation tatsächlich einen bedeutenden interlokalen Verkehr gepflegt hatte, wurde außer Oberbayern auch Schwaben und Neuburg zugewiesen. Ebenso wurde Straubing für Niederbayern zur Zentrale erklärt, Bamberg für Oberfranken, Nürnberg für Mittelfranken und Oberpfalz-Regensburg, sowie endlich als sechste Würzburg für Unterfranken-Aschaffenburg. Nachdem es gelungen war, auch in Augsburg ein städtisches Arbeitsamt zu begründen (s. o. S. 147) und ebenso der Oberpfalz in Regensburg eine Zentrale zu geben, war die Einteilung des Königreichs für Arbeitsnachweiszwecke genau nach den 8 Regierungsbezirken zum Abschluß gebracht. — Der große organisatorische Fortschritt, den die bayerische Zentralisation über alle früheren Versuche hinaus getan hat, liegt aber nicht blos in der räumlichen Ausdehnung, sondern auch in der verwaltungsmäßigen Vertiefung. Die Zahl der Arbeitsnachweise ist heute noch so ungleich über das Land verteilt, daß die Wirksamkeit einer Zentralisierung weit mehr von diesen Zufälligkeiten, als von der Güte des Zentralisierungs-Statuts abhängt. Es kommt hier, wie bei jeder anderen Verwaltungsaufgabe, darauf an, ordnungsmäßige untere Verwaltungsorgane zu schaffen. Schon bei Begründung der württembergischen Landeszentrale sah man ein, daß man hierzu die Gemeinden als solche heranziehen müsse, wagte aber nicht, ihnen mehr zuzumuten, als die Vakanzenlisten der Landeszentrale in Empfang zu nehmen. Bayern hat den entscheidenden Schritt getan und die Gemeindebehörde grundsätzlich zum Organ der Arbeitsnachweis-Verwaltung gemacht. An die Gemeinde hat sich in der Regel der stellesuchende Arbeiter zu wenden, wie er auch durch ihre Vermittlung die Antwort des Arbeitsamtes erhält. Die Arbeitgeber haben die Wahl, ob sie sich an das nächstgelegene Arbeitsamt oder an ihre Zentrale wenden wollen. Für diesen Verkehr sind einheitliche Formulare eingeführt. Jedes Arbeitsamt meldet die Gesuche, die es nicht in sich befriedigen kann, seiner Zentrale. Die Zentrale sucht den Ausgleich, soweit es geht, direkt zu bewirken. Inwieweit die Zentrale die unbefriedigten Gesuche in Listen zusammenstellen und versenden will, ist zunächst ihr selbst überlassen. Für solche Listen ist nach dem Vorgange von Düsseldorf vorgeschrieben, daß sie nicht bloß die offenen Stellen, sondern auch die stellesuchenden Arbeiter enthalten. Die Versendung geschieht an alle Orte über 3000 Einwohner und an kleinere Orte, wenn sie Sitz eines Bezirksamts oder Amtsgerichts sind. In diesem letzteren Punkte hatte Bayern das württembergische Muster befolgt. Württemberg seinerseits hat sofort den Versuch gemacht, die bayerischen Verbesserungen sich anzueignen. Zwei württembergische Ministerialerlasse vom 28. Juni 1898 (an die Oberämter und an die Kreisregierungen) setzen wenigstens fakultativ die Gemeinde als Organ der Arbeitsnachweis-Verwaltung ein, indem sie die Arbeitsämter anweisen, jedem Ortsvorsteher auf Antrag Anmeldeformulare für Unternehmer und Arbeiter in ausreichender Anzahl zur Verfügung zu stellen, die ausgefüllten Formulare entgegenzunehmen, und, soweit möglich, die Arbeit zu vermitteln, ev. die erledigte Stelle in die Vakanzenliste aufzunehmen. Damit ist wenigstens die Möglichkeit gegeben, daß auch in Württemberg die Gemeinden den Anmeldedienst übernehmen (den Ortsvorstehern gleichberechtigt sind allerdings nach der Verfügung auch die Herbergen zur Heimat, die Verpflegungsstationen und die Arbeiterkolonien). — Die schlechten Erfahrungen, die man in Württemberg mit Scheinexistenz widerwillig errichteter Arbeitsämter gemacht hat, haben offenbar das Ministerium in diesem Punkte zurückhaltend gestimmt. Die Kreisregierungen sind zwar angewiesen, die Anregung auf Errichtung neuer städtischer Arbeitsämter zu unterstützen, jedoch nur, wenn eine Erfolg versprechende Organisation in Aussicht ist. Man erwartet, wie es scheint, in Württemberg den Fortschritt von der besseren Einsicht der Interessenten selbst. Der Ministerialerlaß weist die Oberämter an (und zwar nicht bloß diejenigen, in deren Bezirk schon Arbeitsämter bestehen), in periodischen Zwischenräumen auf die Arbeitsämter und auf die Einrichtungen der Zentralisation durch öffentliche Bekanntmachungen hinzuweisen.

Die Erfahrung, daß die staatlichen Grenzen für den Arbeitsnachweis (wie für jede wirtschaftliche Vermittlung) nicht maßgebende Linien sind, hat sich in Süddeutschland sofort geltend gemacht. Nachdem westlich und östlich von Württemberg der badische Landesverband und die bayerische Zentralisation des Arbeitsnachweises entstanden sind, hat die württembergische Regierung sowohl mit dem badischen wie mit dem bayerischen Ministerium des Innern eine Vereinbarung über den Verkehr der Arbeitsnachweise untereinander getroffen. Danach soll ein Austausch der Vakanzenlisten überall da erfolgen, wo nach Ermessen des betreffenden Arbeitsnachweises ein Bedürfnis vorliegt. Für den Austausch sind in Baden und in Württemberg die einzelnen Arbeitsnachweise, in Bayern die 6 Zentralen zuständig. Augenscheinlich liegen hier die Anfänge derselben Entwicklung vor, welche an der Grenze von Mittel- und Süddeutschland den Rhein-Main-Verband gerade zu dem Zwecke der Verbindung über die Landesgrenzen hinweg hat entstehen lassen.

Wenn man bedenkt, daß das württembergische System der Landeszentralen jetzt nach Osten hin auf Bayern übertragen ist, während nach Westen hin Baden es anzunehmen sich vorbereitet; daß an Baden wie an die Pfalz nördlich das Großherzogtum Hessen sich anschließt, welches wenigstens den telephonischen Verkehr mit Staatsunterstützung schon ins Leben gerufen hat; daß ferner von hier aus der Rhein-Main-Verband in das preußische Staatsgebiet hineingreift und in Frankfurt seinen Sitz hat, während rheinabwärts — räumlich allerdings noch getrennt — der Regierungsbezirk Düsseldorf in seinem Zentralbureau eine Organisation gefunden hat: so sieht man förmlich schon die Anfänge der einander entgegenwachsenden Landesverbände, welche Süddeutschland nunmehr ganz und Westdeutschland zum Teil bedecken. Das weitere Fortschreiten der Verbandsbildung wird wesentlich von der zukünftigen Ausgestaltung des Arbeitsnachweises in den preußischen Städten abhängen. Hier haben der Handelsminister und der Minister des Innern in wiederholten gemeinsamen Erlassen, und zwar noch neuerdings unter dem 18. März 1898 die Gemeinden, freilich in erster Linie die noch rückständigen Großstädte, auf die Notwendigkeit öffentlicher Arbeitsnachweise aufmerksam gemacht. Die Landesverbände würden, wenn sie sich darauf beschränkten, vorhandene Arbeitsnachweise miteinander in Verbindung zu setzen, auf die Dauer schwerlich eine ausreichende Wirksamkeit entfalten. Die Arbeitsnachweise entstehen meistens in größeren Städten. Trotz aller wirtschaftsgeographischen Verschiedenheiten sind aber doch die großstädtischen Märkte einander so ähnlich, daß sie sich gegenseitig häufig nichts anderes mitzuteilen haben werden, als daß bei ihnen in denselben Branchen Überfluß und in denselben Branchen Mangel sei. Was nützt es, daß im Frühjahr Elberfeld erfährt, in Krefeld könnten 100 Maurer Beschäftigung finden, wenn Elberfeld selbst deren 200 braucht? Praktisch viel wichtiger als der Ausgleich zwischen Großstadt und Großstadt ist der beständige unmittelbare Verkehr zwischen einem städtischen Zentrum und seiner nächsten Umgebung. Die Entwicklung der Zentralisierungsbestrebungen in Württemberg und in Bayern, welche auf das deutlichste bekunden, daß die Zentralisierung im großen stets Verwaltungsorgane bis in die kleinsten Gemeinden zur Voraussetzung habe, enthalten bereits den Fingerzeig, daß die Landesverbände der Arbeitsnachweise einer Ergänzung bedürfen: in einer engeren Verbindung zwischen jedem Arbeitsnachweis und seiner nächsten Umgebung (Nachbarschaftsverbände). Die Pflege dieser Verbindung scheint die Spezialität des Rhein-Main-Verbandes zu werden. Der Verband hat von einem Austausch der Vakanzenlisten Abstand genommen. Außer einer Vereinheitlichung und Verbesserung der Statistik strebt er in erster Linie diese Art der Nachbarschafts-Verbindung an. Inder konstituierenden Versammlung vom 27. Januar 1898 wurde folgende Resolution zum Beschluß erhoben:

„I. Um den Arbeitsvermittlungsstellen in größeren Städten Kenntnis von den freien Arbeitsplätzen der kleineren Städte und des flachen Landes zu verschaffen, sollen in geeigneten Städten oder Ortschaften, für jeden Kreis mindestens in einer Stadt, Arbeitsvermittlungsstellen errichtet werden. Die Arbeitsvermittlungsstellen können in der Bürgermeisterei, aber auch an sonst geeigneten Stellen eingerichtet werden.

II. Die Arbeitsvermittlungsstelle nimmt die an sie gelangenden Mitteilungen über offene Arbeitsplätze in eine Liste auf, welche

1. das Datum der Anmeldung, 2. Name und Wohnort des Arbeitgebers, 3. Angaben über die Art der geforderten Arbeit und den in Aussicht gestellten Lohn, sowie 4. sonstige für den Bewerber wichtige Tatsachen (mutmaßliche Dauer der Stellung, Möglichkeit der Erlangung eines höheren Lohnes u. s. w.) enthält. Sie versendet diese Verzeichnisse in geeigneten Zwischenräumen mindestens wöchentlich zweimal an die Arbeitsvermittlungsstellen, welche zur Besetzung der offenen Arbeitsplätze am geeignetsten scheinen und macht diesen stets sofort Mitteilung, sowie die Besetzung eines angemeldeten Platzes bekannt wird. Die Vermittlungsstelle hat dafür zu sorgen, daß genaue Angaben über den besten Reiseweg nach dem offenen Platz sowie über die Art der Zahlung der Reisekosten gemacht werden. Alle offenen Arbeitsplätze gelten als besetzt, wenn 3 Tage seit ihrer Mitteilung an die Vermittlungsstelle verflossen sind, und müssen daher, falls sie noch offen sind, in die nächste Liste neu eingestellt werden.

III. Die Arbeitsvermittlungsstellen sollen telephonisch verbunden sein. Der telephonische Verkehr über zu besetzende Arbeitsstellen erfolgt kostenlos für den Arbeitnehmer und Arbeitgeber. Die durch die Arbeitsvermittlungsstellen verursachten Kosten (Porti, Schreibwerk u. s. w.) werden von der Verwaltung derselben getragen. Über die Kosten des Transports der Arbeiter muß vorläufig noch stets besondere Vereinbarung mit dem Arbeitgeber getroffen werden.

IV. Die Arbeitsvermittelungsstellen übernehmen keinerlei Haftung bezüglich der den Arbeitgebern zugewiesenen Arbeiter, wenngleich sie tunlichst darauf achten werden, daß nur geeignete Leute entsandt werden. Werden einer Arbeitsvermittlungsstelle dadurch Kosten veranlaßt, daß die Arbeitgeber unzutreffende Angaben über die Arbeitsbedingungen gemacht haben, so können dieselben von dem Arbeitgeber eingezogen werden.

V. Die durch die Reise eines Arbeiters nach einer auswärtigen, ihm von einer Arbeitsvermittlungsstelle nachgewiesenen Stelle entstehenden Kosten sind von dem Arbeitgeber zu ersetzen".

Der Verband Märkischer Arbeitsnachweise hat sich einstweilen das allmähliche Vorwärtsgehen in Begründung neuer Anstalten zur einzigen Aufgabe gemacht. Da dieser Verband vermöge des Übergewichts von Berlin und den Vororten mehr als irgend ein anderer mit der Gleichartigkeit rein großstädtischer Verhältnisse zu kämpfen hat, so würde in diesem Verband der Versuch eines Listenaustausches heißen, den zweiten Schritt vor dem ersten tun wollen. Erst wenn in den kleineren Städten der Mark Brandenburg eine erhebliche Anzahl von Arbeitsnachweisen besteht, wird der Hauptaufgabe, dem Austausch von Arbeitskräften, näher zu treten sein.

Als Beispiel für die Organisation und Vermittlungstätigkeit eines Verbandes seien im folgenden die hauptsächlichen Tatsachen aus Bayern zusammengestellt. Einen Überblick über die Organisation gibt das folgende Tableau. Bei jedem Regierungsbezirk ist die Zentrale vorangestellt, sodann folgen die Arbeitsnachweise, die ihren Anschluß an den (auf freiwilliger Beitritterklärung beruhenden) Verband bayerischer Arbeitsnachweise ausgesprochen haben. Dahinter, durch einen Gedankenstrich getrennt, die meist nur kleinen Arbeitsvermittlungsstellen, die der amtlichen Zentralisierung eingefügt sind, ohne Mitglieder des Verbandes zu sein. Diese letztere Unterscheidung ist notwendig, wenn von der Engmaschigkeit des Netzes nicht eine übertriebene Vorstellung erweckt werden soll. Denn inwieweit jene kleinen Arbeitsvermittlungsstellen in Wahrheit existent sind, oder inwieweit man sie zu denen zu rechnen hat, die ein papiernes Dasein führen (S. 159), ist nicht über jeden Zweifel erhaben.

1. Oberbayern: München, Ingolstadt, Miesbach, Mühldorf, Rosenheim, Traunstein, Wasserburg.
2. Niederbayern: Straubing, Deggendorf, Griesbach, Landshut, Passau. — Kößlarn und Pocking.
3. Pfalz: Kaiserslautern, Frankenthal, Germersheim, Landau, Ludwigshafen, Neustadt a. H., Speyer. — Annweiler, Grünstadt, Homburg, Landstuhl, Frankenstein, Kirchheimbolanden, Albisheim, Eisenberg, Marnheim, Lambrecht, Dürkheim, Pirmasens, Odernheim, Winnweiler, St. Ingbert, Rockenhausen und Zweibrücken.
4. Oberpfalz und Regensburg: Regensburg, Amberg, Neumarkt i. O., Sulzbach, Tirschenreuth, Weiden. — Neunburg v. W.
5. Oberfranken: Bamberg, Beyreuth, Forchheim, Höchstadt a. A., Hof, Kronach, Kulmbach, Lichtenfels, Selb. — Wunsiedel, Thurnau und Redwitz.
6. Mittelfranken: Nürnberg, Dinkelsbühl, Erlangen, Fürth, Pappenheim, Schwabach, Weißenburg a. S. —
7. Unterfranken und Aschaffenburg: Würzburg, Aschaffenburg, Bad-Kissingen, Karlstadt, Kitzingen, Schweinfurt, Zellingen. — Arnstein, Binsfeld, Bonnland, Günheim, Gramschatz, Halsheim, Hundsbach, Müdesheim, Rieden, Schwebenried, Wülfershausen, Bühler, Duttenbrunn, Eußenheim, Heßlar, Himmelstadt, Karlburg, Laudenbach, Rohrbach, Stadelhofen und Wiesenfeld.

8. Schwaben und Neuburg: Augsburg, Lindau, Nördlingen. — Illertissen und Babenhausen.

Dieses Tableau stellt etwa den Stand von Mai 1902 dar. Im Jahre 1901 wurden die Erfolge für die auswärtige Vermittlung bei 33 Anstalten erhoben, die zusammen 16429 Stellen nach auswärts vermittelten. Von diesen waren nur 6 ohne auswärtigen Verkehr, 27 hatten nach auswärts vermittelt. Da aber Vermittlungen von einigen wenigen Stellen im ganzen Jahr gar keine oder höchstens zufällige Bedeutung haben, so seien im folgenden nur die Anstalten zusammengestellt, die 50 und mehr Stellen nach auswärts vermittelt, das heißt also solche, die im Durchschnitt in jeder Woche eine Vermittlung nach auswärts aufzuweisen hatten.

München	8526	Fürth	345
Würzburg	1730	Bamberg	304
Augsburg	1338	Regensburg	262
Straubing	921	Speyer	118
Kaiserslautern	840	Schweinfurt	112
Rosenheim	593	Wasserburg	111
Nürnberg	582	Ludwigshafen	66
Lindau i. B.	393	Traunstein	56

Über den einzelnen Landesverbänden ist die Herstellung von Beziehungen zwischen sämtlichen Arbeitsnachweisen des deutschen Reiches nicht verabsäumt worden. Diese Herstellung hat sich in drei Etappen vollzogen.

Während der Arbeitslosigkeit des Jahres 1893 hat das freie deutsche Hochstift in Frankfurt a. M. einen „sozialen Kongreß" von Nationalökonomen und Praktikern aller Parteirichtungen zur Beratung der Abhilfemittel einberufen. In den Beratungen dieser Versammlung spielte die Beschaffung von Arbeit und dementsprechend die Einrichtung von Arbeitsvermittlungs-Anstalten eine große Rolle. Diese Versammlung hat die Debatte über den Arbeitsnachweis von der Verbindung mit der Armenpflege (innerhalb deren der deutsche Verein für Armenpflege und Wohltätigkeit sie schon in den Jahren 1885 und 1887 erörtert hatte) losgelöst.

Die erste Versammlung auf deutschem Boden, die die Besprechung des Arbeitsnachweises auch von der Frage eines Notstandes vollständig loslöste, die den Arbeitsnachweis als ständige Verwaltungseinrichtung und nur als solche behandeln wollte, war die auf Veranlassung bestehender Arbeitsnachweise vom Verfasser dieses Buches einberufene „Arbeitsnachweis-Konferenz", die am 13. September 1897 in Karlsruhe tagte (S. 74). Den Hauptgegenstand dieser Konferenz bildete die Besprechung über bestehende und zu gründende Landesverbände. Außerdem fanden Gruppenversammlungen über Einzelheiten der Verwaltung statt, die zum Ausdruck bringen sollten, daß es sich hier nicht mehr um allgemeine Pläne, sondern um eine bis ins einzelne einzurichtende Verwaltung handelt. Dem Konferenzbericht wurde zu diesem Zwecke reichliches Material über die Einrichtung von Arbeitsnachweis-Verbänden beigegeben. Nachdem in Preußen durch Ministerial-Verfügung vom 8. März 1898 die Gemeindeverwaltungen auf den Konferenzbericht ausdrücklich aufmerksam gemacht wurden, hat er auch in diesem Sinne gewirkt und zu einer größeren Gleichmäßigkeit in der Verwaltung der einzelnen Arbeitsnachweise erheblich beigetragen.

Unabhängig von der Karlsruher Konferenz hatte bereits vorher der Zentralverein für Arbeitsnachweis in Berlin den Plan gefaßt, für das Königreich Preußen einen Gesamtverband zu begründen. Dieser Plan wurde auf das ganze Deutsche Reich ausgedehnt und am 4. Februar 1898 durch Begründung des „Verbandes deutscher Arbeitsnachweise" mit dem Sitze in Berlin ausgeführt. Die Aufgabe des deutschen Verbandes ist eine wesentlich andere als die der einzelnen Landesverbände. Für einen Austausch von Arbeitskräften über das ganze Deutsche Reich hin ist der gegenwärtige Stand der Arbeitsnachweise noch nicht reif. Die Hauptaufgaben des deutschen Verbandes liegen in der Förderung des Erfahrungs-Austausches, in dem Erstreben einer gleichmäßigen Statistik und in der Propaganda für Vermehrung der Arbeitsnachweise. Nach all diesen Richtungen hin hat der Verband schon jetzt erhebliche Erfolge aufzuweisen, die auch in der Zahl der angeschlossenen Anstalten zum Ausdruck kommen. Bei der Begründung zählte der Verband 29, heute 133 Mitglieder in allen Teilen des Deutschen Reiches.

11. Die Eingliederung des Arbeitsnachweises in die öffentliche Verwaltung.

Ein neuer Verwaltungszweig stellt zwei Verwaltungsaufgaben: die innere Ausgestaltung und die Herstellung von Beziehungen zu den anderen Verwaltungszweigen. Die zweite Aufgabe darf nicht etwa verschoben werden, bis die erste im großen und ganzen vollendet ist. Denn gerade in der Entstehungszeit neuer Einrichtungen bedürfen diese eines besonderen Augenmerks auf alle Keime von Beziehungen zu den benachbarten Verwaltungszweigen, aus denen ihr Kräfte und Säfte zugeführt werden können[1]). Auch hängt das Entstehen einer neuen Einrichtung zu einem nicht unerheblichen Teile davon ab, daß sie nicht etwa in den Ruf kommt, ein Stillleben für sich zu führen, daß vielmehr die Anforderungen, die sie an andere Teile der Verwaltung zu stellen hat, und namentlich die Leistungen, die sie ihnen gewährt oder bei guter Ausbildung gewähren kann, möglichst frühzeitig bekannt werden. Andrerseits führt das Aufspüren derartiger Beziehungen ins unendliche. Es gibt keinen noch so kleinen Verwaltungszweig, der nicht Beziehungen zu allen anderen hätte oder unter Umständen gewinnen könnte. Wollte man dem Verwaltungsmann die Verpflichtung auferlegen, allen diesen Beziehungen nachzuspüren, so würde man ihm damit die Möglichkeit rauben, sich dem eigentlichen Gegenstande seiner Verwaltung zu widmen. Hier setzt die Verwaltungs*wissenschaft* ein. Ihre Aufgabe ist es, beim Auftauchen einer neuen Verwaltungseinrichtung davon Rechenschaft zu geben, welche Stelle ihr im Gesamtorganismus der Verwaltung

[1]) Vgl. die Einleitung: S. 46—47.

zukommt, und welche Wechselbeziehungen zwischen ihr und den anderen altgewohnten Verwaltungszweigen bestehen. Wenn so die Verwaltungswissenschaft den Ereignissen in gewissem Sinne vorauseilt, indem sie das, was notwendig oder möglich ist, erforscht, so muß sie andrerseits für diese Erforschung in erster Linie die schon vorhandenen Tatsachen zu Grunde legen. Sie muß zeigen, wo diese Beziehungen in leisen Ansätzen schon vorhanden sind oder (was gleich wichtig ist) wo ihr Fehlen schon in der gegenwärtigen Praxis zu anerkannten Mißständen führt.

Will man innerhalb des Gesamtorganismus der Verwaltung dem Arbeitsnachweis seinen Platz anweisen, so ist davon auszugehen, daß der Arbeitsmarkt Markt ist. Dementsprechend gehört seine Verwaltung wie die jeden anderen Marktes zur Gewerbeverwaltung. Hieran wird durch die Tatsache nichts geändert, daß die Verwertung der Arbeitskräfte keineswegs auf das gewerbliche Leben beschränkt ist, daß vielmehr die Landwirtschaft genau denselben Anteil daran hat. Denn die Vermittlung *als solche* fällt unter den Begriff gewerblicher Tätigkeit und gehört zur Gewerbeverwaltung (mag sie von Gewerbetreibenden oder von öffentlichen Gewalten vorgenommen werden). Die Getreidebörse untersteht auch dem Gewerbeministerium (Handelsministerium) und nicht dem landwirtschaftlichen; ja selbst ein Markt für Getreide-Aussaat, auf dem Käufer wie Verkäufer Landwirte sind, würde der allgemeinen Markt- und damit der Gewerbeverwaltung unterstehen. Der Arbeitsmarkt betritt übrigens in der Dienstboten-Vermittlung ein Gebiet, das der öffentlichen Verwaltung so sehr entzogen ist wie das häusliche Leben; hier tritt besonders deutlich zu Tage, daß die Zugehörigkeit zur öffentlichen Verwaltung nicht bestimmt wird durch den Gegenstand, der vermittelt wird, sondern durch die bloße Tatsache der Vermittlung.

Es ist also der Gesichtspunkt im Auge zu behalten, daß der Arbeitsnachweis als Verwaltung des Arbeitsmarktes zur Gewerbeverwaltung gehört. Entstanden aber ist der Arbeitsnachweis nicht als Bestandteil dieser Verwaltung. Seine Beziehungen zu anderen Verwaltungseinrichtungen lassen sich daher in natürlicher Reihenfolge auch nicht an dieser Stelle erkennen. Die ersten Beziehungen des öffentlichen Arbeitsnachweises erstrecken sich auf einen Verwaltungszweig, der gar nicht zur Gewerbeverwaltung gehört — Armenpflege

— und auf einen anderen, der zwischen Gewerbeverwaltung und Justiz in der Mitte steht: Gewerbegericht. Die Beziehungen zur Armenpflege und zum Gewerbegericht sind verschiedener, zum Teil entgegengesetzter Art.

Die Armenpflege ist fast überall das Mutter-Ressort des Arbeitsnachweises gewesen. In nuce enthält jede Armenpflege einen Arbeitsnachweis. Einem erwerbsfähigen Armen ein Almosen zu geben, wenn man irgend in der Lage ist, ihm in Gestalt von angemessener Arbeit das Wertvollere zu gewähren, ist ein so offenbares Unrecht, daß eine Verwaltung, der die Armenpflege als Pflicht obliegt, vor jeder Almosengewährung an eine erwerbsfähige, aber erwerbslose Person sich die Frage vorlegen müßte, ob sie nicht imstande sei, ihr Arbeit nachzuweisen. In den meisten Fällen freilich wurden die Armenverwaltungen aus entgegengesetzten Erwägungen heraus auf denselben Weg gedrängt. Nicht im Interesse der Armen, sondern im Interesse der Besitzenden, die die Armenlast zu tragen hatten, kam man auf den Gedanken, Einrichtungen zu treffen, die den Armen Arbeit vermitteln sollten. Daher haftete den ältesten Arbeitsvermittlungs-Einrichtungen von Armenverwaltungen der Charakter bloßer Sparsamkeits-Veranstaltungen an. Sie wollten Arbeit vermitteln, um die Kosten des Almosens zu sparen, also nur, soweit dies ohne besonderen Kostenaufwand möglich ist. Dieser Zweckbestimmung würde eine kostspielige Bureau- und Korrespondenz-Einrichtung widersprechen. Auch in solchen Armenverwaltungen, in denen der Gedanke, daß die Armenpflege im Interesse der Armen geübt wird, durchgedrungen und in den Vordergrund gestellt war, blieb doch die gesetzliche Beschränkung jeder Armenpflege auf das Notdürftige maßgebend. Wie man in Kleidung und Essen dem Armen das Notdürftige und nur dieses gewähren will, so will man ihm auch in der Arbeitsvermittlung gemeldete Arbeit zuweisen, so weit dies nötig ist, um ihn vor dem Verhungern zu schützen, aber auch nicht mehr als das. Kann man ihm einen Speicher nachweisen, wo er Säcke tragen kann, so sucht man nicht etwa einen Schuhmachermeister, bei dem er seinem erlernten Gewerbe nachgehen könnte. Kann man ihm Arbeit für einen Tag beschaffen, so fragt man nicht, ob sich nicht statt dessen eine dauernde Arbeitsstelle beschaffen ließe. Würde man die Verwaltungsaufgabe so weit erstrecken, so würde der Arme besser daran sein als der nicht verarmte Arbeiter, dem die Sorge um Beschaffung einer neuen Arbeitsstelle selbst überlassen bleibt.

Indem die Armenverwaltungen Arbeitsnachweise als Notbehelfe einrichteten, machten sie überall die Erfahrung, daß die Einrichtung in dieser Begrenzung unhaltbar ist. Da es vom Zufall abhing, ob in dem Bureau Arbeitskräfte zu haben waren oder nicht, so konnte kein Arbeitgeber sich auf das Bureau verlassen; es war unmöglich, unter den Arbeitgebern einen festen Kundenkreis zu erwerben. Ja, gerade in Zeiten guten Geschäftsganges, wo der Arbeitgeber am ehesten genötigt ist, sich an einen Arbeitsnachweis zu wenden, würde er einen armenpflegerischen Arbeitsnachweis nicht bloß dünn besetzt, sondern sogar annähernd leer finden müssen; denn eine Armenverwaltung, die grundsätzlich nur das Notdürftige gewährt, wird in Zeiten guten Geschäftsganges die Arbeitsvermittlung in der Regel überhaupt nicht gewähren, da sie sich als überflüssig darstellt, wenn Arbeit auch ohne Vermittlung zu haben ist. An diesem Punkte zeigte sich, daß die Armenpflege mit der Arbeitsvermittlung ein Gebiet betreten hatte, auf dem sich ihre gewöhnlichen Grundsätze nicht durchführen ließen. Solange es sich um Kleidung, Wohnung, Nahrung oder um deren gemeinsamen Ausdruck in Geldunterstützung handelte, stellte die Begrenzung auf das Notdürftige ein niedriges Niveau dar, aber ein Niveau, das für alle Beteiligten maßgebend blieb; die Armenpflege war ein Mikrokosmos für sich. Mit der Arbeits*vermittlung* aber trat, wie ihr Name sagt, die Verwaltung in die Mitte zwischen diesem bisher von ihr versorgten Mikrokosmos und der großen Außenwelt der Besitzenden und Erwerbenden. Auf deren Verhältnisse paßte die Beschränkung auf das Notdürftige ganz und gar nicht. Da aber jede Vermittlungstätigkeit zur Voraussetzung hat, daß sie beiden Teilen entspricht, so bedeutete hier die Beschränkung auf das Notdürftige geradezu die Unmöglichkeit der Ausführung.

Wo daher der öffentliche Arbeitsnachweis sich aus der Armenpflege entwickelt hat, hat er sich im Gegensatz zu ihr entwickelt. Der öffentliche Arbeitsnachweis ist nicht Bestandteil der Armenpflege und darf nicht als solcher behandelt werden. In dem größten Teile der Arbeiterbevölkerung herrscht gegen alles, was mit Armenpflege zusammenhängt, eine weitgehende Abneigung, die aus sehr ehrenwerten Beweggründen entspringt. An die Armenunterstützung ist der

Verlust des Wahlrechts geknüpft. Schon aus diesem Grunde nimmt der Arbeiter zu allem, was Armenpflege heißt, nur in der äußersten Not seine Zuflucht. Die Elemente der Arbeiterschaft, die in dieser Beziehung weniger peinlich denken (und so zahlreich mögen sie schon sein, daß sie manchem kurzdenkenden Armenpfleger als „die" Arbeiter erscheinen können), würden in einem solchen Arbeitsnachweis gelegentlich vorsprechen, und sie würden, da sie allein bleiben oder doch sehr überwiegen würden, den Arbeitsnachweis kompromittieren.

Also nicht bloß schonende Rücksichtnahme auf die Gefühle der Arbeiter verbietet es, den Arbeitsnachweis als Bestandteil der Armenpflege zu bezeichnen, sondern das Wesen dieses Verwaltungszweiges schließt eine derartige Einreihung aus. Der Arbeitsnachweis als Fürsorge für die Arbeiter ist unmöglich, ohne gleichzeitig Fürsorge für die Arbeitgeber zu sein. Der maßgebende Grund, weswegen er nicht als Bestandteil der Armenpflege bezeichnet werden soll, ist eben der, daß er nicht ihr Bestandteil ist. Daß die falsche Bezeichnung auch schlimme Folgen hat, ist nur ein dazu tretender zweiter Grund.

Wenn der Arbeitsnachweis seinem Wesen nach nicht Armenpflege ist, so wird er es auch nicht durch die Unentgeltlichkeit. Sind die Jahr- und Wochenmärkte etwa Einrichtungen der Armenpflege geworden, da, wo die Marktabgaben abgeschafft wurden? oder sind es die Börsen da, wo kein Eintrittsgeld erhoben wird?

Die Frage, ob eine Verwaltungseinrichtung gegen Gebühr oder gebührenfrei benutzt werden kann, ob ein Akt der Verwaltungsbehörde gegen Entgelt oder unentgeltlich in Anspruch zu nehmen ist, ist eine Zweckmäßigkeitsfrage, die in den verschiedensten Verwaltungszweigen auftauchen kann, ohne durch die Beantwortung in dem einen oder in dem andern Sinne an der Ressort-Zugehörigkeit etwas zu ändern. Die Beantwortung der Frage selbst hat sich nach den Verwaltungsgrundsätzen zu richten, die für das Ressort maßgebend sind, unter Berücksichtigung der mitbeteiligten Ressorts. Wenn die Feuerwehr gebührenfrei zur Verfügung gestellt wird, so geschieht es deswegen, weil ihr Zweck, die Verhinderung der Ausbreitung eines Schadenfeuers, schon durch die bloße Überlegung, ob es im Einzelfalle die Gebühr lohnt, geschädigt, ja vereitelt werden könnte. Wenn die Chausseegelder abgeschafft wurden, so war dabei die Erleichterung des Verkehrs, auch die Kostspieligkeit der Erhebung maßgebend. Wenn die Gemeindebehörden für die Beglaubigung von Unterschriften an dem einen Orte Gebühren erheben, an dem andern nicht, so wollen sie an dem einen Orte die Kosten durch die Interessenten decken, an dem andern durch die Steuerzahler oder durch die gesellschaftlichen Schichten, auf denen das Ehrenamt des beglaubigenden Bezirksvorstehers lastet. So ist auch die Frage, ob ein Arbeitsnachweis besser entgeltlich oder unentgeltlich einzurichten ist, nach Grundsätzen der Arbeitsnachweis- und allenfalls der Finanzverwaltung zu beantworten. Der Umstand aber, daß man in weitaus den meisten Fällen zu der Überzeugung gekommen ist, ihn unentgeltlich einrichten zu müssen, wenn er seinen Zweck erfüllen soll (S. 153), kann vernünftigerweise kein Grund sein, ihn einem Ressort zuzuweisen, das einem andern Zwecke dient.

Hiermit steht es nicht in Widerspruch, wenn bei der Einführung der Unentgeltlichkeit tatsächlich Gesichtspunkte der Mildtätigkeit mitgesprochen haben. Gewiß kann mancher Stadtverordnete für die Unentgeltlichkeit deswegen gestimmt haben, weil er die neue Einrichtung für einen Akt der Armenpflege hielt; es kann auch sein, daß hier und da ein Verwaltungsmann, der selbst die Bedeutung unter dem Gesichtspunkte der gewerblichen Verwaltung richtig erkannte, sich eines solchen argumentum ad hominem bediente. Maßgebend sind aber nicht die Gründe, die geltend gemacht werden, sondern die, die geltend gemacht werden sollen. Es soll aber der Gedanke der Mildtätigkeit in der Unentgeltlichkeitsfrage keine andere, als höchstens eine ganz untergeordnete Rolle spielen. Denn jede Verbindung mit Mildtätigkeits-Gedanken würde darauf hinauslaufen, die Einrichtung hauptsächlich als für bedürftige Arbeiter bestimmt hinzustellen, während doch umgekehrt die ganze Zukunft einer solchen Einrichtung davon abhängt, daß die Bedürftigen nicht das physiognomiegebende Publikum darstellen. Ja, so paradox es sich auch anhört, man kann sagen: die gänzliche Unentgeltlichkeit ist bei einem gutgehenden Arbeitsnachweis gerade unter dem Gesichtspunkte der Armenpflege gar nicht zu begründen, sondern nur unter dem der gewerblichen Verwaltung. Denn jene Rücksicht könnte doch höchstens so weit führen, die Vermittlung für alle Arbeiter unentgeltlich zu machen, aber doch nicht auch den Arbeitgebern die Gebühren zu ersparen, die sie sonst an gewerbsmäßige Vermittler zahlen. Hingegen ist die beiderseitige Unentgeltlichkeit ganz sachgemäß damit zu begründen, daß sie für die gewerbliche Verwaltung ein Mittel darstellen soll, die Einheitlichkeit des Marktes herbeizuführen.

Ich habe mich bei diesem Punkte mit allgemeinen Erwägungen etwas länger aufgehalten, weil es mir von maßgebender Wichtigkeit scheint, daß auch die letzten dünnen Fäden, die theoretisch den öffentlichen unentgeltlichen Arbeitsnachweis an die Armenpflege knüpfen, durchschnitten werden. Wird diese Durchschneidung aber als vollzogen anerkannt, so darf andererseits nicht übersehen werden, daß zwischen Arbeitsnachweis und Armenpflege gewisse Beziehungen bestehen bleiben, wenngleich nur solche, wie sie zwischen selbständig nebeneinander stehenden Verwaltungszweigen möglich sind.

Zunächst kann eine Anstalt zur Nachweisung von Arbeit wie jede Maßregel zur Verhütung von Arbeitslosigkeit als ein Akt vorbeugender Armenpflege aufgefaßt werden. Diese Ausdrucksweise ist freilich in der letzten Zeit so weit ausgedehnt worden, daß schließlich fast jede heilsame wirtschaftspolitische Maßregel darunter gebracht werden könnte. Man müßte hier einen Sprachgebrauch im engeren, im weiteren und im allerweitesten Sinne unterscheiden. Zur vorbeugenden Armenpflege im engeren Sinne wären Handlungen zu rechnen, die die Armenverwaltung selbst vornimmt, um einer Verarmung vorzubeugen (zum Beispiel Ergänzung des Handwerkszeuges für einen kleinen Meister). Im weiteren Sinne würden dazu solche Maßregeln gehören, die zwar nicht von der Armenverwaltung, aber doch von dem Verwaltungskörper, der ihr Träger ist (Gemeinde, Provinzialverband) in der Absicht getroffen werden, daß sie auch der Verhütung des Armwerdens dienen sollen. Im allerweitesten Sinne würden allerdings mit recht unbestimmter Grenze alle wirtschaftspolitischen Maßregeln mit einzubeziehen sein, bei denen irgendwie der Gedanke mitspielt, daß dadurch schließlich auch ein Hinabsinken in die Armut verhütet werde. Will man dann den Arbeitsnachweis zur mittleren Gruppe zählen, so stände dem kein Bedenken entgegen; es dürfte dem jedoch keine andere, als eine rein theoretische Bedeutung beigelegt werden.

Wenn ferner der Arbeitsnachweis eine öffentliche Einrichtung zu allgemeiner Benutzung ist, so kann er insofern von der Armenpflege für ihre Zwecke verwendet werden, wie von jedem andern für die seinigen. Wo der Armenpfleger statt eines Almosens Arbeit beschaffen will, hat er jetzt nur nötig, den Armen auf den Arbeitsnachweis aufmerksam zu machen. Entweder erhält er dort Arbeit, oder es wird ihm bescheinigt, daß ihm nichts nachgewiesen werden konnte. Der erstere Fall wird jetzt viel häufiger eintreten als zu der Zeit, wo die Anstalt noch als bloßer Notbehelf in der Armenpflege stand; er wird jetzt als Regel angestrebt. Und im zweiten Falle ist mit ungleich größerer Sicherheit anzunehmen, daß in der Tat für den Suchenden zur Zeit am Orte keine Arbeit aufzufinden ist. In beiden Fällen hat die Armenpflege vom Arbeitsnachweis die richtigen Vorteile erst, nachdem er aus ihrer Umhüllung gelöst und zu selbständigem Leben gebracht ist.[1])

Ganz anderer Art sind die Beziehungen des Arbeitsnachweises zum Gewerbegericht. Sie sind nicht aus dem Wesen der gewerbegerichtlichen Tätigkeit hervorgegangen, sondern verdanken ihr Dasein mehr dem rein historischen Umstande, daß beim Auftauchen der Forderung kommunaler Arbeitsnachweise die Gewerbegerichte die einzige kommunale Einrichtung waren, in der der Arbeiterstand sich als genügend vertreten betrachtete (S. 140). Daß hier zur Wahl von Arbeiter-Beisitzern ein besonderer Wahlkörper in der Arbeiterbeisitzer-Kurie des Gewerbegerichts gegeben war, war wohl nicht das maßgebende. Die Arbeiter würden auf die Absonderung der Wahl kein Gewicht gelegt haben, wenn ihnen die kommunale Vertretung sonst genügend als Vertretung der gesamten und damit auch der Arbeiterbevölkerung erschienen wäre. Indem man für die Besetzung der Arbeitsnachweis-Deputation sich der Mitwirkung des Gewerbegerichts bediente, und Arbeitgeber und Arbeiter aus getrennten Wahlgängen hervorgehen ließ, ergab sich das Bedürfnis, für die Stelle des Vorsitzenden die Unparteilichkeit ganz besonders zu betonen. Das glaubte man am praktischsten und am einfachsten dadurch zu tun, daß man statutarisch dem jedesmaligen Vorsitzenden des Gewerbegerichts auch den Vorsitz in dieser Deputation übertrug.

Wenn sonach mehr äußerliche Gründe zur Verknüpfung des Arbeitsnachweises mit dem Gewerbegericht geführt haben, so ist damit

[1]) Armenpflege und Arbeitsbeschaffung (Notstandsarbeiten) s. u. S. 223.

nicht gesagt, daß innere Beziehungen fehlen. Zunächst ist der Personenkreis in der Hauptsache derselbe. Der Vorsitzende, der als Gewerberichter Arbeitgeber und Arbeiter — teils als Parteien, teils als Beisitzer — kennen lernt, bringt zur Entscheidung von Beschwerden über den Arbeitsnachweis mehr Personenkenntnis mit, als irgend ein anderes Mitglied der städtischen Verwaltung. Solange es an gesetzlichen Bestimmungen, die die Benutzung des Arbeitsnachweises und den Ausschluß von dieser Benutzung regeln, noch vollständig fehlt, ist Personenkenntnis hier von besonders großer Wichtigkeit. Eine Kellnerin beschwert sich darüber, daß man ihr eine Stelle in einer Gastwirtschaft zugewiesen habe, in der ihr Unsittlichkeiten zugemutet würden. Ein Vorsitzender, der sich erinnert, wie dieser Wirt vor dem Gewerbegericht von einer Kellnerin verklagt worden war, weil er ihr zugemutet hatte, in einem Zimmer zu schlafen, in welches zu einer anderen Kellnerin ein Mann hinein kam, und wie der Wirt sich damit verteidigte, daß die Kellnerin darum noch kein Recht gehabt habe, ihre Stelle ohne Kündigung zu verlassen, wird einen solchen Wirt vom Arbeitsnachweis ausschließen lassen. Ein anderer Vorsitzender müßte eine Untersuchung veranstalten, zu deren ordnungsmäßiger Führung ihm die Handhaben oft fehlen werden. — Ebenso wie die Personen, lernt der Gewerberichter auch die Gewerbe kennen. Da der Arbeitsnachweis nicht wie eine zwangsweise Verwaltungseinrichtung auf einmal ins Leben tritt, sondern sich seinen Wirkungskreis erst allmählich erobern muß, so ist die Kenntnis der Verhältnisse in den einzelnen Gewerben am Orte besonders wichtig. Wenn Fälle, wie der eben genannte aus dem Gastwirtsgewerbe sich an einem Orte öfter ereignen, so wird ein aufmerksamer Gewerberichter in dem Laufe solcher Prozesse ganz von selbst erfahren, ob etwa auf solche Stellen die Kellnerinnen durch gewerbsmäßige Vermittler gebracht werden. Er wird dann zur Ausdehnung des städtischen Arbeitsnachweises auf das Gastwirtsgewerbe die Unterstützung der öffentlichen Meinung, sowie der ehrenwerten Elemente im Gastwirts- und im Kellnerstande ganz anders aufrufen können, als ohne diese Erfahrungen.

Man wird die innere, sachliche Beziehung zwischen Arbeitsnachweis und Gewerbegericht dahin formulieren können, daß das Tätigkeitsobjekt für beide der Arbeitsvertrag ist: für jenen, der zustandekommende, für diesen der abgeschlossene (und verletzte). In gewisser Weise stehen sie zueinander wie die freiwillige und die Prozeßgerichtsbarkeit. In der älteren Gesetzgebung war vielfach von der freiwilligen Gerichtsbarkeit als von einer „Justizpolizei" die Rede; hierbei war die Polizei nicht als nachträglich verfolgende, sondern als fürsorglich vorbeugende Tätigkeit gedacht, und man ging von der Vorstellung aus, daß die Schaffung von Einrichtungen für den Abschluß von Verträgen, für die Führung der Grundbücher, für die Wahrnehmung der Mündelrechte u. s. w. eine Fürsorge gegen das Entstehen von Zivilprozessen enthalte (ähnlich wie die Kriminalpolizei, soweit sie auf Vorbeugung bedacht ist, das Entstehen von Strafprozessen verhütet). Allerdings steht der Arbeitsnachweis sachlich zum Arbeitsvertrage in anderen Beziehungen als die freiwillige Gerichtsbarkeit zu den Urkunden, die sie aufnimmt. Denn hier besteht die amtliche Aufgabe ausschließlich in der Beurkundung des Vertrages, dort im Zustandebringen. Hier beginnt die amtliche Tätigkeit erst, wenn die Parteien einig sind; dort ist sie damit beendet. Allein ganz abgesehen davon, daß nicht zu allen Zeiten die amtliche Urkundsperson sich von der Vermittlerrolle so frei gehalten hat wie heute, und daß in dem Ableger der freiwilligen Gerichtsbarkeit, in dem Notariat, sich eine Form erhalten hat, die auch heute noch in manchen Gegenden (Frankreich, Rheinlande) sich um das Zustandekommen des Geschäfts redlich abmüht, so kommt es uns hier zunächst nur auf den rein formalen Gesichtspunkt an, daß auch in der Justiz vermöge jahrhundertelanger Gewöhnung das Zustandekommen des Vertrages und der Prozeß aus dem Vertrage derselben oder verwandten Behörden unterstehen. Wird der Vergleich dadurch beeinträchtigt, daß die Tätigkeit des Arbeitsnachweises ganz besonders intensiv in die Sache eindringt, so steht dem andrerseits gegenüber, daß auch die Tätigkeit des Gewerbegerichts durch die Gesetzgebung selbst umfassender und tiefer angelegt ist, als die der gewöhnlichen Prozeßgerichte.

So gibt es denn einen Fall, in dem die Verwandtschaft der gewerbegerichtlichen Tätigkeit mit der des Arbeitsnachweises in vollem Umfange hervortritt: sobald das Gewerbegericht als Einigungsamt bei Streiks oder Aussperrungen fungiert. Hier dreht sich der Streit nicht wie im Prozeß um einen abgeschlossenen Arbeitsvertrag, sondern um die Bedingungen eines Arbeitsvertrages, der erst abgeschlossen werden soll. Hierbei macht es keinen Unterschied, ob der alte Arbeitsvertrag abgelaufen, ob er gebrochen ist oder ob er noch fortbesteht und die Parteien das Einigungsamt angerufen haben, um die Bedingungen der Fortsetzung von einem bestimmten Termine (dem Ablauf der Kündigungsfrist) an zu vereinbaren. Denn auch in dem letzteren Falle handelt es sich nicht um Auslegung eines vorhandenen, sondern um Abschließung eines neuen Arbeitsvertrages. Die Tätigkeit des Gewerbegerichts als Einigungsamt ist Arbeitsvertrags-Vermittlung, d. h. es ist dieselbe Tätigkeit, wie die des Arbeitsnachweises. Der Unterschied ist nur der, daß der Arbeitsnachweis in der Regel es als seine Hauptaufgabe zu betrachten haben wird, die füreinander geeigneten Personen ausfindig zu machen und die Vereinbarung der Bedingungen ihnen überlassen kann, während vor dem Einigungsamt die Personen sich bereits gefunden haben und die Vereinbarung der Bedingungen den Gegenstand der Verhandlung bildet. Allein diese Unterscheidung ist nicht wesentlicher Art. Im Wesen des Vermittlungsgeschäftes läge es vielmehr, dem Vermittler gerade auch in der Vereinbarung der Bedingungen — mögen sie sich einfach in einem Kaufpreis oder in Gestalt verwickelter Verabredungen darstellen — eine bedeutsame Rolle zuzuweisen. Tatsächlich spielt auch der Vermittler überall diese Rolle vom Grundstücks-Sensal bis zum Heiratsvermittler und bis zum „ehrlichen Makler“ der Diplomatie. Wenn der Arbeitsnachweis bis jetzt sich in der Regel noch genugsein läßt, die Personen aneinanderzubringen und davon Kenntnis zu nehmen, ob sie sich über die Bedingungen geeinigt haben oder nicht, so hängt dies mit der einstweiligen Unvollkommenheit der Einrichtung zusammen. So selten übrigens wie man gewöhnlich glaubt, sind auch jetzt schon die Fälle nicht, in denen der Nachweis auch in dieser Beziehung vermittelnd tätig ist. Die Anstalten z. B., die in der Dienstboten-Vermittlung erhebliche Erfolge aufzuweisen haben, haben sie auf keine andere Art errungen, als die gewerblichen Vermittler und haben sich ganz ebenso wie diese darum bemüht, einer Herrschaft klarzumachen, daß die Löhne gestiegen, daß der umschichtige Sonntag-Nachmittag pünktlich innezuhalten sei, sie haben ganz ebenso von auswärts kommende Köchinnen auf die ortsüblichen Löhne hingewiesen, ihnen im Einzelfalle zugeredet, daß eine gute Stelle nicht deswegen ausgeschlagen werden dürfe, weil ein Kind mit zu übernehmen sei u. s. w. u. s. w. (S. 163). Arbeitsnachweise, die Vermittlung nach außerhalb betreiben, werden am Telephon auf die Frage, ob sie zu einem Bau 20 Steinträger für 4 Mark bei 10stündiger Arbeitszeit stellen können, sich nicht mit der Antwort begnügen, daß die Steinträger am Platze sich nur auf 9 Stunden einlassen, und, wenn keine Rückäußerung erfolgt, die Angelegenheit damit als erledigt betrachten, nach dem juristisch allerdings unanfechtbaren Grundsatze, daß eine Annahme unter Änderungen als „Ablehnung verbunden mit einem neuen Antrage" gelte. Der Beamte wird vielmehr, wenn er den andern einmal am Telephondraht hat, ihn zu Bedingungen, die sich als billig darstellen, zu überreden suchen; er wird z. B. geeignetenfalls erwidern, erfahrene Arbeitgeber hätten sich dahin ausgesprochen, daß die Leute am Platze in 9 Stunden immer noch mehr leisten als andere in 10; er wird sich erbieten, mit den Steinträgern zu verhandeln, ob sie sich im Gefühl der Sicherheit auf eine Probezeit einlassen wollen, wenn nicht die letztere Frage dadurch beseitigt werden kann, daß ohnedies beide Teile mit Ausschluß der Kündigungsfrist einverstanden sind u. s. w. — Andrerseits ist auch die Vorstellung, daß für das Gewerbegericht als Einigungsamt die Personen gegeben seien, nicht in vollem Umfange richtig. Allerdings, wenn die Arbeiter einer Fabrik die Arbeit niederlegen, so sind die Personen gegeben und brauchen nicht gesucht zu werden. Allein bei einem Streik, der eine ganze Branche ergreift, hängt das Gelingen des Einigungswerkes weder ausschließlich, noch auch nur hauptsächlich von der Vereinigung der Anwesenden auf einer mittleren Linie ab, sondern in erster Linie davon, möglichst alle Arbeitgeber und Arbeiter der Branche zusammenzubringen. Vollends wenn ein Streik der Kupferschmiede mit einer Aussperrung aller Metallarbeiter beantwortet wird; wenn Maurer sich zu unrecht entlassen glauben und die vereinigten Bauarbeiter über den betreffenden Bau die Sperre verhängen, wenn der Bund der Bau-Arbeitgeber beschließt, bis zur Aufhebung dieser Sperre einen Teil der gesamten Bauarbeiterschaft aufs Pflaster zu setzen, — wenn in einer solchen Situation das Einigungsamt angerufen wird, so muß es seine erste Aufgabe darin erblicken, die Personen ausfindig zu machen, die für die Einigung in Betracht kommen. Für den Erfolg der Einigungsverhandlungen ist nicht gerade notwendig, daß alle bis auf den letzten Mann einbezogen werden; aber es müssen wenigstens die maßgebenden Firmen und die maßgebenden Arbeiterverbände mitwirken. Die Erschienenen und zum Frieden Geneigten werden, wenn sie mit den vorgeschlagenen Bedingungen einverstanden sind, ihre Zustimmung gleichwohl nicht erteilen, wenn nicht die Zustimmung ihrer Kollegen und Konkurrenten sicher ist. Ja auch der Fall kann sich ereignen, daß die Arbeitgeber höhere Löhne nur dann bewilligen wollen, wenn die gesamte Arbeiterschaft der Branche an der Erhöhung teilnimmt, weil nur dies ihnen eine Sicherheit gewährt, daß nicht eine neue Schmutzkonkurrenz am Platze sich bilde. Der Berliner Maurerstreik von 1899 hatte damit begonnen, daß die lokalorganisierten Gehilfen die Forderung stellten, den Stundenlohn von 60 Pfennigen für einen längeren Zeitraum festzulegen. Nachdem die Unternehmer diese Forderung abgelehnt hatten, erhoben die Zentralorganisierten die Forderung einer Lohnerhöhung auf 65 Pfennige. Diese letztere Forderung beantwortete der Bund der Arbeitgeber des Berliner Baugewerbes mit einer Aussperrung *aller* Gehilfen. Da in der schließlichen Einigung der Lohn auf 65 Pfennige festgesetzt wurde, so liegt hier in der Tat der Fall vor, daß einem Teile der Arbeiterschaft eine Lohnerhöhung aufgenötigt wurde. Im Einigungsamt kann unter Umständen der ganze Erfolg davon abhängen, daß die Parteien, die erschienen sind, sachgemäß erweitert, d. h. daß die Beteiligten, die am Zustandekommen ein Interesse haben, gesucht werden, wie im Vermittlungsgeschäft.

Allerdings bleibt die Verschiedenheit bestehen, daß der Arbeitsnachweis stets zwischen einzelnen Personen vermittelt, das Einigungsamt häufig zwischen großen Gruppen und Verbänden, ja sogar zwischen unbestimmten Personenkreisen. Allein diese Verschiedenheit besteht ebenso zwischen dem Einigungsamt und dem Gewerbegericht als Prozeßgericht. In dieser Beziehung ist das Einigungsamt in unserm öffentlichen Leben ein Novum. Es ist der erste Versuch, die großen sozialen *Gruppen*, die tatsächlich die Bedingungen des Arbeitsvertrages bestimmen, und die das Privatrecht bisher konsequent ignorierte, in Paragraphen zu bringen. Die Frage, ob diese Vermittlung Bestandteil der Arbeitsvermittlung sei und zu deren Kompetenz gehöre, ist vom Gesetzgeber durch seine Regelung nicht verneint worden, weil sie garnicht aufgeworfen war. Und sie konnte nicht aufgeworfen werden, weil in der Entstehungszeit der Entwürfe (1878—1880, 1890) die Arbeitsvermittlung als öffentliche Verwaltungseinrichtung noch beinahe unbekannt war. In der einzigen deutschen Großstadt, in der das Gewerbegericht keine Einigungsamts-Kompetenz hat, in Straßburg[1]), hat man in der Tat diese Vermittlung an die Arbeitsvermittlung angelehnt.

Daß die Vermittlung bei Streiks und Aussperrungen einen Teil des Arbeitsvermittlungs-Geschäfts erledigt, ist keineswegs bloß im Interesse einer theoretisch richtigen Kompetenzabgrenzung von Wichtigkeit; es hat auch seine praktisch bedeutsamen Folgen. Ist vor dem Gewerbegericht eine Platzordnung vereinbart, die Lohn, Arbeitszeit &c. für einen bestimmten geographischen Bezirk und für einen bestimmten Zeitabschnitt festsetzt, so hat der Arbeitsnachweis diesen Teil des Vermittlungsgeschäftes als von der zuständigen Behörde erledigt zu betrachten und zu respektieren; er hat also in solchen Fällen nur noch den anderen Teil der Arbeitsvermittlung, die Aneinanderbringung der Personen, zu besorgen und sie zu fragen, ob sie auf diese Bedingungen hin das Arbeitsverhältnis eingehen wollen oder nicht. Soweit die Platzordnung noch für Abmachungen der Parteien Raum läßt (z. B. wenn sie für den Lohn nur Minimal-, für die Arbeitszeit nur Maximalsätze enthält), ist auch für Vermittlung des Arbeitsnachweises Raum, darüber hinaus jedoch nicht. Dabei kann die Theorie, daß wirklich der Vergleich vor dem Einigungsamt auch nach geltendem Privatrecht schon einen rechtsgiltigen Vertrag enthalte, ganz auf sich beruhen bleiben. Vom Privatrecht und von Privatinteressen unabhängig, muß jene Respektierung schon aus Gründen der Einheitlichkeit und Kontinuität der Verwaltung erfolgen. Daß eine Gemeindebehörde sich tage- oder wochenlang abmüht, um eine Platzordnung zustande zu bringen, und dann eine andere Gemeindebehörde mit denen gemeinsame Sache macht, die die Platzordnung umstoßen wollen, ist unzulässig, auch wenn es kein geschriebenes Gesetz gibt, das es ausdrücklich untersagt. Was von Platzordnungen gilt, gilt ebenso von Schlichtungen für einzelne Betriebe. Ein Unterschied kann nur in Frage kommen, wenn ein Vergleich nicht erzielt wird und das Einigungsamt einen Schieds-

[1]) Vergleiche über die noch geltende französische Gesetzgebung: III. Buch, 8.

spruch abgegeben hat. Hier kann sich beispielsweise der Fall ereignen, daß eine Seite (Arbeitgeber oder Arbeiter) sich spaltet und nur ein Teil von ihr den Schiedsspruch annimmt, während der andere Teil ihn ablehnt. Proklamiert dann das Gewerbegericht seinen Schiedsspruch als angenommen und erklärt damit den negierenden Teil für eine quantité négligeable, so wird man wohl annehmen müssen, daß der Arbeitsnachweis auch an diese Auffassung gebunden ist (wenigstens dann und solange, wie ihr die Tatsachen nicht offenbar Unrecht geben). Verkündet das Gewerbegericht in einem solchen Falle den Schiedsspruch als abgelehnt, so könnte man vielleicht argumentieren, daß das Gesetz selbst ihn damit als aus der Welt geschafft bezeichnet. Allein ganz ignorieren läßt er sich doch auch nicht. Eine Behörde, die beide Teile angehört hat, hat sich darüber ausgesprochen was sie für angemessen hält; wenn nun ein Teil sich dem nicht fügen will, so ist doch daraus, daß das Gesetz ihm hierin volle Freiheit läßt, noch nicht zu folgern, daß eine andre Behörde angemessen handle, wenn sie sich in diesem Widerspruch zu seinem Bundesgenossen macht. Dreht sich beispielsweise der Streik darum, ob ein Versprechen gegeben war oder nicht, so kann doch nach festgestelltem Wortbruch der Arbeitsnachweis nicht die Partei des Wortbrüchigen ergreifen, bloß deswegen, weil dieser den Schiedsspruch ablehnt. Man würde ja sonst Gefahr laufen, daß in derartigen Fällen der störrische Teil dem Einigungsamt drohe, er brauche sich nur an den Arbeitsnachweis zu wenden, um dort Hilfe und Rückenstärkung zu erhalten. Eine Gemeinde, die gleichzeitig ein Gewerbegericht und einen Arbeitsnachweis einrichtet, würde für den Fall eines solchen Streiks ein Pferd vor den Wagen gespannt haben und eins dahinter. Tatsächlich ist ein solcher Fall bereits einmal zur Entscheidung gebracht und in obigem Sinne entschieden worden. Der Fall (S. 156) ist um so merkwürdiger, da es sich noch nicht einmal um eine Streitigkeit in demselben Orte handelte und die Entscheidung einstimmig erfolgte. — Hier mündet nun die weitere Frage ein, was geschehen soll, wenn ein Teil das Einigungsamt anruft, der andere Teil aber die Anrufung ablehnt. Es kann keinen grundsätzlichen Unterschied machen, ob jemand einen Schiedsspruch oder schon die Vorbereitungsmaßregeln dazu ablehnt. Ja, es kann Fälle geben, in denen die Ablehnung all und jeder

Verhandlung ärgerniserregender ist, als unter Umständen eine wohlerwogene Ablehnung eines Schiedsspruches. Gelangt man so zu dem Ergebnis, daß der kommunale Arbeitsnachweis in der Regel nicht wohl dem, der das Einigungsamt ablehnt, wird Hilfe leisten können, ohne die Einheitlichkeit der Verwaltung zu stören, so wäre damit vom Standpunkt der Verwaltungsinteressen die Beantwortung einer Frage gefunden, die, vom Standpunkte der Parteiinteressen aus betrachtet, unlösbar schien. Wie immer man auch über die Neutralität des Arbeitsnachweises gegenüber den streitenden Teilen denken, und wie man das Reglement gestalten mag: wenn ein Teil sich weigert, das kommunale Gewerbegericht anzurufen, so wird der kommunale Arbeitsnachweis ihn darin nicht bestärken dürfen. Es ist ein neckischer Zufall, daß der obenerwähnte Fall sich gerade bei einem Arbeitsnachweis ereignete, dem die Streik-Klausel von der Aufsichtsbehörde gestrichen war (S. 156). Das Fehlen einer ausdrücklichen Streik-Klausel für das Interesse der Parteien hat an der Notwendigkeit der ablehnenden Entscheidung im Interesse der Verwaltung nichts geändert.

Die Darlegung dieser Zusammenhänge ist nicht dahin aufzufassen, als ob sie für die Personalunion zwischen Gewerbegericht und Arbeitsnachweis zwingende Gründe hergeben sollte. Sie kann wohl dazu dienen, die historisch gewordene persönliche Verpflichtung mit einem sachlichen Inhalte zu erfüllen. Aber daraus allein, daß zwei Tätigkeitskreise einander verwandt und teilweise identisch sind, folgt an sich noch nicht, daß die Behördenkörper für sie in Personalunion zu gestalten sind. Die Gewerbegerichts-Beisitzer als Wählerkurien für den Arbeitsnachweis können durchaus nicht als ein Ideal gelten. Als Ideal muß vielmehr eine Gemeindeverfassung gelten, in der die allgemeinen Organe als Vertretung der gesamten Bevölkerung in einer Weise empfunden werden, daß es derartiger Sonder-Wahlkörper nicht bedarf. Das Frankfurt-Stuttgart-Eßlinger-System (S. 140), die Mitglieder der Deputation einfach durch die beiden Beisitzer-Kurien wählen zu lassen, beseitigt die Mängel der heutigen Gemeindeverfassung nicht, sondern verdeckt sie und ergänzt die Lücke für einen einzelnen Fall; es führt aber den neuen Mangel ein, daß hier eine Verwaltungsdeputation geschaffen wird, in der die Stadtverordneten als solche gar nicht vertreten sind. Das München-Charlottenburger-

System, das diesen Mangel zu beheben sucht, indem es, sich auf das tatsächlich lautgewordene Bedürfnis beschränkend, nur für die Arbeiter eine Wählerkurie schafft, die Arbeitgeber aber durch die Stadtverordneten wählen läßt, verdeckt den Mangel noch nicht einmal, sondern legt ihn mit einer Naivität dar, von der man sich billig wundern muß, daß sich ihrer noch kein Satiriker bemächtigt hat. Als Notbehelf freilich müssen uns diese Wählerkurien hoch willkommen sein. Auch gebe man sich nicht der Täuschung hin, daß eine bloße Änderung des kommunalen Wahlrechts genüge, um jene Mängel zu beseitigen und den Notbehelf entbehrlich zu machen. Mag man das Gemeinde-Wahlrecht noch so allgemein machen, es wird doch immer auf Gemeinde-Angehörige beschränkt sein müssen; und man mag die Gemeinde-Angehörigkeit noch so weitherzig definieren, eine gewisse Dauer des Aufenthalts oder der Ansässigkeit wird in der Definition immer enthalten sein müssen. Beides gibt den Besitzenden ein Übergewicht über die besitzlose und mehr fluktuierende Bevölkerung. Dazu kommt ein Schwergewicht der historischen Tradition, die in dem, an Örtlichkeit und bestimmte Personenkreise gebundenen, kommunalen Leben stärker und länger nachwirkt, als im Staate. Was fehlt denn beispielsweise dem heutigen hessischen Gemeinde-Wahlrecht so sehr viel an der Allgemeinheit? Man könnte von der Aufenthaltsdauer (zweijähriger Besitz des Unterstützungswohnsitzes) einen tüchtigen Abstrich verlangen; aber zu glauben, daß man die Verwaltung der Stadt Mainz damit einfach auf andre Schultern legen werde, wäre ein Irrtum, dem keine historische Erfahrung zur Seite stände. Hierzu wäre eine Umbildung der Ehrenämter, zuweilen eine Vermehrung der besoldeten Funktionen, zuweilen eine Verkleinerung der Amtsgeschäfte und eine Verteilung auf mehr Personen, vor allem aber eine gewisse Zeit zur Ausbildung neuer Kräfte erforderlich. Eine bloße Demokratisierung des Wahlrechts würde für sich allein die Umgestaltung noch nicht bewirken. Hat doch im alten Rom trotz aller Erfolge in der Wahl-G e s e t z g e b u n g die plebejische Demokratie sich in den wirklichen Besitz des erstrebten Amtes nur durch den ganz undemokratischen Ausweg bringen können, daß sie von der einen Konsulstelle die Patrizier staatsgrundgesetzlich ausschloß. — Weil wir für absehbare Zeit damit rechnen müssen, daß unsere Gemeindevertretungen, selbst wenn das Wahlrecht erheblich demokratisiert wird, als Vertretungen einer besitzenden Aristokratie empfunden werden, können wir für den Arbeitsnachweis den Notbehelf besonderer Wählerkurien, wie sie sich im Gewerbegericht darbieten, nicht entbehren. — Ähnliches wie von den Beisitzern gilt von der Personalunion im Vorsitz. Ist die Personalunion gegeben, so wird sie sich wegen der dargelegten Beziehungen der beiden Ämter zu beider Vorteil ausnutzen lassen. Daß an ihr aber grundsätzlich und für alle Zukunft festgehalten werden müsse, das ließe sich nicht begründen. Es kann jemand ein vortrefflicher Gewerberichter und gleichzeitig für die Leitung eines Arbeitsnachweises ganz ungeeignet sein. Namentlich wo der Vorsitzende des Gewerbegerichts von den Stadtverordneten gewählt wird, ist der Magistrats-Dirigent zuweilen in der Lage, an der Spitze eines städtischen Verwaltungszweiges einen Mann dulden zu müssen, den er nicht für geeignet hält. Er kann sich allerdings damit helfen, daß er von dem Deputations-Vorsitz das Dezernat abtrennt und dieses einer geeigneten Persönlichkeit überträgt (ein Ausweg, der sogar beschritten werden muß, wenn nicht ein Magistrats-Mitglied zum Gewerbegerichts-Vorsitzenden gewählt ist). Allein dieser Ausweg deckt nicht die ganze Verlegenheit. Der Dezernent ist in solchen Fällen nur die obere, nicht die unmittelbar verwaltende Instanz. Es bleibt immer noch die Möglichkeit, daß an dieser für die Zukunft einer Anstalt maßgebenden Stelle ein Ungeeigneter geduldet werden muß, bloß weil er Gewerberichter ist, oder daß an sie der Geeignete nicht gesetzt werden kann, entweder weil das Kollegium ihn nicht zum Gewerberichter wählen will, oder weil er in der Tat (was bei tüchtigen Verwaltungsmännern zuweilen vorkommt) sich zu richterlicher Tätigkeit weniger eignet. Hier kann die Personalunion unter Umständen größere Verlegenheiten hervorbringen, als bei den Beisitzern, weil bei diesen die Verbindung nur in der Zusammensetzung der Wählerkurien besteht und nicht hindert, die Wahl auch auf andere als Gewerbegerichts-Beisitzer zu lenken. Wenn bisher diese Schwierigkeiten sich in so hohem Maße noch nicht gezeigt haben, so liegt das darin, daß bis jetzt der Arbeitsnachweis in der Regel nur eine kleine und wenig bedeutende städtische Einrichtung ist. Will man aber zu der Frage Stellung nehmen, wie der Vorsitz zu regeln ist, wenn ein städtischer Arbeitsnachweis zur vollen Erfüllung seiner Funktionen gelangt, wenn er den gesamten Umsatz an Arbeitskräften vermittelt und dementsprechend eine umfangreiche Anstalt, ein ansehnlicher städtischer Verwaltungszweig wird: so darf der Vorsitz in dieser Verwaltungsdeputation nicht anders bestimmt werden wie in anderen. Wenn beispielsweise in der Magistratsverfassung nach der Städteordnung für die östlichen Provinzen Preußens der Bürgermeister den Vorsitz in den Deputationen bestimmt, so ist dieses Recht ein Glied in der Verteilung der Befugnisse zwischen dem Magistratskollegium und seinem Dirigenten. Wer diese Verteilung für unrichtig hält, mag eine andere anstreben. Solange sie aber besteht, ist es nicht weise gehandelt, einzelne Stücke aus ihr herauszureißen. Schon deswegen nicht, weil eine solche Abbröckelung von Rechten zu einer eifersüchtigen Hervorkehrung und Ausnutzung der übrig bleibenden Befugnisse führt, die dann wiederum Repressalien von der andern Seite zur Folge hat. Zu dem Rechte des Dirigenten, den Vorsitz in jeder Deputation zu bestimmen, gehört auch das Recht, diesen Vorsitz jederzeit selbst zu übernehmen. Hierauf beruht die Einheitlichkeit der Verwaltung auch unter der Magistratsverfassung. Nicht etwa in dem Sinne, als ob der Bürgermeister beständig mit einem ôte-toi, que je m'y mette drohte. Diese Befugnis ist wirksam, auch wenn sie nie ausgeübt oder angedroht wird; sie hat zur Folge, daß alle Deputations-Vorsitzenden ein Interesse daran haben, mit dem Bürgermeister in Fühlung zu stehen. Und weil dieser das weiß, kann er den Magistratsmitgliedern in vielen Dingen freie Hand lassen, wo er sonst auf seiner jedesmaligen Mitwirkung bestehen müßte. Wird dieses Gleichgewicht an *einem* Punkte gestört, so kann an allen eine Unruhe eintreten.

Bei vollkommener Ausbildung des Arbeitsnachweises wird diese Deputation eine Bedeutung gewinnen, bei der die Einheitlichkeit der Verwaltung ihr Recht gebieterisch fordern wird. Freilich werden dann auch Fragen, wie beispielsweise der Ausschluß von der Benutzung des Arbeitsnachweises, einen Eingriff in die Rechte der Persönlichkeit darstellen, der Garantien nach dieser Seite hin ebenso gebieterisch fordern wird. Ist dieser Zeitpunkt gekommen, so bietet sich vielleicht folgender Ausweg dar. Man regelt den Vorsitz in dieser Verwaltungsdeputation wie in jeder andern, sucht ihr überhaupt so wenig wie möglich eine Ausnahmestellung zu geben. Aber die Entscheidung streitiger Fälle wird ihr entzogen und dem Gewerbegericht als solchem übertragen. Hierzu wäre ein Akt der Gesetzgebung wenn auch nicht gerade unerläßlich, so doch wünschenswert. Es würde den Anfang zu einer dem Stoffe angemessen gestalteten Verwaltungs-Rechtsprechung in Streitsachen enthalten, die den Gegensatz zwischen Arbeitgebern und Arbeitern betreffen. — Der Hauptgrund übrigens, der für den Vorsitz des Gewerberichters angeführt wurde, daß er weder Arbeitgeber noch Arbeiter sei, steht heute nicht mehr mit derselben Sicherheit da, wie vor 10 Jahren. Damals war städticher Arbeitsnachweis identisch mit städtischem Arbeitsnachweis für gewerbliche Arbeiter. Inzwischen haben sich diese Anstalten auf Arbeiter aller Art erstreckt, und wenn auch ein Gewerberichter selten landwirtschaftlicher Arbeitgeber sein wird, so doch desto häufiger Arbeitgeber einer Köchin, eines Hausmädchens, und selbst als Junggeselle einer Aufwartefrau, und in allen diesen Eigenschaften (wirklicher oder möglicher) Benutzer des Arbeitsnachweises. Bei einer Anstalt, die sich auf jede Art von Arbeit erstreckt, wird es überhaupt nicht gut möglich sein, die genügende Anzahl von Vorsitzenden zu finden, die weder Arbeitgeber noch Arbeiter sind.

Für die Praxis der Gegenwart haben alle diese Einwände noch keine sehr große Bedeutung. Alle Beteiligten begnügen sich damit, den Gewerberichter als unparteiisch anzuerkennen. Wo die Errichtung eines Arbeitsnachweises dadurch befördert wird, daß ihm der Vorsitz statutarisch übertragen wird, soll es geschehen. Wo es nicht geschieht, wird man gut tun, in irgend einer Form festzustellen, daß der Vorsitzende des Arbeitsnachweises dieselben Garantien der Unabhängigkeit gewähren soll, wie der des Gewerbegerichts. Denn es wird damit immerhin der jungen Anstalt ein glückverheißendes Symbol in die Wiege gelegt.

Mit Armenpflege und Gewerbegericht sind die beiden Gemeindeeinrichtungen bezeichnet, aus denen der städtische Arbeitsnachweis und seine Organisation hervorgegangen sind. Nächstdem wird der Arbeitsnachweis zu allen Verwaltungseinrichtungen in Beziehung zu setzen sein, die, wie er, es mit Arbeitgebern und Arbeitern zu tun haben. Die wichtigsten unter ihnen sind die drei Arbeiterversicherungen.

Daß die Krankenkassen an ihren Mitgliederzahlen ein ganz hervorragendes Mittel besitzen, um das Auf- und Abwogen des Arbeitsmarktes zu verfolgen, ist bereits aus Anlaß der Berichterstattung an den „Arbeitsmarkt" dargelegt worden (S. 76). Gegenwärtig dürfte in den bedeutenderen Krankenkassen Deutschlands zum weitaus größten Teile die Zusammenstellung der Mitgliederziffer sofort am Monatsschluß und zu diesem Zwecke die tägliche Fortschreibung unter die regelmäßigen Verwaltungsaufgaben eingereiht sein. Die Unterscheidung nach Geschlechtern wird hierbei ziemlich allgemein sein. Die Unterscheidung nach zwangsweisen und freiwilligen Mitgliedern hat für den Arbeitsmarkt eine mehr begriffliche als praktische Bedeutung, kann aber immerhin, wo sie vorgenommen wird, dankbar begrüßt werden.

In der bisherigen Berichterstattung kommen noch nicht alle Beziehungen, die zwischen Krankenkassen und Arbeitsmarkt bestehen, zum Ausdruck. Der Überblick, den die Gesamt-Mitgliederzahlen über die Lage des Arbeitsmarktes gewähren, ist nur ein Überblick im rohen. Eine bedeutende Abnahme kann durch das Sinken eines einzelnen Geschäftszweiges herbeigeführt sein, während alle anderen blühen und umgekehrt. Die Mannigfaltigkeit der Kassenbildung, die Teilung der Orts-Krankenkassen nach Gewerben, die Verschiedenheit der Innungs- und Betriebskassen ermöglicht auch eine Gruppierung der Kassen nach Branchen. Die Gruppierung erfordert eine längere handschriftliche Vorbereitung, ehe sie dem Druck übergeben werden kann. Sobald diese Vorbereitungen vollendet sind, ist beabsichtigt, im „Arbeitsmarkt" die Ziffern über Steigen und Sinken in den wichtigsten Geschäftszweigen allmonatlich zu veröffentlichen. Schon eine Summenzahl, die aus 30 oder 40 Kassen an charakteristischen Orten gezogen ist, würde unter Umständen ein Urteil über die Lage eines Geschäftszweiges in Deutschland gestatten. Für den Gemeindebezirk selbst stellt schon jetzt die Stadt Aachen ihr Kassenverzeichnis in dieser Weise zusammen, indem es die Kassen nach folgenden Rubriken ordnet: Textil-, Nadel-, Maschinen-, Zigarrenindustrie, Übrige Gewerbe. — Inzwischen ist der Nachweis geführt worden, daß besser noch als die Zersplitterung, die Vereinheitlichung des Kassenwesens diesem Zwecke dienstbar gemacht werden kann. Es braucht kaum ausdrücklich gesagt zu werden, daß dieser Nachweis aus dem Orte stammt, der für die Wertschätzung des Zentralisierungsprinzips in der deutschen Krankenkassen-Verwaltung überhaupt maßgebend geworden ist: aus Leipzig. Seit Februar 1902 stellt die Orts-Krankenkasse Leipzig die Zu- oder Abnahme für folgende 12 Gewerbegruppen fest:

1. Steine und Erden, Bergbau, Baugewerbe. — 2. Metalle und Maschinen. — 3. Musikinstrumente. — 4. Holz- und Schnitzstoffe. — 5. Chemische Industrie, Leuchtstoffe, Fette und Öle, Textilindustrie. — 6. Land- und Forstwirtschaft, Gärtnerei, Nahrungsmittel. — 7. Bekleidung und Reinigung. — 8. Beherbergung und Erquickung. — 9. Papier, Leder, Gummi, Buchbinder. — 10. Tabak. — 11. Graphische Gewerbe. — 12. Handel, Versicherung, Verkehr, Bureau-Angestellte.

An den Grundsätzen der Gruppierung ist für den Fernerstehenden manches schwer verständlich. Ferner wäre für eine vollständige Beurteilung die Veröffentlichung auch der absoluten Mitgliederzahl erforderlich; denn es ist nicht gleichgiltig, ob eine Abnahme von 70 Mitgliedern sich auf eine Gruppe von 700 oder von 3000 Mitgliedern bezieht. Aber auch schon in ihrer gegenwärtigen Gestalt kann die Leipziger Tabelle zu lehrreichen Folgerungen benutzt werden, und es wäre erwünscht, daß andere größere Kassen und Gemeindeverwaltungen dem in geeigneter Rubrizierung nachfolgten. — Weit schwieriger sind die Anforderungen zu erfüllen, die umgekehrt die Krankenkassen an den Arbeitsnachweis zu stellen haben. Für keine Kategorie von Arbeitsuchenden ist das Bedürfnis nach Arbeitsnachweisen so groß, wie für diejenigen, deren Arbeitskraft durch Krankheit geschwächt ist; statt dessen sind aber alle Einrichtungen des Arbeitsmarktes fast ausschließlich auf die Kräftigsten zugeschnitten. Die Leipziger Vereinigung zur Fürsorge für kranke Arbeiter hat Spezialeinrichtungen hierfür zu schaffen gesucht: Listen der Arbeitsuchenden, Inserate, Aufsuchen besonders geeigneter Beschäftigung (z. B. bei Ärzten in Kurorten), Erlernen leichter Tätigkeit, Beschäftigung in einer Schreibstube, selbst unter Zuschuß des Vereins. Schließlich ist doch auch in Leipzig nichts übrig geblieben, als sich an die Armenpflege zu wenden, d. h. an der Lösung der Frage zu verzweifeln. Mit Versuchen, die vom Sanatorium Görbersdorf und vom Roten Kreuz ausgegangen sind, ist dann die Frage zunächst an die Heilstätten-Bewegung angeschlossen worden (s. u. S. 217). — Eine gemeinsame Aufgabe haben an vielen Orten Krankenkasse und Arbeitsnachweis an der Beschaffung eines gemeinsamen Gebäudes für diese beiden (sowie für manche sonstigen) Arbeiter-Einrichtungen. Namentlich die Meldungen und deren Kontrolle können hierdurch für beide Teile ganz bedeutend erleichtert werden.

Die Unfall- und die Invalidenversicherung stehen für jede Art der Materiallieferung zum Arbeitsnachweis anders als die Krankenkassen, da sie keine kommunale Organisation besitzen. Die Berufsgenossenschaften der Unfallversicherung sind frei zusammengetretene territoriale Verbände der einzelnen Berufsgruppen. Die Invalidenversicherung ist an die provinzialen Selbstverwaltungskörper, sowie an die kleineren Staaten in der Art angeschlossen, daß für jede Provinz (Staat, Mehrheit kleinerer Staaten) eine „Landes-Versicherungsanstalt" besteht. Die Gemeinde kommt hier nur als untere Verwaltungsbehörde in Betracht. Auch die halb kommunalen Rentenstellen, die die Novelle vom Jahre 1899 zugelassen hat, ändern hieran nichts, die Gemeinde bildet hier keinen Versicherungs-, sondern nur für einzelne Geschäfte einen Verwaltungsbezirk. Eine Ausnahme macht lediglich die Landes-Versicherungsanstalt Berlin, welche die (keinem Provinzialverbande angehörende) Stadt Berlin umfaßt. Hier haben sich auch in der Tat lebhafte Beziehungen zu Gunsten des Arbeitsnachweises entwickelt. Dr. Freund, der der Versicherungsanstalt präsidiert, ist gleichzeitig Vorsitzender des Zentralvereins für Arbeitsnachweis, der für Berlin die Stelle eines kommunalen Arbeitsnachweises vertritt. Von ihm ist der Gedanke ausgegangen, das Zahlenmaterial des Markenerlöses zu Rückschlüssen auf den Beschäftigungsgrad zu verwenden. Da für jede Arbeitswoche eine Marke geklebt wird, so gibt Steigen und Sinken der Einnahmen aus dem Markenerlös einen Maßstab, an dem Steigen und Sinken der Zahl der Arbeitswochen gemessen werden kann. Die Anstalt Berlin hatte Einnahmen aus dem Markenerlös (in tausenden Mk.)

	Januar	Februar	März	April	Mai	Juni	
1900	606	525	601	558	581	576	
1901	618	539	600	610	593	578	

	Juli	August	Septemb.	Oktober	Novemb.	Dezemb.	Insgesamt
1900	571	577	590	647	578	591	7001
1901	581	580	584	629	574	577	7063

Dies ergab im Krisenjahr 1901 im Vergleich zum Vorjahre mehr (+) oder weniger (—)

Jan.	Febr.	März	April	Mai	Juni	Juli	Aug.	Sept.	Okt.	Nov.	Dez.	Insgs.
+12	+14	—1	+52	+12	+2	+10	+3	—6	—18	—4	—14	+62

Das Jahr 1901 zeigte also zwar noch eine Zunahme. Diese fiel aber ausschließlich auf die ersten beiden Drittel des Jahres, während das letzte Drittel eine ununterbrochene Abnahme zeigte. In den ersten 6 Monaten des Jahres 1902 ergab der Markenerlös:

Januar	Februar	März	April	Mai	Juni
626	542	564	648	615	574

im Vergleich zu den entsprechenden Monaten 1901:

Januar	Februar	März	April	Mai	Juni
+8	+ 3	—36	+38	+22	—4
—25			+56		

Der Rückgang seit September 1901 setzte sich also bis März 1902 fort, machte aber im zweiten Vierteljahr 1902 einer mäßigen Steigerung Platz. Beides stimmte mit sonstigen Beobachtungen am Berliner Arbeitsmarkt. Indes ergab die Einsammlung der Zahlen von den 31 Versicherungsanstalten des ganzen Deutschen Reichs ein gänzlich anderes Bild. Für das Reich im ganzen betrugen die Einnahmen aus Markenerlös:

	Januar	Februar	März	April	Mai	Juni	
1900	8863	7780	9553	9785	10048	9616	
1901	10664	8465	9660	10420	9769	9945	
	+1801	+685	+107	+635	—279	+329	

	Juli	August	Septemb.	Oktober	Novemb.	Dezemb.	Insgesamt
1900	10134	9765	9953	11659	10444	10654	118254
1901	10862	10050	10043	12012	10372	10903	123165
	+728	+285	+ 90	+353	— 72	+249	+4911

Hier war also fast während des ganzen Jahres noch eine Zunahme zu bemerken. Dieses Verhältnis setzte sich in den ersten 6 Monaten 1902 fort:

Januar	Februar	März	April	Mai	Juni
10983	8943	9401	11455	10435	9952
+319	+478	—259	+1035	+666	+ 7
	+538			+1708	

Der Unterschied zwischen dem ganzen Charakter der Berliner Ziffern und des Reichsdurchschnittes hatte zwei klar zu Tage liegende Gründe. Berlin als die einzige rein städtische Anstalt brachte einen Niedergang des städtischen Arbeitsmarktes zu ungestörtem Ausdruck, während jede Stadt und Land zusammenfassende Anstalt in ihren Ziffern bereits einen Ausgleich zeigte. Ferner gehörte Berlin in der Tat zu den Plätzen, an denen die Arbeitslosigkeit einen besonders erheblichen Umfang angenommen hatte. Allein auch nach Berücksichtigung dieser Verschiedenheit bleibt die bloße Tatsache, daß in den anerkannt ungünstigen Jahren 1901 und 1902 im Deutschen Reich eine fortdauernde Steigerung des Markenerlöses stattgefunden hat, in hohem Maße auffallend. Die Redaktion des „Arbeitsmarkt" hat über die mutmaßlichen Gründe betr. 1901 s. Z. bei den Landes-Versicherungsanstalten Umfrage gehalten und das Ergebnis veröffentlicht:

Unter den eingegangenen Antworten hebt sich zunächst die der Versicherungsanstalt für das Königreich Sachsen ab. Diese Anstalt hatte von Anfang an den Standpunkt eingenommen, daß der Markenerlös einen Rückschluß auf die Lage des Arbeitsmarktes überhaupt nicht gestatte, da Arbeitswoche und Beitragsentrichtung nicht zusammenfallen, insbesondere nicht in ihrem Anstaltsbezirk, wo das Einzugsverfahren durch Krankenkassen vollständig durchgeführt ist. Die Anstalt erblickte darin, daß das Jahr 1901 trotz der Ungunst der Lage noch eine Erhöhung des Markenerlöses aufweise, eine Bestätigung ihrer Ansicht von der leichten Verschiebbarkeit des Erlöses. — Einen entgegengesetzten Standpunkt nahmen andere Anstalten ein, die in der Tat meinten, daß in ihrem Anstaltsbezirk die Lage nicht ungünstig gewesen sei, und daß der Markenerlös dies zum Ausdruck bringe. So wies Württemberg auf Einwirkungen des milden Winters hin und sah seine Meinung von der in Württemberg im allgemeinen nicht ungünstigen Lage durch die fortgesetzte Steigerung zu Anfang des Jahres 1902 bestätigt. In Thüringen hat einzelnen Symptomen des Niederganges in einer wichtigen Industrie, der

Weberei, in letzter Zeit eine ziemlich reichliche Beschäftigung gegenübergestanden. Im Großherzogtum Hessen stand das günstige Ergebnis des Markenerlöses im Einklang mit dem Ergebnis, das auch sonst durch „eingehende Erhebungen" gefunden wurde; durch eine lebhafte Bautätigkeit standen auch die damit zusammenhängenden Gewerbe günstig da. Ein Beispiel davon, wie in kleineren Bezirken einzelne große Bauten wirken können, gab die Versicherungsanstalt Schwaben und Neuburg, die darauf aufmerksam machte, daß durch die Neubauten der Farbwerke Höchst a. M. und des Kanalbaues bei Gersthofen etwa 1000 Arbeiter mehr als sonst in der Gegend beschäftigt waren. Hiermit ist aber auch der Kreis der Anstalten, die an eine relativ günstige Lage des Jahres 1901 in den Anstaltsbezirken glaubten, erschöpft. Im allgemeinen wurde darauf hingewiesen, daß die Ungunst der Zeit nicht in Arbeitslosigkeit, sondern in Arbeitszeit-Verkürzung zum Ausdruck gekommen sei, die eine Verringerung des Markenerlöses nicht zur Folge habe. Nur eine Anstalt (Württemberg) geht so weit, anzunehmen, daß auch die freiwillige Weiterversicherung in der Zeit der Arbeitslosigkeit eine erhebliche Rolle spiele, während andere Anstalten diesem Umstande eine geringere Bedeutung beilegen.

Nahezu allgemein war jedoch der Hinweis darauf, daß die Neuerungen des Invalidenversicherungsgesetzes, wiewohl sie bereits während des ganzen Jahres 1900 in Gesetzeskraft waren, dennoch tatsächlich sich im Laufe des Jahres 1901 erst vollständiger einlebten. Das gilt zunächst von der Einführung einer 5. Lohnklasse (Westfalen legt dem wegen der dortigen hohen Löhne eine besondere Bedeutung bei) und der Ausdehnung der Versicherungspflicht, z. T. (wie Lehrer und Erzieher) auf Personen, die man nicht zur Arbeiterbevölkerung rechnet; sodann von der Einführung der Kontrollierungspflicht (§ 161) statt des früheren bloßen Kontrollierungsrechtes. Ferner die neue Vorschrift (§ 34, Abs. 5), wonach ein fest verabredeter Wochen- oder Monatslohn ꝛc. eine höhere Lohnklasse als die durchschnittliche bedingen kann. Indem die Neuerungen mit verbesserter Kontrolle allmählich durchgeführt wurden, verursachten sie im Laufe des Jahres 1901 nachträgliche Einklebungen; infolge dessen wurde vielfach doppelt — zuerst die falschen und dann die richtigen Marken — geklebt (Unterfranken). Legt man der Rechnung nicht die Höhe des Erlöses, sondern die Zahl der verkauften Marken (Arbeitswochen) zu Grunde, so ist diese in Elsaß-Lothringen von 14425813 Stück in 1900 auf 14470725 Stück in 1901 hinaufgegangen, also nur um 44912 Stück gestiegen, während die Steigerung in 1900 noch 219648 und in den beiden weiteren Vorjahren 1899 und 1898 jeweils über 600000 Stück betragen hat. In Hannover hat in der Tat einem Mehrerlös an Geld eine Minderzahl von Marken gegenübergestanden; hier ist offensichtlich, daß man nur aus der Zahl der Marken selbst und nicht indirekt aus der bloßen Geldsumme einen Rückschluß auf die Arbeitswochen machen kann. Freilich hat nicht überall die neue Lohnklasse V diese Entwicklung durchgemacht. So geht in den Hansestädten der Mehrerlös ganz und gar nicht auf diese, sondern nur auf I, II und IV zurück. Es betrug hier die Einnahme (in tausenden Mark) in Lohnklasse:

	I	II	III	IV	V
1900	232	1178	4293	6096	2130
1901	493	1416	4253	6738	1637
	+	+	−	+	−

Bemerkenswert ist in diesem Zusammenhang noch, daß in Brandenburg der Erlös mit 6568000 Mark zwar über das Vorjahr hinausgeht, aber hinter dem Voranschlag von 6900000 Mark zurückbleibt, also weniger anstieg, als nach sachverständiger Schätzung angenommen wurde. — Sehr verschieden bemessen die Anstalten den Einfluß der neuen Vorschriften (§ 146), wonach versäumte Beiträge nicht mehr unbeschränkt, sondern nur bis zu 2 (höchstens 4) Jahren rückwärts nachgeholt werden dürfen. Während Rheinprovinz annimmt, daß infolgedessen weniger Nachholungen stattfanden, und auf den Erlös mindernd eingewirkt wurde, sind umgekehrt Niederbayern und Oberpfalz überzeugt, daß infolge der neuen Vorschrift mehr als früher auf pünktliche Zahlung gehalten wurde und sie also auf den Erlös vermehrend wirkte.

Einen maßgebenden Einfluß legen die Landes-Versicherungsanstalten den Übergangsmonaten bei. Wegen der mit dem 1. Januar 1900 beginnenden Unterscheidung zwischen Gemeinlast und Sonderlast war Ende 1899 besonders stark auf Einziehung der Beiträge gehalten worden, ebenso wie auch das Publikum mehr bereit war, rechtzeitig zu kleben, um alle Zweifel wegen Anwendbarkeit der neuen Vorschriften zu vermeiden. Infolgedessen zeigten die Monate Januar und Februar 1900 eine besonders niedrige Einnahme, so daß im Vergleich zu ihnen die entsprechenden Monate 1901 eine Mehreinnahme zeigen mußten, selbst wenn sie wirtschaftlich ungünstiger waren. Allein so weit kann man nicht gehen, daß man den Mehrerlös dieses Jahres auf diese beiden Monate allein zurückführt. Dieses Moment war in der ursprünglichen Aufstellung keineswegs übersehen. Immerhin verdienen die auf das ganze Reich sich erstreckenden Ausführungen von Oldenburg in dieser Beziehung erhebliche Beachtung.

Schwer kontrollierbar ist das, was einzelne Anstalten über den Einfluß der erhöhten Sätze für die ortsüblichen Tagelöhne ausführen. Von Reichswegen sind diese erhöhten Sätze erst für den 1. Januar 1902 zusammengestellt und veröffentlicht. Es scheint, daß dieselben aber vielfach bereits im Laufe des Jahres 1901 und zwar in den verschiedenen Reichsteilen zu ganz verschiedenen Zeiten in Kraft getreten sind (Krankenversicherungsgesetz § 8).

Wir lassen nunmehr einige Ausführungen in wörtlichen Auszügen folgen:

Hannover. Im Jahre 1901 sind an Marken gegen das Vorjahr verwendet:

mehr in II. Lohnkl.	75386	Stck.	z.	Werte	v.	15077,20	M.
„ V. „	191029	„	„	„	„	68770,44	„
zusammen	266415	„			=	83847,64	„
weniger in I. Lohnkl.	154479	„	„	„	v.	21627,06	M.
„ III. „	72530	„	„	„	„	17407,20	„
„ IV. „	43105	„	„	„	„	12931,50	„
zusammen	270114	„			=	51965,76	„

so daß zwar eine Mehreinnahme von rund 32000 Mark erzielt ist, die Zahl der verwendeten Marken sich aber verringert hat. Diese Mehreinnahme ist also wesentlich durch Marken der V. Lohnklasse entstanden, welche — wie wir vermuten — zum größten Teile von solchen Personen aufgebraucht sind, die nach dem alten Gesetze nicht versicherungspflichtig waren und zu den Arbeitern im eigentlichen Sinne des Wortes nicht zu rechnen sind. Im Jahre 1900 ist zwar gegen das Jahr 1899 auch bei der I. und IV. Lohnklasse ein Rückgang eingetreten, doch hat sich die Gesamtzahl der verwendeten Marken um rund 867000 Stück vermehrt. Auch in den vorhergehenden Jahren ist die Markenverwendung von Jahr zu Jahr gestiegen. Wir glauben danach mit ziemlicher Gewißheit annehmen zu können, daß auch im Jahre 1901 eine weitere Steigerung des Markenverbrauchs eingetreten sein würde, wenn eine gleiche Arbeitsgelegenheit wie in früheren Jahren sich geboten hätte.

Oberpfalz und Regensburg. Unser Markenerlös im Jahre 1901 hat gegenüber dem des Jahres 1900 ein Plus von nur circa 3000 Mark ergeben. Die ungünstigen Verhältnisse des Jahres 1901 haben zwar auch in unserem Anstaltsbezirk einzelne Industriebetriebe, wie vor allem die Glasschleif- und Polierwerke, Emailgeschirrfabriken, ungünstig beeinflußt, doch eine weitgehende Arbeitslosigkeit nicht hervorgerufen. Die vielfachen Bemühungen seitens des Staates und der Gemeinden, Arbeitsgelegenheit durch Ausführung von Bauten ꝛc. zu verschaffen, sind nicht erfolglos geblieben. Es ist Tatsache, daß für eine Anzahl der unständigen Versicherten immer noch vielfach Markenverwendung unterblieb, hierin aber nunmehr nach und nach eine Besserung eintritt, weil Markenverwendung auf frühere Zeiten zurück nach § 146 des Gesetzes vom 13. Juli 1899 nur mehr auf zwei Jahre zurück zulässig ist, die Kontrolle mehr und mehr umfangreicher vorgenommen wird und auch auf Seite der nicht beständig beschäftigten Versicherten das Verständnis für die Wohltaten des Gesetzes wächst. — Eine Mehrung unserer Einnahmen aus Beiträgen ist sodann auch darauf zurückzuführen, daß ab 1. Juli und 1. September 1901 der durchschnittliche Jahresarbeitsverdienst der in der Land- und Forstwirtschaft beschäftigten männlichen Arbeiter über 16 Jahren, und der ortsübliche Tagelohn gewöhnlicher Arbeiter erhöht wurde und hiermit vielfach erhöhte Beiträge zu entrichten waren. — Wir rechnen für 1902 auf eine weitere Steigerung der Jahreseinnahmen aus Beiträgen.

Oldenburg. Unseres Erachtens ist der unerwartet starke Zuwachs, den der Erlös aus dem Markenverkauf im Jahre 1901 gegenüber den Vorjahren zeigt, zu einem ganz wesentlichen Teile und zwar vermutlich etwa zur Hälfte, darauf zurückzuführen, daß vor dem Inkrafttreten der Novelle Anfang 1900 von den Versicherungsanstalten mit größerem oder geringerem Erfolge der Versuch gemacht ist, auf die Entrichtung der für 1899 zu leistenden Beiträge vor Ablauf des Jahres hinzuwirken. Infolgedessen wies das Jahr 1899, insbesondere der Dezember desselben, einen sehr erheblichen Mehrerlös auf, während die Einnahme des Jahres 1900 während der ersten Monate bei den meisten Anstalten gegenüber dem Vorjahre zurückblieb. Ende 1900 fehlte eine ähnliche Einwirkung auf die Beitragsentrichtung. Die Folge davon war, daß ein nicht unerheblicher Teil der Beiträge für die letzten Monate des Jahres 1900 erst während der ersten Monate des Jahres 1901 zur Verwendung gelangte und zu einer beträchtlichen Steigerung des Markenerlöses während dieser Monate im Vergleich zu denselben Monaten des Jahres 1900 führte. — Besonders stark machte sich diese Erscheinung bei den Anstalten geltend, in deren Bezirken die Beiträge durch Einzugsstellen (Krankenkassen u. s. w.) eingezogen werden. Dort ist die nachträgliche Erhebung der Beiträge und der Markenankauf nach Abschluß der Beitragserhebung üblich und es erfolgt daher der Markenankauf in der Regel erst beträchtlich später als die Arbeitsleistung. Andrerseits konnten die Versicherungs-Anstalten aus naheliegenden Gründen auf die Geschäftsführung der Einzugsstellen stärker einwirken, als auf das Verfahren der einzelnen Arbeitgeber. — So ist denn der Mehrerlös in den Monaten Januar und Februar 1901 ein besonders großer gewesen, vorzugsweise aber bei den Anstalten Königreich Sachsen, Württemberg, Baden, Großherzogtum Hessen, Braunschweig und Hansestädte, welche überwiegend das Einzugsverfahren haben, außerdem in der Rheinprovinz, in welcher es wenigstens in nicht unerheblichem Umfange vorkommt. Diese Anstalten nahmen nach den in No. 5 des „Arbeitsmarkt" mitgeteilten Zahlen in den genannten beiden Monaten des Jahres 1901 2 071 000 M. mehr ein als 1900, die übrigen in der Nachweisung aufgeführten Anstalten 322 000 M.

Thüringen. In der Beitragseinnahme des Jahres 1899 sind mindestens 200 000 M. enthalten, die bei normalem Gang der Geschäfte erst im Jahre 1900 zur Abführung gelangt sein würden. Die Bestimmung des neuen Gesetzes, wonach 4/10 der Beitragseinnahme dem Gesamtvermögen zuzuführen sind, hat uns seinerzeit veranlaßt, die sämtlichen Krankenkassen unseres Bezirks, durch deren Mitwirkung im wesentlichen die Beitragserhebung hierzulande erfolgt, zu veranlassen, die Beitragseinnahmen für die letzten Monate des Jahres, die sonst erfahrungsgemäß erst in den ersten Monaten des folgenden Jahres zum Umsatz in Marken gelangen, noch im alten Jahre zum Ankauf von Marken zu verwenden. Hierdurch erklärt sich zum Teil die bedeutende Steigerung der Beitragseinnahme im Jahre 1899 um rund 341 000 M. gegen das Vorjahr und der Rückgang im Jahre 1900 um rund 229 000 M. Rechnet man von der Einnahme des Jahres 1899 200 000 M. als Voreinnahme aus dem Jahre 1900 der Einnahme dieses letzteren Jahres zu, so ergibt sich für die letzten 3 Jahre folgendes Zahlenbild:

1899	2 954 531,46	M.	141 478,38	M. mehr
1900	3 125 172,92	„	170 641,46	„ „
1901	3 160 125,22	„	34 942,30	„ „

Danach ist die Mehreinnahme im Jahre 1901 nicht so bedeutend, als es bei oberflächlicher Betrachtung der absoluten Zahlen scheint. Die wirkliche Mehreinnahme wird zudem fast vollständig erklärt durch die Zunahme der versicherungspflichtigen Bevölkerung. Wie die Volkszählungen ergeben haben, beträgt der Zuwachs pro Jahr durchschnittlich etwas über 1 %.

Das Gesamtergebnis der Kritik läßt sich etwa wie folgt zusammenfassen. Die hauptsächlichsten Einwände richten sich dagegen, daß das Jahr 1901 noch unter den Einwirkungen der Übergangszeit stand, teils weil die Erhöhungen des neuen Gesetzes erst in diesem Jahre sich mehr einlebten, teils auch, weil der Beginn von 1900 Abnormitäten aufgewiesen hatte. Diesen Umständen ist zweifellos eine erhebliche Bedeutung beizulegen. Man kann daher aus dem erhöhten Markenerlös im Jahre 1901 keineswegs folgern, daß dieses Jahr allen sonst vorhandenen Meinungen zum Trotz günstiger gewesen sein sollte, als das Jahr 1900. Allein diese Folgerung hatte auch niemand gezogen. Soviel dürfte trotz aller jener Einwände bestehen bleiben, daß der verhältnismäßig günstige Markenerlös als ein doch immerhin beachtenswertes Gegenmoment anzusehen ist. Wäre das Jahr 1901 eine Zeit des tiefsten Niederganges, wie etwa das Jahr 1873 gewesen, so wären alle jene kleinen Momente nicht stark genug gewesen, um einen gewaltigen Rückgang aus dem Markenerlöse zu verhüten. — Sehr viel allgemeinerer Natur sind aber die Ausführungen über das Verhältnis von Markenerlös und Markenzahl. Diese liefern allerdings den Beweis, daß die Statistik des Markenerlöses unter allen Umständen einer Ergänzung durch eine Statistik der Markenzahl bedarf. Bis jetzt teilt die Reichspostverwaltung für die einzelnen Anstalten den Erlös monatlich nur in einer Gesamtziffer mit; nach Markenklassen geordnet jedoch erst am Schlusse des Jahres. Bei der großen Bedeutung, die die Markenzahl für die Erkenntnis der Lage des Arbeitsmarktes besitzt, wäre es in hohem Grade wünschenswert, wenn die Reichspostverwaltung sich entschlösse, auch diese Ziffern sofort beim Monatsschluß mitzuteilen.

Die Frage also, ob die Invalidenversicherung imstande ist, brauchbares Material zur Beurteilung der Lage des Arbeitsmarktes zu gewähren, kann nach diesem ersten Versuche keineswegs ohne weiteres verneint werden. Es ist vielmehr anzunehmen, daß die mit dem 1. Januar 1900 in Kraft getretenen Neuerungen zwar eine längere Zeit des Einlebens erfordern, als man ursprünglich annahm, daß aber nach Ablauf einer mehrjährigen Übergangszeit die Ziffern eine erhöhte Empfindlichkeit gegen die Schwankungen des Arbeitsmarktes zeigen werden. Wird sodann durchgesetzt, daß neben der Ziffer des Erlöses auch die Zahl der verkauften Marken aus jeder Lohnklasse seitens der Postverwaltung mitgeteilt wird, so ist nicht nur ein verbesserter Maßstab für die Zahl der Arbeitswochen, sondern gleichzeitig auch ein Anhalt zur Beurteilung der Veränderungen im Lohnniveau zu erwarten.

Außerdem gibt aber das Berliner Ergebnis einen Fingerzeig zur Nutzbarmachung für einen einzelnen Gemeindebezirk. Da die Veränderungen auf dem städtischen und auf dem ländlichen Arbeitsmarkt sich gegenseitig auslöschen können, so hat jede Stadtverwaltung ein Interesse daran, zu erfahren, wie viel Marken in ihrem Bezirk verwendet werden. Im Königreich Sachsen, wo die Verwendung der Marken durchweg den Krankenkassen übertragen ist, wäre die Ausführung besonders leicht. Ähnlich in Württemberg durch die „Gemeindebehörden für die Arbeiterversicherung", in Baden, Hessen, Hamburg. Ebenso in Städten, die die Beitragserhebung durch Krankenkassen, durch Hebestellen u. s. w. im Wege des Ortsstatuts eingeführt haben, wie Bonn, Hildesheim u. a. m. Die Stadt Hagen i. W. hat im Jahre 1901 aus Anlaß einer Umfrage über die Krisis auch von der dortigen Postverwaltung den Markenerlös der Invalidenversicherung erbeten und erhalten. Charlottenburg bezieht diese Mitteilungen regelmäßig am Schlusse jeden Monats und behandelt sie als einen Bestandteil der fortlaufenden aktenmäßigen Berichterstattung über die Lage des Arbeitsmarktes. Alle so gewonnenen Ziffern können einen erhöhten Wert gewinnen, wenn sie sich erst zu langen Jahresreihen ausgewachsen haben. —

Die Berufsgenossenschaften bringen zwar nirgends Material hervor, das den augenblicklichen Stand widerspiegeln könnte. Der ganze Aufbau der Unfallversicherung, wonach die Renten von der Post verauslagt und die Beiträge erst am Ende des Jahres auf die Mitglieder umgelegt werden, bringt es mit sich, daß Zahlen, die auf augenblickliche Veränderungen des Marktes Rückschlüsse gestatteten, hierbei nicht entstehen. Für Schwankungen größerer Zeiträume enthalten die Archive der Berufsgenossenschaften an Personenzahlen und Lohnsummen Materialien, die bei allen aus der Verschiedenheit des Zweckes hergeleiteten Bedenken doch auch hierfür von der größten Wichtigkeit wären. Aber auch Zahlen, die sich auf ein ganzes Jahr beziehen, sind nur dann brauchbar, wenn sie sofort bei Abschluß des Jahres veröffentlicht werden. Gegenwärtig findet die Veröffentlichung teils garnicht, teils so spät statt, daß sie durch die Ereignisse bereits überholt ist.

Auf der andern Seite gehören die Dienste, die der Arbeitsnachweis der Unfall- und der Invalidenversicherung leisten könnte, gerade seiner am wenigsten entwickelten Seite an: dem Arbeitsnachweis für Minder-Qualifizierte. Dies zeigt sich hier noch in viel höherem Maße und vor allem in viel schrofferer Art als gegenüber den Krankenkassen. Denn bei diesen handelt es sich meistens um vorübergehend Kranke. Aber dem Manne, dem eine Maschine einen Arm abgehackt hat, wird auf dem Arbeitsnachweis rundweg erklärt, daß für ihn endgiltig nichts zu haben sei; er ist vom Arbeitsnachweis so gut wie ausgeschlossen. Auch tun die Arbeitsnachweise bisher nichts und können einstweilen nichts tun, um für Arbeiter, die in Gefahr der Invalidität stehen, durch Auswahl und Ermittlung geeigneter Arbeit diese Gefahr zu vermindern. In dem Entwurfe der Unfallnovelle war eine Bestimmung enthalten, die den Berufsgenossenschaften ausdrücklich die Kompetenz geben wollte, Arbeitsnachweise einzurichten. Diese Bestimmung ist abgelehnt worden, und zwar mit Recht. Denn da die Unfallversicherung ausschließlich auf Beiträgen der Unternehmer beruht und auch ausschließlich von ihnen verwaltet wird, so kann ihren Berufsgenossenschaften der Arbeitsnachweis nicht übertragen werden; und die Klausel, daß „die Arbeiter in gleichem Umfange wie die Arbeitgeber an der Verwaltung zu beteiligen sind", hätte keineswegs genügt, um diese Bedenken zu zerstreuen, da die Art, wie „die" Arbeiter Vertreter wählen, und wie der Vorsitz geregelt werden soll, nicht angegeben war. Der Gedanke, daß eine Vereinigung von Berufsgenossen an sich die richtige Stelle sein müsse, um innerhalb dieses Berufes Angebot und Nachfrage in ganz Deutschland auszugleichen, stammt aus einer Zeit, wo es eine entsprechende Bewegung auf dem Gebiete des allgemeinen Arbeitsnachweises noch nicht gab (wie sich denn auch die Regierung darauf berief, daß sie nur einer Anregung bei der Beratung der früheren Entwürfe Folge geleistet habe). In den letzten fünf Jahren hat sich aber die Richtung zum interlokalen Verkehr der allgemeinen Arbeitsnachweise so deutlich entschieden, daß hier die allgemeine Ausgleichsstelle der Zukunft zu suchen ist. Zu einer Zeit, als die allgemeinen Arbeitsnachweise noch rein örtlich waren, hätte die Einrichtung derartiger Berufs-Nachweise als eine Vorbereitung der Zentralisierung gelten können; heute könnte sie nur als eine Störung derselben betrachtet werden. Denn auch das ist ein Irrtum zu glauben, daß im großen und ganzen jedes Gewerbe einen geschlossenen Personenkreis beschäftige. Die Speditions-, Speicherei- und Kellerei-Berufsgenossenschaft kann sich die größte Mühe geben, Spediteure ausfindig zu machen, die Kutscher brauchen, während eine schnell zunehmende Bautätigkeit sie für die Steinfuhrwerke in Masse sucht. Die Maschinenbauer wissen ihre Schlosser nicht unterzubringen, während die Eisenbahn-Reparaturwerkstätten sie ganz gut gebrauchen könnten. Die Nebentätigkeiten nehmen einen immer größeren Umfang an. Böttcher sind in der Brauerei-Berufsgenossenschaft in Massen versichert, Metallarbeiter im Textilgewerbe als Reparateure für Textilmaschinen. Krupps Gußstahlfabrik und die Leinenweberei von Grünfeld versichern Setzer, weil sie für ihre Geschäfts-Drucksachen umfangreiche eigene Buchdruckereien unterhalten. Es ist schwer zu sagen, wo heute noch die Geschlossenheit die Regel bildet, wo das Hinüberfluten. Sicher aber ist das letztere die Hauptsache in solchen Zeiten, in denen ein Berufszweig von einer Krisis ergriffen wird; und gerade diese wären für einen zentralen Ausgleichs-

Arbeitsnachweis die eigentlichen Wirksamkeits-Perioden. In solchen Zeiten wird jede Zentralisierung scheitern, die sich auf eine Berufsgruppe beschränkt; und einer allgemeinen Ausgleichsstelle würden diese einzelnen ihr Geschäft unsäglich erschweren, wenn nicht unmöglich machen.

So entschieden daher jede Zentralisierung des Arbeitsnachweises durch die Berufsgenossenschaften abzulehnen ist, so wenig soll doch übersehen werden, daß für jenes eng begrenzte, aber sehr wichtige Gebiet der Minder-Qualifizierten sich ihr ein Tätigkeitsfeld eröffnet. Die Organisation, die dem Unfallverletzten Rente zu zahlen hat, hat ein Interesse daran, ihm etwas zu beschaffen, was mehr wert ist als Rente: geeignete Arbeitsgelegenheit. Aber auch ein Arbeitsnachweis für Unfallverletzte darf die gleichmäßige Beteiligung von Arbeitgebern und Arbeitern, sowie die korrekte Regelung des Wahlrechtes nicht gering schätzen. Daß der Berliner „Verein für Unfallverletzte" bei seiner Begründung im Jahre 1899 nicht von vornherein eine paritätische Organisation von Unternehmern und Arbeitern schuf, ist wohl mit daran schuld gewesen, daß man von einer Tätigkeit dieses Vereins auf dem Gebiete des Arbeitsnachweises bisher nichts gehört hat (wiewohl er ueuerdings in Form von Arbeitsgewährung in eigenen Werkstätten — Bürstenbinderei — Erfolge aufzuweisen hat). Wenn derartige Arbeitsnachweise für Unfallverletzte nicht unter völliger Gleichberechtigung von frei erwählten Arbeitervertretern verwaltet werden, so werden sie dasselbe Schicksal haben wie die Krankenhäuser der Berufsgenossenschaften, die trotz aller medizinischen Erfolge den Namen der „Rentenquetschen" nicht wieder los geworden sind. Es kommt in diesen Dingen eben nicht bloß auf das an, was geleistet wird, sondern auch darauf, wie es geleistet wird.

Ein Arbeitsnachweis für Unfallverletzte ist übrigens nicht auf einen Schlag zustandezubringen. Die Frage, welche Arbeiten für Menschen, denen einzelne Gliedmaßen fehlen, vorhanden sind, ist noch niemals zum Gegenstande umfassenden Nachdenkens gemacht worden. Man müßte suchen, hierfür zunächst ein Register zu bekommen. Die häufigsten Verletzungen sind aus den Akten der Berufsgenossenschaften festzustellen. Dieses Register müßte an Großindustrielle, Handwerker, Landwirte, Arbeiter aller dieser Kategorien, Vertreter freier Berufe, insbesondere auch an Ärzte und Verwaltungsmänner

(Gewerbeinspektoren) in größtem Umfange verschickt werden mit der Aufforderung, das Register auf das genaueste durchzugehen und bei jeder Rubrik die Beschäftigungen anzugeben, die für einen derartigen Unfall-Verletzten in Betracht kämen. Die Durchsicht eines derartigen Registers ist aber eine so wenig einladende Arbeit, daß die Empfänger, wenn man nicht mit einer besondern Legitimation kommt, die Erledigung mittels Papierkorb vorziehen werden. Schon für diese vorbereitenden Schritte wird daher eine paritätische Organisation von Berufsgenossenschaften und Versicherten unter unparteiischem Vorsitz erforderlich sein. Staats- und Kommunalbehörden müßten ihre Betriebe zur Beantwortung anweisen. Verwaltungszweige, bei denen derartige Erfahrungen vorauszusetzen sind, wie z. B. das Versorgungs-Departement im Kriegsministerium, müßten für den Gegenstand interessiert werden. Aber auch mit Anwendung aller dieser Hilfsmittel ist von einer solchen vorbereitenden Umfrage nicht wesentlich mehr zu erhoffen, als daß man die Adressen erhält, an die nunmehr die genaueren Anfragen gerichtet werden können. Bevor das Unternehmen auf derartig breiter Basis begründet wird, werden aber noch viele Vorurteile zu überwinden sein. Auf seiten der Unternehmer ist der Sinn für die praktische Bedeutung theoretisch beginnender Untersuchungen noch nicht hinreichend verbreitet. Auf seiten der Arbeiter wird in ihren organisierten Vertretungen diese Bedeutung im allgemeinen zwar anerkannt; aber gerade in *diesem* Plane werden sie vielfach ein gegen das Arbeiterinteresse gerichtetes Unternehmen erblicken, welches dem Arbeitsmarkte billige Kräfte zuführe, die ihm ohne diese Veranstaltung entzogen bleiben. Diese Anschauung ist jedoch nicht richtig. Fern bleibt der verstümmelte Arbeiter dem Arbeitsmarkt doch nicht, wenn er noch Erwerbsfähigkeit zur Ergänzung seiner Rente besitzt. Je mehr er von der Schwierigkeit, eine Beschäftigung zu finden, überzeugt ist, desto tiefer steigt er in seinen Lohnansprüchen herab. Jedes Mittel, diese wirr suchenden Arbeitskräfte gerade solchen Stellen zuzuführen, an denen ihre Arbeitskraft noch geeignete Verwendung finden kann, erhöht ihre Ansprüche und vermindert ihre Bedeutung als Lohndrücker. Gelingt es, einen Arbeitsnachweis für Unfall-Verletzte zustandezubringen, so kann es sich zwar einmal ereignen, daß in einer Fabrik, in der einige Maschinen auch von Einarmigen bedient werden können, stellensuchende Arbeiter über die Krüppel klagen, die, gestützt auf ihre kleine Unfallrente, ihnen das Brot wegnehmen. Allein, wenn durch den neuen Arbeitsnachweis die Krüppel systematisch hierher geführt werden, so ist an all den Orten, an denen sie sich sonst systemlos aufgedrängt hätten, der Arbeitsmarkt von ihnen entlastet. Man darf sich nicht an jene Erscheinung allein halten; man muß vielmehr diese mit in Betracht ziehen und zu einem Urteil darüber gelangen, was für den Arbeitsmarkt drückender ist. Und da ist es vollkommen irrtümlich, zu glauben, daß der Krüppel desto weniger gefährlich sei, je schwerer es ihm gelingt, eine geeignete Beschäftigung zu finden. In allen Fragen, die mit dem Arbeitsnachweis für Minder-Qualifizierte zusammenhängen, ist es erste Voraussetzung richtigen Verständnisses, sich klar zu machen, daß der Minder-Qualifizierte für die Rüstigen gerade deswegen eine Gefahr ist, weil und insofern er minderqualifiziert und infolge dessen geneigt ist, mit bescheideneren Ansprüchen vorliebzunehmen. Er verzichtet nicht bloß auf einen Teil des Lohnes, sondern sucht auch, was ihm an körperlicher Kraft und Geschicklichkeit fehlt, durch längere Arbeitszeit, durch mühseligeres Arbeiten, durch größere Gefälligkeit und selbst Unterwürfigkeit wieder auszugleichen. So erweist er sich als Konkurrent gerade da am gefährlichsten, wo er sich auf eine Tätigkeit wirft, für die er am ungeeignetsten ist. Selbstverständlich muß diesem Satze die Einschränkung hinzugefügt werden, daß es sich immerhin um eine Tätigkeit handeln muß, in der er überhaupt noch etwas leisten kann. Allein diese Einschränkung hat in der Praxis fast nur den Wert eines logischen Vorbehalts. Ich kannte eine kleine Stadt, in der Unzufriedenheit mit der Briefbestellung herrschte, so daß vielfach kaufmännische Firmen und einzelne Familien sich zusammentaten, um private Postboten anzunehmen, die die Briefe für sie von der am äußersten Ende der Stadt gelegenen Postanstalt abholten. Diese Boten waren sämtlich lahm. Sie übernahmen auch Botengänge in die Umgegend. Infolgedessen war der Stand des Botenlohnes an diesem Orte auffallend niedrig. Kein Arbeiter, der im Besitz zweier gesunder Beine war, konnte mit ihnen konkurrieren. Als die Stadt Telegraphenleitung bekam, wurde von dem Postvorsteher zum Austragen der Depeschen ein Hilfsbote angenommen, der ebenfalls lahm war. Niemals ist aus der Stadt eine Beschwerde darüber gekommen. Man war die hinkenden Boten gewohnt. Übrigens rühmte man ihre Zuverlässigkeit. Hätte es eine Veranstaltung gegeben, diesen lahmen Leuten eine Tätigkeit zu schaffen, in der sie durch die Lahmheit weniger gehindert würden, sie würden dort weniger auf den Arbeitsmarkt gedrückt haben.

Bei den Unfall-Verletzten kommt allerdings noch der besondere Gegengrund hinzu, daß die Höhe der Rente von dem Grade der Erwerbsfähigkeit abhängig ist. Je besser der Arbeitsnachweis für Unfall-Verletzte organisiert ist, desto geringer werden die Ärzte die Verminderung der Erwerbsfähigkeit zu bemessen sich gewöhnen. Unterhaltskosten, die vom Unternehmertum der Arbeiterschaft zuflossen, müßten dann wieder zum Teil von ihr erarbeitet werden. Allein eine solche Argumentation, wie man sie wohl zuweilen hört, sollten wenigstens die denkenden Köpfe in der Arbeiterschaft als ihrer nicht würdig ansehen. Die Unfallversicherung soll dem Verletzten den Schaden ersetzen, der ihm durch den Unfall erwachsen ist. Wie hoch oder wie niedrig der Schaden zu bemessen ist, ist zu schätzen unter Berücksichtigung aller in Betracht kommenden Umstände. Wer dem Arbeitsnachweis für Unfall-Verletzte abhold ist, müßte ebenso den Fortschritten der Chirurgie zürnen, weil auch diese häufig dem Verletzten die Arbeitskraft wiedergibt, den Rentenanspruch verkürzt oder aufhebt und damit Unterhaltskosten, die sonst das Unternehmertum aufzubringen hätte, von der Arbeiterschaft wieder erarbeiten läßt. Ja, die Fortschritte der Chirurgie geben sogar die Möglichkeit, die schon bewilligte Rente zu kürzen, während eine Verbesserung des Arbeitsnachweises doch höchstens im Wege allmählicher Entwicklung auf die Art der Schätzungen einwirken könnte. Wenn ferner die Arbeiterschaft eine Verbesserung ihrer Lage von einer verbesserten Organisation des Arbeitsmarktes erwartet, so darf sie die Anarchie des Arbeitsmarktes nicht gerade da zu erhalten wünschen, wo sie (übrigens, wie wir gesehen haben, mit unrecht) einen Vorteil davon zu haben meint. Endlich darf doch auch das Interesse des armen Krüppels selbst nicht unbeachtet bleiben. Dieses aber erfordert zunächst, daß alles geschieht, um ihm die Erwerbsfähigkeit wiederzugeben. Ein Mann im erwerbsfähigen Alter ohne Tätigkeit ist ein Unglück nicht nur für sich, sondern auch für seine Familie. So oft auch das Sprichwort vom Müßiggang als aller Laster Anfang mißbraucht worden ist, um aufreibenden Arbeitszeiten den Schein der Berechtigung oder gar der Erziehung zur Tugend zu geben, richtig bleibt der Satz dennoch. Der Arbeiter wende nicht ein, daß ja die Kapitalsanhäufung und der Rentengenuß alltägliche Erscheinungen in den besitzenden Klassen seien, ohne daß diesen die Sittenprediger dasselbe Sprichwort vorhalten; weshalb man denn also, wenn einmal ein Arbeiter von einer Rente leben könne, die sittlichen Gefahren betone. Einmal beruht der Kapitalismus mit seinen Renten auf einer jahrtausendelangen Entwicklung, die gewisse Gegengewichte schon automatisch wirkend angebracht hat (z. B. wirkt die Verwaltung eines großen Kapitals schon an sich einigermaßen beschäftigend). Sodann aber sind auch hier die Folgen des Müßiggangs dadurch nicht beseitigt, daß man sie teilweise ungepredigt läßt. Und schließlich ziemt es der Weltanschauung, die den Kapitalismus verwirft, nicht, sich gerade in dieser Beziehung auf ihn zu berufen. Mit der zunehmenden Zahl der Rentenempfänger wird diese Frage eine stets steigende Wichtigkeit erlangen, auch unter dem Gesichtspunkte des Vorbildes, das der Familienvater seinen Kindern gewährt. Daß Kindern, die einen arbeits**un**fähigen Vater haben, das Vorbild väterlicher Arbeitsamkeit entgeht, ist ein unabänderliches Schicksal. Daß aber ein Vater, für den es irgend welche geeignete Arbeit gibt, im besten Mannesalter das Vorbild der Untätigkeit gewähren muß, bloß damit die Berufsgenossenschaft keine Rentenersparnis habe, das würde heißen: nicht den Nutzen der Arbeiter, sondern den Schaden der Unternehmer zum leitenden Gesichtspunkte machen. Daß die Rente klein ist, und daß also der müßig gehende Vater die Familie auch noch darben sieht, ist ein Grund mehr, diesen Zustand nach Möglichkeit zu beseitigen. Der Arbeitsnachweis für Unfallverletzte liegt keineswegs bloß im fiskalischen Interesse der Berufsgenossenschaften (auf deren Rentenkosten er vielmehr erst in der Zukunft und auch dann nur langsam und gering einwirken könnte), sondern namentlich im Interesse der Verletzten und sogar ihrer gesunden Konkurrenten auf dem Arbeitsmarkte.

Bei diesem Zusammenhange zwischen Arbeitsnachweis und Unfallversicherung wird daraus, daß eine einschlägige Bestimmung vom Reichstage gestrichen wurde, noch nicht zu folgern sein, daß den Berufsgenossenschaften nunmehr diese Kompetenz gänzlich fehle. In der Beschränkung auf Unfall-Verletzte kann die Verwendung von Geldmitteln für Arbeitsnachweis-Zwecke keinem Bedenken unterliegen. Für den Verband der Berufsgenossenschaften läge in der Übernahme jener vorbereitenden umfassenden Enquete (allerdings von vornherein in der genannten paritätischen Art) eine würdige Aufgabe.

Unter anderen Gesichtspunkten ist neuerdings die Invalidenversicherung dem Problem der Arbeit für Minder-Qualifizierte näher gerückt. Die Versicherungsanstalten sind befugt, zur Abwendung oder Beseitigung der Invaliditätsgefahr ein Heilverfahren eintreten zu lassen. Von diesem Rechte machen sie durch Einweisung in Krankenhäuser und Genesungsheime einen steigenden Gebrauch. Hierbei aber stoßen sie auf die der heutigen Medizin ganz geläufige Tatsache, daß unter Umständen die Arbeit selbst ein Heilmittel sein kann; und zwar ist in einem gewissen Stadium der Genesung gleichzeitig die ungeeignete Arbeit das schwerste Hindernis, die geeignete die beste Förderung auf dem noch zurückzulegenden Teile des Weges zur völligen Gesundung. In solchen Fällen gehört es also zu den unmittelbaren Aufgaben der Versicherungsanstalt, auch für diese Art von Arbeit zu sorgen. Die gegenwärtige Fassung des Gesetzes ist einer solchen Auffassung durchaus günstig. Zur Abwendung der Invaliditätsgefahr gibt das Gesetz (§ 18) der Anstalt die Befugnis, ein Heilverfahren „in dem ihr geeignet erscheinenden Umfang" eintreten zu lassen. Noch deutlicher drückt sich das Gesetz in dem andern Fall aus (§ 47), wo die Invalidität schon vorhanden ist und es sich darum handelt, sie zu beseitigen. Hier macht das Gesetz das Verfahren von der Annahme abhängig, daß der Rentner bei Durchführung eines Heilverfahrens „die Erwerbsfähigkeit wieder erlangen werde", und gibt der Anstalt das Recht, das Heilverfahren „zu diesem Zweck" eintreten zu lassen. Hier wird als Ziel des Heilverfahrens die Erwerbsfähigkeit ausdrücklich genannt. Indem statt eines auf die körperliche Gesundheit bezüglichen Wortes der Ausdruck Erwerbsfähigkeit, d. h. eine gleichzeitig dem Wirtschaftsleben angehörige Bezeichnung gewählt ist, werden die Versicherungsanstalten noch deutlicher auf den Zusammenhang zwischen Heilung und Arbeit hingewiesen. Jedenfalls kann nach der weiten Fassung des gesetzlichen Wortlautes nicht der geringste Zweifel darüber bestehen, daß Veranstaltungen, die den Zweck verfolgen,

Genesenden geeignete Arbeit zu verschaffen, aus den Mitteln der Versicherungsanstalt bestritten werden dürfen. Die Landes-Versicherungsanstalt Hannover hat eine solche Veranstaltung auch bereits in Angriff genommen. Um Pfleglingen, die in einer Heilstätte für Lungenkranke Heilung gefunden haben, den Übergang zur Arbeit im Berufsleben zu erleichtern, hat diese Anstalt den Bauernhof Stübeckshorn im Kreise Soltau auf 30 Jahre gepachtet und daselbst eine „Erholungsstätte" begründet. Sie ist für männliche Lungenkranke bestimmt, die so weit gefördert sind, daß sie mindestens 4 Stunden täglich leichte Arbeit verrichten können. In der Regel werden nur solche in Betracht kommen, die wenigstens 8 Wochen die Ruhe einer Heilstätte bereits genossen haben. Das Altenteiler-Haus auf dem Hofe kann 12 Pfleglinge aufnehmen, ein weiteres Wohnhaus für 50 Pfleglinge nebst Tagesräumen, Eßsaal und Bädern wird von der Anstalt errichtet. Die Ärzte der Provinz sind in einem Rundschreiben auf die Durchgangsstation aufmerksam gemacht und ersucht worden, sich über die einzelnen Anwärter auch dahin auszusprechen, in welche Arbeitsklasse (zwischen 4 und 8 Stunden) sie nach ärztlichem Gutachten eingereiht werden können. Da diese landwirtschaftliche Durchgangsstation voraussichtlich in nächster Zeit mehrfach Nachahmung finden wird, so seien aus dem genannten Rundschreiben die wichtigsten Punkte hervorgehoben:

Der fragliche Hof, angeblich der Stammsitz des alten Sachsenherzogs-Geschlechts der Billunge, 9 km von Soltau an der alten Heerstraße nach Lüneburg, landschaftlich schön gelegen, ist von etwa 3000 Morgen Kiefernwaldungen umgeben; etwa 300 Morgen Ackerland und Wiesen gehören dazu. Der meist leichte Sandboden ist leicht zu bearbeiten und eignet sich gut zum Gemüsebau. Das Jahrhunderte alte große Wohnhaus ist zur Wohnung für den Vorsteher der Erholungsstätte eingerichtet, enthält Küche und Verwaltungsräume und die Stallungen für 20 Kühe und 4 Pferde. Große Schweineställe ermöglichen auch eine ausgedehnte Schweinezucht. . . . Es soll auf dem Hofe außer den für den eigenen Bedarf nötigen Getreidearten und Früchten namentlich der Bedarf an Kartoffeln, und, soweit möglich, auch an Gemüsen für die übrigen 4 Genesungshäuser der Versicherungsanstalt gebaut werden. Der zur Beschäftigung der Pfleglinge besonders eignete Gemüsebau soll vorzugsweise getrieben werden; Konserven- und Präserven-Fabriken, die den Absatz sichern, sind in der Nähe, und reichlicher Dünger von dem nicht zu weit entfernt liegenden großen Truppenübungsplatze Munster ist zu haben. Anlage von Baumschulen und Anlage einer Handelsgärtnerei (Samenhandel) ist für später ins Auge gefaßt. In Stübeckshorn sollen nun zunächst Aufnahme finden: 1. Tuberkulöse Lungenkranke, die bis dahin in einer Heilstätte waren, keinen Auswurf oder doch keine Bazillen im Auswurf mehr haben, selbstverständlich nicht mehr fiebern und nicht an Durchfall leiden. 2. Nicht tuberkulöse Lungenkranke, die nicht in einer Heilstätte waren (Lungenkatarrhe, Rekonvaleszenten nach Lungenentzündung). Für getrennte Schlafräume dieser beiden Kategorien ist gesorgt. Sämtliche Aufzunehmenden müssen fähig sein, landwirtschaftliche Arbeiten zu verrichten und sich hierzu bereit erklären. Die Pfleglinge erhalten während ihres Aufenthalts in Stübecksborn freie Station mit einer der Kost in den Heilstätten ähnlichen kräftigen Verpflegung, Kleidung (ohne Zwang), Familienunterstützung und für jede Arbeitsstunde 10 Pf. Der Lohn wird auf Wunsch der Pfleglinge wöchentlich an die Familienangehörigen gesandt, sonst erst bei der Entlassung des Pfleglings diesem ausgezahlt.

Der enge Zusammenhang zwischen Invaliditätsverhütung und Arbeitsbeschaffung ist überwiegend an dem Beispiel der Lungenkrankheiten erkannt, weil bis jetzt nur diese in großem Umfange von den Versicherungsanstalten zum Gegenstande der Bekämpfung gemacht worden sind. Es gibt aber andere Krankheiten, bei denen dieser Zusammenhang mindestens ebenso zwingend ist. Es sei hier nur an das große Heer der Nervenkrankheiten erinnert, bei denen in ganz demselben Maße ungeeignete Arbeit zerrüttet, geeignete heilt. Mehr oder minder ist dies bei fast allen schweren Krankheiten der Fall, die eine lange Ausdehnung der Genesungszeit erfordern. Die Versicherungsanstalt Berlin hat an die Arbeiter-Heilstätte Beelitz, die getrennte Unterkunftsräume für Schwindsüchtige und für andere Kranke enthält, Werkstattgebäude angeschlossen, in denen Tischler- und Schlosserarbeit unter gesundheitlich günstigen Bedingungen getrieben werden kann. Die Gärtnerei der Anstalt wird dazu verwendet, um den Pfleglingen Unterricht in gärtnerischen Arbeiten zu erteilen und ihnen so einen ärztlich geforderten Berufswechsel zu erleichtern.

Das Gelingen des Arbeitsnachweises für Minder-Qualifizierte hängt schließlich wie jede Spezialität auf diesem Gebiete von den Fortschritten des Arbeitsnachweises überhaupt ab. Auch hierin teilt die Arbeitsvermittlung jene Eigentümlichkeit des Vermittlungsgeschäftes, daß die Wahrscheinlichkeit, für irgend eine Spezialität den gesuchten Partner zu finden, mit der Größe des Umsatzes steigt, d. h. mit der zunehmenden Organisierung und Zentralisierung. Wer den Arbeitsnachweis für Minder-Qualifizierte erstrebt, kann kaum etwas Besseres tun, als die Bewegung zur Organisierung des allgemeinen Arbeitsnachweises über ganz Deutschland hin unterstützen. Die Invalidenversicherung ist auch hierzu nach Lage der Gesetzgebung befugt, insoweit es sich um Kapitalsanlagen handelt. Das Gesetz geht von der Voraussetzung aus, daß die Hebung des allgemeinen Lebens-Niveaus der Arbeiterbevölkerung eine wirksame Invaliditätsverhütung darstellt. Schon das alte Gesetz war im Vergleich zu anderen ähnlichen Gesetzen ziemlich weitherzig, wenn es gestattete, von der Vorschrift mündelsicherer Kapitals-Anlagen bis zu 1/4 des Vermögens abzuweichen. Das neue Gesetz (§ 164 Absatz 3) ist noch weiter gegangen und hat die Befugnis (unter Verstärkung der Genehmigungs-Erfordernisse) bis auf die Hälfte des Vermögens ausgedehnt. Unter den Anlagezwecken, die so bedacht werden dürfen, sind allgemein aufgeführt „solche Veranstaltungen, welche ausschließlich oder überwiegend der versicherungspflichtigen Bevölkerung zugute kommen". Hierbei ist kein bestimmter Zinsfuß vorgeschrieben, und die Beförderung derartiger Veranstaltungen geschieht in der Tat dadurch, daß ihnen das Kapital zu einem besonders niedrigen Zinsfuße gewährt wird. Auf Grund dieser Bestimmungen hat die Versicherungsanstalt Berlin eine Million Mark in einem Grundstück angelegt, das dem Zentralverein für Arbeitsnachweis verpachtet wird. Die Pacht wird so berechnet, daß der Grundwert sich mit 3%, der Bauwert mit 2½% verzinst und in Zukunft auch für den letzteren Teil eine 3%ige Verzinsung in Aussicht genommen ist. Der Zentralverein besitzt juristische Persönlichkeit, und ein Zuschuß der Stadtgemeinde von 20000 Mark jährlich gewährt Sicherheit für die Zahlung der Pachtsumme. Das Gebäude bietet Raum für die männliche, die weibliche Abteilung, für sämtliche Fach-Arbeitsnachweise, für eine Kantine, für Dienstwohnungen, Beratungsräume rc. Das Gebäude befindet sich im Mittelpunkte der Stadt (in der Gormannstraße in der Nähe des Alexanderplatzes). Mit seiner Eröffnung, die auf den 1. Oktober 1902 festgesetzt ist, wird voraussichtlich für die Reichshauptstadt eine neue Epoche in der Entwicklung des Arbeitsnachweises beginnen. — Die Nachahmung dieses Beispiels an anderen Orten wird allerdings insofern auf Schwierigkeiten stoßen, als jede andere Versicherungsanstalt mehrere Arbeitsnachweise in ihrem Bezirke haben wird. Allein die kleineren Ortschaften werden sich kaum über Ungerechtigkeit beklagen können, wenn man eine Unterstützung, die ihnen einstweilen nicht nottut, nur den großen Plätzen gewährt. Am wenigsten dann, wenn die Unterstützung dem Hauptorte mit unter dem Gesichtspunkte gewährt wird, daß hier der Ansatz zu einer Zentralisierung des Arbeitsnachweises für das ganze Land (Provinz) geschaffen werden soll. Die Landes-Versicherungsanstalten können sich um die Sache des Arbeitsnachweises ein großes und dauerndes Verdienst erwerben, wenn unter ihrer Mitwirkung in jeder Hauptstadt ein Arbeitsnachweis-Gebäude entsteht. Wenn auch große Teile dieser Gebäude einstweilen zu anderen Zwecken verwendet oder vermietet werden, so ist es für die Würdigung, die ein aufkommender Verwaltungszweig bei den Zeitgenossen findet, nicht gleichgiltig, ob er sich in einem festen, ihm gewidmeten und nach ihm benannten Gebäude befindet, oder ob er in Mietsräumen untergebracht wird. Es hat noch nie einen angesehenen Verwaltungszweig gegeben, der auf das Hilfsmittel architektonischer Repräsentation hätte verzichten können.

Die Arbeitslosen-Fürsorge ist heute als Bestandteil der öffentlichen, insbesondere der kommunalen Verwaltung in gewisser Weise anerkannt. Bis in die 60er Jahre war die Ansicht fast allgemein, daß die Verwaltung von einer bestehenden Arbeitslosigkeit überhaupt nicht Kenntnis zu nehmen habe; sie habe es vielmehr nur mit den einzelnen arbeitslosen Personen zu tun und von jeder einzelnen lediglich zu prüfen, ob sie einen Anspruch auf Armenunterstützung habe. Dabei blieb die Frage, ob jemand im Vollbesitz seiner körperlichen Kräfte gleichwohl Unterstützung verlangen könne, weil er keine Arbeit finde, grundsätzlich unentschieden. Derselbe Armenpfleger, der einem solchem Bittsteller die Tür wies, mit der stereotypen Begründung: „Wer arbeiten will, der findet auch Arbeit", gab das Gesuch eines andern, dessen Verhältnisse er persönlich genauer kannte, mit erfolgreicher Befürwortung weiter. Als etwa im Laufe der 70er und 80er Jahre die Anforderungen, die die städtischen Armenverwaltungen an sich stellten, strenger wurden, als man anfing die tatsächliche Unmöglichkeit der Selbsternährung als allgemeinen Rechtsgrund für die Armenunterstützung aufzufassen, mußte man zwar auch die einzelne Person, die arbeiten wollte und keine Arbeit fand, als unterstützungsberechtigt anerkennen. Sowie aber die Arbeitslosigkeit als allgemeinere Erscheinung auftrat, wurde den Armenverwaltungen vor den Konsequenzen dieses Grundsatzes angst und bange. Andrerseits war auch die Arbeiterbevölkerung, die inzwischen in den Großstädten in das politische Leben eingetreten war, keineswegs mehr geneigt, das, was bei einer massenweisen Arbeitslosigkeit geschehen sollte, als massenweise Armenunterstützung zu verlangen. Bei praktischen Anlässen hatten beide Teile ein Interesse daran, eine Art stillschweigenden Kompromisses einzugehen: was hier und da für die Arbeitslosen geschah, wurde als etwas Außerordentliches, keinem Ressort eigentlich Angehöriges behandelt. Als zu Anfang der neunziger Jahre Deutschland eine zusammenhängende wirtschaftlich ungünstige Periode von 1891 bis 1894 erlebte, war die Umwandlung der Anschauungen so weit vorgeschritten, daß man sich mit dem Gedanken befreundete, aus massenweiser Arbeitslosigkeit einen Anlaß zu ordnungsmäßiger Verwaltungstätigkeit zu entnehmen.

Von allen Einrichtungen, die damals in den Städten zur Bekämpfung der Arbeitslosigkeit getroffen wurden, hat sich nur eine Bahn gebrochen und über ganz Deutschland verbreitet: der Arbeitsnachweis. Allein der Arbeitsnachweis als Verwaltungseinrichtung ist nicht unter Arbeitslosen-Fürsorge zu rubrizieren. Stellt man sich den Arbeitsnachweis als gut fungierende und allgemein benutzte Verwaltungseinrichtung vor, so wird es die Regel bilden, daß der noch in Stellung befindliche Arbeiter sich auf dem Arbeitsnachweis meldet, so daß nach Ablauf der Kündigungsfrist sich Stelle an Stelle schließt; und es darf dann nur die Ausnahme sein, daß der Arbeitsnachweis auch mit solchen zu tun hat, die schon arbeitslos sind. Ebensowenig wie der Getreidemarkt in dem Kapitel von der Hungersnot seinen Platz findet, wiewohl er allerdings im Falle einer Hungersnot besonders dringend aufgesucht wird, ebensowenig kann man dem Arbeitsnachweis unter dem Rubrum Arbeitslosen-Fürsorge seinen Platz anweisen, bloß deswegen, weil er in Fällen massenhafter Arbeitslosigkeit eine besondere Bedeutung gewinnt. Der Arbeitsnachweis als eine beginnende und erst in Durchringung begriffene Einrichtung wird allerdings gegenwärtig meistens erst dann aufgesucht, wenn die Not am größten ist. Auch wird das Verhältnis des Arbeitsuchenden zu den ausgeschriebenen offenen Stellen als ein leidlich guter Maßstab angesehen, um die Arbeitslosigkeit zu messen, so daß man jene Verhältniszahl auch kurzweg als Arbeitslosen-Andrang bezeichnet. Allein daß alle Arbeiter, die auf den Arbeitsnachweis kommen, arbeitslos sind, daran ist schon heute nicht mehr zu denken. In Freiburg i. B., wo bei jeder Meldung der Sachverhalt festgestellt wird, waren zur Zeit des Gesuchs

im Jahre 1898 von 11914 stellenlos : 6320 = 53,0 %.
„ „ 1899 „ 11353 „ : 4012 = 35,5 %.
„ „ 1900 „ 11894 „ : 4622 = 38,9 %.

Es soll hierbei kein besonderes Gewicht darauf gelegt werden, daß nach den Ziffern dieser drei Jahre die Zahl der Stellenlosen zurückzugehen, der Anteil der in Stellung befindlichen zu steigen scheint (unter den veränderten wirtschaftlichen Verhältnissen kann leicht inzwischen schon das Gegenteil eingetreten sein). Die Zahlen sollen nur so viel beweisen, daß es schon heute nichts auffallendes hat, wenn auf einem Arbeitsnachweise von den eingetragenen Arbeitern die Hälfte oder gar zwei Drittel nicht arbeitslos sind. Von der Gesamtbedeutung eines Arbeitsnachweises entfällt auf das Kapitel Arbeitslosen-Fürsorge ein desto größerer Teil, je unvollkommener er ist. Je besser er ausgestattet ist, je engmaschiger das Netz der Arbeitsnachweise in einem Lande, je umfangreicher und schneller das Vermittlungsgeschäft sich abwickelt, desto mehr wird dieses System ein Bestandteil des regelmäßigen Wirtschaftslebens, woneben seine Bedeutung für die Fälle außerordentlicher Massen-Arbeitslosigkeit immer mehr zurücktritt (auch wenn sie, absolut angesehen, größer wird).

Mit der Forderung, den Arbeitsnachweis als notwendigen Bestandteil der öffentlichen Verwaltung anzuerkennen, wäre es unvereinbar, ihn unter die außerordentlichen Hilfsmittel zu rechnen. Das Gebiet dessen, was die öffentliche Verwaltung angesichts einer Massen-Arbeitslosigkeit zu tun, hat sich infolgedessen verengert. Es umfaßt heute nur noch den Rest, der nach der Tätigkeit des Arbeitsnachweises übrig bleibt. Gut organisierte Arbeitsnachweise werden zunächst zur Folge haben, daß die Massenerscheinung der Arbeitslosigkeit seltener auftritt (wie Getreidemärkte und Getreidebörsen schließlich die Hungersnot aus der Kulturwelt ganz verbannt haben).

Sie werden beim Herannahen der Krisis verlangsamend und auch auf ihrem Höhepunkte einschränkend wirken (wie jede Verbesserung der Vermittelungstätigkeit im wirtschaftlichen Leben in diesem Sinne wirkt). Tritt aber der seltener gewordene Fall ein, hat die Verlangsamung und die Einschränkung einen Rest übrig gelassen, so bildet dieser Rest den Gegenstand der Arbeitslosen-Fürsorge.

Für diesen Rest bleiben also die Verwaltungsaufgaben bestehen, die in der Periode zu Anfang der 90er Jahre von einer Reihe städtischer Verwaltungen in Angriff genommen wurden. Es ist dies hauptsächlich die Veranstaltung von Arbeiten, die die Gemeinde nur vornimmt, um wegen eines außerordentlichen Notstandes Arbeitslose zu beschäftigen. In der genannten Zeit und in den darauf folgenden Jahren haben solche „Notstandsarbeiten" (Arbeitslosen-Beschäftigung) ausführen lassen:

Altona, Barmen, Bochum, Braunschweig, Duisburg, Düsseldorf, Erfurt, Essen, Frankfurt a. M., Hamburg, Köln, Königsberg, Leipzig, Magdeburg, Mainz, Mannheim, München, Straßburg, Stuttgart, Wiesbaden.

Die Zahl der Städte, die in dem einzelnen Winter Notstandsarbeiten veranstalteten, kann man auf etwa 10 bis 15 schätzen. Diese Tätigkeit hatte eine über den örtlichen Kreis hinausgehende Bedeutung. Sie trug dazu bei, in den Kreisen der kommunalen Verwaltungsmänner überhaupt Notstandsarbeiten als innerhalb der Gemeindekompetenz liegend erscheinen zu lassen und ihnen den Anschein fremdartiger Aufgaben zu benehmen. Jene Städte dürfen daher für sich das Verdienst in Anspruch nehmen, daß beim Wiederbeginn kritischer Zeiten im Winter 1900/1901 die städtischen Verwaltungen im allgemeinen in eine grundsätzliche Prüfung der Frage, ob Notstandsarbeiten vorzunehmen seien, nicht mehr eintraten, sondern nur noch erwogen, ob an Ort und Stelle die Voraussetzungen für Notstandsarbeiten gegeben seien. So kam es, daß die Zahl der Städte, aus denen in jenem Winter eine Beschäftigung Arbeitsloser von Gemeinde wegen bekannt wurde, bereits 46 betrug:

Aachen, Barmen, Bielefeld, Braunschweig, Chemnitz, Darmstadt, Dortmund, Dresden, Duisburg, Düsseldorf, Elberfeld, Essen, Frankfurt a. M., Freiberg i. S., Gera, Glauchau, Göttingen, Guben, Hagen i. W., Halle a. S., Hanau, Hannover, Kaiserslautern, Kannstatt, Köln, Königsberg i. P., Kolmar i. E., Leipzig, Linden, Mainz, Mannheim, Metz, Mülhausen i. E., Mühlhausen, München, München-Gladbach, Neuß, Offenbach a. M., Osnabrück, Potsdam, Regensburg, Remscheid, Straßburg i. E., Stuttgart, Ulm, Viersen.

Im Winter 1901/1902, über den Zusammenstellungen noch nicht veranstaltet sind, hat die Zahl der Städte, die zur Beschäftigung Arbeitsloser irgendwelche Maßregeln getroffen haben, vermutlich weiter zugenommen.

Der Gedanke, daß gegenüber einer Massen-Arbeitslosigkeit die Verwaltung nicht untätig bleiben soll, ist heute durchgedrungen. Desto vorurteilsloser kann man die einzelne Forderung prüfen. Wenn als Abhilfemittel gegen die Arbeitslosigkeit Notstandsarbeiten empfohlen werden, so erhebt sich zunächst die Frage: Was soll geschehen, wenn die Notstandsarbeiten gemacht sind und die Arbeitslosigkeit auch dann nicht aufgehört hat? Die Antwort lautet: Noch mehr Notstandsarbeiten machen lassen u. s. w. Dies erinnert doch etwas sehr stark an den Molière'schen Kandidaten der Medizin, der im Examen standhaft sein Clysterium donare, seignare, purgare verordnet, und wenn es nicht hilft, als weiteres Mittel sein reseignare, repurgare et reclysterisare zur Hand hat. Aber auch der Chor derer, die den mutigen Befürworter der Notstandsarbeiten als vortrefflichen Volkswirt belobigen, erinnert an die Examinatoren, die dem Kandidaten das beider Teile würdige Zeugnis erteilen: Dignus est entrare in nostro docto corpore! Notstandsarbeiten sind so wenig ein Mittel zur Beseitigung der Arbeitslosigkeit, wie Glaubersalz zur Beseitigung eines Magenleidens. Um dem Patienten für den Augenblick Luft zu schaffen, können solche Mittel unter Umständen notwendig sein. Ja, sie können sogar ausreichend sein, wenn es sich um ein Übel handelt, das ohnedies nur vorübergehender Natur ist. Allein der Notstand, der die Arbeitslosigkeit hervorbringt, wird durch die Notstandsarbeiten niemals aus der Welt geschaft.

Der Notstand wird aber auch durch keine andere Maßregel zu Gunsten der Arbeitslosen beseitigt. Er ist überhaupt nicht Gegenstand der Arbeitslosen-Politik, sondern der allgemein-wirtschaftlichen Krisenpolitik. Daß durch eine wirtschaftliche Krisis viele Arbeiter arbeitslos werden, ist eine sehr wichtige Folge, aber doch immer nur eine unter vielen. Auf den Handwerker, der ohne Gehilfen arbeitet, wird eine Krisis in der Regel genau ebenso wirken, wie auf den arbeitslos werdenden Arbeiter. Auf kleine Arbeitgeber ohne Kapital manchmal ebenso, manchmal annähernd, zuweilen aber auch sehr viel härter. Unternehmer, die über so viel Kapital verfügen, daß sie sich auch über die Dauer langer Krisen sicher über Wasser halten können, sind zwar der Kopfzahl nach wenig zahlreich; und solange es galt, die nationalökonomische Anschauung, die die ganze Volkswirtschaft unter dem Gesichtswinkel dieser Großunternehmer betrachtete, in ihrer Einseitigkeit offenzulegen, war die unaufhörliche, ja sogar die einseitige Betonung der Arbeiterinteressen als der für die Volkswirtschaft maßgebenden berechtigt. Jetzt aber, wo der Gegenschlag geführt und gelungen ist, ist die Fortsetzung dieser Einseitigkeit nicht mehr berechtigt; sie liegt auch nicht mehr im Interesse der Arbeiter. Wenn die Massen-Arbeitslosigkeit nur als Bestandteil der wirtschaftlichen Krisis überhaupt zu verstehen und zu bekämpfen ist, so liegt es im Interesse der Arbeiter, daß alle Erscheinungen, die in ihrer Gesamtheit die Krisis bilden, von ihnen selbst eingehend gewürdigt und ihre Blicke nicht immer nur auf die Arbeitslosigkeit hineingelenkt werden. Wer die ungeheure Schädigung der Volkswirtschaft, die mit dem Zusammenbruch großer Firmen an sich verbunden ist, übersieht, weil er nur die eine Folge, das Massenelend der auf das Pflaster geworfenen Arbeiter, betrachtet, der beraubt sich dadurch der Möglichkeit, für eine sachgemäße Krisenpolitik, d. h. für die einzig rationelle Art der Notstands-Politik einzutreten.

Die akute Massen-Arbeitslosigkeit als Symptom einer wirtschaftlichen Krisis ist eine Folge der Störung des Gleichgewichts zwischen Produktion und Konsumtion. Ihre Heilung besteht in der Herstellung, ihre Verhütung in der Erhaltung dieses Gleichgewichts. Die heutige Volkswirtschaft ist nicht mehr so vollkommen anarchisch, wie zu der Zeit, da Marx schrieb. Sie besitzt bereits Organisationen, die sich eine Regelung der Produktion zur Aufgabe machen. Es sind die Kartelle und Syndikate. Diese sind sedes materiae für die Verhütung der Arbeitslosigkeit. Aber wie weit sind sie davon entfernt, von dieser Kompentenz Gebrauch zu machen. Die Produktions-Vermehrungen und die Produktions-Einschränkungen werden hier beschlossen in Rücksicht auf den Unternehmergewinn, und zwar häufig in recht kurzsichtiger Rücksicht. Von Verhütung der Arbeitslosigkeit wird wohl gesprochen, aber nur in der heute beliebt gewordenen Art jede Maßregel, wenn irgend möglich, mit Rücksichtnahme auf die Arbeiter zu begründen. Ein methodisches Durchdenken der Geschäftsmaßregeln unter dem Gesichtspunkte der Wirkung auf den Arbeitsmarkt findet nicht statt. Es sind Produktionseinschränkungen vorgekommen bloß zu dem Zwecke, der Ware einen Seltenheitswert zu verleihen, ohne Rücksicht darauf, daß Industrien, die den Rohstoff brauchten, dadurch zu zeitweisem Stillstand verurteilt wurden, und also die Einschränkung doppelte Arbeitslosigkeit im Gefolge hatte.

Der Vorwurf, ohne Rücksicht auf den Arbeitsmarkt vorzugehen, trifft aber in erster Linie gar nicht die Syndikate. Weit eher ist den Arbeiterorganisationen der Vorwurf zu machen, daß sie diese Rücksichtnahme nicht erzwingen, ja nicht einmal zu erzwingen versuchen. Noch gibt es in Deutschland keine Arbeiterorganisation, die es sich zur Aufgabe machte, den Geschäftsgang in einer Industrie so weit zu verfolgen, daß sie über Produktions-Einschränkung und -Ausdehnung sachgemäß mitreden könnte. Hier herrscht immer noch die Auffassung vor, als ob die Arbeiterpolitik gewissermaßen ein Ressort für sich sei. Von der Überwindung dieser Anschauung und von dem Einfluß der Arbeiter auf die Produktionsregelung wird die Krisenpolitik und damit die einzig rationelle Arbeitslosen-Politik abhängen.

Aus diesem Grunde ist es von ausschlaggebender Wichtigkeit, den durchaus untergeordneten Charakter von Notstandsarbeiten zu betonen. Es kommen Fälle vor, in denen Notstandsarbeiten bewilligt werden müssen; aber sie sollen dann bewilligt werden nicht mit Stolz auf die Unabhängigkeit von manchesterlichen Vorurteilen, sondern wie etwas, das der Volkswirt seinem Gewissen schwer abringt.

Das Verlangen nach Notstandsarbeiten taucht gewöhnlich zu einer Zeit auf, wo die Meinungen über das Bestehen einer Krisis noch auseinandergehen. Hier ist der Entschluß zu Notstandsarbeiten besonders schwerwiegend. Wenn in einer solchen Zeit von einer Gemeinde nach der andern gemeldet wird, sie habe sich zu Notstandsarbeiten entschlossen, so wird der bis dahin noch angezweifelten Krisis der Stempel amtlicher Beglaubigung aufgedrückt. Der Unternehmungsgeist wird gelähmt, und das Unglück kommt gerade deswegen, weil man es an die Wand gemalt hat. Werden Notstandsarbeiten in einer solchen noch zweifelhaften Zeit proklamiert, so wird durch sie zwar ein kleiner Kreis von Notleidenden über Wasser gehalten, aber ein desto größerer in das Wasser hineingerissen.

Das sind die Widersprüche, zwischen denen sich jede Notstands-politik notwendigerweise bewegt. Notstandsarbeiten haben für die Beseitigung dauernder Notstände keine Bedeutung; ihre Bedeutung liegt nur in der vorübergehenden Linderung. Trotzdem ist gerade in dem Stadium, in dem es noch zweifelhaft ist, ob man es mit einer anhaltenden Krisis oder mit einer nur vorübergehenden Störung zu tun hat, die Anwendung besonders bedenklich, weil sie als Proklamierung der Krisis aufgefaßt wird und lähmend wirkt.

In geradezu genialer Weise hat die Stadt Mannheim dieses Dilemma überwunden. Sie hat nach der Notstands-Periode 1891/1894 den in der Arbeitslosigkeit zu Anfang der 90er Jahre einmal geschaffenen Etatsposten für Notstandsarbeiten nicht wieder eingehen lassen. Je weiter die wirtschaftliche Besserung vorschritt, desto weniger wurde davon Gebrauch gemacht. In günstigen Zeiten dienen die Arbeiten dazu, um erwerbsfähige Personen, die zur Winterszeit keine Tätigkeit finden können, zu beschäftigen. Beim Herannahen einer Krisis kann die Beschäftigung je nach Bedürfnis allmählich und geräuschlos erweitert werden, ohne daß eine Alarmierung der Geschäftswelt und die damit verbundenen Lähmungen einträten. Dem Beispiele von Mannheim sind Braunschweig, Frankfurt a. M., Leipzig, Straßburg, Stuttgart u. a. m. gefolgt.

Die Arbeiten, die zur Arbeitslosen-Beschäftigung ausgewählt werden, lassen sich in eine gewisse Stufenfolge bringen, je nachdem die Gemeinde eine ohnedies zur Erledigung daliegende Arbeit für diesen Beschäftigungszweck verwendet, oder die Arbeit mehr oder weniger gerade unter diesem Gesichtspunkt beginnen läßt. Weit verbreitet ist die Übung, das Schneeschaufeln zur Beschäftigung Arbeitsloser zu verwenden. Da diese Arbeit in unregelmäßigen Zwischenräumen wiederkehrt, so müssen ohnedies außerordentliche Arbeitskräfte angenommen werden, und als solche bieten sich die gemeldeten Arbeitslosen dar. Allein aus demselben Grund, welcher der Gemeindeverwaltung diese Beschäftigung nahe legt, kann sie für die Arbeitslosen nur von wenig erheblichem Werte sein; denn diesen ist zwar mit einer stoßweisen Beschäftigung immerhin auch gedient, aber doch nur in sehr geringem Umfange. Etwas mehr ist dies der Fall, wenn man Arbeitslose für die Straßenreinigung annimmt und die Kolonnen zu diesem Zweck verstärkt. Welchen Grad von Sauberkeit man in der Straßenreinigung erzielen will, bleibt dem Ermessen der Verwaltung überlassen. Geht man in einem Notjahre über das gewöhnliche Maß hinaus, so liegt hierin noch keine merkbare grundsätzliche Abweichung. In weitem Umfange werden Erdarbeiten für die Beschäftigung Arbeitsloser verwendet, seien es Ausschachtungen für zukünftige Hochbauten, seien es Wegearbeiten; Essen hat zu diesem Zweck ein sehr umfangreiches Tiefbau-Unternehmen, eine Kirchhof-Anlage verwendet; Magdeburg eine Elbregulierung. Mauerabbrüche, die ebenfalls häufig genannt werden, hat Straßburg in größerem Maßstabe in Gestalt des Abbruches von Festungswerken verwenden können. Dieselbe Stadt hat eine Schleuse zuschütten, Königsberg Baggerboden verkarren lassen. Der größte Teil der Tiefbau-Arbeiten hat aber eine gewisse Gunst der winterlichen Witterung zur Voraussetzung. Der Winter 1901/02 erfüllte diese Voraussetzung in auffallend hohem Grade in seiner ganzen Dauer, und der vorangegangene, wenn auch mit einigen sehr starken Unterbrechungen, doch in einem großen Teile seines Verlaufes. Dadurch ist die Frage, was für Notstandsarbeiten in einem harten Winter zur Auswahl stehen, der Arbeiten im gefrorenen Erdreich unmöglich macht, in den Hintergrund getreten. Fast die einzige Arbeit, die hierfür allgemein empfohlen wird, ist das Steineschlagen (Schotterschlag, Knackschlag). Für Städte mit Stein-Pflasterung ist dies häufig ein ausreichender Arbeitsstoff. Städte mit Asphalt-Pflasterung sind in dieser Beziehung in Verlegenheit. Holzhacken bietet bei zunehmender Kohlenfeuerung immerhin noch einigen, aber wenig umfangreichen Arbeitsstoff.

Läßt eine Gemeinde die Arbeitslosen, um sie zu beschäftigen, Schottersteine schlagen, so läuft dies in der Hauptsache darauf hinaus, daß Arbeiten, die sonst erst zu einem späteren Zeitpunkt gemacht würden, aus Rücksicht auf Bestehen der Arbeitslosigkeit schon früher in Angriff genommen werden. Dieses System kann auch auf außerordentliche Notstände angewendet werden, indem beispielsweise eine Gemeinde, die ihre Bauarbeiten in der Regel mit dem Rechnungsjahre im April beginnt, ausnahmsweise, soweit die Witterung es zuläßt, schon im Februar anfängt, weil gerade um diese Zeit eine besonders starke Arbeitslosigkeit sich geltend macht. Man kann aber auch umgekehrt der Maßregel ganz den Charakter des Außerordentlichen nehmen, sodaß man mit dieser Rücksicht auf den Arbeitsmarkt nicht wartet, bis sie gebieterisch an die Verwaltung herantritt. Dies würde zu dem Verwaltungsgrundsatze führen: das ganze Jahr hindurch jede Arbeit daraufhin zu prüfen, ob sie an eine bestimmte Zeit gebunden ist oder nicht und im letzteren Falle sie stets in die Zeit der größeren Arbeitslosigkeit zu legen. So ergäbe sich eine Verminderung der öffentlichen Arbeiten im Sommer, wo der Arbeitsmarkt stark in Anspruch genommen ist, und eine Vermehrung im Winter, wo ihn ein Überfluß von Arbeitskräften bedrückt. Wenn Staats- und Kommunalbehörden dies zu einem leitenden Grundsatze in allen ihren Verwaltungszweigen machen, wenn sie es in gleicher Weise bei den Arbeiten in eigener Regie und bei Submissionen durchführen, so können sie in gewissem Umfange einen regelnden Einfluß auf den Markt ausüben. Nach dieser Richtung hin können die Ministerial-Verfügungen, die seit Beginn der gegenwärtigen Krisis wie es scheint in den meisten deutschen Staaten an die Gemeinden ergingen, auch für solche Verwaltungen fruchtbar werden, die ihnen nicht Folge leisteten und vielleicht auch nicht Folge leisten konnten, weil sie, auch wenn das Vorhandensein einer größeren Arbeitslosigkeit zugegeben wurde, im Augenblick über keinen Arbeitsstoff verfügten. Wenn in einer solchen Gemeinde bei der Beratung des Gegenstandes Arbeiten erwähnt werden, die „leider gerade beendet waren", so müssen solche Erfahrungen zunächst aktenmäßig festgelegt werden. Man muß sich darüber klar werden, daß die winterliche Arbeitslosigkeit am Orte entweder überhaupt nicht oder nicht in demselben Umfange eingetreten wäre, wenn man im Sommer die und die bestimmten Arbeiten unterlassen hätte. Aus einer Prüfung und Sammlung derartiger Fälle muß sich ein Verzeichnis von Arbeiten ergeben, die zur Aufschiebung für den Winter geeignet sind. Das Verlangen nach Notstandsarbeiten tritt in der Regel in der Form auf, daß die möglichst beschleunigte Inangriffnahme von Bauten verlangt wird, die erst für die Zukunft geplant waren. Unter dem Gesichtspunkte dauernder Verwaltungs-Fürsorge könnte man den Hauptteil der Forderung in genau entgegengesetztem Sinne formulieren: nicht die Beschleunigung in brennender Gefahr, sondern die fürsorgliche Verlangsamung in der gewöhnlichen Arbeitszeit muß als die Hauptsache betrachtet werden. „Spare in der Zeit, so hast du in der Not," gilt auch vom Arbeitsstoffe.

Wie soll sich nun gegenüber all diesen Problemen der Notstands-Fürsorge und der Arbeitsbeschaffung der Arbeitsnachweis verhalten? Man hört zuweilen die Meinung äußern, daß Aufgabe des Arbeitsnachweises die Stellen**vermittlung** sei; wenn keine Stellen gemeldet seien, so seien auch keine zu vermitteln, und die Aufgabe des Arbeitsnachweises sei erledigt. Diese Auffassung ist unrichtig. Nirgends im gewerblichen Leben faßt der Vermittler seine Aufgabe so eng begrenzt auf, daß sie nur darin bestehe, zwischen den beiden an ihn herantretenden Teilen das Geschäft zustande zu bringeu. Überall liegt vielmehr gerade ein Hauptteil der Vermittlertätigkeit darin, daß sie nach dem fehlenden Partner sucht. Wenn daher an einem Arbeitsnachweis sich Arbeiter melden, und Arbeitsgelegenheit nicht gemeldet wird, so gehört es zu den Aufgaben des Vermittlers, sich darum zu kümmern, daß nach Möglichkeit Arbeitsgelegenheit vorhanden sei. Soweit teilt die öffentliche Arbeitsvermittlung ihre Aufgabe mit der gewerblichen. Ein Unterschied liegt aber darin, daß die gewerbliche Stellenvermittlung zum Zwecke des Erwerbes betrieben, und daß die Intensität, mit welcher der Vermittler sich um die Beschaffung des fehlenden Partners bemüht, ebenso wie die Intensität jeder geschäftlichen Tätigkeit ihre Grenze da findet, wo der Aufwand an Kräften stärker ist, als die Aussicht auf Gewinn es rechtfertigt. Für den öffentlichen Arbeitsnachweis fehlt diese Grenze. Er hat seine Aufgabe zu erfüllen, so weit es mit den zur Verfügung stehenden Kräften möglich ist. Aus diesem Grunde wird die gewerbliche Stellenvermittlung, wenn das Ausschauen nach offenen Stellen vergebens ist, nicht daran denken dürfen, selbst Arbeit zu beschaffen. Wohl aber kann der öffentliche Arbeitsnachweis in eine solche Lage kommen. Eine bezeichnende Erfahrung liegt hierfür aus Karlsruhe i. B. vor. Gerade um die Zeit, als der industrielle Aufschwung nachließ, und im Laufe des Jahres 1900 sich die ersten Anzeichen einer Arbeitslosigkeit zeigten, wandte sich eine Konstanzer Firma, die Zeltausrüstungen für die Armee zu liefern hatte, an den Arbeitsnachweis Karlsruhe wegen Vergebung eines Arbeitsauftrages. Es handelte sich darum, die Zeltbahnen (Zelttücher) mit Knopflöchern zu versehen. Der Arbeitsnachweis nahm den Auftrag an und ermittelte in Stadt und Umgebung 100 weibliche Arbeitskräfte, die gegen entsprechenden Lohn sich zur Ausführung bereit erklärten. Der

Stadtrat stellte einen passenden Arbeitsraum zur Verfügung, in dem auch Empfangnahme und Ablieferung der Zeltbahnen stattfand. Zeigt sich an diesem Beispiel, daß ein Arbeitsnachweis unter Umständen die Arbeitsbeschaffung, wenn ihm Gelegenheit dazu entgegengebracht wird, gar nicht ablehnen kann, ohne seinen Verwaltungszweck direkt zu schädigen, so liegt der Gedanke nahe, ob es rationeller ist, auf den Zufall einer Offerte zu warten, oder derartige Veranstaltungen selbst in die Hand zu nehmen. In bescheidenem — allerdings sehr bescheidenem — Umfange ist hier und da die letztere Alternative bejaht worden. So hat in Düsseldorf im Jahre 1900 der dortige Verein für Arbeitsnachweis eine Schreibstube für Stellenlose begründet. In dem Jahresbericht bezeichnet der Verein dies als einen gewagten, aber wohlgelungenen Versuch.

Vom 2. April bis 30. Dezember 1900 wurden 90 Personen durch die Anstalt beschäftigt (davon 45 katholisch, 41 evangelisch, 3 israelitisch, 1 Dissident.) Elf der 90 Personen arbeiteten 2, bezw. 3 mal auf der Schreibstube. Die Zahl der erledigten Aufträge betrug ca. 160, aber 144 Aufnahmegesuche mußten unberücksichtigt bleiben. Es gingen 66 Personen von der Schreibstube wieder in Stellung über, 47 davon durch eigenes Bemühen, 19 durch Vermittlung der Anstalt. Der aus Mangel an Aufträgen erzielte Durchschnittsverdienst stellte sich in den einzelnen Monaten wie folgt: Mai 1,96 Mk., Juni 2,11 Mk., Juli 1,93 Mk., August 2,12 Mk., September 2,55 Mk., Oktober 2,11 Mk., November 2,37 Mk., Dezember 2,00 Mk. Die Zeit der Arbeitslosigkeit vor dem Eintritt in die Schreibstube schwankte zwischen 4 Monaten und 2 Tagen; jedoch betrug dieselbe in den weitaus meisten Fällen unter 30 Tagen. Der Kreis der Auftraggeber erweiterte sich, und diejenigen, welche sich der Schreibstube einmal bedienten, kamen gegebenenfalles wieder auf dieselbe zurück. Laufende Aufträge hat namentlich das Schiedsgericht für die Arbeiterversicherung gewährt.

Von der richtigen Ansicht ausgehend, daß die Steigerung einer schon bestehenden Arbeitslosigkeit sich zur Winterszeit nur dann wird einigermaßen bekämpfen lassen, wenn einschlägige Einrichtungen schon im Sommer begründet werden, hat die Anstalt für Arbeitsnachweis in M.-Gladbach die Einrichtung einer solchen Schreibstube, sowie ferner einer Holzzerkleinerungs-Anstalt zur Beschäftigung von arbeitslosen, ungelernten Arbeitern, Tagelöhnern 2c. in Angriff genommen. Die Schreibstube wurde im Juni 1901 eröffnet und durch Versendung von Rundschreiben Aufträge eingesammelt. Die eingehenden Aufträge (Adressen für Zirkulare, Vervielfältigung von Manuskripten, Offertbriefen, Mitgliederlisten, Abschrift von Akten, Gutachten 2c.) werden in der Regel in den Räumlichkeiten des Arbeitsnachweises ausgeführt, auf Wunsch jedoch auch beim Auftraggeber. Ebenso werden Schreiber auf Tage oder Wochen zur Aushilfe überlassen. — Dieselbe Anstalt hat vor einigen Jahren Hacken und Schaufeln zur Schnee- und Eisbeseitigung angeschafft. Im Winter 1900/01 wurden diese an 24 Arbeitslose verliehen, die im ganzen an 130 Tagen beschäftigt wurden. Nach dem Bericht der Anstalt haben Einzelne durch diese Arbeiten mehrere Wochen lang ihren Unterhalt gefunden. Sämtliche Geräte wurden stets ordnungsmäßig zurückgebracht.

Diese und ähnliche Maßregeln sind an Umfang zu unbedeutend, als daß sie irgendwie für eine Regelung der Arbeitslosen-Frage ausgegeben werden könnten. Sie werden an dieser Stelle lediglich als Beweis dafür angeführt, daß die Arbeitsnachweis-Verwaltungen schon jetzt die Arbeits**beschaffung** mit in den Kreis ihrer Aufgaben ziehen und ziehen müssen. Eine ersprießliche Tätigkeit wird in dieser Beziehung der öffentliche Arbeitsnachweis entwickeln können, wenn er sich dessen bewußt wird, daß er Bestandteil der öffentlichen Verwaltung überhaupt ist. Der Arbeitsnachweis soll nicht versuchen, für sich allein jene Frage zu lösen, er soll sich vielmehr als die Stelle betrachten, die der Verwaltung im ganzen die Lösung jener Frage ans Herz legt und sie mit richtigen Informationen versieht. Um der Aufgabe in dieser Gestalt gerecht werden zu können, muß der Arbeitsnachweis über die Maßregeln, die zur Linderung der Arbeitslosigkeit für die Verwaltung in Betracht kommen, und über die verschiedenen zur Erwägung gelangenden Systeme einen geordneten Überblick besitzen. Bis jetzt herrscht in den Gemeindeverwaltungen noch eine ziemliche Unklarheit darüber, unter welchen Gesichtspunkten denn eigentlich ihr Einschreiten verlangt wird. Es liegt im Interesse der Arbeitsnachweis-Verwaltung, in diesem Punkte Klarheit zu gewinnen, um Klarheit verbreiten zu können.

Ein Überblick über die Gesichtspunkte, von denen die verschiedenen oben erwähnten Städte bei ihren Maßregeln sich haben leiten lassen, gewährt (hauptsächlich nach den Beispielen aus dem Winter 1900/01) etwa folgendes Bild.

Der nächstliegende Gesichtspunkt, unter dem die Arbeitslosen-Beschäftigung an die Gemeinde herantritt, ist der der Armenpflege. In den altpreußischen Landesteilen ist die Beschaffung von Arbeitsgelegenheit geradezu gesetzliche Vorschrift, in den anderen Teilen des Reiches wird sie entweder als die in erster Linie angemessene Form der Unterstützung oder in weiterem Umfange als ein Akt vorbeugender Armenpflege gerechtfertigt. Daher haben eine Anzahl Städte den Verwaltungsgrundsatz aufgestellt, daß für die Zulassung zur Arbeitslosen-Beschäftigung die Unterstützungswohnsitz-Berechtigung Voraussetzung sei. Am genauesten spricht dies Barmen aus, das eine Anzahl städtischer Bauten als Notstandsarbeiten bestimmte und zu diesen Arbeiten Arbeitslose zuließ, „wenn sie in Barmen ihren Unterstützungswohnsitz hatten, durch den zuständigen Armenpfleger als würdig und bedürftig befunden wurden und durch eine Bescheinigung ihres letzten Arbeitgebers nachweisen konnten, daß sie wegen Arbeitsmangel entlassen wären". Ebenso beschränken sich Chemnitz, Gera, Stuttgart. Da jedoch die meisten Notstandsarbeiten sich nicht beliebig abbrechen lassen, so besteht praktisch weder eine Nötigung, noch auch nur die Möglichkeit, diese Beschränkung vollständig durchzuführen. Deswegen stellen Aachen, Magdeburg, Offenbach a. M. und München („Beheimatete") die Unterstützungsberechtigung nicht als ausschließlichen, sondern nur als Bevorzugungsgrund hin.

Schon in diesen Bestimmungen macht sich das Bewußtsein geltend, daß es sich bei Notstands-Arbeiten doch nicht um einen Akt der Armenpflege im gesetzlichen Sinne handelt. So besonders deutlich, wenn Barmen auch die „Würdigkeit" als Bedingung aufführt, was innerhalb der gesetzlichen Armenpflege unzulässig wäre. Andrerseits aber fällt mit der Basierung auf die Armenpflege zugleich auch das feste Merkmal des zweijährigen Aufenthaltes (Unterstützungs-Wohnsitz) fort. Das Bürgerrecht ist in der Landes-Gesetzgebung nicht an den reichsrechtlichen Unterstützungs-Wohnsitz gebunden; die in Deutschland meistverbreitete Frist für den Erwerb des Bürgerrechts dürfte der einjährige Aufenthalt sein. Trotz aller Abflachung des Bürgerbegriffs in der neueren Gesetzgebung ist die altväterliche Vorstellung, daß der Bürger als solcher einen gewissen Anspruch auf Fürsorge habe, wenigstens noch nicht soweit untergegangen, daß, wenn eine größere öffentliche Veranstaltung zur Linderung einer allgemeinen Notlage stattfindet, nicht jeder Bürger auch einen Anspruch darauf haben sollte, für zugehörig gehalten zu werden. Es gibt übrigens ein Land in Deutschland, in dem weder der reichsrechtliche Unterstützungs-Wohnsitz, noch das bayerische Heimatrecht, noch überhaupt irgend eine obligatorische Armenpflege gilt: Elsaß-Lothringen. In der Tat hat hier Straßburg den einjährigen Aufenthalt zu Grunde gelegt. Allgemein läßt sich wohl weder diese noch irgend eine andere Frist empfehlen. Wie die Städteordnungen meistens außer dem Bürgerrecht noch den Begriff der Gemeinde-Angehörigkeit kennen, so muß — nach örtlichen Verhältnissen verschieden — eine gewisse Zeit des Aufenthalts, auch wenn sie noch nicht zum Bürgerrecht befähigt, als Seßhaftigkeit und Zugehörigkeit begründend angesehen werden;

wie denn Mainz sich kurz dahin ausdrückt, daß „nur Hiesige" beschäftigt wurden. — So fallen Notstands-Arbeiten größeren Stils gänzlich aus der Armenpflege heraus. Mit vollem Recht wurde daher im Verbande deutscher Arbeitsnachweise in den Ausschußberatungen vom November 1901 eine scharfe Scheidung verlangt zwischen der Arbeitgewährung als eines bloßen Aktes der Armenpflege einerseits, und der Inangriffnahme öffentlicher Arbeiten zur Verhütung der Arbeitslosigkeit andrerseits. Angebahnt ist diese Unterscheidung in Mannheim, wo zwischen Notstandsarbeiten im engeren Sinne und Arbeiten zur Verhütung der Beschäftigungslosigkeit unterschieden wird. Für Berücksichtigung bei den letzteren macht die Stadt den Unterstützungs-Wohnsitz zur Bedingung, bei den ersteren nicht. (Vom Standpunkte der obigen Ausführungen müßte man freilich eher umgekehrt verfahren.) Mit voller begrifflicher Klarheit ist die Unterscheidung in Frankfurt a. M. durchgeführt. Die Vermehrung der Arbeitsgelegenheit in stiller Zeit ist auch hier als Verwaltungsaufgabe anerkannt; aber sie ist Sache der technischen Ämter: Hochbauamt, Tiefbauamt, Elektrizitäts- und Bahnamt u. s. w., die im Winter 1901/02 auf Grund eines vom Armenamt anfangs September gestellten Antrags angewiesen worden sind, Arbeiten vorzubereiten, die in der arbeitsstillen Zeit ausgeführt werden; es gehören hierher außer Straßenbauten das Legen von Geleisen, von Wasserleitungsröhren, sowie Innenarbeiten in Hochbauten. Die Zulassung zu diesen Arbeiten vollzieht sich ohne jedes Zutun des Armenamts; die zur Arbeit Angenommenen werden nach den allgemeinen Bestimmungen für die städtischen Arbeiter bezahlt und erhalten den „gewöhnlichen Arbeitslohn"; ihre Rechte und Ansprüche regeln sich nach dem Bürgerlichen Gesetzbuch und der Gewerbeordnung. Unabhängig hiervon ist aber in Frankfurt das Armenamt in den Stand gesetzt, Personen, die behaupten, infolge von Arbeitslosigkeit in Not zu sein, durch Zuweisung von Arbeit zu unterstützen. Für diese gelten die „Vorschriften über die Zulassung zur Beschäftigung mit Steineklopfen". Diese Zuweisung von Arbeit stellt keinen Abschluß eines Dienstvertrags oder eines gewerblichen Arbeitsvertrags dar, sondern ist eine Art der Unterstützung. Die Vorschriften, die auf das Verhältnis Anwendung finden, sind weder vereinbarte Vertragsbedingungen, noch stellen sie eine Arbeitsordnung nach Analogie der §§ 134 a der Gewerbeordnung dar, sondern sie sind die einseitigen Festsetzungen der Behörde, welche die Arbeitsgelegenheit darbietet. Sie können daher jederzeit, ohne daß es der Einwilligung der zur Arbeit Zugewiesenen bedarf, geändert, namentlich auch, wie es für Veranstaltungen erforderlich ist, welche die Armenunterstützung ersetzen sollen, den besonderen Verhältnissen des Unterstützten angepaßt werden. Nur in einem Punkte unterscheidet sich diese Unterstützung von der Armenunterstützung: sie ist nicht Bestandteil der auf dem Unterstützungswohnsitz-Gesetz beruhenden Armenpflege, oder sie braucht es wenigstens nicht zu sein. Die Gemeinde kann sie als freiwillige (an eine Bedingung geknüpfte) Leistung gewähren, die gerade den Zweck hat, den Unterstützten vor einem Hinabsinken in die Armenpflege zu bewahren. Sie hat daher die Möglichkeit, die Arbeitslosen-Unterstützung so zu gewähren, daß der Verlust des Wahlrechts mit ihr nicht verbunden ist.

Hiernach ist soviel klar, daß wir es mit drei verschiedenen Arten von Arbeitsbeschaffung zu tun haben: Gewährung von Arbeitsgelegenheit als Akt der Armenpflege; Gewährung von Arbeitsgelegenheit zur Verhütung eines Hinabsinkens in die Armenpflege (also nicht auf Grund der Armen-Gesetzgebung, ohne bindende Rücksicht auf den Unterstützungs-Wohnsitz, ohne Verlust des Wahlrechtes); Veranstaltung von Arbeiten zur Verhütung von Arbeitslosigkeit. Von diesen drei Arbeiten gehören die beiden ersten der Armenpflege an, die dritte nicht. Es ist dabei völlig unerheblich, ob etwa ein wissenschaftliches System der Armenpflege es für erforderlich hält, auch die dritte Art als einen Bestandteil der „vorbeugenden Armenpflege im allerweitesten Sinne" (S. 185) mit zu behandeln; denn in diesen weiten Rahmen ließe sich die gesamte Volkswirtschafts-Politik einbeziehen. Vom Standpunkte einer systematischen Einteilung der Verwaltung muß festgehalten werden, daß die dritte Gruppe mit der Armenpflege in keiner Beziehung steht (genauer ausgedrückt in keiner anderen Beziehung, als jeder beliebige Zweig der Verwaltung). Die Vornahme öffentlicher Arbeiten zum Zwecke der Verhütung von Beschäftigungslosigkeit ist Bestandteil der gewerblichen Verwaltung.

Die Arbeitsnachweis-Verwaltung darf jene beiden ersten Gruppen nicht aus dem Grunde ignorieren, weil sie zur Armenpflege gehören. Da es zu den Aufgaben des Arbeitsnachweises gehört, die gesamte Gemeindeverwaltung mit richtigen Informationen zu versehen, so kann sie die Armenpflege hiervon nicht ausnehmen. Auch die Armenpflege muß darüber informiert werden, ob ihr in der nächsten Zeit eine umfangreichere Tätigkeit nach dieser Richtung hin bevorsteht. Und der Arbeitsnachweis selbst hat ein Interesse daran, daß die Armenpflege sich mit der zweiten Form der Arbeitsgewährung vertraut mache. Mit diesen Arbeiten tritt in die Armenpflege ein neues Element ein, an dessen Fortbildung auch der Arbeitsnachweis interessiert ist. Es sei daher an dieser Stelle die Regelung aus der Stadt angeführt, die in der begrifflichen Formulierung der neuen Einrichtung am weitesten gegangen ist: Frankfurt a. M. Das dortige Waisen- und Armenamt ist mit der Zuweisung von Notarbeit außerhalb der gewöhnlichen öffentlichen Armenunterstützung schon im Jahre 1896 vorgegangen. Nachdem Offenbach, Mainz und Mannheim hierin nachgefolgt waren, haben dann in Frankfurt unter dem 2. September 1901 die „Vorschriften über die Zulassung von Beschäftigung mit Steinschlagen" folgende Gestalt erhalten:

I. (1) Jeder zur Arbeit als Steinklopfer Zugelassene wird fünf Tage lang gegen festen Stundenlohn von 0,25 M. beschäftigt, um Gelegenheit zu haben, die Arbeit zu erlernen. — (2.) Nach Ablauf dieser fünf Tage wird jeder Arbeiter je nach seinem Alter und seiner Arbeitsfähigkeit einer besonderen Gruppe zugewiesen. —

II. (1) Gruppe I enthält die Familienväter von 25—50 Jahren, insofern sie nicht Gewerben angehören, welche naturgemäß das Steinschlagen weniger gut verrichten können (Schneider, Schreiber u. s. w.). — Gruppe II enthält insbesondere die jungen Leute bis zu 25 Jahren. — (2) Gruppe III enthält die älteren Leute, sowie diejenigen, welche in Rücksicht auf ihr sonstiges Gewerbe der Gruppe II nicht zugewiesen sind. — (3) Jeder zum Steinschlagen Gewiesene muß täglich mindestens 1/4 cbm schlagen; den zur Gruppe III Gewiesenen kann vom Aufseher auch noch weitere Ermäßigung bewilligt werden. — 4. Wer das vorgeschriebene Maß nicht erreicht, wird sofort entlassen. Läßt sich nicht feststellen, wer von mehreren gemeinschaftlich Arbeitenden sich der Arbeit entzieht, können alle entlassen werden. — Jeder Beschäftigte erhält gleichmäßig den Stundenlohn von 0,25 M. bei einer Tagesarbeit von regelmäßig 8 Stunden. —

III. Den zur Gruppe I Zugewiesenen kann ein Überverdienst zugestanden werden und zwar in der Art, daß wenn sich bei Ausmaß der geleisteten Arbeit herausstellt, daß mehr als 1/4 cbm für den Mann und Tag geschlagen worden ist, das Quantum nach dem gewöhnlichen Satze (4,50 M. pro cbm) bemessen und ein Mehrerlös den einzelnen Leuten je nach der Zahl der von ihnen verrichteten Arbeitsstunden gutgeschrieben wird. Die Auszahlung des Überverdienstes, auf den die zur Not-Arbeit Zugelassenen kein Recht haben, erfolgt indessen stets erst am Schluß des Monats, oder bei Einstellung der Not-Arbeit. —

IV. Die Portion Mittagessen wird in der Halle am Ostendplatz für 0,10 M. an die Steinschläger abgegeben. — Die Kosten der Alters- und Krankenversicherung werden allein vom Amt getragen, ohne Abzug für die Beschäftigten. —

Bei Arbeiten zur Beschäftigung Arbeitsloser erhoben sich jedesmal Klagen darüber, daß die Arbeit teurer zu stehen komme, als wenn sie auf gewöhnlichem Wege hergestellt worden wäre. Diese Klagen sind keineswegs ganz unberechtigt. Ändern läßt sich zwar an dieser Teuerung nichts; denn es liegt im Wesen der Sache, daß

Personen, die eine Tätigkeit nur als Notbehelf übernehmen, darin weniger leisten, als solche, die sie als ständigen Beruf üben. Mag man Steine klopfen oder Erde ausheben lassen, mag man die Arbeitslosen beim Schneeschippen, Straßenreinigen, bei Abbruchsarbeiten oder Kanalbauten beschäftigen, immer wird der Kostenaufwand größer sein, als wenn man geschulte und auf dauernde Tätigkeit ausgehende Arbeiter dazu verwendete. Dieser Mehraufwand stellt das dar, was die Gemeinde zur Beseitigung des Notstandes tut. Die verantwortlichen Leiter städtischer Arbeiten sträuben sich mit vollem Recht dagegen, die Verteuerung zu Lasten ihrer Arbeiten schreiben zu lassen. Andrerseits ist es selbstverständlich ebenso falsch, wenn eine Stadt aus Anlaß von Klagen über Arbeitslosigkeit Erdarbeiten im Betrage von 100000 Mk. ausführen läßt, zu sagen, die Stadt habe 100000 Mk. für die Arbeitslosen bewilligt. Es muß vielmehr zwischen den verschiedenen Bestandteilen der Leistung unterschieden werden, und eine solche Unterscheidung liegt sehr im Interesse des guten Einvernehmens der verschiedenen Verwaltungsressorts. Etatsrechtlich ist unseres Wissens diese Sonderung bis jetzt nur in Offenbach a. M. und in Mannheim durchgeführt. Letzteres unterscheidet in einer Vorlage vom 3. Dez. 1901 bei jeder der vorgeschlagenen Arbeiten den gesamten Lohnbetrag und den Mehraufwand, der nach den Erfahrungen eines Jahrzehnts (seit 1891/2 sind hier regelmäßig in jedem Winter Arbeitslose beschäftigt worden) auf die Beschäftigung Arbeitsloser zu veranschlagen ist. Im ganzen werden von 120400 Mk. Löhnen 29500, d. h. etwa 25% auf Mehraufwand gerechnet. Dieser Mehraufwand „darf niemals aus Anlehens-Mitteln bestritten werden; denn er dient nicht der dauernden Befriedigung eines Bedürfnisses der Gemeinde, sondern lediglich dem vorübergehenden Zweck der Beschäftigung Arbeitsloser". Dem entsprechend setzte Elberfeld bei Straßenherstellungen, die zur Arbeitslosen-Beschäftigung benutzt wurden, 20—25% von den Anliegerbeiträgen ab. Aus den meisten Städten liegen über den Mehraufwand gar keine oder nur schätzungsweise Mitteilungen vor, die wir im folgenden dem Gesamt-Kostenbetrage in Klammern beifügen:

Barmen 50890 (davon Mehraufwand: 30000); Chemnitz 35000 (15 bis 20000); Düsseldorf 54600 (14500); Essen 25209 (1/3 bis 1/2); Frankfurt a. M.

7975 (4369); Gera 10000 (2000); Hagen i. W. 20000 (20%); Halle a. S. 10000 („ein Mehraufwand ist durch die Beschäftigung von Arbeitslosen nicht entstanden, da die letzteren dieselben Löhne wie die ständigen Arbeiter erhielten"); Mainz 8495 (3504); Mülhausen i. E. 40000 (bei großen Erdarbeiten 10%, bei Planierungs- und Regulierungs-Arbeiten 28 bis 30%); München 42500 (30000!); Offenbach a. M. 48386 (33 bis 50%).

Diese Zahlen sind nicht durchweg vergleichbar, da manche Gemeinden als Gesamt-Kostenbetrag nur die Löhne, andere auch alle sonstigen Kosten (Pferde, Arbeits-Geräte 2c.) eingesetzt zu haben scheinen. Im ganzen dürfte für den Voranschlag von Notstands-Arbeiten der Satz von 25 bis 30% der Lohnsumme als Mehraufwand einen brauchbaren Anhalt bieten. Im einzelnen läßt sich genauere Belehrung aus der kritischen Würdigung entnehmen, die der Stadtrat von Mannheim in der genannten Vorlage an den Bürgerausschuß seinen eigenen mehrjährigen Erfahrungen zuteil werden läßt:

Die Ausgabe für das Schotterschlagen hat sich stets als eine durchaus unproduktive erwiesen. Wenn der Schotter direkt aus dem Bruch bezogen wird, so wird für das durch die Maschine bewerkstelligte Schlagen des Schotters nur 70 Pf. pro Kubikmeter berechnet, während bisher an Akkordlohn den Arbeitslosen 3 Mk. pro Kubikmeter bezahlt wurde. Die Ersparnis der 70 Pf. reicht nicht einmal dazu, um die durch die Arbeitslosen-Beschäftigung entstehenden Unkosten (Fuhrlohn für den Transport der Steine, Geräte und Werkzeuge u. s. w.) zu decken, der gesamte Arbeitslohn fällt als unproduktive Ausgabe, die keinen direkten Nutzen gewährt, der Stadtkasse zur Last. Dabei ist die Qualität des mit der Hand bereiteten Schotters weniger gleichmäßig als die der mit der Maschine geschlagenen Steine und darum ihr gegenüber minderwertig. Wenn man trotzdem bei uns wie in den meisten übrigen Städten die Bereitung von Schotter als Notstandsarbeit nicht hat entbehren können, so ist das nur dem Umstande zuzuschreiben, daß bei strenger Kälte andere Arbeiten im Freien, insbesondere Erd-, Garten- und Maurerarbeiten nicht vorgenommen werden können, daß aber Notstandsarbeiten gerade bei stärkerem Frost in besonderem Grade erforderlich werden. — Da gegen das Schotterschlagen als Notstandsarbeit auch aus der Mitte der Arbeiter vielfach Bedenken erhoben wurden, weil es für schwächere und alte Personen zu angreifend sei und deren Gesundheit schädige, hat der Stadtrat in den beiden letzten Jahren in größerem Umfange Erdarbeiten gegen Tagelohn als Notstandsarbeiten ausführen lassen. Wie aus der als Anl. abgedruckten Zusammenstellung des Tiefbauamtes vom 14. März d. J. zu ersehen ist, haben sich diese Arbeiten im letzten Winter als für die Stadtkasse sehr kostspielig erwiesen. Wären die betreffenden Arbeiten durch Unternehmer zur Ausführung gelangt, so hätten sie im ganzen 7725 Mk. gekostet; den Arbeitslosen sind dagegen als Arbeitslohn im ganzen nicht weniger als

29500 Mk. gezahlt worden, mithin fast das vierfache des Arbeitswertes. Dabei muß allerdings berücksichtigt werden, daß die anhaltende Kälte des vorigen Winters die Ausführung von Erdarbeiten sehr erschwerte, und daß trotzdem die Arbeiten längere Zeit hindurch auch bei stärkerem Froste nicht eingestellt worden sind. Auch haben im letzten Jahre, was von den Vertretern der Arbeiter selbst anerkannt wird, sich vielfach arbeitsscheue Elemente unter die Arbeitslosen einzudrängen gewußt, und diese Arbeitsscheuen haben nicht nur selbst nichts geschafft, sondern sie haben auch einen sehr ungünstigen Einfluß auf den Gesamtfortgang der Arbeiten ausgeübt. In Zukunft wird dem Eindringen solcher arbeitsscheuer Elemente dadurch vorzubeugen sein, daß von den sich meldenden Arbeitslosen der Nachweis der bisherigen regelmäßigen Beschäftigung (durch Vorweisung der Invalidenkarte oder auf andre Weise) verlangt wird.

Anlage (betr. Kosten 1900/01). I. Steinschlagen. A. Schlagen von ungeschlagenen Decksteinen. Es wurden geschlagen 2702,65 cbm Porphyrsteine (pro cbm 7 Mk.).

Lieferung	18918,55 Mk.	
Für Aufsetzen der Steine	540,53 „	
Arbeitslohn nebst Zulage	11207,34 „	
Sonstige Unkosten (für Schlägel und Hammerstiele, Schutzbrillen, Verbandzeug, Bei- und Abfahren der Schutzhütten, Aborte und Geschirrhütten, für Holzschuhe u. s. w. 1094 Mk., — für Aufsicht 468 Mk., — Beiträge für Invaliditäts-, Kranken- und Unfallversicherung 688 Mk., — Verwaltungsmehraufwand (Überstunden) 300 M., — Abfuhr von Material wegen Maimesse 600 Mk.	3150,00 „	
Summa Unkosten	33816,42 Mk.	
Aus dem Bruch bezogener Schotter kostet 7,70 Mk. pro cbm, somit 2702 × 7,70 Mk.	20810,41 „	
Mithin Mehrkosten-Aufwand		13006,01 Mk.
B. Schlagen von alten Pflastersteinen im Akkord und im Tagelohn sowie Sortieren derselben 605,03 cbm zusammen	4960,32 Mk.	
(Dieser Betrag wurde nur infolge Arbeitslosenbeschäftigung aufgewandt.) Hiervon ab Wert des Materials als Schotter	1815,00 „	
		3145,32 „
II. Grundarbeit. A. Auf außerordentliche Kredite. Ausgehoben sind: 1600 cbm Boden. Verbraucht sind (pro cbm 2,75 Mk.)	4400,00 Mk.	
Normaler Aufwand	1200,00 „	
Der Mehraufwand beträgt pro cbm 2 Mk., im ganzen		3200,00 „
B. Stadtgärtnerei. 8700 cbm Aushub, verbraucht sind (à cbm 2,88 Mk.)	25100,00 Mk.	
Bei Ausführung durch einen Unternehmer berechnet sich der Kubikmeter auf 0,75 Mk.	6525,00 „	
Differenz cbm × 2,13 Mk. =		18575,00 „
Gesamtmehraufwand		37926,33 Mk.

Man sieht, daß die sogenannten Notstandsarbeiten der deutschen Städte sich wesentlich anders ausnehmen, wenn man versucht, sie nach Zweck und Art der Durchführung zu unterscheiden. Führt dieser Versuch für uns schon in Deutschland nicht überall zu einem gesicherten Ergebnis, müssen wir hier schon zuweilen uns mit der Feststellung begnügen, daß der Sinn für die genauere Unterscheidung noch nicht genügend weit verbreitet ist, um eine Vergleichbarkeit der verschiedenen Arbeiten zu ermöglichen, so gilt dies in noch höherem Maße von dem, was aus dem Auslande berichtet wird. Namentlich gilt dies von den französischen Notstandsarbeiten. Allerdings besitzt Frankreich eine amtliche Statistik darüber, wonach in den Jahren 1890/94 114 Städte Arbeiten zur Beschäftigung Arbeitsloser haben vornehmen lassen, abgesehen von weiteren 41, die Schneeschippen und Eisbrechen dazu benutzten oder die Arbeitsgewährung auf gebrechliche Personen beschränkten. Die Zahl der Städte war im Jahre 1899 auf 162, der durchschnittliche Jahresaufwand von 980000 auf 1027000 Frs. gestiegen. Von diesen Ziffern gilt jedoch in vollem Umfange, was oben (S. 237) über die etatsmäßige Verteilung der Kosten für Notstandsarbeiten gesagt ist, ganz abgesehen davon, daß Frankreich, da es keine allgemeine obligatorische Armenpflege besitzt, vieles auf freiwilliges Notstands-Konto bucht, was bei uns als Akt der Armenpflege erscheint. Einen ungefähren Maßstab für den Stand der einschlägigen Bestrebungen gibt die Ministerial-Verfügung vom 26. November 1900, in der der Handelsminister Millerand die Grundsätze des Conseil supérieur du travail über Notstandsarbeiten zusammenfaßt. Diese Verfügung läßt, wie das nach Lage der französischen Gesetzgebung kaum anders sein kann, die drei Arten von Maßregeln, auf deren Unterscheidung die ganze Zukunft der Notstands-Fürsorge in Deutschland beruht, ungeschieden durcheinandergehen. Wenn der Satz aufgestellt wird, daß die Arbeitsgewährung der Verteilung von Eßwaren oder Geld vorzuziehen sei, wenn dabei von der Bekämpfung der Arbeitsscheu und des Bettels die Rede ist, so ist dabei an Arbeitsgewährung als Akt der Armenpflege gedacht. Andrerseits aber ist von dem Arbeitslohn in Formen die Rede, die ein regelrechtes privatrechtliches Verhältnis von Arbeitgeber und Arbeitnehmer zur Voraussetzung haben, und doch ist dabei nur an Maßregeln gedacht, die wir oben als Arbeitsgewährung zur Verhütung eines Hinabsinkens in die Armenpflege bezeichneten. Die mangelnde Scheidung nach grundsätzlichen Gesichtspunkten zeitigt nun auch praktisch höchst bedeutsame Folgen. Der Minister warnt davor, einen Tagelohn auszusetzen, weil dieser gegenüber den abnormen Arbeitskräften niedriger als der gewöhnliche Tagelohn ausfallen und die Behörden dem Vorwurf aussetzen würde, daß sie die Arbeitslosigkeit ausnutzten, um ihre Arbeiten billig fertigstellen zu können. Darum wird die Akkordarbeit empfohlen. So gelangt unter den französischen Verhältnissen der der Sozialdemokratie angehörende Handelsminister auf eine Linie, die zahlreiche Mitglieder deutscher Stadtverwaltungen, die politisch und sozialpolitisch weit rechts von ihm stehen, bereits als rückständig betrachten. Nicht nur, daß der glatte Akkordlohn für diese Notstandsarbeiten ungeeignet ist, die gewöhnlichen Kategorien von Zeit- und Akkordlohn sind mit diesen Arbeiten überhaupt nicht vereinbar, weil sie nicht auf einem gewöhnlichen Arbeitsvertrage beruhen, sondern als ein Mittelding zwischen gewerblicher Arbeit und Unterstützung zu betrachten und demgemäß zu behandeln sind. Der Gruppenakkord in der Form, wie er in Frankfurt durchgeführt ist, wird dieser Doppelart gerecht, während die französische Ministerial-Verfügung noch nicht einmal die einschlägigen Fragen aufwirft, geschweige denn richtige Antworten findet. Nach zwei Seiten hin kann jedoch das französische Vorgehen als fruchtbar und vorbildlich bezeichnet werden. Zunächst in der statistischen Verfolgung der Notstandsarbeiten; die regelmäßige Fortsetzung dieser Statistiken muß im Laufe der Zeit auf die genaueren Unterscheidungen hindrängen, deren Fehlen bisher den hauptsächlichsten grundsätzlichen Mangel der Notstands-Politik ausmacht. Sodann in dem Hinweis der letzten französischen Ministerial-Verfügung auf die Bedeutung der Arbeitsverschiebung: es wird den Gemeinden zur Pflicht gemacht, in der lebhaften Geschäftszeit nach Möglichkeit öffentliche Arbeiten zu unterlassen und sie auf die stille Geschäftszeit zu verschieben. Bei dem stark zentralisierten Charakter der französischen Verwaltung wäre es sehr wohl möglich, daß hiermit eine neue Ära der öffentlichen Arbeitspolitik begönne; allerdings bei dem häufigen Wechsel der Ministerien und der politischen Interessen ist es in Frankreich ebensogut möglich, daß, was heute in den Vordergrund gestellt wird, morgen bereits anderen Zielpunkten der Politik gewichen ist.

Von diesen beiden Punkten, auf die uns das französische Vorgehen hinweist, der Statistik und der Arbeitsverschiebung, liegt jene bei uns vollständig im Argen. Nach der herrschenden Kompetenzverteilung zwischen Reich und Staat gibt es in Deutschland kaum eine Stelle, die sich auch nur für kompetent erachten würde, eine solche Statistik über das ganze Reich hin vorzunehmen. Eine Statistik nach Einzelstaaten scheitert daran, daß der größte deutsche Staat eine Armenpflege-Statistik überhaupt nicht besitzt. Die freiwillige wissenschaftliche Organisation, die sich die deutsche Städtestatistik im „Statistischen Jahrbuch deutscher Städte" gegeben hat, hat zwar die Wichtigkeit des Gegenstandes erkannt (und manche Nachricht wäre ohne dieses Jahrbuch überhaupt nicht in die Öffentlichkeit gekommen). Allein einer genaueren Unterscheidung steht hier offenbar die Mangelhaftigkeit der einlaufeuden Mitteilungen im Wege. — Der zweite Punkt, die Arbeitsverschiebung, ist dem Gedankenkreise der Verwaltungsbehörden keineswegs fremd; aber die bisherigen Hinweise und Anregungen finden sich an entlegenen und wenig beachteten Stellen. So enthält der umfangreiche preußische Ministerialerlaß über die Arbeitsvermittlung vom 31. Juli 1894 auch folgende sehr beherzigenswerten Ausführungen über die Arbeitsverschiebung:

Wie der Staat, so haben auch die kommunalen Vertretungen (Provinzen, Kreise und Gemeinden) in ihrer Eigenschaft als Arbeitgeber die Pflicht, der Arbeitslosigkeit nach Kräften dadurch entgegenzuwirken, daß sie allgemein und planmäßig auf eine zweckmäßige Verteilung und Regelung der für ihre Rechnung auszuführenden Arbeiten Bedacht nehmen. Fast in jedem größeren Betriebe gibt es Arbeiten, die nicht unbedingt zu einer bestimmten Zeit ausgeführt zu werden brauchen; ebenso kommen in jeder Staats- und Kommunalverwaltung Lieferungen und Arbeiten vor, für deren Vergebung der Zeitpunkt in gewissen Grenzen nach den Umständen frei gewählt werden kann. Wenn alle öffentlichen Verwaltungen bei ihren Dispositionen rechtzeitig darauf Bedacht nähmen, Arbeiten dieser Art in Zeiten zu verlegen, in denen Mangel an Arbeitsgelegenheit zu erwarten ist; wenn namentlich solche Arbeiten, bei denen Beschäftigungslose aller Art, insbesondere auch nichtgelernte Arbeiter Verwendung finden können, für Zeiten drohender Arbeitslosigkeit, wie sie neuerdings in größeren Städten und Industrie-Zentren fast regelmäßig im Winter wiederzukehren pflegen, aufgespart würden: so würde ohne Zweifel in vielen Fällen der wirkliche Eintritt einer verbreiteten Arbeitslosigkeit abgewendet und ernstlichen Notständen begegnet werden können. Eine Milderung des Notstandes wird sich vielfach auch dadurch erreichen lassen, daß die öffentlichen Betriebe bei eintretendem geringeren Arbeitsbedürfnis in Zeiten, wo es auch sonst an Arbeitsgelegenheit fehlt, nicht sofort zur Arbeiterentlassung schreiten, sondern statt dessen durch Verkürzung der täglichen Arbeitszeit oder, wie es z. B. im Bergbau üblich ist, durch Einlegung von Feierschichten, die Beibehaltung der vollen Arbeiterzahl ermöglichen.

Allerdings wird eine vermehrte Fürsorge für Arbeitsgelegenheit in Zeiten verbreiteten Arbeitsmangels nicht eintreten dürfen, ohne daß zugleich Maßnahmen getroffen werden, die es verhindern, daß dadurch der ohnehin schon übermäßige Zuzug Beschäftigungsloser zu den großen Städten vermehrt und damit der Erfolg jener Fürsorge in Frage gestellt wird. Zu dem Ende wird z. B. Vorsorge zu treffen sein, daß zu sogenannten Notstandsarbeiten nur solche Beschäftigungslose zugelassen werden, die in der Gemeinde, in der solche Arbeiten veranstaltet werden, ihren Unterstützungswohnsitz haben, oder wenigstens schon eine bestimmte Zeit in regelmäßiger Arbeit gestanden haben.

Da die Erfahrung der letzten Jahre vielfach gezeigt hat, daß es selbst größere Gemeinden an der wünschenswerten Vorsicht haben fehlen lassen und an die Beschaffung sogenannter Notstandsarbeiten erst herangetreten sind, wenn die Arbeitslosigkeit schon einen bedenklichen Umfang angenommen hatte und der Notstand bereits eingetreten war, so wollen Euer ꝛc. die Verwaltungen der Ihnen unterstellten Kreise und Gemeinden auf die Ihnen als Arbeitgebern obliegenden vorstehend erörterten Aufgaben gefälligst hinweisen.

Der in dem Runderlaß verlangte Hinweis ist im Jahre 1894 in der Art erfolgt, daß den Kreis- und größeren Gemeindeverwaltungen eine Abschrift des Erlasses zugestellt wurde. Der Erlaß hat auch in dem hauptsächlichen Gegenstande, den er behandelte, der kommunalen Arbeitsvermittlung, gewisse Folgen gehabt, nicht aber in diesem damit in Verbindung stehenden Punkte, auf den der Minister besonders hingewiesen haben wollte. Nur ganz vereinzelt hört man von derartigen Verwaltungsgrundsätzen in deutschen Städten. So hat im Jahre 1900/1901, auf eine Umfrage von Mannheim aus, Kassel als seine Notstandspolitik den Beschluß angeführt, „die gesamten Arbeiten in allen Zweigen der Verwaltung, soweit dies irgend tunlich ist, erst im Spätherbst zur Vergebung zu bringen, um den Handwerksmeistern Winterarbeit zu schaffen und bei möglicherweise eintretender Arbeitslosigkeit Mittel zu haben, dieser durch Ausführung vorgesehener Arbeiten zu begegnen, damit Notstandsarbeiten nicht erforderlich werden". Der Anschauung, daß die Arbeitsverschiebung im engsten Zusammenhange mit den Aufgaben eines kommunalen Arbeitsnachweises steht, werden sich die Arbeitsnachweis-Verwaltungen selbst nicht entziehen können. Schon im Jahre 1897 hat die damals eben erst begründete Kommission für das Städtische Arbeitsamt in

Würzburg bei dem Stadtmagistrat beantragt: „daß Arbeiten an städtischen Gebäuden, welche zur Winterszeit vorgenommen werden können, möglichst auf diese Jahreszeit verschoben werden, um hierdurch der Arbeitslosigkeit tunlichst vorzubeugen". Es wird viel Mühe kosten, bis derartigen Anträgen eine Form gegeben werden kann, in der sie für die anderen Verwaltungen annehmbar werden und auch wirklich zur Befolgung gelangen. Hierzu wird namentlich erforderlich sein, ein Verzeichnis öfter wiederkehrender Arbeiten aufzustellen, die die Verschiebung bis zum Winter gestatten. Daß Arbeiten im Innern der Gebäude diese Verschiebung allgemein zulassen, ist durchaus nicht richtig. Beispielsweise die am häufigsten in Gemeindeverwaltungen vorkommende derartige Arbeit, das Tünchen der Wände in den Schulzimmern, verträgt die Verlegung in den Winter nicht, weil die großen Sommerferien hierzu benutzt werden müssen. Durch sachwidrige Anforderungen an die anderen Verwaltungszweige kann das Bestreben der Arbeitsverteilung leicht in Mißkredit gebracht werden. Jenes Bestreben wird indes desto mehr Erfolg haben, je weniger es als eine Maßregel der bloßen Arbeiterpolitik, sondern als ein Zielpunkt der Gewerbepolitik überhaupt betrieben wird. Daß öffentliche Arbeiten nach Möglichkeit in die Zeit gelegt werden, in der sonst weniger Arbeitsgelegenheit vorhanden ist, liegt ebenso wie im Interesse der Arbeiter auch in dem der Arbeitgeber und in dem der öffentlichen Verwaltungen selbst. Man braucht aber den Kreis der Interessenten noch nicht einmal auf die öffentlichen Verwaltungen zu beschränken; die privaten haben ganz dasselbe Interesse, sich darüber klar zu werden, welche Arbeiten eine Verschiebung in die stille Zeit gestatten; denn die größere Billigkeit dieser Zeit oder eine dadurch herbeigeführte größere Gleichmäßigkeit des Lohn- und Preisstandes in den verschiedenen Jahreszeiten kommt auch ihnen zu statten. Schließlich sollte die ganze Bevölkerung daran denken, Arbeiten, die sie zu vergeben hat, nicht erst dann an den Handwerker gelangen zu lassen, wenn sie drängend sind. Die Ausbesserungsarbeiten, die der Wechsel der Jahreszeiten in jedem Haushalt bringt, könnten ebensogut wie bei Beginn der Saison wochenlang vorher ausgegeben werden, und es ist nicht nötig, daß die Schneiderwerkstätten von allen ihren Kunden zu derselben Zeit mit drängenden Aufträgen überlaufen werden. Wenn die Arbeitsnachweise in dieser Beziehung sich nicht als Arbeitereinrichtung, sondern als Bestandteil der Gewerbeverwaltung fühlen und nach allen Seiten hin die gleichen Aufklärungen ausgehen lassen, so steht ihnen auch nach dieser Seite hin ein weiterer Wirkungskreis bevor.

Um einen Überblick über die Gesamtheit aller Maßregeln zu geben, die in Arbeiterkreisen selbst als Akte der Notstands-Fürsorge betrachtet werden, sei im folgenden auf eine Denkschrift hingewiesen, die in Mannheim im Winter 1900/1901 eine Kommission, bestehend aus Vertretern der dortigen Gewerkschaften, Gewerkvereine und christlichen Gewerkschaften unter Leitung des Arbeitersekretariats abgefaßt und dem Stadtrat unterbreitet hat. Sie stellt an Handhaben, die die Gemeinde zur Bekämpfung der Arbeitslosigkeit besitzt, folgendes zusammen:

I. Die Stadt als Unternehmerin soll alles vermeiden, was zur Verschärfung des Notstandes beitragen oder seiner Linderung entgegenwirken kann. Daher 1. Verkürzung der Arbeitszeit in städtischen Betrieben auf 8 Stunden, vor allem völlige Vermeidung aller Doppelschichten und Überzeitarbeiten; desgl. in allen von der Stadt vergebenen Arbeiten. 2. Bei gleicher Befähigung vorzugsweise Berücksichtigung einheimischer Arbeiter für die städtischen (und ebenso für die von der Stadt vergebenen) Arbeiten. Keine Entlohnung unter den hier üblichen, bezw. mit den Arbeiterorganisationen zu vereinbarenden Bedingungen. 3.—5. Holzfällung und Ausputzarbeiten in den Waldungen und Anlagen der Stadt, Anstreicherarbeiten, Neuarbeiten von Kleidung, Schuhwerk, Mobilien 2c., Arbeiten der städtischen Gärtnerei, soweit im Winter ausführbar, sind alsbald vorzunehmen. 6. Alle Arbeiten sollen so verteilt werden, daß sie in den günstigen Geschäftsperioden möglichst beschränkt, in den ungünstigen möglichst ausgedehnt werden.

II. Die Stadt soll ihre Arbeiten möglichst in eigener Regie vornehmen lassen. Dies gilt: 1. für die unter I. angeführten Arbeiten, 2. vornehmlich für die Herstellung der Straßen, Brücken, Hafenanlagen und öffentlichen Gebäude.

III. Die Stadt soll das Gebiet ihrer Leistungen für die unbemittelten Volksklassen zwecks Beschäftigung der Arbeitslosen erweitern, um der Not so auf doppeltem Wege entgegenzuwirken.

IV. Die Gemeinde soll auf die Staatsbehörden wirken, um 1. durch Abänderung der Bauordnung die Verlegung geeigneter Reparaturen, sowie der Häuserabbrüche auf die Zeit der Arbeitslosigkeit zu veranlassen, — 2. das Verbot der Erwerbsarbeit schulpflichtiger Kinder zu bewirken.

V. Notstandsarbeiten in engerem Sinne nur soweit die unter I. angeführten Arbeiten unmöglich sind. Dabei ist 1. möglichst unter Berücksichtigung der einzelnen Berufe zu spezialisieren, 2. neben dem Steineklopfen auch Holzzerkleinern und die vorübergehende Anlage einer Schreibstube ins Auge zu fassen, 3. die Arbeiten sollen nicht auf Unterstützungsberechtigte beschränkt, doch sollen in erster Linie ortsansässige Arbeiter und Familienväter berücksichtigt werden, 4. die Arbeiten sollen unter möglichster Schonung der Gesundheit vorgenommen werden. Anlage von Baracken, Gewährung von Holzschuhen, Handschuhen und Mänteln. 5. es soll ein von jedem gesunden Arbeiter unter allen Umständen zu verdienender Mindestlohn desgl. ein Höchstlohn festgesetzt werden.

VI. Daneben fürsorgliche Maßnahmen: Einrichtung weiterer Volksküchen, zunächst von Wärme- und Speisehallen, sowie genügender Räumlichkeiten als Obdach für Wohnungslose. 2. Beschaffung von Kohlen, Kartoffeln, Brot und dergl., sowie notwendiger Kleidungsstücke durch die Stadt und Abgabe an Unbemittelte zum Selbstkostenpreise. 3. Soweit Bezahlung hierfür nicht zu erlangen oder die Gewährung von Geldunterstützung an Arbeitslose erforderlich ist, sollen diese nicht als Armenunterstützung angesehen, sondern in einem besonderen Konto als Notstandsunterstützung verrechnet werden. Mindestens sollen sie als Vorschuß gewährt und erst nach Ablauf eines Jahres als Armenunterstützung angesehen werden. 4. Eine den ungünstigen Erwerbsverhältnissen und gesteigerten Lebensbedürfnissen entsprechende Erhöhung der Armenunterstützungsbeträge. 5. Zahlung von Zuschüssen an die Arbeitslosenkassen der Berufsstände.

VII. Die Zentralanstalt für unentgeltlichen Arbeitsnachweis soll aus öffentlichen Mitteln erhalten und unter gleichmäßiger Mitwirkung von Vertretern der Arbeiter und der Unternehmer verwaltet werden. Die städtischen Betriebe sollen nur durch Vermittlung der Anstalt Arbeiter einstellen, die gleiche Bedingung bei Vergebung ihrer Arbeiten stellen und in demselben Sinne auf die Privatunternehmer einwirken.

VIII. Es soll eine ständige sozialpolitische Kommission der städtischen Vertretungskörper unter Heranziehung gewählter Vertreter der Arbeiterschaft, sowie sonstiger Interessenten gebildet und in allen sozialpolitischen Angelegenheiten zur Begutachtung herangezogen werden. Sie soll sich vornehmlich mit der Frage einer allgemeinen kommunalen Versicherung gegen unverschuldete Arbeitslosigkeit beschäftigen. Gleiche Kommissionen sollen nach Bedarf speziell zur Bekämpfung des dringenden Notstandes in den einzelnen Stadtteilen durch entsprechenden Ausbau der Organe der Armenpflege geschaffen werden.

IX. Anfang Januar soll eine Arbeitslosenzählung vorgenommen werden.

Arbeitslosen-Unterstützung und Arbeitslosen-Versicherung werden nicht selten mit unter den Mitteln zur Bekämpfung der Arbeitslosigkeit angeführt. Jedoch mit unrecht. Selbst wenn es gelänge, jedem Arbeitslosen soviel an Unterstützungsgeld zuzuführen, wie sonst sein Lohn betrug, so würde damit eine Arbeitslosigkeit nicht beseitigt sein. Ja, vielfach wird sogar befürchtet, daß auf diesem Wege eine Vermehrung der Arbeitslosigkeit herbeigeführt würde. Allein eine Verbindung zwischen den Mitteln zur Bekämpfung der Arbeitslosigkeit — Arbeitsnachweis und Arbeitsbeschaffung — einerseits und jenem Unterstützungs- und Versicherungswesen andererseits besteht dennoch: Objekte für alle diese Verwaltungstätigkeiten sind dieselben Personen. Auch die Ursache, aus der sich die Tätigkeit ergibt, ist dieselbe: die Arbeitslosigkeit. Schon im Interesse der Kräfte-Ersparnis liegt es, diese Tätigkeiten zusammenzufassen. Und wenn von erhöhter Unterstützung eine Vermehrung der Arbeitslosigkeit befürchtet wird, so ist es gewiß richtig, das Unterstützungsrecht dicht mit dem Arbeitsnachweis zusammenzubringen, damit nicht unnötigerweise Unterstützungen gezahlt werden, wo angemessene Arbeit geboten werden kann.

Aus diesem Grunde hat es daher auch zwischen der Arbeitslosen-Unterstützung und dem Arbeitsnachweis, solange beide bestehen, eine Verbindung gegeben. Wo eine Innung an den durchreisenden Handwerksburschen, d. h. an den wandernden Arbeitslosen, ein „Geschenk" zahlte, da lag entweder die Auszahlung in den Händen des „Sprechmeisters", dem der Arbeitsnachweis übertragen war, oder doch wenigstens die An- und Hinweisung. Diese Verbindung hat sich vielfach erhalten. Wo der Arbeitsnachweis mit der Herberge verbunden ist, wird hier geeignetenfalls die Bescheinigung ausgestellt, auf Grund deren das Geschenk erhoben wird. — Als die neuere Arbeiterbewegung anfing, die Reiseunterstützung sowie die Unterstützung der Arbeitslosen überhaupt als Arbeiter-Angelegenheit zu pflegen, trat ebenfalls sehr schnell der enge Zusammenhang zwischen Arbeitslosen-Unterstützung und Arbeitsnachweis hervor. Die erste Arbeiter-Organisation, die in Deutschland die Arbeitslosen-Unterstützung in die Hand nahm, war der im Jahre 1866 begründete Gewerkverein der deutschen Buchdrucker. Er führte die zentralisierte Reiseunterstützung im Jahre 1875 ein und ließ ihr im Jahre 1880 die

Unterstützung für Arbeitslose „am Ort“ folgen. Gleichzeitig wurde bereits von dem Verbandstage der Gewerkvereine (Hirsch-Duncker) zu Nürnberg im Jahre 1879 ein einheitlicher Plan angenommen, der Arbeitslosen-Unterstützung und Arbeitsvermittlung einheitlich umfaßte. Die Arbeitsvermittlung sollte einmal am Orte, sodann aber auch in nationaler Zentralisierung betrieben werden, um durch stetigen Ausgleich zwischen Arbeitsangebot und -Nachfrage in allen Teilen des Reiches die Arbeitslosigkeit auf das möglichst geringe Maß zu beschränken. Diesem Ausgleich sollte die Reiseunterstützung und nötigenfalls eine Beihilfe auch zur Übersiedelung der Familie dienen. Die Folgen einer trotz alledem noch übrig bleibenden Arbeitslosigkeit sollten nicht bloß, wie bisher, durch Beitragsstundung und Notfalls-Unterstützung, sondern auch durch ordnungsmäßig festzusetzende Zahlungen gemildert werden. Dieser Plan behielt aber nur programmatische Bedeutung. Auf einen verhältnismäßig kleinen Mitgliederkreis beschränkt, hatte in diesem der Hirsch-Dunckersche Verband zwar stets das Unterstützungswesen gepflegt. Die hauptsächlichen Wirkungen aber haben diese Anfänge dadurch gezeitigt, daß Gewerkvereine, die später zu den „Gewerkschaften“ übergingen, die dort von Anfang an vorhandene Entwicklung (schon der Verband von 1869 wollte ein „Allgemeiner Arbeiter u n t e r s t ü t z u n g s - Verband“ sein) durch ihren Anschluß verstärkten. Im Jahre 1901 verwendeten die Gewerkschaften, soweit sie an die Hamburger Generalkommission angeschlossen sind, für Arbeitslosen-Unterstützung 1 238 197 Mark, für Reiseunterstützung 607 127 Mark, die Hirsch-Dunckerschen Gewerkvereine für diese Zwecke nebst Umzugs-, Notfalls- und der bei ihnen geringen Streikunterstützung im Jahre 1900 184 369 Mark, im Jahre 1901 vermutlich erheblich mehr. Die Gesamtsumme der Unterstützungen an Arbeitslose in den deutschen Arbeiterorganisationen kann für das abgelaufene Jahr auf etwa 2 Millionen Mark geschätzt werden. Die Verbindung mit dem Arbeitsnachweis aber ging in der Hauptsache dadurch verloren, daß der gewerkschaftliche Arbeitsnachweis kein irgendwie erhebliches Gedeihen zeigte, (s. o. S. 138). — Als aber mit dem öffentlichen Arbeitsnachweis hier neues Leben einsetzte, erwachte auch wieder der Gedanke der Verbindung mit der Arbeitslosen-Unterstützung. So haben in Stuttgart seit dem Jahre 1898 die Fachverbände der Brauerei- und der Buchbinderei-Besitzer die Auszahlungen ihrer Unterstützungen dem städtischen Arbeitsnachweis übertragen, denen dann im Jahre 1899 zwei Gewerkschaften gefolgt sind: der Metallarbeiter- und der Schneiderverband.

Noch deutlicher wird der Zusammenhang, wenn die Unterstützung die Form der Arbeitslosen-Versicherung annimmt. Das Wesen jeder Versicherung liegt darin, daß sie Sicherheit gewährt gegen die Vermögensfolgen von Zufällen, und zwar sowohl rechtliche wie wirtschaftliche Sicherheit. Die rechtliche zeigt sich darin, daß der Versicherte beim Eintreten des Zufalles nicht etwa bloß einen Wohlwollens- oder Billigkeits-, sondern einen klagbaren Anspruch erhält. Die wirtschaftliche Sicherheit hat zur Voraussetzung, daß der Versicherungsgeber seinem Anspruch gewachsen ist, und das ist er nur, wenn es sich um ein berechenbares Risiko handelt. Unter dem letzteren Gesichtspunkte ist die Möglichkeit einer Arbeitslosen-Versicherung bestritten worden; denn hier erwache der Anspruch aus einem Zustande, den der Versicherte selbst herbeiführen oder verlängern könne, bei dem sich also das Risiko der Vorausberechnung entziehe. Allein dieser versicherungstechnische Einwand gilt nur unter der Voraussetzung der überwiegend unorganisierten oder anarchischen Arbeitsvermittlung. In demselben Maße, wie es gelingt, den Arbeitsnachweis zu organisieren, verliert dieser Einwand an Bedeutung. Und stellt man sich vor, daß eines Tages die gesamte Stellenvermittlung organisiert und zentralisiert wäre, so würde das, was früher aus versicherungstechnischen Gründen gegen die Arbeitslosen-Versicherung zu sagen war, nunmehr für sie geltend zu machen sein: der organisierte Arbeitsnachweis würde gerade ein Hilfsmittel sein, um das Risiko der Arbeitslosigkeit in engen Grenzen zu halten. Derartige Hilfsmittel besitzen zwar auch andere Versicherungszweige. So verwenden z. B. die Feuerversicherungs-Gesellschaften einen Teil ihrer Einkünfte zur Begründung und Verbesserung von Feuerwehren, indem sie auf diese Art statt die Folgen des Brandes nachträglich zu vergüten, diesen selbst an seiner Ausbreitung möglichst zu hindern suchen. In der Unfall- und der Invaliden-Versicherung, die, auf öffentlich-rechtlicher Grundlage beruhend, zu dem bloßen Nützlichkeitsgedanken auch noch den des öffentlichen Interesses hinzugenommen haben, ist den Berufsgenossenschaften wie den Versicherungsanstalten gestattet, im Einzelfalle zur Heilung, d. h. zur Abkürzung der Unfallfolgen und der Invalidität, Gelder aufzuwenden; und alles, was die Berufsgenossenschaften zur Unfall**verhütung** aufwenden, fällt direkt in dieses Kapitel. Allein in allen diesen und ähnlichen Fällen der bisherigen Versicherungszweige spielt dieses Moment doch nur eine untergeordnete Rolle. Mit der Arbeitslosen-Versicherung würde zum erstenmale ein Versicherungszweig entstehen, der sich zur **Hauptaufgabe** machen könnte, den Zufall, gegen dessen Folgen Schutz gewährt werden soll, zu verhüten, seine Dauer abzukürzen und nur soweit beides nicht möglich ist, das Schadensgeld zu zahlen. Mit der Einführung der Arbeitslosen-Versicherung würden alle Beitragzahlenden ein Interesse daran gewinnen, den Arbeitsnachweis möglichst und weit möglichst gut auszugestalten. Daß in den bisherigen Projekten Staat und Gemeinde als Beitragzahlende eine Rolle spielen, ist hierbei noch nicht das Wichtigste (wiewohl für einen neu aufkommenden Verwaltungszweig auch das nicht zu unterschätzen ist, daß ein finanzielles Interesse an seiner Ausbildung geschaffen wird). Viel wichtiger noch würden in dieser Beziehung die Beiträge der Unternehmer und der Arbeiter sein. Denn damit würden die beiden Bevölkerungsklassen, auf deren Anteilnahme der Arbeitsnachweis hingewiesen ist, geradezu an ihn herangedrängt werden. Eine Arbeitslosen-Versicherung würde an die Arbeitsnachweis-Verwaltung unaufhörliche Ansprüche stellen. Und je weniger der heutige Arbeitsnachweis im stande sein würde, diesem Anspruch gerecht zu werden, desto energischer würde man an seiner Verbesserung arbeiten, desto mehr würde von Arbeitgebern wie von Arbeitern auf Benutzung des Arbeitsnachweises statt der Umschau, der gewerblichen, der Inseraten-Vermittlung ꝛc. hingedrängt werden.

Auch die Frage, inwieweit dem Arbeitslosen die Annahme einer Stelle zugemutet werden kann, und wer darüber entscheiden soll, würde bei der Verbindung von Arbeitslosen-Versicherung und Arbeitsnachweis ihre einfache Lösung finden. Der paritätische Arbeitsnachweis besitzt in sich selbst die Organe, um hierin einen unparteiischen Spruch zu fällen. Bei weiterer Anwendung müßte nur für sachverständige Mitwirkung in den einzelnen Erwerbszweigen gesorgt werden. In den englischen Gewerkschaften mit zentralisiertem Arbeitsnachweis weist die Verwaltung des letzteren dem Arbeitslosen eine Stelle zu; wenn er sie nicht annimmt, so wird kein Zwangsmittel angewendet, aber der Anspruch auf das Arbeitslosen-Geld der Gewerkschaft geht ihm verloren. Werden Arbeitsnachweis und Arbeitslosen-Versicherung als öffentliche Verwaltungszweige mit paritätischen Organen errichtet, so treten diese an Stelle der rein gewerkschaftlichen. Das deutsche System, streitige Fragen in gemeinschaftlichen Angelegenheiten durch paritätische Organe entscheiden zu lassen, würde dann aus Arbeitsnachweis, Gewerbegericht und Arbeitslosen-Versicherung ein geschlossenes System machen, in dessen Mittelpunkt der Arbeitsvertrag steht. In diesem System wäre das Zustandebringen des Arbeitsvertrages die Aufgabe des Arbeitsnachweises; kommt er zustande, so steht seine Befolgung unter dem Schutze des Gewerbegerichts; kommt er nicht zustande, so werden die Folgen nach Möglichkeit durch die Arbeitslosen-Versicherung wettgemacht. In allen drei Fällen würde die Entscheidung der Streitfragen oder die Verwaltung der gemeinschaftlichen Angelegenheiten durch ein Kollegium erfolgen, dessen Mitglieder aus den beiden Parteien des Arbeitsvertrages, Arbeitgebern und Arbeitern, hervorgegangen sind, dessen Vorsitzender aber als öffentlicher Beamter keiner dieser beiden Parteien angehört.

In einem Falle der Arbeitslosigkeit aber würde das paritätische System in der Frage der Arbeitslosen-Versicherung sich als schlechterdings unfähig erweisen: in der Arbeitslosigkeit bei Streiks und Aussperrungen. In den Gewerbegerichten haben die Fragen, die mit Streiks und Aussperrungen zusammenhängen, zwar viele Aufregungen hervorgerufen; im großen und ganzen jedoch hat hier das Rechtsgefühl über die Aufregung schließlich gesiegt. Im Arbeitsnachweis, wo es sich weniger um Rechts- und destomehr um Interessenfragen handelt, hat die Erfahrung schließlich gelehrt, wie einsichtsvolle Kenner vorausgesagt haben, daß dort der Frage eine irgendwie erhebliche Bedeutung überhaupt nicht zukomme (s. o. S. 157). Die Arbeitslosen-Versicherung wird bei Streiks oder Aussperrungen mit Fragen befaßt, zu deren Beantwortung Gerechtigkeit allein nicht ausreicht, und die sich praktisch als höchst bedeutsam, ja als geradezu ausschlaggebend erweisen müssen. Es sind im wesentlichen die beiden Fragen: In welchem Falle soll das Arbeitslosen-Geld auch an solche Arbeiter gezahlt werden, die durch Streiks und Aussperrungen arbeitslos geworden sind? In welchem Falle soll das Geld auch Arbeitern gezahlt werden, die sich bloß deswegen weigern, eine solche Stelle anzunehmen, weil sie durch Streik oder Aussperrung freigeworden ist? Diese Fragen durch paritätische Körperschaften entscheiden zu lassen, ist unmöglich. Von seltenen Ausnahmefällen offenbar gewalttätiger Streiks oder Aussperrungen abgesehen, würden immer sämtliche Arbeiterstimmen sämtlichen Arbeitgeberstimmen gegenüberstehen, und die Entscheidung würde in Wahrheit nicht einem paritätisch zusammengesetzten Kollegium, sondern ausschließlich den ausschlaggebenden Beamten übertragen sein. Aus diesem Grunde ist eine öffentliche Arbeitslosen-Versicherung nur dann möglich, wenn sie den Fall der Arbeitslosigkeit bei Streiks und Aussperrungen ausschließt. Dieser Versicherungsfall ist eine ausschließliche Arbeiterangelegenheit. Beiträge hierzu zu liefern, kann den Unternehmern ebensowenig zugemutet werden, wie man dem Arbeiter zumuten könnte, Beiträge zu einer Entschädigung der Unternehmer in Fällen von Streiks und Aussperrungen zu entrichten. Die Streikversicherung der Arbeiter bleibt ein Wirkungsgebiet für die Gewerkschaften. Nun kann man aber nicht behaupten, daß die Streikversicherung und die allgemeine Arbeitslosen-Versicherung nichts miteinander zu tun hätten. Die Streikversicherung soll nicht bloß mit dem Gelde wirken, das zur Auszahlung gelangt, sie soll auch in dem sichern Anspruch auf dieses Geld in Lohnverhandlungen einen Rückhalt gewähren, und der angesammelte Streikfonds soll auf den Gegner abschreckend und also wie jeder Kriegsschatz friedesichernd wirken. Es soll so der Streik verhütet und durch die Lohnbewegung ersetzt werden. Ist das richtig, so besteht dasselbe Interesse daran, daß der einzelne Arbeiter schon bei Abschluß seines Arbeitsvertrages nicht aus Furcht vor Stellenlosigkeit unter das Lohnniveau herabgehen müsse, zu dessen Festhaltung oder Wiedereroberung eine Lohnbewegung erforderlich würde. Namentlich in den Zeiten der niedergehenden Konjunktur soll auf diese Art nicht nur der Streik durch Lohnbewegung, sondern auch diese schon durch ein bloßes Halten der Arbeitsbedingungen von seiten der Einzelnen überflüssig gemacht werden. So ist eine gute Arbeitslosen-Versicherung ein Glied in der Kette von Maßregeln, die dazu dienen, Lohnbewegungen und Streiks für die äußersten Fälle (und dann allerdings zu desto energischerer Betätigung) zu reservieren. Unter diesem Gesichtspunkte hat die organisierte Arbeiterschaft ein berechtigtes Interesse daran, die Streikversicherung als eine bloße Abart der Arbeitslosen-Versicherung zu behandeln. Da die öffentliche Arbeitslosen-Versicherung das gegenteilige Interesse hat, so bleibt hier logischerweise nur ein Ausweg möglich: die organisierte Arbeiterschaft, die die Arbeitslosen-Versicherung selbst einrichtet, von der Verpflichtung zum Eintritt in die öffentliche Versicherung zu befreien. Damit wird die öffentliche Versicherung eine subsidiäre Einrichtung. Aber auch bei dieser Beschränkung ist von allem, was über die Einwirkung auf den Arbeitsnachweis gesagt ist, nichts zurückzunehmen. Denn einstweilen ist nur ein so geringer Teil der Arbeiterschaft organisiert, daß für absehbare Zeit die subsidiäre Einrichtung die Regel und die gewerkschaftliche nur die Ausnahme bilden würde.

Ein erfahrungsmäßiger Beweis für die befruchtende Wirkung, die die Arbeitslosen-Versicherung auf den Arbeitsnachweis ausübt und von ihr empfängt, liegt lediglich für die gewerkschaftliche Versicherung, aus England, vor. Die öffentliche obligatorische Arbeitslosen-Versicherung ist bisher nur an einem einzigen Orte der Erde in Kraft gesetzt worden, nämlich in St. Gallen, und hier so überstürzt und planlos, daß das Unternehmen alsbald das Ende fand, das ihr von besonnenen Sachkennern vorausgesagt wurde. Im Jahre 1897 wurde die Versicherung auf Grund der Ermächtigung eines kantonalen Gesetzes für 2 Jahre begründet mit der Maßgabe, daß sie nur auf ausdrücklichen Beschluß auf 3 weitere Jahre verlängert werden sollte. Ein solcher Beschluß erging nicht, und die Kasse trat am 1. Juli 1899 in Liquidation. Zu den sehr vielen Gründen, um derenwillen das Unternehmen scheiterte, gehört auch, daß hier jede Verbindung mit einem organisierten Arbeitsnachweis fehlte. In Basel-Stadt, wo der Entwurf von Georg Adler, dem damaligen Vertreter der Nationalökonomie an der dortigen Universität, ausgearbeitet wurde (der erste auf wissenschaftlicher Grundlage ruhende Regierungsentwurf einer Arbeitslosen-Versicherung) und in Zürich, wo der Kleine Rat der Stadtgemeinde die Initiative ergriff, sind die Entwürfe schließlich abgelehnt worden (1893—1900). Die Arbeitslosen-Versicherung der Stadtgemeinde Bern (1893) und die Stadtkölnische Versicherungskasse gegen Arbeitslosigkeit im Winter (1898) sind nur freiwillige Versicherungen. Da von solchen sebstverständlich die Arbeiter mit geringerer Arbeitslosen-Gefahr (die guten Risiken) sich fernhalten, so können sie Prämien in der erforderlichen Höhe nicht erheben und sind in der Hauptsache auf Zuschüsse angewiesen. Sie stellen sich daher als (kommunale oder vereinsmäßige) Unterstützungen dar, zu denen die Arbeiter selbst auch Beiträge zahlen, was unter moralischem Gesichtspunkte von Wert ist, aber dem Unternehmen nicht den Charakter einer Versicherung geben kann. Übrigens ist in Köln auch in dieser engen Begrenzung der Zusammenhang mit dem Arbeitsnachweis gewahrt, so daß die dortige Versicherung geradezu als eine Einrichtung der „Allgemeinen Arbeitsnachweis-Anstalt" gelten kann, sich in ihren Satzungen auch dementsprechend bezeichnet. Auch sie ist in der Hauptsache ein gemeinnütziges Vereinsunternehmen, wie der dortige Arbeitsnachweis. Die Bezeichnung Stadtkölnisch ist rein geographisch gemeint und soll nur den Gegensatz zum Landkreis Köln ausdrücken. Allerdings beteiligt sich die Gemeinde mit Zuschüssen, und der jedesmalige Oberbürgermeister ist (ebenso wie der Vorsitzende des Arbeitsnachweises) Mitglied des Vorstandes. Im Geschäftsjahre 1901/02 erhielten in Köln von 842 Versicherten, die sich als arbeitslos meldeten, 35 in der Wartezeit andauernde Beschäftigung, 22 mußten wegen betrügerischer Angaben ausgeschlossen werden. Für die übrigen 785 mit 34111½ Tagen konnte für 15853 Tage Arbeit beschafft werden, während für 18258½ Tage Tagegelder (teils zu 1, teils zu 2 M.) mit 30046 M. zu zahlen waren. Hierzu hatten die Versicherten beigetragen 12434,25 M. Die Abhängigkeit von den Zuschüssen zeigt sich nicht nur darin, daß diese den größten Teil der Versicherungssumme decken müssen, sondern namenlich auch darin, daß die Kasse, um zahlungsfähig zu bleiben, sich eine Sperre vorbehalten muß. Diese Sperre ist in der Tat in dem genamten Geschäftsjahre vorgenommen und in dem gegenwärtigen, am 6. Mai 1902 nach Abschluß der tausendsten laufenden Versicherung, wiederholt worden. Wenngleich nun die Kasse auch während der Sperre noch 277 neue Versicherungen unter Vorbehalt abgeschlossen hat und infolge eines besonderen städtischen Zuschusses von 20000 M. (für 1902/03) von dem Vorbehalte einen Gebrauch zu machen nicht nötig hatte, so beweist doch das Vorkommen von Sperren, wie sehr eine von festen Zuschüssen abhängige Kasse dem auf Prämien begründeten

Versicherungsgeschäft entgegengesetzt ist. In diesem ist das Geschäft desto sicherer begründet, je größer die Zahl der abgeschlossenen Versicherungen ist; bei jener nimmt mit jeder neuen Versicherung die Sicherheit ab.

Nach dem bisherigen Verlauf könnte man versucht sein, anzunehmen, daß die Arbeitslosen-Versicherung zu wenig Aussichten auf praktische Verwirklichung habe, als daß die Verwaltungswissenschaft, insbesondere in Deutschland, mit ihr zu rechnen habe. Dies wäre jedoch nicht richtig. Zwar gibt es unter den etwa 12 Parteien des Reichstages nur eine, die die Arbeitslosen-Versicherung auf ihren Parteitagen behandelt hat: die (süd-)Deutsche Volkspartei. Allein in anderen Parteien spielt wenigstens in ihrer Literatur der Plan eine gewisse Rolle. Als noch vor Abschluß der Arbeiterversicherungs-Gesetze in der ersten Auflage des „Staatslexikons" die Görres-Gesellschaft zur Pflege der Wissenschaft im katholischen Deutschland unter dem Schlagwort „Arbeiterfrage" auch die Grundlinien für die verschiedenen Arten der Arbeiterversicherung absteckte, führte sie die Versicherung gegen unverschuldete Arbeitslosigkeit als einen ebenbürtigen Zweig der Arbeiterversicherung auf. Allerdings schwebte damals (die Lieferung erschien im Jahre 1887) der Zentrumspartei noch das Ideal vor, die Berufsgenossenschaften eines Tages auch als Träger der Invaliden-Versicherung zu sehen und dann dieser bedeutsamsten Organisation des gewerblichen Lebens auch die Arbeitslosen-Politik zu übertragen. Indes ist, nachdem die Invalidenversicherung eine anderweite Organisation gefunden hat, der Plan einer reichsgesetzlichen Regelung der Arbeitslosen-Versicherung unter den Sozialpolitikern der Zentrumspartei nicht aufgegeben. Die sozialdemokratische Partei hat den Gegenstand jetzt zum erstenmal auf die Tagesordnung ihres Parteitages gesetzt, der im Oktober 1902 in München zusammentritt. Zum Referenten ist ein Anhänger der staatlichen Zwangsversicherung, der Abg. Molkenbuhr, bestimmt, dem aber Anhänger der ausschließlich gewerkschaftlichen Versicherung gegenüberstehen. In der Nationalliberalen Partei erklärt das Politische Handbuch für nationalliberale Wähler (1897) zwar die öffentliche Organisation für undurchführbar. Indes ist dieses Urteil nur quoad hic et nunc gemeint. Denn als Grundsatz wird an die Spitze der Ausführungen gestellt, daß die bisherigen Ziffern über Arbeitslosigkeit „das menschenfreundliche Bemühen nicht abhalten dürfen, welches dem Problem der Versicherung gegen Arbeitslosigkeit beizukommen bezweckt". Während der letzten Reichstags-Tagung wurde eine Äußerung eines Regierungskommissars bekannt, daß die Reichsregierung sich schon seit längerer Zeit mit der Frage beschäftige. Am 31. Januar 1902 nahm dann der Reichstag auf Antrag der Abgg. Roesicke und Pachnicke (Freisinnige Vereinigung) eine Resolution an, in der er den Reichskanzler ersuchte, für das Studium der Frage eine Kommission aus Vertretern der verbündeten Regierungen, aus Mitgliedern des Reichstages und sonstigen auf diesem Gebiete erfahrenen Männern zusammenzusetzen. Die Kommission solle die Aufgabe haben: die bisher seitens der Berufsvereine, einzelner Unternehmer und Gemeinden gegen die Folgen der Arbeitslosigkeit getroffenen Versicherungseinrichtungen zu prüfen und Vorschläge über zweckmäßige Ausgestaltung dieses Zweiges der Versicherung zu machen. Der Wortlaut beschränkt die Studien dieser Kommission nicht auf Deutschland, und aus der Begründung des Abgeordneten Dr. Pachnicke geht auch hervor, daß in der Tat an ein ausgiebiges Studium der ausländischen Versuche, namentlich in England und der Schweiz gedacht ist. Das Schicksal der Arbeitslosen-Versicherung in der deutschen Gesetzgebung wird mutmaßlich davon abhängen, ob es der Wissenschaft gelingen wird, für die praktische Ausgestaltung der Versicherung und namentlich für ihre organische Verbindung mit dem Arbeitsnachweis genaue bis ins einzelne gehende Pläne auszuarbeiten und die Überzeugung von ihrer Durchführbarkeit zu erwecken. Dies wiederum wird schwerlich anders als an der Hand gelungener Versuche möglich sein. Darum muß es ein Hauptziel aller dieser Bestrebungen sein, zunächst einmal ein Experiment im kleinen Kreise zu ermöglichen. Dem Parteitage der süddeutschen Volkspartei (1899) lag ein von Sonnemann ausgearbeiteter Entwurf eines Reichsgesetzes vor, das die Gemeinden ermächtigte, eine Zwangsversicherung durch Ortsstatut einzuführen. Der Hauptwert eines solchen Gesetzes würde darin liegen, daß es einer Gemeinde, die dazu bereit ist, die Möglichkeit gewährte, jenen Versuch in kleinem Kreise anzustellen.

Vollständig ausgeschlossen ist es jedoch nicht, daß eine zwangsweise Arbeitslosen-Versicherung im Anschluß an einen paritätischen Arbeitsnachweis auch ohne gesetzliche Unterlage zustande kommt. Der paritätische Arbeitsnachweis kann wenigstens für ein einzelnes Gewerbe auf so starken beiderseitigen Koalitionen beruhen, daß diese für sich allein imstande sind, für den Beitritt zur Arbeitslosen-Versicherung einen Zwang auf privatrechtlicher Grundlage zu beschaffen. Ein solcher Plan liegt gegenwärtig im Arbeitsnachweis der Berliner Ringbrauereien vor. Als in dem Friedensschluß nach dem großen Berliner Bier-Boykott von 1894 auch ein gemeinsamer Arbeitsnachweis eingesetzt wurde und dessen Kuratorium aus erwählten Vertretern beider Teile unter einem unparteiischen Vorsitzenden gebildet wurde, wurden die Einschreibe- und sogenannten Prozentsatzgebühren zu Unterstützungen, namentlich an Arbeitslose, bestimmt. Aus dem so gebildeten „Unterstützungs-Fonds" wurden unterstützt:

	1895	1896	1897	1898	1899	1900	1901
Personen:	69	85	197	160	171	156	418
mit Mark:	1252	1356	3090	2710	2760	2672	6655

Dem Fonds war seitens des Vereins der Brauereien ein Betrag von 1000 Mark überwiesen worden. Als in dem kritischen Jahre 1901 sämtliche Barbestände aufgebraucht und sogar noch ein Darlehen aufgenommen wurde, hat der Verein für den genannten Zweck weitere 3000 Mark bewilligt, und einige Mitglieder des Vereins brachten außerdem noch 2365 Mark auf. Tatsächlich werden hier also bereits für die Unterstützung von Arbeitslosen Beiträge durch Arbeiter und Arbeitgeber geleistet und die Verwaltung durch ein gemeinsames Kuratorium geführt. Hierauf hat der Vorsitzende des Kuratoriums, Dr. Freund, den Entwurf eines Statuts für eine Arbeitslosen-Versicherungskasse begründet, die sämtliche Brauer und Böttcher der zum Verein gehörenden Brauereien umfassen soll. Da dem „Verein der Brauereien Berlins und Umgegend" die namhaften Firmen fast alle angehören, würde durch Aufnahme der Beitrittspflicht in den Arbeitsvertrag annähernd eine obligatorische Versicherung auf privatrechtlicher Grundlage geschaffen werden. Doch steht in den Kreisen des Vereins dem Plane u. a. das Bedenken entgegen, daß es kein Mittel gibt, den Austritt einer Firma zu verhindern, und daß aus diesem Grunde eine gesetzliche Unterlage unentbehrlich scheint.

Es soll an dieser Stelle nicht verschwiegen werden, daß die obligatorische Arbeitslosen-Versicherung nicht die einzige Form der zwangsweisen Fürsorge für den Fall der Arbeitslosigkeit darstellt. Daneben steht eine zweite Richtung, die auf Einführung eines Sparzwanges mit Festlegung der Spargelder für den Fall der Arbeitslosigkeit ausgeht. Die beiden Formen stehen in diesem besonderen Falle nicht anders zu einander wie Sparkassen- und Versicherungseinrichtungen im allgemeinen. Der Zweck, dem beide Einrichtungen dienen, ist derselbe: eine Entlastung von dem Risiko einer einmal eintretenden Geldverlegenheit herbeizuführen. Diesen Zweck will die Versicherung dadurch erreichen, daß die Last auf eine möglichst große Anzahl Personen verteilt wird; das Sparsystem dadurch, daß an ein und derselben Person das Risiko auf eine Reihe von Jahren verteilt wird. Jenes ist eine Verteilung auf ein räumliches Nebeneinander, dieses auf ein zeitliches Nacheinander. Das Versicherungssystem gewährt den Vorteil, daß die ausreichend große Zahl von Personen, die zur Entlastung erforderlich ist (namentlich bei Zwangsversicherung) sofort beisammen ist; aber jeder Einzelne hat an dem Risiko aller anderen mitzutragen. Das Sparsystem umgekehrt hat den Nachteil, daß erst eine Anzahl Jahre vergehen müssen, bis die zurückgelegte Summe als Sicherheit genügt; hingegen wird der Einzelne nur mit seinem Risiko, nicht auch mit dem aller andern belastet. Ich glaube, daß dieselben Gründe, die dafür gesprochen haben, bei der Gefahr der Krankheit, des Unfalls und der Invalidität dem Versichererungssystem dem Vorzug zu geben, auch für seine Anwendung bei der Arbeitslosen-Fürsorge sprechen; und die bloße Tatsache, daß bereits für jene drei Spezialfälle der Arbeitslosigkeit Versicherungsorganisationen geschaffen sind, drückt als Schwergewicht auf die Entscheidung in der Arbeitslosen-Frage. Der Einwand, daß es sich bei einer Arbeitslosen-Versicherung um ein Risiko handelt, das ganz besonders ungleich verteilt ist, wiegt als Gegengrund nicht schwer genug. Allein der bloße Umstand, daß ich mich der Meinung derer anschließe, die das Versicherungssystem empfehlen, konnte kein Grund sein, an dieser Stelle eine nähere Behandlung des Sparsystems zu unterlassen. Der Grund hierfür liegt darin, daß an dieser Stelle nicht die Arbeitslosen-Fürsorge, sondern ihre Beziehungen zum Arbeitsnachweis zu behandeln sind. Die Verbindung mit diesem haben die Pläne einer Arbeitslosen-Versicherung gewonnen, die des Sparsystems hingegen nicht.

An einem Orte ist jedoch über Versicherungs- und Sparsystem für Verwaltungszwecke eine höhere Einheit gefunden worden. Die sogenannte kommunale Arbeitslosen-Versicherung in Gent ist in Wahrheit eine kommunale Einrichtung zur Förderung des Versicherungs- wie des Sparsystems ohne Unterschied. Der Grundgedanke des Genter Systems liegt darin, daß die Gemeinde ein Interesse daran hat, daß der Einzelne für den Fall der Arbeitslosigkeit Vorsorge trifft. Deswegen war die Gemeinde bereit, jedem Arbeitslosen, der nachwies, daß er aus einer Versicherungskasse ein Arbeitslosen-Geld bezieht, einen Zuschuß bis zu 50 % (jedoch höchstens 1 Frank für den Tag und 50 Frs. im Jahre) zu gewähren. Gent zählt 36500 Arbeiter, Angestellte u. s. w. Von diesen sind 19212 in Fachvereinen, davon etwa die Hälfte in sozialistischen, die Hälfte in katholischen, liberalen und parteilosen Vereinen. Die Organisationen gewähren zum größten Teil Arbeitslosen-Gelder. In den Kreisen der Unternehmer tauchte die Befürchtung auf, daß die neue Einrichtung eine Stärkung der Arbeiterorganisationen mit kommunalen Mitteln bewirken werde. Um dieser Befürchtung die Spitze abzubrechen, wurde der Entwurf dahin gestaltet, daß derselbe Zuschuß auch jedem Arbeitslosen gezahlt werden solle, der Ersparnisse während der Arbeitslosigkeit abhebe. Mit dieser Änderung ist der Entwurf im Gemeinderat mit 32 gegen 1 Stimme angenommen worden und sofort im August 1901 (der Sparzuschuß mit einer Wartezeit) in Kraft getreten. Allerdings hat die Gemeinde einstweilen nur 10000 Frs. jährlich auf drei Jahre bewilligt.

Die Frage der Arbeitslosen-Versicherung ist auf die Tagesordnung der Arbeitsnachweis-Konferenz gesetzt, die im Oktober 1902 in Berlin gleichzeitig mit dem Verbandstage deutscher Arbeitsnachweise abgehalten wird. An dieser Beratung werden voraussichtlich Anhänger aller Richtungen (insbesondere auch ein Vertreter des Genter Systems) teilnehmen.

In allen Fragen der Arbeitslosen-Fürsorge wird man noch auf lange Zeiträume hin damit rechnen müssen, daß die Meinungen darüber erheblich auseinandergehen, ob und wie weit die Verwaltung eingreifen soll. In allen solchen Fällen gibt es eine Aufgabe, der die Verwaltung sich nicht entziehen darf, weil sie den streitenden

Teilen gemeinsam ist: die Feststellung des Tatbestandes. Dies angewandt auf die Arbeitslosen-Frage führt zu der Forderung von Arbeitslosen-Zählungen. Eine zahlenmäßige Kenntnis des Umfanges, den die Arbeitslosigkeit im heutigen gewerblichen Leben hat, ist die erste Voraussetzung für die Ausbildung einer mehr gleichmäßigen Überzeugung über die Aufgaben, die in ihrer Verhütung, Bekämpfung oder Linderung der öffentlichen Verwaltung gestellt werden dürfen. Noch höher, als diese mehr theoretische, ist die rein praktische Bedeutung von Arbeitslosen-Zählungen. Sobald ein Verlangen nach Notstands-Arbeiten oder ähnlichen außerordentlichen Maßregeln auftaucht, zeigt sich regelmäßig, daß die grundsätzlichen Meinungsverschiedenheiten über das Für und Wider gegenwärtig bereits hinreichend abgeschwächt sind, um einer Einigung Raum zu geben, wenn nicht über das Vorhandensein des Notstandes die Meinungen auseinandergehen. Nichts kann dem Verlangen nach neuen Verwaltungsmaßregeln abträglicher sein, als wenn — sei es nun daß Bewilligung oder daß Ablehnung erfolgt ist — das Verlangen sich nachträglich als überflüssig herausstellt. Aber auch dem Teil, dem es mit dem Anzweifeln der Notwendigkeit von Notstands-Maßregeln Ernst ist, müßte es höchst peinlich sein, wenn ein Aufschub, den er herbeiführt, sich nachträglich als verhängnisvoll erweist. Deswegen besteht beim Auftauchen der Forderung von Notstands-Maßregeln ein gemeinsames Interesse daran, zu wissen, ob die vorhandene Arbeitslosigkeit über das gewöhnliche Maß der Jahreszeit hinausgeht oder nicht.

Wenn man an diese Frage in dem Augenblick herantritt, wo sie auftaucht, so stellt es sich alsbald als unmöglich heraus, das Material zu ihrer Beantwortung zu sammeln. Um die Zahl der Arbeitslosen an einem Ort festzustellen, ist ein Apparat und eine gewisse Gewöhnung erforderlich. Wollte man sich selbst über alle Ungenauigkeiten hinwegsetzen, die mit der Plötzlichkeit einer derartigen Aufnahme verbunden sind (und bis zu einem gewissen, sehr bedeutenden Grade darf man es tun), so ist doch jede durch eine solche Aufnahme gewonnene Zahl nichtssagend oder wenigsagend, so lange man sie nicht mit entsprechenden Zahlen früherer Jahre vergleichen kann. Die Arbeitslosen-Zählung ist daher nicht eine Aufgabe der Notstandszeit, sondern eine regelmäßige Verwaltungsaufgabe ruhiger Zeiten.

Der deutschen Verwaltung ist diese Aufgabe keineswegs fremd. Die beiden Arbeitslosen-Zählungen, die im Jahre 1895 mit der sommerlichen Berufs- und mit der winterlichen Volkszählung verbunden wurden, bedeuteten für die Vermehrung unserer theoretischen Kenntnisse einen gewaltigen Schritt vorwärts. Für das aber, was die Praxis in erster Linie braucht, die Regelmäßigkeit der Aufnahme, ist der Apparat zu gewaltig, als daß er zu diesem Zwecke allein in Bewegung gesetzt werden könnte. Da die Zuverlässigsteit einer Volkszählung mit davon abhängt, daß der Fragebogen nicht übermäßig belastet wird, so muß die Centralstelle sich die Genehmigung und Beschränkung der Zusatzfragen vorbehalten. Als vonseiten städtischer Verwaltungen angeregt wurde, mit der Volkszählung vom 1. Dezember 1900 wiederum eine Frage nach der Arbeitslosigkeit zu verbinden (wie dies beispielsweise diesmal in der Schweiz vom Kanton Basel-Stadt geschehen ist), hat wenigstens in Preußen der Minister des Innern es abgelehnt. Die Verbindung der Arbeitslosen- mit der Volkszählung bleibt zwar aus andern Gründen ein berechtigtes Verlangen. Allein die fortlaufende Beobachtung der Arbeitslosigkeit kann durch Zählungen, die sich nur alle 5 Jahre wiederholen, nicht erreicht werden. Hierfür bedarf es einfacher Methoden, die eine häufige Anwendung mit geringer Mühe und geringen Kosten ermöglichen.

Die Arbeitsnachweise haben teilweise versucht, ihre eigene Organisation zur Feststellung der Arbeitslosigkeit zu benutzen. Der Arbeitsnachweis Freiburg befragt seit dem Jahre 1898 jeden Arbeitsuchenden darüber, ob er arbeitslos, oder noch in Stellung ist, und berechnet am Tage der Einstellung, wie lange die Arbeitslosigkeit gedauert hat. Das städtische Arbeitsamt Braunschweig hat sofort bei seiner Eröffnung im Jahre 1900 mit solcher Befragung begonnen. Aber abgesehen von dem Nutzen, den diese Aufnahmen für eine Geschäftsstatistik gewähren (z. B. für die Frage, ob die Inanspruchnahme des Arbeitsnachweises vor Eintritt der Stellenlosigkeit zunimmt; oben S. 221), können diese Zahlen doch nur zur Kennzeichnung langer Zeiträume verwendet werden, indem aus dem Mehr oder Minder der Arbeitslosen-Tage innerhalb eines Jahres auf seinen ungünstigeren oder günstigeren Verlauf geschlossen werden kann. Monatsschwankungen werden sich hieraus einstweilen noch nicht ablesen lassen. Um Monats- oder Wochenschwankungen der Arbeitslosigkeit zahlenmäßig erfassen zu können, muß man die Beobachtungen auf einen im großen und ganzen identisch bleibenden Arbeiterkreis erstrecken können. Das großartigste Beispiel derartiger regelmäßiger Zählungen bieten die englischen Gewerkschaften. Die monatliche Feststellung, wieviel Prozent der organisierten Arbeiter in Stellung und wieviel arbeitslos waren (oben S. 84), gibt eine fortlaufende Temperatur-Kurve, die in kritischen Zeiten dieselbe Bedeutung für sich in Anspruch nehmen kann, wie die Fieberkurve über dem Krankenbett. Bis jetzt ist dieses System nur in Belgien und auch hier nur teilweise, nachgeahmt. In Deutschland ist es nicht ganz unbekannt, doch fehlt ihm noch jede einheitliche Zusammenfassung und Verwertung. Die Organisation der Holzarbeiter veranstaltet derartige regelmäßige Aufnahmen, aber nur einmal im Jahre. Fortlaufendes Material könnten die Gewerkschaften geben, die Arbeitslosen-Unterstützung zahlen, und ein fest begrenzter Arbeitsmarkt, wie der der Buchdrucker, könnte hierin charakteristische Zahlen liefern. Seitdem auch die Metallarbeiter diese Unterstützung angenommen haben, würde ein so umfangreiches und bedeutungsvolles Gewerbe auch gleichzeitig als Maßstab für die allgemeine Lage dienen können. Aber alle diese Zahlen werden zu spät veröffentlicht, um ein Augenblicksbild bieten zu können. Das vereinzelte Beispiel einer monatlich veranstalteten und sofort veröffentlichten Zählung bieten die Zimmerer in Hamburg. In Braunschweig geht das dortige Gewerkschafts-Kartell noch darüber hinaus und zählt nicht bloß die organisierten, sondern alle Arbeiter. Die Stadt wird in eine große Anzahl Reviere geteilt. An einem bestimmten Tage werden 4—500 Zähler mit Formularen ausgesandt, die von Haus zu Haus gehen und die Arbeitslosen eintragen. Man muß unter deutschen Verhältnissen für jede Art der Arbeitslosen-Zählung dankbar sein, und man sollte sich hüten, ein sich frei betätigendes Interesse dnrch die Forderung einer bestimmten Methode zu ersticken. Allein Arbeiterorganisationen, die in dieser Beziehung beraten sein wollen, sind stets auf das Erfordernis der Zuverlässigkeit hinzuweisen, daß nicht bloß die Arbeitslosen, sondern auch die Beschäftigten gezählt werden; andernfalls entzieht sich das Ergebnis jeder Kontrolle. Für Zählungen durch örtliche Gewerkschafts-Kartelle hat die Redaktion des „Arbeitsmarkt" im Winter

1900/01 das Formular einer einfachen Zählkarte vorgeschlagen und veröffentlicht.

Zählung vom 15. Februar 1901.

Ort: *Charlottenburg.* Organisation: *Metallarbeiter.*
Vor- und Zuname des Mitgliedes: *Johann Orth.*
Genaue Bezeichnung der Wohnung: *Bismarckstraße 19, Hof links. 4 Tr., bei Rode.*
Beruf: *Former.*

A.

Wer am Tage der Zählung beschäftigt ist, gebe das hier an, mit Hinzufügung der Fabrik oder Werkstätte:

. . . .

Wer verkürzt arbeitet (herabgesetzte Arbeitszeit, Feierschichten 2c.), gebe das hierunter an, mit Hinzufügung des Tages, seit wann?: . . . .

B.

Wer arbeitslos ist, gebe das hier an, mit Hinzufügung, seit wann?: *Arbeitslos seit 20. Januar.*

Wo zuletzt beschäftigt?: *In der Maschinenfabrik von Eisenstädt u. Co.*

Auf Wunsch von Gewerkschaften, die eine ausführlichere Aufnahme der Arbeitslosen beabsichtigten, ist dann das folgende umfangreichere Frage-Formular veröffentlicht worden:

Arbeitslosen-Zählung in N... am ..ten .... 1902.

1. Vor- und Zuname: .... Wohnung: ......
2. Geschlecht: (männlich, weiblich) Zutreffendes zu unterstreichen!
3. Wo geboren? ...... Wann geboren? am ..ten .... 18..
4. Seit wann in N... wohnhaft? (Monat u. Jahr) .....
5. Ledig, verheiratet, verwitwet, geschieden, eheverlassen (Zutreffendes zu unterstreichen!)
6. Lebt die Frau im Haushalt? .... Ist dieselbe erwerbtätig? ....
7. Leben Kinder im Haushalt? .... Wenn ja: wie viele? .... Wie viele sind erwerbtätig? ....
8. Leben andere Angehörige im Haushalt? .... wie viele? .... wie viele erwerbtätig? ....
9. Bewohnen Sie eine eigene Wohnung? möbliertes Zimmer? Schlafstelle? (Zutreffendes zu unterstreichen!), oder ......
10. Welches ist Ihr gelernter Beruf? ...... zuletzt beschäftigt gewesen als ...... bei ..... (Firma angeben!).
11. Seit wieviel Tagen sind Sie ohne Arbeit? ......
12. Aus welchem Grunde wurden Sie arbeitslos? Krankheit, Alter, Invalidität, Ende der Saisonarbeit, Streik, Aussperrung, Aufhören der Gelegenheit zur Arbeit, Geschäftsstille, Konkurs des Arbeitgebers, Beendigung der Lehrzeit, Entlassung vom Militär (Zutreffendes zu unterstreichen!), oder ......
13. Sind Sie gegenwärtig arbeitsunfähig (krank)? ... oder arbeitsfähig? ...
14. Beziehen Sie zur Zeit Krankengeld? Unfall-, Alters- oder Invalidenrente? Arbeitslosenunterstützung? (Zutreffendes zu unterstreichen!)

Es ist selbstverständlich, daß die größere Ausführlichkeit eines Fragebogens für die Arbeitslosen keinen Ersatz für die oben als notwendig bezeichnete Hinzunahme der Beschäftigten gewähren kann. Das ausführliche Formular müßte vielmehr mit dem abgekürzten in der Weise kombiniert werden, daß die Fragen 3—14 an Stelle der Rubrik B. treten.

Im Anschluß an diese Vorschläge sind in dem genannten Winter Arbeitslosen-Zählungen durch folgende Gewerkschafts-Kartelle (oder örtliche Gewerkschaften) bekannt geworden:

Braunschweig, Chemnitz (Metallarbeiter), Dresden (Maler und Lackierer, Maurer, Steinarbeiter), Freiburg i. S., Leipzig (Holzarbeiter), Naumburg, Plauenscher Grund (= Potschappel), Rixdorf, Tübingen, Zerbst.

Auch an anderen Orten, so in Berlin, Essen, M.-Gladbach, Stettin, Stuttgart, bildete die Angelegenheit damals in den Gewerkschafts-Kartellen Gegenstand der Beratung.

In ungleich größerem Umfange und mit sichtlich verbesserter Organisation sind dann die gewerkschaftlichen Arbeitslosen-Zählungen im Winter 1901/02 aufgenommen worden. Unter den Orten, aus denen Ergebnisse bekannt wurden:

Aachen, Augsburg, Berlin, Bernburg, Braunschweig, Breslau, Darmstadt, Dessau, Dresden, Frankenthal, Freiburg i. S., Halle a. S., Hof, Krimmitschau, Leipzig, Ludwigshafen, Lüneburg, Magdeburg, Quedlinburg, Regensburg, Rixdorf, Stettin, Wilhelmsburg b. Hamburg, Zerbst,

stand diesmal Berlin zweifellos im Vordergrunde. Die Zählung fand auf den 1. Februar 1902 statt. Sie umfaßte sowohl die Reichshauptstadt selbst, wie die Vororte (die drei Städte Charlottenburg, Schöneberg, Rixdorf, ferner die größeren Landgemeinden Weißensee, Pankow, Lichtenberg, Rummelsburg, Wilmersdorf u. a. m.) und erstreckte sich überall nicht bloß auf die organisierten Arbeiter, sondern auf die gesamte Arbeiterbevölkerung. Es wurden 500 000 Zählkarten ausgegeben und 12—13 000 organisierte Arbeiter als Zähler verwendet, die am 26. Januar die Zählkarten an sämtliche Haushaltungen Groß-Berlins verausgabten und am 2. Februar wieder einforderten. Die Bearbeitung erfolgte unter Leitung eines statistischen Sachverständigen. Hierbei wurden nach dem Schema der Berufszählung für Berufsgruppen und Berufsarten Arbeitslose, Arbeits-Verkürzte, sowie Kranke und Invalide ausgeschieden, und zwar männliche und weibliche gesondert. Ferner wurden Tabellen nach Alter und Dauer der Ortsanwesenheit aufgestellt. Das Ergebnis wurde zuerst durch die Tagespresse veröffentlicht und sodann in Gestalt von Tabellen und begleitendem Text dem Rechenschaftsbericht der Berliner Gewerkschaftskommission (und zwar noch dem für das Jahr 1901) beigegeben. Die Schlußziffern ergaben:

	Arbeitslose	Arbeitsverkürzte	Kranke und Invalide
Berlin	63 793	42 863	16 164
Berlin und Vororte	76 029	52 501	19 239

Diese Berliner Zählung hat zwei ganz hervorragende Verdienste. Zunächst ist sie die erste Zählung gewesen, die die Arbeitszeitverkürzung mit in ihren Bereich gezogen hat. Ferner stellt sie die umfangreichste Arbeitslosen-Zählung dar, die an irgend einem Orte der Erde mit privaten Mitteln durchgeführt worden ist. Wenn das Ergebnis der Zählung gleichwohl nicht die allgemeine Anerkennung gefunden hat, und wenn von kundiger Seite bezweifelt worden ist, daß zu dem angegebenen Zeitpunkte die Arbeitslosigkeit in Berlin einen so hohen Umfang erreicht haben könnte, so lohnt es sich, auf die Ursache hiervon näher einzugehen. In einer tendenziösen Verwertung des erhobenen Materials oder auch nur in dem Verdacht einer solchen kann der Grund nicht liegen. Die geistigen Leiter des Zählungswerkes geben ihrer wissenschaftlichen Vorbildung und ihrem Charakter nach in dieser Beziehung Garantien, die garnicht anzuzweifeln sind. Daß bei der Beantwortung im einzelnen die Tendenz mitgespielt habe, die Zahl der Arbeitslosen möglichst groß erscheinen zu lassen, ist auch nicht wahrscheinlich. Das Verständnis für die Bedeutung wahrheitsgemäßer Statistik ist in der Berliner Arbeiterbevölkerung jetzt bereits groß genug, um derartige Nebenrücksichten in den Hintergrund zu drängen. Es wird gewöhnlich angenommen, daß man in den Bevölkerungsschichten mit geringerem Bildungsgrade sich auf die Beantwortung statistischer Fragebogen weniger verlassen könne, als in den sogenannten höheren Ständen. Diese Anschauung mag auch vor 20 oder 30 Jahren zugetroffen haben. Inzwischen aber haben Statistiken der Gewerkschaften und private Aufnahmen aller Art den Arbeiter in der Beantwortung und in der Wertschätzung derartiger Unternehmungen sehr viel mehr geschult, als die anderen

Bevölkerungsklassen. Je mehr der Arbeiter von individualer zu sozialer Lebensauffassung fortgeschritten ist, je weniger er sein Lebensschicksal als individuell betrachtet, je tiefer er davon durchdrungen ist, daß nur eine Verbesserung der Lebensverhältnisse seiner ganzen Klasse ihm helfen könne, desto deutlicher tritt ihm die gewaltige Bedeutung vor Augen, die eine wahrheitsgemäße, auf wissenschaftlicher Grundlage beruhende Statistik für die Verbesserung seiner persönlichen Lebensverhältnisse hat. So unbeholfen auch heute häufig die Statistik in den Arbeitervereinen ist, die Fähigkeit, eine statistische Aufnahme zu veranstalten und in Tabellenform zu bringen, ist in der Arbeiterbevölkerung, verglichen mit den sogenannten höheren Ständen, eher größer als kleiner. Die Statistik ist geradezu ein Bildungselement geworden, das die Arbeiterklasse vor den anderen voraus hat. Daß bei der Berliner Arbeitslosen-Zählung die Absicht der Einzelnen, eine wahrheitsgemäße Antwort zu geben, mindestens in demselben hohen Grade vorhanden war, wie bei amtlichen Zählungen, ist kaum zu bezweifeln. Eine Anzweiflung kann sich sonach nur auf ein Moment stützen: daß das Objekt der Zählung nicht richtig erfaßt war. Es ist bereits bemerkt worden, daß aus allgemeinen methodischen Gründen die Kontrolle der Arbeitslosen-Zählung nur dann möglich ist, wenn die Beschäftigten ebenfalls gezählt werden. Arbeitslosigkeit ist eine zu wenig nach offenliegenden Merkmalen zu erfassende Eigenschaft, als daß sie eine brauchbare Handhabe zur Abgrenzung eines Zählungsobjektes ergäbe. Aber auch wenn man sämtliche Arbeiter, arbeitslose wie beschäftigte, zählen wollte, so würde sich derselbe Einwand ergeben. Denn auch der Begriff des Arbeiters ist unbestimmt. Diese Unbestimmtheit kann möglicherweise der Berliner Zählung verhängnisvoll geworden sein. Um alle Arbeitslosen zu erfassen, mußten die Zählungsformulare möglichst in alle Haushaltungen hineingebracht werden. Hierbei kann der Fall, daß Personen, die sich gar nicht als Arbeiter betrachten, sich gleichwohl als arbeitslos bezeichneten, vielleicht in zahlreichen Fällen vorgekommen sein. Da der Ausdruck der Fragekarte eine Äußerung darüber verlangte, ob der Betreffende beschäftigt oder nicht beschäftigt ist, so können kleine Kaufleute, Krämer, Budiker u. s. w., die bei schlechtem Geschäftsgange sich als nicht beschäftigt betrachten, sich auch so eingetragen haben. Aber auch abgesehen davon, ob sich derartige Fehlerquellen im einzelnen nachweisen lassen oder nicht, so kann eine Zählung niemals für zuverlässig gelten, wenn das Zählungsobjekt nicht klar und fest, sozusagen äußerlich wahrnehmbar, abgegrenzt ist. — Die Lehre, die aus der Berliner Arbeitslosen-Zählung nach dieser Seite hin zu entnehmen ist, liegt darin, daß eine allgemeine Arbeitslosen-Zählung zuverlässig überhaupt nicht anders vorgenommen werden kann, als in Verbindung mit einer allgemeinen Volkszählung oder wenigstens einer allgemeinen (steuerlichen) Personenstands-Aufnahme. Die Berliner Zählung stellt das Äußerste dar, was sich in dieser Beziehung mit privaten Mitteln erreichen läßt. Wem diese Leistung nicht genügt, dem bleibt nur eins übrig: für amtliche Arbeitslosen-Zählungen einzutreten; und gegen eine solche Kritik werden vermutlich die Veranstalter der Zählung selbst nichts einzuwenden haben. — Daneben aber hört die Arbeitslosen-Zählung nicht auf, gewerkschaftliche Aufgabe zu sein. Nur werden Arbeitervereine, die eine Arbeitslosen-Zählung in die Hand nehmen, die Erfaßbarkeit des Objektes dadurch herstellen müssen, daß sie die Zählung auf ihre eigenen Mitglieder beschränken. In dieser Beziehung hat der Verband der deutschen Gewerk-Vereine (Hirsch-Duncker) für seine Organisation Erhebliches geleistet. Er hat während der gegenwärtigen Krisis drei Arbeitslosen-Zählungen veranstaltet: am 15. November 1901, 15. Februar 1902 und 15. März 1902 von den rund 100000 Mitgliedern wurden die Fragekarten bei den drei Zählungen ausgefüllt von: 64722, 66951, 52040. Auf 100 ausfüllende Mitglieder kamen Arbeitslose 1,7, 3,1 und 1,1. Daß unter den Mitgliedern der Hirsch-Duncker'schen Gewerkvereine sich besonders viele in festen Stellungen befinden und von einer Krisis weniger oder später betroffen werden, daß also die Arbeitslosigkeit in Wirklichkeit größer sein muß, als diese Statistik sie erscheinen läßt, macht die Statistik an sich noch nicht unbrauchbar. Denn ihr wesentlicher Wert liegt nicht in der einzelnen Prozentzahl, sondern in ihren Schwankungen. Freilich daß man an diesen Prozentzahlen einen ausreichenden Anhalt zur Beurteilung der allgemeinen Lage besitze, kann man kaum zu behaupten wagen. Dazu ist die Mitgliederzahl nicht groß genug, und die Beteiligung das letzte Mal zu sehr abfallend.

Faßt man die Veranstaltung einer Arbeitslosen-Zählung als Verwaltungsaufgabe auf, so ist ihre Technik unabhängig davon, ob die Lösung der Aufgabe auf amtlichem oder auf privatem Wege erfolgt. In beiden Fällen wird man sich vor allem gegenwärtig halten müssen, daß die eigentliche Verwaltungsaufgabe sich nicht darin erschöpft, die Zahl der Arbeitslosen in einem bestimmten Zeitpunkt festzustellen. Denn aus der vereinzelten Ziffer allein läßt sich für die Beurteilung der Lage garnichts entnehmen. Es wird immer darauf ankommen, diese Zahl im Vergleich mit andern zu messen, d. h. zu ermitteln, ob die Zahl der Arbeitslosen in einem bestimmten Zeitpunkte größer oder geringer war, als sie sonst um diese Jahreszeit zu sein pflegt, oder ob die Zahl im Laufe der letzten vier Wochen ab- oder zugenommen hat; d. h. die Verwaltungsaufgabe, um die es sich hier handelt, kann überhaupt nicht durch eine einzelne Aufnahme, sondern nur durch häufig wiederholte Aufnahmen gelöst werden. Da hier also die Häufigkeit der Aufnahmen die unbedingte Voraussetzung eines brauchbaren Ergebnisses ist, so hat man sich nach möglichst einfachen Methoden der Ermittlung umgesehen, bei denen der Häufigkeit der Wiederholung nicht ein allzu kostspieliger Apparat im Wege steht. Die einfachste Methode ist: die Einberufung von Arbeitslosen-Versammlungen. Gleich beim Beginn des wirtschaftlichen Niederganges im Winter 1900/01 haben in einer Anzahl Städte Arbeitslosen-Versammlungen stattgefunden, so in

Barmen, Charlottenburg, Chemnitz, Elberfeld, Frankenberg, Krimmitschau, Leipzig, Magdeburg, München,

teilweise mit dem einzigen Zweck der Zählung. In München wurde in einer Resolution ausdrücklich eine kommunale Arbeitslosenzählung gefordert. In Barmen war eine polizeiliche Arbeitslosen-Zählung (oder -Schätzung?) bekannt geworden, und die Versammlung sollte zu ihrer Korrektur dienen. Versammlungen sind niemals ein gleich zuverlässiges Feststellungsmittel, wie Aufnahmen. Jedenfalls sollten sie aber so zuverlässig wie möglich gestaltet werden. Man sollte sich auch in Versammlungen nicht damit begnügen, Zähler im Saale umherzuschicken, sondern auch hier einfache Zählkarten zur Ausfüllung verteilen (wobei dann in den oben gegebenen Formularen die Rubrik A wegfällt.) Die Anwendung von Karten ist namentlich auch deswegen notwendig weil selbst bei der primitivsten

Ermittlung eine Unterscheidung nach Berufen nicht ganz fehlen darf. Zum mindesten muß das Baugewerbe und eine etwa sonst am Orte stark vertretene Saison-Industrie ausgeschieden werden. Wenn im Winter eine Arbeitslosen-Ziffer veröffentlicht und nicht dabei angegeben wird, wieviele der Arbeitslosen Bauarbeiter sind, so verbreitet sich das Gerücht, daß sie sämtlich Bauarbeiter seien. — Wenn man übrigens über alle Mängel, die mit einer so primitiven Ermittlung verbunden sind, in der Hoffnung hinwegsehen wollte, daß dadurch wenigstens eine periodische Wiederholung ermöglicht würde, so hat man sich in dieser Hoffnung getäuscht. Aus kleineren Orten (Oberhausen, Elshorn u. a.) wurde zwar gelegentlich eine solche Absicht berichtet, ausgeführt wurde sie nirgends. Die Arbeitslosen-Versammlungen sind daher bis jetzt lediglich bemerkenswert als ein Anstoß dazu, von dem Vorhandensein einer Arbeitslosigkeit Kenntnis zu geben. Mehr dürfen sie für sich nicht in Anspruch nehmen. Daß sie aber auch noch nicht einmal in dieser ihrer bescheidenen Wirkung gewürdigt werden, ist in hohem Maße bedauerlich. So ist es noch im Jahre 1901 vorgekommen, daß in Leipzig eine auf den 8. März einberufene Arbeitslosen-Versammlung polizeilich verboten wurde. Ein solches polizeiliches Verbot (das formell nach dem sächsischen Vereinsgesetz zulässig ist), entspricht den Anschauungen früherer Generationen, die von der Ansammlung uubeschäftigter Menschenmassen eine Störung in der Verwaltung befürchteten. Nach dem heutigen Stande ist das Gegenteil der Fall. Dadurch, daß die Arbeitslosen sich an einem Punkte versammeln und von dem Vorhandensein einer umfangreichen Arbeitslosigkeit Kenntnis geben, wird die Verwaltung wie die öffentliche Ordnung nicht gestört, sondern gefördert. Unkontrollierte Gerüchte über eine bevorstehende oder eingetretene Arbeitslosigkeit können unter Umständen eine Gefahr für die öffentliche Ordnung enthalten; jeder Versuch aber, an Stelle der unbestimmten Gerüchte bestimmte Zahlen zu setzen, enthält ein Element der Ordnung in sich.

Betrachtet man die Arbeitslosen-Versammlung lediglich als statistische Veranstaltung, so wäre für diesen Zweck die gleichzeitige Anwesenheit der Arbeitslosen nicht erforderlich; der statistische Zweck ließe sich auch erreichen, wenn die Arbeitslosen zu verschiedenen Tageszeiten sich an einem bestimmten Orte vorstellten. So ist im Winter

1901/02 in Mannheim der Versuch gemacht worden, die Arbeitslosen zur Einzeichnung in eine öffentlich ausgelegte Liste zu veranlassen. Diese Art der Arbeitslosen-Ermittlung steht dem Arbeitsnachweis so nahe, daß sie streng genommen mit einem Akte der Arbeitsnachweis-Verwaltung, der Registrierung der gemeldeten Arbeiter, begrifflich zusammenfällt und sich von ihr nur dadurch unterscheidet, daß die Angabe, ob bereits außer Stellung, unbedingt erfordert werden muß. Dieses Zusammenfallen trat besonders deutlich in Danzig hervor, wo um dieselbe Zeit der Magistrat bekannt machte, daß jeder Mann, der keine Arbeit hat, sich in einem neu eröffneten Bureau melden könne, wo man auch um die Beschaffung von Arbeitsstellen bemüht sein werde. Indem man mit der Einrichtung dieses Bureaus die ausgesprochene Absicht verband, aus ihm im Falle der Bewährung einen dauernden, kommunalen Arbeitsnachweis hervorgehen zu lassen, brachte man zu deutlichem Ausdruck, daß die statistische Erfassung der Arbeitslosigkeit und der Arbeitsnachweis dasselbe Verwaltungsgebiet sind. Registrjerarbeit und Statistik fallen jedoch nur dann vollständig zusammen, wenn die Registrierung auf einem Meldezwang beruht (wie z. B. ein Standesamt, dessen Aufgabe es ist, die einzelne Geburt und den einzelnen Sterbefall zc. zu beurkunden, gleichzeitig eine statistische Behörde ist, weil infolge des Meldezwanges die Summe der Beurkundungen auch die Summe der Geborenen und Gestorbenen ergibt). Wo indes für die Meldung kein Zwang besteht, wird es besonderer Veranstaltungen bedürfen, um nach der Seite der Vollständigkeit hin zu wirken. In Karlsruhe hat man daher die Liste nicht an einem Orte, sondern an zehn Orten aufgelegt und für die Meldungen den 15. und 16. November 1901 festgesetzt. Diese Methode, die man etwa dahin charakterisieren kann, daß sie an Stelle der Arbeitslosen-Zählung die Arbeitslosen-Meldung setzt, ist dann in Stuttgart auf amtlichem Wege unter Leitung des städtischen statistischen Amtes in großem Maßstabe und in der ausgesprochenen Absicht durchgeführt worden, sie zur Grundlage einer in ganz kurzen Zwischenräumen wiederkehrenden Aufnahme zu machen. Für die Aufnahme wurde nur e i n Tag bestimmt: der 19. Februar. Die Erhebungskarte hatte folgende Rubriken:

1. Vor- und Familienname, 2. Wohnung, 3. Alter (in Jahren), 4. sind Sie ledig, verheiratet oder verwitwet? 5. was sind Sie von Beruf? 6. seit

wieviel Tagen sind Sie außer Arbeit? 7. oder, falls noch beschäftigt, seit wieviel Tagen nur mit verkürzter Arbeitszeit? 8. im letzteren Falle, wieviel Stunden sind Sie per Woche weniger beschäftigt gegen früher? 9. Ursache der Arbeitslosigkeit (Krankheit? eigene Kündigung? Kündigung durch den Arbeitgeber?) 10. seit welchem Jahr sind Sie ständig in Stuttgart? 11. falls Sie verheiratet sind, trägt Ihre Ehefrau zum Erwerb bei? und 12. wenn ja, wie groß ist deren gegenwärtiger Verdienst (in Mark) per Woche?

Die Kartenformulare konnten nicht bloß im Städtischen Arbeitsamt, sondern auch im Gewerkschaftshaus, sowie in sämtlichen Läden des über ganz Stuttgart verbreiteten Spar- und Konsumvereins abgeholt werden; an allen genannten Stellen befanden sich amtlich verschlossene Zählkästen, in die die ausgefüllten und unterschriebenen Karten wieder eingeworfen wurden. Der Schluß der Zählung wurde auf abends 6 Uhr anberaumt. Die Begründung für das Stuttgarter Verfahren und die Ausführungen über seine Bedeutung gibt am besten der Wortlaut des Amts- und Anzeigeblatts der Stadt Stuttgart wieder:

Es ist bis jetzt noch keine a m t l i c h e Arbeitslosenzählung in Deutschland veranstaltet worden, gegen die nicht von der einen oder andern Seite der Vorwurf des ungenügenden Verfahrens erhoben worden wäre. Man will sich damit von vorn herein gegen die Möglichkeit decken, daß der Befund nicht dem Maß von Arbeitslosigkeit entspricht, dessen Vorhandensein man vor der Zählung behauptet hatte. Wenn die Stadtverwaltungen sich trotzdem immer wieder zu derartigen Aufnahmen entschließen, so beweisen sie damit nicht nur ein besonderes Maß von gutem Willen gegenüber denjenigen, die in erster Linie von der Kalamität der Arbeislosigkeit betroffen sind, sondern sie zeigen auch, daß sie die allgemeine Bedeutung der Frage trotz der parteipolitischen Abstemplung zu erkennen und zu würdigen vermögen. . . .

Wenn die Gewerkschaften private Arbeitslosen-Zählungen veranstalten, so inszenieren sie ein Massenaufgebot von Arbeitern und schicken diese als Zähler von Haus zu Haus, um den einzelnen Arbeitslosen aufzusuchen, bezw. um die Zählkarten zu verteilen. Ist die Verteilung solcherweise geschehen, so werden die Zählkarten ausgefüllt oder unausgefüllt wieder abgeholt. Hierin besteht die „andere" Weise, wie sie auch für die Stuttgarter Zählung manchen vorgeschwebt hat. Nur sollten die als Zähler fungierenden Arbeiter nicht im Auftrage der Gewerkschaften, sondern in dem der Stadtverwaltung die Häuser absuchen. Jeder praktische Statistiker sieht nun sofort, daß es sich hierbei nicht um ein eigenes, den besonderen Verhältnissen angepaßtes Verfahren handelt, sondern daß einfach der alte Modus der Volkszählung auf die Arbeitslosenzählung übertragen wurde. Um ein Ergebnis von bestenfalls wenigen tausend in der ganzen Stadt verstreuten Personen zu erlangen, wird derselbe große und kostspielige Aparat in Bewegung gesetzt, wie bei der Volkszählung, die,

Haus um Haus und Kopf um Kopf, Hunderttausende aufzunehmen hat. Dabei ist irgend eine Garantie dafür, daß der Zähler in den tausenden von Häusern und Zehntausenden von Stockwerken nun tatsächlich auch jeden Arbeitslosen auffindet, ebensowenig gegeben, als eine Sicherheit dafür, daß der aufgefundene Arbeitslose seinerseits auch wirklich von der Gelegenheit Gebrauch machen und sich als Arbeitslosen bekennen will. Also der rein fakultative Charakter der Zählung wird auch hier nicht beseitigt, es kommt aber dazu, daß der Arbeitslose genötigt ist, seine intimsten persönlichen Angelegenheiten einem wildfremden Zähler anzuvertrauen, der vielleicht ein Vertrauensmann der Gewerkschaften ist, nicht aber der seine. Die hausierende Zählung schließt daher von vorn herein alle Arbeiter, die ihre Angelegenheiten nicht von irgend einer Partei besorgt wissen wollen, sowie diejenigen, welche eine sichere Garantie gegen den Mißbrauch ihrer Angaben durch ihnen unbekannte Privatpersonen haben möchten, von der Aufgabe aus und ist darum durchaus unzulänglich. Dagegen ist bei der Stuttgarter Zählung jede Berührung des Arbeitslosen mit dem Zähler vermieden worden; an zahlreichen, über die ganze Stadt zerstreuten Stellen hatte er Gelegenheit, seine Zählkarte in Empfang zu nehmen und sie wieder einzuwerfen, wo ihm beliebte. Die amtlich verschlossene Urne garantierte dieselbe Geheimhaltung seiner Angaben, wie sie beispielsweise für jede Reichs- oder Landtagswahl besteht. Er hatte keine weitere Mühe sich zu nehmen, als jeder Wähler auch, und wie jede öffentliche Wahl, so war auch die Zählung in den Blättern, an den Plakatsäulen und vor allem in dem jedermann unentgeltlich zur Verfügung stehenden, in mehr als 40000 Exemplaren in der Stadt verbreiteten städtischen Amtsblatt ausgibigst angezeigt. Während kein Wähler bis jetzt jemals verlangt hat, daß man ihm den Wahlzettel ins Haus bringe und ihn von da wieder abhole, wird derartiges für die unbeschäftigten Arbeiter unbedingt gefordert!

Es muß ausgesprochen werden, daß der Arbeitslose, der unter so bequemen und so wenig bedenklichen Umständen, wie sie bei der hiesigen Arbeitslosen-Zählung geboten worden sind, zur Zählung nicht beigeht, eine weitere Berücksichtigung von denjenigen jedenfalls nicht verdient, welche durch die Aufnahme ihm helfen, bezw. dem Mißgeschick, unter dem er leidet, für die Zukunft vorbeugen wollen. Hier muß, ganz abgesehen davon, daß es ein anderes Mittel als die Selbstfassion, auf welche die Sache ja auch beim hausierenden Zählen schließlich hinausläuft, gar nicht gibt, hier muß eine Grenze des Entgegenkommens gegen die Arbeiterbevölkerung für Staat und Gemeinde gesetzt werden, da sonst ein Ende unbilliger und unüberlegter Forderungen nicht abzusehen ist.

Als unüberlegt muß aber die Forderung der hausierenden Zählungen insbesondere auch deswegen bezeichnet werden, weil die Mittel, die sie erfordert, so groß sind, daß an eine öftere Wiederholung gar nicht zu denken ist. Diese öftere Wiederholung ist aber unbedingt notwendig, wenn man den Arbeitslosen ernstlich helfen will, d. h. wenn man die ehrliche Absicht hat, die Arbeitslosen-Frage aus dem Stadium des Partei-Schlagworts auf den festen Boden einer zweckmäßigen sozialen Reform zu heben. Alle Anerkennung verdient darum, was in dieser Beziehung in der eben erschienenen Nummer 3 des „Korrespondenzblattes der Generalkommission der Gewerkschaften Deutschlands" Jahrgang 1902 ausgeführt wird:

„Die Basis aller Arbeitslosigkeits-Reformen ist die Arbeitslosigkeits-Beobachtung und die Feststellung ihres Umfangs. Hierzu bedarf es außer der Statistik der Arbeitsnachweise direkter, regelmäßig in kurzen Zeiträumen wiederholter Arbeitslosen-Statistiken, deren Ergebnisse fortlaufend zu vergleichen und zu publizieren sind. . . . Heute hindert der Mangel einer solchen zuverlässigen Statistik die Gemeinden und Einzelregierungen an jeder ernsteren Beurteilung des Arbeitslosigkeits-Problems und an jeder weitsichtigen Notstands-Reform".

Trifft dies aber zu, — und ein jeder, der vor die Aufgabe gestellt ist, praktisch an der Lösung des Arbeitslosen-Problems mitzuwirken, wird es bestätigen müssen —, dann kann es sich auch für die Zukunft nicht darum handeln, Arbeitslosen-Zählungen nach dem Vorgang und mit dem Apparat von Volkszählungen zu veranstalten, weil dieser ihre häufige Wiederholung, abgesehen von der Belästigung des Publikums, schon wegen der erforderlichen ganz bedeutenden Unkosten unbedingt ausschließt. Demgegenüber hat die Stuttgarter Zählung einen so unerheblichen Aufwand verursacht, daß ihrer beliebigen Wiederholung kein ernstliches finanzielles Hindernis im Wege steht. *Mit einem Aufwand von 1500—2000 Mark könnte die Zählung einen ganzen Winter hindurch allwöchentlich oder alle vierzehn Tage vorgenommen werden.* Dann würde nicht mehr ein für tiefer greifende Maßnahmen völlig unzulängliches Augenblicksbild der Arbeitslosigkeit erzielt, sondern dieses wirtschaftliche Übel würde so erfaßt werden, wie es als chronische Erscheinung während einer ganzen Arbeitssaison auftritt, woraus sich dann die rechnerischen Grundlagen gewinnen ließen, die notwendig sind, um die versicherungstechnische Konstruktion und die finanzielle Tragweite einer lokalen Arbeitslosen-Versicherung ernsthaft zu prüfen. Daß aber allein die Arbeitslosen-Versicherung und nicht die augenblickliche Unterstützung den sozialen und ethischen Schäden der Arbeitslosigkeit in dauernder Weise begegnen kann, darüber ist man auch in einsichtigen Arbeiterkreisen einig.

Wenn wir darum das sozialpolitische Ergebnis der Stuttgarter Arbeitslosen-Aufnahme vom 19 v. M. kurz zusammenfassen, so ist es folgendes: Sie hat nicht nur wie jede andere viel umständlichere und kostspieligere Art der Zählung die nötigen Fingerzeige geliefert für die Ausgestaltung der Notstands-Arbeiten und für etwaige Unterstützungen, falls solche beliebt werden sollten, also für die akute Behandlung der Arbeitslosigkeit, sondern sie hat zugleich auch den einfachsten Weg gezeigt, auf dem es ohne jede Belästigung der Einwohnerschaft und ohne besonderen Aufwand möglich ist, die rechnerischen Grundlagen einer lokalen Arbeitslosen-Versicherung zu gewinnen und damit das Übel der Arbeitslosigkeit an der Wurzel zu erfassen und wenn nicht zu beseitigen, so doch in seinen wirtschaftlichen Folgen dauernd abzuschwächen.

Die Frage aber, ob die Gemeinden berufen sind, eine derartige umfassende Vorkehr gegen die Arbeitslosigkeit ins Werk zu setzen, ist eine Frage der sozialen Politik und der Majoritäten. Alle Anzeichen deuten darauf hin, daß sie bald und in bejahendem Sinne entschieden werden wird. Die Arbeitsämter und die Notstands-Arbeiten, die längst überall eingeführt sind, lassen über die Richtung der sozialen Anschauungen keinen Zweifel aufkommen. Neuerdings haben manche Städte sogar schon zu direkten Unterstützungen gegriffen. In letzterer Maßnahme vermöchten wir nur einen äußersten und immer gefährlichen Notbehelf zu erblicken. Im dauernden Interesse der Arbeiterschaft liegt eine solche Vermengung der Bedürftigkeit aus Arbeitsmangel mit der armenrechtlichen Bedürftigkeit sicher nicht. Noch weniger würde aber ein Weitergehen auf diesem Wege im Interesse der Gemeinden und der Steuerzahler liegen. Denn hier wäre ein Ende des Aufwands nicht abzusehen und der Dank wäre gleich Null. Lediglich die Versicherung unter billiger Verteilung der Last auf Versicherten, Gemeinde und Staat verspricht eine befriedigende Lösung. In aller Interesse ist es daher gelegen, den unumgänglich notwendigen statistischen Vorarbeiten hierzu jedweden Vorschub zu leisten. Insbesondere wird es Sache der intelligenten Arbeiterschaft der Stadt sein, den Bestrebuugen der bürgerlichen Kollegien hier, falls sie sich früher oder später einmal zu diesen Vorarbeiten entschließen sollten, rückhaltlos entgegenzukommen.

Diesen Ausführungen fügen wir noch hinzu, daß der Gemeindebeschluß am 13. gefaßt wurde, die Aufnahme ihm am 19. auf dem Fuße folgte, die vorläufige Ermittlung des Ergebnisses noch am Abend desselben Tages stattfand, und daß zwei Wochen später, am 5. März, bereits die Berufstafel gedruckt vorlag. Der Hinweis darauf, daß mit einem Aufwand von 1500 bis 2000 M. die Zählungen wöchentlich oder14tägig einen ganzen Winter hindurch zu bewerkstelligen wären, ließ darauf schließen, daß man in der Stadtverwaltung das Experiment für gelungen hielt und die Fortsetzung beabsichtigte. Es ist sehr bedauerlich, daß diese Absicht wenigstens vorerst nicht ausgeführt wurde. Durch die kritischen Einwände gegen die Ergebnisse der ersten Aufnahme, auch soweit sie berechtigt waren, hätte man sich von der Fortsetzung nicht abschrecken lassen sollen. Denn diese Einwände fußen durchgehends nur darauf, daß die Gesamtzahl der Arbeitslosen auf diese Art nicht erfaßt werden kann. Das ist zweifellos. Allein als Zweck der Veranstaltung müßte auch garnicht die Erfassung der Gesamtzahl angegeben werden, sondern nur die Verfolgung des Auf- und Abwogens. Es ist sehr wohl möglich, daß eine Methode, die gänzlich ungeeignet ist, die

Gesamtzahl zu erfassen, gleichwohl die Veränderungen der Zahl im Laufe der Zeit leidlich gut markiert. Aber erstes Erfordernis hierfür ist die häufige und regelmäßige Fortsetzung der Aufnahme, damit man eine möglichst lange und ununterbrochene Reihe erhält.

Die Massen-Anlockung, sei es im Wege der Versammlungen, sei es in dem der Meldungen, ist nicht das einzige Mittel, um den Apparat einer volkszählungsartigen Aufnahme zu vermeiden. Zu demselben Zweck kann auch das genau entgegengesetzte Mittel angewendet werden: möglichst genau das einzelne, arbeitslos werdende Individuum zu verfolgen. Für diesen Zweck hat das Statistische Amt der Stadt Magdeburg das Material der Krankenkassen zu benutzen gesucht. In Magdeburg hat sich im Winter 1901/02 die städtische Verwaltung zu dem Versuche des Gewerkschaftskartells, die Zahl der Arbeitslosen durch Zählung von Haus zu Haus festzustellen, durchaus wohlwollend verhalten. Allein auch hier hat es sich als unmöglich herausgestellt, auf diesem Wege eine fortlaufende Berichterstattung über den Stand der Arbeitslosigkeit zuwege zu bringen. Das Statistische Amt will daher die Abmeldungen bei den Krankenkassen dazu benutzen, um individuelle Arbeitslosen-Karten zu gewinnen. Jede Anmeldung eines Abgemeldeten beweist, daß er wieder in Arbeit getreten ist. Stellt man noch mit Hilfe der polizeilichen Meldungen den Wegzug nach auswärts fest, so erhält man auf diese Art einen Überblick über den Stand der Arbeitslosigkeit in jedem Moment. Zu diesem Zwecke müssen von den Krankenkassen sämtliche An- und Abmeldungen auf Individualkarten an das Statistische Amt geliefert werden. Dieses hat für den Dezember 1901 eine Aufarbeitung des Materials in weitem Umfange vorgenommen. Zum Apriltermin freilich, für den eine zweite Aufarbeitung in Aussicht genommen war, war die Zahl der städtischen Notstandsarbeiter so gering geworden, daß ein zwingendes Verwaltungsinteresse an den Feststellungen nicht mehr vorhanden war und diese Aufgabe hinter drängenderen zurückgestellt wurde. Doch wird das Material so gesammelt, daß eine Feststellung jederzeit erfolgen kann. Um zu zeigen, nach welcher Richtung hin die Bedeutung der Methode liegt, seien einige charakteristische Ermittlungen hier zusammengestellt:

Im Dezember 1901 betrug die Zahl der Anmeldungen 1627, die der Abmeldungen 2653 (beide ohne Nachträge), mithin Abnahme um 1026. Die

Individual-Auszählung ergab: 1. 216 sind im Dezember beschäftigungslos geworden, waren aber am Ende des Monats wieder in Arbeit. — 2. 401 sind im Dezember in Arbeit eingetreten, waren aber am Ende des Monats wieder beschäftigungslos. — 3. 961 sind im Dezember in Arbeit eingetreten und waren (ohne Unterbrechung) am Ende des Monats noch in Arbeit. — 4. 1954 sind im Dezember beschäftigungslos geworden und waren (ohne Unterbrechung) am Ende des Monats noch beschäftigungslos. — Von den arbeitslos gewordenen 401 + 1954 (Gruppe 2 und 4) = 2355 wohnten a) in Magdeburg 1584, b) wohnten schon vor dem Austritt aus Arbeit auswärts 520, c) sind nach der Entlassung von Magdeburg (bis zum 20. bis 23. Januar) nach auswärts verzogen 251. Die Personen der 3 Gruppen a—c wurden nach Betriebsgruppen, sowie nach Klassen des Beginns der Arbeitslosigkeit (1.—10.; 11.—20.; 21.—31.) ausgezählt. Schon bei der monatlichen Bearbeitung greifen individuelle Ermittlungen insoweit platz, als eine Auszählung einmal nach 10tägigen bezw. 11tägigen Perioden, dann auch nach Gruppen der Betriebe vorgenommen wird, und zwar in der Anordnung des Formulars zum Monatsbericht, welcher dem Oberbürgermeister innerhalb der ersten 20 Tage nach Ablauf des Berichtsmonats vorgelegt wird. Nach Bedarf erfolgen auch weitere Auszählungen. So wurde im April und wird voraussichtlich auch in den nächsten Monaten die Zahl der Lehrlinge festgestellt. Ein kurzer Auszug — Zusammenstellung nach Orts-, Betriebs- und Innungskrankenkassen — wird monatlich den Krankenkassen zur Pflege ihres Interesses an der Sache mitgeteilt. Eine ausführliche Veröffentlichung der Ergebnisse, insbesondere auch der individuellen Ermittlungen ist für einen späteren Zeitpunkt in Aussicht genommen, wenn erst ein weiter zurückliegender Ursprung der Arbeitslosigkeit der Beobachtung unterstellt sein wird.

Wenn endlich keine der vollkommenen oder der primitiven Arten der Arbeitslosen-Ermittlung anzuwenden ist, dann gibt es noch ein wertvolles Ersatzmittel der Arbeitslosen-Zählung: die Zählung der Beschäftigten. Richtig vorgenommen, muß auch sie, in periodischen Zwischenräumen wiederholt, die Zu- oder Abnahme der Beschäftigten und damit indirekt die Ab- und Zunahme der Arbeitslosigkeit ergeben. Sie gewährt aber den Vorteil, daß die Beschäftigten stets zusammen anzutreffen sind, während es im Wesen der Arbeitslosigkeit liegt, daß ihr Zählungsobjekt zerstreut ist. Man kann daher bei der Beschäftigten-Zählung viel eher Teilgebiete abgrenzen. Man kann z. B. in einer Stadt für jede Branche einige charakteristische Betriebe auswählen. Wenn festgestellt wird, wieviel Personen an einem bestimmten Tage des Monats in jedem dieser Betriebe beschäftigt werden, und wenn man diese Zahlen regelmäßig in eine Tabelle einträgt, so wird eine solche Tabelle ein ziemlich zuverlässiges Bild der Zu- und Abnahme der Beschäftigung von Monat zu Monat gewähren. Und dies nicht nur für den gewerblichen Arbeitsmarkt im allgemeinen, sondern sogar für die einzelnen Branchen. In letzterer Beziehung dürfte die Beschäftigten-Zählung sogar ein besseres Bild gewähren, als die der Arbeitslosen. Denn den Beschäftigten ist mit unbedingter Sicherheit anzusehen, worin sie beschäftigt sind. Den Arbeitslosen aber kann man nicht ansehen, worin sie arbeitslos sind; man kann immer nur feststellen, in welcher Branche ihre Arbeitslosigkeit begonnen hat. Ob ein Kutscher, der vor 3 Monaten in einer Brauerei entlassen wurde, deswegen arbeitslos ist, weil die Geschäfte in der Brauerei schlecht gehen, oder deswegen, weil inzwischen massenweis Kutscher von Spediteuren auf den Arbeitsmarkt geworfen wurden, das kann Gegenstand der Mutmaßung, aber nicht der Feststellung sein.

Ein solcher Versuch der Beschäftigten-Zählung ist in Deutschland einmal gemacht worden, und zwar mit gleichzeitigem Rückgriff auf das Vorjahr zum Zwecke des Vergleiches. Die Handelskammer für das Herzogtum Braunschweig hat auf den 15. Oktober 1901 Erhebungen veranstaltet, durch die ermittelt werden sollte, wieviel Arbeiter an diesem Tage gegenüber dem gleichen Zeitpunkt des Vorjahres beschäftigt waren. Gefragt wurden sämtliche größere Industriebetriebe des Herzogtums. Antworten gingen von 101 Betrieben ein, worunter 28 der Eisenbranche angehörten. Beschäftigt waren in jenen Betrieben des Herzogtums am 15. Oktober 1900 19 867 Arbeiter, am 15. Oktober 1901 19 123, also 1901 744 weniger. Die Zahl der im Laufe der nächsten beiden Monate noch zur Entlassung gelangenden Arbeiter wurde auf 5—600 geschätzt. Für das Eisengewerbe stellen sich die Angaben wie folgt: a) Hüttenwesen 1900: 2638, 1901: 2348, also 290 Arbeiter weniger; b) Maschinenindustrie 1900: 5885, 1901: 5383, also 502 Arbeiter weniger. In der Stadt Braunschweig wurden in den insgesamt 28 größeren Betrieben, die gefragt wurden, 7591 Arbeiter gegen 8200 am gleichen Tage des Vorjahres, also 609 Arbeiter weniger beschäftigt. Schon diese wenigen Ergebnisse zeigen, daß es möglich sein muß, auch auf diese Art zu einer Messung der Arbeitslosigkeit zu gelangen.

Kein Land kann besser im stande sein, solche Beschäftigten-Zählungen in charakteristischen Betrieben regelmäßig vorzunehmen, als Deutschland. Die 7000 Betriebs-Krankenkassen des deutschen Reiches haben in ihren Mitgliederlisten diese Zahlen reif zur Verwendung liegen. Wenn von diesen Kassen nach Branchen geordnet am Schlusse jeden Monats die Mitgliederzahlen veröffentlicht würden, so würden sie derartige Beschäftigten-Zählungen aus einzelnen Betrieben (und zwar stets aus denselben) darstellen. Es würde dies der großartigste Beitrag zur Erkenntnis der Lage des Arbeitsmarktes sein, der auf dem weiten Erdenrunde je geliefert worden ist. Leider steht dem bis jetzt die weitgehende Abneigung gegen Publizität entgegen, von der die Geschäftswelt noch beherrscht wird. Der Gewerbetreibende meint immer noch, daß sein Geschäftserfolg darauf beruhe, daß von seinem Geschäftsgange der Konkurrent nichts erfährt. Wird bekannt oder gar zuverlässig festgestellt, daß die Zahl seiner Arbeiter sich verringert, so liegt der Rückgang seines Geschäfts offen vor aller Augen. Aber auch die Zunahme wünscht der Gewerbetreibende häufig geheim zu halten, damit der gewinnbringende Stand der Branche nicht bekannt werde und nicht neue Unternehmungen hervorlocke. Diese privatwirtschaftlichen Nachteile sollen nicht geleugnet, es soll auch von dem Kaufmann nicht verlangt werden, daß er über bloßer Gemeinnützigkeit auf die Wahrnehmung seines Geschäftsinteresses verzichte. Nur das kann man verlangen, daß ein weitblickender Kaufmann nicht immer bloß an jene Nachteile, sondern daß er gleichzeitig auch an die indirekten Vorteile denke, die dem gegenüber stehen. Werden alle Zahlen veröffentlicht, so werden zwar seine Zahlen dem Konkurrenten, aber gleichzeitig dessen Zahlen ihm bekannt. Und da das Gesamtbild unendlich mehr Lehren und Winke für das praktische Geschäftsleben bietet, als in den einzelnen Zahlen enthalten ist, so erwächst schließlich aus einer solchen Veröffentlichung für alle Beteiligten eine Bereicherung an Gesichtspunkten für die Beurteilung der Geschäftslage. Der geschäftliche Kalkül auch des erfahrensten und umsichtigsten Kaufmanns ist heute ein Tappen im Dunkeln. Wenn der Fabrikant, der sich für eine Betriebsvergrößerung entscheidet, alle einschlägigen Faktoren, die für Zunahme des Konsums sprechen, richtig beurteilt hat, so ist er dennoch unsicher, ob seine Betriebsausdehnung sich als sachgemäß erweisen wird; denn niemals kann er wissen, ob nicht in demselben Augenblick derselbe richtige Schluß von einer großen Zahl von Konkurrenten gemacht wird, sodaß gerade das gleichmäßige Vorgehen von allen die Richtigkeit ihrer Rechnung über den Haufen wirft und die Überproduktion herbeiführt. Alles, was bis jetzt Syndikate und Kartelle in dieser Beziehung geleistet haben, beruht darauf, daß der Einzelne seinen geschäftlichen Kalkül dem anderen offen darlegt; nur daß freilich das Syndikat, als Ganzes genommen, dieselbe Geheimhaltung gegenüber anderen Syndikaten und namentlich gegenüber seinen Abnehmern durchsetzen möchte. Auf Schritt und Tritt zeigt sich die Unhaltbarkeit dieses Standpunktes. Das Koakssyndikat kann keine sachgemäße Anordnung treffen, wenn es sich nicht über die Geschäftslage des Eisensyndikats und über den daraus hervorgehenden Koaksbedarf ein Urteil bilden kann. Und umgekehrt kann das Eisensyndikat genaue Entschließungen nur treffen, wenn es weiß, wie seine Lieferanten in Rohstoffen, Kohlen und Koaks u. s. w. vermutlich in nächster Zeit die Preise festsetzen werden. Der Zug der Zeit geht unverkennbar dahin, daß zunächst innerhalb der einzelnen Branchen, dann aber auch im Verkehr der verschiedenen Erwerbszweige untereinander ein Austausch der Erfahrungen stattfindet. Aber gegen jeden Schritt auf diesem Wege sträuben sich dieselben Personen und Körperschaften, die den vorangegangenen Schritt mit bestem Erfolge getan haben. — Bei Veröffentlichungen nun gar, die mit Arbeiterverhältnissen zu tun haben, in denen das Wort Arbeiter auch nur vorkommt, spielt auch noch eine geradezu kindliche Furcht vor Aufregung der Massen mit. So viel aufgeklärte und freidenkende Elemente auch das deutsche Unternehmertum in sich birgt, so wird in allem, was die neue und ungewohnte Materie des Arbeitsmarktes betrifft, der Stand immer noch durch eine hinter der Entwicklung zurückgebliebene Anschauung charakterisiert. Daß die Berichterstattung über die Lage des Arbeitsmarktes genau ebenso im Interesse des Unternehmertums, wie der Arbeiterschaft liegt, dieser Gedanke ist noch zu selten gedacht worden, als daß er schon allgemein verbreitet sein könnte.

Die Veröffentlichung des Zahlenmaterials aus den Betriebskrankenkassen braucht aber gar nicht auf einen Schlag zu erfolgen. Sie kann in kleinem Maßstabe begonnen werden. Wo in einer Betriebskrankenkasse diese Veröffentlichung angeordnet wird, geschieht insbesondere auch der zukünftigen Arbeitslosen-Politik ein wertvoller Dienst.

Das Gegenstück zur Arbeitslosen-Fürsorge bildet die Fürsorge gegen Arbeitermangel. Die Anschauung, daß Mangel an

Arbeitern eine zu seltene Ausnahme-Erscheinung des wirtschaftlichen Lebens sei, als daß man ihr besondere Fürsorge zuzuwenden brauche, ist bereits an anderer Stelle (S. 101) widerlegt und gleichzeitig gezeigt worden, daß der Arbeitermangel sogar mit einer Nachhaltigkeit und einer Intensität auftritt, wie sie bei der Arbeitslosigkeit noch nie beobachtet worden ist. Allerdings besteht der Unterschied, daß die Arbeitslosigkeit schon bei einigermaßen langer Dauer den Arbeitsuchenden wirtschaftlich, ja auch körperlich, zu Grunde richten kann, während ein Mangel an Arbeitern für den Unternehmer zunächst noch keine andere Folge hat, als die Betriebseinschränkung. Allein für den Arbeitsnachweis als Bestandteil der öffentlichen Verwaltung kann dies kein Grund sein, die Fürsorge gegen Arbeitermangel zu vernachlässigen. Der Arbeitsnachweis, als das unparteiische Organ des Arbeitsmarktes, hat wie die Arbeitslosen-Fürsorge, so auch die Fürsorge gegen Arbeitermangel als seine Aufgabe zu betrachten, soweit sie durch verbesserte Organisation des Arbeitsmarktes zu lösen ist.

Welche Mittel stehen hierbei dem öffentlichen Arbeitsnachweis zur Verfügung? In der Beantwortung dieser Frage wird zu unterscheiden sein zwischen dem Arbeitermangel, der als seltenere Erscheinung eines einzelnen Gewerbszweiges auftritt, und demjenigen, der eine so große Arbeitsgruppe ergreift, daß er als eine herrschende Kalamität zu betrachten ist.

Die erste Art, Mangel an Arbeitern in vereinzelten Gewerben, tritt unaufhörlich auf (S. 102). Bei der gegenwärtigen Organisation des Arbeitsmarktes ist es in den meisten Fällen zunächst unbekannt, ob es sich um eine Eigentümlichkeit der Gegend handelt, in der die Erscheinung beobachtet wird, oder ob sie einen nationalen (oder gar internationalen) Charakter trägt. Der Arbeitsnachweis hat daher zunächst in dieser Beziehung nichts anderes zu tun, als bei jeder Differenz zwischen Angebot und Nachfrage: er muß für weitgehendste Veröffentlichung sorgen. Das wirksamste Mittel dieser Veröffentlichung ist da, wo die Arbeitsnachweise untereinander in Verbindung stehen, die Mitteilung an die Zentralstelle. In diesem Stadium fällt die Fürsorge gegen Arbeitermangel vollständig in das Kapitel der Arbeitsnachweis-Verbände. Bei der gegenwärtigen Organisation des Arbeitsnachweises in Deutschland wird auf diese Art freilich nur dann Hilfe geschaffen werden können, wenn der Mangel einen örtlichen und noch nicht einen territorialen Charakter trägt. Darüber hinaus erst dann, wenn es für die Differenzen zwischen Angebot und Nachfrage, die auch an den Landeszentralstellen unausgeglichen bleiben, eine Reichs-Zentralstelle gibt; eine Spitze, die jedoch erst dann praktische Bedeutung gewinnen kann, wenn der Unterbau der örtlichen Arbeitsnachweise eine sehr erheblich breitere Grundfläche gewährt, als gegenwärtig.

Die zweite Kategorie des Arbeitermangels in großen, umfassenden Erwerbsgruppen unterscheidet sich von der ersten durch ihren notorischen Charakter. Trotzdem wird in den Anfangsstadien auch hier das Vorgehen durch Veröffentlichung, Listenaustausch u. s. w. nicht überflüssig sein. Denn derartige Erscheinungen sind keineswegs gleich bei ihrem Auftreten notorisch. Sie sind vielmehr immer eine Zeitlang nur in den Kreisen der zunächst Beteiligten bekannt. Es wird daher für alle derartigen Landeskalamitäten ein ziemlich langes Stadium vorhanden sein, in dem sie zunächst auf dieselbe Art zu behandeln sind, wie jeder örtlich oder territorial empfundene Mangel an Arbeitern. Kalamitäten großen Stils, die sich schließlich zu allgemeiner Anerkennung durchgerungen haben, hat unsere Zeit nur zwei erlebt: den Dienstboten-Mangel und die Leutenot auf dem Lande. Hierbei muß zwischen der Arbeitsvermittlung und der Beschaffung von Arbeitskräften unterschieden werden. Ebensowenig wie für Dienstboten (S. 163) läßt sich für landwirtschaftliche Arbeitskräfte den öffentlichen Arbeitsnachweisen die Fähigkeit zur Vermittlung abstreiten. Hauptsächlich sind es drei Stellen des Deutschen Reiches, an denen diese Vermittlung in Angriff genommen wurde. Bei der bayrischen Zentralisierung hat sie von vornherein eine nicht unerhebliche Rolle gespielt. Im Regierungsbezirk Liegnitz war die ganze Arbeitsnachweis-Bewegung von dem Bestreben, dem Lande Arbeitskräfte zuzuführen, getragen; in Hamburg ist zwar der landwirtschaftliche Arbeitsnachweis in den Bureauräumen getrennt, aber sonst im engsten Zusammenhange mit dem allgemeinen Arbeitsnachweis. Von Hamburg aus ist insbesondere der Versuch gemacht worden, einen Überblick über die landwirtschaftliche Vermittlung an den öffentlichen Arbeitsnachweisen Deutschlands zu gewinnen. Ein solcher Überblick ist der Verbandsversammlung deutscher Arbeitsnachweise im Jahre 1900 in Köln vorgelegt worden (nachdem schon zwei Jahre vorher in München derselbe Gegenstand behandelt worden war). An 51 Arbeitsnachweisen waren etwa 10000 ländliche Arbeiter vermittelt worden, und die Gesamtzahl wurde auf 10—12000 gezählt. Dabei ist diese Vermittlung sehr ungleichmäßig verteilt, und kleinere Arbeitsnachweise wie Konstanz (1027) und Quedlinburg (1028) weisen so große Ziffern auf, daß alle Vermutung dafür spricht, diese Vermittlungstätigkeit ließe sich bei genügender Nachahmung der genannten erfolgreichen Anstalten noch an anderen Orten auf einen höheren Stand bringen. Ist aber der Anschluß an die öffentlichen Arbeitsnachweise möglich, so ist er auch notwendig. Da es bei jedem Vermittlungsgeschäft darauf ankommt, möglichst große Massen an einem Punkte zur Vermittlung zusammenzubringen, so ist der erste Schritt zur Beseitigung eines Mangels an Arbeitskräften überall die Verbindung mit dem zentralen Arbeitsnachweis. Das widerspricht zwar den noch immer herrschenden Anschauungen in den Kreisen der ländlichen Arbeitgeber, die ausschließlich von der Errichtung ländlicher Arbeitsnachweise eine Heilung erwarten, muß aber gleichwohl oder gerade deswegen unaufhörlich aufs neue betont werden. Eine Ware dadurch zu erlangen, daß man sie gewißermaßen abzufangen sucht, bevor sie auf den Markt gelangt, ist wohl möglich, solange es sich um kleine Mengen handelt. Aber die Versorgung im großen und auf die Dauer ist niemals dadurch zu ermöglichen, daß man eine Ware vom Markte fernhält, sondern im Gegenteil nur dadurch, daß man alles tut, um sie der allgemeinen Umschlagsstelle zuzuführen.

Sehr ungleich ist das Schicksal der beiden mangelnden Arbeiterkategorien, was die Vorschläge zur Beschaffung von Arbeitskräften betrifft. In Bezug auf den Dienstbotenmangel besteht dumpfe Verzweiflung; in Bezug auf die Leutenot regt sich eine Überfülle von Vorschlägen. Daß niemand sich an die Frage heranwagt, wie der Mangel an Dienstboten zu heben sei, hat vielleicht seinen Grund darin, daß, wenn hier einmal mit einer Reform eingesetzt wird, es vielleicht die weitgehendste Umwälzung sein würde, die in irgend einem Erwerbszweige erlebt worden ist. Die Tätigkeit der Dienstboten ist an keine bestimmte Arbeitszeit gebunden. Wie ein letzter Überrest der „ungemessenen Frohnde“ ragt sie in unsere Zeit hinein. Auf dieser Ungemessenheit aber beruht das Familienleben der oberen Gesellschaftsklassen. Soll dieser Beruf so gestaltet werden, daß er wiederum Arbeitskräfte anzieht, so bedeutet das nicht wie in anderen Berufen eine Umgestaltung des gewerblichen, sondern des häuslichen Lebens. Daß sich auch weitgehende Reformatoren an derartige gesetzgeberische Vorschläge noch nicht gewagt haben, ist begreiflich. Schwerer begreiflich ist es, daß nicht einmal die Hinwegräumung der Hindernisse, die die Gesetzgebung der Anlockung weiterer Dienstboten bereitet, indem sie diesen Stand noch besonders ungünstig stellt, von den Interessenten verlangt wird. Die Gesindeordnungen mit ihren zahlreichen Benachteiligungen der Dienstboten gegenüber den gewerblichen Arbeitern werden gerade von denen gehalten, die am meisten darüber klagen, daß die heranwachsende weibliche Generation sich immer mehr dem Eintritt in häusliche Dienste abwende.

Aus der großen Zahl von Vorschlägen, die zur Beseitigung der ländlichen Leutenot gemacht wurden, seien hier aus den Versammlungen des deutschen Landwirtschaftsrats in seiner 28. Plenar-Versammlung (1900) die Thesen des Referenten angeführt. Sie geben keineswegs das Radikalste wieder, was in dieser Beziehung verlangt worden ist, sondern stellen bereits eine ziemlich starke Durchsiebung dar:

1. Zur Beseitigung des akuten Arbeitermangels: a) weitere Zulassung ausländischer Arbeiter, jedoch unter Wahrung der nationalen Interessen; b) Rücksichtnahme bei Vornahme größerer Arbeiten seitens des Staates (Eisenbahn-, Kanalbauten u. s. w.) auf den Arbeiterbedarf der Landwirtschaft; c) Einschränkung der den zur Reserve übertretenden Militärpersonen erteilten Freifahrtbewilligung nach dem Ort ihrer künftigen Niederlassung.

2. Zur organischen Besserung der Arbeiterverhältnisse: a) Gesindemaklerwesen; b) Organisation des ländlichen Arbeitsnachweises; c) Bestrafung des Kontraktbruches; d) Seßhaftmachung der Arbeiter; e) Anteil der Landarbeiter am Roh- und Reinertrag der Wirtschaft; f) Wohlfahrtseinrichtungen für die Arbeiter; g) die Begründung von bäuerlichen Gemeinden mit gemischter Besitzverteilung für die Gegenden des vorherrschenden Großgrundbesitzes; h) Berücksichtigung des landwirtschaftlichen Arbeitsbedarfs bei Festsetzung der Schulunterrichtszeit auf dem Lande, unbeschadet der Ziele des Volksunterrichtes.

3. Zur planmäßigen Verhütung des ungeregelten übermäßigen Einströmens der Arbeitsuchenden vom Lande in die Städte und Industriezentren: a) eine Beschränkung der Freizügigkeit in der Weise, daß junge Leute unter 18 Jahren nicht ohne ausdrückliche Genehmigung der Eltern oder Vormünder ihre Heimat verlassen dürfen und auch da nur dann, wenn die Aufnahme in ein festes Arbeitsverhältnis nachgewiesen wird, und daß auf den Erlaß gesetzlicher Bestimmungen Bedacht genommen wird, wonach der Zuzug in die Stadt nicht anders gestattet wird, als bei dem Nachweis einer Wohnung, die den sittlichen

und hygienischen Anforderungen entspricht; b) daß im weiteren Ausbau der Arbeiterschutz-Gesetzgebung die Verwendung jugendlicher Arbeiter in der Industrie mehr als bisher eingeschränkt werde.

Von diesen Vorschlägen finden einige aus anderem Anlasse unten eine ausführliche Erörterung. So die Zulassung von Ausländern — 1a —, die Behandlung der Reservisten — 1b —, die Bestrafung des Kontraktbruches — 2c — (s. u. in diesem Abschnitt). An dieser Stelle sind nur die allgemeinen Grundsätze zu entwickeln, von denen sich die Arbeitsnachweis-Verwaltung in der Behandlung von Vorschlägen zur Behebung der Leutenot leiten lassen muß. Der Arbeitsnachweis als ein Vermittlungsinstitut kann keiner Maßregel zustimmen, die dazu dient, das Interesse des einen Teiles zur Übervorteilung des andern wahrzunehmen, oder die auch nur geeignet ist, diesen Anschein zu erwecken. Aus diesem Grunde fallen alle Vorschläge fort, die darauf abzielen, dem Arbeitsuchenden die Kenntnis städtischer Stellen vorzuenthalten; ein solches Vorgehen wäre mit den Pflichten eines ehrlichen Geschäftsvermittlers nicht zu vereinbaren. Die Forderung „Organisation des ländlichen Arbeitsmarktes" ist zwar zu billigen, aber nur unter dem Vorbehalt, daß diese Organisation den Anschluß an den allgemeinen Arbeitsnachweis nicht unmöglich macht oder auch nur erschwert. Soweit es sich nicht um die Organisation des Arbeitsnachweises selbst, sondern um anderweite Vorschläge handelt, ist die Stellung der Arbeitsnachweise ebenfalls durch ihre Vermittlerrolle bedingt. Wo eine Ware am Markte besonders gesucht ist, wird der Vermittler den Kauflustigen zureden, hohe Preise und günstige Abnahmebedingungen zu gewähren. Da der Vermittler ein Interesse daran hat, daß Geschäfte zustande kommen, so wird er mit allen Mitteln danach streben, daß in diesem Sinne und nicht im gegenteiligen Propaganda gemacht werde. In der gegenwärtigen Sachlage können daher die Arbeitsnachweise es unterstützen, wenn für eine Verbesserung der Lage der ländlichen Arbeiter Stimmung gemacht wird, wenn gleich unter Prüfung der Frage, ob es sich um wirkliche Verbesserungen handelt (2d—g); ihrer Vermittleraufgabe würde es aber bei der gegenwärtigen Marktlage ganz und gar widersprechen, wenn sie Maßregeln zur Verschlechterung der Lage befürworten wollten, während das Zustandekommen von Vermittlungen doch das Gegenteil voraussetzt. Hierunter fällt die Verschlechterung der Schulen für die ländliche Bevölkerung (denn das bedeutet die Berücksichtigung des Arbeiterbedarfes bei Festsetzung der Unterrichtszeit, wenn auch die irreführenden Worte „unbeschadet der Ziele des Volksunterrichtes“ hinzugefügt sind — 2 d —), sowie ferner die Beschränkung der Freizügigkeit für die ländliche Bevölkerung — 3 a —. Die Form übrigens, in der diese Beschränkung gefordert wird, zeigt besonders deutlich, wie wenig man in diesen Kreisen den Eindruck kennt, den derartige Forderungen auf die Arbeiterbevölkerung machen müssen. Das Erfordernis einer Wohnung, die den sittlichen und hygienischen Anforderungen entspricht, soll in dem verlangten Gesetz auf den Zuzug in die Stadt beschränkt werden. Es wird also ein Rechtszustand verlangt, in dem es in der Stadt verboten sein soll, einen Zuziehenden aufzunehmen, wenn er nicht eine derartige Wohnung nachweisen kann, aber auf dem Lande von einem solchen Erfordernis abgesehen wird. Es würde also darauf hinauslaufen, daß durch ein Reichsgesetz erklärt würde, auf dem Lande brauchte bei den Wohnungen auf sittliche Anforderungen nicht dieselbe Rücksicht genommen zu werden, wie in der Stadt. Man scheint in diesen Kreisen noch nicht zu ahnen, daß heutzutage auch die Arbeiterbevölkerung Witzblätter liest.

Die Überzeugung, daß verminderte Preise das Angebot nicht erhöhen können, regt sich bereits vereinzelt auch in Kreisen, die den Wortführern der landwirtschaftlichen Arbeitgeberschaft sehr nahe stehen. In der Reichstagssitzung vom 25. Mai führte bei Gelegenheit der Unfallversicherungs-Gesetze der konservative Abgeordnete Dr. Oertel aus:

„Der landwirtschaftliche Arbeiter erscheint nach der Art seiner Lohnfestsetzung immer noch als ein Arbeiter zweiter Klasse, und als solchen wollen wir ihn nicht weiter gelten lassen. Wir streben — ich strebe dahin, daß die landwirtschaftlichen Arbeiter auch in Punkto der gesamten Versicherungsgesetzgebung soweit wie möglich den gewerblichen Arbeitern gleichgestellt werden; denn nur diese Gleichstellung wird die Landflucht, die so verwüstend durch das Land geht, einigermaßen verhindern. Diese Gleichstellung ist ein Gebot der Gerechtigkeit, dem wir uns auf die Dauer nicht entziehen können.

Die Klagen der Landwirte, daß man sich in den Städten um die Leutenot zu wenig gekümmert habe, sind berechtigt (vgl. o. S. 102). Aber die Arbeitsnachweise und die Bewegung, von der sie getragen werden, werden in dieser Beziehung nicht früher etwas Ersprießliches tun können, als bis jedes Mißtrauen, daß es sich hierbei um einen Druck auf die Arbeiterbevölkerung zu Gunsten der ländlichen Arbeitgeber handelt, durch deren eigene Haltung beseitigt ist. — — —

Die Lehrlingsvermittlung gehört streng begrifflich genommen zur Vermittlung für ungelernte Arbeiter. Denn der Lehrling, der erst in die Lehre treten soll, ist „ungelernt". Andrerseits aber muß die Lehrlingsvermittlung unter Berücksichtigung der einzelnen Erwerbszweige betrieben werden und teilt so viele Beziehungen und Schwierigkeiten mit dem Arbeitsnachweis für Gelernte. Zunächst ist daher der Lehrlings-Vermittlung ein starkes Argument für Verallgemeinerung des öffentlichen Arbeitsnachweises überhaupt zu entnehmen. Solange es aber noch Orte gibt, an denen die Arbeitsvermittlung entweder nur für Gelernte oder nur für Ungelernte organisiert ist, wird in jedem Falle die Lehrlingsvermittlung als zugehörig zu behandeln sein.

Ein öffentlicher Arbeitsnachweis für ungelernte Arbeiter ist auf die Dauer unhaltbar, wenn er nicht die Vermittlung von Lehrlingen mit zu seinen Aufgaben zählt. Der die Schule verlassende Knabe soll einen Lebensberuf erlernen. Die Not des Lebens zwingt viele Eltern, die Knaben im Alter von 14 Jahren bereits ausschließlich unter dem Gesichtspunkte der verwertbaren Arbeitskraft zu verwenden. Die heranwachsende junge Generation aber sieht diese Notwendigkeit vielfach garnicht ungern und zieht es vor, als „jugendliche Arbeiter" sofort selbständige Einnahmen und auch eine verhältnismäßig selbständige Stellung zu haben, statt sich der Zucht der Lehrlingsstellung zu unterwerfen. Wirtschaftlich angesehen, gehört diese Neigung zu den schädlichsten, die es für die Ausbildung der heranwachsenden Generation geben kann. Sie läuft darauf hinaus, daß den Annehmlichkeiten des Augenblicks die Zukunft geopfert wird. Die volkswirtschaftlich schädliche Folge zeigt sich darin, daß eine ganze Anzahl von Gewerben über Mangel an geschultem Nachwuchs klagen. Wenn bei dieser Sachlage ein öffentlicher Arbeitsnachweis dem 14jährigen jungen Burschen eine Stelle als jugendlicher Arbeiter nachweist, es aber ablehnt, ihm eine Lehrlingsstelle nachzuweisen, so macht die öffentliche Verwaltung sich zur Mitschuldigen an einer pädagogisch und volkswirtschaftlich gleich verhängnisvollen Entwicklung. Es muß daher geradezu als unzulässig bezeichnet werden, daß ein öffentlicher Arbeitsnachweis Stellen für jugendliche Arbeiter vermittelt, ohne gleichzeitig auch die Lehrlingsvermittlung in die Hand zu nehmen. Diese Vermittlung darf, wenn sie ihren Zweck erreichen soll, nicht in derselben Art betrieben werden wie bei Erwachsenen, bei denen die Wahrnehmung des eigenen Interesses den Beteiligten selbst zu überlassen ist. Hier muß vielmehr eine Hauptaufgabe der Verwaltung darin bestehen, den Suchenden rechtzeitig darauf aufmerksam zu machen, daß es in seinem Interesse liegt, nicht als jugendlicher Arbeiter, sondern als Lehrling einzutreten. Das führt bereits auf die wesentlich pädagogische Seite dieser Vermittlungsaufgabe und läßt die Lehrlingsvermittlung als ein Grenzgebiet zwischen der Arbeitsnachweis-Verwaltung und der Verwaltung von Erziehung und Unterricht erscheinen. In dieser Beziehung genügt es nicht etwa, wenn die abgehenden Schüler zur Inanspruchnahme der Lehrlingsvermittlung aufgefordert werden. So groß auch der Mangel an Lehrlingen sein mag, gute Lehrstellen und bewährte Branchen sind in der Regel so übersetzt, daß Vormerkungen bis auf ein Jahr hin, ja darüber hinaus keine Seltenheiten sind. Es muß daher das Hauptgewicht nicht auf die Belehrung des letzten, sondern auf die des vorletzten Jahrgangs gelegt werden. Bei dem überwiegend üblichen Abgangstermin von 14 Jahren wären also auf das eindringlichste die Schüler im 13. Lebensjahr über die Wichtigkeit der richtigen Berufswahl und über das Vorhandensein einer Lehrlingsvermittlung am Orte zu unterrichten; diese Hinweise wären sodann im letzten Jahrgange und unmittelbar beim Verlassen der Schule zu wiederholen. Zu diesem Zwecke muß die Verwaltung des Arbeitsnachweises der Schulverwaltung Merkblätter zur Verteilung an die Schüler zur Verfügung stellen.

Faßt man dementsprechend die Lehrlingsvermittlung als eine öffentliche Einrichtung zur Erleichterung angemessener Berufswahl auf, so kann sie ihren Zweck nur dann erreichen, wenn dem Suchenden nicht *ein* Beruf, sondern gerade der für ihn angemessene Beruf nachgewiesen wird. Wenn es sich bloß um die Berücksichtigung persönlicher *Wünsche* handelte, so würde das Vermittlungsgeschäft in dieser Beziehung sich von den sonstigen Aufgaben des Arbeitnachweises nicht unterscheiden. Es handelt sich hier aber auch darum, an den Wünschen des Beteiligten Kritik zu üben, ihn in seinen Neigungen zu beeinflussen, ihm nicht nur objektiv etwaige schlechte Aussichten in dem einen, gute Aussichten in dem anderen Berufe vorzuhalten, sondern auch rein subjektiv zu prüfen, ob er sich für den erwählten oder für einen anderen Beruf besser eignet. An sich wäre es Aufgabe der Schulverwaltung, diese Unterstützung in der Berufswahl zu übernehmen. Denn die Berufswahl steht in der Mitte zwischen Schule und Erwerbsleben, und es wird stets zu den Aufgaben eines Verwaltungszweiges gerechnet, alles das zu leisten, was zur Überleitung in einen anderen erforderlich ist. Die gegenwärtige Schulverwaltung ist aber nicht darauf eingerichtet, und es kann billigerweise dem Lehrer auch nicht zugemutet werden, eine so weitgehende individuelle Fürsorge für sämtliche Schüler von Amts wegen zu übernehmen; namentlich, da damit auch eine nicht unbedeutende moralische Verantwortung verbunden ist. Gewiß wird ein Lehrer, der Interesse für seine Schüler hat, ihnen mit Rat zur Seite stehen, wo dieser Rat irgend gewünscht wird. Aber etwas anderes ist es, einen gelegentlichen Rat zu erteilen, etwas anderes, diese Ratserteilung in vollem Umfange als amtliche Aufgabe zu übernehmen.

In Berlin, Frankfurt a. M. und anderen Orten haben sich daher im Laufe der neunziger Jahre Vereine für das Wohl der aus der Schule entlassenen Jugend (Vereine für schulentlassene Jugend) gebildet, die diese Fürsorge übernahmen. „Freiwillige Erziehungsbeiräte" wurden den Eltern bei der Auswahl des Berufes für ihre Kinder, sowie auch bei der Auswahl der Lehrstellen zur Seite gesetzt. Diese Vereine sind vielfach als ein Beweis dafür angeführt worden, daß die Wichtigkeit der Berufswahl nun endlich in ihrer ganzen Bedeutung erkannt werde. Bei aller Hochachtung vor dem, was diese Vereine in dem verhältnismäßig kleinen Ausschnitt des Volkslebens, der bisher von ihnen ergriffen wurde, geleistet haben, kann doch in keiner Weise zugegeben werden, daß durch das Vorhandensein dieser Vereine jene Anerkennung bewiesen werde. Im Gegenteil, daß freie Vereinstätigkeit hier notwendig ist, beweist mehr als alles andere, daß die maßgebende Wichtigkeit der Berufswahl, von der die Entscheidung über die zukünftige gewerbliche Generation abhängt, in unserer

Zeit durchaus nicht anerkannt ist. Wenn in einem Staate ohne Flotte sich ein Verein bildete, um aus freiwilligen Beiträgen ein Kriegsschiff zu erbauen, würde man etwa sagen, dieser Verein sei ein Beweis dafür, daß die Wichtigkeit einer Flotte für die Landesverteidigung nun endlich anerkannt sei? Oder würde man nicht vielmehr umgekehrt sagen, ein Staat, der seine Küstenverteidigung der freien Vereinstätigkeit überläßt, hat auch nicht entfernt eine Vorstellung von der maßgebenden Wichtigkeit dieser Staatsaufgabe. — Überall daher, wo Vereine für schulentlassene Jugend und freiwillige Erziehungsbeiräte begründet werden, sollten sie es als ihre Hauptaufgabe betrachten: öffentliche Einrichtungen für diese Zwecke zu schaffen.

In ausreichendem Maße wäre dies nur möglich bei einschneidenden Veränderungen der bestehenden Gesetzgebung über Erziehung und Unterricht. Aber auch bei dem gegenwärtigen Zustande der Gesetzgebung sind derartige Einrichtungen wenigstens für einzelne Kreise der schulentlassenen Jugend möglich. Das Einführungsgesetz zum Bürgerlichen Gesetzbuch, Art. 136, hat wenigstens die Möglichkeit der sogenannten Amtsvormundschaft für Kinder, die unter der Aufsicht der Armenverwaltung erzogen werden, zugelassen. Die Landes-Gesetzgebungen haben hiervon in verschiedenem Umfange Gebrauch gemacht. In Preußen zwar nur in der Art, daß bei Erziehung in einer öffentlichen Anstalt der Vorsteher Vormund von Amts wegen ist, jedoch können durch Ortsstatut den Beamten der Armenverwaltung vormundschaftliche Rechte auch für solche Armenkinder erteilt werden, die in einer von der Verwaltung ausgesuchten Familie erzogen werden, sowie für uneheliche Kinder, auch wenn ihre Erziehung in der mütterlichen Familie stattfindet (Art. 78). Die erweiterten Befugnisse der Gemeinde-Waisenräte (BGB. § 1850) schaffen ebenfalls ein Organ, das bei Waisenkindern sich von Amts wegen mit der Erziehungsaufgabe zu befassen hat, die der Vormund zu vernachlässigen pflegt, und in den Waisenpflegerinnen (Preuß. Ausführungs-Gesetz Art. 77 § 2) wird zum erstenmal auch ein weibliches Organ zur Mitwirkung „bei der Überwachung des Mündels" geschaffen; der Ausdruck „Überwachung" ist so weit gewählt, daß die Mitwirkung bei der Berufswahl darunter begriffen werden kann.

Das Problem, das in dieser Beziehung zwischen Armenpflege und Lehrlings-Vermittlung liegt, ist keineswegs neu. Ja, man kann sagen, daß dieses Problem eigentlich den Anstoß zu der modernen Arbeiter-Gesetzgebung gegeben hat, insofern das Muttergesetz für den europäischen Arbeiterschutz, die englische Moral and Health Act von 1802, auf die Mißstände bei der Vergebung der „Lehrlinge" durch die Kirchspiele zurückgeht (S. 3). Aber die ganze stolze Gesetzgebung der Folgezeit wandte sich vorwiegend dem körperlichen Schutze, allenfalls später einer gewissen Fürsorge für die geistige Ausbildung zu. Nichts geschah, um dem hauptsächlichen Mißstand der kritiklosen Zuführung der Knaben an beliebige, sich gerade darbietende Berufe entgegenzutreten. Und doch fehlte es gerade in der englischen Literatur keineswegs an eindrucksvollen Hinweisen auf die Wichtigkeit dieser Seite des Problems. In ergreifender Weise hat Dickens im „Oliver Twist" schon im Jahre 1837 gerade das Verhängnis geschildert, das einem Kinde droht, wenn es lieblos und sorglos in einen Beruf hineingestoßen werden soll.

In Deutschland hat ein Versuch, der unter der Herrschaft der neuen Bestimmungen in größerem Stile unternommen wurde, bereits von sich reden gemacht. Es ist der Versuch, Waisenknaben aus dem Innern Deutschlands nach den polnischen Gegenden, insbesondere in die Provinz Posen, zu verpflanzen. Es kann dabei dahingestellt bleiben, ob es sich um Kinder handelt, die die Schule bereits verlassen haben, oder um jüngere Kinder; denn auch die letzteren werden nur deswegen genommen, weil man annimmt, daß sie über die Schulzeit hinaus in der Provinz bleiben werden. Das Unternehmen wird hauptsächlich von dem deutschen Ostmarken-Verein betrieben, der bei seiner Geschäftsstelle in Berlin eine eigene Abteilung für Waisen- und Lehrlingssachen begründet hat. Auf die Vorschläge des Vereins ist zuerst die Armenverwaltung Frankfurt a. M. eingegangen. Sie hat sich deswegen viele Anfeindungen zugezogen, weil man ihr vorwarf, sie benutze die billigen Pflegepreise des Ostens zur Verminderung der Kosten. Dieser Einwand trifft nicht zu. Denn die Abmachungen werden in der Art getroffen, daß die etatsmäßigen Sätze unverändert gelassen und der Überschuß für den Pflegling in einer Sparkasse angelegt wird. Hingegen ist das Unternehmen nach einer anderen Seite hin bedenklich. Der Verein spricht in seinen Aufrufen davon, daß in der Provinz Posen keine Lehrlinge zu haben seien, während in vielen großen Städten des Westens ein Überangebot von

Lehrlingen herrsche. Das ist (abgesehen von einigen besonders beliebten Branchen) durchaus unrichtig. In Deutschland überwiegt der Lehrlingsmangel, und an sich kann der Wunsch, die Provinz Posen zu germanisieren, keinen Grund abgeben, das deutsche Gewerbe durch Entziehung seines Nachwuchses zu schwächen. An diesem Punkte zeigt sich eben wieder, daß die Lehrlingsvermittlung rationell nicht in dieser mehr zufälligen und stückweisen Art, sondern nur als Bestandteil organisierter öffentlicher Verwaltung betrieben werden kann. — In allerneuester Zeit ist in Charlottenburg ein erster schüchterner Versuch gemacht worden, die beteiligten Stellen der Gemeinde-Verwaltung — Armenkinderpflege, Schule, Arbeitsnachweis — miteinander in Beziehung zu setzen. Schule und Arbeitsnachweis in der oben bezeichneten Art durch halbjährlich wiederholte Merkblätter. Mit beiden gleichzeitig tritt die Armenkinderpflege in Beziehung, indem sie etwa ein Jahr vor Abgang von der Schule unter Mitwirkung der Schule einen geeigneten Beruf für die Waisenknaben zu ermitteln sucht; diese Lehrstellen suchenden Knaben sollen frühzeitig dem Arbeitsnachweis mitgeteilt werden. Die Einrichtung ist neu; sie dürfte den Weg weisen, auf dem im Laufe der Zeit Erfolge zu erzielen wären, indem, zunächst wenigstens für eine begrenzte Kategorie von Kindern, die Berufswahl zum Gegenstande der öffentlichen Verwaltung gemacht, und ihre Organe, insbesondere auch die Lehrer darauf hingelenkt werden, sich mit dieser Frage zu beschäftigen.

Für eine, allerdings noch kleinere, Kategorie von Kindern ist nach Lage der Gesetzgebung schon jetzt die Berufswahl der öffentlichen Verwaltung übertragen, weil dieser die gesamte Erziehung zufällt. Es sind dies die Kinder, die in Zwangserziehung (Fürsorge-Erziehung) gegeben sind. Seitdem den kleineren Staaten Braunschweig (1870), Anhalt, Sachsen-Weimar, Oldenburg, Lübeck, auch größere, Baden und Hessen (1886/87) und endlich im Jahre 1900 Preußen darin gefolgt ist, den ärgerniserregenden reichsgesetzlichen Zustand zu beseitigen, wonach mit der Einrichtung der Zwangserziehung gewartet werden muß, bis Kinder eine strafbare Handlung wirklich begangen haben, kann nunmehr in fast ganz Deutschland auf Grund von Landesgesetzen die verwahrloste, oder der Verwahrlosung anheimfallende Jugend der zwangsweisen öffentlichen Erziehung unterstellt werden. Es müßten nunmehr für die Zwecke dieser Verwaltung

Untersuchungen darüber angestellt werden, welche Berufe für solche Kinder besonders geeignet, von welchen sie nach Möglichkeit fernzuhalten sind. Geschieht dies, so wird die Verwaltung ganz von selbst sich genötigt sehen, auch die Lage des Arbeitsmarktes (Lehrlingsmarktes) zu berücksichtigen. Denn wenn es an sich schon für jedermann eine sittliche Gefahr enthält, ihn einem überfüllten Beruf zuzuführen und ihn allen Versuchungen auszusetzen, die ein verschärfter Kampf ums Dasein mit sich bringt, so ist diese Gefahr in erhöhtem Maße bei solchen Kindern vorhanden, die von vornherein mit geringerer moralischer Widerstandsfähigkeit in das gewerbliche Leben eintreten. Trotz der Wichtigkeit der Frage fehlt es doch noch an jeder systematischen Behandlung der richtigen Berufswahl für die Zöglinge der Zwangserziehung. Eine Aufnahme des tatsächlichen Zustandes war mit der Statistik verbunden, die die Konferenz des Verbandes schlesischer Rettungshäuser über die erzieherischen Erfolge im Jahre 1898 beschlossen und im Jahre 1901 veröffentlicht hat. Wenngleich die Aufnahme nicht frei von Tendenz war (es sollte für das konfessionelle Erziehungswerk der Rettungshäuser Propaganda gemacht werden), so hat die Untersuchung doch das Verdienst, zum erstenmal einen Überblick darüber zu geben, was aus diesen Zöglingen im späteren Leben wird. Von 1626 Zöglingen, die in 25 schlesischen evangelischen Rettungshäusern in den Jahren 1883 bis 1892 zur Entlassung gelangten (die also zur Zeit der Umfrage zwischen 20 und 30 Jahren standen), wurden 1307 ermittelt. Bei 81,04 % wurde die Führung als befriedigend bezeichnet; ein Prozentsatz, der selbst, wenn der größte Teil der Fehlenden als schlecht gerechnet wird, immerhin doch so viel beweist, daß aus verwahrlosten Kindern keineswegs in der Regel verwahrloste Menschen hervorgehen. Möglichst wenig wurden die Zöglinge solchen Berufen zugeführt, die von der Saison abhängen oder im Umherziehen und Umhergehen ausgeübt werden: Zimmerleute, Dachdecker, Maurer, Schornsteinfeger, Barbiere. Von Handwerkern wurden die bevorzugt, die geringes Anlage-Kapital erfordern: Schneider, Schuhmacher, Tischler, Bäcker, Schmiede. Der Landwirtschaft hatten sich von den männlichen Zöglingen nur 15,81 % zugewandt, d. h. weniger als dem Prozentanteil der ländlichen Bevölkerung Schlesiens entspricht. Die letztere Tatsache scheint darauf hinzuweisen, daß bei der Berufswahl die Ausschau nach solchen Berufen, die Nachwuchs brauchen, keine erhebliche Rolle spielt, denn gerade in Schlesien war schon zu jener Zeit der Menschenmangel auf dem Lande drängend. (Vgl. S. 103.) Auf den gleichen Schluß führt es, daß unter den bevorzugten Handwerken sich ein so notorisch übersetztes Gewerbe wie die Bäckerei (S. 295) befindet.

An dem Beispiele der Zwangserziehung zeigt sich am deutlichsten, daß hier eine Lücke in der Verwaltung besteht. Der Staat hält sich für befugt, im Wege des Zwanges Kinder ihren Eltern abzunehmen, weil diese nicht die Gewähr für eine ausreichende Erfüllung der Erziehungsaufgaben bieten. Zur Erfüllung einer der wichtigsten und für das ganze spätere Leben am meisten entscheidenden Erziehungsaufgaben aber, die Auswahl des Berufes, besitzt der Staat selbst nicht einmal ein Organ für die Gewährleistung einer sachgemäßen Entscheidung. Dieses Organ fehlt deswegen, weil zu diesem Zweck eine fortdauernde Beobachtung des Lehrlingsmarktes erforderlich wäre und diese eben zwischen Arbeitsnachweis- und Unterrichtsverwaltung erst noch als ein neues Glied einzufügen ist. Gerade in dieser Beziehung haben die freiwilligen Erziehungsbeiräte bereits Erwähnenswertes geleistet, und zwar nach zwei Richtungen hin. Individuell haben sie die körperlichen und geistigen Voraussetzungen für die Berufswahl betont und durch Zusammenstellungen, namentlich von ärztlicher Seite, belehrende Handbücher für die Berufswahl geschaffen; in dieser Beziehung ist gegenwärtig ein neuer kleiner Literaturzweig im Entstehen begriffen. In allgemeiner Hinsicht hat sich ihr Augenmerk der Beobachtung der Marktlage zugewendet und soviel Ergebnisse erzielt, wie in dieser Beziehung bei der noch unvollkommenen Organisation überhaupt zu erreichen sind. Eine Übersicht des Berliner freiwilligen Erziehungsbeirats nach seinem „Wegweiser" hat die Städtische Waisen- und Armenpflege in Charlottenburg benutzt, um für ihre Pfleger eine Tafel der Berufe zusammenzustellen, die nach dem Stande des Jahres 1902 für Lehrlinge in Betracht kommen. Daß die Berufe in erster Linie nicht nach dem Maße ihrer Aufnahmefähigkeit eingeteilt sind, sondern nach den Aussichten, die sie in geschäftlicher Beziehung im allgemeinen gewähren, ist nur eine scheinbare Abweichung vom Ziele. Denn da auch Berufe, die ausreichen dmit Arbeitskräften versorgt, ja sogar schon überfüllt sind, irgendwelches Maß von Zufuhr im Laufe der nächsten drei oder vier Jahre sicher brauchen oder vertragen werden, so darf ein Beruf bloß um seiner Überfüllung wegen von der Wahl noch nicht ausgeschlossen werden; das größere oder geringere Maß von Überfüllung kann nur einen Anlaß zu schärferer Auslese geben. Danach sind zunächst zwei Gruppen von Berufen aufgestellt, mit guten (I) und mittleren (II) Aussichten. Jede Gruppe ist wieder in zwei Unterabteilungen geteilt, je nachdem Lehrlingsmangel herrscht (1) oder der Nachwuchs dem Bedürfnis gegenwärtig genügt und also nur bei tüchtiger Ausbildung Aussicht auf Fortkommen vorhanden ist (2). Dazu kommt eine dritte Gruppe (III), deren Aussichten zwar immerhin noch als genügend bezeichnet werden könnten, in denen aber starke Überfüllung vorliegt, und endlich eine vierte (IV), die für die Vermittlung überhaupt nicht in Betracht kommt, weil die Aussichten zu schlecht sind. Die Tafel stellt sich nach dem augenblicklichen Stande wie folgt:

I. Gute Aussichten.

1.

Knaben: Molkerei, Fischerei, Töpferei, Glasschleiferei und -bläserei, Kupferschmied, Gelbgießer, Gürtler, Former, Klempner, Wagenbauer, Färberei, Buchbinderei und Kartonnagenfabrikation, Tischler, Möbelpolierer, Böttcher, Kammmacher, Konditor, Glaser, Stuckateur, Brunennbauer, Einrichtung von Gas- und Wasseranlagen, Schneider, Mützenfabrikation, Barbier und Friseur, Kutscher.

Mädchen: Maßschneiderei, Fabrikation künstlicher Blumen, Damenhutfabrikation, Mädchen für alles, Hausmädchen, Kindermädchen, Kinderpflegerin und Jungfer.

2.

Knaben: Porzellandreher (Formerei und Malerei), Schlosser und Zeugschmied, Schornsteinfeger, Schriftgießer, Schriftsetzer, Musterzeichner.

Mädchen: Das Tapeziergewerbe, die Photographie, Wäschezuschneiden, Handschuhmachen und Kochen.

II. Mittlere Aussichten.

1.

Knaben: Gold- und Silberarbeiter, Schmied, Feilenhauer, Nadler, Wagenlackierer, Segelmacher, Sattler, Drechsler, Schirmmacher, Korbmacher, Bäcker, Schlächter, Tabak- und Zigarettenfabrikation, Weinküfer, Maler, Steinsetzer, Hutmacher, Kürschner, Seiler, Droguenhändler und Buchhändler.

Mädchen: Kürschnerei, Wäscherei und Plätterei.

2.

Knaben: Gärtnerei und Blumenbinderei, Steinmetzen und Steinbildhauer, Glasmaler, Schwertfeger, Bandagist, Kurbelstickerei, Posamentenfabrikation, Gerberei, Tapezier und Dekorateur, Holzbildhauer, Bürstenmacher, Vergolder, Maurer, Zimmerer, Dachdecker, Graveur und Ziseleur, Koch, Schreiber.

Mädchen: Maschinenstickerei, Handstickerei, Kurbelstickerei, Konfektionsarbeiterin, Korsettnäherin, Kravattennäherin, Putzmacherin, Friseurin, Maschinenschreiben, Stenographie, kalte Mamsell.

III.

Knaben: Maschinenbau, Büchsenmacher, Optiker nnd Feinmechaniker, Elektrotechniker, Eisenbahndienst.

Mädchen: Telephonistin, Musik, kaufmännische Berufe, Versicherungswesen, Buchhalterin, Korrespondentin, Verkäuferin.

IV. (Fernzuhalten.)

Knaben: Uhrmacher, Metallinstrumentenbauer, Weberei und Wirkerei, Müllerei, Brauerei, Modelleur und Gipsbildhauer, Ofensetzer, Lithograph, Steindrucker, Photograph, Schuhmacher, Zahntechniker, Kellner.

Mädchen: Kleiderkonfektion, Wäschekonfektion und Zahntechnik.

Diese Tafel darf nun freilich keineswegs als ein unbedingt zuverlässiger Führer gelten. Daß viele Berufe fehlen, ist einstweilen unvermeidlich. Man vermißt aber auch solche, die viel gefragt sind (z. B. für Mädchen: Lehrerin, Erzieherin, Stütze). Die Rubrizierung ist zuweilen irreführend. Bis jetzt ist die Methode für die Einteilung der Gewerbe unter dem Gesichtspunkte, ob sie für die Berufswahl zu empfehlen sind, noch zu wenig entwickelt. Hierfür bietet die Tafel ein ganz besonders bezeichnendes Beispiel. Die Bäckerei treffen wir in Gruppe II, 1. Nun mag dahingestellt bleiben, ob und inwieweit man in geschäftlicher Beziehung die Bäckerei zu den Gewerben rechnen darf, die mittlere Aussichten gewähren. Sicher unrichtig ist es, innerhalb dieser Gruppe sie den Gewerben mit Lehrlingsmangel zuzählen zu wollen. Es gibt Gewerbe, in denen sich die mißbräuchliche Ausnutzung der jugendlichen Arbeitskraft unter dem Namen von Lehrlingen fest eingenistet hat, in denen daher herkömmlicherweise „Lehrlinge" verlangt werden, obgleich, streng genommen, Gesellen genommen werden müßten. Über das Bäckergewerbe besitzen wir in dieser Beziehung amtliches Material. Vor der Kommission für Arbeitsstatistik, die sofort nach ihrer Begründung als ersten Gegenstand die Zustände in den Bäckereien in Angriff nahm, wurde über einen förmlich organisierten Kinderhandel in Berlin berichtet, der die schulentlassenen Knaben in Masse aus Oberschlesien importiert. „Ein großer Lehrling kostet 10 Mark, ein größerer 15 Mark, und die größten werden mit 20 Mark bezahlt." Die Kommission betrachtete als festgestellt, daß die Zahl der Werkführer und Gesellen in den Bäckereien etwa alle vier Jahre durch eine gleiche Zahl von Lehrlingen ersetzt wird. Die irreführende Ansicht von einem Mangel an Bäckerlehrlingen kann freilich durch eine rein schematische Beobachtung des Marktes sehr leicht entstehen. In jedem Arbeitsnachweis, der sich mit Lehrlingsvermittlung befaßt, sind stets mehr Bäckerlehrlinge gesucht, als beschafft werden können. Bei jeder anderen Arbeiterkategorie wäre es richtig, in einem solchen Falle den betreffenden Beruf in die Gruppe derer, die Arbeitermangel haben, einzureihen. Gerade hierin zeigt sich aber die spezifische Art der Lehrlingsvermittlung und ihre enge Berührung mit den allgemeinen Erziehungsaufgaben, daß man sich an dieser rein objektiven Feststellung nicht genug sein lassen darf, sondern darüber hinaus prüfen muß, ob die Stellen, die gemeldet werden, wirklich als „offene Stellen" zu betrachten sind, oder ob sie über das geschäftliche Bedürfnis hinaus aus andern Gründen angemeldet werden. Eine Bevormundung, die auf den gesamten übrigen Gebieten des Arbeitsnachweises durchaus unangebracht wäre, ist hier angemessen und notwendig. Der Leiter des Arbeitsnachweises muß sich ein Urteil darüber bilden, ob die Interessen des Lehrlings in dem Berufe, der sich nach ihm reißt, gut aufgehoben sind oder nicht. Von diesem Gesichtspunkte aus dürften Gewerbe, wie die Bäckerei, trotz der unbefriedigten Nachfrage, nicht ohne weiteres unter die Berufe eingereiht werden, in denen Mangel an Lehrlingen herrscht. Da andrerseits für manche Eltern ein Interesse daran besteht, zu wissen, für welchen Beruf sie sofort eine Lehrstelle haben können, so darf die Tatsache, daß dies in der Bäckerei der Fall ist, nicht unterschlagen werden. Daraus ergibt sich die Notwendigkeit einer ausführlichen Belehrung über die Marktlage in den einzelnen Gewerben. Diese kann durch eine Berufstafel in gewisser Weise zusammengefaßt, aber nicht ersetzt werden.

Die andere Seite der Lehrlingsvermittlung, die Beschaffung von Lehrstellen, scheint auf den ersten Blick weniger Schwierigkeiten zu bereiten. Denn in der Regel wird in der Lehrlingsvermittlung die Erfahrung gemacht, daß sich mehr Lehrherren als

Lehrlinge melden. Dennoch bedarf auch diese Seite einer besonders sorgsamen Behandlung. Die „Lehrlingszüchtung", wie wir sie in der Bäckerei kennen gelernt haben, kommt in einer großen Reihe von Gewerben vor. Sie schädigt nicht nur die Arbeiter vermöge der lohndrückenden Wirkung der Lehrlingsarbeit, sondern ebenso auch die reellen Arbeitgeber, die die Konkurrenz mit gewissenlosen Lehrherren nicht aufnehmen können, und die Interessen des Gewerbes im allgemeinen, das durch mangelhafte Ausbildung seines Nachwuchses schwer gefährdet werden kann. Der Lehrlingsmarkt eignet sich daher ganz vorzüglich zu einem Gegenstande gemeinschaftlicher Regelung durch Arbeitgeber und Arbeitnehmer, d. h. zu einem Bestandteile von Tarifverträgen. Es fehlt in Deutschland nicht ganz an solchen Vereinbarungen. So hat im Buchdruckergewerbe zuerst bei den Tarifstreitigkeiten und sodann bei den Festsetzungen die Frage der zulässigen Lehrlingszahl eine nicht geringe Rolle gespielt. Die Einigung erfolgte dahin, daß auf eine bestimmte Zahl Gehilfen immer eine bestimmte Zahl Lehrlinge für zulässig erklärt wurde. Nach der seit dem 1. Januar 1902 giltigen Fassung darf in einer Druckerei, die 0—3 Setzergehilfen beschäftigt, nur 1 Setzerlehrling gehalten werden, bei 4—7 Setzern : 2, u. s. w., bei 25—30 : 6, und auf je 8 Gehilfen 1 Lehrling mehr. Druckerlehrlinge sind entsprechend der leichteren Erlernbarkeit in etwas größerer Zahl zugelassen, auf 0—2 Druckergehilfen 1 Druckerlehrling, auf 3—5 : 2, u. s. w. auf 15—20 : 5, und auf je weitere 6 Drucker 1 Druckerlehrling mehr. — Gegenwärtig sind die Bestrebungen zur Bekämpfung der Lehrlingszüchtung nicht mehr ausschließlich privater Tätigkeit überlassen. Es ist vielmehr jetzt der öffentlichen Verwaltung in dieser Beziehung eine bestimmte gesetzliche Aufgabe zugewiesen. § 128 der Gewerbeordnung in der Fassung von 1897 schreibt vor:

Wenn der Lehrherr eine im Mißverhältnisse zu dem Umfang oder der Art seines Gewerbebetriebs stehende Zahl von Lehrlingen hält und dadurch die Ausbildung der Lehrlinge gefährdet erscheint, so kann dem Lehrherrn von der unteren Verwaltungsbehörde die Entlassung eines entsprechenden Teiles der Lehrlinge auferlegt und die Annahme von Lehrlingen über eine bestimmte Zahl hinaus untersagt werden."

Wo die Stadtgemeinde einen kommunalen Arbeitsnachweis eingerichtet hat, ist dessen Abteilung für Lehrlingsvermittlung die gegebene Stelle, um die Fälle von Lehrlingszüchtung, die sie in ihrem Geschäftsverkehr bemerkt, zur Anzeige zu bringen. Jene Befugnis der unteren Verwaltungsbehörde gewinnt gegenwärtig durch die Normativ-Vorschriften über die Höchstzahl der Lehrlinge eine besondere Bedeutung. Nach der gegenwärtigen Lage der deutschen Gesetzgebung sind zu solchen Bestimmungen berufen: Bundesrat, Landes-Zentralbehörde, Handwerkskammer, Innung (Gewerbeordnung § 128, 130). Soweit Bestimmungen von einer höheren Instanz erlassen sind, werden dadurch die der niederen ausgeschlossen. Bis jetzt haben der Bundesrat und, soweit bekannt geworden, auch die Landes-Zentralbehörden einschlägige Beschränkungen noch nicht festgesetzt. Die Innungen haben hier und da einen Anlauf genommen. Im großen und ganzen aber ist die Bestimmung der Höchstzahl für die einzelnen Gewerbe Sache der Handwerkskammern geworden, die in der Tat hieran, wie es scheint, ein geeignetes Betätigungsfeld finden. Aus Anlaß des zweiten deutschen Handwerks- und Gewerbekammertages (1901), auf dessen Tagesordnung auch Maßregeln gegen die Lehrlingszüchtung gesetzt waren, suchte der „Arbeitsmarkt" durch eine Umfrage bei den Handwerkskammern den damaligen Stand der Angelegenheit festzustellen.

Von 45 Handwerkskammern des Deutschen Reiches hatte bis dahin die starke Hälfte (24) sich jeder Wirksamkeit in dieser Richtung enthalten. Es waren dies:

Altona, Arnsberg, Berlin, Braunschweig, Bremen, Breslau, Chemnitz, Detmold, Dortmund, Erfurt, Frankfurt a. O., Freiburg i. B., Gera, Gotha, Hamburg, Kassel, Königsberg, Konstanz, Leipzig, Meiningen, Oppeln, Stettin, Stuttgart, Zwickau.

Während manche dieser Kammern (so z. B. Detmold) ihre Haltung ausdrücklich damit begründen, daß ein Bedürfnis bis jetzt nicht hervorgetreten sei, wollten andere Kammern den Kampf gegen die Lehrlingszüchtung nur als aufgeschoben betrachten. So beabsichtigten Heilbronn und Reutlingen, zunächst die statutarische Regelung des Lehrlingswesens im allgemeinen zum Abschluß zu bringen. Auch St. Johann a. S. und Bayreuth wollten der Frage demnächst nähertreten, und Magdeburg hatte für das nächste Jahr Erhebungen in Aussicht genommen. Ähnliches war teilweise bei den badischen Kammern der Fall, die erst ein Jahr später, als die meisten andern in Deutschland errichtet und daher in ihrer Tätigkeit noch nicht ebensoweit vorgeschritten waren. So waren in Konstanz über die Lehrlingszüchtung zunächst umfangreiche Erhebungen veranstaltet; sobald diese abgeschlossen sind, sollen hier die nötigen Vorschriften erlassen werden. Die Kammer Breslau hat die Innungen aufgefordert, Fälle von Lehrlingszüchtung mitzuteilen, damit die unteren Verwaltungsbehörden zum Einschreiten auf Grund § 128 der Gewerbeordnung ersucht werden. Dieses ist bereits mehrfach mit Erfolg geschehen. Liegnitz hat die Innungen eindringlich ermahnt, für eine allmähliche Abstellung der Mißstände zu sorgen, damit nicht allgemeine Zwangsvorschriften notwendig werden; Bielefeld erkannte die Notwendigkeit einschlägiger Maßregeln ausdrücklich an; und Lübeck hatte durch Übernahme des Referats für den Handwerkskammertag seine grundsätzliche Geneigtheit bekundet. Plauen, das im Jahre 1899 aus Anlaß einer Petition des bayrischen Landesverbandes der Bader und Friseure an den Bundesrat vom sächsischen Ministerium des Innern um eine gutachtliche Äußerung ersucht wurde, hat sich zwar ablehnend ausgesprochen, jedoch lediglich, weil statistische Ermittlungen ergaben, daß im Kammerbezirke auf 433 Geschäfte mit 246 Gehilfen nur 187 Lehrlinge kamen, also das Bedürfnis in diesem Falle verneint werden mußte.

Unter den Kammern, die bestimmte Vorschriften gegen die Lehrlingszüchtung erlassen hatten (die übrigens teilweise noch der Genehmigung durch die Aufsichtsbehörden harrten), nennen wir in erster Linie diejenigen, die dem Mißstande mit Aufstellung einiger einfacher Grundsätze begegnen wollen.

Köln gestattet dem allein arbeitenden Meister nur 1 Lehrling; erst in dem letzten Lehrjahre darf er einen zweiten dazu nehmen. Auf je 2 Gesellen darf der Meister einen Lehrling mehr halten. Arnstadt beschränkt die Zahl für den Meister und seinen Stellvertreter (?) auf 3; auf je 5 Gesellen darf 1 Lehrling gehalten werden. Die Zahl der Gesellen, die in großen Betrieben hinzukommen müssen, damit 1 Lehrling mehr erlaubt sei, hat Düsseldorf auf 4, Oldenburg auf 5, Aachen und Koblenz sogar auf 8 festgesetzt. Wiesbaden begnügt sich zwar mit 3, stellt aber die Regel auf, daß in einem Betrieb überhaupt nicht mehr als 4 Lehrlinge gleichzeitig gehalten werden dürfen (während z. B. nach den etwas verwickelten Düsseldorfer Bestimmungen ein Betrieb mit 20 Gesellen und 8 Lehrlingen möglich wäre).

Diese Art des Vorgehens bringt den Übelstand mit sich, daß die Verschiedenartigkeit der Gewerbe nicht genügend berücksichtigt werden kann. Es gibt Gewerbe, in denen der Lehrling geringer; andere, in denen er weitgehender und beständiger Belehrung bedarf; eine Höchstzahl, die für die Schneiderei sehr streng ist, kann für die Uhrmacherei noch viel zu schlaff sein. Entweder wird ein schwer erlernbares Gewerbe zu Grunde gelegt; dann werden die leichten unnötig beengt. Oder man nimmt die letzeren zum Muster; dann kommt man auf so hohe Zahlen, daß man in ihnen kaum noch eine Beschränkung der Lehrlingszüchtung erblicken kann. Den mühsamen Weg, Gewerbe für Gewerbe durchzugehen und in genauer Prüfung der einzelnen Verhältnisse die Höchstzahlen der Lehrlinge festzustellen, haben die bayrischen Kammern betreten. München hat ein genaues alphabetisches Verzeichnis von 75 Berufen aufgestellt. Danach dürfen beispielsweise Bäcker auf keinen bis zu 2 Gehilfen 1 Lehrling halten, auf je weitere 2 Gehilfen einen mehr. Barbiere, Friseure und Perückenmacher auf keinen oder 1 Gehilfen 1 Lehrling, auf je weitere 2 Gehilfen 1 Lehrling, jedoch nie mehr als 3. Für Buchdrucker, Mechaniker, Goldleistenmacher und andere ist die Regelung nach Stufen gegeben. So für Setzer genau nach dem Tarif. Ein Meister, der nur 1 Lehrling halten darf, darf auch hier im letzten Lehrjahre einen zweiten dazu nehmen, jedoch nur, wenn er seinen Lehrling vertragsgemäß zur Gesellenprüfung verpflichtet und die Kammervorschriften zur Regelung des Lehrlingswesens „beachtet und durchführt". — Ähnlich ausführlich sind die Vorschriften für Regensburg. Die von Würzburg bieten den dortigen Verhältnissen entsprechend nur einen Auszug von 10 Gewerben aus der großen Berufsliste. Nürnberg hat die Höchstzahl der Lehrlinge in einem Verzeichnisse von 71 Handwerken geregelt und sämtliche Kammervorschriften über Lehrlingswesen in zwei Heften zusammengestellt. Außerhalb Bayerns hat nur Bromberg dasselbe System der umfassenden Regelung nach Berufen befolgt. Von Stralsund liegt für ein einzelnes Gewerbe, die Schlosserei, eine gutachtliche Äußerung an die Bezirksregierung vor: jedem Schlossermeister sollen für seine Person 3 Lehrlinge und auf jeden Gesellen noch 1 Lehrling zugebilligt werden. Die Lehrlingszüchtung muß in der Schlosserei des dortigen Kammerbezirks einen entsetzlichen Grad erreicht haben, wenn diese Höchstzahl schon als eine Reform empfohlen wird.

Die Versuche, der Lehrlingszüchtung durch Bestimmung von Höchstzahlen zu begegnen, tragen freilich einen zu schematischen Charakter, als daß sie ihren Zweck auch nur annähernd vollständig erreichen können. Die weitere Entwicklung wird im wesentlichen davon abhängen, ob es ein öffentliches Organ gibt, das durch seine Gesamttätigkeit unaufhörlich genötigt ist, sich ein Urteil über die Lehrstellen und das Maß der Lehrlingszüchtung, das in ihnen betrieben wird, zu bilden. Ein solches Organ muß die Lehrlingsvermittlung der öffentlichen Arbeitsnachweise werden. —

Der Kampf gegen die Lehrlingszüchtung zeigt nur die negative Seite der Stellenbeschaffung: die Ausmerzung der schlechten Stellen. Daneben muß aber der Arbeitsnachweis auch in positiver Weise darauf bedacht sein, gute Lehrstellen zu ermitteln. In dieser Beziehung muß eine allmählich angesammelte persönliche Erfahrung, bei Verwaltungen größeren Umfangs die Anlegung von Listen, je nach den örtlichen Verhältnissen die Fühlungnahme mit freiwilligen Erziehungsbeiräten u. s. w., zunächst das Erforderliche leisten. Auf diese Art können freilich nur solche Lehrstellen ermittelt werden, die vorhanden sind. Die Klage über Mangel an *geeigneten* Lehrstellen ist aber groß und, wie es scheint, in Zunahme begriffen.

Noch in ganz anderem Sinne wie aus der Arbeitsvermittlung die Aufgabe der Arbeitsbeschaffung herauswächst, erwächst hier aus der Frage der Lehrlingsvermittlung die Frage der Schaffung geeigneter Lehrstellen. Denn dort tritt, wenn nicht an eine gänzliche Umwandlung der gegenwärtigen Produktionsmethode gedacht wird, die Arbeitsbeschaffung nur als ein Mittel zur Beseitigung außerordentlicher Mißstände, als ein Notbehelf hervor. Hier aber erhebt sich innerhalb der heutigen Wirtschaftsverfassung, ja sozusagen zum Zwecke ihrer Fortpflanzung die gebieterische Forderung, den stellungsuchenden Lehrlingen geeignete Stellen zu beschaffen. Hier mündet der Arbeitsnachweis vollständig in die Frage der Ausbildung des gewerblichen Nachwuchses. Die Werkstatt, in der der Lehrling den ganzen Herstellungsprozeß einer handwerksmäßigen Ware vom Rohstoff bis zur Gebrauchsfertigkeit kennen lernt, wird immer seltener. Weit verbreitete Handwerke beziehen vorgerichtete Teile aus der Großindustrie; wie z. B. ein Schlossermeister, der nur einigermaßen auf der Höhe der Zeit steht, ein Schloß nicht mehr macht, sondern nur noch zusammensetzt. Die Arbeitszerlegung beschäftigt den einzelnen Handwerksmeister in spezialistischer Weise und macht beispielsweise eine Tischler-Werkstatt, in der nur noch Stühle oder gar nur noch Stuhllehnen verfertigt werden, für die Lehre ungeeignet. Hieraus ist die Forderung hervorgegangen, die „Werkstatt-Lehre" durch „Lehr-Werkstätten" zu ersetzen, d. h. durch die öffentliche Verwaltung eigene Werkstätten zu schaffen, die nicht einem gewerblichen Zwecke, sondern direkt der Ausbildung des Nachwuchses dienen. Dagegen haben sich weitgehende, und darunter auch sehr beachtenswerte Einwände erhoben (die sich etwa mit den Einwänden dagegen vergleichen lassen, die angehenden Aerzte in Kliniken auszubilden, und so von vornherein auf Voraussetzungen zuzuschneiden, die die Praxis und namentlich die Landpraxis ihnen gar nicht bietet). Der Arbeitsnachweis hat es an sich nicht mit der Entscheidung dieser Streitfrage zu tun. Er muß von den vorhandenen Lerngelegenheiten Kenntnis nehmen und sie seiner Vermittlung nutzbar machen. Wenngleich die Lehr-Werkstätten im allgemeinen in Deutschland nicht durchgedrungen sind, so gibt es doch eine mit recht vielen Gewerbszweigen in Verbindung stehende Branche, die in verschiedenen Teilen Deutschlands Lehr-Werkstätten errichtet hat: die Eisenbahn. Im Zeitalter der verstaatlichten Eisenbahnen stellen diese Lehr-Werkstätten gleichzeitig die erste weitverbreitete öffentliche Einrichtung dieser Art dar. Aber auch bei völligem Bestehenlassen der privaten Werkstatts-Lehre kann doch die Verwaltung einen gewissen Einfluß darauf ausüben, indem sie für eine Beeinflussung der Werkstatt zu Gunsten der Lehrlings-Ausbildung eine Staatsunterstützung zahlt und sich die Kontrolle vorbehält. In dieser Weise zahlt die Badische Regierung Staats-Beihilfen, überträgt den Gewerbevereinen und über ihnen der Landes-Gewerbehalle die Kontrolle und legt den Meistern die Verpflichtung auf, sich an den Landesausstellungen von Lehrlingsarbeiten zu beteiligen. Zwischen diesem Eisenbahn- und dem badischen System in der Mitte steht das bayrisch-österreichische System, Werkstätten an die Gewerbeschulen anzugliedern (eine Angliederung, die innerhalb der Textilindustrie auch im übrigen Deutschland vielfach vorkommt). — Wie man auch über die Brauchbarkeit dieser verschiedenen Methoden denken mag, für die Weiterentwicklung des Lehrlingswesens innerhalb der öffentlichen Verwaltung ist das bayrisch-österreichische System das bedeutsamste; denn vermöge der Verbindung von Werkstatt und Gewerbeschulen enthält es den Hinweis auf den engen Zusammenhang aller Einrichtungen, die der Ausbildung des gewerblichen Nachwuchses dienen, und weist dementsprechend auch auf den engen Zusammenhang zwischen Lehrlingswesen und Fortbildungsschule hin. Auch in Beziehung auf diese gibt dem öffentlichen Arbeitsnachweis als der zuständigen Stelle für die Lehrlingsvermittlung und für die Beobachtung des Lehrlingsmarktes schon die gegenwärtige Reichs-Gesetzgebung gewisse Handhaben.

Die Entziehung der Befugnis zur Lehrlingshaltung kann nämlich von der unteren Verwaltungsbehörde nicht bloß gegen Lehrlingszüchter, sondern (§ 126 a) allgemein gegen solche Personen verhängt werden, „welche sich wiederholt grober Pflichtverletzungen gegen die ihnen untergebenen Lehrlinge schuldig gemacht haben". Da der öffentliche Arbeitsnachweis von Amtswegen sich mit der Qualität der Lehrstellen zu beschäftigen hat, so wird er auch, sobald ihm derartige grobe Pflichtverletzungen bekannt werden, als die in erster Linie zum Antrag und zur Begutachtung berufene Stelle betrachtet werden. Es fragt sich nun, inwieweit nach der Gewerbeordnung dem Lehrherrn Pflichten gegenüber der Fortbildungsschule auferlegt sind. Nach § 127 ist der Lehrherr verpflichtet, den Lehrling „zum Besuch der Fortbildungs- oder Fachschule anzuhalten und den Schulbesuch zu überwachen". Man könnte versucht sein, hieraus eine allgemeine Verpflichtung der Lehrherren abzuleiten. Doch gehört der Paragraph zu den vielen der Gewerbeordnung, die das, was sie sagen, nicht in vollem Umfange meinen. Der grundlegende Paragraph für die Fortbildungs-Schulpflicht ist der § 120. Dieser unterscheidet zwischen Fortbildungsschulen, die von der Gemeinde oder vom Staate nur „anerkannt“ sind, und solchen, bei denen der Besuch durch Ortsstatut obligatorisch gemacht ist. In Bezug auf die erstere haben die Gewerbeunternehmer die Verpflichtung, ihren Arbeitern unter 18 Jahren die Zeit zum Besuche „zu gewähren“. In Bezug auf die letzteren können alle erforderlichen Verpflichtungen den Arbeitgebern durch das Ortsstatut auferlegt werden. Man wird daher den § 127 nur auf die obligatorischen Fortbildungsschulen beziehen können, d. h. nach Lage der Verhältnisse in Deutschland auf einen geographisch ziemlich begrenzten Teil, da der größte deutsche Staat (mit Ausnahme eines Notgesetzes für die halbpolnischen Landesteile) noch immer keine landesgesetzliche Regelung der Fortbildungspflicht besitzt. Immerhin ist auch im Königreich Preußen die Bewegung für Fortbildungspflicht durch Ortsstatut im Vorschreiten begriffen. In Sachsen, Baden, Württemberg u. a. ist die Fortbildungspflicht kraft Landesgesetzes allgemein. Hier liegt also, wenn der Lehrherr es beharrlich versäumt, seinen Lehrling zum Schulbesuch anzuhalten, zweifellos die „wiederholte grobe Pflichtverletzung“ vor, die zur Entziehung der Lehrlingsbefugnis ausreicht. Aber trotz der bisherigen mangelhaften Regelung der Fortbildung ist das Einschreiten doch nicht ausschließlich auf diese Fälle beschränkt, denn auch, wo die Fortbildungsschule nur „anerkannt“ ist, muß doch schon nach § 120 der Lehrherr wenigstens die Zeit zum Schulbesuch gewähren, und die zuständige Behörde kann erforderlichenfalls diese Zeit festsetzen, auch wenn kein Schulzwang besteht. Im § 127 Abs. 2 wird diese für gewerbliche Unternehmer allgemein bestehende Vorschrift den Lehrherren noch besonders eingeschärft. Ja, diese Einschärfung geht so weit, daß sie in gewissem Sinne selbst für solche Gemeinden gilt, an denen es weder obligatorische, noch auch nur anerkannte Fortbildungsschulen gibt; denn es heißt hier allgemein, daß der Lehrherr dem Lehrlinge die zu seiner Ausbildung erforderliche Zeit und Gelegenheit „nicht entziehen darf“. Aus der allgemeinen Verpflichtung, daß der Lehrherr die „Ausbildung“ des Lehrlings leiten muß, ließe sich übrigens unter Umständen auch mehr als die bloß negative Verpflichtung herleiten. Wenn beispielsweise an einem Orte keinerlei behördlich anerkannte Fortbildungsschule besteht, aber ein Privatlehrer Kurse im gewerblichen Zeichnen, Rechnen, Buchhalten erteilt, so kann es unter Umständen eine grobe Pflichtverletzung darstellen, wenn der Lehrherr sich bloß damit begnügt, den Knaben am Besuch dieser Kurse „nicht zu hindern“, ihn aber niemals daran erinnert (beispielsweise, wenn der Vater des Knaben dies ausdrücklich gewünscht hatte).

An gesetzlichen Handhaben also, um Lehrstellen in dieser Beziehung zu überwachen, fehlt es nicht. Um sie praktisch brauchbar zu gestalten, wird es allerdings einer viel energischeren Bewegung zu Gunsten obligatorischer Fortbildungsschulen bedürfen, als bisher vorhanden ist.

Es gibt in der Unterrichtsverwaltung eine kleine Ecke, in der die Fürsorge für geeignete Lehrstellen als Bestandteil der Verwaltung von Erziehung und Unterricht allgemein anerkannt ist. Dies ist die Fürsorge für viersinnige Kinder, insbesondere für Taubstumme. Schon im Jahre 1811 setzte die sächsische Regierung Prämien von 50 Thalern für jeden aus, der einen Taubstummen in einem Handwerk ausbildete. Diese 50-Thaler-Prämie wurde in Preußen durch Kabinettsordre von 15. Januar 1817 ebenfalls eingeführt und besteht heute noch als „Prämie für das Auslehren Taubstummer in Handwerken" im Staatshaushalts-Etat, allerdings nur in einer Sammelposition des Handelsministeriums (Kap. 69, Titel 13), sodaß sich die Höhe der hierauf verwendeten Summe aus dem Etat nicht feststellen läßt. Das Ausland geht teilweise erheblich weiter. So haben die belgischen Taubstummen-Anstalten die Handwerkslehre selbst in die Hand genommen. In Frankreich, das die Taubstummen fast durchweg in Internaten erzieht, sind mit diesen vielfach Lehr-Werkstätten verbunden. So in Paris nicht nur für die üblichen Fächer der Bekleidungsgewerbe (Schuhmacherei, Schneiderei), sondern auch für andere, die teilweise erst hier für die Taubstummen entdeckt worden sind: Holzbildhauerei, Gartenbau. Daß auch eine Lehrwerkstätte für Buchdruckerei sich hier befindet, mag mit eine Ursache dafür geworden sein, daß selbst deutsche Taubstumme nach Paris gegangen sind, um dort französischen Satz zu erlernen, und vollkommen ausgebildet zurückgekehrt sind. In Dänemark sind Vereine, die sich dieser Aufgabe widmen, der öffentlichen Verwaltung eingefügt. Norwegen hat auch in diesem Teile des Unterrichtswesens den Vorzug einer Regelung durch Staatsgesetz. Gesetze aus den Jahren 1881 und 1896 haben hier eine einheitliche Leitung der Erziehung aller abnormen Kinder durch einen eigenen „Direktor des Abnormenwesens" geschaffen. Dieser Verwaltung sind Taubstumme bis zu 17, Blinde sogar bis zu 21 Jahren unterstellt, sodaß hier die Auffassung von der Zugehörigkeit der Berufsausbildung zur Unterrichtsverwaltung schon durch die Altersgrenze gesetzlich anerkannt ist. — Was bei abnormen Kindern durch die Not der Umstände erzwungen wird, ist zwar bei normalen nicht in gleich hohem Maße notwendig. Irgend eine Fürsorge nach dieser Seite hin wird aber auch nötig sein, wenn die Erfahrung lehrt, daß ohne in Ermangelung einer solchen die ausreichende Zahl geeigneter Lehrmeister nicht vorhanden ist. Ohne erhebliche Umgestaltung ließen sich gewisse Einrichtungen des heutigen Lehrlingswesens nach dieser Seite hin ausbilden. So die Ausstellungen von Lehrlingsarbeiten, die schon seit den vierziger Jahren in Hessen, dann in Baden, Bayern, Württemberg und auch in verschiedenen Teilen der preußischen Monarchie eingeführt worden sind. Wenn hiermit für Meister, deren Lehrlinge wiederholt hintereinander prämiiert worden sind, ebenfalls Prämien verbunden würden, so würde hierin ein erster Ansatz zu einer öffentlichen Fürsorge für gute Lehrstellen liegen. Die Prämien könnten im Wiederholungsfalle so hoch bemessen werden, daß sie nicht nur eine ehrende Auszeichnung, sondern auch einen Entgelt für ebsonders reichliche Zeitaufwendung darstellen.

Macht man Ernst mit der Anschauung, daß die Lehrlingsvermittlung, die Beschaffung geeigneter Lehrstellen, die Lehrlingsausbildung im letzten Grunde pädagogische Fragen sind, so kann man ihre Lösung schließlich nur von derselben Maßregel erwarten, die überall den pädagogischen Fortschritt gezeitigt hat: von einer besseren Ausbildung des Lehrpersonals. Die Lehrlingsfrage ist eine Meisterfrage. Noch drängender als im Handwerk, wo das enge Zusammenleben von Lehrenden und Lernenden für manche Mängel entschädigen kann, ist die Frage im Großbetriebe, wo im Zeitalter der Arbeitsteilung auch die Ausbildung der Lehrlinge ein Ressort ist, und wo es ganz unumgänglich ist, dem Meister, welchem Lehrlinge unterstellt werden, auch eine Ausbildung in dieser seiner Eigenschaft als Lehrmeister zu geben. Nun fehlt es in Deutschland nicht ganz an Einrichtungen für die Ausbildung von Meistern. In Sachsen wurde im Jahre 1855 die Königliche Werkmeisterschule in Chemnitz errichtet, die sich eines weit gehenden Rufes erfreute und heute als Bestandteil der dortigen technischen Lehranstalten fortbesteht. In Preußen ist ein erheblicher Teil der über das Land verstreuten staatlichen Maschinenbau-Schulen hierher zu rechnen. Aber überall geht die hauptsächliche Ausbildung der Werkmeister nach der Seite hin, sie zur Leitung Erwachsener zu befähigen. Ihre ungeheure Bedeutung als Lehrmeister des Nachwuchses und dementsprechend das Erfordernis irgend einer praktisch-pädagogischen Ausbildung ist noch nirgends anerkannt worden. Nur ein Gewerbe gibt es, in dem die Ausbildung von Lehrmeistern in der hier verlangten Art bereits durchgeführt ist; aber dieses ist gerade ein Kleingewerbe: der Hufbeschlag. Er ist in Preußen durch Spezialgesetz vom 18. Juni 1884 eigens geregelt. Dieses Gesetz verfolgt zwar nur den Zweck, die Ausübung des Hufbeschlag-Gewerbes von einem Befähigungsnachweis abhängig zu machen. Allein in der Ausführung des Gesetzes ist man in der Praxis weiter gegangen. Befugt zur Erteilung des Zeugnisses sind nämlich neben den damit privilegierten Innungen und besonderen staatlichen Prüfungskommission auch die staatlich eingerichteten oder anerkannten Hufbeschlags-Lehrschmiede, denen die Militärschmieden gleichgestellt sind. Während das gewöhnliche Prüfungszeugnis nur den Anspruch darauf gibt, als Hufbeschlag-Meister tätig zu sein, sehen sich die Lehrschmieden für ihre eigenen Zwecke genötigt, auch für die Tätigkeit als Lehrmeister eine besondere Qualifikation zu schaffen. So besteht an der Lehrschmiede in Charlottenburg eine Anstalt zur Ausbildung von Lehrschmiedemeistern. Nach Absolvierung eines etwa viermonatigen Kursus erteilt die Prüfungskommission den Titel Hufbeschlag-Lehrmeister. Allerdings sind diese Lehrmeister nicht für die Ausbildung von Lehrlingen zn Gesellen, sondern von Gesellen zu Meistern bestimmt. Aber das Wesentliche ist doch, daß hier für ein einzelnes Gewerbe die pädagogische Ausbildung von Meistern zu Lehrmeistern in einer Art durchgeführt ist, die für andere Gewerbe vorbildlich werden kann. Namentlich aber muß der Großbetrieb an die Schaffung von Einrichtungen denken, die ihm regelmäßig geeignetes Lehrpersonal zuführen. Die aufkommende Fabrikationsmethode hat bei uns, wie in jedem andern Lande, noch ein bis zwei Generationen hindurch bequem das Menschenmaterial weiter verwenden können, das im Handwerk seine Vorbildung empfangen hatte. Mit der fortschreitenden Auffaugung des Handwerkes brachte der Großbetrieb selbst diesen Zufluß zum Eintrocknen. Die Veränderung des Sachverhaltes hat der Großbetrieb richtig erkannt, und im Laufe der Jahrzehnte ist in einer stets steigenden Anzahl von Fabriken die Lehrlingsausbildung in größerem Maßstabe in die Hand genommen worden. Jetzt aber naht die zweite Etappe der Entwicklung. Auch die altväterliche bloße Angewöhnung der Lehrtätigkeit erweist sich als unzureichend, und auch die Heranbildung von Lehrpersonal muß im großen Maßstabe in Angriff genommen werden. Derartige Anstalten dürfen nicht etwa einen einseitig theoretischen Charakter tragen. Wie jedes Lehrerseminar eine Seminarschule zur Verfügung haben muß, so müssen auch für derartige Lehrmeister-Seminare Seminar-Werkstätten, an denen sie des Lehren lernen können, errichtet werden.

In der Pflege der Handwerkslehre und insbesondere in der Beschaffung geeigneter Lehrstellen liegt der Zielpunkt, dem jede Organisation zustreben muß, die die Lehrlingsvermittlung zu ihren Verwaltungsaufgaben zählt. Die Arbeitsnachweise werden sich der Aufgabe, darauf hinzuwirken, nicht entziehen können. Sobald der Verband deutscher Arbeitsnachweise nur die erste wichtigste Aufgabe der allgemeinen Organisation des öffentlichen Arbeitsnachweises hinter sich haben wird, wird er an diese herantreten müssen. — — —

Der Arbeitsmarkt ebensowenig wie ein anderer Markt kann sich darauf beschränken, daß in jedem Einzelfalle der Vermittler die Vertragsbedingungen durch einen Ausgleich zwischen dem Anbietenden und dem Nachfragenden auf eine mittlere Linie zu bringen sucht. Jede Marktorganisation geht vielmehr darauf aus, marktgängige Preise so festzustellen, daß sie eine gewisse Autorität genießen und im Einzelfalle nur geringe Schwankungen nach oben oder unten hin als erwägenswerte Ausgangspunkte für Verhandlungen betrachtet werden. Ja börsenmäßige Lieferungsbedingungen haben sich teilweise so festgesetzt, daß Abweichungen überhaupt ausgeschlossen sind. Dieser Tendenz wird sich auch die Organisation des Arbeitsmarktes, der Arbeitsnachweis, nicht entziehen können. Eine gewisse Gleichmäßigkeit in der Bewertung wird schon durch die Gesetzgebung vorausgesetzt, wenn sie von einem „auffälligen Mißverhältnis" zwischen Leistung und Gegenleistung spricht und daran unter Umständen strafrechtliche Folgen knüpft (§ 302e des Strafgesetzbuches). Für diesen sogenannten Sachwucher sind die Grenzen so weit gezogen, daß die Ausbeutung durch einen wucherisch niedrigen Lohn, wenn die sonstigen Bedingungen zutreffen, ebenfalls darunter fällt. Ein Vermittler, der fortgesetzt einem Unternehmer Arbeitskräfte zu wucherisch niedrigen Löhnen zuführt, würde sich der strafbaren Beihilfe zum Sachwucher schuldig machen. Dieser strafrechtliche Hinweis auf die Beziehungen zwischen Vermittlertätigkeit und marktgängigem Preise hat allerdings im wesentlichen nur eine theoretische Bedeutung. Denn das Strafrecht meint nur ein so „auffälliges“ Mißverhältnis, daß zu seiner Entdeckung nicht erst ein Reflektieren über die Preise oder gar ein vorbereitendes Beobachten erforderlich wäre. Aber es wird nicht unbillig sein, von dem Arbeitsnachweis als öffentlicher Einrichtung in dieser Beziehung etwas mehr zu verlangen, als die bloße Angst vor dem Strafrichter erzwingen kann. Wer von Amts wegen dazu bestellt ist, Verträge zu vermitteln, muß imstande sein, den Parteien darüber Auskunft zu geben, was anständige Lohnhöhe, was Lohndrückerei, was übertriebene Forderung ist. Das gleiche gilt von der Arbeitszeit und von sonstigen Arbeitsbedingungen. An der Ausbildung einer gewissen Gleichmäßigkeit hat ferner der Arbeitsnachweis auch deswegen ein Interesse, weil dadurch die Zahl der Vermittlungen erhöht wird. Und zwar in zweifacher Hinsicht. Einmal weil hier wie überall das Vorhandensein einer in ungefährer Anerkennung befindlichen mittleren Linie die Schwankungen verringert und also die Parteien dem Vermittler schon in größerer Annäherung vorführt, sodann aber auch, weil die Zahl der Arbeitsgelegenheiten zunimmt, je mehr der Unternehmer imstande ist, die Arbeitskosten annähernd vorher zu kalkulieren: jeder Fortschritt zu größerer Gleichmäßigkeit von Preisen und Löhnen bedeutet eine Erleichterung der Geschäftstätigkeit und damit eine Belebung des Unternehmungsgeistes.

Wollte dementsprechend eine Arbeitsnachweis-Verwaltung darauf ausgehen, die Arbeitslöhne ꝛc. für die einzelnen Gewerbe von Zeit zu Zeit auch nur ermittlungsweise autoritativ festzustellen, so würde dies ein vergebliches Beginnen sein. Die Autorität geht der Entwicklung eines Marktes nicht voraus, sondern folgt ihr. Die Arbeitsnachweis-Verwaltung kann in dieser Beziehung nur schon vorhandene Strömungen benutzen und unterstützen. Eine solche Strömung ist zur Zeit auch in Deutschland vorhanden. Ihr Zielpunkt ist die Forderung, daß Staat, Gemeinde und öffentliche Körperschaften aller Art in ihre Submissions- und Lieferungsbedingungen (Bedingnishefte) die Klausel aufnehmen sollen, daß der Unternehmer verpflichtet sei, den Arbeitern die in dem betreffenden Gewerbe als angemessen geltenden Löhne, Arbeitszeiten und sonstigen Arbeitsbedingungen zu gewähren. Bei dem großen Umfange, den die öffentlichen Arbeiten haben, und bei dem moralischen Einfluß, den das Vorgehen der Behörden auf die Privaten ausübt, könnte in der Tat mit einer solchen Klausel im Laufe der Zeit jene allgemein anerkannte Durchschnittslinie erreicht werden, deren die Arbeitsnachweis-Verwaltung für die Zwecke der Vermittlung bedarf; namentlich da mit der Einführung der Klausel die Verpflichtung verbunden wäre, die Löhne ꝛc. in gewissen Zwischenräumen amtlich festzustellen. — Diese Bestrebungen haben nicht in Deutschland ihren Ursprung. Ihr weiteres Schicksal wird zum Teil davon abhängen, daß über die einschlägigen Verhältnisse des Auslandes richtige Vorstellungen verbreitet werden. Dies ist bis jetzt keineswegs durchgehends der Fall.

So begegnet man, was Frankreich anbetrifft, selbst in Kreisen, die dem Problem ein gewisses Interesse entgegenbringen, ziemlich allgemein der Anschauung, daß der Träger dieser Bestrebungen der sozialdemokratische Gemeinderat von Paris gewesen sei, daß er sich mit der Regierung in einem unaufhörlichen Konflikt befunden habe, bis endlich der sozialdemokratische Abgeordnete Millerand das Handelsministerium übernahm und dann jene Grundsätze auch von Regierungs wegen zur Geltung brachte. In dieser Anschauung geht Richtiges und Falsches durcheinander, jedenfalls aber ist in ihr das eigentlich Lehrreiche der französischen Vorgänge verhüllt. Richtig ist, daß in dieser Frage ein Konflikt zwischen dem Gemeinderat von Paris und der Regierung eine Hauptrolle gespielt hat. Seit dem Jahre 1872 bestand in dem Gemeinderat eine Minderheit, die dafür eintrat, in die Bedingnishefte, die jeder Submission zu Grunde gelegt wurden, auch Verpflichtungen der Unternehmer zu Gunsten der Arbeiter aufzunehmen. Seit dem Jahre 1885 wurde diese Forderung als ausgesprochener Programmpunkt der sozialistischen Gemeindepartei geltend gemacht. Als diese im folgenden Jahre, über die Mehrheit verfügend, bezügliche Beschlüsse des Gemeinderates herbeiführte, wurden diese von der Regierung aufgehoben, weil eine derartige Beschränkung der Submission dem Interesse der Gemeinde zuwiderlaufe und den Gesetzen widerspreche. Aus Anlaß einer Anleihe, die die Stadt Paris im Jahre 1888 brauchte, brachte der Senat in das Anleihegesetz eine Bestimmung hinein, die derartige Klauseln untersagte; aber nach der Fassung blieb es fraglich, ob sie sich auf alle Bedingungen zu

Gunsten der Arbeiter beziehe. Als nun der Gemeinderat auf seinem Standpunkte verharrte, führte die Regierung eine Entscheidung des Staatsrats (Oberverwaltungsgerichts) herbei. Der Staatsrat entschied wie folgt. Der code civil setze in seinen Bestimmungen über den Arbeitsvertrag die Freiheit der Arbeit und der Verträge voraus, wie denn auch in der Erklärung der Menschenrechte von 1789 für jeden Menschen die freie Verfügung über seine Person, seine Arbeit und alle seine Fähigkeiten zu den unveräußerlichen Rechten gerechnet werde. Aus diesem Grunde erachtete der Staatsrat alle Anordnungen für unzulässig, die der freien Bestimmung von Arbeitszeit und Arbeitslohn entgegenständen. Dementsprechend wurden die Beschlüsse des Gemeinderats betr. Höchstarbeitszeit, Sonntagsruhe und Mindest-Arbeitslohn außer Kraft gesetzt. — Dieser Hergang begreift aber keineswegs die ganze Frage der Arbeitsbedingungen. Zunächst blieben zwei Punkte aus den Bedingnisheften unberührt, die eine ziemlich große Rolle spielten: das Verbot der Weitervergebung und die Beschränkung der ausländischen Arbeiter auf einen bestimmten Prozentsatz. Zweitens erstreckte sich der Staatsrats-Beschluß nicht auf die Beziehungen der Stadt zu solchen Gesellschaften, die auf einer besonderen Konzession beruhten und also von dem allgemeinen Freiheitsprinzip ohnedies ausgenommen waren; die Bedingungen über Arbeitszeit und Arbeitslohn, die die Gemeinde der Straßenbahn-Gesellschaft auferlegt hatte, blieben bestehen. Noch weniger wurde die Stadt gehindert, den Weg der Submissionsvergebung zu verlassen, in eigener Regie zu bauen und hierbei Arbeitszeit und Arbeitslohn nach eigenem Ermessen zu bestimmen; in der Tat hat auch der Gemeinderat hiervon wiederholt Gebrauch gemacht. Der Streit bezog sich auch nicht auf alle französischen Gemeinden. Wenn auch andere Städte, wie Toulouse, Limoges und das vielgenannte Roubaix den gleichen Kampf auszufechten hatten, und das südfranzösische Klein-Paris, Marseille, sich mit einer bloßen Resolution begnügt zu haben scheint, so haben doch andere Gemeinden Klauseln über Arbeitszeit und Arbeitslohn durchgesetzt, ohne daß die Regierung eingeschritten wäre. So Dijon, Toulon, Albi u. a. m. Endlich aber hat der Staat in den von ihm selbst vergebenen Arbeiten keineswegs die Untätigkeit bekundet, die er von der Gemeinde Paris verlangte. Ja, die Betonung der Notwendigkeit solcher Klauseln geht gerade auf Akte der Staatsverwaltung zurück. Seit den dreißiger Jahren wurden in Frankreich Verzeichnisse der Kosten für öffentliche Bauten zusammengestellt und veröffentlicht. Die Art der Veröffentlichung war schwankend; sie erfolgte zeitweise ohne offiziellen Charakter, und man benannte die Listen gewöhnlich nach dem Namen des Beamten, der die erste Zusammenstellung besorgt hatte, als Série Morel. Tatsächlich aber bildeten diese Listen mit den darin enthaltenen Lohnangaben eine Grundlage für die öffentlichen Arbeiten und für die Unternehmer, die sich an den Submissionen beteiligten. Die Fortschritte, die in dieser Beziehung auf dem Verwaltungswege gemacht wurden, erklären es zum Teil, daß die Nichtausführung eines Gesetzes, welches einer anderen Forderung der Arbeiter entgegenkam, verhältnismäßig ruhig geduldet wurde. Es betrifft dies das Verbot der Weitervergebung von Arbeiten an Zwischenunternehmer. Ein Dekret der provisorischen Regierung von 1848 hatte die marchandage allgemein verboten und für strafbar erklärt. Damit war von selbst ausgeschlossen, daß die Unternehmer bei öffentlichen Arbeiten Unter-Vergebungen vornahmen. Die Gesetzeskraft dieses Dekrets wurde nicht bestritten. Aber man ließ es unausgeführt, und als es Jahrzehnte später zu gerichtlichen Entscheidungen kam, erleichterte seine unbestimmte Fassung eine Beseiteschiebung. Hingegen schritt die Staatsregierung auf dem mit der Série Morel betretenen Wege weiter fort. Im Jahre 1866 erließ der Minister der öffentlichen Arbeiten eine große Reihe von Bestimmungen, die für die Unternehmer maßgebend sein sollten: vierzehntägige Lohnzahlung, Bevorrechtung der Arbeiterforderungen auf die Zahlungsansprüche der Unternehmer an öffentliche Kassen; Sonntagsruhe. Zehn Jahre darauf erklärte der Kriegsminister die entsprechenden Bestimmungen für sein Ressort maßgebend. Im Jahre 1892 wurde der Erlaß von 1866 aufs neue eingeschärft. Im Jahre 1896 während der Vorbereitungen zur Weltausstellung von 1900 erging ein eigenes Gesetz, das sowohl für staatliche als für Pariser Gemeindearbeiten zu dieser Ausstellung, mochten dieselben in Regie betrieben oder an Unternehmer vergeben sein, einen Ruhetag in der Woche für die Arbeiter obligatorisch machte. Im Jahre 1899 hatte die Kammer die Beratung eines Kommissionsberichtes über das ganze Problem bereits begonnen, als im Juni das Ministerium

Waldeck-Rousseau eintrat und unter dem 10. August 1899 die drei Ministerialverfügungen Millerands ergingen: für die Arbeiten des Staates, der kommunalen Verwaltungen und der Stiftungen. Allen drei Verfügungen gemeinsam ist das Verbot des Zwischenunternehmertums in Gestalt einer ehrfurchtsvollen Verbeugung vor dem Gesetze von 1848, mit der aber nicht bloß kein Versuch, seiner Unklarheiten und Schwächen Herr zu werden, sondern eher noch eine Abschwächung verbunden ist. Im übrigen stellt die Ministerialverfügung für die Staatsbehörden die Verpflichtung, für die kommunalen und Stiftungsverwaltungen nur das Recht auf, gewisse Bedingnisse anzuordnen. Diese sind: ein Ruhetag in der Woche, Beschränkung der ausländischen Arbeiter auf einen Prozentsatz, ortsübliche Arbeitszeit, ortsüblicher Arbeitslohn. Die Festsetzung der ortsüblichen Zeit- und Lohnsätze für die einzelnen Gewerbe soll sich nach Möglichkeit auf die Vereinbarungen beziehen, die zwischen Arbeitgeber- und Arbeitnehmer-Verbänden in der Gegend getroffen sind, in Ermanglung einer solchen auf Meinungsäußerungen von Kommissionen, Erkundigungen bei Syndikaten und Persönlichkeiten beider Teile. Bei Unterschreitung der Lohnsätze kann die Differenz von der Verwaltung selbst aus den Forderungen des Unternehmers oder aus seiner Kaution unmittelbar an die Arbeiter gezahlt werden.

In dieser Entwicklungsgeschichte befindet sich manches, was für einen Ausländer so schwer verständlich ist, daß man es schon beinahe als unverständlich bezeichnen muß. Die Interpretation, daß eine Regelung der Arbeitsbedingungen dem Grundsatze der freien Verwendung der Arbeitskraft widerspreche, wäre kaum in einem anderen Lande der Welt als in Frankreich möglich. Ist dieser Widerspruch aber vorhanden, so ist nicht einzusehen, wieso dieselbe Staatsverwaltung, die die Gemeinden auf diesen Widerspruch hinweist, sich in ihren eigenen Anordnungen darüber hinwegsetzt. Denn wenn auch die Staatsverwaltung zur Zeit, als sie den Konflikt mit dem Pariser Gemeinderat ausfocht, nicht soweit gegangen ist, einen Höchst-Arbeitstag und einen Mindest-Arbeitslohn zur Bedingung zu machen, so steht doch die Beschränkung auf sechs Arbeitstage in der Woche begrifflich nicht anders, wie die Beschränkung auf zehn Arbeitsstunden am Tage; und die Forderung, daß der Lohn vierzehntägig ausgezahlt werden müsse, ist begrifflich ebenso eine Beschränkung der Freiheit des Arbeitsvertrages wie die Vorschrift, daß er eine bestimmte Höhe haben müsse. Auch paßt es schlecht zu der viel berufenen Uniformität der französische Verwaltung, daß der Gemeinde Dijon erlaubt ist, was der Gemeinde Paris verboten wird. Endlich gehört es zu den verwickeltsten Feinheiten des französischen Verwaltungsrechts, daß der Staatsrat, der durch rechtskräftiges Erkenntnis entschieden hat, daß Bedingnisse dem Gesetze widersprechen, gleichwohl an die neuesten Ministerialverfügungen gebunden ist, die von der gegenteiligen Anschauung ausgehen. Allein, alle diese Verwicklungen beweisen nur desto deutlicher, daß die Einfügung der Klausel einem tiefempfundenen Bedürfnis entsprach und sich mit einer Art elementarer Gewalt durchsetzte. Unter allen Großstaaten der Erde hat Frankreich die Lehre von der Nichteinmischung der Staatsgewalt am schroffsten in System gebracht. Wenn selbst hier die Ausnutzung der öffentlichen Gewalt für eine Beeinflussung der Arbeitsbedingungen durch die Bedingnishefte sich durchsetzte, so ist das ein sehr starker Beweis für die Unwiderstehlichkeit dieser Forderung. Die Anschauung, als ob ein bloßer politischer Zufall, die durch die Dreyfus-Affäre notwendig gewordene Hineinnehmung eines sozialdemokratischen Ministers in das Kabinet, die Frage der Arbeitsbedingungen nach dieser Seite hin entschieden habe, ist so vollkommen irrig, daß man eher das Gegenteil behaupten könnte: der weitere Widerstand gegen die Anerkennung der Arbeitsbedingungen war in Frankreich so unmöglich, ein Nachgeben der Staatsregierung in diesem Punkte so notwendig geworden, daß die Geschichte der Arbeitsbedingungen mit den Schlüssel dafür gibt, wieso in der Dreyfus-Krisis die Koalition der republikanischen Parteien wagen konnte, was noch in keinem Staate der Erde gewagt worden war: bürgerlichen Parteien den Zusammenschluß mit einem Flügel der Sozialdemokratie zuzumuten. Ebenso liegt die Erklärung dafür, daß die Sozialdemokratie sich hier und nur hier bereit erklärte, sich an einem Koalitionsministerium zu beteiligen, mit darin, daß die Regelung der Arbeitsbedingungen schon im Verwaltungswege einem sozialdemokratischen Minister sofort ein weites Betätigungsfeld sichern konnte. Dies ist nicht etwa so zu verstehen, als ob die bedeutungsvolle politische Wendung, die für Frankreich das Ministerium Waldeck-Rousseau bedeutet, auf die Lohnklausel zurückgeführt werden sollte. Aber soviel soll allerdings behauptet werden, daß die ungeheure Bedeutung, die gerade in Frankreich die Arbeiterpolitik als Bestandteil der Verwaltungspolitik gewonnen hatte, es einem Mitgliede der sozialdemokratischen Partei möglich machte, alle Bedenken gegen den Eintritt in ein Koalitionsministerium zurücktreten zu lassen. Unter allen Fragen der Arbeiterpolitik gab es damals keine, die so spruchreif dalag, wie die Lohnklausel.

Für das Studium der Lohnklausel ist daher Frankreich das klassische Land; nicht, wie man gewöhnlich annimmt, England. Denn aus der französischen Entwicklung ist das Wichtigste zu lernen: wie die Lohnklausel selbst einem widerstrebenden Staatswesen sich aufzwingt. In England hingegen ist sie aus Verhältnissen hervorgegangen, gegen deren Beweiskraft sich nicht mit Unrecht einwenden ließe, daß sie spezifisch englisch sind. Der Hauptteil der Entwicklung scheint in England in einer stillen Vorgeschichte zu liegen, von der man wenig hört. Die Lohnvereinbarungen in den einzelnen Gewerben umfaßten in England vielfach bereits so bedeutende Teile der Unternehmerschaft und der Arbeiterschaft, daß in solchen Gewerben auch ohne besondere Bestimmungen in der Regel die Arbeiten nur solchen Unternehmern zufallen konnten, die an den Vereinbarungen beteiligt waren oder sich den üblichen Löhnen stillschweigend fügten. Das muß man annehmen, da die Bewegung für Lohnklauseln in England gerade mit Beschwerden darüber einsetzt, daß öffentliche Arbeiten an Leute vergeben werden, die die gangbaren Löhne nicht einhalten. Daher ist die öffentliche Tätigkeit für die Einführung von Lohnklauseln in England auch späteren Ursprungs, als in Frankreich. Sie beginnt im Jahre 1889 in London, und zwar gleichzeitig, aber unabhängig voneinander, in der Schulverwaltung der Stadt London und im Grafschaftsrat von Groß-London. Beide beschlossen in diesem Jahre, bei der Ausschreibung öffentlicher Arbeiten, von jedem Bietungslustigen eine Erklärung über Mindestlöhne zu fordern. Hierbei verlangte die Schulverwaltung als Mindestsatz den, der in jedem Gewerke anerkannt (recognized) ist; der Grafschaftsrat brauchte den unübersetzbaren englischen Ausdruck fair, womit das Maß bezeichnet wird, das dem Gerechtigkeits- und Billigkeitsgefühl, sowie einer herrschenden Gewohnheit entspricht. Aus diesem vom Londoner Grafschaftsrat gewählten Ausdruck ist die Bezeichnung fair-wage-Klausel hervorgegangen, die man als „anständige Lohnklausel" hat übersetzen wollen. Der Grafschaftsrat stellte mit dem Lohn die Arbeitszeit auf eine Stufe, und auch hierin hat er die Terminologie bestimmt, indem es ziemlich allgemein wurde, unter der Forderung einer „Lohnklausel" gleichzeitig die entsprechende Regelung der Arbeitszeit, sowie auch sonstiger Arbeitsbedingungen zu begreifen. Beide Verwaltungen haben nach einigen Jahren ihre Bestimmungen genauer gefaßt. Der Grafschaftsrat sprach sich im Jahre 1892 dahin aus, daß er die Sätze der Gewerkvereine meine, und die Schulverwaltung bezeichnete ausdrücklich die von den Unternehmer- und Arbeiterverbänden Londons „gemeinschaftlich festgesetzten" Löhne. Beide Verwaltungen sammelten die maßgebenden Löhne in einer Lohntafel und erklärten die Vergebung an Zwischenunternehmer nur mit Zustimmung der Behörde und nur unter fortdauernder Haftung des Unternehmers für zulässig. — Dieser letztere Punkt, die Ausschaltung der Zwischenunternehmer, ist für das Vorgehen der staatlichen Behörden in England der eigentliche Ausgangspunkt geworden. Es knüpft an die berühmt gewordenen parlamentarischen Untersuchungen über die Mißstände des Schwitz-Systems an, die Ende der 80er und Anfang der 90er Jahre in wiederholten Beschlüssen die Überzeugung zum Ausdruck brachten, daß der Staat bei seinen eigenen Arbeiten dieses System nicht dulden oder wenigstens von seiner Genehmigung in jedem Einzelfalle abhängig machen solle. Erst bei dieser Gelegenheit wurde auch darauf aufmerksam gemacht, daß die Staatsbehörde, die Arbeiten vergibt, darüber zu wachen hat, daß Löhne gezahlt werden, die in den einzelnen Branchen gangbar (current) sind. Noch im Jahre 1896 hat das Unterhaus seinen früheren Beschluß von 1891 dahin interpretiert, daß es nicht seine Absicht sei, sich in die Einzelheiten der Verwaltung einzumischen. Es ist daher der einzelnen Verwaltung überlassen, wie sie sich die Überzeugung davon verschaffen will, welches die gangbaren Löhne sind. In der Tat geht auch die staatliche Lohnklausel beispielsweise bei der Vergebung von Neubauten nur allgemein dahin, daß der Unternehmer die gangbaren Löhne zahlen werde. Daneben besteht für schwieriger zu schätzende Arbeiten ein zweites System, wonach die Löhne, die der Unternehmer zahlen will, dem Angebot, und wenn er den Zuschlag erhält, dem Vertrage einverleibt werden.

Endlich hat sich noch ein drittes System herausgebildet, wonach der Unternehmer Löhne wie Rohstoffe nur im Auftrage des Staates verauslagt und lediglich für Unkosten und Bemühungen einen vereinbarten Zuschlag erhält. Bei diesem dritten System hat der Unternehmer an billigen Löhnen überhaupt kein Interesse mehr; ja, ein prozentual berechneter Zuschlag gibt ihm vielmehr ein Interesse an möglichst hohen Löhnen.

Steht sonach die Entwicklungsgeschichte der fair-wage-Klausel in England infolge ihres Zusammenhanges mit spezifisch englischen Verhältnissen an allgemein giltiger Nutzanwendungs-Fähigkeit hinter der Entwicklung der französischen erheblich zurück, so übertrifft sie diese in einem Punkte: in der weitgehenden Öffentlichkeit über alle diese Verwaltungsvorgänge und in dem reichem Material, das bei dem englischen System der Untersuchungskommissionen, dem Einfluß der Opposition und der üblichen Drucklegung der Berichte zu Tage tritt. So haben wir aus England einen genauen Überblick über die Verbreitung der Lohnklausel in den städtischen Verwaltungen. Nach den Zusammenstellungen von 1898 über England und Wales ohne London hatten von rund 1000 städtischen Verwaltungen zwar nur 200 Lohnklauseln irgendwelcher Art, und 800 nicht. Aber jene umfaßten eine Bevölkerung von 10, diese nur von 7 Millionen. Mit Hinzurechnung von London stellt sich das Verhältnis wie 14 : 7. Im großen und ganzen hat die Lohnklausel die großstädtischen Verwaltungen bereits erobert und ist jetzt im Begriff, in die mittleren und kleineren Verwaltungen einzudringen. Der Grafschaftsrat von London, der eigentliche Urheber der fair-wage-Klausel in dieser Form, ist einer besonders rücksichtslosen Kritik ausgesetzt gewesen, da er in dieser ganzen Zeit für den Inbegriff des vorgeschrittensten Reformeifers galt. Man kann annehmen, daß in dieser Kritik alles zu Tage gefördert worden ist, was sich irgendwie gegen sein Lohnpolitik vorbringen ließ. Der Kampf hat (wie auch schon aus jener fortgesetzten Verbreitung des Systems über andere Städte hervorgeht) mit einem vollen Siege der Klausel geendet. Von allen Einwänden, die in England gegen die Lohnklausel erhoben worden sind, hat sich in den wiederholten Untersuchungen nur einer gehalten: die Unterbringung ausgedienter Soldaten und Matrosen ist durch die einheitliche Löhnung, die den Lohn nach Personen mit normaler Arbeitskraft festlegt, erschwert worden. Was hier von den ausgedienten Kriegern gesagt ist, gilt von Personen mit geschwächter Arbeitskraft im allgemeinen. Wir stoßen hier auf das große Kapitel der minderqualifizierten Arbeiter (S. 211). Diese Frage wird bei jeder allgemeinen Lohnregulierung auftauchen; daß sie bei der Lohnklausel in Submissionsverträgen hervortritt, ist nicht eine Eigentümlichkeit dieser Klausel. Die Schwierigkeit, die hier vorliegt, ist auch nicht etwa damit zu beseitigen, daß man für jene in England genannten und für andere ähnliche Kategorien Ausnahmen von der Lohnklausel gestatten wollte; denn das würde bedeuten, daß man die Stellen bei öffentlichen Arbeiten, das sind die begehrtesten Stellen des Arbeitsmarktes, zu Pfründen für Invaliden macht und sie den gesunden Arbeitern wegnimmt. Eine Lösung dieses Problems ist vielmehr nur davon zu erhoffen, daß jede Lohnvereinbarung zwischen Arbeitgebern und Arbeitern für minderqualifizierte Arbeiter gewisse Sonderverabredungen enthält, die bei genügender Kontrolle von beiden Seiten als ungefährlich gelten dürfen.

Zwischen den französischen und englischen Erfahrungen nehmen die belgischen eine mittlere Stellung ein. Die Allgemeingiltigkeit teilen sie mit den französischen; denn soviel auch von kräftigen Vorstößen der Arbeiterbewegung in Belgien gerade in letzter Zeit bekannt geworden ist, ein Einfluß der Organisationen und ihrer Preisverabredungen, der sich mit dem englischen namentlich an Ausdehnung über das ganze Land hin vergleichen ließe, besteht in Belgien nicht. Andererseits teilt Belgien mit England den Vorzug einer guten Kontrolle und Berichterstattung. Als ein neues und für die Beweiskraft nicht unwichtiges Moment kommen die belgischen Parteiverhältnisse hinzu. In diesem ehemaligen Musterlande des Liberalismus ist die Kammermehrheit an die katholische Partei übergegangen, die infolgedessen auch die Ministerstellen besetzt; die Industriegemeinde, die für Reformen die wichtigste ist, Gent, steht unter dem Einflusse einer überwiegend sozialistisch gesinnten Bevölkerung; zwischen beiden hat der ehemals herrschende Liberalismus in der Verwaltung der Hauptstadt immer noch die Zügel in der Hand behalten. Wenn unter solchen Parteiverhältnissen die Lohnklausel in Belgien in Staats- und Gemeindeverwaltungen, sowie sie einmal auf die Tagesordnung gesetzt war, auch Schlag auf Schlag angenommen und weiter verbreitet wurde, so ist dies ein gar nicht unbedeutendes Argument für ihre Berechtigung. Allerdings fand die Bewegung, als sie in den Staats- und Gemeindeverwaltungen einsetzte, bereits gewisse Vorläufer vor. Denn in die Provinzialverwaltungen hatten seit 1892 ähnliche Klauseln ihren Einzug gehalten und beinahe unbemerkt fast alle Provinzialverwaltungen ergriffen. Im Jahre 1896 stellten die sozialdemokratischen Mitglieder des Gemeinderats von Brüssel den Antrag auf Einführung von Lohnklauseln. Der Antrag wurde, obgleich die Partei nur 12 Mitglieder zählte, dennoch mit 28 von 45 Stimmen angenommen. Sofort ging auch die Regierung auf eine Anregung der Kammer ein, verlangte zunächst, daß jeder Unternehmer ein Verzeichnis seiner Löhne einreichen solle, und ging, als sie hiermit auf Schwierigkeiten stieß, dazu über, kurzweg die Innehaltung der üblichen Normallöhne zu verlangen. In den Städten machte die Klausel so schnelle Fortschritte, daß nach einer Zusammenstellung um die Wende des Jahrhunderts Lüttich die einzige Stadt über 50000 Einwohner war, die die Klausel ablehnte, dagegen bereits eine große Reihe kleinerer Städte sie angenommen hatte. Die Erfahrungen wurden bei mehrfachen Umfragen (das System trägt in Belgien bis jetzt noch den Charakter eines Versuches) weitaus überwiegend als günstig bezeichnet. Nur in einem Punkte überwiegt das Urteil, daß die Ausführung auf Schwierigkeiten gestoßen sei: in betreff der alten und schwachen Arbeiter, neben denen in Belgien die Lehrlinge genannt werden. Die Erfahrungen sind also genau dieselben wie in England.

Gegenüber dieser reichen Entwicklung in Frankreich, England und Belgien wird Deutschland gewöhnlich noch zu den Ländern gezählt, die jeden Einfluß darauf ablehnen, wie die Unternehmer sich bei Submissionen ihrer Verpflichtungen entledigen: das Submissionsverfahren habe den Zweck, der Behörde eine möglichst billige Arbeit zu verschaffen, und sie könne daher dem Unternehmer keine Vorschriften über die Höhe der Löhne oder über die sonstigen Arbeitsbedingungen machen. Diese Anschauung ist nun heute für Deutschland nicht mehr richtig. Es gibt in Deutschland ein Gewerbe, das die Regelung der Arbeitsbedingungen in so weitem Umfange durchgeführt hat, daß die Behörden der Rücksichtnahme auf diese Arbeitsregelung sich nicht entziehen konnten: das Buchdruckgewerbe. Seitdem das Kaiserliche Kanalamt in Kiel im Jahre 1900 erklärt hat, Druckarbeiten grundsätzlich nur noch an solche Firmen vergeben zu wollen, die sich dem Tarifamt der deutschen Buchdrucker unterstellt haben, war das Eis gebrochen. Das Königliche Oberbergamt in Halle a. S. hat einen entsprechenden Entschluß gefaßt. In beiden Fällen ist von den vorgesetzten Behörden, dem Reichsamt des Innern und dem preußischen Handelsministerium, der Beschluß für das Ressort verallgemeinert worden. Es gibt in Deutschland bereits drei Staaten, in denen die Regierung die gleiche Anschauung für alle Ressorts gefaßt hat: Königreich Sachsen, Sachsen-Weimar, Hessen. In Bayern hat die Kammer der Abgeordneten sich in gleichem Sinne ausgesprochen. Unter den Gemeindeverwaltungen hat Mainz den Anfang gemacht. Die Zahl der Verwaltungen, die auch ohne ausdrücklichen Beschluß dieselbe Politik bereits verfolgen, ist größer, als irgend eine Statistik festzustellen vermöchte. Denn bei dem weitreichenden moralischen Ansehen, das der Tarif deutscher Buchdrucker genießt, sind die Firmen, die den Anschluß verschmähen, an vielen Orten so selten und so übel beleumundet, daß sie ohnedies keine Aussicht darauf haben, den Zuschlag zu erhalten, wenn sie es überhaupt wagen, sich der Beurteilung durch eine öffentliche Behörde auszusetzen. Auch äußert der Tarif seine Wirkungen über das Buchdruckergewerbe hinaus, da die Buchbinderei zwar einen selbständigen, aber vielfach damit in Verbindung stehenden Tarif besitzt. — Für eine Ausdehnung dieser Politik auf das gesamte gewerbliche Leben, insbesondere auf die Bauarbeiten, die bei öffentlichen Vergebungen in erster Linie in Betracht kommen, steht Deutschland in einer Beziehung anders da als Frankreich, weil eine der schwerwiegendsten französischen Forderungen in Deutschland ohnedies durch die Gesetzgebung erfüllt ist: die Sonntagsruhe. Sie ist auf der einen Seite ein erheblicher Fortschritt, auf der anderen aber auch eine Erschwerung für das Fortschreiten der Bewegung, da dieser so ein in Frankreich stark wirkendes Argument entzogen ist. Die Forderung, daß Staat und Gemeinde sich nicht dazu hergeben dürfen, zum Zwecke billigerer Baupreise die Aussaugung der menschlichen Arbeitskraft während sieben Tagen in der Woche an den von ihnen vergebenen Arbeiten zu dulden, daß sie vielmehr jede Gemeinschaft mit Unternehmern ablehnen sollen, die in der Behandlung ihrer Arbeiter unter das

Maß der Menschlichkeit hinuntergehen, das eine orientalische Gesetzgebung vor drei Jahrtausenden bereits verlangt hat, — diese Forgerung hat etwas derartig Einleuchtendes, daß selbst in Kreisen, die sonst ihrer politischen Stimmung nach der Klausel abgeneigt sind, die Bedenken zurücktreten müssen. Hingegen wird man in Deutschland, wo es sich um die theoretische Widerlegung dieser Kreise handelt, hier und da aus dem älteren Verwaltungsrecht gewisse kleine Argumente entnehmen können.

So besteht z. B. in Preußen noch immer die Verordnung vom 21. Dezember 1846 zu Recht, „betreffend die bei dem Bau vom Eisenbahnen beschäftigten Handarbeiter". Diese Verordnung legt den Eisenbahn-Direktionen in ihrem Verhältnis zu den Arbeitern bestimmte Verpflichtungen auf. Wenn sie auch keine Vorschrift über die Höhe der Löhne enthält, so doch über die Art der Lohnzahlung: mindestens vierzehntägige Zahlungstermine; derartige Bemessung der Akkordstücke, daß mindestens alle vierzehn Tage die vollständige Abrechnung erfolgen kann; Zahlung stets in der Nähe der Baustelle; Vorschriften über die Zugänglichkeit von Bau-Aufsichtsbeamten für die Arbeiter u. a. m. Wenn die Direktion die Arbeiten an Unternehmer vergibt, so haftet sie gleichwohl für die Erfüllung dieser Bestimmungen. Hier wird also der Direktion ausdrücklich zur Pflicht gemacht, auch bei vergebenen Arbeiten für die Innehaltung gewisser Arbeitsbedingungen und vor allem der Lohnzahlungstermine zu sorgen. Der Verordnung schweben zwar private Eisenbahngesellschaften und deren Direktionen vor. Indes ist sie im Zeitalter der Staats-Eisenbahnen auf diese ganz ebenso anwendbar. Sie liefert denen gegenüber, die da meinen, die Einmischung der vergebenden Behörde in die Arbeitsbedingungen stelle eine gefährliche Neuerung dar, immerhin ein grundsätzliches Gegenargument. Nach § 26 der Verordnung sollen die Bestimmungen auch auf andere öffentliche Bauausführungen Anwendung finden, die von den Regierungen dazu geeignet befunden werden. Als solche nennt die Verordnung die Kanal- und Chausseebauten nebst einem bedeutungsvollen „ꝛc." Die Verordnung ist in der neueren Gesetzgebung keineswegs vergessen, sie ist bei der Erwerbung der neuen Provinzen in diese durch die Verordnung vom 18. August 1867 eingeführt worden, und noch das Zuständigkeitsgesetz von 1883 nennt die Behörden, die für jene Ausdehnung auf andere Bauten zuständig sind. Für Bauten der Kreise und Gemeinden ist es der Regierungs-, für Bauten des Provinzialverbandes der Oberpräsident (unter Zustimmung des Bezirksausschusses oder des Provinzialrats).

Endlich aber müssen in nächster Zeit die Fälle sich mehren, in denen namentlich Gemeindebehörden auch ohne einschlägige gesetzliche Bestimmungen in eine Lage kommen, in der sie Unternehmer mit gewissen Arbeitsbedingungen von der Submission ausschließen müssen.

Je zahlreicher die Gewerbe werden, deren Tarif eine Regelung durch Einigungsämter finden, je größer der Kreis der Unternehmer, die sich dieser Regelung anschließen, desto weniger kann eine Behörde bei einer Submission diejenigen Firmen bevorzugen, deren Mindergebot gerade darauf beruht, daß sie sich von den Löhnen und Arbeitsbedingungen lossagen, die das Einigungsamt für angemessen erklärt hat. Handelt es sich um Gemeindearbeiten, so ist das Einigungsamt ebenso eine kommunale Veranstaltung wie die Deputation, die über die Vergebung der Arbeiten beschließt, und es ist in einer einheitlichen Verwaltung geradezu unzulässig, daß das eine Organ Vorteil zieht aus der Verletzung von Bestimmungen, die das andere Organ unter Einsetzung seiner ganzen Autorität zustande gebracht hat. Diese Rücksichtnahme gilt im weiteren Umfange auch für andere, als die kommunalen Behörden. Das Einigungsamt übt seine Funktionen unter staatlicher Autorität aus, und wenigstens für den gewöhnlichen Lauf der Verwaltung muß es als Regel gelten, daß eine Behörde nicht gegen das verstößt, was eine andere innerhalb der Grenzen ihrer Zuständigkeit als angemessen festgestellt hat. Ganz besonders zwingend tritt die Verpflichtung für die Arbeitsnachweis-Verwaltung auf. Da Arbeitsnachweis und Einigungsamt für ihre Tätigkeit dasselbe Objekt haben, da sie beide Behörden für das Zustandekommen von Arbeitsverträgen sind (S. 192), so muß der Arbeitsnachweis, der den Arbeitsvertrag individuell zustande bringen will, das, was das Einigungsamt kollektiv im voraus festgesetzt hat, als die bindende Regel ansehen. Wenn beide Organisationen in voller Ausbildung vorhanden sein werden, so wird der Arbeitsnachweis eine Art Vollziehungsamt für das Einigungsamt und den von diesem zustande gebrachten Tarifvertrag werden. Auf dem Wege zu diesem Ziele ist die Anerkennung der Tarifverträge als Grundlage für die Vergebung aller öffentlichen Arbeiten eine wichtige Etappe.

Wenn das die Bedeutung der Lohnklausel vom Standpunkte der Arbeitsnachweis-Verwaltung ist, so darf darüber die Bedeutung, die sie für das Submissionswesen besitzt, nicht übersehen werden. Dieses beruht auf dem Grundgedanken, daß dem Mindestbietenden der Zuschlag gebührt. Die Einführung einer Lohnklausel enthält eine Abweichung von diesen Grundgedanken. Wenn man die Gewerbetreibenden an eine bestimmte Höhe der Löhne bindet, so können sie nicht mit Unrecht verlangen, daß man sie gegen die Konkurrenz derer schütze, die bei der Lohnhöhe ein niedriges Angebot nur durch andere unreelle Mittel ermöglichen. Mit andern Worten: der Kampf gegen die Lohndrückerei hat die Beteiligung am Kampfe gegen Preisschleuderei aller Art zur notwendigen Folge. Allerdings haben diese Reformversuche zu Vorschlägen von einigermaßen allgemeiner Anerkennung noch nicht geführt. Der radikalste Gedanke, mit dem Unterbietungs-Prinzip überhaupt zu brechen und nicht dem den Zuschlag zu geben, der die niedrigsten Preise geboten hat, sondern dem, der dem mittleren am nächsten gekommen ist, das sogenannte Mittelpreis-Verfahren, ist in Mannheim zwei Jahre hindurch, 1900 und 1901 für Arbeiten im Betrage zwischen 500 und 5000 Mark probeweise angewendet, dann aber wieder aufgehoben worden. Wenngleich es nicht richtig ist, daß das Mißlingen in Mannheim allgemein anerkannt worden ist, so kann doch zum mindesten der Mannheimer Versuch nicht für die Bewährung angeführt werden. Andere Vorschläge lassen zwar die Tendenz des billigen Angebots bestehen, wollen aber der Behörde das Recht wahren, unter dem Gesichtspunkte der Zuverlässigkeit eine Auswahl zu treffen. Derartige Grundsätze hat Frankfurt a. M. im Jahre 1902 aufgellt, und Mannheim ist jetzt auf denselben Boden getreten. Wenn der Arbeitsnachweis nicht als ein Fremdkörper in der gewerblichen Verwaltung, sondern als deren organischer Bestandteil empfunden werden will, so muß eine Arbeitsnachweis-Verwaltung, wo sie für die Lohnklausel eintritt, einer Reform des Submissionswesens überhaupt das Wort reden.

Damit sind wir in das Ressort der gewerblichen Verwaltung gelangt, der der Arbeitsnachweis als Bestandteil angehören soll. Diese Zugehörigkeit wird, da die Auffassung als armenpflegerische Einrichtung für beseitigt gelten kann, nicht mehr bestritten werden (oben S. 180). Die Gewerbeverwaltung zeigt aber in der Gemeinde ein doppeltes Gesicht. Die Gemeinden sind heute einmal Inhaber von Gewerbebetrieben (Gasanstalten, Wasserleitungen, zuweilen auch Pferdebahnbetrieben, Schlachthöfen u. a. m.), sodann aber auch öffentliche Organe zur Ausübung der Aufsicht über das gewerbliche Leben und zur Verwaltung von Einrichtungen für dasselbe (Märkte, Ratswagen, Innungen, Krankenkassen, Verwaltung der Gewerbegerichte ꝛc.). Der Arbeitsnachweis ist unter beiden Gesichtspunkten zu betrachten.

In ersterer Beziehung ändert die grundsätzliche Unentgeltlichkeit des Arbeitsnachweises (S. 184) nichts an der Zugehörigkeit zur gewerblichen Verwaltung. Ob in einem Betriebe die Gebühren so bemessen werden, daß sie die Kosten ungefähr decken, und also auf einen Geschäftsgewinn verzichten wird, oder ob man auch auf die Deckung der Kosten verzichtet, ist bei einem Unternehmen, dessen Kosten im Verhältnis zu den Finanzen einer einigermaßen großen Gemeinde so unwesentlich sind, nicht bedeutend genug, um einen durchgreifenden Unterschied zu begründen. Wenn man einen Pferdebahnbetrieb, den die Stadt mit der ausgesprochenen Absicht in die Hand nimmt, das Fahrgeld so billig wie möglich und in keinem Falle teurer, als die Kostendeckung erfordert, zu gestalten, trotz dieses Gegensatzes zum Begriff des gewerblichen Unternehmens gleichwohl zu den städtischen Gewerbebetrieben rechnet, so kann man ganz ebenso einen Schritt weiter gehen, und auch eine Einrichtung, bei der Gebühren gänzlich fortfallen, in dieselbe Kategorie hineinnehmen. Man muß dies um so mehr tun, wenn der hieraus hervorgehende Gesichtspunkt für die praktische Ausgestaltung fruchtbar ist. Und das ist er allerdings in sehr hohem Maße. Bei den meisten Gewerbebetrieben, welche Städte bis jetzt in die Hand genommen haben, befinden sie sich in der glücklichen Lage, ein Monopol zu besitzen. Gasanstalten, Wasserwerke, Schlachthöfe, Straßenbahnen werden fast immer, wo sie städtisch sind, sich ausschließlich in den Händen der Stadt befinden oder wenigstens, wenn private Unternehmungen daneben bestehen, von diesen räumlich soweit geschieden sein, daß die Bezirke und Linien, in denen die Stadt tätig ist, konkurrenzfrei sind. Eine Stadt aber, die einen Arbeitsnachweis eröffnet, setzt sich mit einer ganzen Anzahl gewerblicher Arbeisnachweise in Konkurrenz. Die bloße Gewährung der Unentgeltlichkeit ist erfahrungsmäßig keineswegs ein ausreichendes Mittel in diesem Konkurrenzkampfe. Den Arbeitern wie den Unternehmern kommt es nicht darauf an, eine möglichst billige, sondern eine möglichst prompt und zuverlässig arbeitende Vermittlungsstelle zu haben. Oberster Grundsatz jeder Arbeitsnachweis-Verwaltung muß daher sein, mit derselben Rührigkeit wie ein tüchtiger Geschäftsmann zu arbeiten und sich von diesem in nichts zu unterscheiden, als in dem mangelnden Zwecke der Gewinnerzielung. Dadurch erhält die Arbeitsnachweis-Verwaltung ein anderes Gepräge, als sonstige kommunale Veranstaltungen. Die Gemeinde darf hier nicht als vornehme Behörde warten, bis die Parteien mit ihren „Anträgen" an sie herantreten. Sie muß vielmehr wie ein Geschäftsmann seine Kundschaft mit allen Mitteln des anständigen Gewerbebetriebes zu erfassen und zu erweitern suchen. Zwar haben die städtischen Verwaltungen in letzter Zeit die behördenmäßige Prüderie auch sonst schon abgelegt. Städtische Gasanstalten, die einen billigen Tarif einführen, begnügen sich nicht mehr damit, ihn im Wege behördlicher Bekanntmachung zu publizieren, sondern sie wenden sich mit Auseinandersetzungen an das Publikum, welche auf die vorteilhaften Seiten des Tarifs aufmerksam machen; sie scheuen sich nicht, für sich Reklame zu machen. Immerhin hält sich dies noch innerhalb enger Grenzen, weil die Gasanstalt in der Regel keine Konkurrenz besitzt. Das Ziel ist nur, das Publikum für den Gaskonsum zu gewinnen; ist es gewonnen, so kann es sein Bedürfnis auf andere Art nicht mehr befriedigen. Im Arbeitsnachweis aber handelt es sich darum, das Publikum nicht bloß einmal zu gewinnen, sondern auch durch entgegenkommende Behandlung zu fesseln, und sich ihm von Zeit zu Zeit in Erinnerung zu bringen. Das ist ganz besonders wichtig wegen der Unternehmer, die noch die Neigung haben, den Arbeitsnachweis nur in Zeiten des Arbeitermangels in Anspruch zu nehmen und unter denen die Einsicht noch nicht verbreitet ist, daß der Arbeitsnachweis seiner Aufgabe in solchen Zeiten nur dann genügen kann, wenn auch in normalen oder schlechten Zeiten die bequeme Umschau verschmäht und regelmäßig der Arbeitsnachweis benutzt wird. Darum müssen die Unternehmer unaufhörlich an das Vorhandensein eines öffentlichen Arbeitsnachweises erinnert und auch über die Vorteile, die er bietet, aufgeklärt werden. Ebenso hat aber auch mancher Arbeitsnachweis mit Vorurteilen auf Seite der Arbeiter zu kämpfen. Arbeiterkategorien, die in der gewerblichen Vermittlung den schlimmsten Ausbeutungen ausgesetzt sind (Dienstboten, Kellner), sind doch nur schwer an öffentliche Arbeitsnachweise zu gewöhnen. Vielleicht wirkt hier psychologisch das Moment mit, daß die Überbietung der Arbeitsuchenden untereinander mit hohen und immer höheren Gebühren die gewerbliche Vermittlung gerade als etwas Wertvolles erscheinen läßt. Auch hier kann nur beständige Aufklärung wirken.

Vor allem muß der Arbeitsnachweis mit einem gewerblichen Unternehmen die leichte Zugänglichkeit gemeinsam haben. Daß er nicht wie eine Behörde die beständige Wahrung der Form von seiten des Publikums verlangen, daß er nicht auf dem Foliobogen bestehen darf, sondern die formlose Mitteilung auf einer Postkarte ebenso gern sehen muß, wie der Kaufmann jeden neuen Auftrag freudig begrüßt, ist selbstverständlich. Seine Formulare müssen populär gehalten sein und nicht viel Nachdenken erfordern. Die Bureaustunden müssen reichlich bemessen und in ihnen der Beamte auf jede Art, namentlich auch durch das Telephon, zu erreichen sein. Es genügt aber nicht, daß der Beamte, wenn er angeklingelt wird, auch antwortet. Die Arbeitsnachweise setzen ihre Telephonnummer auf jeden Briefbogen und suchen zum Anruf durch das Telephon ganz ebenso zu ermuntern, wie andere Behörden (vielfach übrigens mit Recht) es abzuwehren suchen. Der Arbeitsnachweis als der jüngste Zweig der öffentlichen Verwaltung stand zum Telephon von vornherein anders, weil er es bereits vorfand, und seine Betriebsweise von vornherein sich auf Grund dieses neuen Verkehrsmittels entwickelte, während andere Verwaltungen in Jahrhunderte langer Entwicklung eine bestimmte Betriebsart ausgebildet hatten, in deren würdevolle Ruhe der ewig klingelnde Störenfried allenfalls notgedrungen eingelassen wurde. Die Arbeitsnachweis-Verwaltungen verschmähen es ferner nicht, in den Tageszeitungen zu inserieren, sei es allgemein, sei es einzelne bestimmte Meldungen. Ebenso werden in einer guten Arbeitsnachweis-Verwaltung die Inserate von Amtswegen gelesen, damit offene Stellen 2c. daraus ermittelt, auch inserierende Firmen darauf aufmerksam gemacht werden, daß sie denselben Zweck bequemer und billiger durch Benutzung des Arbeitsnachweises erreichen können. Kurzum: in den Arbeitsnachweisen entwickelt sich ein rühriges Leben, wie man es vorher in anderen behördlichen Veranstaltungen kaum gekannt hat.

Die Anregungen, die von der Auffassung des Arbeitsnachweises als eines Bestandteils der gewerblichen Verwaltung ausgehen sollten, stoßen insofern auf Schwierigkeiten, als die wichtigsten Teile dieser Verwaltung nicht kommunal, sondern staatlich sind. Wie jede Institution des Marktlebens, so stellt auch der Arbeitsnachweis seine Forderungen in erster Linie an die Verkehrsanstalten. Lokale Märkte hat es nie gegeben. Wo ein Markt sich entwickelte, da hat er seine Kräfte stets aus der näheren oder ferneren Umgebung gesogen, war von den Verkehrsbeziehungen abhängig, oder hat auf diese umgestaltend gewirkt. Jede Organisation des Arbeitsmarktes wird an das Verkehrswesen ganz ebenso mit ihren Anforderungen herantreten und Umgestaltungen, wenn der Markt sie erfordert, erzwingen. Es soll dies hier wenigstens an zwei Beispielen aus der Verkehrsverwaltung gezeigt werden: am Telephon und an der Eisenbahn.

Die bedeutsame Rolle, die das Telephon in den Arbeitsnachweisen von vornherein gespielt hat, ist soeben erwähnt worden. Aber einstweilen leistet das Telephon der Arbeitsvermittlung noch nicht entfernt die Dienste, die es leisten könnte. Daß der Unternehmer, der Arbeitskräfte braucht, zum Telephon greift, so oft dies wünschenswert ist, ist jetzt wohl an jedem Orte, der einen größeren Arbeitsnachweis besitzt, eine der regelmäßigen Formen geschäftlichen Verkehrs geworden. Indessen läßt die Benutzung des Telephons noch sehr viel zu wünschen übrig im Verkehr der Arbeitsnachweise untereinander und im Verkehr mit den Arbeitern. Für den Abschluß des Arbeitsvertrags von Ort zu Ort ist der Telegraph heutzutage schon ein veraltetes, ein schwerfälliges Mittel. Lohnbedingungen können allenfalls telegraphisch verabredet werden. Wenn aber das Eßlinger Arbeitsamt einen Mechaniker unterbringen will und erfahren hat, daß in Kannstatt Mechaniker gesucht werden, so soll nicht bloß der Lohn verabredet, es sollen auch einzelne Qualitäten des Bewerbers oder der Stelle besprochen, es soll der Lohn von persönlichen Eigenschaften (ob jung, ob alt) abhängig gemacht, es soll vor allem festgestellt werden, ob in dem Augenblick die Vakanz auch wirklich noch vorhanden ist. Ein Netz von Arbeitsnachweisen erfordert bequeme Benutzung des Telephon-Netzes. Hierauf gründet sich eine Bewegung, die für die Arbeitsnachweise Gebührenfreiheit in der Benutzung des Telephons in Anspruch nimmt. Die Bewegung ging aus von dem Hauptvorstand des deutschen Herbergsvereins, der sich im Sommer 1897 an das Reichspostamt mit der Bitte wendete, öffentlichen oder anerkannt gemeinnützigen Arbeitsnachweisen Erlaß oder Ermäßigung der Telephongebühren zu gewähren. Obgleich das Gesuch unter Hinweis auf die Vorschriften des Telegraphengesetzes abschlägig beschieden wurde, so hat doch der mit dem Herbergsverein in Verbindung stehende Gesamtverband deutscher Verpflegungsstationen ein gleiches Gesuch im Jahre 1899 an das Reichspostamt gerichtet und die Zuhilfenahme der Gesetzgebung angeregt. Das Gesuch war von dem damaligen westfälischen Oberpräsidenten Studt (dem jetzigen Kultusminister) unterzeichnet und wies ausführlich auf die große volkswirtschaftliche Bedeutung hin, die die Erschließung des Telephons für die Arbeitsvermittlung haben würde. Obgleich auch der Ausschuß des Verbandes deutscher Arbetisnachweise sich in demselben Sinne aussprach, und er sowohl wie seine Zweigverbände sich noch in demselben Jahre mit Petitionen an das Reichspostamt wendeten, so blieben doch alle diese Gesuche erfolglos. Man hat in diesem ablehnenden Verhalten einen Mangel an Verständnis für die weitgehende wirtschaftliche Bedeutung einer gut und lebhaft fungierenden Arbeitsvermittlung erblickt. Mit Unrecht. Ein neu aufkommender Verwaltungszweig, der sich an die vorhandenen mit Anforderungen wendet, muß sich darüber klar sein, daß diese das neue, an sie herantretende Gesuch nur im Zusammenhange mit der älteren von ihnen verfolgten Verwaltungspolitik betrachten und erledigen können. Die Beförderung telephonischer, telegraphischer und brieflicher Nachrichten bildet ein einheitliches Ganze, das der Postverwaltung unterstellt ist. In der Geschichte der Postverwaltung spielt die Gebührenfreiheit eine gewaltige Rolle. Die Post ist schon im 16. und 17., namentlich aber im 18. und bis in das 19. Jahrhundert hinein, vermöge der Gewährung der Gebührenfreiheit, die Gönnerin und Unterstützerin zahlreicher öffentlicher und gemeinnütziger Unternehmungen geworden. Die Erschwerung der Kontrolle und die Belastung des Verwaltungsapparats erreichten aber einen so hohen Grad, daß bei der großen Postreform des Jahres 1868/69 die Durchführung des Zehnpfennig-Tarifs und die Einführung eines allgemeinen gleichen und billigen Briefportos von der Abschaffung der massenweis erwachsenden Portofreiheiten abhängig gemacht wurde. Der Grundsatz, von jetzt ab keine anderen Portofreiheiten zuzulassen, als die wenigen vom 9. Juni 1869 aufrecht erhaltenen (Reich, Fürsten, Militaria), ist seit damals ausnahmslos festgehalten worden, und er bildet die Grundlage der neueren Tarifpolitik. Alle Erfolge, die diese Politik in der Verbilligung des Briefverkehrs, in der beständigen Erweiterung des Kreises der zum Drucksachen-Tarife zugelassenen Sendungen, endlich in der Ausdehnung entsprechender Grundsätze auf den Weltpostverein aufzuweisen hat, gehen darauf zurück, daß die möglichst niedrig bemessene Gebühr dann auch wirklich gezahlt, und nicht im Wege von Befreiungen die Grundlage der Berechnung durchlöchert wird. Daß ein Verwaltungszweig den Grundsatz, auf dem die anerkannt großartigen Erfolge dreier Jahrzehnte beruhen, zu Gunsten eines neu aufkommenden Zweiges verlassen und in eine Politik zurückfallen würde, die durch die Erfahrung gerichtet war, hätte von vornherein als ausgeschlossen gelten sollen. Jeder Fortschritt in der weiteren Nutzbarmachung des Telephons für den Arbeitsnachweis hat daher zur Voraussetzung, daß das Streben nach Gebührenfreiheit (oder auch nur nach einem Ausnahmetarif) fallen gelassen und das Augenmerk auf andere Wege gerichtet wird. Solcher Wege bieten sich hauptsächlich zwei dar. In Württemberg, das vermöge seines eigenen Postwesens von der Reichs-Postverwaltung unabhängig ist, ist den Arbeitsnachweisen nicht Gebührenfreiheit bewilligt, sondern sie zahlen die Gebühren wie jeder andere, aber sie werden ihnen aus der Staatskasse ersetzt. Nichts steht dem im Wege, daß auf dem Boden des Reichspostgebiets die einzelnen Staaten in derselben Art vorgehen. Der Etatstitel, welcher im Großherzogtum Hessen für staatliche Unterstützung der Arbeitsnachweise eingestellt ist, ist mit hierfür bestimmt. Auf dasselbe läuft es hinaus, wenn Bayern seinen Beihilfen an die einzelnen Arbeitsnachweise die Zweckbestimmung gibt, „die Kosten der interlokalen Vermittlung zu bestreiten“. Auf einem Umwege, aber durchaus sachgemäß, gelangt man in Preußen zu demselben Ergebnis, indem man die Beihilfen nicht an einzelne Arbeitsnachweise, sondern an Verbände gewährt und so darauf hinweist, daß die Verwendung des Betrages in erster Linie der Förderung des Arbeitsausgleiches von Ort zu Ort dienen soll. Jedenfalls ist in der staatlichen Unterstützung eine einwandsfreie Form gegeben, wie den Arbeitsnachweisen die Kosten des Telephons, sei es für die Ferngespräche, sei es auch im ganzen erstattet werden können, ohne daß die Post ihre Tarifpolitik darum zu ändern brauchte. — Ein zweiter Weg, wie die

Arbeitsnachweise für ihre Zwecke das Telephon mehr nutzbar machen können, wäre darin zu finden, daß die Arbeitsnachweise jene wohlbewährte Tarifpolitik der Post nicht zu durchkreuzen suchen, sondern sie vielmehr auf der Bahn, auf der sie sich bereits befindet, weiter vorwärtsdrängen. Liegt diese Tarifpolitik der Verbilligung ohne Privilegien im Interesse des Verkehrs, so liegt sie auch im Interesse der Arbeitsvermittlung. Der Einfluß des Handels auf die Tarife hat sich auch nicht darin gezeigt, daß er Privilegien für die Börsenvorstände, sondern daß er billige Tarife im allgemeinen forderte und durchsetzte. Die Eroberung des Telephons für die geschäftlichen Interessen der Arbeiterbevölkerung hat den höchstmöglichen Grad der Billigkeit und Zugänglichkeit zur Voraussetzung. In dieser Beziehung fanden die Arbeitsnachweise in den 90er Jahren den Tarif in einem Zustande vor, der wie darauf berechnet war, dieser Aufgabe zu widersprechen. Ein Telephon-Anschluß kostete 150 Mark jährlich (in Vororten 200 Mark), gleichgiltig, ob viel oder wenig gesprochen wurde. Für den großen Geschäftsmann, der sein Telephon beständig benutzte, kam die Summe nicht in Betracht; für den kleinen, der das Telephon nur für besondere Fälle zur Hand haben wollte, waren die Sätze unerschwinglich. Wer nicht angeschlossen war, mußte für ein einzelnes Gespräch an einer öffentlichen Fernsprechstelle 25 Pf. bezahlen. Wenn unter der Herrschaft dieses Tarifes der unbemittelten Bevölkerung das Telephon überhaupt zugänglich war, so nur deswegen, weil das Verbot für die Angeschlossenen, andere an ihrem Apparat sprechen zu lassen, zwar von der Behörde mit einem ungewöhnlichen Aufwande von Ernsthaftigkeit festgehalten, im wirklichen Leben aber nicht beachtet wurde. Das entgegengesetzte Bild eines die leichte Zugänglichkeit befördernden Tarifs gewährten schon damals die schweizerischen Sätze von 1889/94. Der schweizerische Tarif beruhte auf der Gesprächsgebühr von 5 Centimes (4 Pf.); daneben wird, nachdem die Anlagekosten in den beiden ersten Jahren gedeckt sind, vom dritten Jahre an nur der geringe Satz von 40 Franken (32 Mark) im Jahre als Grundgebühr erhoben. Einen erheblichen Fortschritt nach dieser Richtung hin bedeutet die neue deutsche Fernsprech-Gebührenordnung vom 1899. Neben dem alten System der Bauschgebühr (die je nach der Größe des Netzes von 180 bis zu 80 Mark abgestuft ist), ist nun auch eine Gesprächsgebühr von

5 Pf. wahlweise zugelassen (bei welcher eine jährliche Grundgebühr von 100 abwärts bis zu 60 Mark zu zahlen ist). Die Benutzung durch andere ist endlich auch amtlich als zulässig anerkannt, wenngleich noch die Beschränkung besteht, daß sie bei Bauschgebühr nur unentgeltlich und bei Gesprächsgebühr nur gegen Ersatz dieser Gebühr selbst erfolgen darf. Die öffentlichen Sprechstellen sind jetzt zu bedeutend niedrigeren Sätzen zu benutzen. — Für den Kleinverkehr ist der Anschluß mit Gesprächsgebühr die Form, der die Zukunft gehört. Der Satz von 5 Pf. ist an sich nicht zu hoch. Allein viel zu hoch sind noch immer die Grundgebühren, die daneben zu zahlen sind. Ein Betrag von 60 Mark jährlich in kleineren, und bis 100 Mark in größeren Orten hat noch immer zur Voraussetzung, daß das Telephon im wesentlichen eine Einrichtung für die wohlhabenden Klassen und für solche Gewerbetreibende ist, deren Geschäftsumfang diese Unkosten lohnt. Das Ziel, das Telephon auch für die geschäftlichen Interessen des Arbeiters zugänglich zu machen, ist in der Hauptsache nur dann erreichbar, wenn bei einer schwebenden Arbeitsvermittlung der Arbeiter nicht bloß anrufen, sondern auch angerufen werden kann. Das hat zur Voraussetzung, daß in großen Städten in der Regel jedes Haus einen telephonischen Anschluß hat. Hiervon sind wir zwar augenblicklich noch sehr weit entfernt. Wenn aber die Grundgebühr nach schweizerischem Vorgang von Jahr zu Jahr abgestuft, und wenn ferner Nebenanschlüsse benachbarter Häuser dementsprechend billiger zugelassen werden, so würden wir diesem Ziele ganz bedeutend näher rücken. Nicht in einer Privilegierung der Arbeitsnachweise, sondern in einer allgemeinen Verbilligung des Tarifs liegt das wirkliche Verkehrsinteresse, das die Arbeitsnachweis-Verwaltung zu vertreten hat.

Mit noch größerer Deutlichkeit treten die Forderungen des Arbeitsmarktes an das Eisenbahnwesen heran. An allen größeren Arbeitsnachweisen wird darüber geklagt, daß nicht selten ein Arbeitsuchender, der sich bereit erklärt hat, eine auswärtige Stelle anzunehmen, es für schlechterdings unmöglich erklärt, sobald er den Fahrpreis erfährt. Nun hätte es doch offenbar keinen Sinn, den Arbeitsmarkt zwar zu organisieren, vor Maßregeln aber, welche den Transport der Arbeitskraft erleichtern oder ermöglichen sollen, zurückzuschrecken. Fälle, wie die oben genannten, beweisen vielmehr, daß die Organisation unvollständig ist und der Vervollständigung bedarf. In Stuttgart hat schon in den ersten Jahren des städtischen Arbeitsamts wiederholt in solchen Fällen der Oberbürgermeister sich veranlaßt gesehen, das Reisegeld aus seinem Dispositionsfonds zu bewilligen. In Freiburg i. B. ist die Arbeitsnachweis-Anstalt einen Schritt weiter gegangen und hat dafür in ihrem Etat eine Jahressumme ausgeworfen. Auch hier behält die Gewährung den Charakter des außerordentlichen; denn die Summe wurde nur auf 100 Mark bemessen, wurde übrigens nicht aufgebraucht. In den Etat von 1898 wurde in Stuttgart ebenfalls ein entsprechender Posten (von 200 Mark) eingestellt. Davon aber abgesehen hat auf Antrag des städtischen Arbeitsamts der Stuttgarter Gemeinderat am 9. Dezember 1897 beschlossen, bei dem Ministerium des Innern eine Fahrpreis-Ermäßigung für alle Arbeiter nachzusuchen, welche von einem württembergischen Arbeitsamte an eine außerhalb gelegene Arbeitsstelle gewiesen werden. Damit begannen die Arbeitsnachweise, einer Aufforderung stattzugeben, die ein paar Monate vorher von ihren Vertretern noch zweifelnd und kopfschüttelnd angehört worden war.

Als auf der Karlsruher Arbeitsnachweis-Konferenz nach Erledigung der Tagesordnung der anwesende Vorsitzende des süddeutschen Eisenbahnreform-Vereins, Professor Böthlingk, die Bedeutung der Eisenbahnfrage für die Arbeitsnachweise zur Sprache brachte, wurde das Bedenken geäußert, daß die Arbeitsnachweise damit das eigentliche Gebiet ihrer Tätigkeit, Arbeit „nachzuweisen", überschritten, und daß alles vermieden werden müsse, was den Anschein erwecken könnte, daß die Einrichtung eines Arbeitsnachweises gewissermaßen ein Recht auf Arbeit gewährleiste. Diese Anschauung, welche den Nachweis und die Beschaffung der Arbeitsgelegenheit grundsätzlich trennen will, dürfte in der Praxis wohl daran scheitern, daß wir schon jetzt Einrichtungen besitzen, denen gegenüber jene neuerdings erhobenen Forderungen sich kaum noch abschlagen lassen. Im Verhältnis der Arbeitsvermittlung zu den Eisenbahnpreisen muß man unterscheiden zwischen der Gewährung des Fahrgeldes aus der Arbeitsnachweis-Kasse und der Erlangung von Ermäßigungen seitens der Eisenbahn-Verwaltung. Was das erstere betrifft, so ist zwar richtig, daß sich diese Gewährung von dem radikalen Standpunkte des Rechtes auf Arbeit sehr einfach begründen läßt. Es ist aber keineswegs richtig, daß die Begründung nur von diesem Standpunkte aus möglich sei. Selbst solche Verwaltungsmänner, die auf dem extrem entgegengesetzten Standpunkte stehen, müßten doch schon unter dem Gesichtspunkte der „vorbeugenden Armenpflege“ (S. 185) es empfehlen, einem Arbeiter, der durch Gewährung des Reisegeldes noch zu einer dauernden Existenz gelangen kann, lieber das Reisegeld zu gewähren, als zu warten, bis er vollends verarmt und dann gänzlich aus Gemeindemitteln erhalten werden müßte. Wenn an den preußischen Strafanstalten dem entlassenen Gefangenen das Reisegeld bis an seinen Heimatsort oder seine Arbeitsstelle nötigenfalls aus Staatsmitteln gewährt wird, so kann man unmöglich sagen, daß ein prinzipieller Grund bestehe, es solchen Bürgern abzuschlagen, die sich nichts haben zu schulden kommen lassen. — Die zweite Forderung, die Ermäßigung des Tarifs, ist in der Begründung des Stuttgarter Arbeitsamts sehr zutreffend darauf gestützt worden, daß ja schon jetzt der Staat den Arbeitern, welche in einiger Entfernung ihres Heimatsortes regelmäßig zur Arbeit fahren, Ermäßigungen gewährt (sogenannte Arbeiter-Fahrkarten), und daß es übel angebracht sei, den stellesuchenden Arbeiter ungünstiger zu behandeln als den, der eine Stelle schon gefunden hat. In Wien hat der ehemalige Verein für Arbeitsvermittlung schon im Jahre 1888 für die von ihm vermittelten Stellen eine Ermäßigung um 50 % durchgesetzt. Die vom Verein erteilte Bescheinigung muß dort von dem betreffenden Polizeikommissariat beglaubigt werden. Zuerst wurde in jedem Einzelfalle die Sache vom Polizeikommissar an das Polizeipräsidium geleitet. Aber auch als letzteres auf Bitten des Vereins davon Abstand nahm, blieb die Verzögerung noch immer unerträglich. Obgleich nun der Verein in einer Eingabe an den Eisenbahnminister darauf aufmerksam machte, daß Arbeitergesuche fast immer dringlich sind, so hat dieser doch unter dem 9. Januar 1897 erklärt, „aus prinzipiellen Gründen“ von dem polizeilichen Umwege nicht Abstand nehmen zu können. Es läßt sich voraussehen, daß besondere Vergünstigungen für Arbeitsuchende in Deutschland ein ähnliches Schicksal haben werden. Die heutige Gestaltung unserer Tarife drängt auf Vereinfachung und nicht auf Verwicklung. Wer die Eisenbahn dem Volke zugänglich machen will, muß einen Schritt weiter gehen, als bloße Vergünstigungen für die Arbeitsuchenden fordern; er muß einen so einfachen und so billigen

Eisenbahn-Tarif im allgemeinen verlangen, daß es für den Arbeitsuchenden keiner besonderen Begünstigung mehr bedarf. Mit anderen Worten: die traurigen Erfahrungen, welche man mit den hohen Eisenbahn-Geldern an den Arbeitsnachweisen macht, müssen jeden Freund des Arbeitsnachweises veranlassen, die heute im Gange befindliche Bewegung zur Vereinfachung und Verbilligung der Eisenbahn-Tarife überhaupt zu unterstützen. — Die Frage der Verbilligung der Eisenbahn-Tarife hat freilich einen sehr starken politischen Beigeschmack. Die ostelbischen Landwirte sind Gegner jeder Verbilligung der Eisenbahn-Tarife, weil sie davon ein noch stärkeres Abströmen der Arbeiter nach dem Westen und in die großen Städte befürchten. Allein der Arbeitermangel ist vom Standpunkte des Gutsbesitzers nur deswegen ein Grund gegen die Verbilligung der Eisenbahn, weil unsere heutige Arbeitsnachweis-Verwaltung noch sehr unvollkommen und viel zu wenig für die Bedürfnisse ländlicher Arbeiter eingerichtet ist. Wenn wir einen gut organisierten öffentlichen Arbeitsnachweis für Stadt und Land in ganz Deutschland besitzen, so wird (angemessene Arbeitsbedingungen für die ländlichen Arbeiter vorausgesetzt) eine Verbilligung der Personentarife naturgemäß gerade den Gegenden am meisten zu gute kommen, welche Arbeitermangel haben; wie denn auch der Wiener Verein in seinem Schriftwechsel mit den Behörden betont hat, daß nach seinen Erfahrungen gerade die kleinen Orte, welche vergebens auf Arbeiter harren, unter den gegenwärtigen teuren Eisenbahn-Preisen am meisten zu leiden haben. — Endlich ist zu bedenken, daß die Frage in gewisser Weise einen internationalen Charakter trägt. Ausländische Staaten gewähren teilweise billige Arbeitertarife. Die italienischen Saisonarbeiter, die ins Ausland gehen, erhalten bei der Rückkehr auf Vorweisung eines Scheines vom italienischen Konsul des Beschäftigungsortes (der sog. Richiesta) eine allgemeine Ermäßigung für Fahrkarten 3. Klasse auf allen italienischen Bahnen bis zu ihrem Heimats- resp. Bestimmungsort. Die Ermäßigung beträgt 50 %; wenn sie von mehr als 6 Personen gleichzeitig nachgesucht wird, 60 %. Diese Bestimmung hat nicht den Sinn, daß zur Rückkehr angelockt werden soll. Es handelt sich um Arbeiter, deren Rückkehr ganz selbstverständlich, deren Hinfahrt durch den Arbeitsvertrag gedeckt ist, für welche also die Rückreise allein den Betrag der Reisekosten darstellt. Wenn auf diese Art italienische

Arbeiter nach Deutschland kommen, so wirkt dies auf den deutschen Arbeiter ähnlich wie eine ausländische Exportprämie auf den deutschen Produzenten. Besonders drastisch tritt dies in Österreich in die Erscheinung, wo es auf große Entfernungen (über 300 km) nur für Gruppen von mindestens 10 Arbeitern ebenfalls Preisermäßigungen gibt. Arbeitergruppen kommen, soweit die Erfahrungen des Wiener Vereins reichen, nur seitens italienischer Arbeiter in Betracht, welche in geschlossenen Trupps eintreffen und abziehen und dementsprechend gewissermaßen eine verlängerte italienische Exportprämie genießen.

In der Tat hat denn auch die einmal begonnene Bewegung beständige Fortschritte gemacht. Das württembergische Ministerium hat dem Antrage des Stuttgarter Gemeinderats stattgegeben und mit dem 1. April 1899 in den Personentarif eine Ermäßigung für Arbeitsuchende aufgenommen. Personen, denen durch Vermittlung der württembergischen Arbeitsämter Gelegenheit zur Erlangung einer auswärtigen Arbeitsstelle verschafft werden soll, wird zu diesem Zwecke eine 50prozentige Ermäßigung des Eisenbahnfahrpreises für die 3. Wagenklasse der Personenzüge gewährt. Es werden einfache Karten zum halben Preise ausgegeben. Bedingt ist die Einräumung dieser Ermäßigung durch die Vorlage eines vom Arbeitsamt auszufertigenden Ausweises, der den Namen des Arbeiters, die Reisestrecke, den Reisetag und den Zweck der Reise enthält. Der Ausweis ist der Fahrkarten-Stelle vorzulegen und wird von ihr bei Abgabe der Karte zum halben Preise abgestempelt. Die Karte hat die Form einer Kinder-Fahrkarte (schräg halbiert). Als Fahrt-Ausweis gilt die Halbkarte nur, wenn der Inhaber dem Zugbegleitungs-Personal zugleich auch den abgestempelten Ausweis, der dann bei Beendigung der Fahrt eingezogen wird, vorzeigt. Um eine mißbräuchliche Ausnutzung der Vergünstigung zu verhüten, ist den Beamten der Arbeitsämter zur Pflicht gemacht, die Bescheinigung nur solchen Arbeitsuchenden zu erteilen, die nach Persönlichkeit und Legitimationspapieren für die auswärts nachgewiesene Stelle geeignet sind und sich außerdem bereit erklären, ihre Papiere bis zur Entscheidung über den Arbeitsvertrag bei dem Arbeitsamt niederzulegen. Die Ermäßigungen gelten für Bahnentfernungen von mindestens 25 km und höchstens 100 km. — In der badischen Eisenbahn-Verwaltung war schon im Jahre 1899 die Frage angeregt worden, ob für Arbeitsuchende die

Beförderung zum halben Fahrpreise einzuführen sei. Die Frage wurde damals vertagt, bis Erfahrungen aus Württemberg vorlägen. Als aus Württemberg bekannt wurde, daß die Einrichtung in der Zeit vom 1. April 1899 bis 1. September 1900 in 5000 Fällen in Anspruch genommen und amtlich als bewährt bezeichnet wurde, machte in der Sitzung des Badischen Eisenbahnrats vom 3. August die Generaldirektion die Mitteilung, daß vom 1. September ab auf einen Ausweis eines badischen Arbeitsnachweises Arbeitsuchende für die Fahrt an die ihnen zugewiesene Arbeitsstelle eine entsprechende Ermäßigung genießen sollen. — In Bayern wurde die Ermäßigung durch Ministerialentschließung vom 17. April 1901 eingeführt. Im Jahre 1902 folgte Elsaß-Lothringen, wobei durch Einbeziehung der Luxemburger Arbeitsnachweise die Reichsgrenze überschritten wurde. Auf die Vergünstigung, zu der sich auf Antrag des Bürgermeisteramts Straßburg die Direktionen der elsaß-lothringischen und der badischen Eisenbahnen verstanden, haben Arbeitsuchende Anspruch, die an eine Arbeitsstelle gewiesen sind: von einer elsaß-lothringischen, einer luxemburgischen oder einer badischen Arbeitsnachweis-Anstalt. Für die beiden ersten Länder ist maßgebend, ob der Arbeitsnachweis von der Kaiserlichen Generaldirektion der Eisenbahnen in Elsaß-Lothringen anerkannt ist; für die letzteren, ob sie zum Verbande badischer Arbeitsnachweise gehören. — Ein anderer Weg ist in Preußen eingeschlagen worden. Durch gemeinschaftlichen Erlaß des Handels- und des Ministers des Innern vom 13. Mai 1901 wurden die öffentlichen Arbeitsnachweise damit bekannt gemacht, daß die Eisenbahn-Direktionen angewiesen sind, Arbeitsuchenden auf eine Bescheinigung des Arbeitsnachweises hin eine Stundung des Fahrpreises zu bewilligen und ihnen zur Erlangung einer Fahrkarte einen Gutschein auszufertigen. Die Arbeitsnachweise, von denen bekannt wurde, daß sie zu dieser Neuerung Stellung genommen haben, Berlin, Charlottenburg und Frankfurt a. M., haben sich übereinstimmend dahin ausgesprochen, daß für ihre Verhältnisse eine bloße Stundung des Fahrpreises nur geringe Bedeutung haben könne. Infolge der preußisch-hessischen Eisenbahngemeinschaft wurde auch das Arbeitsamt Mainz mit einem entsprechenden Erlasse befaßt. Die dortige Deputation hat sich ausdrücklich dahin ausgesprochen, daß nicht die Stundung, sondern nur die Herabsetzung des Fahrpreises ein volkswirtschaftliches Interesse beanspruchen könne, daß also die Fahrpreis-Ermäßigung, insbesondere die Ausgabe von Militärbillets an Arbeitsuchende zu erstreben sei. Die Einrichtung der Stundung ist nicht vollständig neu. Sie hat bereits einige Zeit für drei schlesische Anstalten bestanden. Deren Erfahrungen können zwar nicht als so günstig angesehen werden, daß sie die überwiegend ablehnende Haltung der Arbeitsnachweise gegen die bloße Stundung aufwögen. Immerhin mögen sie im Interesse der Vollständigkeit hier nach einer Auskunft vom Juni 1901 angeführt werden.

Der städtische Arbeitsnachweis Breslau hat „nur in vereinzelten Fällen" die Einrichtung benutzt. Die Zentralstelle für Arbeitsnachweis jeglicher Art in Liegnitz spricht sich zwar im Prinzip über die Einrichtung günstig aus, kann jedoch, da die Zentralstelle selbst noch neu ist, über umfangreiche Erfahrungen nicht berichten; sie hat in dem abgelaufenen Kalender-Halbjahr 28 Gutscheine ausgestellt. Lediglich die Herberge zur Heimat in Breslau berichtet über umfangreiche Erfahrungen. In dem genannten Kalender-Halbjahr hat sie 95 Gutscheine ausgestellt. Im ganzen besteht dort die Einrichtung bereits seit Februar 1897. Die Anstalt schickt dem Arbeitgeber die Papiere des Gesellen zu und erhebt den Betrag durch Nachnahme, z. B. Gutschein 1,80 M.; Porto 0,30; Rückbetrag 0,20; Schreibgebühren 0,10; zusammen 2,40 M. Die günstigen Erfolge dieser Anstalt scheinen damit zusammenzuhängen, daß sie hauptsächlich Gesellen in solchen Branchen vermittelt, in denen Arbeitskräfte sehr gesucht sind. (1899: auf 1674 offene Stellen 750 Arbeitsuchende.) Bei den beiden anderen Anstalten ist der Betrag in der Regel ebenfalls anstandslos vom Arbeitgeber bezahlt worden.

Einen ungefähren Überblick über den gegenwärtigen Stand dieser beginnenden Reform gewähren die badischen Arbeitsnachweise, soweit sich die vorliegenden Jahresberichte über 1901 bereits zur Sache äußern, da die badischen Linien Beziehungen sowohl zu den bayrischen (Pfalz) wie zu den preußisch-hessischen haben.

Nur der kleine Arbeitsnachweis Lahr meldete, daß von der Ermäßigung kein Gebrauch gemacht worden sei. Alle übrigen sprachen sich schon über die kurze Zeit vom 1. September bis 31. Dezember 1901 günstig aus. Selbst in Lörrach haben 7 Personen die Ermäßigung benutzt, in Offenburg 10, in Freiburg 24 (die weitesten Fahrkarten nach Karlsruhe und Stuttgart), in Konstanz sogar 69. Mit besonderer Ausführlichkeit berichten die beiden größten Anstalten des Landes, Karlsruhe und Mannheim. Unter den 90 männlichen Personen, die in Karlsruhe die Ermäßigung benutzten, befanden sich 42 Badener, 21 Württemberger, 7 Bayern, 2 Hessen, 6 sonstige Deutsche, sowie von Ausländern: 8 Österreicher, 1 Italiener, 1 Schweizer. Von den Arbeitsstellen lagen je zwei in Württemberg und in Elsaß-Lothringen, 3 in Bayern, sämtliche übrigen in Baden. Eine Täuschung ist nur ein einziges Mal versucht und auch hier sofort aufgedeckt worden. In Mannheim ist von der Vergünstigung zwar erst 8 mal Gebrauch gemacht worden; darunter sind aber Vermittlungen, die ohne sie nicht zustande gekommen wären, wie z. B. die eines Feinmechanikers in die französische Schweiz, der die Vergünstigung bis Basel benutzte. Durch Aushang in der Anstalt ist bekannt gemacht, von welchen Stationen ab die Ermäßigung gilt. Mannheim ist seiner Lage nach auch auf die preußisch-hessische Staatsbahn und die Main-Neckarbahn angewiesen. Die erstere führt zwar eine vierte Wagenklasse und gewährt auf Antrag des Arbeitsnachweises Stundung. Für die letztere besteht die badische Konkurrenzstrecke Mannheim-Weinheim. Dennoch scheint Mannheim unter der mangelnden Einheitlichkeit der Ermäßigungs-Vorschriften sehr zu leiden. Namentlich hat die Direktion der pfälzischen Bahnen die Ausdehnung der Ermäßigung auf die Mannheimer Anstalt vorerst abgelehnt, weil die Entwicklung der pfälzischen Vermittlungsämter noch abgewartet werden soll. Wenn dies zur Folge hat, daß die Vermittlung nach der Pfalz auf Ludwigshafen übergeht, so wird der Zweck auch auf diesem Wege erreicht werden. Bis jetzt berichtet Kaiserslautern nur die Tatsache, daß auf den pfälzischen Bahnen seit dem 1. August 1901 dieselbe Ermäßigung wie im rechtsrheinischen Bayern gilt.

Soviel beweisen diese Anfänge schon jetzt, daß die auf der Karlsruher Arbeitsnachweis-Konferenz von 1897 gegebene Anregung sich als unumgänglich erwiesen hat. In den seit damals verflossenen fünf Jahren ist die Vorstellung, daß es nicht Sache der Arbeitsnachweise sei, sich um die Personenbeförderung und ihre Tarife zu kümmern, man darf wohl sagen untergegangen. Dies kommt daher, daß der Charakter der Arbeitsnachweis-Verwaltung als Marktverwaltung erkannt worden ist. Der Markt verlangt, daß die Verkehrsanstalten ihm dienstbar werden, und dieses Verlangen ist heute allgemein anerkannt. Nur darüber streitet man noch, in welcher Art und bis zu welchem Grade die Forderungen des Arbeitsnachweises berücksichtigt werden sollen. In dieser Beziehung soll gar nicht verkannt werden, daß für das Widerstreben der preußisch-hessischen Eisenbahn-Verwaltung gegen die verlangte Ermäßigung sich ähnliche Gründe anführen lassen, wie wir sie oben gegen die Forderung der Telephon-Freiheit gebilligt haben, wenngleich unter gegenteiligen Gesichtspunkten. Die Post kann keinen Ausnahmetarif gewähren, weil sie ihren einheitlichen Tarif nicht durchlöchern darf; die Eisenbahn-Verwaltung vielleicht deswegen nicht, weil ihr Normaltarif bereits so von Ausnahmetarifen durchlöchert ist, daß man sich bei weiteren Ausnahmen fragen müßte, was eigentlich noch übrig bleibt. Die heutigen Personentarife in Deutschland zeigen ein solches Wirrsal von Einzelbestimmungen und verwickelten Berechnungen, daß man es einer Verwaltung kaum noch sehr verargen kann, wenn sie, unter dieser Bürde seufzend, sich gegen jede weitere Beschwerung zur Wehr setzt. Ist dies richtig, dann liegt die Aufgabe der Arbeitsnachweise auch hier nicht in der Eroberung von Privilegien, sondern in der allgemeinen Verbilligung und Zugänglichmachung des Verkehrsmittels. Die Arbeitsnachweise als die einzige Marktorganisation für die unteren Volksklassen sind dazu berufen, diesen auch die Benutzung der Eisenbahnen im weitesten Umfange zu erschließen. Ein Volk, das seine Frachten verbilligt und ermöglicht, daß jede Ware dorthin kommt, wo sie gebraucht wird, verdoppelt den Wert seiner Waren. Ein Volk aber, das durch billige Personentarife ermöglicht, daß der richtige Mann an den richtigen Platz kommt, verdoppelt den Wert seiner Menschen.

* * *

Die bisherigen Ausführungen haben uns Verwaltungsgebiete gezeigt, zu denen der Arbeitsnachweis in leicht erkennbaren Beziehungen steht. Als Beispiele solcher Ressorts, die entlegen scheinen, thatsächlich aber doch in direkten oder indirekten Beziehungen zum Arbeitsnachweise stehen, seien nun noch angeführt: Auswärtiges, Heeresverwaltung, Strafrechtsflege.

Die **Verwaltung der Auswärtigen Angelegenheiten** sind wir gewohnt uns so sehr als den Inbegriff der hohen Politik vorzustellen, daß sie gewissermaßen in einer anderen Höhenlage sich zu befinden scheint, als der tägliche Verwaltungsdienst und damit auch der Arbeitsnachweis. Aber im Laufe der letzten Jahre haben die Ausweisungen dänischer Arbeitskräfte, die Debatten über die erweiterte Zulassung russischer und galizischer Landarbeiter, sowie andererseits die Klagen über die fortgesetzte Beschäftigung von Italienern trotz eingetretener Arbeitslosigkeit in Deutschland so viel von sich reden gemacht, daß der Gedanke, die Regulierung des Arbeitsmarktes stelle auch internationale Aufgaben, nicht mehr ganz von der Hand zu weisen ist.

In die Schwierigkeiten, die der deutschen Ausländerpolitik aus der Frage der Zulassung ausländischer Arbeiter erwachsen, gewährt das Zusammentreffen mehrerer Vorfälle im Jahre 1898 einen besonders lehrreichen Einblick. Damals tauchte das Problem gleichzeitig als Dänenfrage in Nord-Schleswig und als Slaven- und Magyarenfrage in den Westfälischen Bergwerken auf, während gleichzeitig die Frage der russischen und galizischen Landarbeiter in Ostelbien erörtert und vom Arbeitsnachweis Freiburg aus eine Enquete über die italienischen Arbeiter in Deutschland veranstaltet wurde. Die Stellungnahme der Regierung war in diesen vier Fällen verschieden, und die Wünsche der Bevölkerung sprachen sich auch keineswegs in einem einheitlichen Sinne aus. In Nord-Schleswig handelte es sich hauptsächlich um die Ausweisung dänischer Dienstboten. Da Dienstboten eine Arbeiterkategorie sind, an der in Deutschland ein anerkannter Mangel besteht, so wurde, außer mit anderen Gründen, die Maßregel auch mit diesem dem Arbeitsmarkte entnommenen Grunde bekämpft. Auch von den dänischen Landarbeitern, die alljährlich im Frühjahre auf den großen „Volksmärkten" in Ribe von schleswigschen Landwirten angeworben und nunmehr vielfach von der Ausweisung betroffen wurden, wurde behauptet, daß sie qualifizierte Landarbeiter darstellen; an solchen sei Dänemark vermöge der dort besonders hochstehenden ländlichen Bildung reicher als Deutschland, und sie gälten für die schleswigsche Landwirtschaft als ein kulturförderndes Element. Die Regierung ihrerseits behauptete, gegen die Danisierungs-Bestrebungen im nördlichen Schleswig kein anderes Mittel zu haben, als die Vermehrung der dänischen Bevölkerung zu verhindern; hierbei wirkte als unausgesprochener Grund mit, daß für Familien, deren dänische Politik nicht durch Ausweisung durchkreuzt werden konnte, weil sie die deutsche Reichsangehörigkeit besaßen, die Entziehung der Dienstboten eine besonders empfindliche Maßregel darstellen werde. Um dieselbe Zeit, am 19. September 1898, fand in Dortmund eine große Bergarbeiter-Versammlung statt, die gegen die massenweise Einführung slawischer und magyarischer Konkurrenten in den westfälischen Bergbau Protest erhob. Das Oberbergamt ist, so weit es unvermeidlich war, auf die Beschwerden eingegangen und hat eine Bergpolizei-Verordnung entworfen, wonach im Interesse der Sicherheit Personen, die der deutschen Sprache nicht mächtig sind (dies war ein kleiner Teil dieser Ausländer), im Bergbau nicht beschäftigt werden sollen. Aber selbst dieser Entwurf wurde suspendiert, und auf die fernere Beschwerde, daß der Import von Arbeitern hier überflüssig sei und nur zu Zwecken des Lohndrucks stattfinde, sind die Behörden nicht eingegangen. Anders als in Westfalen war die Regierungspolitik betreffend die ausländischen Arbeiter in den östlichen Provinzen. Für diese bestand im Prinzip eine Grenzsperre, die die Vermehrung der polnischen Bevölkerung in Posen und Westpreußen verhindern sollte. Diese Sperre, aus nationalen Gründen angestrebt, erwies sich aus Gründen des Arbeitsmarktes als unhaltbar. Da an ländlichen Arbeitern ein Mangel bestand, da selbst die vorhandenen Arbeiter diesen Provinzen durch Sachsengängerei vielfach entzogen wurden, und die Regierung selbst den politisch einflußreichsten Kreisen die Maßregeln gegen diese Entziehung versagte (S. 103), konnte sie sich schließlich der Notwendigkeit nicht entziehen, Ausnahmen für die Bedürfnisse der Landwirtschaft zuzulassen. In der Gewährung dieser Ausnahmen wurde aber das größte Gewicht darauf gelegt, daß sie nur für diese landwirtschaftlichen Zwecke (also nur aus Gründen des Arbeitsmarktes) erfolgen. Es wurde daher niemals eine dauernde Aufenthaltserlaubnis erteilt, sondern im Winter mußte eine Rückkehr stattfinden. Diese winterliche Rückkehr wurde immer mehr, zuletzt auf 40 Tage, eingeengt, aber sie wurde aufrecht erhalten. Zugelassen wurden nur solche Personen, die wirklich als Landarbeiter bereits angeworben waren, und nur zum Zwecke der Vertragserfüllung. Brach der Arbeiter den Arbeitsvertrag, so wurde er ausgewiesen. In betreff der italienischen Arbeiter endlich, deren allmähliche Einwanderung ziemlich still und unbemerkt vor sich gegangen war, gelangten die vom Arbeitsnachweise Freiburg ausgehenden Ermittlungen zu folgenden Ergebnissen:

Erhebungen über die Zahl der im Deutschen Reiche beschäftigten italienischen Arbeiter haben ergeben, daß im laufenden Jahre 60000 dieser südländischen Arbeitskräfte vorhanden waren; davon entfallen allein etwa 16000 auf das Großherzogtum Baden, während im Vorjahre im genannten Großherzogtum nur 12000 gezählt worden sind. Seit einem Jahrzehnt hat die Einwanderung der italienischen Arbeiter mit jedem Jahre zugenommen. Es ist uns bekannt, daß ein 67000 Einwohner zählender Distrikt in der Lombardei im letzten Jahre allein 3000 Arbeiter nach Deutschland sandte. Wir haben es hier in der Regel mit Saisonarbeitern zu tun, die jeweils im Frühjahr zuwandern und im Spätjahr nach der Heimat zurückgehen. Sie finden ihre Beschäftigung als sogenannte „ungelernte Arbeiter", als welche sie namentlich bei Erd-, Fluß- oder Bahnbau-Arbeiten Verwendung finden. Begünstigt wird dieses Ab- und Zuwandern durch eine diesbezügliche Eisenbahnpolitik seitens der italienischen Regierung. [Vgl. oben S. 333.] Es liegt auf der Hand, daß die Zuwanderung ausländischer Arbeitskräfte von den deutschen Arbeitern niemals gern gesehen worden ist, vielmehr waren schon seit Jahren in den Arbeiterkreisen Klagen über diese unliebsame Konkurrenz vernehmbar, denen gegenüber in anderen, namentlich dem Unternehmertum zugehörigen Kreisen immer betont worden ist, daß es sich um ungelernte Kräfte handle, und zwar um solche, die in den Sommermonaten ohnedies bei uns mangeln, so daß bei einem Fernbleiben dieser Arbeiter die Ausführung mancher größeren Bauarbeit überhaupt unmöglich gewesen wäre. Nach Erhebungen neueren Datums läßt sich nun aber feststellen, daß auch unsere gelernten Arbeiter von dieser Konkurrenz bedroht sind. So sind in den letzten Jahren schon im Hochbauwesen als Maurer, Steinhauer und Zimmerer, Italiener verwendet worden. Wir finden sie heute in den Steinbrüchen, im Bergbau, in der Granitindustrie beschäftigt, während sie sich der Landwirtschaft (wo tatsächlich Mangel an Arbeitskräften ist und sie einem Bedürfnis abhelfen könnten) nicht zuwenden, oder, wenn dies vereinzelt geschah, sich als nicht besonders geeignet erwiesen haben. Dagegen macht sich das Vordringen italienischer Arbeitskräfte auch in verschiedenen Fabriken bemerkbar. So hörten wir erst neuerdings darüber klagen, daß in der Aluminiumfabrikation an der Schweizer Grenze Italiener bevorzugt werden, ferner haben einige Webereien, Spinnereien und Seidenfabriken für ihre Fabrikarbeit (die ja meistens eine gewisse technische Fertigkeit voraussetzt und deshalb auch zur „gelernten" Arbeit zu rechnen ist) namentlich italienische Frauenhände herangezogen und ausgebildet. Damit ist der Anfang gemacht, und es läßt sich noch gar nicht absehen, wie weit die Italiener auf deutschem Boden innerhalb der nächsten Jahre weitere Zweige der gelernten Arbeit erobern werden. Diese Tatsache allein dürfte genügen, den Klagen der deutschen Arbeiter ein williges Ohr zu leihen, damit auf Abhilfe Bedacht genommen und einer übermäßigen Konkurrenz ausländischer Arbeitskräfte entgegengesteuert wird, die unserem Heimatlande drohende soziale Gefahren heraufbeschwört. Hierzu tritt aber noch ein weiteres höchst beachtenswertes Moment, d. i. die durch die Italiener immer mehr gefährdete öffentliche Sicherheit; ein Moment, welches der deutschen Arbeiterschaft in den breitesten Schichten der Bevölkerung Bundesgenossen geschaffen hat, die jenes Bestreben, den Zuzug italienischer Arbeitskräfte einzudämmen, nicht nur unterstützen, sondern gewissermaßen zu ihrer Forderung erhoben haben. Schauen wir uns in Südbaden, woselbst die Italiener sich zum Teil bereits seßhaft gemacht haben, näher um, so finden wir, daß fast kein Tag vergeht, ohne daß die Tagespresse über einen oder den anderen schweren Italiener-Exzeß zu berichten hat; sogar Messeraffären mit tödlichem Ausgang sind nichts Seltenes mehr. Es ist auffallend, in welch' erschreckender Weise sich diese Fälle gemehrt haben. Durch die gesteigerte Zahl der Einwanderer haben sich um den früher vorhandenen guten Kern viele schlimme Elemente gesammelt, die nicht nur in Trunksucht und Rauflust, sondern auch auf den verschiedenartigsten Gebieten des Strafgesetzes sich übel hervortun. Vor allem klagen Wirte, Logisgeber und Geschäftsleute aller Art über Prellereien und finanzielle Einbußen. Oft werden die Geprellten noch belästigt und mißhandelt. Daß die Italiener für die öffentliche Sicherheit und Sittlichkeit höchst bedenklich sind, beweist nicht nur die in den betreffenden Gegenden notwendig gewordene Neuerrichtung mehrerer Gensdarmerieposten, sondern auch die vermehrte Tätigkeit bei den Gerichten und bei den Polizeibehörden. War doch in einem der letzten Schwurgerichtsquartale in Freiburg i. B. geradezu die Hälfte der Fälle gegen Italiener. Beim Nachforschen nach den Ursachen dieser Erscheinungen ist uns von Kennern des heutigen Italien versichert worden, daß in den letzten Jahren eine Abnahme des Proletariats auf den italienischen Landstraßen zu beobachten sei, und daß zweifelhafte Burschen sogar von den Gemeinden oder sonstigen Verbänden mit Reisegeld ins Ausland versehen würden. Höchst bedenklich ist, daß eine große Anzahl ohne Ausweispapiere zu uns herüberkommen, so daß es uns oft schwer hält, auch nur den richtigen Namen festzustellen. Viele wissen sich einer Kontrolle überhaupt zu entziehen, da in der Regel eine größere Anzahl gemeinsam sogenannte Baracken bewohnen, in denen sie sich selbst beköstigen; hier findet ein ständiges Ab- und Zuströmen ohne die geringste Kontrolle statt. Auf diese Weise haben sich viele gefährliche Elemente bei uns eingenistet, gegen welche laute Stimmen der Entrüstung vernehmbar sind. Um diesen Zuständen ein Ende zu machen, dürfte es sich empfehlen, vor allem darauf zu sehen, daß nur solide, unbestrafte italienische Arbeiter sich in Deutschland niederlassen dürfen; jeder Einwanderer müßte beglaubigte Legitimationspapiere und ein Zeugnis über guten Leumund mitbringen; Vorbestrafte wären zurückzuweisen; auszuweisen wären alle diejenigen, die hier durch gerichtliches Verfahren als gefährliche oder bedenkliche Individuen gekennzeichnet worden sind. Durch ernste Anwendung dieser den Behörden ja heute schon gesetzlich zustehenden Maßnahmen würde nicht nur der öffentlichen Sicherheit gedient, sondern vor allem auch eine die deutsche Arbeiterschaft schädigende Konkurrenz fremder Arbeit eingedämmt, die, wenn sie unaufhaltsam weiter flutet, zu einer ernsten Kalamität auf dem deutschen Arbeitsmarkt führen wird.

Gegenüber dieser italienischen Einwanderung war die Regierungspolitik wiederum anders, als in jedem der oben genannten drei Fälle. Sie wurde nicht nur nicht bekämpft, sondern, um auf die Klagen der Landwirte wegen Entziehung ländlicher Arbeitskräfte durch Bahnbauten Rücksicht zu nehmen, wurden bei solchen ausländische, d. h. hauptsächlich italienische, Arbeiter bevorzugt und dadurch jene Einwanderung indirekt sogar noch begünstigt.

An diesen, demselben Zeitpunkte entnommenen Beispielen zeigt sich auf das Deutlichste, daß die in Deutschland betriebene Ausländerpolitik bis jetzt nicht von einheitlichen Grundsätzen getragen ist. Aber auch der damals in sehr scharfen Worten sich aussprechenden Kritik der Regierungsmaßregeln lag keine einheitliche Anschauung zu grunde. Die Regierung, die an dem einen Orte Ausweisungen rückgängig macht, weil der Arbeitsmarkt es erfordert, sträubt sich an andern Orten dagegen, in dieser Frage auf Gründe des Arbeitsmarktes auch nur einzugehen. Dieselbe Opposition, die an der einen Stelle aus kosmopolitischen Gründen allgemeiner Menschenliebe gegen Ausweisungen Protest erhebt, fordert sie an anderen Stellen. Der Grund dieses wirren Durcheinander liegt darin, daß die Rücksichten auf den Arbeitsmarkt in der Verwaltungspolitik noch neu sind und ihren sicheren Platz noch nicht gefunden haben. Will man zu einem begründeten Urteil darüber gelangen, welche Rücksichten in der Behandlung der Ausländer gerade unter dem Gesichtspunkte des Arbeitsmarktes zu nehmen sind, so muß man die Frage dort studieren, wo sie im größten Maßstabe aufgetaucht und behandelt ist. Dieses Land sind die Vereinigten Staaten von Nordamerika.

Das Problem einer Überschwemmung des Arbeitsmarktes erhob sich in Amerika zuerst als „Chinesenfrage“. In allem wesentlichen handelte es sich hierbei um eine Angelegenheit Kaliforniens. Die ersten Chinesen kamen Ende der 40er und Anfang der 50er Jahre als Goldgräber in das Land und wandten sich beim Nachlassen des Goldfiebers, wie andere Einwanderer, industriellen Beschäftigungen zu. In den 70er und 80er Jahren erscheinen die chinesischen Einwanderer in großen Massen in den Gewerben der Tabaks-, der Textil- und Bekleidungsindustrie, einschließlich der Wäscherei, ferner als Erdarbeiter. In jeder Industrie, die stark von Chinesen besetzt war, sahen die eingeborenen und europäischen Arbeiter sich zurückgedrängt, weil der Chinese bei weitgehender Bedürfnislosigkeit mit geringerem Lohn vorlieb zu nehmen im stande war. In der Landwirtschaft erblickte man in der Chinesenarbeit die Hauptstütze des Latifundien-Systems im Gegensatz zur bäuerlichen Kleinwirtschaft. Die Versuche der kalifornischen Regierung, die Einwanderung zu verhindern oder den Einwanderern Taxen aufzuerlegen, wurden von der Unionsregierung zurückgewiesen, teils weil derartige Maßregeln zur ausschließlichen Kompetenz der Union gehörten, teils auch weil die Handelsverträge mit China die freie Einwanderung gewährleisteten. Fernere Versuche der kalifornischen Regierung, innerhalb der ihr zustehenden Kompetenz die Chinesen zu benachteiligen, z. B. im Prozeßrecht, in der Benutzung öffentlicher Anstalten (auch Krankenhäuser) u. s. w. erwiesen sich als unzureichend. Die Klagen über die bedrückende Konkurrenz fanden einen desto lauteren Resonanzboden, weil unter allen Einwanderern in den Vereinigten Staaten die Chinesen die einzigen waren, die mit dem festen Entschluß hinkamen, im Lande fremd zu bleiben und, wenn möglich, lebend zurückzukehren. Die Überzeugung, daß der Arbeiter, je tiefer er selbst gedrückt ist, desto mehr als Lohndrücker wirke, gab der Bezeichnung als „Kuli" die Nebenbedeutung des Unfreien, und in der Tat wurde behauptet, daß ein erheblicher Teil der Einwanderer von den Vermittlern in China im Wege des Menschenraubes gewonnen worden sei. Unter dem Drucke dieser Anschauungen sah die Unionsregierung sich genötigt, ihre Politik zu ändern und mit China in diplomatische Verhandlungen über die Aufhebung der Einwanderungsfreiheit zu treten. Im Vertrage von Peking bedang sich die Union das Recht aus, die Einwanderung chinesischer Arbeiter zu regeln und zu suspendieren. Obgleich der Vertrag den Zusatz enthielt, daß ein gänzliches Verbot nicht stattfinden dürfe, wurde dennoch sofort nach dem Vertrage durch Gesetz die Suspension für volle zehn Jahre, von 1882—1892, ausgesprochen und bei Ablauf der Frist auf weitere zehn Jahre erneuert. — Diese Chinapolitik ist aber nur der extremste Ausfluß einer in Amerika überhaupt vorhandenen Fremdenpolitik, die auch in dieser Richtung durchaus nicht neu ist. Die ersten Versuche, sich gewisser Klassen von Einwanderern zu erwehren, fallen schon in die Zeit, in der die ganze amerikanische Kulturentwicklung noch von dem Menschenzustrom abhing. Schon in den 20er Jahren des 19. Jahrhunderts erließ New-York seine ersten Bestimmungen gegen unliebsame Einwanderer. Allerdings richtetete sich hier der Widerspruch zunächst gegen die Vermehrung der Armenlasten, und wir wissen ja auch, daß in Europa die Auswanderung vielfach sogar behördlich als bequemes Mittel benutzt wurde, sich der Ortsarmen zu entledigen,; die badische Abschiebungspolitik, die zufällig eine historische Bearbeitung gefunden hat, ist jedenfalls nur ein Beispiel unter mehreren. Bei dieser Bewegung gegen die arbeitsunfähigen Einwanderer aber blieb es nicht. Auch gegen den Lohndruck muß schon ziemlich früh eine Bewegung bestanden haben. Denn in den 70er Jahren tritt sie bereits mit einer gewissen Macht auf; Ende der 80er und Anfang der 90er Jahre haben etliche Enquêten darüber stattgefunden. Hier finden wir nun im Osten, wenn auch in kleinerem Maßstabe, ganz dieselben Klagen; wie im Westen über die Chinesen, so hier über die Bedürfnislosigkeit der Italiener, die in schmutzigen und überfüllten Räumen hausen, in drei Zimmern ohne direktes Licht 14 Personen, Männlein und Weiblein durcheinander. Von 1864 bis 1888 haben Zigarrenarbeiter ihren Verdienst von 30 Dollars in der Woche bis auf 8 oder 12 sinken sehen, weil Böhmen, Ungarn und Russen zu diesem Satze zu haben waren. Eine Mäntelnäherin sagt aus, daß sie in sechs Jahren von 8—10 Dollars auf 3—4 die Woche gesunken ist, weil inzwischen polnische Juden in die Arbeit eingetreten sind. Als Grund dafür, daß der Lohndruck besonders schwer empfunden wird, zeigt sich auch hier das erschwerende Moment der Fremdheit, indem die Tatsache registriert wird, daß slavische Arbeiter trotz jahrelangen Aufenthaltes nicht englisch sprechen, weil sie nur untereinander verkehren. Ebenso wie in Kalifornien die vielbeachtete Bewegung gegen die Chinesen, erhob sich in den Oststaaten, wenn auch im Auslande weniger bemerkt, eine Bewegung gegen mißliebige Elemente der Einwanderung. Diese östliche Bewegung hat erheblich früher eingesetzt. Der Staat New-York hat vom Jahre 1846—1874 eine Abgabe von jedem Einwanderer erhoben. Er hat, als auch hier eine derartige landesstaatliche Beschränkung von der Union für unzulässig erklärt wurde, es noch einmal damit versucht, sie unter dem Namen oder dem Vorwande einer Inspizierungsgebühr wieder einzuführen und hat sich von neuem die Kassierung von Bundeswegen gefallen lassen müssen. Die Arbeiter in den Vereinigten Staaten waren aber mit dieser rein juristischen Behandlung der Frage keineswegs einverstanden. Sie erhoben mannigfache Klagen, nicht sowohl über die Vermehrung der Konkurrenz durch Einwanderung, als über die Art dieser Einwanderung, insbesondere darüber, daß die fremden Wettbewerber von vornherein gebunden durch Verträge, die sie ohne Sach- und Landeskenntnis im Auslande eingegangen waren, in Nordamerika ankamen. Als bei einigen großen Streiks derartige im Auslande geworbene und verpflichtete Trupps zu Ungunsten ihrer amerikanischen Kameraden den Ausschlag gaben, sprachen in den Jahren 1874 und 1878 die beiden hervorragendsten Arbeitervertretungen, die Industrial Brotherhood und die Knights of Labour, sich dahin aus, daß die Einwanderung von Arbeitern, die sich bereits im Auslande durch Vertrag verflichtet halten (Kontraktarbeiter), zu untersagen sei. Die Forderungen der Arbeiter fanden eine Unterstützung durch nationalistische Bestrebungen, die für eine in Bildung begriffene amerikanische Nationalität das Recht des Abschlusses gegenüber fremden Elementen in Anspruch nahmen. So hat denn die Union, nachdem sie den Hafenstaat New-York aus Kompetenzgründen am Einschreiten gehindert hatte, selbst die Lösung des Problems in die Hand nehmen müssen. In den Jahren 1882, 1885, 1886, 1891, 1893 sind Unionsgesetze zur Beschränkung der Einwanderung ergangen. Nach diesen sind hauptsächlich drei Kategorien von der Einwanderung ausgeschlossen: 1. verurteilte Verbrecher (mit Ausnahme der politischen); 2. Krüppel, Idioten, Irrsinnige, sowie sonstige Personen, die sich nicht selbst forthelfen können und von denen anzunehmen ist, daß sie der Armenpflege zur Last fallen würden; 3. Kontraktarbeiter. Diese Gesetzgebung stieß zwar in der Praxis insofern auf Schwierigkeiten, als durch die dritte Gruppe auch Arbeiter betroffen wurden, die man in Amerika sehr nötig hatte, und bei denen es durchaus sachgemäß wäre, sie nicht aufs Geratewohl kommen zu lassen, sondern mit ihnen den Arbeitsvertrag vor der Überfahrt zu vereinbaren. Die Gesetzgebung verbot das so gründlich, daß, wenn ein Kontraktarbeiter durchschlüpfte, der Arbeitsvertrag rechtlich als nicht bindend betrachtet wurde. Die Ausnahme, die die Gesetzgebung zuließ (gelernte Arbeiter für neu einzuführende Industriezweige), erwies sich nicht als ausreichend. Ein anderes Hindernis erwuchs der Gesetzgebung daraus, daß gegenüber den mißvergnügten Interessenten sich auch Gegen-Interessenten erhoben. So haben die Unternehmer in der Beschränkung der Einwanderungsfreiheit eine Beschränkung der industriellen Entwicklungsmöglichkeit erblickt; und gegenüber den nationalistischen Bestrebungen ist namentlich aus den Südstaaten darauf aufmerksam gemacht worden, daß hier selbst die mißliebigsten Einwohner aus Europa immerhin doch als eine Verstärkung der weißen Bevölkerung gegenüber der bedrohlichen Vermehrung der Neger mit Freuden zu begrüßen sei. Allein trotz aller dieser Widerstände hat die Gesetzgebung sich im großen und ganzen in verschärfter Richtung fortbewegt, namentlich zu dem Ziele hin, daß unter den Einwanderern eine Auslese zu halten sei. Der Einwanderungskommissar in New-York hat vor einiger Zeit, als die Aufgabe einer amerikanischen Einwanderungspolitik die Begründung eines Clearing House bezeichnet, das die verfügbaren Ländereien und Arbeitsgelegenheiten in der ganzen Union überblicken und danach die Ankömmlinge verteilen müsse: ein National Land and Labour Clearing House.

Hält man die deutsche und die amerikanische Einwanderungspolitik nebeneinander, so muß zunächst in einem Puukte ein diametraler Gegensatz auffallen: Amerika verbietet die Einfuhr von Kontrakt-Arbeitern, Deutschland hingegen macht zur ersten Vorbedingung der Aufenthaltserlaubnis gerade den bereits vorher erfolgten Abschluß der Werbung. Die amerikanische Gesetzgebung erklärt die vorher abgeschlossenen Arbeitsverträge auch privatrechtlich für ungiltig, während umgekehrt in Deutschland der Bruch des im Auslande abgeschlossenen Vertrages ohne weiteres die Ausweisung der Vertragsbrüchigen zur Folge hat. Der Grund dieser verschiedenartigen Stellung liegt darin, daß die amerikanische Gesetzgebung vom Arbeitsmarkte ausgegangen ist, wiewohl sie daneben auch von anderen Beweggründen und Empfindungen getragen wurde, während umgekehrt die deutsche Gesetzgebung von nationalistischen Erwägungen ausging und die Rücksichten auf den Arbeitsmarkt nur notgedrungen zuließ. Andrerseits muß den zahlreichen in Deutschland vorhandenen Gegnern der Einwanderungs-Beschränkungen das amerikanische Beispiel soviel beweisen, daß eine einfache *grundsätzliche* Ablehnung nicht zulässig ist. Wenn es auf der ganzen Erde ein Land gibt, dessen Entstehung, Überlieferung und politische Denkweise solchen Beschränkungen abhold ist, so sind es die Vereinigten Staaten von Nordamerika. Haben die Beschränkungen sich hier gleichwohl durchgesetzt, so ist das ein starkes Argument dafür, daß der Grundsatz unbedingter Ablehnung jeder derartigen Maßregel nicht haltbar ist.

Vom Standpunkte des Arbeitsmarkts betrachtet, stellen sich die Einwanderungs-Beschränkungen als Maßregeln einer protektionistischen Politik dar. Sie sind die Schutzzölle des Arbeitsmarktes. Allein auf die heute in Frage stehenden Einwanderungs-Beschränkungen sind die schutzzöllnerisch-freihändlerischen Kontroversen nur mit einer zweifachen Einengung anzuwenden. Erstens fällt bei den gegenwärtig erörterten Schutz- und Prohibitiv-Maßregeln des Arbeitsmarktes die grundsätzliche Frage, ob der Staat in eine Schutz- oder Prohibitiv-Politik eintreten dürfe, fort. Diese Frage ist bereits entschieden. Seit dem Jahre 1878 steht Deutschland, seit ungefähr derselben Zeit und zum Teil schon länger der weitaus größte Teil der zivilisierten Welt im Zeichen des Schutzzolles. Die Konsequenz der Waren-Schutzzölle auf Warenmärkten ist der Arbeiter-Schutzzoll auf dem Arbeitsmarkte. Die logische Konsequenz zeigt sich zwar nicht gerade darin, daß Schutzzölle Einwanderungs-Beschränkungen im Gefolge haben müssen; aber soweit geht sie allerdings, daß in Ländern mit hohen Schutzzöllen die Einwanderungs-Beschränkungen im Interesse der Arbeit-Anbietenden auf dem Arbeitsmarkte nicht mehr grundsätzlich abgelehnt werden können. Daß diese Frage auf dem Arbeitsmarkt sich nicht in Gestalt eines Zolles, sondern in der Form von Prohibitiv-Maßregeln erhebt, ist unerheblich. — Zweitens besteht rein prinzipiell ein Unterschied zwischen dem Schutzzoll auf Waren und den Schutzmaßregeln am Arbeitsmarkte. Das Argument des radikalen Freihandels gegen alle Schutzzölle läuft darauf hinaus, daß die Vernichtung einzelner Industrien durch ausländische Konkurrenz die sachgemäße internationale Arbeitsteilung befördere und so den Weltreichtum erhöhe. Dieses Argument wird zwar in seiner ganzen Nacktheit heute kaum noch von irgend einer erheblichen Richtung vertreten, und in diesem Sinne könnte man sagen, daß es wenigstens in Deutschland heute kaum noch Freihändler im strengsten Sinne des Wortes gebe, daß vielmehr die Politiker, die man als Freihändler zu bezeichnen pflegt, quoad hic et nunc weit eher als gemäßigte Schutzzöllner zu benennen wären. Allein gegenüber dem Arbeitsmarkt unterliegt jenes Argument nicht etwa bloß einer Abschwächung, sondern es ist ganz und gar unanwendbar. Die Verdrängung einer Warenproduktion durch ausländische Konkurrenz soll nach dem Gesetz der internationalen Arbeitsteilung zur Folge haben, daß die verdrängten Träger der ehemaligen Produktion sich einer andern und aussichtsvolleren Beschäftigung zuwenden. Allein auf dem Arbeitsmarkte sind die Ware und ihr Träger identisch. Hier setzt sich die Verdrängung der Ware Arbeit direkt und ohne Umschweife in eine Verdrängung der Menschen um. Nun mag jemand über die Bedeutung, die der Fortdauer der Nationalität zukommt, noch so hoch erhaben sein (und wer wollte leugnen, daß auf den höchsten Höhen philosophischen Menschentums ein solches Erhabensein vereinzelt vorkommen kann), — ob aber das Kulturniveau, das einer Nationalität eignet, durch ein niedrigeres verdrängt wird, das kann selbst dem Kosmopoliten nicht gleichgiltig sein. Wo daher auf dem Arbeitsmarkte die Mittel einer bedürfnislosen niederen Kultur sich im Augenblickskampfe als die stärkeren zu erweisen drohen, da gibt es auch vom Standpunkte radikalster Weltwirtschaft kein durchschlagendes prinzipielles Argument gegen Sperrmaßregeln.

In der Anwendung solcher Maßregeln besteht in Deutschland noch der grundlegende Irrtum, daß die Rücksicht auf die nationale und auf die Arbeitsmarkt-Seite der Frage zu trennen seien. Daher meint man, aus nationalen Gründen die Ostgrenze sperren und aus Rücksicht auf den Arbeitsmarkt sie wieder öffnen zu können. Das System, zu dem man so gelangt ist, slavische Landarbeiter nach Ostelbien hineinzulassen, sie aber für die Zeit vom 21. Dezember bis 31. Januar in ihre Heimat zurückzuzwingen, ist für beide Seiten der Frage gleich verhängnisvoll. In nationaler Beziehung bedeutet dieses System die kraftvollste Stärkung einer Slavisierung des Ostens. Für diese über die Ostgrenze hereinströmenden Massen wird das Gefühl andauernder Fremdheit gewissermaßen in gesetzliche Form gebracht, indem man von ihnen mit der jährlichen Rückkehr auf kurze Zeit eine Rekognitionsgebühr ihrer Fremdheit erzwingt. An diesen zahlreichen durch das Land hin verbreiteten Slaven hat die ansässige polnische Bevölkerung für das Gefühl der Fremdheit einen so festen Rückhalt, wie sie ihn in sich nie hervorbringen könnte. Die erste Voraussetzung einer gedeihlichen Fortentwicklung des Arbeitsmarktes im deutschen Osten ist: daß mit der Politik der zeitweisen Zulassung gebrochen werde. Welche anderen Mittel eine deutsche Kulturpolitik im Osten besitzt, um das Maß von einheitlicher Nationalität, das für die Reichsentwicklung notwendig ist, zu erhalten und zu fördern, kann an dieser Stelle nicht dargelegt werden. Nur die Forderung muß hier aufgestellt werden, daß diese Mittel den Bedürfnissen des Arbeitsmarktes nicht zuwiderlaufen dürfen.

Daß die Einwanderung gerade den Elementen erschwert wird, die der deutschen Volkswirtschaft am nötigsten sind, und daß andrerseits gerade die Formen gestattet werden, die dem Interesse der deutschen Arbeiter am schädlichsten sind (Kontraktarbeiter), ist an sich vom Standpunkte des Arbeitsmarktes unzulässig. Es ist doppelt unzulässig, da auf diese Art an den sogenannten Wanderarbeitern nicht ein schwächer, sondern ein stärker slavisierendes Element geschaffen wird.

Die Voraussetzung für eine zukünftige Regelung der Einwanderungsfragen unter dem Gesichtspunkte des Arbeitsmarktes ist die Schaffung eines internationalen Überblickes über den Bedarf und den Überschuß von Arbeitern in den einzelnen Ländern. Das Clearing House, das der Kommissar von New-York verlangt, ist in Wahrheit ein Arbeitsnachweis. Ihre internationale Aufgabe würde eine derartige Organisation erst dann erfüllen können, wenn ein solches Clearing House in jedem Lande bestände, und wenn es seine Ermittlungen nicht bloß auf die unbesetzten Arbeitsgelegenheiten, sondern auch auf die überschüssigen Arbeitskräfte in jedem Erwerbszweige erstreckte. Eine solche internationale Arbeitsnachweis-Organisation ist ein zu fernes Zukunftsbild, als daß man es zu den Aufgaben der Verwaltungspolitik zählen könnte, schon heute seine Grundlinien zu zeichnen. Immerhin lohnt es aber, auf gewisse Ansätze zu einer internationalen Entwicklung in der heutigen Arbeitsnachweis-Verwaltung aufmerksam zu machen.

Zunächst liegt der Keim zu Vereinbarungen von Staat zu Staat, innerhalb Deutschlands, darin, daß hier wenigstens die Verwaltung der Arbeitsnachweise nicht an den einzelstaatlichen Grenzen Halt macht. Wenn trotz der eifersüchtigen Wahrung der Landesgrenzen in Gegenständen, die nicht zur Reichsverwaltung gehören, sich mitten in Deutschland, in der Rhein- und Maingegend, ein Verband von Arbeitsnachweis-Verwaltungen gebildet hat, an dem preußische, hessische, badische und bayrisch-pfälzische Arbeitsnachweise teilnehmen; wenn von den badischen wiederum manche sich an den württembergischen Verband angeschlossen haben, u. s. w.: so soll damit selbstverständlich nicht ein Moment bezeichnet werden, das irgendwie mit dem internationalen auf eine Stufe zu stellen wäre. Aber es liegt darin doch die Anerkennung, daß die geographische Linie, die auf der Karte gezogen wird, für den Arbeitsnachweis keinerlei Bedeutung hat. Soweit eine behördliche Mitwirkung stattfindet, werden hierbei im kleinen Maßstabe auch die Formen ausgebildet, in denen sich ein Verkehr von Staat zu Staat, ohne die Selbständigkeit der einzelnen Verwaltung zu beeinträchtigen, in dauernde Bahnen leiten läßt. Ähnliche Entwicklungen liegen ans der deutschen Geschichte, zum Ziel gelangt, vor. Die mühsam zustande gebrachten Vereinbarungen der deutschen Postverwaltungen, aus denen nachher der deutsch-österreichische Postverein hervorging, haben den Ideen Raum gegeben, auf Grund deren sich der kühne Gedanke eines Welt-Postvereins erheben konnte. Es ist kein Zufall, daß dieser Gedanke gerade von Deutschland ausging, das in seiner eigenen Postgeschichte ein Vorbild besaß. Ähnlich ist es mit dem Welt-Telegraphenverein und den Anfängen eines Welt-Eisenbahnvereins. Die staatliche Zersplitterung, die für Deutschland das Elend der Vielstaaterei bedeutete, hat für die Welt den Vorteil gehabt, daß hier für eine spätere staatenumfassende Verwaltung, wie in einem Mikrokosmos, die Formen ausgebildet wurden, die dann für die Welt im großen vorbildlich geworden sind. Was jetzt in den Verbänden deutscher Arbeitsnachweise vor sich geht, ist ein neuer Keim zu einer ferneren derartigen Entwicklungsreihe. Schon macht auch vereinzelt und in geringem Maße die logische Konsequenz sich geltend, daß, was von der Unerheblichkeit der Landesgrenzen gilt, ebenso von den Reichsgrenzen zu sagen ist. Die Gleichstellung der luxemburgischen Arbeitsnachweise mit den deutschen, seitens der Verwaltung der Reichs-Eisenbahnen in Elsaß-Lothringen (S. 335), ist streng genommen bereits ein derartiges Anerkenntnis; denn Luxemburg steht zu Deutschland in keinen anderen als Zollbeziehungen. Noch deutlicher tritt es an der badisch-schweizerischen Grenze hervor. Der badische Arbeitsnachweis Konstanz steht jenseits der Grenze mit zwei schweizerischen Arbeitsnachweisen, Kreuzlingen und Schaffhausen, in Listentausch, und Waldshut läßt seine Stellenanzeigen wöchentlich in den Herbergen von Basel, Zürich und Schaffhausen aushängen, steht auch mit den Arbeitsnachweisen der beiden letztgenannten Städte in telephonischem Verkehr.

Eine zweite Möglichkeit der Entwicklung läge darin, daß wenigstens für einzelne Gewerbe der internationale Ausgleich in die Hand genommen wird. Dieser Gedanke hat in der älteren englischen

Gewerkschaftsgeschichte eine gewisse Rolle gespielt, indem die Gewerkschaften von der Begründung eines Auswanderungsfonds und der Abschiebung überflüssiger Arbeitskräfte ins Ausland sich einen maßgebenden Einfluß auf die Lohnentwicklung versprachen. Diese Versuche sind sämtlich gescheitert. Hingegen besteht, was sehr wenig bekannt ist, ein vollkommen durchgeführter über, die ganze Welt hin ausgedehnter internationaler Arbeitsausgleich in einer Branche, die ihren Hauptsitz in Deutschland hat, allerdings in einer sehr kleinen: in der Notenstecherei.

Die Notenstecherei hat ihren Hauptsitz für die ganze Welt in Leipzig. Da in Leipzig die besten Stempelschneider, die die nötigen Stanzen für die Notenstecher herstellen, existieren, so werden alle sich neu auftuenden Stechereien von Leipzig aus versorgt. Da die Gehilfenschaft zentralistisch organisiert ist, und den Arbeitsnachweis unbestritten beherrscht, so teilen die Chefs der Stempelschneidereien der Gehilfenorganisation die offenen Stellen gewöhnlich mit, und so ist der Vorsitzende des Verbandes beauftragt, den neuen Stechereibesitzer auf den Gehilfen-Arbeitsnachweis hinzuweisen. Oder: Auf eine Anzeige, in welcher Notenstecher gesucht werden, hat der Vorsitzende Offerten einzusenden, aber kein Mitglied des Gehilfenverbandes täte es direkt. Auch die Leipziger Zentrale, die Leipziger Chefs haben die Zusage gegeben, daß, wenn irgend ein Geschäftsfreund Notenstecher verlange, sie diese Vermittlung dem Nachweis der Gehilfen übergeben wollten. Sollte es vorkommen, daß sich ein Gehilfe direkt anbieten würde, so würde es der Nachweis rasch erfahren. Doch kommt dieser Fall sehr selten vor, und gewöhnlich suchen nur sehr schwache Arbeitskräfte auf diese Weise Stellung. Hat ein Chef, der Arbeiter sucht, geantwortet, so tritt eine Kommission von 3 Gehilfen zusammen, welche über Lohn, Arbeitszeit und Reisevergütung beschließt und einen für die Stelle passenden Stecher answählt, welcher sich dann mit dem Prinzipal in Verbindung setzt. Bei Vertragsbruch seitens des Chefs wird mit sofortiger Arbeitseinstellung und Sperrung des Platzes geantwortet. Der Gehilfe muß eventnell sofort nach Leipzig zurückkehren und wird hier pro Woche mit 21 Mk. unterstützt. Aus England laufen zuweilen Gesuche von Gehilfen bei deutschen Kollegen ein. Diese wenden sich dann an die Dreierkommission, welche erst prüft, ob die Verhältnisse betr. Lohn &c. angemessen sind. Durch diese Tätigkeit sichern sich die Gehilfen im In- und Auslande eine feste und gleichmäßige Entlohnung in betreff der Akkord- wie der Zeitlöhne. Durch diesen Nachweis werden die Notenstechereien so ziemlich der ganzen Welt bis nach Australien mit Gehilfen versorgt. Im Jahre 1897 wurden im ganzen 10 Stellen vermittelt. Davon entfallen auf Hamburg 3, Budapest 2, Sidney 1, Brüssel 2, London 1, Turin 1.

Von einem gewissem Interesse ist es, daß dieser internationale Arbeitsnachweis im Liliput-Maßstabe bereits eine Kollision mit der

Arbeitsmarkt-Politik der Vereinigten Staaten erlebt hat, und aus ihr als Sieger hervorgegangen ist. Die straffe Art der Arbeitsvermittlung mit Festsetzung der Arbeitsbedingungen an dem Zentralpunkte Leipzig wurde durch die amerikanische Gesetzgebung gegen die Kontraktarbeiter unmöglich gemacht. Um die Organisation zu halten, gaben sich die in Amerika ansässigen deutschen Gehilfen (und auf diese kommt es im ganzen Gewerbe an) gegenseitig das Wort, keinen neuen Gehilfen mehr anzulernen. Die Folge davon war, daß die überschüssigen Aufträge in Deutschland angefertigt werden mußten, und die Organisation ungebrochen dasteht.

Ein drittes, und zunächst wenigstens fruchtbarstes, Mittel zur Beförderung des internationalen Ausgleichs läge darin, daß wenigstens in jedem Lande die Möglichkeit geschaffen würde, über die Lage anderer Länder Auskunft zu erhalten. In dieser Beziehung läßt der gegenwärtige Zustand fast alles zu wünschen übrig. Für das Handelsgewerbe hat neuerdings der deutschnationale Handlungsgehilfen-Verband den Versuch gemacht, Nachrichten über die Aussichten von Handlungsgehilfen in den einzelnen europäischen und außereuropäischen Ländern zu sammeln. Der Versuch ist löblich. Wenn man aber die Mitteilungen durchliest, so laufen sie fast durchgehends darauf hinaus, daß vor einer Übersiedlung in das betreffende Land gewarnt wird. Wenn hieraus hervorgeht, daß die Berichte nicht sowohl eine Kennzeichnung der Lage wie der Furcht vor Vermehrung der Konkurrenz enthalten, so liegt darin ein Beweis, daß diese Ermittlungen durch Auskünfte von Gehilfen allein nicht zu erzielen sind. Auch diese Aufgabe wird wie die gesamte Markt-Berichterstattung nicht anders zu lösen sein, als in Anlehnung an eine paritätische oder wenigstens unparteiische Organisation. Es gibt unter den deutschen Arbeitsnachweisen einen, der, wenn auch nur für einen einzelnen Zweig, die Vermittlung nach dem Auslande mit Erfolg betreibt: der Arbeitsnachweis Wiesbaden für deutsche Lehrerinnen, geprüfte und ungeprüfte Erzieherinnen, Kinderfräulein u. s. w. Hier muß sich im Laufe der Zeit eine Berichterstattung darüber ausbilden, in welchen Ländern diese Kategorien gebraucht werden, und in welchen Überfluß vorhanden ist; denn ohne eine derartige Nachrichtensammlung ließen sich diese Vermittlungen auf die Dauer nicht sachgemäß betreiben. — Endlich wird die von Reichswegen neu begründete

Auskunftsstelle für Auswandrer sich mit der Auskunfterteilung über Schiffe, Landungsbedingungen, Rechtsverhältnisse u. s. w. nicht begnügen können, sondern auch die Erteilung von Auskunft über Arbeitsgelegenheit betreiben müssen. Zu diesem Zwecke werden dann irgend welche berichtende Organe bei den Vertretungen des deutschen Reiches im Auslande auch für diese Berichterstattung zu schaffen sein. Für die Bedürfnisse des Warenmarktes hat erst neuerdings auf Ansuchen des deutschen Handelstages der Reichskanzler durch Verfügung vom 15. Juli 1902 die grundsätzliche Entscheidung getroffen, daß es zu den amtlichen Aufgaben der Konsularbehörden gehört, „auf Ansuchen deutscher Fabrikanten und Kaufleute, die nach dem Auslande zu exportieren wünschen, solche Firmen und Handelshäuser ihres Amtsbezirkes namhaft zu machen, die zur Anknüpfung von Geschäftsverbindungen geeignet sind". Genau dasselbe ist es, wenn auch für den Arbeitsmarkt Organe verlangt werden, die dem, der seine Arbeitskraft zu exportieren wünscht, die entsprechende Auskunft erteilen können. Wie der Konsul in geeigneten Fällen sich damit begnügen darf, eine brauchbare Auskunftei zu nennen, so wird auch die bloße Beziehung auf einen brauchbaren Arbeitsnachweis, wo es einen solchen gibt, ausreichend sein. Nur müssen wie für den Warenmarkt, so auch für den Arbeitsmarkt irgend welche Organe vorhanden sein, welche die maßgebenden Nachrichten sammeln und weiter geben..

Die Beziehungen der Heeresverwaltung zur Arbeitsnachweis-Verwaltung beruhen in erster Linie darauf, daß im großen und ganzen die Landesverteidigung auf dieselben Personen angewiesen ist, die das Objekt für die Tätigkeit auch der Arbeitsnachweis-Verwaltung bilden. Die Armee entnimmt ihre Kräfte dem Arbeitsmarkte und führt sie ihm wieder zu. Die halbe Million Männer, die in Deutschland in Friedenszeiten unter den Waffen stehen, befinden sich durchweg in arbeitsfähigem Alter und gehören zum weitaus größten Teile dem städtischen oder ländlichen Arbeiterstande an. Die rund 200000 Mann, die in jedem Herbst zur Entlassung gelangen, stellen für den Arbeitsmarkt einen Nachschub dar, wie er sich von keinem anderen Verwaltungszweige her wiederholt. Die Fürsorge für die Unterbringung dieses Nachschubes ist Arbeitsnachweis.

Diese Fürsorge muß in irgend welcher formlosen Art von jeher bestanden haben. Zum mindesten läßt sich das Eine nicht annehmen, daß, wenn an einen Regimentskommandeur Gesuche von Arbeitgebern gelangten, er die Mitteilung an den Reservisten-Jahrgang unterlassen haben sollte. Auch wird sicher mancher Feldwebel in seiner Eigenschaft als „Mutter der Kompagnie" unter der Hand dafür gesorgt haben, daß der eine oder andere zur Entlassung kommende Mann eine gute Stelle erhielt. Allein förmliche Veranstaltungen für diese Fürsorge gab es nicht. Erst als in den 70er Jahren das ältere preußische System kleinerer Garnisonen verlassen und die Truppenteile an größeren Plätzen zusammengezogen wurden, als dann in den 80er und 90er Jahren vom Lande her Klagen darüber laut wurden, daß die zum Militärdienst eingezogene Mannschaft der Rückkehr auf das Land das Verbleiben in der großen Stadt vorziehe, und daß auf diese Art der Militärdienst zur Beförderung der Landflucht beitrage, suchte man von Armee wegen jene Stellenvermittlung in die Hand zu nehmen, das heißt, ein Bindeglied zwischen Armeeverwaltung und Verwaltung des Arbeitsmarktes zu schaffen. Im Jahre 1897 begann das preußische Kriegsministerium damit, in einzelnen Armeekorps Arbeitsnachweise zu errichten. Diese Versuche wurden im Jahre 1898 in den Bezirken des 2., 4., 5., 6., 9., 10. und 15. Armeekorps fortgesetzt. Überall wurden die Bezirkskommandos angewiesen, sich mit den Kriegervereinen in Verbindung zu setzen und sie an den einzelnen Orten zur Errichtung besonderer Nachweisestellen zu veranlassen. Diese sollten Meldungen von Vakanzen annehmen und sie durch Vermittlung des Bezirkskommandos an das Korpskommando einsenden. Wenigstens wurde vom 9. Armeekorps (Altona) die Anordnung bekannt, sämtliche Listen in Buchform zusammenzustellen und allen Truppenteilen zuzusenden, die dann die Listen für den Reservisten-Jahrgang zur Einsicht auslegten. Diese Nachweisgründungen sind damals in weiten Gebieten der Monarchie durchgeführt worden. So wurden zum Beispiel im Jahre 1898 im Bereich des 6. Armeekorps (Regierungsbezirke Breslau und Oppeln) sofort 40—50 Reservisten-Arbeitsnachweise errichtet. Auf Veranlassung des Kriegsministers wiesen der Minister des Innern und der Handelsminister sämtliche untergeordnete Behörden an, etwaigen Anträgen der Bezirkskommandos auf unentgeltliche Aufnahme von Bekanntmachungen in amtlichen Blättern tunlichst Folge zu geben. Im März des Jahres 1898 wurde auch für Mannschaften der Marine, die zur Entlassung gelangten, in Kiel ein Arbeitsnachweis eingerichtet. Während man bei der Armee das Hauptgewicht auf die Einsammlung offener Stellen legte, ging man hier in der Listenbildung umgekehrt von den Mannschaften aus. Das Seemannshaus für Unteroffiziere und Mannschaften der Kaiserlichen Marine setzte sich mit dem Oberkommando in Verbindung, um zu den Entlassungsterminen, Ende September und Ende März, Listen der stellungsuchenden Mannschaften zu erhalten. Diese Listen wurden im Nachweisbureau des Seemannshauses bearbeitet, vervielfältigt und an Arbeitgeber, Arbeitgeber-Verbände, sowie Arbeitsnachweise versandt.

Die Erfolge aller dieser Versuche scheinen überaus gering gewesen zu sein. Man ist versucht, schon daraus, daß keine Nachrichten über die Erfolge in die Öffentlichkeit gedrungen sind, ein argumentum e silentio zu ziehen. Wo aber hier und da von Erfolgen die Rede war, widersprachen sie den Absichten derer, die den Reservisten-Nachweis in erster Linie verlangt hatten. Die Klagen der Landwirte, daß der Heeresdienst die Mannschaften dem Landleben entfremde, wurden auf die neue militärische Einrichtung der Reservisten-Nachweise ausgedehnt. Nicht nur, daß die Mannschaften weitaus überwiegend städtische Stellen verlangten, und so das Verlangen nach Verbleiben in der Stadt noch akten- und listenmäßig festlegten, sondern die Nachweise dienten auch dazu, ihnen von städtischen Stellen Kenntnis zu geben. In einzelnen Tagesblättern erhob sich die Forderung, den Reservisten-Nachweis ausschließlich als Einrichtung für Versorgung des platten Landes mit Arbeitskräften zu gestalten, da ja der städtische Arbeitsmarkt für seine Versorgung derartige Mittel nicht nötig habe. Es wurden insbesondere Maßregeln verlangt, die verhüten sollten, daß die Mannschaften durch Kenntnisnahme von den hohen städtischen Löhnen von der Rückkehr auf das Land abgeschreckt würden.

Ob solche Forderungen von einer Armeeverwaltung befriedigt werden können, die es mit gedungenen Söldnern zu tun hat, kann dahingestellt bleiben. Eine Armee, die auf der allgemeinen Wehrpflicht beruht, ist jedenfalls außer stande, solchen Forderungen ohne sehr weitgehende Pflichtverletzung nachzukommen. Eine Kriegsverwaltung, die in ihrer Armee die eigenen Landeskinder erblickt, hat nur die Wahl, entweder den Übergang auf den Arbeitsmarkt als nicht mehr zum Ressort gehörig zu betrachten, oder diesen Übergang im Interesse der Armee-Angehörigen mit in die Verwaltung einzubeziehen. Aber der dritte Ausweg, den Übergang auf den Arbeitsmarkt zum Gegenstande der Armeeverwaltung zu machen und im Interesse der anderen Partei zu führen, vorteilhafte Stellen zu verschweigen und gering entlohnte zu bevorzugen, ist für unsere Armeeverwaltung nicht gangbar. — Ohne Zweifel befinden sich unter den ländlichen Mannschaften, die auf den städtischen Arbeitsmarkt treten, sehr viele, deren geschäftliches Interesse besser gewahrt würde, wenn sie auf das Land zurückkehrten. Allein, wenn man wirklich meint, daß die Armee in dieser Beziehung durch richtige Belehrung etwas leisten könne, so ist für den Erfolg einer derartigen Aufklärung die erste Vorbedingung nicht die Parteilichkeit, sondern gerade die Unparteilichkeit militärischer Arbeitsnachweise.

Bei alledem soll nicht bestritten werden, daß die Bewegung für Reservisten-Nachweise das große Verdienst hat, auf das fehlende Mittelglied zwischen Armee und Arbeitsmarkt aufmerksam gemacht zu haben. Von der obigen Alternative, daß die Armee sich um den Arbeitsnachweis entweder gar nicht oder in unparteiischer Weise zu kümmern habe, ist der letzteren der Vorzug zu geben. Jedes Ressort des Staatslebens soll sich so einrichten, daß die Wege zu dem Nachbargebiete hin möglichst gangbar werden. Das muß insbesondere ein Ressort tun, welches große Massen so vollständig in Beschlag nimmt, wie die Armeeverwaltung. Allein das richtige Verfahren für die Gangbarmachung besteht nicht darin, daß man mit Mühe und Not kümmerliche Konkurrenzwege zu den bestehenden errichtet, sondern daß man vorhandene Straßen benutzt und den Zugang zu ihnen erschließt. Da in den allgemeinen Arbeitsnachweisen ein neuer Verwaltungszweig erwächst, der sich die Vermittlung zwischen Arbeitgebern und Arbeitern zur Aufgabe macht, so muß mit diesen die Armee im Interesse ihrer Angehörigen Fühlung zu nehmen suchen. Eine solche Verbindung besteht in Süddeutschland. In Bayern steht jede der acht Zentralen mit den Garnisonen ihres Bezirks in Verbindung. Die eingehenden Gesuche um Zuweisung von Reservisten werden den Garnisonen mitgeteilt, ebenso wie Meldungen von Reservisten an die Arbeitsnachweise gegeben werden. In Baden besteht ein ähnlicher Verkehr. Im Jahre 1901 erhielten so in München von 197 gemeldeten Reservisten 156 durch das Arbeitsamt Stellung, in dem eben errichteten Arbeitsamt Augsburg allerdings von 84 nur 18, hingegen in Karlsruhe von 152 : 114, in Freiburg von 65 : 52, in Konstanz von 52 : 28. In Norddeutschland hat das Arbeitsamt Braunschweig von 44 Reservisten, die sich meldeten, 25 in Stellung gebracht. Aus früheren Jahren liegen Erfolge von Mannheim, Heidelberg, Pforzheim, Köln u. a. vor. Gegenüber dem Massenandrang, den der Rückstrom der Reservisten auf den Arbeitsmarkt darstellt, sind diese Ziffern zwar alle höchst bescheiden, und nur als Anfänge einer zukünftigen Entwicklung zu betrachten. Immerhin beweisen sie, daß der einfache und natürliche Weg, die Aufgabe zu lösen, nämlich der Anschluß an den allgemeinen Arbeitsnachweis, noch am ehesten Erfolge zeitigt. Hierfür liegen auch positive Beweise von zwei Stellen vor. Während wir über die Armee-Nachweise keine Zusammenstellung der Erfolge besitzen, ist über den Marine-Nachweis im Jahre 1898 nach den ersten sechs Monaten seiner Tätigkeit eine Zusammenstellung bekannt geworden. Von den 30 Entlassenen, die in Stellung gebracht wurden, waren je 1 nach Posen, Krefeld, Berlin und Bremen vermittelt, 3 an einen Kesselverein, hingegen die übrigen 23 sämtlich durch die Arbeitsvermittlungsstelle der Eisenindustriellen in Hamburg untergebracht, d. h. der einzige größere Erfolg, den der Nachweis erzielt hatte, war dadurch zustande gekommen, daß er sich mit einem bestehenden Arbeitsnachweis in Verbindung setzte. Daß derselbe zufällig ein Arbeitgeber-Nachweis war, ändert an der Bedeutsamkeit nichts; im Gegenteil, nach dieser Erfahrung muß man annehmen, daß die Verbindung mit einem unparteiischen Nachweis sogar Aussicht auf noch bessere Erfolge gewährt hätte. In der Tat scheint auch das Seemannshaus dieser Ansicht gewesen zu sein, denn es hat sich selbst bis nach Baden hin mit dem dortigen Verbande der Arbeitsnachweise in Verbindung gesetzt. Aus der Armee liefert die einzige Ausnahme einer zusammenhängenden zahlenmäßigen Berichterstattung merkwürdigerweise schließlich denselben Beweis. Diese Ausnahme ist das Königreich Sachsen. Dort ist seit 1878 der Reservisten-Nachweis durch die mit den

Kriegervereinen in Verbindung stehende Sachsenstiftung zum Gedächtnis Kaiser Wilhelms I. über das ganze Land hin in 26 Geschäftsstellen organisiert, denen 40 Lokalblätter und außerdem das Bundesblatt „Der Kamerad" zur Verfügung stehen. Jede Geschäftsstelle wurde angewiesen, die in ihrem Bezirk nicht befriedigten Gesuche am Ende jeden Monats in eine Übersicht zu bringen und der Stiftungsleitung einzusenden. Im Jahre 1900 wurden statt der monatlichen wöchentliche Übersichten eingeführt. Zur Annahme ländlicher Stellen wurden Reise-Beihilfen gewährt. So wurde die Zahl der Vermittlungen von 1563 im Jahre 1897 auf 1841 im Jahre 1900 gebracht. Im Jahre 1901 aber ist sie wiederum auf 1079 herabgegangen. Hierzu bemerkt der Geschäftsbericht, daß dieser Rückgang nicht etwa allgemein im Lande sei, sondern ausschließlich auf die Rechnung von Dresden, wo im Jahre 1900 ein einzelner großer Auftrag gewesen war, und von Leipzig entfalle, wo in diesem Jahre der Verein für Arbeitsnachweis sein Büreau eröffnete. Da die Reservisten diesen Arbeitsnachweis während des ganzen Tages geöffnet fänden, so zögen sie ihn einer Geschäftsstelle vor, die nur abends nach 8 Uhr durch einen Kameraden in den Mußestunden verwaltet wird. Mit vollem Recht macht der Stiftungsbericht darauf aufmerksam, daß auch unter solchen Umständen seiner Organisation das Verdienst zukomme, die Reservistenvermittlung überhaupt in Gang gebracht zu haben. Allein mit der Tatsache, daß bei gut organisiertem allgemeinem Nachweise dieser sich den Vorzug erringt, rechnet auch dieser Bericht. Es liegt im Wesen des Vermittlungsgeschäfts, daß die besten Aussichten da zu finden sind, wo der größte Vermittlungskreis angetroffen wird.

Hat also der Reservisten-Nachweis nur dann eine Zukunft, wenn er Bestandteil des allgemeinen Nachweises wird, so wird dies auch dem Bestreben, dem Lande Arbeitskräfte zuzuführen, soweit dieses Bestreben sich erlaubter Mittel bedienen will, nur zum Vorteile gereichen. Denn wenn es unter den Reservisten Personen gibt, in deren wirklichem Interesse es liegt, ländliche Arbeit aufzusuchen, so ist weit eher anzunehmen, daß sie einer dahin erteilten Auskunft trauen, wenn sie von einem allgemeinen unparteiischen Nachweise herrührt, als wenn sie von einer Seite kommt, die ihnen die großstädtischen Stellen grundsätzlich verheimlicht.

Eine besonders große Bedeutung müßte der Reservisten-Nachweis als Bindeglied zwischen Armeeverwaltung und Arbeitsnachweis erhalten, wenn es sich einmal um die Entlassung einer ganzen Armee nach einem beendigten Feldzuge handeln sollte. Im Zeitalter der Landsknechte versammelte nach erfolgtem Friedensschluß, wenn der Söldner seine Schuldigkeit getan hatte und gehen konnte, der Hauptmann sein Fähnlein und hielt nach altem Brauche eine Ansprache, in der er den Landsknechten für die geleisteten Dienste den Dank aussprach. Dann galt die Mannschaft für „abgedankt", und damit war das Verhältnis erledigt. In allem Wesentlichen hat sich dieser letzte Akt der Heeresauflösung in seinen Formen bis heute erhalten. Gewiß wird nach den letzten Kriegen auch hier und da eine gelegentliche Fürsorge für Wiederauffinden von Arbeit stattgefunden haben, wenn sich Gelegenheit dazu bot; aber irgend eine ordnungsmäßige Veranstaltung, die dem Bewußtsein davon Ausdruck gegeben hätte, daß zwischen Kriegsverwaltung und Arbeitsmarkt ein Mittelglied vorhanden sein müsse, gab es auch damals nicht. Und doch sollte man meinen, daß der Unterschied zwischen einer Söldnerarmee und dem Volk in Waffen deutlich zu Tage liegt. Auf dem Höhepunkte des Söldnertums, wo der Krieg ein Geschäftsunternehmen war, das in Entreprise gegeben wurde, bestand zwischen dem kriegführenden Staate und den einzelnen Söldnern überhaupt kein Verhältnis; diese standen lediglich zu dem Condottiere, in dessen Namen geworben war, und zu dessen Offizieren in vertragsmäßigen Beziehungen; war der Vertrag beendigt, so hörte das ganze Verhältnis auf. Der Staat aber, der seine Angehörigen unter die Waffen ruft, steht zu diesen in einem d a u e r n d e n Verhältnis, das in Krieg und Frieden zwar verschiedene Formen und Betätigungsarten annimmt, an sich aber in Fortbestand bleibt. Ein Staat, der seinen Bürgern die Pflicht auferlegt, an einem Feldzuge teilzunehmen, hat auch die Pflicht, ihnen die Rückkehr zu ihrer Berufstätigkeit, so weit es in seinen Kräften steht, zu erleichtern. Ein zweiter Unterschied besteht darin, daß die abgedankten Söldner in ihrem Kriegshandwerk blieben, und wenn es an der einen Stelle nichts zu verdienen gab, ihrem blutigen Erwerbe an einem anderen Orte nachgingen. Bei uns aber hat der Krieg als Handwerk aufgehört; die Kriegführung ist ein Ausnahmezustand, der dem Einzelnen aufgenötigt wird, und er erfordert Maßregeln zur Rückkehr in das normale Leben, das heißt zur Bewerbung auf dem Arbeitsmarkte. — Von dem Umfange, den das Geschäft der Arbeitsvermittlung nach Beendigung eines Krieges heutzutage annehmen würde, läßt sich bis jetzt kaum auch nur eine annähernde Vorstellung geben. Die Kriegsstärke des deutschen Heeres beträgt 4 Millionen Mann. Nimmt man an, daß 2—3 Millionen wirklich einberufen würden, und daß selbst die Hälfte davon in selbstständige Berufstätigkeit oder in feste, leicht zurückzugewinnende Stellen zurückkehren würde, rechnet man die Verluste noch so hoch, so würden immer noch 1 Million Mann und mehr übrig bleiben, die nach der Rückkehr in die Heimat Arbeit zu suchen hätten: ein Ansturm auf den Arbeitsmarkt, wie ihn die Weltgeschichte nicht kennt. Allerdings ist ja die Beendigung eines Krieges zum Teil selbst noch weiter dauernde Kriegstätigkeit: bei Beendigung des deutsch-französischen Krieges sind unsere Truppen nicht auf einmal geschlossen zurückgekehrt, sondern ein erheblicher Teil ist als Besatzungstruppe zurückgeblieben. Allein dem steht gegenüber, daß die Armeen gegenwärtig bedeutend größer sind, als im letzten Kriege, daß mit der Möglichkeit von Koalitionen im weitesten Umfange gerechnet werden muß, daß also der Andrang auf den Arbeitsmarkt in jedem Lande desto schwerer empfunden würde, weil er in den Nachbarländern in demselben Maaße stattfindet, und diese in keiner Weise ein Abflußbecken darstellen können. Es besteht aber für uns zwischen dem Feldzuge 1870/71 und dem nächsten Kriege noch ein anderer sehr bedeutender Unterschied, der nur allzu oft übersehen wird. Der Krieg von 1870/71 hat für uns mit einem Siege geendet, über den Ausgang des nächsten Krieges aber wissen wir nichts. Für eine besiegte Armee stellen sich alle jene Aufgaben noch sehr viel schwieriger, weil sie keine Besatzungstruppen zurückzulassen hat, sondern geschlossen bis auf den letzten Mann zurückkehrt; weil der seelische Eindruck der erlittenen Niederlage auf die Initiative der Einzelnen ungünstig einwirkt; weil der unglückliche Ausgang des Krieges und die Last der Abwicklung den geschäftlichen Unternehmungsgeist lähmen und die Wiederaufnahme geschäftlicher Beziehungen in demselben Augenblicke erschweren, wo jene Massen von Arbeitsuchenden an den Arbeitsmarkt treten. Unter solchen Umständen wäre es unverantwortlich, wenn die Armeeverwaltung noch heute auf jenem Landsknechts-Standpunkte verharren wollte, wonach das Fähnlein „abgedankt“ und dann in die vier Winde entlassen wird. Mag ein Krieg mit Niederlage oder mit Sieg enden, man darf einem Volke nicht zumuten, unmittelbar, nachdem es einen Krieg bestanden hat, sich einer derartigen Krisis auf dem Arbeitsmarkt auszusetzen, wie ihn der Rückstrom der Armeen in ihrem heutigen Umfange darstellen würde. Niemand wird verlangen, daß der Generalstab, der im Frieden den Mobilisierungsplan fertig hat, auch einen bis in die kleinsten Einzelheiten ausgearbeiteten Demobilisierungs-Plan im voraus entwerfen solle. Aber das ist immerhin zu verlangen, daß die Kriegsverwaltung die Demobilisierung in dem Sinne der Schaffung eines Mittelgliedes zwischen Krieg und Arbeitsmarkt mit zu ihren Aufgaben zähle.

In kleinem Maaßstabe hat sich infolge der veränderten Anschauungen auch diese Notwendigkeit bereits nach Beendigung des China-Feldzuges gezeigt. Die zurückgekehrten China-Krieger stellten zwar nur eine winzig kleine Zahl dar, die einen erheblichen Einfluß auf den Arbeitsmarkt nicht üben konnte. Die Schwierigkeit des kleinen Häufleins wurde nur dadurch groß, daß sie bei ihrer Rückkehr im Jahre 1901 die geschäftlich günstige Lage, die im Jahre 1900 noch bestanden hatte, nicht mehr vorfanden. Im Herbst 1901 haben in Nürnberg Zusammenkünfte arbeitslos gebliebener China-Krieger stattgefunden, die Gesuche um Zivilanstellungen oder um Unterstützung an die deutschen Regierungen beschlossen. Wenigstens aus Sachsen ist damals bekannt geworden, daß das Kriegsministerium sich mit der Eisenbahn-Verwaltung in Verbindung gesetzt hat, um eine Bevorzugung entlassener China-Krieger nach Möglichkeit zu veranlassen. Als im Jahre 1902 wiederum Mannschaften aus Ostasien zurückkehrten, wurde gerade unter Bezugnahme auf die ungünstigen Erfahrungen des Vorjahres angeordnet, daß an jedem Auflösungsorte ein Arbeitsnachweis begründet werden sollte. Infolgedessen wurden für die vier Dampfer Hamburg, Prinz Heinrich, Sachsen und Kiautschau ein Arbeitsnachweis in Bremerhaven, und für den Dampfer Pisa ein solcher am Truppenübungsplatz Munster in Hannover eingerichtet. Ohne Zweifel liegt die beste Vorarbeit für jene Riesenaufgabe der Arbeitsvermittlung nach beendigtem Feldzuge darin, daß in Friedenszeiten auch diese „Übung“ regelmäßig vorgenommen wird; und die Marine befindet sich auch hierin gegenüber der Armee im Vorteil, daß ihr Friedensdienst in so vieler Beziehung dem Ernstfalle näher steht. Allein nach allen bisherigen Erfahrungen muß man annehmen, daß jene Arbeitsnachweise am Auflösungsorte nur dann erhebliche Erfolge erzielen werden, wenn sie es verstehen, sich mit den allgemeinen Arbeitsnachweisen in richtige Beziehung zu setzen. Hierin läge die gewaltige Bedeutung, die die Herstellung eines lückenlosen Arbeitnachweis-Netzes auch für die Verwaltung von Heer und Marine, sei es in gewöhnlichen Friedenszeiten, sei es nach beendigtem Kriege besitzen würde.

Noch eine andere Beziehung besteht zwischen Krieg und Arbeitsnachweis, indem zwar nicht bei uns, aber in ausländischen Armeen die Anwerbung als Gegenstand des Arbeitsmarktes gedacht wird. Während des südafrikanischen Krieges tauchte in verschiedenen Teilen Deutschlands hintereinander die Mitteilung auf, daß englische Werber versucht hätten, öffentliche Arbeitsnachweise als Werbeplätze zu benutzen. Insbesondere wurde berichtet, daß in der Arbeitsnachweisstelle der Patriotischen Gesellschaft in Hamburg englische Agenten Arbeitsuchenden erzählt hätten, sie suchten für eine Gesellschaft von Sportfreunden gediente Soldaten als Begleiter für Löwenjagden in Süd-Afrika; die sehr naheliegende Gegenfrage, ob es sich nicht in Wahrheit um eine Werbung für den englischen Kriegsdienst handle, wurde schließlich bejaht. Wenn diese Vorfälle sich wirklich zugetragen haben, so war es von den Beteiligten unrecht, sich mit einer bloßen Ablehnung des Werbeantrages und mit einer Veröffentlichung durch die Presse zu begnügen. Der Vorfall hätte sofort an Ort und Stelle zur Anzeige gebracht und die Festnahme eines solchen Agenten veranlaßt werden müssen. § 141 des Strafgesetzbuches schreibt vor: „Wer einen Deutschen zum Militärdienste einer ausländischen Macht anwirbt oder den Werbern der letzteren zuführt, . . . wird mit Gefängnis von 3 Monaten bis zu 3 Jahren bestraft. Der Versuch ist strafbar."

Die Unzulässigkeit der Benutzung eines öffentlichen Arbeitsnachweises für Werbezwecke trifft für deutsche Verhältnisse und für alle Länder zu, in denen die allgemeine Wehrpflicht die ausschließliche Grundlage der Heeresverfassung bildet. Indes für die allgemeine Betrachtung des Verhältnisses von Arbeitsnachweis und Kriegsverwaltung darf man nicht übersehen, daß an sich die Anwerbung für eine Söldnerarmee sich mit vollem Recht als Bestandteil des Arbeitsmarktes betrachtet. Es wäre auch gar nicht einzusehen, wie jemand, der den staatlichen Auftrag übernimmt, Rekruten anzuwerben, sich dieses Auftrages anders entledigen könnte, als durch Ausbietung auf dem Arbeitsmarkt. Es ist ein Aufsuchen qualifizierter Arbeitskräfte. Die Mißstände, die sich bei allen Anwerbungen von jeher gezeigt haben, liegen nicht sowohl darin, daß man versucht, die Formen der Arbeitsvermittlung auf den Kriegsdienst anzuwenden, als vielmehr darin, daß diese Anwendung mit unlauteren Mitteln vor sich geht. Die solide Geschäftsvermittlung ist in einem Lande, das die Werbung anerkennt, durchaus einwandfrei. Für das hervorragendste Beispiel der Werbung nach der guten und nach der schlimmen Seite hin gilt das niederländische Werbedepot für die ostindische Kolonialarmee in Harderwyk am Zuidersee. Dieses Depot steht mit sämtlichen Garnisonen des Königreichs in Verbindung. Ein Dienstwilliger, der nach Ostasien gehen will, kann sich bei jeder Garnison melden und wird unentgeltlich nach Harderwyk befördert. Dort geht die Werbung völlig in den Formen eines Arbeitsvertrages vor sich, der zwischen der niederländischen Regierung und dem Rekruten auf die Dauer von sechs Jahren abgeschlossen wird. Die einzige Voraussetzung für den glatten Verlauf des Geschäftes besteht darin, daß nicht bloß die Regierung, sondern auch der andere Teil beim Geschäftsabschluß geschäftlich korrekt verfährt, das heißt, insbesondere seine Papiere in Ordnung hat. Unkontrollierten Gerüchten zufolge soll dieser Fall nicht gerade sehr häufig sein. Die Schilderungen von Harderwyk sind überwiegend erfüllt von dem Leben der Rekruten, die dort bei „Logementhaltern" Unterkunft suchen, weil der Vertragsabschluß aus Mangel an ausreichenden Legitimationspapieren noch nicht erfolgen kann. Diese Logementhalter übernehmen dann für Geld und gute Worte die Vermittlung mit einem Opfermute, der bis zur Beschaffung der erforderlichen Papiere im Wege der Urkundenfälschung gehen soll. Wenn dann der Logementhalter, der die Regierung betrügt, auch noch den Rekruten mit überteuerten Rechnungen schädigt, so liegen hier die Übelstände, die der gewerbsmäßigen Stellenvermittlung auch sonst zum Vorwurfe gemacht werden, in grotesker Zeichnung vor. — An sich sind diese Zustände als eine innere Angelegenheit des Landes zu betrachten, das die Werbearmee als gesetzliche Einrichtung besitzt und rekrutieren will. Nur insofern haben daran auch andere Länder ein Interesse, als ein Übergreifen auf die Nachbargebiete stattfindet. Von Logementen wird auch aus Oldenzaal und aus Venlo berichtet, die ganz in der Nähe der deutschen Grenze liegen. Da ein großer Teil der ostindischen Kolonialarmee aus Deutschen besteht, so ist der Verdacht begründet, daß hier unlautere Machenschaften auch auf den deutschen Arbeitsmarkt übergreifen. Indes läßt sich in dieser Beziehung weder etwas Bestimmtes nachweisen, noch auch angeben, was dagegen zu tun wäre. Die Zeugnisfälschungen, wenn sie wirklich im Geschäftsbetriebe der Logementhalter eine so große Rolle spielen, wie gewöhnlich behauptet wird, würden übrigens der deutschen Regierung schwerlich Anlaß zum Einschreiten geben; die Übervorteilung der niederländischen Regierung, die darin läge, kann getrost dieser selbst zur Verfolgung überlassen werden. Daß wir aber ein besonders großes Interesse daran hätten, solche Elemente, die sich Legitimationspapiere fälschen müssen, an uns zu fesseln, wird man schwerlich behaupten wollen; und wenn wirklich dadurch einmal ein Verurteilter dem Gefängnis oder dem Zuchthaus entgeht, so wird er für die Zwecke, die Gefängnis und Zuchthaus verfolgen, in einer Fremdenlegion und ihren Zuchtmitteln nicht gerade schlecht aufgehoben sein. Das Interesse der Arbeitsnachweis-Verwaltung erschöpft sich darin, daß sie einen Mißbrauch ihrer eigenen Einrichtungen zum Zwecke der Anwerbung für Söldnerarmeen verhüten muß. Wenn Deutschland in der Ausgestaltung seines Arbeitsnachweises weiter solche Fortschritte macht, wie in dem letzten Jahrzehnt, so wird es für die Werber aller Armeen bald nicht bloß den fruchtbarsten, sondern auch den am leichtesten zu bearbeitenden Boden abgeben. Für diese Agenten könnte es kaum etwas Geschäftsförderneres geben, als wenn dasselbe Land, das die kriegstüchtigsten Leute hervorbringt und sie in zwei- oder dreijähriger Dienstzeit schult, auch unentgeltlich Bureaux zur Verfügung stellt, an denen der Agent die Arbeitsuchenden des Orts ohne weiteres versammelt findet. Diese Gefahr wird aber leicht zu bekämpfen sein, wenn man ihr in den ersten Anfängen entgegentritt. Sobald an einem Orte bekannt wird, daß Werbeversuche am Arbeitsnachweis gemacht sind, müssen durch Anschlag und durch Mitteilungen in der Tagespresse die Arbeitsuchenden auf die ihnen drohende Gefahr aufmerksam gemacht und insbesondere unter Bezugnahme auf § 141 des Strafgesetzbuches darauf hingewiesen werden, daß sie die moralische Pflicht haben, jeden derartigen Annäherungsversuch sofort an Ort und Stelle zur Anzeige zu bringen.

In der Strafrechtspflege steht der Strafvollzug in direkten Beziehungen zum Arbeitsmarkt. Denn da in dem heutigen Strafensystem den breitesten Raum die Freiheitsstrafe einnimmt, so entscheidet die Ausgestaltung des Strafvollzuges darüber, in welchem Umfange und zu welchen Zeiten die davon betroffenen Arbeitskräfte dem Arbeitsmarkte entzogen oder zugeführt werden. Wir besitzen keine genaue Statistik über die durchschnittliche Belegung der deutschen Strafanstalten. Man kann die Zahl der Personen, die innerhalb des Deutschen Reichs in Gefängnissen, Zuchthäusern und Korrektionsanstalten sich befinden, auf durchschnittlich 150000, die Zahl derer, die im Laufe eines Jahres durch Verhaftungen dem Arbeitsmarkt auf längere oder kürzere Zeit (einschließlich kleiner Haftstrafen und Untersuchungshaft) entzogen werden, auf etwa 2 Millionen schätzen, sodaß immerhin die Verwaltung der Strafanstalten als eine auf den Arbeitsmarkt einen Einfluß übende Staatseinrichtung angesehen werden muß.

Diese Beeinflussung aber teilt der Arbeitsmarkt mit dem gesamten Erwerbsleben. Der Einfluß der Gefängnisarbeit ist in den interessierten Unternehmerkreisen sehr früh bemerkt worden, und die richtige Regelung bildet ein anerkanntes, wenngleich bis jetzt noch nicht gelöstes Problem. Die weitgehenden Meinungsverschiedenheiten über den hier einzuschlagenden Weg, die Schroffheit, mit der sich die Forderung gewisser Maßregeln und ihre entschiedenste Ablehnung selbst unter Personen verhältnismäßig gleich gestimmter politischer Richtung zeigten, geht zum Teil darauf zurück, daß man sich über den Ursprung des hierin zu Tage tretenden Mißverhältnisses vielfach im unklaren befindet. Die Beschäftigung der Gefangenen, durch die sie zu Konkurrenten der freien Arbeit werden, scheint man als etwas zu betrachten, was zur Freiheitsstrafe hinzugetreten ist und als eine Art Auswuchs bekämpft oder in Schranken gehalten werden muß. Der wahre historische Hergang ist genau entgegengesetzt gewesen. Der Strafvollzug hat die Gefängnisse nicht geschaffen; er hat sie in Gestalt von Arbeitsanstalten vorgefunden und nur für seine Zwecke benutzt. Die ersten deutschen Territorien, die Arbeitshäuser errichteten, die deutschen Seestädte im 17. Jahrhundert, entlehnten den Gedanken den Niederlanden, wo das große Arbeitshaus in Amsterdam dazu diente, beschäftigungslosen Bettlern Beschäftigung zu gewähren und nötigenfalls aufzunötigen. Diese Häuser, die durch Arbeit zur Arbeit erziehen sollten, nannte man Erziehungshäuser oder „Zuchthäuser". Die so vorhandenen Beschäftigungsanstalten wurden dann von der Justiz dazu benutzt, um Verbrecher, statt sie an Leib und Leben zu strafen, lieber der Zucht durch Arbeit zu unterwerfen. Die schnelle Verbreitung, die das System der Freiheitsstrafe im Laufe des 18. Jahrhunderts fand, erklärt sich zum großen Teil daraus, daß nach der herrschenden Staatsanschauung dem Staate ohnedies weitgehende Aufgaben auf gewerblichem Gebiet zufielen. Daß der Staat, der Manufakturen gründete, um neue Industrien ins Leben zu rufen, der in der Benutzung neuer Arbeitsmethoden in den eigenen Werkstätten den Gewerbetreibenden voranging, daß dieser Staat auch die ihm anheimgefallenen Arbeitskräfte der Verbrecher zu gewerblichen Zwecken benutzte, konnte nicht weiter auffallen. Mit dem Zurücktreten des ganzen Systems staatlicher Gewerbetätigkeit blieb aber das staatliche Gewerbe in den Strafanstalten als ein isolierter Überrest stehen. Getreu der im 19. Jahrhundert durchdringenden Parole, daß das Gewerbe dem privaten Betriebe überlassen werden solle, erhob sich der Ruf, auch die Verbrechertätigkeit, soweit sie gewerblich verwertet werden soll, in den privaten Betrieb einzureihen. Um die Mitte des 19. Jahrhunderts drang diese Anschauung durch und setzte an die Stelle der staatlichen Regiearbeit die Verpachtung der Arbeitskräfte an einzelne Unternehmer. Ein besonders getreues Abbild der manchesterlichen Anschauung, wie das vorangegangene Stadium die volkswirtschaftlichen Anschauungen des merkantilistischen Zeitalters widerspiegelte. Den Staat als Konkurrenten seiner gewerbetreibenden Bürger wollte man beseitigen, und man hatte ihn beseitigt. Wenn man aber dieses Erfolges nicht froh wurde, wenn sich bald ebenso laute Klagen über die Konkurrenz der Gefangenen-Pächter erhoben, wie früher über die Konkurrenz der Zuchthaus-Regie, so hatte das seinen Grund darin, daß hier nicht bloß der Wirtschaftsmarkt im allgemeinen, sondern auch der Arbeitsmarkt im besonderen mit eigenartigen Erscheinungen in Betracht kam. Das „freie Spiel der Kräfte" im gewerblichen Leben beruht nicht nur darauf, daß die Konkurrenten im Verhältnis von Angebot und Nachfrage ihrer Waren gleichgestellt sind, sondern ganz ebenso auf der Gleichheit der Produktionsbedingungen und insbesondere der Lohnbedingungen. Die Regelung geschieht in der Art, daß jedem Unternehmer als Gegenpartei die Arbeiter gegenüberstehen, mit denen sich der eine ebenso auseinanderzusetzen hat, wie der andere. Diese Gleichheit ist aufgehoben gegenüber einer Kategorie von Arbeitern, die der Staat aus dem freien Spiel von Angebot und Nachfrage auf dem Arbeitsmarkt herausnimmt, um sie seinen Festsetzungen und einem direkten Zwange zu unterwerfen. Die Zahl der Gefangenen mag im Verhältnis zur Arbeiterbevölkerung Deutschlands klein sein. Wenn aber die Gefängnisverwaltungen, wie das im Interesse der Verwaltungszwecke fast unvermeidlich ist, diese Zahl einigen wenigen durch die Erfahrung bewährten Industrien zuwendet, so kann sie allerdings hier auf die Produktionsbedingungen einen merkbaren Druck ausüben. Schon im Jahre 1877 sah der deutsche Handelstag sich veranlaßt, eine Enquête über Gefängnisarbeit zu veranstalten. Auf Grund dieser Enquête stellte der Handelstag hauptsächlich zwei Forderungen: von dem Verpachtungssystem zur eigenen Regie zurückzukehren und innerhalb derselben die Arbeitskräfte in erster Linie für Staatszwecke zu verwerten. Von den beiden Vorschlägen kann der erste wohl nur als eine Politik des Katzenjammers bezeichnet werden. Er ist der Ausdruck des völligen Überdrusses an dem so innig begehrten Genusse des rein privaten Unternehmerprinzips, wenigstens in diesem Punkte. Bessern konnte aber von den Übelständen, die man beklagte, der Regiebetrieb an sich nichts. Denn für die Konkurrenz der Waren auf dem Markte ist es gleichgültig, ob sie ein bevorzugter privater Unternehmer oder der Staat selbst auf den Markt wirft. Von ungleich größerer Bedeutung ist jedoch der zweite Punkt: das Verlangen nach Verwertung der Gefängnisarbeit für Staatszwecke. Denn, wenn es auch im Prinzip volkswirtschaftlich keinen Unterschied begründen kann, ob die Konkurrenz am offenen Markt betrieben wird, oder dadurch, daß der Staat das Geschäft „in sich" macht so besteht zwischen beiden doch ein psychologischer Unterschied. Wo ein billiger Preis in Ziffern in die Erscheinung tritt, reizt er auch in demselben Maße zur Nacheiferung. Wo die Wirkung nicht direkt, sondern indirekt erzielt wird, geht auf dem langen Umwege immerhin auch etwas von Wirkungskraft verloren. So kann man sich im allgemeinen mit dieser Direktive wohl einverstanden erklären. In der Tat haben die Verwaltungen auch diesen Weg betreten. Gegenwärtig wird in den preußischen Anstalten etwa ein Viertel der Gefangenen in der Verwaltung der Anstalten selbst beschäftigt, ein weiteres Viertel für Staats- und Reichszwecke, sodaß nur noch die Hälfte gewerblich verwendet (teils in eigener Regie, teils an Unternehmer vergeben) und an der weiteren Verminderung dieses Satzes beständig gearbeitet wird. Daß inzwischen die Schwierigkeiten nicht aufgehört haben, beweist eine Nachricht aus Rawitsch, die gegenwärtig (September 1902) durch die Tageszeitungen geht. Für den Bau des dortigen Gymnasiums waren die Tischlerarbeiten in Submission ausgeschrieben. Außer vier Breslauer, hatten sich fünf ortsansässige Firmen beteiligt. Alle aber wurden durch die Rawitscher Strafanstalt unterboten, die mit 5422,50 Mk. das Mindestgebot noch um mehr als 1000 Mk. unterbot. Wenn diese Nachricht richtig ist, so würde sie förmlich ein Schulbeispiel darstellen, in dem die volkswirtschaftlichen Bedenken gegen das reine Unterbietungs-Prinzip (S. 322) und die gegen die unbeschränkte Konkurrenz der Gefängnisarbeit in höchster Potenz übereinander gehäuft erscheinen.

Während bisher die Rücksicht auf den Arbeitsmarkt nur als ein unerkanntes Entwicklungsmoment mitspielte, hat dieses Moment in der letzten Zeit seine Berücksichtigung ganz direkt verlangt. Mit der zunehmenden Leutenot auf dem Lande stellten die landwirtschaftlichen Unternehmer-Vertretungen das Verlangen, den Landwirten Gefangene in Außenarbeit zu geben. Dieses Verlangen beginnt in den 80 er Jahren und hat im Jahre 1896 auch zu einem Beschluß des deutschen Landwirtschaftsrats geführt. Hier tritt also die Forderung auf, in der Verwertung der Gefangenenarbeit in erster Linie die Rücksicht auf den Arbeitsmarkt maßgebend sein zu lassen. Die massenweise Vergebung in Außenarbeit hat die preußische Verwaltung zwar nicht bewilligt; aber sie hat (ganz im Sinne der oben skizzierten Entwicklung) auch innerhalb der Landwirtschaft die Bevorzugung der öffentlichen Arbeit in der Art durchgeführt, daß für Landeskultur-Arbeiten Gefangene in Außenarbeit gegeben werden dürfen. Die Verwendung von Gefangenen zu Landeskultur-Arbeiten bildet zur Zeit den umstrittensten Punkt. Auf der einen Seite stehen die Kriminalisten der preußischen Anstaltsverwaltung; ihr gegenüber fast alle andern. Jahrelang hat der Kongreß der deutschen Strafanstalts-Beamten sich geweigert, die Angelegenheit auch nur einer Beratung zu würdigen. Und als diese endlich auf dem Nürnberger Kongreß (30. Mai 1901) durchgesetzt wurde, schloß sie damit, daß die Versammlung sich im Interesse der Durchführung eines geordneten Strafvollzuges gegen die Kulturarbeiten erklärte und sie höchstens ausnahmsweise dulden wollte. Die Erörterungen über diesen Gegenstand lassen nur zu deutlich erkennen, wie ungewohnt selbst den Theoretikern noch die Rücksichtnahme auf den Arbeitsmarkt ist. Das Vorgehen der preußischen Verwaltung hätte eine größere Beachtung doch schon unter dem Gesichtspunkte verdient, daß es gar nichts vereinzeltes darstellt. Wie die preußische Verwaltung die Austrocknung von Mooren in Hannover und Schleswig-Holstein, die Parzellierung durch die Ansiedelungskommission in Westpreußen und Posen, die Aufforstung von Wanderdünen auf der Kurischen Nehrung, die Wasser-Sperr-Arbeiten in der Eifel u. a. m. in Aussicht genommen hat, so lassen die bayrischen Zuchthäuser Laufen und Niederschönenfeld ebenfalls Verbauungen an Wildbächen und Austrocknung von Moosen ausführen, Italien läßt Sümpfe in der Kampagna anstrocknen, Frankreich Wasser- und Erdarbeiten im Hafen von Marseille ausführen, Nordamerika in Urwäldern roden u. s. w. Dieser Zug nach Außenarbeit, das Bestreben, die Arbeitskräfte der Gefangenen für solche Zwecke zu verwenden, für welche nicht leicht freie Arbeiter zu haben sind, ist international. Schon das stellt eine starke Indikation dafür dar, daß ein solches Vorgeheu im gewissem Maße geboten sein muß. Wenn dem gegenüber die meisten Kriminalisten betonen, daß der Zweck der Strafe durch diese Nebenrücksicht nicht vereitelt werden dürfe, so haben sie zwar damit recht; aber sie haben unrecht, soweit sie meinen, daß jene Rücksicht alles und diese gar nichts bedeute. Wenn schon die Rücksicht auf fiskalische Kostspieligkeit gegen viele Vorschläge ins Feld geführt werden darf, so noch viel mehr die volkswirtschaftliche Kostspieligkeit. Es hat eine Grenze, wie weit der Strafvollzug auf eine volkswirtschaftlich schädliche Art durchgeführt werden darf. Die Geschichte dieser Rücksichten auf das volkswirtschaftlich Nützliche oder Schädliche ist der Geschichte der Strafmittel ebensowenig fremd, wie der Geschichte der andern Verwaltungsmittel. Was in früheren Zeiten den Verstümmelungsstrafen den Garaus gemacht hat, war ihre volkswirtschaftliche Schädlichkeit; es war zu kostspielig, einen Menschen mit Verlust des rechten Armes, mit Verlust des Augenlichtes u. s. w. zu bestrafen und die Gesellschaft für Jahre oder Jahrzehnte mit einem Krüppel zu belasten. Ebenso ist auch heute zu prüfen, ob das System der geschlossenen Anstalt oder gar der Zellenhaft, selbst wenn es kriminalistisch das beste sein sollte, volkswirtschaftlich zu halten ist, in einer Zeit, in der auf einem Teile des Arbeitsmarktes (dem landwirtschaftlichen) diese Arbeitskräfte auf das Notwendigste gebraucht werden. Es ist sehr schwer, darüber zu urteilen, wie die eine Rücksicht gegen die andere aufgerechnet werden soll. Nur dagegen muß vom Standpunkte des Arbeitsmarktes aus Verwahrung eingelegt werden, daß die Rücksicht ganz und gar beiseite geschoben wird. Wenn auf dem genannten Nürnberger Kongreß ein Redner sich dahin ausdrückte, daß durch die Außenarbeit der Sträfling gewissermaßen an dem „ruhigen Genuß“ seiner Strafe gehindert werde, so macht dies fast den Eindruck, als ob diese Richtung bereits bei der Selbst-Ironisierung angelangt wäre. — Allerdings manche der Gründe, die für die Verwendung zu landwirtschaftlichen Außenarbeiten angeführt wurden, unterliegen zum mindesten derselben Kritik. So z. B.: daß die Außenarbeit eine Handhabe gebe, die Gefangenen auch für später in die landwirtschaftliche Arbeit hineinzuzwingen, der die entlassenen Gefangenen sich bisher immer mit der Begründung entzogen, daß sie in der Industrie mehr verdienen könnten. Dieses Argument leistet an einseitiger Betonung der rein wirtschaftlichen Seite dasselbe, wie ihr Widerpart in der einseitig kriminalistischen Weise. Es leistet aber noch mehr, indem es innerhalb des begrenzten Gesichtskreises die Einseitigkeit wiederholt und von den beiden Parteien, die auf dem landwirtschaftlichen Arbeitsmarkte einander gegenüberstehen, wiederum nur die eine, die Arbeitgeber sieht. Es ist gewissermaßen die Epicykloide der Einseitigkeit.

Es gibt unter den Kriminalisten auch eine dritte Richtung, die zu jenen Vorschlägen weder Ja noch Nein sagt, sondern eine Entscheidung je nach der Persönlichkeit des Sträflings verlangt, d. h. den Grundsatz der Individualisierung aufstellt, und eine Unterscheidung der Unverbesserlichen einerseits, der bloßen Gelegenheitsverbrecher andererseits und einer Mittelklasse verlangt. Diese Richtung befindet sich (abgesehen von ihrer Neigung, die Klasse der Unverbesserlichen ganz übertrieben auszudehnen) auf dem richtigen Wege. Allein sie macht auf halbem Wege Halt, indem sie jenen Grundsatz der Individualisierung nur auf die moralische Seite des Sträflings anwendet. Auch sie übersieht, daß die Gefängnisverwaltung mit unter dem Gesichtspunkte des Arbeitsmarktes einzurichten ist. Beide Rücksichten stehen in innigster Wechselwirkung, ja sie sind unter dem Gesichtspunkte des Verwaltungszweckes geradezu untrennbar. Verwaltungszweck der Strafanstalten ist (wenn man von der kleinen Gruppe der lebenslänglich Inhaftierten absieht): innerhalb der Strafzeit eine möglichst große Zahl von Sträflingen so weit zu bringen, daß sie befähigt sind, wiederum nützliche Mitglieder der menschlichen Gesellschaft zu werden. Unter der heutigen wirtschaftlichen und gesellschaftlichen Verfassung ist die Institution, die dem Gros der Bevölkerung es ermöglicht, sich als Glied der Gesellschaft zu betätigen, der Arbeitsmarkt. Ist der Grundsatz der Individualisierung also richtig, so muß er sich wie auf die moralische, so auch auf die Arbeiterqualität erstrecken. Hieraus folgt auf der einen Seite, daß es keine schlechtere Verteidigung der landwirtschaftlichen Außenarbeit geben kann, als die Begründung damit, daß sie eine Handhabe biete, die Gefangenen dauernd in landwirtschaftliche Beschäftigung hineinzupressen. Auf dem Arbeitsmarkte ist der entlassene Strafgefangene ohnedies schon der schwächere Konkurrent; ihn dadurch noch mehr zu schwächen, daß man die Fürsorge für den Entlassenen dazu mißbrauchen will, ihn zu geringer besoldeter Tätigkeit hinzuschieben, stellt nicht nur ein wirtschaftliches Unrecht an ihm dar, sondern gleichzeitig auch ein sittliches; denn es schafft in der wirtschaftlichen Schwächerstellung eine neue Quelle des Verbrechens. Andererseits aber folgt aus jenem Grundsatz ebenso, daß gegenüber Personen, die für landwirtschaftliche Arbeiten besonders geeignet sind, auch von Strafvollzugs wegen Maßregeln angebracht sind, die ihnen den Eintritt in diese Arbeit ermöglichen. Dieses Moment gewinnt gegenwärtig eine erhöhte Bedeutung, weil der landwirtschaftliche

Arbeitsmarkt noch immer Lücken zeigt, und weil Personen, die eher für landwirtschaftliche Arbeiten geeignet sind, ceteris paribus, hier die Möglichkeit finden, sich eine neue Existenz zu schaffen. In diesem Punkte zeigt sich, daß der Arbeitsmarkt für den Grundsatz der Individualisierung eine viel feinere Anwendung verlangt, als die bloße Rücksichtnahme auf moralische Fähigkeiten. Für diese genügt es, gewisse Typen festzustellen und festzuhalten. Denn im großen und ganzen bleiben die moralischen Fähigkeiten, die für die Bewertung der Personen maßgebend sind, dieselben und ändern sich höchstens in großen historischen Perioden. Der Arbeitsmarkt aber zeigt ein wechselvolles Gesicht. Bald sind es diese, bald jene Fähigkeiten, die ein leichteres Fortkommen gewährleisten. Für die Anhänger des Grundsatzes der Individualisierung liegt hier noch ein unermeßliches Betätigungsfeld.

Es erübrigt noch festzustellen, wie sich zu den hier entwickelten Gesichtspunkten die geltende Gesetzgebung stellt. Die Materie ist durch die §§ 15 und 16 des Reichs-Strafgesetzbuches geregelt. Die Regelung ist für Zuchthaus- und Gefängnisstrafe verschieden. Die Verwendung außerhalb der Anstalt, insbesondere zu öffentlichen oder von einer Staatsbehörde beaufsichtigten Arbeiten, ist für Zuchthäusler in das Ermessen der Verwaltung gestellt, für Gefängnis-Sträflinge von ihrer Zustimmung abhängig gemacht. Diese Bestimmungen geben für alle oben entwickelten Möglichkeiten ausreichenden Spielraum. Wird die Außenarbeit so eingerichtet, wie es unter dem Gesichtspunkte des Arbeitsmarktes zu wünschen ist, so ist dagegen nichts einzuwenden, daß man beim Gefängnis-Sträfling im allgemeinen die richtige Einsicht für sein zukünftiges Interesse als Regel voraussetzt und den Zwang auf Zuchthäusler beschränkt. Die grundsätzliche allgemeine Unterscheidung besteht darin, daß Zuchthäusler in der Strafanstalt „zu den eingeführten Arbeiten anzuhalten sind“, Gefängnis-Sträflinge hingegen nur „auf eine ihren Fähigkeiten angemessene Weise“ beschäftigt werden dürfen (und zwar auf ihr Verlangen in dieser Weise beschäftigt werden müssen). Diese grundsätzliche Unterscheidung ist allerdings genau das Gegenteil derjenigen, zu der man bei Berücksichtigung des Arbeitsmarktes kommen müßte. Die Gefängnisstrafen sind bedeutend kürzer, als die Zuchthausstrafen. Sie können schon mit einem Tage beginnen, umfassen in der Regel nur einige Wochen oder Monate, und in dem, selten vorkommenden äußersten Falle nur 5 Jahre; die Zuchthausstrafe hingegen kann (abgesehen von der Lebenslänglichkeit), sich bis auf 15 Jahre erstrecken und beträgt in keinem Falle weniger als 1 Jahr. Ist also Verwaltungszweck der Strafanstalten, den Sträfling möglichst in einen Zustand zu bringen, in dem er wieder ein nützliches Mitglied der menschlichen Gesellschaft werden kann, so ist die weitgehendste Rücksicht auf persönliche Fähigkeiten, ja geradezu das Ausspüren von Anlagen, die dem Sträfling möglicherweise späterhin die Begründung einer neuen Existenz ermöglichen, bei Strafarten von vieljähriger Dauer von unendlich höherer Wichtigkeit, als bei kurzzeitigen Strafarten. Die gänzliche Verkennung dieser Gesichtspunkte läßt sich nur durch die Einseitigkeit erklären, mit der man die Strafe als ein dem Sträfling zuzufügendes Übel, das Maß des empfundenen Unbehagens als das einzige Abmessungsmittel betrachtet. Man stelle sich einen Menschen vor, der zum Verbrechen getrieben worden ist, weil eine ungeschickte Berufswahl ihn in einen Beruf gebracht hat, in dem er sich nicht ernähren konnte. Ist die Schwere seines Verbrechens groß genug, um ihn in das Zuchthaus zu bringen, so wird nun von Staatswegen dafür gesorgt, daß der Fehler, der einmal an ihm begangen wurde, in erhöhter Potenz jahrelang fortgesetzt wird. Wenn der frühere Beruf wenigstens doch noch in der Absicht gewählt war, daß er seiner Individualität entsprechen sollte und nur in der Ausführung daneben gegriffen wurde, so werden jetzt die Arbeiten für ihn prinzipiell unter dem Gesichtspunkte ausgesucht, daß seine Fähigkeiten dabei keine Berücksichtigung finden dürfen. So wirkt dann das Moment, das ihn auf die Bahn des Verbrechens getrieben hatte, nach Verlassen des Zuchthauses stärker, als vor dem Eintritt. Die Wirkungen dieser Verkehrtheit liegen in der Rückfall-Statistik nur allzu deutlich vor Augen. — In diesem Punkte muß die Berücksichtigung der Beziehungen zwischen Strafvollzug und Arbeitsmarkt zu einer vollständigen Umkehrung führen.

In Wirklichkeit ist freilich die Verkehrtheit nicht ganz so stark, weil hier zwei Fehler einander zum Teil auslöschen. Es ist ein offenes Geheimnis, daß die Art der Strafvollstreckung bei uns nicht so sehr von dem richterlichen Urteil, wie von der Anstalt abhängt, in die der Verurteilte gelangt. Auch die Beschäftigung in den Gefängnissen richtet sich vielfach nach den dort ein für allemal eingeführten Arbeiten. Und wenn einmal in einer parlamentarischen Verhandlung ausgeführt wurde, daß Rohrflechten für einen Zeitungsredakteur eine seinen „Fähigkeiten und Verhältnissen angemessene" Beschäftigung darstelle, weil sie sauber sei und keine Vorkenntnisse erfordere, so hört jede Möglichkeit auf, über die Nichtberücksichtigung persönlicher Fähigkeiten und Verhältnisse in den beiden Straforten aufgrund der Gesetzes-Paragraphen allein zu urteilen. — — —

Mit diesen Auseinandersetzungen sind wir bereits auf eine zweite Beziehung zwischen Strafvollzug und Arbeitsmarkt gekommen: die Entlassung aus der Strafanstalt. Diese Entlassung ist in der Regel eine Entlassung auf den Arbeitsmarkt. Der Gefangene befand sich bisher außerhalb des Arbeitsmarktes; erst jetzt, bei Wiedererlangung seiner Freiheit, tritt er mit dem Angebot seiner Ware Arbeitskraft auf den Markt. Diese Überleitung erfordert eine Verwaltungseinrichtung, die auch verhältnismäßig früh als notwendig erkannt worden ist. Im Jahre 1827 bildeten sich, unabhängig voneinander, der Verein zur Besserung der Strafgefangenen in Berlin und die Rheinisch-Westfälische Gefängnisgesellschaft in Düsseldorf, von denen jene die östlichen, diese die westlichen Provinzen als ihr Wirkungsfeld betrachtete. Ihnen sind eine große Reihe anderer Vereine gefolgt, die seit dem Jahre 1892 zu einem „Verband der deutschen Schutzvereine für entlassene Gefangene" mit dem Sitze in Karlsruhe vereinigt sind. Diese Vereine haben ohne Rücksicht darauf, ob sie aus polizeilichen, kirchlichen oder allgemein philanthropischen Rücksichten entstanden waren, von vornherein die Rücksicht auf den Arbeitsmarkt zum Programmpunkt erhoben und in erster Linie gepflegt. Die Beschaffung von Arbeitsstellen, die in allen diesen Vereinen eine große Rolle spielte, hat der Berliner Verein im Jahre 1883 einem Arbeitsnachweis-Bureau überwiesen, das seit 1896 zu einer satzungsgemäßen Einrichtung erhoben ist. Durch die preußischen Bestimmungen von 1895 über die Fürsorge für entlassene Strafgefangene ist diese Vereinstätigkeit gewissermaßen der öffentlichen Verwaltung eingegliedert. Dem Arbeitsnachweis-Bureau ist in dem neuen Justizpalaste des Amts- und Landgerichts I Berlin eine Räumlichkeit zugewiesen, die den allgemeinen Anforderungen an Arbeitsnachweis-Räumlichkeiten genügt (zu ebener Erde, eigener Eingang). Das Arbeitsnachweis-

Bureau stellt sich zusammen mit der übrigen Vereinstätigkeit als eine regelrechte Übergangsstation zwischen Gefängnis und Arbeitsmarkt dar. Aufgaben des Bureaus und des Vereins sind: die Empfangnahme des Über-Arbeitsverdienstes durch direkte Zusendung seitens der Anstalt und Verwaltung dieser Ersparnisse für den Entlassenen; Einweisung in eine Schlafstelle des Vereins oder im Notfalle in ein Asyl für Obdachlose unter Wahrung des Zusammenhangs mit dem Verein; Zuweisung von Speisemarken für eine Volksküche; Lieferung zweier Anzüge (eines Arbeits- und eines besseren Anzuges); Aussöhnung mit der Familie. Alles das bildet den notwendigen Hintergrund für die Hauptaufgabe: die Beschaffung von Arbeit. Der Verein hat den Grundsatz voller Offenheit. Er vermittelt nur für solche Arbeitgeber, die wissen, daß sie von diesem Bureau entlassene Strafgefangene bekommen. Als Abnehmer boten sich in erster Linie die städtische Straßenreinigung und die städtische Kanalisation an. Dann gelang es, Arbeiter in solche Beschäftigungen zu bringen, in denen kein nahes räumlich geschlossenes Zusammenarbeiten mit andern Arbeitern stattfindet, namentlich in Bauten. Auf viele Schwierigkeiten stieß der Verein bei der Unterbringung in Fabriken und Werkstätten. Hier ist es sehr bemerkenswert, daß es häufig Perioden gab, in denen die entlassenen Strafgefangenen als willkommene Helfer begrüßt wurden, und zwar zu Zeiten, von denen man es nicht vermutet. Im allgemeinen nimmt man an, daß der Krieg eine Krisis des Wirtschaftslebens bedeute und die Unterbringung von Arbeitskräften erschwere. Aber der Krieg entblößt gleichzeitig das Land von Arbeitskräften, und die Tatsache, daß dieser Verein während des Krieges von 1870/71 seine Schützlinge besonders leicht unterbringen konnte, ist ein ganz hervorragender Beweis für den Dienst, den eine geordnete Arbeitsvermittlung durch das Aufspüren der menschendurstigen Stellen des Arbeitsmarktes leisten kann. Der wirtschaftliche Aufschwung, der auf den Krieg folgte, erleichterte dann die Fortsetzung der Tätigkeit. Bei Einbruch der Krisis im Jahre 1873 wurde aber den ehemaligen Sträflingen zuerst gekündigt, und bis 1876 blieb der Verein in großen Schwierigkeiten. Das veranlaßte ihn, für seine Schützlinge ein Beschäftigungsgebiet zu suchen, in dem sie einem ähnlichen Schicksal weniger ausgesetzt wären und sich eine neue feste Tätigkeit begründen konnten. Als ein solches erwies sich die Landwirtschaft. An Reisegeld fehlte es nie; denn wenn der Gefangene keinen Überverdienst hat, stellen jetzt die Gefängnis-Verwaltungen geeignetenfalls Reisegeld zur Verfügung, und der Verein selbst besitzt Mittel hierfür. In der Zuweisung von Arbeitern auf das Land hat der Verein große Erfolge zu verzeichnen. Für Jugendliche, die in erster Linie nach ihren Neigungen gefragt werden, hat das Leben auf dem Lande, der Verkehr mit Pferden 2c. einen großen Reiz, und die veränderte Umgebung (wenn sie aus der Stadt stammen) wirkt an sich günstig. Da die Strafvollstreckung gesundheitschwächend wirkt, so bedeutet für viele der Aufenthalt auf dem Lande eine körperliche Stärkung. Aber auch bei älteren Arbeitern und bei der Umsiedelung ganzer Familien hat der Verein gute Erfolge. Seit dem Jahre 1893 besitzt er einen eigenen Revisor, der die Überwiesenen besucht, sie selbst und ihre Arbeitgeber befragt und regelmäßig zufriedenstellende Berichte einsendet. Auch der deutsche Landwirtschaftsrat hat sich im Jahre 1896 mit dieser Rekrutierung des ländlichen Arbeitsmarktes beschäftigt und sich sowohl über die Führung, wie über die Beziehungen zu den anderen Arbeitern und zu den Arbeitgebern günstig ausgesprochen. Der Verein hat seine gesamte einschlägige Tätigkeit in folgende zwei Tabellen zusammengefaßt.

(Siehe Seite 378 und 379.)

Die beiden Tabellen geben ein anschauliches Bild. Aus ihnen geht namentlich hervor, in wie gewaltigem Maße die Erfolge der landwirtschaftlichen Vermittlung alle andern übertreffen. In Tabelle 8 ist in den letzten Jahren kein Beruf auch nur annähernd mit solchen Ziffern vertreten, wie die Landwirtschaft (Sp. 17). Tabelle 9 zeigt uns, daß es in jedem andern Beruf schwer hält, den Entlassenen der ursprünglichen Tätigkeit wieder zuzuführen; hingegen ist in den letzten Jahren die Zahl der nachgewiesenen landwirtschaftlichen Stellen (Sp. 13) für sich allein schon größer, als die Zahl aller ihrem früheren Berufe nach als „Arbeiter“ Bezeichneten (Sp. 10), und bleibt größer, selbst wenn man Kutscher, Gärtner und Hausdiener (Sp. 8) den „Arbeitern“ hinzurechnet. — Selbstverständlich ist, daß in Tab. 9 den bestraften Beamten (Sp. 2) solche, die nach ihrer Entlassung in Beamtenstellen untergebracht worden sind (Sp. 3), überhaupt nicht gegenüber stehen. Nicht etwa in dem

Tab. 8. Arbeitsnachweis des Berliner Vereins zur Besserung der Strafgefangenen. 1883—1900.

Im Jahre	A. Es haben Beschäftigung nachgesucht			B. Es haben Beschäftigung nachgewiesen erhalten			C. Die Beschäftigung (B) erfolgte in Berlin		C. Die Beschäftigung (B) erfolgte außerh. Berl.		D. Art der Beschäftigung					
	erwachsene Personen	jugendliche Personen	Gesamtzahl	erwachsene Personen	jugendliche Personen	Gesamtzahl	erwachsene Personen	jugendliche Personen	erwachsene Personen	jugendliche Personen	Verkäufer, Buchhalter, Schreiber, Aufseher	Handwerker, Maler, Schlosser, Schneider, Schuhmacher, Tischler	Kutscher, Gärtner, Hausdiener u. s. w.	Fabrikarbeiter	Erd- und Ziegeleiarbeiter	Landarbeiter, Knechte, Hofgänger
1.	2.	3.	4.	5.	6.	7.	8.	9.	10.	11.	12.	13.	14.	15.	16.	17.
15. April bis 31. Dez. 1883	1503	124	1627	886	42	928	207	37	681	3	41	135	29	187	339	197
1884	2599	291	2890	1974	173	2147	554	82	1420	91	59	287	82	425	396	898
1885	2726	272	2998	2092	182	2274	503	88	1589	94	69	363	104	377	363	998
1886	2604	278	2882	2004	246	2250	508	62	1496	184	68	358	111	380	424	909
1887	2419	435	2854	1835	406	2241	443	51	1382	365	71	357	110	273	419	1011
1888	2510	529	3039	1989	432	2421	380	47	1609	385	63	272	128	264	1007	687
1889	2654	602	3256	2070	538	2608	345	51	1725	487	63	249	128	253	1179	736
1890	2752	671	3423	2130	636	2766	317	56	1813	580	35	172	131	186	829	1413
1891	3062	918	3980	2442	860	3302	318	67	2124	793	51	217	180	165	960	1729
1892	2751	894	3645	1890	836	2726	183	55	1807	681	46	145	151	83	315	1986
1893	2862	905	3767	2011	831	2842	197	56	1814	775	62	134	123	98	219	2206
1894	3431	937	4368	2630	877	3507	396	76	2235	800	83	151	139	109	284	2741
1895	3543	912	4455	2680	848	3528	355	81	2335	757	80	167	115	119	336	2711
1896	3639	910	4549	2782	852	3634	335	81	2447	771	75	178	127	120	356	2778
1897	3571	854	4425	2719	746	3465	256	80	2463	666	82	148	130	132	345	2627
1898	3859	790	4649	2974	691	3665	242	71	2732	620	78	170	106	131	457	2723
1899	4009	772	4781	3031	653	3684	264	74	2768	578	82	201	108	129	353	2811
1900	4142	724	4866	2828	666	3494	323	88	2507	576	81	197	96	133	340	2647

Tab. 9. **Dasselbe.** Unterscheidung nach Berufen unter den Strafentlassenen und den nachgewiesenen Stellen. 1885—1900.

Jahr	Beamte		Kaufleute, Buchhalter, Schreiber, Verkäufer etc.		Handwerker, Tischler, Schlosser etc.		Kutscher, Gärtner, Hausdiener etc.		Arbeiter				
									früherer Beruf	Nachgewiesene Arbeit als			
	früherer Beruf	nachgewiesene Arbeit	früherer Beruf	nachgewiesene Arbeit	früherer Beruf	nachgewiesene Arbeit	früherer Beruf	nachgewiesene Arbeit		Fabrikarbeiter	Erd- und Ziegeleiarbeiter	Knechte, Hofgänger, Landarbeiter	zusammen
1.	2.	3.	4.	5.	6.	7.	8.	9.	10.	11.	12.	13.	14.
1885	34	—	244	69	760	363	218	104	1018	377	363	998	1738
1886	29	—	268	68	722	358	226	111	1005	380	424	909	1713
1887	36	—	241	71	691	357	293	110	978	273	419	1011	1703
1888	41	—	336	63	708	272	319	128	1017	264	1007	687	1958
1889	37	—	415	53	802	311	297	139	1057	222	1046	837	2105
1890	28	—	482	35	847	172	328	131	1081	186	829	1413	2428
1891	37	—	608	51	908	217	386	180	1363	165	960	1729	2854
1892	44	—	578	46	721	145	352	151	1031	83	315	1986	2384
1893	57	—	602	63	689	188	326	131	1168	77	281	2102	2460
1894	66	—	734	83	788	151	333	139	1586	109	284	2741	3134
1895	73	—	772	80	802	167	317	115	1564	119	336	2711	3166
1896	94	—	742	68	905	184	288	176	1605	108	406	2692	3206
1897	107	—	762	82	886	148	216	130	1494	132	346	2627	3105
1898	136	—	803	78	917	170	288	106	1521	131	457	2733	3311
1899	127	—	751	92	933	161	252	117	1621	143	427	2744	3314
1900	136	—	622	102	645	183	267	133	1824	124	366	2586	3076

Sinne selbstverständlich, als ob es nicht vorkäme, daß bestrafte Beamte wieder in Amtsstellen gelangen, sei es in dasselbe Amt (soweit das gesetzlich zulässig ist), sei es in ein anderes, niederes, das weniger Selbständigkeit und Verantwortung mit sich bringt. Allein für den Beamtenkörper haben derartige Fälle eine weit über den Einzelfall hinausreichende Bedeutung, und es läßt sich wohl annehmen, daß der Nichtverlust des Amtes oder die Neuanstellung, wenn sie überhaupt beabsichtigt wird, dem Bestraften vor seiner Entlassung bereits bekannt gegeben ist. Daß andrerseits Staat und Gemeinden bestrafte Personen, die nicht schon Beamte waren, nicht anstellen, könnte zwar als ausnahmsloser Grundsatz nicht gebilligt werden. Allein es kann an dieser Stelle dahingestellt bleiben, inwieweit hier Ausnahmen gemacht werden sollten. Denn so weit werden diese Ausnahmen niemals gehen, daß Beamtenstellen als offene Stellen beim Arbeitsnachweis für Strafentlassene in Betracht kämen; zum mindesten wird bei solchen Ausnahmen die Bedingung einer Rehabilitierung durch Ablauf einer tadellos zugebrachten längeren Zeit verlangt wird. — Übrigens ist die Schwierigkeit, für Beamte Beamtenstellen zu finden, nur ein besonders gesteigerter Spezialfall der allgemeinen Schwierigkeit, Personen höherer Stände — oder sich für höher haltender Stände — wieder unterzubringen. Die Rubrik „Kaufleute, Buchhalter, Schreiber, Verkäufer ꝛc." zeigt durchweg zwischen Bestraften (Sp. 4) und solchen, die in den betreffenden Berufen Arbeit erhielten (Sp. 5) ein größeres Mißverhältnis, als irgend eine der folgenden Rubriken. Die Anschauung, der man nicht selten begegnet, daß der entlassene Strafgefangene ohne Rücksicht auf Bildungsgrad und Lebensgewöhnung jede Art von Arbeit annehmen müsse, um sich in den Augen seiner Mitmenschen zu rehabilitieren, ist so unweise wie möglich. Er widerspricht dem Grundsatze der Individualisierung, er stößt den Entlassenen in einen Lebensberuf hinein, in dem er trotz seiner höheren Bildung wegen mangelnder Körperkräfte und Gewöhnung minderwertig und also dem Verbrechen besonders ausgesetzt ist. Hier verlangt der Arbeitsnachweis für Strafentlassene dieselbe Regelung wie jeder andere Arbeitsnachweis (S. 230): wo Arbeit nicht nachgewiesen werden kann, erhebt sich die Aufgabe der Arbeitsbeschaffung. Seit dem 1. Oktober 1892 unterhält der Verein eine Schreibstube, an die bis Ende 1899 von Arbeitgebern für gefertigte

Schreibarbeiten 17417,51 M. gezahlt wurden. Da das (bei einem Zeitraum von 7 1/4 Jahren) durchschnittlich nur 2—3000 M. für das Jahr sind, so läßt es nicht auf eine umfangreiche Tätigkeit schließen. Der Verein macht darauf aufmerksam, daß häufiger, als man allgemein annimmt, Gesuche von bestraften ehemaligen Offizieren und höheren Staatsbeamten an den Verein gelangten. Nach Tabelle 8 haben in den letzten Jahren die beiden Rubriken „Beamte" und „Kaufleute ꝛc." einen nicht unterzubringenden Überschuß von 6—800 Köpfen jährlich ergeben, sodaß auf den Kopf 20—50 M. kämen. Bei Gewährung von Schlafstellen, Kleidung und Speisemarken ließe sich damit eine 1—2 monatige Übergangszeit vielleicht notdürftig ermöglichen. Allein, wenn die Betreffenden nach so kurzer Übergangszeit eine Stelle erhalten hätten, so würden sie voraussichtlich in der Statistik des Vereins als untergebracht erscheinen. Die Behandlung von Strafgefangenen aus den oberen Gesellschaftsklassen ist ein bisher noch zu wenig berücksichtigtes Problem.

Die Tätigkeit der Arbeitsnachweise für Strafentlassene beschränkt sich in der Regel auf männliche Personen. Der verhältnismäßig sehr viel geringere Anteil der weiblichen Bevölkerung am Verbrechen macht hier besondere Veranstaltungen weniger notwendig. Da ferner der typische Fall der Verbrecherin mehr oder minder mit der Prostitution zusammenhängt, so wird hier, was bei männlichen Gefangenen die Ausnahme ist, Herbeiführung eines neuen Berufslebens geradezu zur Regel. Weitaus der größte Teil der Aufgaben eines derartigen Arbeitsnachweises wird auf diese Art ein bloßes Annex der Fürsorge für gefallene Mädchen. — Allein alles das rechtfertigt doch noch nicht die sehr geringe Wichtigkeit, die man in der Regel dem Arbeitsnachweis für weibliche Strafentlassene beilegt. Auch die Minderheit der weiblichen Verbrecher, die mit Prostitution nichts zu tun hat, hat einen Anspruch auf Fürsorge, und zwar einen um so größeren, je drückender auf sie das Gefühl wirken muß, nach dem bloßen Erfahrungssatze der Kriminalisten a priori zu jener Kategorie gezählt zu werden. Tatsächlich gibt es auch solche Arbeitsnachweise, wenngleich nur in formloser Art in Gestalt einer persönlichen Fürsorge der Anstaltsgeistlichen.

Der Arbeitsnachweis für Strafentlassene unterscheidet sich von andern dadurch, daß der gänzlich hilflose Arbeitsuchende bei ihm in höherem Maße die Regel bildet. Bei der engen Verbindung zwischen Stellenvermittlung und sonstiger Unterstützung der Person erhebt sich hier die Frage, inwieweit die Tätigkeit, die über den bloßen Arbeitsnachweis hinausgeht, unentgeltlich bleiben soll. Für die Unentgeltlichkeit spricht die Dringlichkeit der Fürsorge, dagegen aber die Notwendigkeit, dem Entlassenen das Bewußtsein der Pflicht zur Selbständigkeit beizubringen. Beide Rücksichten werden in gewisser Weise vereinigt, wenn die Leistung vorschußweise erfolgt und die Rückzahlung nur in kleinen Raten und unter humaner Berücksichtigung der Leistungsfähigkeit verlangt wird. Der Berliner Verein hat den Grundsatz, sich bare Auslagen (aber auch nur diese) rückerstatten zu lassen. Die Rückzahlung hat in den einzelnen Jahren betragen:

	Mark	Pf.		Mark	Pf.
1883:	12	—	1892:	8 009	35
1884:	9	10	1893:	9 080	61
1885:	329	17	1894:	11 704	31
1886:	775	97	1895:	11 694	31
1887:	1260	25	1896:	12 226	04
1888:	3153	40	1897:	11 033	18
1889:	3098	85	1898:	12 246	63
1890:	5801	—	1899:	10 955	54
1891:	9764	49	1900:	11 279	29

Um aus dieser Zunahme der Rückzahlungen einen Schluß ziehen zu können, müßte man allerdings auch die Höhe der baren Auslagen in den einzelnen Jahren kennen. Indes beweisen die Zahlen — humane Handhabung vorausgesetzt — immerhin so viel, daß es zahlreiche Fälle gibt, in denen der Entlassene so weit kommt, ohne Härte die Aufwendungen wieder erstatten zu können. Und in solchen Fällen ist anzunehmen, daß durch die Rückzahlung das Bewußtsein, auf eigenen Füßen zu stehen, gehoben und also die gesamte Persönlichkeit gestärkt wird. — — —

Den Einwirkungen der Kriminalität und des Strafvollzugs auf den Arbeitsmarkt stehen andrerseits Einwirkungen des Arbeitsmarkts auf die Kriminalität gegenüber. Das Reichs-Strafgesetzbuch kennt ein Delikt des Arbeitsmarkts, die „Arbeitsscheu". Mit dieser ausdrücklichen Bezeichnung wird dieses Delikt zwar nur gegenüber dem Almosenempfänger angewendet, der sich „aus Arbeitsscheu weigert, die ihm von der Behörde angewiesene, seinen Kräften angemessene Arbeit zu verrichten" (§ 361[7]). Indes bedroht das Gesetz (§ 361[5]) ebenfalls jeden mit Strafe, der sich „dem Müßiggang hingibt", dergestalt, daß für ihn oder seine Angehörigen die Armenpflege zc. eintreten muß. Endlich soll nach § 361³ bestraft werden: „wer als Landstreicher umherzieht", und praktisch im engen Zusammenhange damit steht Ziffer 4: „wer bettelt". Die juristischen Kommentare zum Müßiggang oder nun vollends zum Landstreichen können hier auf sich beruhen bleiben; der typische Fall des Strafverfahrens spielt sich, wie folgt, ab. Es steht fest, daß der Angeklagte mittellos war und nicht gearbeitet hat; fraglich ist, ob der Angeklagte Gelegenheit zum Arbeiten hatte. Die letztere Frage wird durch Beweiserhebung darüber erledigt, ob der Angeklagte sich um Arbeit bemüht hat. Wo im Orte ein öffentlicher Arbeitsnachweis besteht, wird in erster Linie zu ermitteln sein, ob der Angeklagte sich dort gemeldet hat. In dieser Beziehung ist die Einrichtung der Arbeitsnachweise schweren Mißbräuchen ausgesetzt. Schon auf der ersten Arbeitsnachweis-Konferenz in Karlsruhe wurde aus Eßlingen zur Sprache gebracht, daß Stromer sich Gewißheit darüber verschaffen, in welchen Branchen Überfüllung vorhanden ist, sich für diese Branche melden, sich die Vergeblichkeit der Meldung bescheinigen lassen und sie dann gewissermaßen als amtliche Legitimation zum Landstreichen oder „Müßiggang" bei sich führen. Gegenüber dem Vorschlage, daß die Arbeitsnachweise notorischen Stromern die Bescheinigung versagen sollen, ist damals von dem Verwalter des Freiburger Arbeitsnachweises eingewendet worden, daß es bedenklich sei, zur Entscheidung der Frage, wer Landstreicher ist oder nicht, den Verwalter des Arbeitsnachweises als Richter einzusetzen. Man kann zu diesem Gegengrund hinzufügen, daß eine solche Anordnung die gegenteilige Wirkung, wie beabsichtigt, haben würde. Ist nämlich das Urteil des Verwalters richtig, handelt es sich wirklich um einen Landstreicher von Beruf, so ist dieser juristisch genügend erfahren, um sich im Strafprozeß auf das Zeugnis des Verwalters zu berufen, der vor der Zeugnisablegung seine Bücher einzusehen hat. Hat sich der Verwalter aber getäuscht, handelt es sich um irgend einen armen Teufel, der zum erstenmal in seinem Leben einer vielleicht langen und ihn von Ort zu Ort treibenden Arbeitslosigkeit verfallen ist, so kommt hier zu dem ersten Unglück die Versagung der Bescheinigung als ein zweites hinzu, und die Verurteilung ist dann der notwendige Schlußsatz, der aus den beiden

Vordersätzen folgt. — Jener Mißbrauch des öffentlichen Arbeitsnachweises rührt davon her, daß die Einrichtung noch jung und vereinzelt ist. Denkt man sich erst ein engmaschiges Netz von Arbeitsnachweisen über das ganze Land hin verbreitet und die Stellenvermittlung im großen und ganzen in den Händen dieser Anstalten befindlich, so wird die Bescheinigung über die erfolglose Anfrage sich niemals auf eine einzelne Branche zu beziehen haben; ja an dem Verwalter wird das Gericht einen Sachverständigen darüber besitzen, ob um die betreffende Zeit Mangel an Arbeitsgelegenheit am Orte vorhanden war oder nicht. Von dem wandernden Arbeitsscheuen aber würde dann nicht eine Bescheinigung von einem beliebigen Ort, sondern eine ganze Reihe von Bescheinigungen zu verlangen sein; und wenn er dann sich jedesmal die Branche ausgesucht hat, die an dem Orte fehlte, so würde die Zusammenstellung der Papiere, in denen er das eine Mal um Arbeit als Maurer, das andere Mal als Zimmerer, das dritte Mal als Tischler nachgesucht hat, mehr gegen ihn beweisen, als jedes einzelne für ihn beweisen könnte. Die Arbeitsnachweise, die an manchen Orten eine Zeitlang befürchtet haben, unter der Wucht dieses Mißbrauchs erdrückt zu werden, haben, wie es scheint, über eine Zunahme nicht zu klagen gehabt, und es läßt sich aus den obigen Gründen mit ziemlicher Sicherheit eine Abnahme voraussagen. Die Arbeitsnachweis-Verwaltung muß sich nur dessen bewußt bleiben, daß sie hier ein an sich fremdes Gebiet, das des Strafprozesses, betritt. Statt darauf auszugehen, dieses fremde Gebiet sich zu unterjochen und den Prozeß nach Möglichkeit abzuschneiden, sollen sie vielmehr die Angelegenheit sich ruhig dort entwickeln lassen, wohin sie gehört. Mißbrauch liegt im Wesen jeden Beweismaterials. Der Mißbrauch ist immer am stärksten, wo ein Beweismittel neu auftaucht, und er wird immer schwächer, sobald es sich einlebt. Die Arbeitsnachweis-Bescheinigung teilt hier nur das allgemeine Schicksal der Urkunde als Beweismittel. Das erste Aufkommen der Urkunde bedeutet das Aufkommen eines neuen Verbrechens: der Urkundenfälschung. Die weitere Ausbildung der schriftlichen Beweismittel aber, beispielsweise im Handelsverkehr hat diese zu einer immer höheren Vollkommenheit gebracht, weil Beweis und Gegenbeweis sich immer mehr in brieflicher Form gegenüberstehen. Wenn der Arbeitsnachweis es auf das änglichste vermeiden muß, in den Augen der Bevölkerung als eine Art kriminalpolizeilicher Anstalt oder auch nur als ihr verwandt zu erscheinen, so kann er es in diesem Falle auch mit dem Bewußtsein, daß der beklagte Übelstand durch die bloße Vermehrung der Arbeitsnachweise ganz von selbst vermindert wird.

Diese Verminderung muß aber noch in einem weit höheren Maße eintreten, indem auf alle jene Delikte des Arbeitsmarktes das Vorhandensein von Arbeitsnachweisen an sich vermindernd wirken muß. Bis jetzt hat nur das Arbeitsamt Würzburg diesem Punkte Aufmerksamkeit geschenkt. Durch das Amtsgericht Würzburg (Stadtbezirk) wurden wegen Bettelns und Landstreichens verurteilt:

1896	1897	1898	1899	1900	
1236	453	372	282	166	Personen.

Da das Arbeitsamt am 1. Mai 1897 eröffnet wurde, so ist das Zusammentreffen zu auffallend, als daß es nicht auf einen inneren Zusammenhang zurückgehen sollte. Außerdem wird die Beobachtung bestärkt durch einen Vergleich von Städten mit und ohne Arbeitsnachweis in der dortigen Gegend. In dem letztgenannten Jahre entfielen in den 4 unmittelbaren Städten Unterfrankens auf 1000 Einwohner an derartigen Verurteilungen: in Würzburg 2,0, in Schweinfurt 3,4, in Kitzingen 1,4; hingegen in Aschaffenburg 5,8. Die ersten 3 Städte besitzen Arbeitsämter, die letztere nicht. In geradezu erschreckender Weise liefern diese Ziffern den Nachweis dafür, daß jene von der Gesetzgebung zu Delikten gestempelten Handlungen in allem Wesentlichen Folgeerscheinungen einer mangelhaften Organisation des Arbeitsmarktes sind. Der enge Zusammenhang zwischen diesen Massendelikten und dem Arbeitsnachweis ist ebenso sicher wie seine Ignorierung die Voraussetzung dieser ganzen Strafgesetzgebung bildete. Hätten die Urheber dieses Teiles der Strafgesetzgebung den ganzen Zusammenhang durchschaut, so wären sie von diesem Standpunkt aus überhaupt nicht zu der negativen Form der Strafgesetzgebung, sondern zu der positiven einer Arbeitsnachweis-Gesetzgebung gelangt, in deren Schlußparagraphen höchstens die übliche ornamentale Verzierung einiger Strafbestimmungen Platz gefunden hätte. Jener Zusammenhang drängt sich aber auch dem Widerwilligen mit solcher Notwendigkeit auf, daß der

Gesetzgeber da, wo er das Wort Arbeitsscheu in den Mund nimmt, auch sofort den Gedanken der von der Behörde „angewiesenen" Arbeit hat. Es ist dies, da die Ziffer 7 des Paragraphen sich innerhalb der Armenpflege hält, eine Erwähnung der ältesten und primitivsten Form des armenpflegerischen Arbeitsnachweises (S. 181). Die Ausdrücke „Müßiggang" und „Landstreicher" machen den Eindruck, als ob sie instinktiv gewählt seien, um auf persönlich schlechte Eigenschaften der Betroffenen hinzulenken und dem bequemen Gedankengang Raum zu geben, daß es sich um eine Sorte von Menschen handelt, die verächtlich genug seien, um eine Selbst-Dispensation des Gesetzgebers von der Pflicht einer korrekten Aufzählung der Delikts-Merkmale zu rechtfertigen.

Für die Praxis der Strafrechtspflege haben aber diese Arbeitsdelikte eine ganz andere Bedeutung, als ihre nebensächliche Erwähnung in einer Ecke des Strafgesetzbuches und ihre summarische Aburteilung ahnen läßt. Die Reichs-Kriminalstatistik bezieht sich nur auf Verbrechen und Vergehen, aber nicht auf Übertretungen. Nur aus den Statistiken einzelner Staaten können wir über den Umfang dieser Delikte etwas erfahren. In Bayern kamen im Jahre 1895 auf 69453 Verurteilungen wegen Verbrechen und Vergehen 52597 wegen „Bruches der Polizeiaufsicht, Landstreichens, Bettelns u. s. w. nach § 361", die zwar nicht alle, aber zum weitaus größten Teile die hier behandelten Delikte betreffen. Selbst Diebstahl und Körperverletzung, die gewöhnlich als die häufigsten Delikte betrachtet werden, erschienen dagegen gehalten mit 11122 und 18870 als verhältnismäßig selten. Nach den Erfahrungen der Kriminalisten ist die Verurteilung wegen dieser Delikte das gewöhnliche Anfangsstadium der Verbrecher-Karriere. Es scheint, daß nur wenige in diesem Anfangsstadium verbleiben, und das weitere Avancieren zunächst in Gestalt von Rückfällen, dann im Übergange zu anderen und immer schwereren Verbrechen eine Art Regel bildet. Eine genaue Statistik hierüber gibt es nicht. Die allgemeine Annahme aber scheint dahin zu gehen, daß diese Verurteilten das große Schöpfbecken bilden, aus dem sich die Verbrecherwelt immer aufs neue ergänzt. Die Arbeitsnachweis-Verwaltung ist dazu berufen, die Aufgabe zu lösen, die den Kriminalisten aller Schulen bisher unlösbar gewesen ist. An der Landstreicher-Frage haben die Kriminalisten sich vergebens versucht, weil diese nur zum kleinsten Teile eine kriminalistische Frage ist.

Der allgemeine theoretische Einwand gegen jede Strafrechts-Gesetzgebung, daß sie sich mit einem Herumkurieren an den Symptomen begnügt, während die Ursachen geheilt werden müßten, tritt hier einmal so konkret zu Tage, daß er auch praktische Bedeutung gewinnt. Die naturwissenschaftliche Frage, ob der Mensch von Natur zur Arbeit oder zur Freude am Müßiggang neige, kann völlig auf sich beruhen bleiben. Denn der heutige Kulturmensch, namentlich unter unseren Breitengraden, neigt ganz sicher zur Arbeit, und insbesondere in Deutschland spielt die Erziehung durch eine genügend große Reihe von Generationen bereits eine hinreichend bedeutende Rolle, um die Behauptung zu rechtfertigen, daß in der Regel ein Mensch sich nicht dem Landstreichen, dem Bettel, dem Müßiggang oder der Arbeitsscheu ergeben wird, wenn er ununterbrochen Gelegenheit zum Arbeiten hat. Sachverständig hierfür sind allerdings nicht diejenigen, die sich durch unaufhörliche und einseitige Beobachtung der arbeitsscheuen Ausnahmen den Blick für das Normale getrübt haben.

Die Übelstände, die aus der mangelnden Berücksichtigung des Arbeitsmarktes im System der heutigen Freiheitsstrafen hervorgingen (S. 373), müssen bei Arbeits-Delikten an sich in erhöhtem Maße in die Erscheinung treten. Dazu kommt, daß diese Rücksichten hier nicht etwa weniger, sondern noch mehr vernachlässigt sind. Die Beschäftigung des Sträflings ist bei Zuchthaus und bei Gefängnisstrafe, wie wir gezeigt zu haben glauben, mit sachwidriger Verschiedenheit geregelt; immerhin sind es doch Strafarten, bei deren Regelung dem Gesetzgeber die Art und Weise der Beschäftigung als ein einigermaßen wichtiger Punkt vorschwebte. Da die Delikte der Arbeitsscheu 2c. nicht Verbrechen oder Vergehen, sondern nur Übertretungen sind, so ist nach dem geltenden Strafsystem die ihnen kongeniale Freiheitsstrafe die „Haft", d. h. die einzige Freiheitsstrafe, mit der ein Beschäftigungszwang überhaupt nicht verbunden ist. Da das gar zu sinnwidrig wäre, so hat das Straf-Gesetzbuch durch Spezialvorschrift (§ 362) gestattet, daß diese Häftlinge „zu Arbeiten, welche ihren Fähigkeiten und Verhältnissen angemessen sind, innerhalb, und sofern sie von anderen freien Arbeitern getrennt gehalten werden, auch außerhalb der Strafanstalt angehalten werden können". Diese Strafart wird gewöhnlich als verschärfte Haft bezeichnet. Vergleicht man diese Vorschrift mit der über die Gefängnisstrafe (§ 16), so ergeben sich nur zwei Unterschiede: die Außenarbeit kann bei diesen Häftlingen erzwungen werden, während sie bei Gefangenen nur mit ihrer Zustimmung zulässig ist; ferner kann der Gefangene Beschäftigung verlangen, der bestrafte Arbeitsscheue aber nicht. Der erste Unterschied ist eine Anomalie, welche die gelindere Strafart härter stellt, als die schwerere, und zeigt noch deutlicher, wie wenig sich diese Delikte in dieses Strafensystem einfügen wollen. Das letztere aber kann man schon nicht mehr als Anomalie bezeichnen, weil es geradezu als Kuriosität bezeichnet werden muß: statt Gefängnis wird für Arbeitsscheue eine eigene, neue Strafart ersonnen, und so konstruiert, daß als ein wesentlicher Unterschied bestehen bleibt: daß der Arbeitsscheue, der um Arbeit bittet, keinen Anspruch darauf hat. — In der Praxis sind diese Widerwärtigkeiten für Behandlung der Arbeitsscheuen annähernd bedeutungslos, die wahre Strafe liegt überhaupt nicht in dem, was im Strafgesetzbuch als Strafe bezeichnet wird, sondern in der daneben zugelassenen Überweisung an die Landes-Polizeibehörde. Diese erhält dadurch die Befugnis, „die verurteilte Person entweder bis zu zwei Jahren in ein Arbeitshaus unterzubringen, oder zu gemeinnützigen Arbeiten zu verwenden". Da die Verwendung zu Arbeiten in der Regel von einem Arbeitshause aus geschieht, so werden beide Maßregeln zusammen gewöhnlich als Verurteilung zum Arbeitshaus bezeichnet. Über die Einrichtung eines Arbeitshauses enthält das Straf-Gesetzbuch auch nicht die leiseste Bestimmung. Wenn es irgend eine Gattung von Delikten gibt, bei deren Bestrafung der Gesetzgeber die richtige Art der Beschäftigung und Arbeitsgewöhnung hätte regeln müssen, so sind es gewiß doch diejenigen, die mit Arbeitsscheu zusammenhängen. Statt dessen hat der Gesetzgeber sich bei allen andern darüber ausgesprochen, nur bei diesen geschwiegen. Tatsächlich sind die Arbeitshäuser als Zuchthäuser eingerichtet, und der Ruf, den beide Anstaltsarten genießen, unterscheidet sich nur dadurch, daß die Arbeitshäuser für strenger gelten. Im Punkte Arbeit besteht das Wesen der Zuchthausstrafe, und damit auch des Arbeitshauses, darin, daß sie auf die Fähigkeit der einzelnen Person keine Rücksicht nimmt. So hat die Überweisung an die Landes-Polizeibehörden zur Folge, daß der Arbeitsscheue einer Strafart ausgeliefert wird, bei der nichts geschieht, um seine individuellen Eigenschaften für eine Gewöhnung zur Arbeit auszunutzen. Wird er aus dem Arbeitshaus entlassen, so ist er auf dem Arbeitsmarkt nicht mehr, sondern weniger wert.

Es fragt sich nun, wie eine solche Fülle von Sachwidrigkeiten möglich war. Die Antwort ist in jener instinktiven Festigkeit zu suchen, mit der man, gegenüber den Problemen des Arbeitsmarktes die Augen schließend, dabei blieb, sie als bloße Bagatelle zu behandeln. Es sollte zwar alles geschehen, was im Einzelfalle möglich war, um die Gesellschaft gegen etwaige Ausschreitungen zu schützen. Allein es durfte unter keinen Umständen zugegeben werden, daß es sich hier um ein wirtschaftliches Problem handle. Da man auf diesem Wege zu einer konsequenten Behandlung der Landstreicher, Arbeitsscheuen ꝛc. nicht gelangen konnte (denn jede Konsequenz hätte mit unerbittlicher Notwendigkeit auf eine Organisation des Arbeitsmarktes hingedrängt), so stopfte man diese Delikte in den Abschnitt des Straf-Gesetzbuches, in dem alles Platz fand, was man gern einer Bestrafung aussetzen wollte, ohne es im juristischen Tatbestand bis ins einzelne hinein zu präzisieren: in den Abschnitt Übertretungen. Hier wird das militärische Interesse nach Geheimhaltung von Festungsplänen durch eine so weite Fassung gesichert, daß auch der Spandauer Gymnasiast darunter fällt, der als Schulaufgabe einen Grundriß seiner Vaterstadt entwirft. Mit Strafe bedroht wird hier der Bürger, der in seinem Hausflur nicht den Feuerlöscheimer hängen läßt, den eine längst vergessene Polizeiverordnung von ihm verlangt. Unter tausend Einwohnern des Deutschen Reiches wird sich kaum einer befinden, der wüßte, daß er sich strafbar macht, wenn er mit einem Lichte ohne Laterne auf den Boden geht u. s. w. Das große Gegengewicht gegen die Laxheit der Fassung soll hier in der Geringfügigkeit der Strafe liegen. In dem ganzen Abschnitt sind nie höhere Strafen als Geld oder Haft angedroht. Indem man auch die Landstreicher hier unterbrachte, entfiel auf sie die einzige Freiheitsstrafe, die für sie gänzlich ungeeignet ist: die Haft. Gegen die Ironie, die darin lag, daß man einen Arbeitsscheuen mit Freiheitsentziehung ohne Arbeitszwang bestrafte, suchte man sich dadurch zu schützen, daß man durch Spezialbestimmung aus der Haft tatsächlich eine Gefängnisstrafe machte; und der Torheit, die darin lag, daß man einen Landstreicher nur auf kurze Zeit einsperren, dann aber wieder freilassen mußte, um ihn nach kurzer Zeit wieder einzufangen und wieder freizulassen, suchte man durch Überweisung an die Landes-Polizeibehörde und das Arbeitshaus, d. h. Zuchthaus bis zu zwei Jahren vorzubeugen. So ergibt sich der in unserm ganzen Rechtsleben vereinzelt dastehende Zustand, daß zweijähriges Zuchthaus verhängt werden kann in einem einzelrichterlichen Verfahren, das bloß auf Geld- oder Haftstrafe berechnet ist. Wenn das Straf-Gesetzbuch statt der irreführenden Ausdrucksweise, wonach der Landstreicher mit Haft bestraft wird und daneben auf Überweisung an die Landes-Polizeibehörde erkannt werden kann, das Ding beim rechten Namen genannt und ausgesprochen hätte, daß auf Landstreichen Zuchthaus bis zu zwei Jahren steht, so würde das Dilekt zur Kompetenz der Schwurgerichte gehört haben. Es hätte in jedem Einzelfall eine ordnungsmäßige Voruntersuchung und die Bestellung eines Verteidigers auf öffentliche Kosten stattfinden müssen. Einen solchen Apparat „Landstreichern" gegenüber anzuwenden, hätte die herrschende Meinung für geradezu lächerlich gehalten, obgleich (selbst wenn man diese Lächerlichkeit zugeben wollte) es sich in einem Verfahren doch immer erst darum handelt, **ob** der Angeklagte Landstreicher ist. — Die Stellung, die gegenwärtig diese Delikte im Strafrecht einnehmen, ist so ungeheuerlich, daß die oben erwähnte instinktive Neigung oder Abneigung nicht einmal zu ihrer Erklärung ausreicht. Diesen Gefühlen kam noch ein rein historisches Moment zu statten. Da die Arbeitshäuser älter sind als die kriminelle Freiheitsstrafe (S. 367), so fand das neuere Strafrecht die Landstreicher gewissermaßen in den Arbeitshäusern schon vor, und die Vorschrift, daß die Polizei sie nur auf Grund eines (wenn auch noch so primitiven) richterlichen Urteils hineinbringen dürfe, stellte damals schon einen Fortschritt im Sinne einer Rechtsgarantie dar.

Ist daher auch die Entstehung des heutigen Rechtszustands historisch erklärlich und vielleicht sogar entschuldbar, so bleibt der Zustand selbst darum nicht weniger unerträglich. Für eine Reform dieses Zustands muß in erster Linie im Auge behalten werden: **daß es sich um eine Angelegenheit des Arbeitsmarktes** handelt, in der dem Strafrecht nicht die primäre, sondern nur die sekundäre Rolle zukommt. Zwar kann der Gedanke, daß die Vorbeugung wichtiger sei, als die nachträgliche Bestrafung der Verbrechen, daß die Häufigkeit der Verbrechen von der Vorzüglichkeit oder Schlechtigkeit der wirtschaftlichen Organisation abhängt, keineswegs den Reiz der Neuheit für sich in Anspruch nehmen, und er ist infolge der Einseitigkeit, mit der ihn manche Richtungen in den letzten Jahrzehnten betont haben, wohl mit Recht etwas in Mißkredit geraten. Allein in dem vorliegenden Falle handelt es sich nicht um jenes allgemeine Theorem, sondern es wird einem bestimmten Delikt ein bestimmter Organisationsmangel gegenübergestellt. So lange der Arbeitsmarkt noch einen so wenig organisierten Zustand zeigt, daß das Aufsuchen von Arbeitsgelegenheit häufig vom Landstreichen nur mit Zuhilfenahme eines guten Mikroskops zu unterscheiden ist, solange hier die Einrichtungen fehlen, die jeder andere Markt besitzt, nehmen die notwendigen Vorbeugungs-Maßregeln einen so breiten Raum ein, daß ihnen gegenüber die Frage der nachträglichen Bestrafung ganz zurücktritt. Mögen die Kriminalisten den Einfluß, den sie besitzen, auf die Unterstützung der Bewegung verwenden, die sich die Organisation des Arbeitsmarktes, d. h. die Ausbildung eines engmaschigen Netzes von Arbeitsnachweisen, zur Aufgabe macht. Sie werden damit der Verhinderung und der Verminderung der Arbeitsscheu größere Dienste leisten, als mit allen erdenklichen kriminalistischen Versuchen.

Die Frage der kriminalen Behandlung der Arbeitsscheu 2c. kann allerdings nicht bis zu dem Zeitpunkte ausgesetzt werden, wo dieses Netz vollendet sein wird und sich eingelebt hat. So wenig das Gebiet des Strafrechts für Einzelgesetzgebung geeignet ist, so wird doch Deutschland voraussichtlich in einiger Zeit eine Gesamtrevision seines Straf-Gesetzbuches über sich ergehen lassen müssen. Dann wird, die Revision mag wissenschaftlich noch so bescheiden ausfallen, die Reform der Bestimmungen über die Arbeitsscheu einen sehr wichtigen Punkt bilden müssen. Vom Standpunkte des Arbeitsmarktes ist für diese Reform in erster Linie zu verlangen, daß die innere Unwahrheit des bisherigen Zustandes aufhöre, wonach unter dem Anscheine der Geringfügigkeit tatsächlich die schwersten Strafen verhängt werden. Das Wort Arbeitshaus muß aus unserm Straf-Gesetzbuch verschwinden. Bei der richtigen Auffassung von Zuchthaus und Gefängnisstrafe, wonach diese Anstalten einen wesentlichen Teil ihrer Aufgabe darin zu erfüllen haben, daß sie ihre Insassen für den Kampf ums Dasein vorzubereiten haben, enthält es gewissermaßen eine Beleidigung der gesamten Strafanstalts-Verwaltung, wenn man einem neben ihnen stehenden Institut den Namen Arbeitshaus gibt. Wird dann für die Arbeitsscheu die Strafe gesetzlich festgelegt, so bleibt abzuwarten, ob die Anhänger der Richtung, die sich von dem höchsten Strafmaße den höchsten Erfolg versprechen, den Mut haben werden, für Arbeitsscheu Zuchthausstrafe zu beantragen. Sehr wahrscheinlich ist das nicht. Das mutmaßliche Ergebnis wird sein, daß diese Delikte aus der Kategorie der Übertretungen in die der Vergehen übergeführt und mit Gefängnis bedroht werden. Unter keinen Umständen aber darf die Neuregelung so erfolgen, daß die Kompetenz zur Aburteilung an die Strafkammern unter Ausschluß von Laien übergehe. Die Beteiligung der Laien an der Rechtsprechung hat nicht etwa bloß den Zweck, gewisse Garantien der Volkstümlichkeit für den einzelnen Urteilsspruch zu schaffen. Sie soll daneben auch dazu dienen, die Mißstände des wirtschaftlichen und gesellschaftlichen Lebens, die zu Delikten führen, immer größeren Teilen des Volkes bekannt zu geben. Bei keiner Art von Delikten ist dies wichtiger, als bei solchen, bei denen das größere Bekanntwerden auch eine größere Geneigtheit zu Verbeugungs-Maßregeln erhoffen läßt. Für die Propaganda des Arbeitsnachweises ist es von großer Wichtigkeit, daß alle diese Prozesse in förmlichem Verfahren unter Teilnahme von Laien vor sich gehen. Schon die gegenwärtige Beschränkung, daß die Zuziehung von Schöffen entbehrlich wird, wenn der Beschuldigte „nur" wegen Übertretung verfolgt wird und die ihm zur Last gelegte Tat eingesteht, ist in dieser Beziehung von den schädlichsten Folgen gewesen. — Ob freilich jene Reform durchführbar wird, wird zum Teil auch davon abhängen, ob es gelingt, für Übersiedelung dieser Delikte in das Gebiet der Vergehen die juristisch korrekte Begriffserklärung zu finden, über die man sich in dem Abschnitt Übertretungen hinwegsetzen zu dürfen meint. — — —

Den bisher behandelten Beziehungen gegenüber steht die Frage, ob der Arbeitsmarkt seinerseits den Schutz strafrechtlicher Bestimmungen in Anspruch nehmen solle. Hierzu steht die Verwaltung des Arbeitsmarkts nicht anders, wie jeder andere Verwaltungszweig. Eine Verwaltung kann auf diesen Schutz nicht grundsätzlich verzichten und wird ihn andrerseits nicht über das Maß des Notwendigen hinaus in Anspruch nehmen wollen. Hiernach regelt sich insbesondere auch die Stellung, die vom Standpunkte einer Verwaltnng des Arbeitsmarkts zur Frage der Bestrafung des Vertragsbruches einzunehmen ist.

Als ideale Form des Arbeitsvertrages strebt der organisierte Arbeitsmarkt den kollektiven Arbeitsvertrag an. An dem Punkte der Erde, wo der kollektive Arbeitsvertrag die größte Ausbreitung und das höchste Maß der Anerkennung gefunden hat, in Neu-Seeland und den australischen Kolonien, hat man in der Tat die Innehaltung des zwischen anerkannten Vertretern der Arbeitgeber und der Arbeiter zustande gekommenen kollektiven Arbeitsvertrages unter den Schutz hoher Geldstrafen gestellt. Das Genfer Gesetz von 1900, das den Tarifverträgen gesetzliche Anerkennung verschafft, bedroht wenigstens die Aufforderung zu Arbeitseinstellungen, die den Tarifverträgen zuwiderlaufen, mit polizeilichen und geeignetenfalls mit Kriminalstrafen. Auch der französische Gesetzentwurf desselben Jahres über obligatorische Schiedsgerichte (lex Millerand), der einer Androhung von Strafen aus dem Wege gehen möchte, hat doch auf Verletzung der Vertrags- und Schiedssprüche Verlust des Wahlrechts in den Berufsvereinen, d. h. doch auch eine strafrechtliche Folge, gesetzt. In Deutschland, wo das Zustandekommen kollektiver Arbeitsverträge auch unter dem neuen Gewerbegerichts-Gesetz von dem freien Willen jedes einzelnen Beteiligten abhängig gemacht ist, wird darauf, daß Vergleich und Schiedsspruch sich durch die sachliche Berechtigung ihres Inhalts Kraft verschaffen sollen, so sehr das Hauptgewicht gelegt, daß ein strafrechtlicher Schutz gar nicht in Frage gekommen ist[1]).

Ein Bruch des Tarifvertrages (sog. kollektiven Arbeitsvertrages) kann in zweierlei Art stattfinden: entweder indem in den individuellen Arbeitsvertrag abweichende Bedingungen aufgenommen (anderer Lohn, andere Arbeitszeit), oder indem ein Arbeitsverhältnis, das ordnungsmäßig auf Grund des Tarifvertrages zustande gekommen ist, einseitig und widerrechtlich gelöst wird. Mit dem letzteren Falle

[1]) Vgl. zu dieser ganzen Frage unten Buch III, Abschn. 9.

kommen wir auf das Problem des Vertragsbruches im gewöhnlichen Sinne, d. h. auf den Bruch des individuellen Arbeitsvertrages und die Frage seiner Bestrafung. Schon aus den obigen Ausführungen geht hervor, daß ein grundsätzlicher Einwand gegen die Bestrafung des Vertragsbruches an dieser Stelle nicht erhoben werden soll. Am wenigsten kann ein solches grundsätzliches Bedenken aus einer prinzipiellen Scheidung zwischen Strafrecht und Privatrecht hergeleitet werden, wenn man die ganze Organisation des Arbeitsmarktes nicht sowohl auf diese Scheidung, als vielmehr auf die Vereinigung von privatrechtlichen und öffentlich-rechtlichen Momenten begründen will. Je weiter die Organisation des Arbeitsmarktes fortschreitet, ein je größerer Teil der Arbeitsverträge durch behördliche Vermittlung zustande kommt, je weiter der Raum wird, den in der Festsetzung der Arbeitsbedingungen neben den Arbeiterschutzgesetzen auch die Tarifverträge einnehmen, desto mehr kann auch die Frage, ob der einzelne, der die eingegangenen Verpflichtungen bricht, strafrechtlichen Folgen ausgesetzt sein soll, in Erwägung treten. Es ist wohl möglich, daß einmal eine Zeit kommt, in der die Organisation des Arbeitsmarktes ein so wohlgefügtes Ganze darstellt, daß der einzelne, der durch Herausnahme eines Gliedes den Zusammenhang stört, für strafwürdig erachtet wird (wenn man bis dahin noch den Glauben an die hohe und ausschließliche Bedeutung strafrechtlicher Schutzmittel aufrecht erhält). Allein das gegenwärtig zur Frage stehende Problem geht gar nicht dahin, ob unter irgend welchen Verhältnissen ein strafrechtliches Einschreiten gegen den Bruch des Arbeitsvertrages gerechtfertigt ist (diese Frage kann schon durch die Erfahrungstatsache, daß er vom 13.—18. Jahrhundert in ganz Westeuropa für strafwürdig erachtet wurde, als bejahend beantwortet gelten); es geht vielmehr ausschließlich dahin, ob unter heutigen Verhältnissen eine Bestrafung angemessen ist. An dieser Stelle ist die Frage vom Standpunkte der Organisation des Arbeitsmarktes zu beantworten. Für diese Organisation ist die wichtigste Frage die Herausbildung von Formen, in denen die völlige Gleichberechtigung der beiden vertragschließenden Teile zu Tage tritt. Man kann gleichzeitig sagen, daß diese Aufgabe für die gesamte Organisation unseres wirtschaftlichen Lebens auf Jahrzehnte hinaus die bedeutendste bleiben dürfte. Solange an der Erfüllung dieser Aufgabe noch gearbeitet werden muß, ist es völlig unzulässig, auch nur in Erwägung zu ziehen, ob dem vertragsbrüchigen Arbeiter Strafen angedroht werden sollen, die keinem andern Vertragsbrüchigen angedroht werden. Alle Argumente, die man aus den Erfahrungen einer älteren Gesetzgebung für die Zulässigkeit einer Bestrafung des Vertragsbruches entnommen hat, werden unter diesem Gesichtspunkt zu ebenso vielen Argumenten gegen ihre Einführung in der heutigen Zeit. Denn da sie historisch aus den Ideen der Unterordnung des Knechtes gegenüber dem Herrn entsprangen, so muß ihre Wiedereinführung die Vorstellung erwecken, als ob es sich um eine Wiederbelebung jenes alten Gedankenkreises handle. Wenn ein Verwaltungszweig strafrechtlichen Schutz begehrt, so tut er das, um seine Entwicklungstendenz zu fördern, nicht aber, um sie zu hemmen oder abzuschneiden. Alle Gründe, mit denen man dartun will, daß der Bruch des Arbeitsvertrages seinen Wirkungen nach etwas ganz anderes sei, als der Bruch irgend eines sonstigen Vertrages, können möglicherweise in irgend einem anderen Organisationsstadium einmal lebendig werden. In dem heutigen Stadium sind sie völlig wirkungslos, weil die Herausbildung der völligen Gleichberechtigung der Faktoren für die zukünftige Organisation des Arbeitsmarktes so sehr das wichtigste Moment ist, daß ihm gegenüber alle anderen Rücksichten zu schweigen haben. — Noch weniger kommen die Versuche in Betracht, durch Ersinnung von Parallelstrafen für die Arbeitgeber eine Art dekorativer Gleichberechtigung zu schaffen, wie beispielsweise die Reichs-Gesetzentwürfe von 1873 und 1874 auch den Arbeitgeber bestrafen wollten, der Arbeiter widerrechtlich entließ, oder von der Arbeit zurückwies. Ein wirklicher Parallelismus wird selbstverständlich dadurch nicht geschaffen, daß der Negation auf der einen Seite dieselbe Negation auf der andern entgegengestellt wird, sondern: wenn der Arbeiter bestraft werden soll, weil er die dem Arbeitgeber wichtige Verpflichtung (Arbeiten) nicht erfüllt, so müßte der Arbeitgeber bestraft werden, wenn er die dem Arbeiter wichtige Verpflichtung (Lohnzahlung) unerfüllt gelassen hat. Aber auch dieser Parallelismus würde noch nicht ausreichen. Der Arbeiter ist Verkäufer der Ware Arbeitskraft. Die Gleichheit mit dem Unternehmer ist erst dann hergestellt, wenn dieser wo er Verkäufer, Lieferant rc. ist, genau ebenso gestellt wird. Geschieht dies nicht, so geht der Parallelismus in die Brüche. Man nehme den alltäglichen Fall, daß ein Schneidermeister, der eine Hose zum Sonntag zugesagt hat, sein Wort bricht, weil er nachher eine lohnendere Arbeit übernommen hat. Er soll straffrei bleiben, aber gleichzeitig das Recht haben, seinen Gesellen bestrafen zu lassen, der die Arbeit niederlegt, weil er eine Stelle mit höherem Tagelohn annehmen kann. Für jeden, dem die Wahrung der Gleichberechtigung der beiden Faktoren des Arbeitsmarktes am Herzen liegt, bleibt keine andere Möglichkeit, als: entweder soll man sich auf den hohen sittlichen Standpunkt stellen, den Vertragsbruch auf jedem Rechtsgebiet für strafwürdig zu erklären, oder man soll das im Gebiete des Arbeitsvertrages auch unterlassen. Da das erstere zur Zeit als praktische Forderung nicht in Betracht kommt, so bleibt nur das letztere übrig.

Die Bewegung für Bestrafung des Arbeitsvertrags-Bruches kann daher auch, wiewohl sie wissenschaftlich keineswegs erloschen ist, in Deutschland praktisch zur Zeit als außer Kurs gesetzt gelten. Hingegen macht sich seit längerer Zeit eine Bewegung geltend, die nicht den Bruch des Arbeitsvertrages im allgemeinen, sondern nur für eine bestimmte Klasse von Arbeitern unter Strafe gestellt sehen will. Diese Klasse sind die ländlichen Arbeiter. Seit dem Jahre 1894 ist im deutschen Landwirtschaftsrat wiederholt das Verlangen nach Strafgesetzen gegen den Vertragsbruch der landwirtschaftlichen Arbeiter ausgesprochen worden. Diesem Verlangen hat das Herzogtum Anhalt durch Gesetz vom 16. April 1899 Folge gegeben. Im nächsten Jahre sind Reuß j. L. und Braunschweig mit Gesetzen vom 12. Mai und 10. Dezember 1900 nachgefolgt. Am 13. Februar desselben Jahres wurde im Weimarischen Landtage an die Staatsregierung die Frage gerichtet, ob sie nicht einen entsprechenden Gesetzentwurf vorlegen wolle. Die Regierung antwortete darauf, daß sie sich in Anhalt nach den Wirkungen des Gesetzes erkundigt habe. Die Anwort habe günstig gelautet, jedoch wurde auf das Hindernis hingewiesen, daß andere Länder eine derartige Gesetzgebung nicht hätten. Infolgedessen habe die Großherzogliche Regierung sich mit den Nachbarstaaten in Verbindung gesetzt. Sie wolle zunächst die Einbringung eines für Preußen in Aussicht stehenden Gesetzentwurfes abwarten. Das anhaltische Gesetz, das sonach als das Urgesetz für bisherige und wohl auch noch zukünftige Landesgesetze zu betrachten ist, hat folgenden Wortlaut:

§ 1. Landwirtschaftliche Arbeiter, welche widerrechtlich den Antritt der Arbeit verweigern oder die Arbeit verlassen, werden mit Geldstrafe bis zu 30 Mk. oder mit Haft bis zu 10 Tagen bestraft. Die Bestrafung tritt nur auf Antrag des Arbeitgebers ein, der Antrag ist nur zulässig, wenn er innerhalb einer Woche nach Begehen der strafbaren Handlung gestellt wird. Die Zurücknahme des Antrags ist zulässig.

§ 2. Wenn landwirtschaftliche Arbeiter widerrechtlich den Antritt der Arbeit verweigern oder die Arbeit verlassen, so ist die zwangsweise Zuführung derselben durch die Polizeibehörde des Arbeitsortes auf den Antrag des Arbeitgebers zulässig. Der Antrag muß innerhalb einer Woche nach dem vertragsmäßigen Antrittstage oder nach dem Verlassen der Arbeit gestellt werden. Die Kosten der zwangsweisen Zuführung fallen dem vertragsbrüchigen Arbeiter zur Last. Auf Verlangen der Polizeibehörde hat jedoch der Antragsteller einen angemessenen Kostenvorschuß zu leisten. Die Polizeibehörde kann die Ausführung der Zwangsmaßregel von der Zahlung des Kostenvorschusses abhängig machen.

§ 3. Wer landwirtschaftliche Arbeiter zur widerrechtlichen Verweigerung des Antritts der Arbeit oder zum widerrechtlichen Verlassen der Arbeit verleitet, wird mit Geldstrafe bis zu 150 Mk. oder mit Haft bis zu 6 Wochen bestraft. Derselbe ist dem Arbeitgeber für den daraus entstehenden Schaden verantwortlich; er haftet neben dem Arbeiter als Gesamtschuldner.

§ 4. Wer landwirtschaftliche Arbeiter, von denen er weiß, daß sie bei einem anderen Arbeitgeber widerrechtlich den Antritt der Arbeit verweigert oder die Arbeit verlassen haben, für einen Zeitraum in Arbeit nimmt, wo die vertragsbrüchigen Arbeiter dem andern Arbeitgeber zur Arbeit verpflichtet sind, wird mit Geldstrafe bis zu 150 Mk. oder mit Haft bis zu 6 Wochen bestraft.

§ 5. Arbeitgeber, welche widerrechtlich die Annahme landwirtschaftlicher Arbeiter beim Antritt des Arbeitsverhältnisses verweigern oder solche Arbeiter aus der Arbeit entlassen, ohne denselben die vertragsmäßige Vergütung zu gewähren, wird mit Geldstrafe bis zu 60 Mk. oder mit Haft bis zu 14 Tagen bestraft. Die Bestrafung tritt nur auf Antrag des Arbeiters ein. Der Antrag ist nur zulässig, wenn er innerhalb einer Woche nach Begehung der strafbaren Handlung gestellt wird. Die Zurücknahme des Antrages ist zulässig.

§ 6. Landwirtschaftliche Arbeiter, welche ihre Arbeitgeber zu gewissen Handlungen oder Zugeständnissen in Bezug auf den bestehenden Arbeitsvertrag dadurch zu bestimmen suchen, daß sie die Einstellung der Arbeit oder die Verhinderung derselben bei einzelnen oder mehreren Arbeitgebern untereinander verabreden, werden mit Gefängnis bis zu einem Jahr bestraft. Die Anstifter unterliegen der gleichen Strafe, auch wenn sie keine landwirtschaftlichen Arbeiter sind.

Dieses Gesetz bewegt sich auf dem Grenzgebiet zwischen Privatrecht, Strafrecht und Prozeßrecht. Nach allen diesen Seiten hin ist es in der Reichstags-Sitzung vom 11. Juni 1900 infolge einer

Interpellation der sozialdemokratischen Partei einer Kritik daraufhin unterworfen worden, ob es einen Widerspruch gegen die Reichs-Gesetzgebung enthalte. Der Begründer der Interpellation, der Abgeordnete Stadthagen, fand diesen Widerspruch hauptsächlich darin, daß das Landesgesetz Bestimmungen über Materien treffe, die im Reichs-Strafgesetzbuch als erschöpfend geregelt anzusehen seien, ferner auch in der Einführung des Zurückführungs-Zwanges, den die Zivilprozeß-Ordnung (§§ 887/88) für den Arbeitsvertrag nicht kenne, u. a. m. Der Staatssekretär des Reichs-Justizamtes bestritt in allen Punkten die Reichsgesetzwidrigkeit. Allein die juristischen Mitglieder aus dem Hause, die sich an der Debatte beteiligten, darunter der Abgeordnete Dr. Spahn (Centr.) und Dr. Müller-Meiningen (Freisg. Vp.) sprachen sich, wenn sie auch mit dem Interpellanten keineswegs in allen Punkten übereinstimmten, dennoch überwiegend in dem Sinne eiuer Unverträglichkeit mit der Reichs-Gesetzgebung aus. Zu den in der Debatte angeführten Gründen kommt noch ein andrer hinzu, der wenigstens für eine Hauptbestimmung des Gesetzes die Reichsgesetzwidrigkeit außer Zweifel stellen dürfte. Nach § 4 wird jeder mit Strafe bedroht, der vertragsbrüchige landwirtschaftliche Arbeiter während der Dauer der Vertragszeit in Arbeit nimmt. Dieser Paragraph wendet sich nicht bloß an landwirtschaftliche Arbeitgeber, sondern an alle ohne Ausnahme. Für den gewerblichen Arbeitgeber aber gehört die Annahme von Arbeitern zum „Betriebe" seines Gewerbes, und dieser ist ihm nach § 1 der Reichs-Gewerbeordnung gestattet, soweit nicht durch diese selbst Beschränkungen vorgeschrieben oder zugelassen sind. Danach ist ein Landesgesetz, das allgemein die Annahme irgend einer Kategorie von Arbeitern untersagt oder beschränkt, ungiltig. Und zwar zerfällt eine solche Bestimmung nicht etwa in eine giltige und eine ungiltige Seite, sondern sie ist ihrem gesamten Umfange nach unverbindlich. Diese juristischen Bedenken kommen noch zu den wirtschaftlichen Gründen hinzu, die Strafandrohungen gegen landwirtschaftliche Arbeiter vom Standpunkte des Arbeitsmarktes als ganz verwerflich erscheinen lassen (S. 284).

In einer Beziehung wird jedoch die Bestrafung des Vertragsbruches bei zunehmender Organisation des Arbeitsmarktes in eine ganz andere Beleuchtung kommen. An sich kann ein organisierter Markt gewisser Strafmaßregeln gegen diejenigen, die sich ihren Verpflichtungen entziehen, nicht entbehren. Wie der Kaufmann, auf dem der Makel haftet, sich seinen Verpflichtungen entzogen zu haben, von der Börse ausgeschlossen wird, so muß auch der Arbeitsnachweis Personen, die sich ihren hier eingegangenen Verpflichtungen entziehen, unter Umständen ausschließen können. Bis jetzt wird dieses Recht formlos geübt. Es kann schon aus diesem Grunde keine sehr häufige Anwendung finden; denn beim Mangel an festen Grundsätzen muß eine gewissenhafte Behörde sich darauf beschränken, in besonders klaren Fällen einzuschreiten. Die Möglichkeit aber ist vorhanden, daß sowohl der Bruch des kollektiven, wie des individuellen Arbeitsvertrages zum Ausschluß vom Arbeitsnachweise führt. Wenn ein kollektiver Arbeitsvertrag eine so weite Ausdehnung erhält, wie etwa im Buchdrucker-Gewerbe, wenn die Offizinen, die ihn verletzen, bei Arbeitgebern, bei Arbeitern und bei Behörden allgemein als Schmutzkonkurrenz angesehen werden, so kann ein öffentlicher Arbeitsnachweis sehr wohl in die Lage kommen, die Vermittlung derartiger tarifwidriger Stellen abzulehnen. Umsomehr wenn es sich um eine Firma handelt, die die Verpflichtung eingegangen ist und sich ihr nachträglich entziehen will. Das Entsprechende gilt von Arbeitern, die sich gegen einen zu Recht bestehenden Tarifvertrag auflehnen. Ebenso muß der Arbeitsnachweis, wenn ein Arbeitgeber sich wiederholt die Nichtzahlung des Lohnes zu schulden kommen läßt, das Recht haben, ihm die Benutzung des Arbeitsnachweises abzuschneiden. Unter diesem Gesichtspunkte muß endlich auch der Ausschluß eines Arbeiters wegen wiederholten Vertragsbruches unter Umständen möglich sein. Bis jetzt hat diese Möglichkeit eine außerordentlich geringe Bedeutung, da die Mittel und Wege, zu einer Stelle zu gelangen, auch neben dem öffentlichen Arbeitsnachweis reichlich genug sind. Aber diese Strafe, die man etwa als Maßregel der Marktdisziplin bezeichnen könnte, wird mit der zunehmenden Beherrschung des Vermittlungsfeldes immer bedeutungsvoller. Stellt man sich die Organisation des öffentlichen Arbeitsnachweises als eine obligatorische Verwaltungseinrichtung in ganzer Vollendung vor, so gewinnt diese Strafe eine derartige Bedeutung, daß sie für das Vergehen zu hart erscheint; denn sie würde unter Umständen der Strafe des Verhungerns gleichstehen. Die Vollendung der Organisation wird daher gebieterisch eine Regelung dieser Frage verlangen.

Einer Verwaltungseinrichtung, deren Aufgabe die Vermittlung ist, kann nicht zugemutet werden, die Vermittlung zu vollziehen, wo wiederholte Erfahrungen die Fruchtlosigkeit, d. h. die Nichterfüllung des durch Vermittlung zustande gebrachten Vertrages bewiesen haben. Andrerseits ist, sobald der Arbeitsnachweis die einzige Möglichkeit ist, zu einem Arbeitsvertrag zu gelangen, die Stellung dieses Verwaltungszweiges zu vertragsbrüchigen Arbeitgebern oder Arbeitern ganz verschieden. Dem Arbeitgeber gegenüber hätte der Ausschluß die Bedeutung, daß er seinen Beruf aufgeben muß. Eine Ausmerzung der Ungeeigneten findet im Unternehmertum unaufhörlich statt. Es müssen Unternehmer ihre Stellung räumen, die nicht mit Kapital oder nicht mit Maschinen umzugehen wissen; ebenso solche, die das Umgehen mit Arbeitern nicht verstehen oder die Arbeitsverträge aus bösem Willen nicht halten. Dem Unternehmer, dem auf die eine oder andere Weise die Möglichkeit des selbständigen Geschäftsbetriebes genommen ist, bleibt dann noch die Möglichkeit, eine unselbständige Stellung einzunehmen. Dem Arbeiter aber, der in der heutigen Wirtschaftsordnung bereits die wirtschaftlich unterste Stellung einnimmt, ist ein tieferes Hinabgehen nicht mehr möglich. Wenn einmal die Zeit kommt, in welcher der Arbeitsnachweis die einzige Möglichkeit darstellt, zu einem Arbeitsvertrag zu gelangen, dann bedeutet der Ausschluß vom Arbeitsnachweise für den Arbeiter die Unmöglichkeit, Arbeit zu erlangen. Diese Unmöglichkeit kann nicht beabsichtigt sein. Die Organisation des Arbeitsmarktes würde gegen den ihr zu Grunde liegenden Sinn verstoßen, wenn sie gegenüber irgend einem Menschen es als ihre Aufgabe betrachten wollte, ihn am Arbeiten zu hindern. Aus dieser Zwickmühle, daß der Ausschluß notwendig und doch gleichzeitig unzulässig ist, gibt es logischerweise nur einen Ausweg: teilweiser Ausschluß. In der zukünftigen Organisation wird als Maßregel der Marktdisziplin zwar gegen Arbeitgeber sowohl der teilweise, wie der gänzliche Ausschluß verhängt werden können, gegen Arbeiter jedoch nur der teilweise, d. h. es wird gewisse minderbeliebte oder schlecht gelohnte Arbeiten geben, zu denen er allein noch zugelassen wird. Diese Regelung wird nicht nur auf dem Wege der Gesetzgebung erfolgen müssen, sondern es wird auch der ganze Apparat eines geordneten gerichtlichen Verfahrens mit paritätischer Besetzung der Richterbank in allen Instanzen erforderlich sein (wozu bis jetzt nur Anfänge in der Deputation als erster Instanz vorhanden sind). Tritt in ferner Zukunft mit der Vollendung der Organisation diese Gesetzgebung ein, dann wird die Frage der Bestrafung des Vertragsbruches noch einmal auftauchen, um aber sofort unter der Oberfläche der allgemeinen Organisationsfrage wieder zu verschwinden.

* *
*

Wir sind mit unserm Rundgang der um den Arbeitsnachweis herumgruppierten Verwaltungszweige zu Ende. Die Beispiele, die wir für die Beziehung zwischen Arbeitsnachweis-Verwaltung und anderen Verwaltungszweigen angeführt haben, werden genügen, um die Überzeugung zu begründen, daß es kein Gebiet der öffentlichen Verwaltung gibt, das nicht zu dem Arbeitsnachweis in irgend welchen Beziehungen stände, oder zu ihm in Beziehung treten könnte. Allein der Anschauung soll nicht Vorschub geleistet werden, als ob das etwa eine Eigentümlichkeit des Arbeitsnachweises sei. Es ist nichts als eine einzelne Nutzanwendung von dem Grundsatze des Zusammenhanges aller Verwaltungszweige untereinander. Ressorts von besonders geringen Umfange oder solche, bei denen aus besonderen Gründen auf scharfe Umgrenzung Gewicht gelegt wird (wie die gerichtliche Tätigkeit) mögen hiervon eine scheinbare oder wirkliche Ausnahme machen; im großen und ganzen wird ein Ressort nur dann gut verwaltet sein, wenn es mit Ausfallstoren und Einlaßpforten nach allen Seiten hin versehen ist.

Daß wir diese Vielseitigkeit der Beziehungen gerade an einem Verwaltungszweige darzulegen versucht haben, der selbst noch in den ersten Stadien der Entwicklung sich befindet, hat in der Überzeugung seinen Grund, daß die frühzeitige Darlegung dieser Beziehungen mit ein förderndes Entwicklungsmoment bildet (vergl. Einleitung: S. 46). Zukünftige Ausstrahlungen vorzubereiten, sich vor dem Spotte derer nicht zu fürchten, die Verwaltungsaufgaben erst dann sehen wollen, wenn sie drängend geworden sind, das soll der Theoretiker als seine Aufgabe betrachten. Hierbei möglichst die schon vorhandene Entwicklung berücksichtigen, die Erfahrungen sammeln, das Zukünftige an das Gewordene und Werdende anknüpfen, das freilich ist auch die Aufgabe des Theoretikers, der auf der Praxis fußen und ihr dienen will.

Drittes Buch.

Gewerbegerichte und Einigungsämter.

1. Die allgemeine Bedeutung der Gewerbegerichte.

Die Gewerbegerichte sind in unserm öffentlichen Leben eine bloße Spezialeinrichtung. In einem vollständigen System der Staats- und Gemeindeverwaltung finden sie ihren Platz in einer wenig bedeutenden Ecke. Es gibt gebildete Leute, die in unserm öffentlichen Leben leidlich gut bewandert sind, und doch nicht einmal wissen, was ein Gewerbegericht ist.

Dieselbe Institution aber nimmt im Leben des Arbeiters eine gewaltige Stellung ein. Eine Gewerbegerichts-Wahl ist an einem Orte für die gesamte Arbeiterwelt entweder eine aufregende Angelegenheit, oder die maßgebende Partei hat für diese wichtige Wahl sich so das Übergewicht gesichert, daß ihr von vornherein entschiedener Sieg als Ausdruck ihrer beherrschenden Stellung gelten muß. Erst in dem Bestehen eines Gewerbegerichts erblickt die Arbeiterschaft eines Ortes eine wirksame Gewähr für einen Schutz gegen Lohnverkürzungen und sonstige Verletzungen des Arbeitsvertrages. In unserm öffentlichen Leben gibt es keine staatliche Einrichtung, an der die Arbeiterwelt mit solcher Liebe, ja schwärmerischer Verehrung hängt, wie diese. Das Gewerbegerichts-Gesetz ist die Magna Charta des deutschen Arbeiters. Der Ruf: Ich gehe zum Gewerbegericht! hat hier eine ähnliche Bedeutung, wie die Erzählung von dem Müller von Sanssouci und sein Ausspruch: Ja, wenn es kein Kammergericht gäbe!

Der Grund für diese Verschiedenheit der Auffassung liegt darin, daß der Arbeitsvertrag in rechtlicher Beziehung ebenso behandelt worden ist, wie der Arbeitsmarkt in wirtschaftlicher. Wie dieser bei allen Fortschritten der Organisation im Waren- und Effektenmarkte so gut wie gänzlich unorganisiert blieb (S. 55), so hat auch in einem Rechtssystem, das einen wahren Wunderbau eines fein entwickelten Vertragsrechtes aufführte, der Arbeitsvertrag kaum eine irgendwie erhebliche Ausbildung erfahren. Im römischen Recht erscheint der Arbeitsvertrag als eine bloße Unterart der Miete. Diese kann sich entweder auf Sachen beziehen: Sachmiete, Wohnungsmiete, oder auf Dienstleistungen von Personen: Dienstmiete. Das entsprach ganz den Verhältnissen der Sklavenwirtschaft, in welcher in der Regel das Bedürfnis an persönlichen Betriebsmitteln ebenso wie das an sachlichen durch Kauf gedeckt wurde. Soweit das Eigentum an gekauften Pflügen oder gekauften Menschen nicht ausreichte, konnte man Pflüge mieten oder Menschen mieten. Die allmähliche Abschaffung der Sklaverei, der Leibeigenschaft, der Erbuntertänigkeit gaben diesem Institut der „Dienstmiete", das ursprünglich bloß der Ergänzung des Sklavenbetriebes durch ausnahmsweis eingeführte freie Arbeitskräfte diente, eine stets steigende Bedeutung und schuf, zuerst in den Städten, dann auch auf dem Lande, eine an Umfang beständig zunehmende Bevölkerungsklasse, deren gesamtes wirtschaftliches Dasein auf dem Arbeitsvertrag beruhte. Im Rechtssystem aber behielt dieser Vertrag die bescheidene, aus den Zeiten des Sklavenstaates ihm anhaftende Stellung. Von etwa 500 Paragraphen, die das Bürgerliche Gesetzbuch seinem Obligationenrecht widmet, gehören nur 30 dem „Dienstvertrage". Vergleicht man damit das wirtschaftliche Leben der großen Masse des Volkes, für welches dieses Gesetzbuch gegeben ist, so spielen zwar für die Befriedigung persönlicher Bedürfnisse Kauf, Tausch, Miete, Leihe, Darlehen u. s. w. eine bedeutende Rolle; aber das Berufsleben konzentriert sich fast ausschließlich um den Arbeitsvertrag herum, und die große Mehrzahl der Bevölkerung in Deutschland stirbt, ohne daß sie in ihrem ganzen Leben für Berufszwecke jemals einen andern, als einen Arbeitsvertrag geschlossen hätte. Für das Berufsleben der großen Mehrzahl ist der in wenigen Paragraphen abgetane Vertrag die Hauptsache, und alle anderen die Nebensache. Die ausführliche Behandlung desselben betrachtet das Gesetzbuch so wenig als seine Aufgabe, daß es beim Zustandekommen des Gesetzeswerkes gewissermaßen als selbstverständlich galt, diese Materie in eine bloße Spezialgesetzgebung durch Gewerbe-, Berg-, Schiffahrts-, Gesindeordnungen u. s. w. zu verlegen. Ein Abbild des gesetzgeberischen Zustandes ist der Stand der juristischen Wissenschaft. Das Vertragsrecht ist bis ins kleinste und feinste hin ausgebildet. Aber nicht die bescheidenste Doktor-Dissertation ist dem Arbeitsvertrage als dem Berufsvertrage der großen Mehrheit der Bevölkerung gewidmet. In der Hauptsache maßgebend ist auch für die juristische Wissenschaft noch immer das alte Pandekten-System, das den Arbeitsvertrag damit erledigt, daß er eine „Miete" von Dienstleistungen sei, und die ganze Spezial-Gesetzgebung, auf der das Berufsleben des deutschen Volkes in seiner großen Mehrheit beruht, am liebsten mit Stillschweigen übergeht oder nur mit kurzer Erwähnung abfertigt. — In dem Augenblick, wo diese Zeilen in den Druck gehen, erscheint, von einem der hervorragendsten deutschen Privatrechts-Lehrer herrührend, eine Darstellung vom Rechte des Arbeitsvertrages, die schon durch ihren äußeren Umfang ankündigt, daß hier dieser Vertrag im vollen Umfange seiner wirtschaftlichen Bedeutung gegewürdigt werden soll. Wir sind in eine Entwicklung eingetreten, in der dieser so lange in die Ecke gestellte Vertrag in den Vordergrund gelangt. Bei der Schnelligkeit unserer Zeit wird es nicht lange dauern, bis der alte Zustand vergessen ist. Aber jene — völlig unbewußte — Geringschätzung des Arbeitsvertrages hat bestanden und hat ihre heute noch nicht untergegangenen Wirkungen gezeitigt.

Mit besonderer Deutlichkeit spiegelt sich diese Geringschätzung in der Gerichtsverfassung wieder. Diese nahm auf den Arbeitsvertrag in der Regel überhaupt keine Rücksicht, sondern regelte die Zuständigkeit der Zivilgerichte nach der Höhe des Streitgegenstandes. Die Gesetzgebung, die in den europäischen Staaten im Laufe des 19. Jahrhunderts eine für die gesamte Bevölkerung einheitliche Gerichtsverfassung schuf, berücksichtigte in dieser das Bedürfnis der Personen, die vom Arbeitsvertrage lebten, nicht etwa in höherem, sondern im geringerem Grade, als die vorangegangene Zeit. In der Feudalzeit besaß wenigstens das Gewerbe, soweit es organisiert war, auch Organe für diese Rechtsprechung. Es mag dahingestellt bleiben, inwieweit in den alten Innungen die Rechtsprechung sachgemäß war; daß sie sach- und gewerbegemäß sein *sollte*, war durch die Tatsache, daß den Gewerbegenossen die Entscheidung im gewissen Umfange übertragen war, als eine Forderung des Rechtslebens anerkannt.

Jedenfalls wurde bei Beseitigung aller dieser aus der Feudalzeit stammenden Organe eine neue Justiz geschaffen, die für den Arbeiter schwerer erreichbar, langsamer und teurer war. Es ist kein Zufall, daß das Land, welches in der Wegrasierung der alten Einrichtungen am schnellsten und am gründlichsten vorgegangen war, Frankreich, sich am frühsten genötigt sah, gerade auf diesem Gebiete ein Zugeständnis zu machen, und eine Ausnahme von der allgemeinen Gerichtsverfassung zuzulassen. Am 18. März 1806 wurde von Napoleon I. für Lyon das conseil de prud'hommes begründet, das die Erneuerung einer älteren Einrichtung des Lyoner Seidengewerbes und dazu bestimmt war, Streitigkeiten zwischen Fabrikanten und Arbeitern gütlich beizulegen oder durch Richterspruch zu entscheiden. Weitere Gesetze aus den Jahren 1809—1811 regelten die Schaffung ähnlicher Spezialgerichte auch für andere Orte. Die Mitglieder der Gerichte (in deren Namen angedeutet war, daß es auf bloße „Klugheit", d. h. Sachverständigkeit im Gewerbe und nicht auf formale juristische Bildung ankomme), sollten teils von den Arbeitgebern, teils von den oberen Schichten der Arbeiterschaft gewählt werden und ihren Vorsitzenden aus ihrer eigenen Mitte bestimmen. In den verschiedensten Teilen des französischen Kaiserreiches wurden in größeren und teilweise auch kleineren Städten diese Spezialgerichte geschaffen. Die Rheinlande brachten bei ihrem Heimfall an Preußen (1815) mit anderen französischen Einrichtungen auch einige conseils de prud'hommes mit, die zuerst als „Räte der Gewerbeverständigen" oder „Fabrikgerichte", seit 1846 als „Königliche Gewerbegerichte" bezeichnet wurden. (Ebenso sind später durch die Eroberung Elsaß-Lothringens weitere ehemals französische Gewerbegerichte an Deuschland gekommen.) Der allgemeine Zustand wurde nicht durch diese Ausnahme, sondern durch die Unterstellung unter die allgemeine Gerichtsverfassung bestimmt. Die preußische Gewerbeordnung von 1849 war von der Notwendigkeit, für diese Streitigkeiten ein leicht zu erreichendes Organ zur Verfügung zu stellen, so durchdrungen, daß sie die Anrufung des Gemeindevorstandes zum Zwecke der Schlichtung vorschrieb; eine Bestimmung, die von der (nord-)deutschen Gewerbeordnung von 1869 übernommen wurde. Durch Ortsstatut konnte die Gemeinde mit dieser Aufgabe ein „gewerbliches Schiedsgericht" betrauen, in welchem dem Gemeindebeamten Arbeitgeber und

Arbeiter in gleicher Zahl zur Seite traten. Da aber gegen Entscheidungen aller dieser Organe binnen 10 Tagen der Rechtsweg beschritten werden konnte, so wurde damit, wenn der andere Teil sich nicht gutwillig fügte, keine vollstreckbare Entscheidung geschaffen. Um die Zeit, wo die Reichs-Justizgesetze von 1877 zu stande kamen und in der einheitlichen Gerichtsverfassung für Deutschland den „Gewerbegerichten", wo sie bereits vorhanden waren, noch gerade ein Ausnahmeplätzchen gönnten, war in weiten Kreisen bereits die Überzeugung vorhanden, daß eine derartige Einrichtung in größerem Maßstabe durchgeführt werden müsse. Dreimal, in den Jahren 1873, 74 und 78, machte die Reichsregierung an den Reichstag entsprechende Gesetzesvorschläge, die jedoch nicht zur Verabschiedung gelangten. Das letzte Mal wurden die Beratungen abgebrochen, weil der Entwurf für den Vorsitzenden des als Gemeindeeinrichtung gedachten Gerichtes die Bestätigung durch die Regierung forderte, der Reichstag aber sie nicht zugestehen wollte. Vergebens verlangte der Reichstag im Jahre 1886 die obligatorische, im Jahre 1889 wenigstens die fakultative Einrichtung von Gewerbegerichten. Als aber im folgenden Jahre der große politische Umschwung infolge des Rheinisch-Westfälischen Bergarbeiterstreikes (S. 6) ein Arbeiterschutz-Gesetz, d. h. ein Spezialgesetz zur Regelung des Arbeitsvertrages, brachte, entschloß sich die Regierung auch zur Wiedervorlegung jenes Gesetzentwurfes, und diesmal kam er sofort zu stande, schneller als das Arbeiterschutz-Gesetz, als dessen Garantie er gedacht war. Über die früher streitig gewesene Hauptfrage einigte man sich dahin, daß die Regierung zwar die erforderliche Bestätigung für den Vorsitzenden im Prinzip aufrecht erhielt, aber darauf verzichtete, wenn ein Beamter gewählt wurde, dem bereits in seinem Hauptamte staatliche Ernennung oder Bestätigung zu teil geworden war. Das daraus hervorgegangene Gesetz „betreffend die Gewerbegerichte" vom 29. Juli 1890 hat sich in allen Hauptpunkten bewährt; er ist nach zehnjährigem Bestehen nur in einigen Einzelheiten durch die Novelle vom 30. Juni 1901 abgeändert und in der neuen Fassung unter dem 29. September 1901 als „Gewerbegerichts-Gesetz" neu verkündet worden.

Die Gewerberichte, die damit in die deutsche Gerichtsverfassung und gleichzeitig in das öffentliche Leben Deutschlands überhaupt eintraten, haben eine über ihren Tätigkeitskreis weit hinausreichende Bedeutung. Mit ihnen wird eine Menschenklasse, die bisher von jeder Mitwirkung an der Detailarbeit in Staat und Gemeinde ausgeschlossen war, zum erstenmal zu dieser Mitarbeit berufen. Unsere Gesetzgebung hat bei der Begründung des Deutschen Reiches den kühnen Schritt getan, die Arbeiterklasse, welche von den Landesparlamenten, wie vom Beamtentum, tatsächlich auch von der kommunalen Selbstverwaltung, sowie von Schöffen- und Geschworenenbänken ausgeschlossen war, in den höchsten Rat der Nation zu berufen; und diejenigen, die in der Gewährung des allgemeinen gleichen Reichs-Wahlrechts einen politischen Fehler erblickten, haben ein Vierteljahrhundert hindurch nichts getan, um den von ihnen behaupteten Fehler nachträglich dadurch zu mildern, daß man diese Schichten durch Erweiterung des landständischen und kommunalen Wahlrechts, durch weitherzigere Rekrutierung des Beamtentums, durch vorurteilslosere Besetzung der Schöffen- und Geschworenenstellen allmählich in das politische Verständnis für das Detail des Staatswesens hineingezogen hätte. Statt dessen wurden vielmehr die Landes-Wahlrechte (teils durch die wirtschaftliche Entwicklung und die Wirkung eines neuen Steuerrechts, teils auch durch gesetzgeberische Änderungen) eingeengt, und das Verwaltungsbeamtentum nahm in dem größten deutschen Staate vielfach wieder einen annähernd feudalen Charakter an, das kommunale Wahlrecht wird in dem größten Teile der deutschen Gemeinden in erster Linie noch nicht einmal (wie gewöhnlich geglaubt wird) durch das Dreiklassen-System bestimmt, sondern weit energischer dadurch, daß vermöge des Zensus sogar in die dritte Klasse vielfach nur ein kleiner Teil der Arbeiter hineinkommt; in ungezählten deutschen Gemeinden ist die zahlreichste Bevölkerungsklasse vom kommunalen Wahlrecht gänzlich ausgeschlossen. Da war es nun von der größten Wichtigkeit, daß das Reichsgesetz vom 29. Juli 1890 für eine Gattung von Behörden den positiven Grundsatz aufstellte, daß in ihnen Arbeiter vertreten sein m ü ß t e n. Hierin liegt das unterscheidende Merkmal der Gewerbegerichte; und nur in der Arbeiterversicherung, deren Organisation aber einem staatlich anerkannten Vereinsleben näher steht als wirklichen Behörden, haben sie Vorläufer. Das Reichsgesetz stellt es als das erste und wesentlichste Erfordernis des Gewerbegerichts hin, daß es zu gleichen

Teilen aus erwählten Vertretern der Unternehmer und der Arbeiter unter einem unparteiischen Vorsitzenden zusammengesetzt sein muß. Daß das Gesetz selbst dies als seine wesentliche Bestimmung betrachtet, geht daraus hervor, daß es in allen Punkten die bestehenden Gewerberichte fortbestehen ließ, wenn sie in diesem Punkte dem Gesetze Genüge leisten; daß es sie aber für aufgehoben erklärte, wenn sie nicht beim Inkrafttreten des Gesetzes diese Änderung bereits vollzogen hatten.[1]) Hiermit hängt zusammen, daß den Beisitzern für ihre Zeitversäumnis eine Entschädigung ausgesetzt wurde. Auch hierin hat das Gewerbegerichts-Gesetz nur in den Reichs-Versicherungsgesetzen einen Vorläufer. Bis dahin hatte man mit dem Begriff des Ehrenamtes die Unentgeltlichkeit für notwendig verbunden gehalten. Für ehrenamtliche Tätigkeit war wohl Ersatz der baren Auslagen, insbesondere Reisekosten u. ä., gestattet. Daß aber jemand für seine Zeitversäumnis eine Entschädigung erhalten solle (welche für die Arbeiter-Beisitzer des Gewerbegerichts in dem Sinne gemeint war, daß sie für diese Tätigkeit etwa in demselben Verhältnis besoldet werden sollten, wie für jede Berufstätigkeit), das hatte man bis dahin für nicht vereinbar mit dem Begriff des Ehrenamtes gehalten. Die bisherige Auffassung repräsentiert etwa die anständige Gesinnung eines behäbigen Bürgertums, das es für unter seiner Würde hält, sich für gemeinnützige Tätigkeit besolden zu lassen, so lange es nicht in das Berufsbeamtentum eintritt (vgl. Einleitung: S. 44). An ihre Stelle tritt jetzt ein anderer Begriff des Ehrenamtes und andere Begriffe von Anstand in diesen Dingen. Wenn man es bisher nicht für recht anständig hielt, sich für diese Tätigkeit im Interesse der Gesamtheit besolden zu lassen, so kann man es andererseits als nicht anständig bezeichnen, von seiten der Gesamtheit diese Dienste unentgeltlich anzunehmen. Diese beiden Anschauungen stehen in schroffem Widerspruch miteinander. Im Gewerbegerichts-Gesetz hat die neue Anschauung in ihrer ganzen Einseitigkeit gesiegt: eine Ablehnung der Entschädigungsgelder ist untersagt.[2]) Es wird noch

[1]) Auch das Verfahren konnte bei diesen älteren Gewerbegerichten (§ 85 der jetzigen Fassung) unverändert bleiben, mit der einzigen Ausnahme, daß für die Vertretung durch Rechtsanwälte u. s. w. das reichsgesetzliche Verbot (§ 31) platzgriff.

[2]) Mit den Diäten der Abgeordneten in den Landtagen lassen sich diese Entschädigungsgelder nicht vergleichen. Denn wenn es auch ein offenes

lange dauern, bis diese beiden miteinander ringenden Anschauungen in unserem öffentlichen Leben ins Gleichgewicht gebracht sind. Einstweilen findet der mit dem Gewerbegerichts-Gesetz eingeführte Gedanke der Entlohnung für ehrenamtliche Tätigkeit noch ein weites Betätigungsfeld. Und so wünschenswert es ist, daß sich diese Entlohnung innerhalb mäßiger Grenzen hält, damit sich hier nicht eine neue Karriere für Ehrenamts-Jäger eröffnet, ebenso wünschenswert ist es, daß der Grundsatz der Entlohnung zunächst überall da angewendet werde, wo es im Interesse der Gesamtheit selbst liegt, die wenig bemittelten Bevölkerungsklassen zu den Ämtern heranzuziehen.

Wenn so in der gleichmäßigen Verleihung des Wahlrechts und in der Umgestaltung des Ehrenamtes die Gleichberechtigung beider Teile ihren Ausdruck erhielt, so fand das System seinen Abschluß darin, daß in dem Gerichtskörper Vorsitz und Leitung keinem der beiden Teile, sondern einem Unparteiischen gehören sollte. Das französische System, den Vorsitzenden aus der Mitte der Erwählten beider Teile, durch deren gemeinschaftliche Wahl hervorgehen zu lassen, wahrt zwar den äußeren Anschein, als ob diese vollendete Besetzung des Gerichts die in Wahlen zum Ausdruck gebrachte unbeeinflußte Vertretung a l l e r Beteiligten sei; aber es wahrte auch nur den Anschein. Denn bei diesem mußte notwendigerweise der Vorsitzende einem der beiden Teile angehören. Die Fiktion, daß er, einmal auf den kurulischen Sessel gesetzt, aufgehört habe, Vertreter

---

Geheimnis ist, daß es Abgeordnete gibt, welche ihre Diäten als Bestandteil ihres Einkommens betrachten, so geht die Gesetzgebung doch nur davon aus, daß sie die Mehrausgaben decken sollen, die dem Abgeordneten durch seine Tätigkeit erwachsen; eine Fiktion, die so weit getrieben wird, daß in Preußen sogar die Diäten für steuerfrei erklärt wurden (Ministerialanweisung vom 5. August 1891 zum Einkommensteuer-Gesetz, Art. 22[4c]: „als Entschädigung für die mit der Erfüllung u. s. w. verbundenen Aufwendungen"). Die Entschädigungsgelder für den Arbeiter-Beisitzer aber werden grundsätzlich so bemessen, daß er für seine Beisitzertätigkeit denselben Lohn empfängt wie für jede andere. Dadurch freilich, daß der Satz für Arbeiter-Beisitzer und für Unternehmer-Beisitzer in den Ortsstatuten gleich bemessen wird, stellt sich die Entschädigung im wesentlichen als eine Maßregel zu Gunsten des Arbeiterstandes dar. Und wenn die Verweigerung der Annahme gesetzlich für unstatthaft erklärt wird (§ 20, Schluß), so hat das praktisch nur die Bedeutung, daß es den Unternehmern unmöglich gemacht werden soll, durch Ablehnung der unbedeutenden Summe ihr den Charakter einer Art Mitleidsgabe an die Arbeiter aufzudrücken. In Berlin überlassen die Unternehmer-Beisitzer ihre Entschädigungsgelder in der Regel der Kasse eines von ihnen gebildeten „Vereins der Arbeitgeber-Beisitzer am Gewerbegericht Berlin".

der einen Seite zu sein, konnte an dem Tatbestande, daß er es war, nichts ändern. Ja die ausdrückliche Vorschrift, daß sein Stellvertreter immer aus dem andern Teil genommen werden müsse, schien eher eine Legalisierung der Anschauung zu entfalten, daß er selbst Vertreter der einen Seite sei und bleibe. Dazu aber kam, daß die beiden Seiten, die hier als gleichberechtigt hingestellt werden sollten, historisch zu den gesellschaftlichen Schichten, die die Gesetzgebung in Händen hatten, nicht gleichmäßig standen. Da in allen heutigen europäischen Staaten während der ganzen Zeit ihres Bestehens die Träger der staatlichen Entwicklung die besitzenden Klassen gewesen sind, so trat bei dem ersten Versuch, die Besitzlosen zu gleichberechtigter Mitarbeit heranzuziehen, die durch Generationen vererbte Anschauung zum mindesten unbewußt, teilweise auch mit vollem Bewußtsein in Wirkung und brachte gegen die Enthaltsamkeit des Staates in der Bestimmung des Vorsitzes Gegengewichte an, die den tatsächlichen Ausfall der Wahl nach der Seite der Arbeitgeber leiteten. Zu den unbewußten Einflüssen dieser Art mag es gehören, wenn in Frankreich und in den Ländern, die seinem System folgen, das Wahlrecht so ausgestaltet wurde, daß von den Arbeitern, die man hier als völlig gleichberechtigte Kurie zur Wahl aufzurufen weitherzig genug war, doch wenigstens die unterste Schicht ausgeschlossen wurde. Aber die unterste Schicht ist die breiteste, und das Wahlrecht, das in dieser Beziehung irgendwelche Abstriche macht, wirkt nach der Seite hin, daß nicht „die" Arbeiter wählen, sondern nur der Teil von ihnen, der den Besitzenden am nächsten steht. Am schärfsten tritt dies in die Erscheinung, wo die beginnende Gewerbegerichts-Gesetzgebung die Arbeiterschaft durch eine Meisterkategorie (chefs d'ateliers) vertreten sein läßt, d. h. durch eine Arbeiter-Aristokratie, deren Adelsbrief von der Arbeitgeberschaft selbst herrührt. Aber auch Bedingungen wie die, daß das Wahlrecht an eine fünfjährige Beschäftigung in dem betreffenden Gewerbszweige, außerdem noch an einen dreijährigen Wohnsitz in dem Gerichtsbezirk geknüpft ist, wirken auf das Wahlrecht der Arbeiter ganz anders als auf das der Arbeitgeber; sie lassen die Qualität der Arbeitgeberschaft, die an die Urne gelangt, ziemlich unberührt, während sie bei der Arbeiterschaft eine starke Durchsiebung und zwar in dem genannten aristokratisierenden Sinne bedeuten.

Mehr auf der Seite der **bewußten** Gegenwirkung liegen zwei ungefähr gleichzeitige Versuche in Frankreich und in Preußen aus den Jahren 1848 und 1849. In Frankreich hatte man sich unter dem Druck der „sozialen Revolution" entschließen müssen, jene Aristokratisierung der Arbeiter-Wählerschaft aufzugeben. Aber man korrigierte das, indem man vermittelst eines zweiten Gesetzes an dem Wahlapparat eine neue höchst sinnreiche Einrichtung anbrachte. Zwischen Arbeitgeber und Arbeiter machte man aus Zwischenmeistern (Akkordanten) eine eigene Klasse. Diese hatte für sich kein aktives Wahlrecht, aber sie hatte aus den Kandidatenlisten beider Parteien die Wahlen vorzunehmen, während ihre eigenen Vertreter zur Hälfte dnrch die Arbeitgeber, zur Hälfte durch die Arbeiter gewählt wurden. Da diese Zwischenklasse den Arbeitgebern näher steht, als den Arbeitern, so gab es in dem ganzen überaus verwickelten Wahl-Apparat auch nicht eine einzige Stelle, an der es möglich gewesen wäre, einen Vertrauensmann der Gesamt-Arbeiterschaft ohne direkten oder indirekten Einfluß der Arbeitgeberschaft in das Gewerbegericht hineinzubringen. Ganz unverblümt aber setzte in Preußen die oktroyierte Verordnung vom 9. Februar 1849, die den (übrigens unpraktisch gebliebenen) Versuch unternehmen sollte, die Gewerbegerichte auch außerhalb der Rheinprovinz einzuführen, die Mitgliederzahlen auf ungerade Ziffern fest, gab den überschießenden Mann, d. h. die Mehrheit, den Arbeitgebern und schrieb auch ausdrücklich vor, daß der Vorsitzende „aus der Klasse der Arbeitgeber" zu wählen sei.

Wenn also der Staat, der die Rechtsprechung sonst als staatliche Angelegenheit betrachtet und streng daran festhält, wenigstens die Leitung eines Gerichts in die Hand eines ernannten Beamten zu legen, diesen Gerichten gegenüber Enthaltsamkeit gezeigt hat, so war diese teuer erkauft. Wollte man in Deutschland die Unparteilichkeit des Vorsitzes dadurch zu sichern suchen, daß man die Auswahl der Person den beiden Verwaltungskörpern entzog, so fand man dafür irgend welche bewährte ausländische Muster nicht vor. Denn in Frankreich hatte zwar das zweite Kaisertum sich kurzerhand entschlossen, im Wege einer Gesetzesänderung die kaiserliche Ernennung des Vorsitzenden vorzuschreiben (1853); die Republik hatte jedoch diese Ernennung wieder rückgängig machen müssen (1880).

Wohl aber konnte man an eine in Deutschland selbst vorhandene Entwicklung anknüpfen. In den „gewerblichen Schiedsgerichten", die gewissermaßen aus einer Erweiterung des Gemeindevorstandes durch Vertreter beider Teile hervorgegangen waren, war der Gemeindevorstand in der Regel durch eines seiner Mitglieder oder einen von ihm bestimmten kommunalen Beamten vertreten. Indem man an eine gesetzgeberische Formulierung dieses Gebrauches heranging, gelangte man dazu, die Bestellung des Vorsitzenden dem Gemeindevorstand (oder der Gemeindevertretung) zuzuweisen. Mit dieser Abweichung von dem französischen System begnügte man sich aber nicht, sondern man vollzog den vollständigen Bruch, indem man mit ausdrücklichen Worten vorschrieb, daß der Vorsitzende weder Arbeitgeber noch Arbeiter (im Sinne der Gewerbeordnung) sein dürfe. Während das französische System der vollständigen Überlassung des Gerichts an die Interessenten darin gipfelt, daß der Vorsitzende entweder Arbeitgeber oder Arbeiter sein *muß*, ist es die Spitze des deutschen Systems, daß er keins von beiden sein *darf*.

Nun kann man freilich in Fragen, die die Unparteilichkeit zwischen Arbeitgebern und Arbeitern, zwischen Besitzenden und Besitzlosen betreffen, bei der gegenwärtigen Konstruktion des Wahlrechts, in den Gemeindeorganen nicht die Stellen erblicken, die die Gewähr für unparteiische Ernennung in sich tragen. Auch kann man in dem Erfordernis staatlicher Bestätigung nicht etwa ein ausreichendes Gegengewicht erblicken. Wenn der Staat überall sonst den Grundsatz aufrecht erhält, richterliche Personen aller Art nur aus staatlicher Ernennung hervorgehen zu lassen; wenn er, selbst bei Heranziehung von Laien zur Rechtsprechung — als Geschworene, Schöffen, Handelsrichter — diesen Grundsatz aufrecht erhält; und wenn derselbe Staat in dem vorliegenden Falle sich nicht für geeignet hält, die Ernennung vorzunehmen, so liegt schon in dieser Ausnahme die Anerkennung, daß die staatliche Ernennung als Gewähr der Unparteilichkeit in dem vorliegenden Falle nicht in Anspruch genommen wird. Allein in Sachen eines ein ganzes Zeitalter beherrschenden Gegensatzes bildet die Konstruktion eines Bestellungsmodus, der für Unparteilichkeit Gewähr leistet, ein so überaus schwieriges Problem, daß die Gesetzgebungs-Kunst immer darauf angewiesen sein wird, das Maß von Unparteilichkeit, das vorhanden ist, durch eine Symbolik dessen zu ergänzen, was erreicht werden soll. Und in dieser Beziehung liegt in der zwingenden Vorschrift, daß der Vorsitzende niemals Arbeitgeber oder Arbeiter sein darf, jedenfalls eine wirkungsvollere Symbolik, als in dem schwächlichen Zugeständnis, daß der Stellvertreter immer aus der Seite zu entnehmen ist, die bei der Wahl des Vorsitzenden ausgefallen ist.

Im vorstehenden ist bereits des Vorläufers Erwähnung getan, den die Gewerbegerichte an der Organisation der Arbeiterversicherung besaßen. Aber auch abgesehen von dem Unterschiede, der zwischen der staatlichen Autorisierung oder Unterstützung von Gegenseitigkeitsgesellschaften und der Übertragung von Hoheitsrechten liegt, wie die Rechtsprechung eines ist, haben sich in keiner jener Versicherungsorganisationen die Momente beisammen gefunden, auf deren Vereinigung gerade die Wirksamkeit und Fruchtbarkeit des neuen Prinzips in den Gewerbegerichten beruht. Die Beisitzer der Schiedsgerichte für die Unfall- und die Invalidenversicherung gehen nur aus indirekter Wahl hervor; die Arbeiterschaft als Ganzes wird zu diesen Wahlen nicht aufgerufen. Der Vorstand der Landes-Versicherungsanstalten für die Invalidenversicherung besteht aus Beamten; wenn in ihm auch Vertreter der Arbeitgeber und der Arbeiter vorhanden waren (was erst später obligatorisch wurde), so waren dies zugezogene Mitglieder, die zwar gleichberechtigt waren, aber doch nicht die Grundlage des Behördenkörpers bildeten; der daneben stehende Ausschuß ist zwar ausschließlich aus Vertretern der beiden Teile zusammengesetzt, aber gerade ihm fehlt die unparteiische Spitze. Ähnliches gilt von dem Reichs-Versicherungsamt, wo auch die Vertreter beider Teile nur als Zugezogene, gewissermaßen als Erweiterung des Behördenkörpers, aber nicht als seine Grundlage erscheinen. So hoch man übrigens die Bedeutung des Reichs-Versicherungsamtes nach anderer Seite hin zu veranschlagen hat, so wichtig es ist, daß hier seit dem alten Reichs-Kammergericht zum erstenmale wieder auf deutschem Boden Laien zu einer Rechtsprechung eines höchsten Gerichtshofes zugezogen werden, und daß an dieser Rechtsprechung Arbeiter ebenso wie Arbeitgeber teilnehmen, — diese Wirkung liegt in hohen Sphären. Für die Gewöhnung des Zusammenarbeitens, für die Einspannung der ganzen Arbeiterklasse in den öffentlichen Dienst ist es unerheblich, ob eine Handvoll Arbeiter in der Reichshauptstadt (oder selbst wie bei den vorhin erwähnten Behörden in den einzelnen Landes- und Provinzial-Hauptstädten) zu Sitzungen einberufen werden. Die Krankenkassen wiederum, bei denen gerade dieses örtliche Moment vollständig vorhanden ist, und deren Vorstand aus direkten Wahlen hervorgeht, sind von dem Prinzip gleichheitlicher Beteiligung beider Klassen gänzlich ausgeschlossen, da vermöge der ungleichmäßigen Bemessung der Beiträge und der Rechte hier den Arbeitern das Übergewicht gegeben ist. So sind also die verschiedenen Organe der Arbeiterversicherung nur die Vorläufer gewesen. Zu vollem Ausdruck und zu lebhafter Betätigung gelangte der Gedanke, die Arbeiterschaft zur öffentlichen Verwaltung neben der Arbeitgeberschaft zu berufen und die erwählten Vertreter beider Teile unter einem unparteiischen Vorsitzenden zu organisieren, erst in den Gewerbegerichten, die in hunderten von Städten errichtet wurden und überall in die Arbeiterschaft eine lebhafte, der praktischen Tätigkeit zugewandte Bewegung hineinbrachten. Die Gewerbegerichte boten in ihrer Organisation ein Schema, das für andere Zwecke leicht nachzuahmen war. Wie sich der ganze großartige Vorgang der allmählichen Einbeziehung der Arbeiterschaft in die öffentliche Verwaltung bei uns tief unterhalb der Sphäre der hohen Politik vollzieht, so ist es auch äußerst bezeichnend, daß für jenes Schema ein Schlagwort gebildet und beständig gebraucht wurde, ohne daß man bemerkte, daß es in der Tagespolitik bereits in anderer Bedeutung verwendet wird; in dem Nebeneinandergehen beider Bedeutungen des häufig gebrauchten Wortes tritt recht deutlich die Getrenntheit der beiden Entwicklungen zu Tage. „Paritätisch" ist in den politischen Debatten das Schlagwort für die Gleichberechtigung oder gleichmäßige Berücksichtigung der religiösen Bekenntnisse; „paritätisch" ist ebenso Schlagwort geworden für eine Organisation, die aus gleichmäßiger Vertretung der Arbeitgeber und Arbeiter unter einem unparteiischen Vorsitzenden gebildet wird.

Das hervorragendste Betätigungsfeld, das dieses in dem Gewerbegerichte gebotene Schema gefunden hat, war in seiner Anwendung auf den Arbeitsmarkt gegeben. Die Organisation des Arbeitsmarktes ist in Deutschland direkt aus den Gewerbegerichten herausgewachsen (S. 186) und hat hier eine Fülle von neuen Keimen angesetzt. Insofern ist die bedeutendste Wirkung der deutschen Gewerbegerichte in unserm zweiten Buche bereits vorweg genommen, und das gegenwärtige hat es in der Hauptsache nur noch mit der eigentlichen Tätigkeit der Gewerbegerichte selbst zu tun.

2. Die Errichtung der Gewerbegerichte durch die deutschen Gemeindeverwaltungen.

Während der Beratung des Gewerbegerichts-Gesetzes von 1890 wurde die Befürchtung geäußert, daß die Bourgoisie, welche in allen Gemeindevertretungen die maßgebende Macht hat, von der ihr erteilten Befugnis keinen Gebrauch machen, daß Gewerbegerichte, wenn sie nur fakultativ seien, nicht recht praktisch werden würden. Über die Berechtigung dieser Besorgnis haben die Tatsachen entschieden. Als der Verband deutscher Gewerbegerichte auf den 31. Dezember 1896 zum erstenmal eine ganz Deutschland umfassende Aufnahme veranstaltete, ergab sich, daß bereits 284 Gewerbegerichte bestanden. Unter diesen befanden sich allerdings auch einige, die auf Grund älterer Landesgesetze errichtet waren.

Die Zahl derselben genau zu bestimmen, ist nicht ganz leicht. In der Rheinprovinz hatte sich die Bezeichnung „Kgl. Gewerbegericht" so feststehend eingelebt (vgl. Verordn. v. 7. Aug. 1846), daß die von den Gemeinden auf Grund des Reichsgesetzes geschaffenen sich ebenfalls gelegentlich als „Kgl." bezeichneten; eine Ausdrucksweise, die dadurch befördert wurde, daß die Rechtsprechung „im Namen des Königs" geschieht, und das Siegel der Gewerbegerichte, das Staatswappen, den Adler zeigt. Selbst in dem amtlichen Staats-Handbuch sind in der Rheinprovinz Gewerbegerichte mit angeführt, die tatsächlich nicht staatlich, sondern kommunal sind. Nach später vorgenommenen genauen Rückfragen an Ort und Stelle sind von den heutigen rheinischen Gewerbegerichten Königlich und Landesgesetzlich folgende: Düsseldorf, Barmen, Elberfeld, Krefeld, Lennep, M.-Gladbach, Remscheid, Solingen, Köln, Mühlheim a. Rh., dazu 5 kaiserliche Gewerbegerichte in Elsaß-Lothringen (Straßburg, Thann, Markirch, Mülhausen, Metz). Die Hansestädte hatten sich ebenfalls durch Landesgesetze Gewerbegerichte gegeben, und zwar alle drei, nicht bloß, wie gewöhnlich angenommen wurde, Hamburg und Bremen, sondern auch (seit 1877) Lübeck. Jedoch sind von den heute in den Hansestädten bestehenden Gewerbegerichten nicht alle hierher zu zählen, sondern nur die mit dem Sitze in der betreffenden Hansestadt selbst (also nicht die in Bergedorf und in Bremerhaven); das Lübische Gewerbegericht umfaßte das ganze Staatsgebiet. Außerdem sind die 5 sächsischen Berg-Schiedsgerichte, wenngleich ihre Kompetenz anders geregelt war, hierher zu rechnen.

Für diese 23 Gewerbegerichte war die Übereinstimmung in der Zusammensetzung durch das Reichsgesetz (§ 85) vorgeschrieben, wenn sie fortdauern sollten, und sie ist durch Landesgesetz hergestellt worden. Preußen hat nicht bloß, wie es reichsgesetzlich erforderlich war, die Zusammensetzung der Königlichen Gewerbegerichte nach den neuen Grundsätzen geregelt, sondern durch Landesgesetz vom 11. Juli 1891 auch für die Zuständigkeit und die Tätigkeit dieser Gewerbegerichte die einschlägigen Abschnitte des Reichsgesetzes für maßgebend erklärt. In der Hauptsache unterscheiden sie sich von den reichsgesetzlichen Gewerbegerichten nur dadurch, daß sie staatlichen Charakter tragen, insbesondere der Vorsitzende von dem Regierungspräsidenten ernannt wird. Ferner Hamburgisches Gesetz vom 12. Februar 1892, Bremisches Gesetz vom 6. März 1892, Lübeckische Gesetze betr. Gewerbegerichte vom 30. November 1891 und 17. Juli 1893, sowie betr. Einsetzung eines Einigungsamtes vom 16. Juni 1890. Betr. Elsaß-Lothringen s. u. Abschnitt 4: „Einigungsämter". Die sächsischen Bergschiedsgerichte sind in ihrer Doppelfunktion als Schiedsgerichte für Arbeiterversicherung und als Gewerbegerichte geregelt durch die Gesetze vom 2. April 1884 und 5. März 1892, sowie durch die Verordnung vom 18. Dezember 1900 (§ 13).

Zu diesen 23 auf älteres Staatsgesetz zurückgehenden Gewerbegerichten waren noch 6 Berg-Gewerbegerichte hinzuzuzählen (in Preußen 5: Waldenburg, Beuthen, Dortmund, Saarbrücken, Aachen; in Braunschweig 1: Helmstedt), da die Errichtung von Berg-Gewerbegerichten durch die Landes-Zentralbehörden geschieht. Sämtliche übrigen Gewerbegerichte waren aus freier Initiative der Gemeindevertretungen hervorgegangen, mochten sie neu eingerichtet sein oder schon vorher in Gestalt von „Gewerblichen Schiedsgerichten" bestanden haben. Die vorhandenen Gewerbegerichte waren in der Hauptsache eine Schöpfung der Jahre 1892—94, in denen im Durchschnitt jede Woche 1—2 Gewerbegerichte errichtet wurden.

Eine zweite Aufnahme, die auf den 31. Dezember 1900 veranstaltet wurde, ergab 316 Gewerbegerichte. Es waren aber in den dazwischenliegenden 4 Jahren nicht bloß die 32 Gewerbegerichte errichtet worden, die sich aus der Differenz der Gesamtzahl ergaben, sondern im ganzen 44[1]), da 12 kleine Gewerbegerichte eingegangen waren.

Die geographische Verbreitung der Gewerbegerichte geht aus umstehender Tabelle 9 hervor:

(Tab. 10, siehe Seite 422.)

Für die Entscheidung der Frage, ob die Gemeindeorgane von ihrem Recht zur Errichtung von Gewerbegerichten ausreichenden Gebrauch gemacht haben, ist eine Gruppierung nach Größenklassen erforderlich. Diese geht aus Tabelle 11 hervor[2]):

Tab. 11. **Verbreitung der Gewerbegerichte nach Größenklassen 1896 und 1900.**

Nr.	Größenklasse nach Einwohnern	am 31. Dezember 1896			am 31. Dezember 1900		
		Anzahl der Gemeinden	Davon mit Gewerbegericht	Davon ohne Gewerbegericht	Anzahl der Gemeinden	Davon mit Gewerbegericht	Davon ohne Gewerbegericht
1.	2.	3.	4.	5.	6.	7.	8.
1	über 100000	28	28	—	33	33	—
2	50—100000	29	23	6	41	39	2
3	25—50000	70	43	27	.88	62	26
4	20—25000	51	25	26	64	31	33

Da die zweite Aufnahme bereits in eine Zeit fiel, in der die obligatorische Errichtung der Erörterung im Reichstage unterlag, und die eine oder die andere Stadt sich nur unter dem Drucke dieser Erörterung zur Errichtung entschlossen haben mag, so kommt für die Charakterisierung hauptsächlich die erste Statistik in Betracht. Danach waren 6 Jahre nach Inkrafttreten des Gesetzes die Großstädte sämtlich und die Mittelstädte bis zu 50000 Einwohnern zum weitaus größten Teil mit Gewerbegerichten versehen. Die 6 damaligen Ausnahmen waren: Rixdorf, Spandau, Münster, Würzburg, Zwickau,

[1]) Hierbei ist das Gewerbegericht Geldern, das unmittelbar vor dem Tage der Aufnahme von 1896 seine Tätigkeit begonnen hatte und damals nicht mit einbezogen war, als erst nachher begründet gerechnet.

[2]) Gemeinden mit bloßem Berg-Gewerbegericht sind in Sp. 5 und 8 gezählt; Gemeinden, die an ein Gewerbegericht in einer andern Gemeinde angeschlossen sind (wenn nicht bloßes Berg-Gewerbegericht), in Sp. 4 und 7. Hierdurch erklären sich Abweichungen von ähnlichen Zusammenstellungen.

Tab. 10. Geographische Verbreitung der Gewerbegerichte im Deutschen Reich 1896 und 1900.

Nr.	Staaten und Landesteile	Zahl der Gewerbegerichte am 31. Dezember 1896	1900
	Provinz Ostpreußen	4	6
	" Westpreußen	10	10
	Stadt Berlin	1	1
	Provinz Brandenburg	17	20
	" Pommern	5	5
	" Posen	13	7
	" Schlesien	31	32
	" Sachsen	13	13
	" Schleswig-Holstein	11	12
	" Hannover	18	18
	" Westfalen	15	17
	" Hessen-Nassau	12	13
	" Rheinland	32	33
	Hohenzollernsche Lande	—	—
1	**Preußen**	182	187
	Bayern rechts des Rheins	12	18
	Bayern links des Rheins	8	10
2	**Bayern**	20	28
3	Sachsen	23	26
4	Württemberg	16	19
5	Baden	8	10
6	Hessen	7	11
7	Mecklenburg-Schwerin	—	1
8	Sachsen-Weimar	4	5
9	Mecklenburg-Strelitz	—	—
10	Oldenburg	1	1
11	Braunschweig	6	6
12	Sachsen-Meiningen	1	2
13	Sachsen-Altenburg	—	—
14	Sachsen-Koburg-Gotha	3	4
15	Anhalt	1	2
16	Schwarzburg-Rudolstadt	—	1
17	Schwarzburg-Sondershausen	—	—
18	Waldeck	—	—
19	Reuß ält. Linie	1	1
20	Reuß jüng. Linie	1	1
21	Schaumburg-Lippe	—	—
22	Lippe	1	1
23	Lübeck	1	1
24	Bremen	2	2
25	Hamburg	1	2
26	Elsaß-Lothringen	5	5
	Deutsches Reich	284	316

Darmstadt. Auch bis zu 25000 Einwohnern herab hatte wenigstens die Mehrheit der Gemeinden Gewerbegerichte errichtet, und soviel beweist die zweite Statistik immerhin doch, daß die so gekennzeichnete Entwicklung fortgesetzt weiter schritt. Man kann also sagen, daß im großen und ganzen die Gemeinden dieser Größenklassen bestrebt waren, dem Bedürfnis nachzukommen. Die Befürchtung, daß die Kreise, die nach der herrschenden Kommunalverfassung in der Gemeindeverwaltung das entscheideude Wort haben, von der bloß fakultativen Befugnis einen überwiegend negativen Gebrauch machen würden, mag bei Erlaß des Gesetzes theoretische Gründe für sich gehabt haben. Die praktische Erfahrung hat das Gegenteil gelehrt. Wenn die Großstädte sämtlich, die größeren Mittelstädte fast sämtlich, die kleineren Mittelstädte zu einem erheblichen Teil mit Gewerbegerichten versehen waren, so konnte dies nach sechsjähriger Dauer des Gesetzes als kein ungünstiges Ergebnis betrachtet werden und überstieg jedenfalls die Hoffnungen, die man bei Erlaß des Gesetzes gehegt hatte. Dieses Ergebnis wurde erreicht, ohne daß, soviel bekannt geworden, die Regierung von ihrem Notrecht gegen störrische Gemeindeverwaltungen auch nur in einem einzigen Falle Gebrauch gemacht hätte. Anders stand es mit der Größenklasse von 20 bis 25000 Einwohnern. Hier hatte im Jahre 1896 nur etwa die Hälfte der Gemeinden Gewerbegerichte erhalten, und dieses Verhältnis war im Jahre 1900 unverändert geblieben. Wollte man hier vorwärts kommen, so war eine Aufrüttelung irgend welcher Art notwendig. Diese ist in der Art eingetreten, daß die Novelle für Gemeinden mit mehr als 20000 Einwohnern das Gewerbegericht für obligatorisch erklärte. Mit diesem Gesetz ist allerdings ausgesprochen, daß eine Anzahl Gemeinden von der ihnen verliehenen Freiheit nicht den Gebrauch gemacht haben, den das sachliche Interesse gebot. Immerhin ist die Novelle in dieser Beziehung nicht sowohl ein gesetzgeberischer Eingriff in die Entwicklung, als ein systematischer Abschluß derselben und eine Beseitigung von Zuständen, die als Ausnahmezustände empfunden wurden.

Wie ohne gesetzlichen Zwang schneller, so ging mit demselben die Neuerrichtung langsamer, als man gedacht hatte. Von den 61 Gemeinden (Sp. 8) mit mehr als 20000 Einwohnern, die am 20. Dezember 1900 noch ohne Gewerbegericht waren, hatte sich noch vor Abschluß der Novelle die Angelegenheit für 7 teils durch Errichtung eines Gewerbegerichts, teils durch Eingemeindung o. ä. erledigt. Es blieben folgende 54 Gemeinden übrig, die als der eigentliche Gegenstand des Obligatoriums anzusehen sind.

°=Landgemeinde.

Amberg, Aschersleben, °Beeck, Bernburg, °Bismark i. Wstf., Bocholt, °Bottrop, °Buer, Düren, Eisleben, Glogau, Gnesen, Greifswald, °Gr. Lichterfelde, Guben, °Hamborn, Herne, Ingolstadt, Königshütte, Köpenick, Köslin, Kolberg, Konstanz, °Lichtenberg, Luckenwalde, Meiderich, Meißen, Münster, Naumburg a. S. °Neunkirchen b. Trier, Neuß, Neustadt O.-Schl., °Neuweißensee, Oberhausen, Paderborn, °Pankow, Prenzlau, Quedlinburg, Ratibor, Recklinghausen, Reichenbach i. V., Saarbrücken, Schalke, Schwerin in Mecklenburg, Stargard, Staßfurt, °Steglitz, Stendal, Stralsund, °Ueckendorf, °Wanne Wattenscheid, Wesel, Witten a. R.

Nur aus den 23 durch den Druck hervorgehobenen, d. h. noch nicht aus der Hälfte der verpflichteten Gemeinden, war bis zur Mitte des Jahres 1902 die Errichtung des Gewerbegerichts als abgeschlossen gemeldet worden.

Wie an den fakultativen Charakter der Gewerbegerichte, so knüpften sich bei Beratung des Gesetzes auch Besorgnisse an die Befugnis der Regierung, den Vorsitzenden zu bestätigen. Der zustande gekommene Kompromiß gab den Gemeinden die Möglichkeit, die regierungsseitige Bestätigung zu umgehen, wenn der Gemeindevorstand seine Wahl auf solche Personen lenkte, welchen bereits in ihrem Hauptamt eine staatliche Ernennung oder Bestätigung zu teil geworden war. Die Gemeinden haben von dieser Möglichkeit aber gar nicht einmal besonderen Gebrauch gemacht. In Berlin wurden beispielsweise alle Vorsitzenden aus den Magistrats-Assessoren genommen, wiewohl nach der altpreußischen Städeordnung sämtliche Stadträte der Bestätigung unterliegen, der Magistrat also, wenn er irgend welche Befürchtungen gehabt hätte, durch Bestellung von Stadträten zu Vorsitzenden sich hätte sichern können. Andrerseits ist in Frankfurt a. M., wo die Stadträte nicht der Bestätigung unterliegen, ein Stadtrat zum Vorsitzenden ernannt und durch Ortsstatut die Dauer bloß auf ein Jahr festgesetzt worden, so daß die Stadt freiwillig sich Jahr für Jahr einer neuen Handhabung des Bestätigungsrechts aussetzt. Es ist dies ein Beweis von sehr großer Sicherheit der

Gemeindevertretungen. In der Tat hat die Regierung nirgends versucht, den ihr verbliebenen, immerhin nicht unbedeutenden Rest des Bestätigungsrechts zu mißbrauchen. Versagte Bestätigungen sind überhaupt nicht bekannt geworden. Hierauf hat auch der Wechsel in der sozialpolitischen Stimmung der Regierung keinen Einfluß gehabt. Bei Inkrafttreten des Gewerbegerichts-Gesetzes in der, wie man damals glaubte, beginnenden sozialpolitischen Ära mochte es nicht weiter auffallen, wenn die sich für Arbeiterfragen interessierenden Personen in erster Linie um den Vorsitz in den Gewerbegerichten sich bewarben, gewählt und bestätigt wurden. Der weitaus größte Teil der Gewerbegerichte ist aber begründet worden, nachdem die erste sozialpolitische Hochflut (schon etwa ein Jahr nach der Berufung des Ministers v. Berlepsch) abzuströmen anfing. Die Gerechtigkeit erfordert es, anzuerkennen, daß von dieser Wendung die Gewerbegerichte verschont geblieben sind. Bei aufmerksamster Verfolgung aller auf die Gewerbegerichte bezüglichen Vorgänge ist mir nicht ein einziger Fall bekannt geworden, daß die Regierung versucht hätte, auch nur indirekt auf die Auswahl der Vorsitzenden einen Druck auszuüben, wiewohl es unter den Vorsitzenden an Personen, die auf ihre sozialpolitische Stellung Gewicht legen, nicht fehlt, und unter den Unternehmern nicht an Männern und Organisationen, die darüber Klage führen.

3. Die Begrenzung der Zuständigkeit.

An die Spitze aller Bestimmungen über Zuständigkeit stellt das Gewerbegerichts-Gesetz die Vorschrift, daß die Gewerbegerichte für die ihnen überwiesenen Streitigkeiten zuständig sind „ohne Rücksicht auf den Wert des Streitgegenstandes". Damit ist der grundlegende Unterschied in der Zuständigkeits-Begrenzung zwischen den Gewerbegerichten und den ordentlichen Gerichten bezeichnet. Während bei diesen in der Regel die Zuständigkeit sich ausschließlich nach der Höhe des Objektes richtet, und nur ausnahmsweise ohne Rücksicht darauf gewisse Gegenstände grundsätzlich der einen oder der andern Art von Gerichten überwiesen sind, macht es das ganze Wesen der Gewerbegerichte aus, daß sie Gerichte für eine bestimmte Gattung von Streitigkeiten sind, daß diese Gattung von dem Gesetzgeber einer besonderen Gerichtsbarkeit für wert erachtet wird, und daß die Höhe oder Niedrigkeit des Streitgegenstandes hierauf keinen Einfluß übt. Die Bestimmung nach der Höhe des Objektes übt in jeder Gerichtsverfassung unwillkürlich einen aristokratisierenden Einfluß. Da nur die besitzenden Klassen es mit hohen Objekten, die Besitzlosen nur mit niedrigen zu tun haben, so läuft die Bestimmung nach der Höhe des Objektes darauf hinaus, daß den besitzenden Klassen für ihre Interessen gut ausgestattete, den Besitzlosen minder gut ausgestattete Gerichte zur Verfügung gestellt werden. Indem das Gewerbegerichts-Gesetz mit dieser Einteilungsart bricht und für eine bestimmte Gattung von Streitigkeiten eine besondere Gerichtsbarkeit einführt, nicht weil ihre Objekte, in Mark ausgedrückt, eine hohe Ziffer ergeben, sondern weil sie, sie mögen im Einzelfalle hoch oder niedrig sein, für die eine Seite der Beteiligten das gesamte geschäftliche

Lebensinteresse ausmachen, schafft es erst die Grundlage, auf der diese Gerichte bestehen können.

Diese Gattung von Streitigkeiten sind in der Hauptsache die „Leistungen aus dem Arbeitsverhältnisse“ (§ 4²). Dazu gehören die von dem Gesetz besonders angeführten Streitigkeiten über den Antritt, die Fortsetzung oder die Auflösung des Arbeitsverhältnisses, sowie über die Aushändigung oder den Inhalt des Arbeitsbuches und Arbeitszeugnisses. Einige Gewerbegerichte sind auf den sonderbaren Gedanken verfallen, einen Arbeiter, der sein Krankenkassenbuch oder seine Invalidenkarte nicht zurückerhalten konnte, an die ordentlichen Gerichte zu verweisen, weil sein Verlangen auf Rückgabe nicht auf den Arbeitsvertrag, sondern auf einen daneben anzunehmenden „Verwahrungsvertrag“ zu gründen sei. Anderswo haben sich Streitigkeiten darüber erhoben, ob der Arbeiter, wenn er nicht das Papier, sondern für die verweigerte oder verzögerte Herausgabe Schadensersatz verlangt, mit dieser Klage vor das Gewerbegericht gehört; ob die Lohnbücher und Lohnzahlungsbücher u. ä., die erst durch spätere Änderungen der Gewerbeordnung geschaffen wurden, ebenso zu behandeln seien, wie Arbeitsbücher und Arbeitszeugnisse. Diesen Streitigkeiten und Anzweiflungen hat die Novelle ein Ende gemacht, indem sie diese Kategorien sämtlich einzeln aufzählte.

Infolge dieser bis zum Übermaß getriebenen Deutlichkeit hat sich die Meinung verbreitet, daß nunmehr den Kompetenz-Zweifeln, ein Ende gemacht sei. Diese Meinung beruht auf einem Irrtum über den eigentlichen Grund der meisten Kompetenz-Zweifel. Die Bestimmung des Gewerbegerichts-Gesetzes war klar genug. Die Ängstlichkeit oder Steifigkeit, die hier und da eine Kompetenz-Einengung versuchte, wäre auch ohne Zuhilfenahme der Gesetzgebung im Laufe der Zeit an ihrer eigenen Sachwidrigkeit gescheitert. Ganz andrer Art aber sind die Kompetenz-Zweifel, die sich garnicht auf den Wortlaut des Gewerbegerichts-Gesetzes selbst gründen, sondern auf einen seinen Bestimmungen stets vorschwebenden Begriff, hinsichtlich dessen er auf ein anderes Gesetz verweist, den Begriff des Arbeiters. § 3 bestimmt:

„Als Arbeiter im Sinne dieses Gesetzes gelten diejenigen Gehilfen, Gesellen, Fabrikarbeiter und Lehrlinge, auf welche der siebente Titel der Gewerbeordnung Anwendung findet.

Imgleichen gelten als Arbeiter im Sinne dieses Gesetzes Betriebsbeamte, Werkmeister und mit höheren technischen Dienstleistungen betraute Angestellte, deren Jahresarbeitsverdienst an Lohn oder Gehalt zweitausend Mark nicht übersteigt."

Schlägt man Titel 7 der Gewerbeordnung nach, so findet man die Hauptüberschrift „Gewerbliche Arbeiter" und daneben die Aufzählung jener einzelnen Kategorien, aber keine Definition. Nach den Kommentaren fallen darunter die Arbeiter in den Betrieben, die im Sinne der Gewerbeordnung als Gewerbe anzusehen sind. Aber die Gewerbeordnung zählt wohl einzelne Tätigkeiten auf, auf die sie nicht Anwendung findet, gibt jedoch nirgends eine umfassende Erklärung des Wortes Gewerbe. Man ist darauf angewiesen, aus den verschiedenen Anwendungen des Wortes Rückschlüsse darauf zu ziehen, welchen Begriff das Gesetz mit dem Worte Gewerbe verbunden habe, und die einzelnen in dem Gesetze selbst genannten Ausnahmen einzutragen. Die Abgrenzung wird noch dadurch erschwert, daß manche Ausnahmen nicht für die ganze Gewerbeordnung, sondern nur für einzelne Teile gelten, und das Gewerbegerichts-Gesetz vereinzelt auch noch für sich selbst derartige Ausnahmen bestimmt hat. Ebensowenig wie der Begriff Gewerbe ist der des Arbeiters erklärt und z. B. kein Anhaltspunkt gegeben, um den Akkordarbeiter vom kleinen Werkunternehmer zu unterscheiden. In keinem Punkte ist die heutige Gesetzgebung von einem solchen Optimismus beseelt, wie in dem Vertrauen, daß der Mangel an guten begrifflichen Definitionen sich durch die Praxis schon von selbst ersetzen werde. Auf diesen Mangel fester maßgebender Erklärungen für Gewerbe, gewerbliche Arbeiter u. s. w. geht die große Masse der Kompetenz-Anweiselungen zurück. Endlich ist die Abgrenzung vielfach auch da, wo sie schließlich zweifellos ist, häufig so sonderbar, daß sie für die leichte Erfassung der behördlichen Zuständigkeit, d. h. für das leichte Auffinden der zuständigen Behörde, ein erhebliches Hindernis bildet.

Da es heutzutage üblich ist, jeden, der auf die Notwendigkeit sachgemäßer Definitionen in den Gesetzen aufmerksam macht, mit dem willkürlich wiederholten Einwande niederzuschreien, daß sich „vereinzelte Unklarklarheiten" niemals vermeiden lassen, so können die Wirkungen, die im vorliegenden Falle durch den Mangel an Definitionen eingetreten sind, nicht anders als an einer so großen Fülle von Beispielen dargelegt werden, daß ihnen gegenüber die Phrase von den vereinzelten Fällen verstummen muß. Die Beispiele sind durchweg der Praxis der Gewerbe- oder der ordentlichen Gerichte entnommen.

Zu den Feierlichkeiten bei Eröffnung des Nord-Ostsee-Kanals (1895) hatte eine Kieler Buchhandlung eine größere Anzahl Personen aus Hamburg kommen lassen, welche Kanalbilder verkaufen sollten. Diesen Personen wurde das Bild mit 80 Pfennig berechnet, während sie selbst es mit 1,20 Mark verkauften. Restbestände sollten für 80 Pfennig zurückgenommen werden. Als die Hamburger in Kiel eintrafen, fehlte die polizeiliche Genehmigung zum Bildervertrieb. Sie konnten ihre Tätigkeit erst nach einigen Tagen beginnen und erhoben Entschädigungsklage. Das Gewerbegericht Kiel prüfte, ob diese Personen als selbständige Unternehmer oder als bloße Gehilfen zu betrachten seien, entschied sich in letzterem Sinne und erklärte sich für kompetent. Das Landgericht Kiel erklärte die ganze Frage für unwesentlich; denn wenn die Kläger überhaupt Gehilfen seien, so seien sie nicht Gewerbe-, sondern Handlungsgehilfen, das Gewerbegericht sei dann also aus diesem Grunde unzuständig. — Da die Gehilfen und Lehrlinge in Handelsgeschäften ausdrücklich ausgenommen sind (§ 81), so nahm man allgemein an, daß das Gewerbegericht niemals in die Lage kommen könne, die Klage eines Kommis anzunehmen, bis im April 1896 das Gewerbegericht Leipzig aus Anlaß eines praktischen Falles entschied, daß auch kaufmännische Angestellte dem Gewerbegericht unterstehen, wenn sie nicht in „Handelsgeschäften", sondern in Fabrikbetrieben angestellt sind. Nachdem das Erkenntnis veröffentlicht war, hat es keinen Widerspruch gefunden, wie denn derselbe nach dem Wortlaut des Gesetzes auch kaum zu begründen wäre. Nach der weiteren Fassuug des Kaufmannsbegriffs in dem neuen Handels-Gesetzbuch werden solche Fälle jetzt seltener eintreten können. Immerhin gibt es auch Buchhalter bei Handwerksmeistern, und es kommen so noch immer Klagen von Personen vor, die sich als Handlungsgehilfen betrachten, und die dennoch dem Gewerbegericht unterstehen. — In großen Städten gibt es Dienstboten vielfach in Häusern, die nach ihrer ganzen sozialen Lage an sich keinen Dienstboten halten würden, sondern ihn nur deswegen annehmen, weil er gleichzeitig im Gewerbebetrieb beschäftigt wird. Typisch ist dafür der Berliner Budiker, dessen Mamsell in der Schenke kalten

Aufschnitt besorgt und gleichzeitig im Hause Mädchen für alles ist. In jedem einzelnen Falle muß diese kalte Mamsell daraufhin analysiert werden, ob sie ihren wesentlichen Bestandteilen nach Dienstbote oder Gewerbegehilfin ist. In Berlin betrachtete das Polizeipräsidium die Hausdiener und Köchinnen der Restaurateure u. s. w. als Gesinde, nahm bei Streitigkeiten Anträge auf polizeiliche Entscheidung nach der Gesindeordnung an und verlangte die Führung von Gesindebüchern, während das Gewerbegericht sie als Gewerbegehilfen betrachtete. Die polizeilichen Gesindebücher haben eine Rubrik für Führung und Leistungen, deren Ausfüllung obligatorisch ist; sind diese Personen aber Gewerbegehilfen, so ist die Ausfüllung dieser Rubriken nur auf Verlangen des Arbeiters gestattet (GO. § 113), andernfalls strafbar. Obgleich das Kammergericht der gewerbegerichtlichen Auffassung beitrat, weigerte sich das Polizeipräsidium, seine Praxis auf Ansuchen des Gewerbegerichts zu ändern. Das Gewerbegericht hat im Wege formellen Antrages (§ 75, Abs. 3) bei den zuständigen Behörden eine endgiltige Entscheidung in seinem Sinne nachgesucht. Durch Erlaß vom 17. August 1896 haben dann der Minister des Innern und der Handelsminister die Streitfrage für die Verwaltungsbehörden zwar nicht ganz im Sinne des Gewerbegerichts entschieden, aber doch die Auffassung des Polizeipräsidiums abgelehnt und angeordnet, daß diese Personen als Gewerbegehilfen zu betrachten sind, wenn nicht im Einzelfalle aus ausdrücklichen Abmachungen oder sonstigen besonderen Umständen sich ergibt, daß die Beschäftigung im Hausdienst überwiegt. Seit damals ist die Kontroverse für Berlin entschieden. Die Polizeireviere weisen diese Personen, wenn sie polizeiliche Vermittlung nachsuchen, in der Regel an das Gewerbegericht. — Die Gehilfen in Handelsgärtnereien wandten sich im Februar 1897 in einem öffentlichen Aufruf an alle Sachverständigen mit der Bitte, ihnen einen Rat zu erteilen, wie sie sich in Kompetenzstreitigkeiten zu verhalten hätten; denn bald würden sie als Gewerbegehilfen, bald als landwirtschaftliche Arbeiter, bald als Gesinde betrachtet. Die Antworten fielen so verschiedenartig aus, daß die Ungleichmäßigkeiten womöglich noch stärker wurden und jedenfalls durch den Zwiespalt der Sachverständigen sanktioniert erschienen. In den Jahren 1901 und 1902 hat der Hauptvorstand des allgemeinen Gärtnervereins

(Gehilfenverein) eine förmliche statistische Aufnahme über die Verschiedenheit der Rechtsprechung in 221 Gewerbegerichtsbezirken je nach der Verschiedenheit der Betriebe (Landschafts-, Dekorations-, Kunst-, Handlungs-, Theatergärtnereien, Kranz- und Blumenbindereien u. s. w.) veranstaltet und, durch eine größere Sammlung von Erkenntnissen und sonstigen Entscheidungen unterstützt, dem Reichstage unterbreitet. Die Gesellschaft für soziale Reform hat sich über die Angelegenheit ausführliche Gutachten erstatten lassen und in der Ausschußsitzung vom 6. Mai 1902 die Rechtsprechung für derart schwankend erklärt, „daß hierdurch nicht nur eine Rechtsunsicherheit für die Beteiligten entstanden ist, sondern auch die Rechtspflege in ihrem Ansehen schweren Schaden erleidet". Das Gewerbegericht Berlin hat sich dafür ausgesprochen, daß die Nichtzugehörigkeit des Gartenbaus zu den „Gewerben" in der Gewerbeordnung ausdrücklich festgestellt, aber Kunst-, Zier- und Handelsgärtnerei ebenso ausdrücklich in die Gewerbeordnung einzubeziehen sei. Hamburg, Würzburg nnd andere Gewerbegerichte bereiten ähnliche Anträge an Bundesrat und Reichstag vor, und der in den steigenden Verlegenheiten unermüdliche Gärtnerverein wünscht eine allgemeine Erörterung der Frage auf dem Verbandstage deutscher Gewerbegerichte. Ungefähr wird sich wohl eine zukünftige Gesetzgebung in der Richtung des Berliner Antrages bewegen müssen. Allerdings vollständig werden die Zweifel auch so nicht beseitigt, da in Verkaufsgärtnereien die Grenze nach der Seite des Handlungsgehilfen hin auch dann fraglich bleibt, wenn die Unterstellung unter die Gewerbeordnung ausgesprochen ist. — Ein Architekt hat ein Zeichenbüreau und fertigt darin für private Auftraggeber Baupläne, auf Grund deren er auch gegen Bezahlung die Leitung des Baues übernimmt. Ist ein Gehilfe in einem solchen Büreau ein Gewerbegehilfe und für seine Lohnklage das Gewerbegericht zuständig? Das Gewerbegericht Wiesbaden hat die Frage bejaht, nachdem es festgestellt hat, daß in dem Spezialfall eine höhere wissenschaftliche oder künstlerische Tätigkeit bei dem Betriebe des Büreaus nicht in Betracht komme. — Eine ziemlich bunte Musterkarte zeigen die Entscheidungen über das Personal der kleinen Theater, Spezialitätenbühnen, Zirkusse u. s. w. Am Theater in Kreuznach war ein Schauspieler auf 14tägige Kündigung angenommen aber kündigungslos entlassen worden, und wandte sich, um seine Gage für diese Zeit zu erhalten, an das Gewerbegericht (1894). Dieses wies ihn ab; denn wenn auch Schauspiel-Unternehmungen im § 32 der Gewerbeordnung als Gewerbebetriebe bezeichnet würden, so unterständen doch dem Titel 7 der Gewerbeordnung und damit den Gewerbegerichten nur solche in jenen Betrieben beschäftigte Personen, welche als Arbeiter zu betrachten seien. Der Schauspieler aber sei überhaupt kein Arbeiter. Er wirke nicht zur Herstellung eines Gewerbeerzeugnisses mit, sondern entwickle lediglich eine künstlerische Tätigkeit. In diesem Sinne habe sich auch das Reichsgericht unter dem 21. März 1887 entschieden; und daß die künstlerische Tätigkeit vielleicht nur von sehr untergeordnetem Werte sei, sei hierfür belanglos. Der Kläger wandte sich darauf an das Amtsgericht (wie es scheint, ohne die gewerbegerichtliche Abweisung zur Kenntnis des Amtsgerichts zu bringen). Dort aber wurde er abgewiesen, weil der Begriff der gewerblichen Arbeiter nach jetzigem Sprachgebrauch alle im Gewerbebetriebe bediensteten und tätigen Personen umfasse; wahrscheinlich würde dies auch das Reichsgericht jetzt anerkennen. Der Schauspieler hat darauf bei dem, beiden Gerichten übergeordneten, Landgericht Hilfe gesucht. — Das Reichsgericht hat dieses Vertrauen getäuscht. Es hat in einem erneuten Erkenntnis vom 1. Januar 1897 gegenüber einem Tierbändiger in einer Menagerie die vor 10 Jahren ausgesprochene Entscheidung ausdrücklich festgehalten, obgleich es in dem speziellen Fall für die Unzuständigkeit des Gewerbegerichts noch einen anderen Grund hatte. Es hat nämlich entschieden, daß diesem Tierbändiger die Stellung eines mit höheren technischen Dienstleistungen betrauten Angestellten zukomme; eine Feststellung, die, sobald das Gehalt über 2000 Mark beträgt, die genannte Kategorie auch nach Ansicht derer, die an sich das Gewerbegericht für zuständig halten, diesem entzieht (§ 3). — In Berlin hat das Gewerbegericht Musiker einer Kapelle, die in Kriegsfestspielen zur Erinnerung an den Feldzug 1870/71 die Musik zu lebenden Bildern gespielt hatte, abgewiesen und hierin die Zustimmung des Landgerichts gefunden. — In Mülheim a. Ruhr hat das Gewerbegericht die Klage eines Kunstgymnastikers gegen einen Zirkusbesitzer angenommen; aber noch in der Berufungsinstanz hat das Landgericht Duisburg den Einwand der Unzuständigkeit des Gewerbegerichts zugelassen und anerkannt. — Das Gewerbegericht Karlsruhe hat die Klage einer Artistin, welche als „Equilibristin auf der hohen Satyrsäule“ von dem Direktor des dortigen Kolosseum engagiert war, angenommen. Wenn ein Vergnügungs-Etablissement wie das Karlsruher Kolosseum ein gewerblicher Betrieb sei, so müßten die Ausführer der Produktionen, in denen der Betrieb besteht, eben auch als Gewerbegehilfen des Unternehmers betrachtet werden. — Ebenso hat das Gewerbegericht Köln einen Clown mit dressierten Hunden, der gegen den Inhaber eines Spezialitäten-Theaters klagte, als gewerblichen Arbeiter anerkannt und darin die Zustimmung des Landgerichts gefunden. Gewisse Tätigkeiten sind von der Gewerbeordnung durch ausdrückliche Bestimmung (§ 6) so gründlich ausgenommen, daß man meinen sollte, hier könne die Kompetenzfrage niemals zu Schwierigkeiten führen, namentlich da die Eximierung dem Volksempfinden entspricht; so: Unterrichtswesen, Notariatspraxis u. s. w. Gewiß wird niemals ein Lehrer an einer Privatschule auf den Gedanken kommen, rückständiges Gehalt beim Gewerbegericht einzuklagen. Aber nicht immer ergreift die unterrichtliche Tätigkeit so die ganze Person, daß sie sich um dieser Tätigkeit willen schon außerhalb des gewerblichen Lebens stehend fühlen sollte. Eine Büglerin in einer Wäscherei ist zweifellos eine Gewerbegehilfin und untersteht dem Gewerbegerichte. Auch wenn die Büglerin angenommen ist, nicht um selbst zu bügeln, sondern um andere dazu anzuleiten, so würde sie dadurch noch nicht aufhören, Gewerbegehilfin zu sein. Es war sehr natürlich, daß die Büglerin, welche in Frankfurt a. M. vom Verein für Haushaltungsschulen engagiert war, ihren Lohn beim Gewerbegericht einklagen wollte. Freilich war es vollkommen korrekt, daß das Gewerbegericht die Klage zurückwies. Denn die Büglerin, die in einer Wäscherei zum Anleiten verwendet wird, ist noch Gewerbegehilfin; die Bügellehrerin in der Haushaltungsschule aber untersteht nicht mehr der Gewerbeordnung und also auch nicht dem Gewerbegericht. — Die Gewerbeordnung (§ 6) nimmt von ihrem Geltungsbereich die „Eisenbahn-Unternehmungen“ aus. Als auf Grund dessen in Berlin die Klage eines Pferdebahnschaffners abgewiesen wurde, stellte sich heraus, daß an anderen Orten, z. B. in Frankfurt a. M., die Pferdebahnschaffner zu den Wahlen am Gewerbegericht zugelassen, Pferdebahnen also nicht als Eisenbahnen im Sinne des § 6 betrachtet wurden. Jetzt, nachdem die Berliner Ansicht wohl so ziemlich durchgedrungen ist, taucht aber die weitere Frage auf, ob denn alle Arbeiter der Eisenbahnen, Pferdebahnen u. s. w., auch die, die mit dem Eisenbahn-Betrieb als Verkehrsunternehmen nichts zu tun haben, dem Gewerbegericht entzogen sind. Das Gewerbegericht Osnabrück hat im Jahre 1894 eine Umfrage verschickt, in der es 3 Kategorien derartiger Nebenarbeiter unterschied:

1. Arbeiter in Gasanstalten, Elektrizitätswerken und Reparatur-Werkstätten der Eisenbahn-Verwaltungen.

2. Arbeiter, welche behufs der laufenden Reparaturen an den Geleisen und am Eisenbahnkörper beschäftigt werden.

3. Arbeiter zum Wagenputzen, zur Reinigung der Verwaltungsgebäude u. ä.

Die Frage, ob diese Kategorien dem Gewerbegericht] unterstehen, haben München, Karlsruhe und Barmen bejaht; Berlin, Stettin, Kassel und Osnabrück selbst verneint. Hannover hat Nummer 1 bejaht, im übrigen verneint, während Leipzig Nr. 1 und 2 bejahte, Nr. 3 aber nach Lage des einzelnen Falles entschieden sehen wollte. Dortmund, Essen, Magdeburg und Halle a. S. erklärten sich für den Standpunkt von Wilhelmi und Fürst (Kommentar S. 282: die Arbeiter des inneren Dienstes unterstehen dem Gewerbegerichts-Gesetz); ähnlich Mainz und Chemnitz.

Daß die Bauarbeiter Gewerbegehilfen ihres Baumeisters sind, sollte man für ganz unstreitig halten. Dennoch ist die Klage eines Bauarbeiters gegen einen Baumeister um rückständigen Lohn einmal wegen Unzuständigkeit des Gewerbegerichts (Halle) abgewiesen worden. Der betr. Baumeister hatte an seinem eigenen Hause einen Erweiterungsbau vorgenommen. Der Bau stellte sich nicht als gewerbliches Unternehmen dar (Regie-Bau) und lag also außerhalb der Kompetenz des Gewerbegerichts. — Ob der Häuserbau, auch wenn er zum Zwecke des Gewinnes betrieben wird, sich als Gewerbebetrieb darstellt oder nur als gelegentliche Beschäftigung, ist in jedem Einzelfall festzustellen. In einem Spezialfall hat das Gewerbegericht Stettin sachlich entschieden; aber vom Landgericht wurde die Entscheidung aufgehoben, weil der Häuserbau nicht gewerbsmäßig, also das Gewerbegericht nicht zuständig gewesen sei. — In Frankfurt a. M. stehen die Schiebkärrcher (Dienstleute, Eckensteher) unter einer Schiebkärrcher-Anstalt. Daß ein Dienstmanns-Institut wie dieses ein Gewerbebetrieb ist, unterliegt keinem Zweifel. Dennoch hat das Gewerbegericht Frankfurt a. M. für die Klage eines Schiebkärrchers gegen die Schiebkärrcher-Anstalt sich für unzuständig erklärt, weil diese nicht seine Arbeitgeberin, sondern nur seine Arbeitsvermittlerin sei. (Gewerbegehilfen eines solchen Dienstmanns-Instituts wären also die Personen, die bei der Vermittlung helfen: Ausläufer, Schreiber, Bureaudiener 2c., wenn der Betrieb so groß ist, daß er derartige Gehilfen nötig hat.) — Ein Bauunternehmer schloß mit einem Kolonnenführer einen Vertrag, wonach die Kolonne bei einem Neubau die Mauersteine in die Obergeschosse bringen soll, ließ aber hernach die Arbeit nicht ausführen. Die Mitglieder der Kolonne einschließlich des Führers klagten gegen den Bauunternehmer auf Entschädigung wegen Nichterfüllung des Vertrages bei dem Amtsgericht Leipzig. Das Amtsgericht beurteilte den ganzen Vertrag als Werkverdingungs-, nicht als Dienstvertrag und betrachtete danach seine Zuständigkeit als selbstverständlich. In der Berufungsinstanz hat das Landgericht den Vertrag als Arbeitsvertrag qualifiziert und das Urteil aufgehoben, weil nur das Gewerbegericht zuständig sei. Ähnliche Kontroversen spielen durch ganz Deutschland.

Die Bestimmung, daß „Betriebsbeamte, Werkmeister und mit höheren technischen Dienstleistungen betraute Angestellte" dem Gewerbegericht entzogen sind, wenn ihr Gehalt 2000 Mk. übersteigt, nötigt unaufhörlich zu Kompetenzprüfungen. Schon die obige Entscheidung des Reichsgerichts (S. 432), welche die Tätigkeit des Tierbändigers unter die höheren technischen Dienstleistungen zählt, zeigt, wie weit und wie dehnbar der Begriff ist. Aber auch in Gewerben, die mit festen, althergebrachten Arbeiterkategorien rechnen, tauchen oft Zweifel auf. Daß der Maurerpolier (Parlier) nicht eine werkmeisterähnliche Stellung hat, gilt als sicher. Dennoch haben, wo es sich um größere Baugeschäfte handelte, die Gewerbegerichte übereinstimmend (Chemnitz, Leipzig, Frankfurt a. M., Freiburg i. B.) im gegenteiligen Sinne entschieden, und ihre Entscheidung wurde als den speziellen Verhältnissen entsprechend anerkannt. — Ein Maschinenmeister in einer Druckerei ist trotz seines stolzen Namens nichts als ein Arbeiter, der die Druckmaschinen zu bedienen hat. Nun gibt es aber in größeren Druckereien auch Ober-Maschinenmeister, die eine

Aufsicht über das Maschinen-Personal, innerhalb gewisser Grenzen sogar die Annahme des Personals haben. In einem Einzelfalle hat das Gewerbegericht Halle entschieden, daß auch ein solcher Ober-Maschinenmeister nicht zu den Betriebsbeamten oder Werkmeistern gehöre, weil jene Funktionen von ihm nur nebensächlich geübt würden. Es hat sich hierbei auch auf eine Auskunft gestützt, wonach in den großen Druckereien Leipzigs hergebrachtermaßen die längere Kündigungsfrist (Gew.-Ordn. § 133 a) auf Ober-Maschinenmeister nicht angewendet wird.

Dies der normale Zustand der Kompetenz-Streitigkeiten. Eine weitere Verwicklung tritt ein, wenn im Bezirk eines Gewerbegerichts ein Innungs-Schiedsgericht besteht. Die Kompetenz der Innungs-Schiedsgerichte geht dem Gewerbegericht vor, obgleich ihrer Entscheidung kein wirklicher Jurisdiktions-Charakter innewohnt und dagegen auf richterliche Entscheidung vor dem Amts- oder Landgericht angetragen werden kann. Die Innungs-Schiedsgerichte befinden sich tatsächlich, wie so viele Innungseinrichtungen, in ziemlicher Verwahrlosung. Da auf seiten der Gesellen in großen Städten vielfach prinzipieller Widerspruch gegen Innungseinrichtungen besteht, und da namentlich die Innungs-Schiedsgerichte sich einer ganz besonderen Unbeliebtheit deswegen erfreuen, weil nicht einmal der unparteiische Vorsitzende gesetzlich garantiert ist, der Vorsitzende vielmehr aus den Reihen der Meister genommen werden kann[1]), so ist der Fall gar nicht selten, daß die Gesellenwahlen überhaupt nicht zustande kommen. Da nun das Innungs-Schiedsgericht nur dann als vorhanden angesehen werden kann, wenn es in ordnungsmäßiger Besetzung vorhanden ist, so ist beispielsweise das Gewerbegericht Berlin wiederholt in die Lage gekommen, erst eine Auskunft darüber einholen zu müssen, ob für eine bestimmte Innung ein Innungs-Schiedsgericht vorhanden ist. Die Gewerbedeputation des Berliner Magistrats hat diese Auskunft zwar insoweit erteilt, als sie die ihr gemachten Meldungen mitteilte, hat aber abgelehnt, darüber Auskunft zu geben, ob das Schiedsgericht augenblicklich als ordnungsmäßig besetzt anzusehen sei. Solange diese Bestimmungen für Innungs-

[1]) Die Gewerbeordnung scheint sich das sogar als Regel gedacht zu haben, indem sie bestimmt, daß der Vorsitzende der Innung nicht anzugehören „braucht" (§ 91).

Schiedsgerichte bestehen, gibt es schlechterdings kein Hilfsmittel, um vor Anstellung der Klage festzustellen, ob das Gewerbegericht kompetent ist oder nicht. Kein Staats- und kein Kommunal-Handbuch kann diese Zweifel beheben. Trotz dieser Verwicklungen ist das Institut der Innungs-Schiedsgerichte durch die neue Gewerbenovelle (Innungsvorlage) nicht bloß verewigt, sondern sogar noch zu erhöhter Bedeutuug gebracht worden. Denn überall, wo auf Grund dieser Novelle Zwangsinnungen durchgeführt werden, wird dadurch den bestehenden Innungseinrichtungen eine erhöhte Bedeutung gegeben. Vergebens hat der Verband deutscher Gewerbegerichte schon bei dem ersten Auftauchen des Vor-Entwurfs in seiner Straßburger Zusammenkunft vom 23. Sept. 1896 darauf aufmerksam gemacht, daß durch massenweise Innungs-Schiedsgerichte die Tätigkeit der Gewerbegerichte ganz ausgehöhlt, und schließlich bloß auf die Großindustrie beschränkt werden würde. Vergebens hat er nach dem Erscheinen der Regierungsvorlage seine Bedenken wiederholt; haben die Gewerbegerichte Stuttgart, Frankfurt a. M. und Berlin in amtlichen Plenar- und Ausschußbeschlüssen dagegen Stellung genommen. Ein diesbezüglicher Antrag, welcher wenigstens beim Nebeneinanderbestehen beider Einrichtungen den Gewerbegerichten den Vorrang sichern sollte, wurde in der Reichstags-Sitzung vom 22. Juni 1897 nach oberflächlicher Beratung, wie sie bei diesem Gesetzeswerk überall durchgeführt wurde, niedergestimmt. Bemerkenswert ist aus dieser Debatte jedoch, daß der preußische Handelsminister in Aussicht stellte, daß Innungs-Schiedsgerichten, da wo ihre Errichtung ein bestehendes Gewerbegericht beeinträchtigen würde, die gesetzlich erforderliche Genehmigung versagt werden solle[1]). — Ein Innungs-Schiedsgericht entzieht dem Gewerbegericht nicht sämtliche Kategorien von Arbeitern in dem Betriebe der Innungen, sondern nur die „Gesellen“. Wenn ein Mitglied der Schuhmacher-Innung sich für seinen Laden Schuhputzer hält, wenn er einen Packer, einen Hausknecht, einen Laufburschen u. s. w. in seinem Betriebe beschäftigt, so unterstehen solche Personen dem Gewerbegericht. In jedem Einzelfalle ist also zu

[1]) Ferner nahm der Reichstag einen sozialdemokratischen Antrag an, wonach bei Verschleppung der Angelegenheit der Kläger die Möglichkeit hat, sie dem Innungs-Schiedsgericht zu entziehen, und zwar soll dann die Kompetenz des Gewerbegerichts, wenn ein solches besteht, eintreten (§ 91 der Gewerbeordnung).

prüfen, ob der vor das Gewerbegericht tretende Gehilfe „Geselle" ist. Das ist um so schwieriger, da das Gesetz nirgends eine Erklärung des Wortes Geselle gibt, und man kaum nach anderen Rücksichten, als nach dem hergebrachten Gebrauch der betr. Innung wird entscheiden können, was z. B. im Baugewerbe bei Arbeitern mit qualifizierten Leistungen, aber ohne fachgemäßen Bildungsgang (Steinträger, Maurer-Arbeitsleute u. s. w.) nicht immer leicht ist.

Wie weit diese Kompetenzprüfungen führen, dafür 2 Beispiele. 1. Ein entlassener Zuschneider klagt bei dem Amtsgericht Berlin I gegen seinen früheren Arbeitgeber. Bei diesem habe er als Zuschneider eine Stellung innegehabt, ähnlich wie ein Werkmeister oder sonstiger höherer Angestellter (§ 133a der Gewerbeordnung), habe auch ein Gehalt von mehr als 2000 Mk. bezogen. Trotzdem sei er ohne Innehaltung der ihm in dieser Stellung zustehenden sechswöchigen Kündigungsfrist entlassen worden und klage den rückständigen Lohn ein. Das Amtsgericht prüfte, ob es für Klagen mit derartigem Klagefundament zuständig sei. Da für Werkmeister und ähnliche höhere Angestellte mit einem Gehalte von über 2000 Mk. die Zuständigkeit der Gewerbegerichte ausgeschlossen ist (§ 3, Abs. 2 des Gewerbegerichts-Gesetzes), so erklärte sich das Amtsgericht für zuständig und trat in eine materielle Prüfung der Sache ein. Diese materielle Prüfung aber ergab, daß die Stellung eines Zuschneiders nicht der eines Werkmeisters ꝛc. entspreche, und aus diesem Grunde wurde er mit seinem Anspruch materiell abgewiesen. In zweiter Instanz erklärte das Landgericht: die Zuständigkeitserklärung des Amtsgerichts laufe darauf hinaus, daß es sich für zuständig erkläre, bloß weil der Kläger behauptet, eine derartige Stellung innezuhaben. Es komme aber nicht auf das an, was behauptet, sondern auf das, was bewiesen werde. Und daß das Gegenteil bewiesen sei, erkenne das Amtsgericht ja in dem zweiten Teil seiner Entscheidung selbst an. Wiewohl es nun auf den ersten Blick sehr einleuchtet, daß das Amtsgericht sich nicht auf Grund eines Klage-Fundaments für kompetent erklären sollte, bloß um im zweiten Teil der Entscheidung dasselbe Klage-Fundament als gar nicht vorhanden zu bezeichnen, so führt doch die Entscheidung des Landgerichts zu einem noch wunderlicheren Ergebnis. Denn das Landgericht kommt zu dem Ergebnis, daß es den Zuschneider nicht abweisen, sondern an das Gewerbegericht schicken wolle, aber bloß, um sich dort abweisen zu lassen. Es handelt sich hier um die prinzipielle Frage, ob zum Zwecke der Kompetenz-Feststellung wirklich eine Nachprüfung des Klage-Fundaments erforderlich ist. Im allgemeinen wird dies nicht angenommen. Die Kompetenz-Bejahung besagt vielmehr nur, daß das Gericht sich für kompetent erklärt, über das Vorhandensein eines Anspruches, wie er in der Klage behauptet wird, zu erkennen; darüber aber, ob der Anspruch wirklich existiert, entscheidet dann der Richter frei. Theoretisch wird es kaum möglich sein, den Fall anders zu konstruieren, als es das Amtsgericht getan hat, und praktisch ist das Amtsgericht mit der materiellen Abweisung des Klägers gewiß zu einem brauchbareren Ergebnis gekommen, als das Landgericht, welches ihm bloß die Anweisung darauf erteilte, sich anderswo abweisen zu lassen. 2. Ein Lehrling, der von seinem Meister zu unrecht entlassen ist, klagt auf Entschädigung vor dem Amtsgericht N. und wird abgewiesen, da das Gewerbegericht zuständig sei. Von dem Gewerbegerichte wird er wiederum abgewiesen, da die Fabrik, in welcher der Lehrvertrag zu erfüllen war, nicht in der Gemeinde N., sondern vor den Toren derselben, in der Gemeinde O. liege. Eine Klage an das Gewerbegericht O. gerichtet, kommt als unbestellbar zurück, weil es in O. kein Gewerbegericht gebe. Als nun endlich bei dem Amtsgericht O. die Klage zur Entscheidung gebracht wird, wird sie abgewiesen, weil nach § 127 f. der Gewerbeordnung der Anspruch nnr innerhalb 4 Wochen geltend gemacht werden kann, und diese Frist nicht den Charakter einer Verjährungsfrist trage, die durch Anbringung der Klage bei einem unzuständigen Gericht hätte gewährt werden können. Auch diese Kompetenz-Verwicklungen sind wirklich vorgekommenen Fällen entnommen[1]). Wollte man sich auf das Potenzieren der bloß möglichen Schwierigkeiten legen, so könnte man die Fälle durch das Hineinziehen der Innungs-Schiedsgerichte[2]), durch die Frage, zu welcher Innung

---

[1]) Der erste nach dem „Gewerbegericht" v. 6. Mai 1897, der letztere nach mündlicher Mitteilung, aus welcher nur der Ortsname nachträglich nicht mehr festzustellen ist; übrigens findet sich ein in der Hauptsache (vierwöchentliche Frist) ganz ähnlicher Fall aus Stettin: Soziale Praxis v. 23. Sept. 1895.

[2]) Und auch hier wiederum gibt es die noch ganz spezielle Kompetenzfrage, ob für Lehrlingsstreitigkeiten, selbst wenn ein Innungs-Schiedsgericht errichtet

ein gemischtes Gewerbe gehört ꝛc., noch bedeutend mehr komplizieren.

Vergleicht man das Schicksal, das die Kompetenz-Abgrenzung in der Praxis gefunden hat, mit den beiden im vorigen Abschnitt behandelten Punkten, so haben sich die Erfahrungen ziemlich genau umgekehrt gestaltet, wie die Erwartungen bei Erlaß des Gesetzes. Weder die Befürchtung, daß die Errichtung von Gewerbegerichten an ihrem rein fakultativen Charakter und der Zusammensetzung der heutigen Kommnnalvertretungen scheitern, noch daß das Bestätigungsrecht der Regierung zu Mißbräuchen führen werde, ist eingetroffen (womit nicht gesagt sein soll, daß nicht vielleicht gerade die sehr energische Prophezeiung ein gewisses Verdienst um ihre eigene Vereitelung hat). Hingegen hat die Abgrenzung der Kompetenz, welche man während der Beratungen weit mehr für eine prinzipielle Frage, als für eine Frage von Bedeutung für den geordneten Geschäftsgang hielt, zu Schwierigkeiten von einer Fülle und von einer Undurchdringlichkeit geführt, wie sie damals niemand auch nur annähernd voraussah.

ist, dieses oder die Innungsbehörde kompetent ist. Man wird wohl letzteres annehmen müssen (§ 83[11] der Gewerbeordnung). Allein das ändert nichts daran, daß die gegenteilige Ansicht unter den Innungs-Handwerkern weit verbreitet, ja sogar in Innungsstatuten übergegangen ist. So in das Schiedsgerichts-Statut der Innung „Bund Berliner Buchdruckerei-Besitzer“.

4. Die Verhältniswahl.

Das Eindringen der Verhältniswahl in die Verfassung der Gewerbegerichte hat eine merkwürdige Vorgeschichte. Der Ursprung der Verhältniswahl ist rein politisch. Sie ist in fast allen Ländern ein Progammpunkt der äußersten Demokratie, in Deutschland insbesondere der Sozialdemokratie. Das demokratische Prinzip der Mehrheitsentscheidung wird hier überboten und überwunden dadurch, daß auch der Minderheit nach dem Verhältnis ihrer Stimmzahl ein Anteil am Wahlerfolge gegeben wird. In der Politik stehen die Parteien der Verhältniswahl desto ablehnender gegenüber, je weiter rechts sie stehen. Das kehrte sich bei der Einführung der Verhältniswahl in die Verfassung der Gewerbegericht vollständig um. Das Verlangen erhob sich zuerst in den Kreisen derer, die es mit Bedauern sahen, daß in einer großen Reihe von Städten die eine Hälfte der Richterstellen aus einer politischen Partei, nämlich der Sozialdemokratie, besetzt wurden. Zwar ist unter allen erfahrenen Gewerberichtern nur ein Urteil darüber, daß diese Einseitigkeit der Gerechtigkeit der Rechtsprechung im allgemeinen keinen Eintrag getan habe (vgl. Abschn. 6). Immerhin ist es wünschenswert, daß, wo Recht und Gericht in Betracht kommen, auch der bloße Schein der Einseitigkeit vermieden werde. Außerdem führt die Mehrheits-Entscheidung je nach dem Wechsel der Parteien sofort einen vollständigen Wechsel in der Besetzung des Gerichts herbei, während bei der Verhältniswahl die Änderungen in der Stärke der Parteien nur in einem Mehr oder Minder zum Ausdruck kommen. Die Kontinuität des Richterpersonals ist für die Kontinuität der Rechtsprechung von nicht zu unterschätzender Bedeutung. Als aus solchen Gründen in

Frankfurt a. M. im Jahre 1890 der Versuch gemacht wurde, die Verhältniswahl einzuführen, scheiterte er an dem Bezirksausschuß und dem Provinzialrat, die eine Wahl auf vorher eingereichte Listen mit Unmittelbarkeit und Geheimheit für unvereinbar erklärten. Die Novelle hat im gegenteiligen Sinne entschieden (§ 15). Nun aber erhob sich gerade innerhalb der Partei, der die Verhältniswahl politischer Programmpunkt ist, ein Widerspruch: die allgemeine gesetzliche Einführung der Verhältniswahl wäre richtig gewesen; sie aber dem Ortsstatut, d. h. den aus beschränktem Wahlrecht hervorgegangenen Gemeindevertretungen zu überlassen, werde praktisch darauf hinauslaufen, daß die Verhältniswahl nur dort eingeführt werde, wo sie dieser einen politischen Partei zum Schaden gereicht, und werde, wie es in einem Rundschreiben der Berliner Arbeiter-Beisitzer heißt, einer zukünftigen reichsgesetzlichen Einführung der Verhältniswahl für alle Gewerbegerichte eher Eintrag tun. Diesem Widerspruch gegen die Verhältniswahl gesellte sich eine weitgehende Abneigung in den meisten anderen politischen Parteien hinzu, die Anstand nahmen, das Programm der äußersten Demokratie in einem Einzelfalle zu verwirklichen.

Troß dieser Hindernisse kann an der sachlichen Notwendigkeit einer Einführung der Verhältniswahl kaum noch gezweifelt werden. In Belgien, wo im Frühjahr 1895 in Renaix die Christlich-Sozialen, in Gerardsbergen die Sozialisten mit kleinen Mehrheiten siegten, hatten in Aloſt die Arbeiter freiwillig proportional gemischte Listen vereinbart und ihre Vertretung zur Hälfte aus Sozialisten, zur Hälfte aus Klerikalen zusammengesetzt. Wie ein Schulbeispiel zur deductio ad absurdum nimmt es sich daneben aus, wenn unter der Herrschaft der Mehrheits-Entscheidung in Passau bei den Unternehmern (!) die Sozialdemokraten mit 11 gegen 9 Stimmen siegten, während sie bei den Arbeiterwahlen mit 68 Stimmen gegen 72 der katholischen Arbeiter unterlagen. Um aus solchen Zufalls-Entscheidungen herauszukommen, gibt es kein anderes Mittel, als unter Mehrheit und Minderheit die Sitze nach dem Verhältnis ihrer Stimmen zu verteilen.

Für das zukünftige Schicksal der Verhältniswahl wird es von großer Wichtigkeit sein, den Gemeinden, die der Einführung geneigt sind, ein möglichst einfaches Verfahren an die Hand zu geben. In Preußen sind durch Ministerialerlaß vom 12. April 1902 für die Einführung durch Ortsstatut ausführliche „Vorschläge" veröffentlicht worden, die wissenschaftlich geradezu hervorragend sind und in jedem Teile den sachkundigen Wahlrechts-Kenner verraten. Aber sie sind so gründlich und minutiös, daß sie sich dem Verständnis des Laien (und wer ist in Deutschland in Sachen der Verhältniswahl nicht Laie?) kaum erschließen. Diese „Vorschläge" mögen in einem späteren Stadium einmal noch eine hohe Bedeutung gewinnen. Gegenwärtig aber muß, wenn der Verhältniswahl der Boden geebnet werden soll, ein anderer Weg eingeschlagen werden.

Die Ausarbeitung der ministeriellen „Vorschläge" ist ausgegangen von dem Frankfurter Entwurf von 1895, hat aber dann den Gegenstand bis zur höchsten Höhe wahltechnischer Vollkommenheit durchzuarbeiten gesucht. Für den gegenwärtigen Zweck wäre es umgekehrt richtiger, die Frankfurter Bestimmungen nach der Seite größerer Vereinfachung hin fortzubilden, zunächst wenigstens in sprachlicher Beziehung. Vor allem ist es im Interesse leichter Verständlichkeit erforderlich, die Bestimmungen über die Verhältniswahl in zwei Abschnitte zu zerlegen, von denen der erste die allgemeinen Grundsätze klar und einfach darlegt, während die Erörterung „besonderer Fälle" einem zweiten Abschnitte vorbehalten bleiben muß. Aus diesem Bestreben ist ein kleiner Entwurf hervorgegangen, der im Anschluß an den kurzgefaßten Statutenentwurf einer märkischen Gemeinde (sogen. märkische Fassung) im Verbandsorgan „Das Gewerbegericht" zur Veröffentlichung gelangte.

Allgemeine Grundsätze.

§ a. Die Wahl der Beisitzer findet nach den Grundsätzen der Verhältniswahl statt.

§ b. In der Bekanntmachung der Wahl fordert der Vorsitzende gleichzeitig dazu auf, Vorschlagslisten, getrennt für Arbeitgeber und Arbeiter, bis zum achten Tage vor der Wahl bei der Gewerbegerichtsschreiberei einzureichen.

§ c. Eine Vorschlagsliste darf höchstens soviel Namen enthalten, wie Beisitzer von der betreffenden Gattung zu wählen sind; überschießende Namen werden gestrichen.

§ d. Jede Vorschlagsliste wird von dem Vorsitzenden mit einer Nummer versehen.

§ e. Bei der Stimmenzählung wird festgestellt, wieviel Stimmen auf jede Vorschlagsliste gefallen sind. Von jeder Vorschlagsliste gelten dann soviel Personen als gewählt, wie dem Verhältnis ihrer Stimmenzahl zur Gesamtzahl der abgegebenen Stimmenzahl entspricht.

Diese Personen werden der Liste nach der Reihenfolge der Benennung entnommen.

Besondere Fälle.

§ f. Wenn ein Stimmzettel mit einer Vorschlagsliste nicht vollständig übereinstimmt, so wird er ihr dennoch zugerechnet, solange nicht mehr als ein Drittel der Namen gestrichen oder durch andere ersetzt sind.

§ g. Wenn infolge der Abweichung der Stimmzettel von den Vorschlagslisten die Zahl der abgegebenen Stimmen für alle Personen der Liste nicht die gleiche ist, so gelten in erster Linie diejenigen als gewählt, die die meisten Stimmen erhalten haben; erst nachher beginnt die Entnahme nach Reihenfolge der Benennung (§ e, Schluß).

§ h. Wenn Stimmzettel abgegeben werden, die nach §§ e und f keiner Vorschlagsliste zuzurechnen sind, so werden sie einer „Ergänzungsliste" zugerechnet.

§ i. Bei Berechnung der Stimmenzahlen, die auf jede Liste entfallen sind, wird die Ergänzungsliste ebenso wie jede Vorschlagsliste behandelt.

§ k. Bei der Ermittlung der Personen, die danach der Ergänzungsliste zu entnehmen sind, wird ausschließlich nach der Zahl der erhaltenen Stimmen verfahren. Bei Stimmengleichheit entscheidet das Los.

§ l. Wenn einer Vorschlagsliste mehr Personen zu entnehmen wären (§ e, Abs. 2), als auf ihr genannt sind, so werden sie statt dessen der Ergänzungsliste entnommen.

§ m. Wenn in mehreren Vorschlagslisten derselbe Name enthalten ist, so hat der Vorsitzende spätestens drei Tage vor der Wahl den Genannten schriftlich anzufragen, für welche Liste er sich entscheidet. Wenn bis zum Beginn der Wahlhandlung keine Antwort erfolgt ist, so wird er der Liste zugerechnet, auf der sein Name am frühesten steht. Steht der Name auf mehreren Listen an gleicher Stelle, so entscheidet der frühere Zeitpunkt der Einreichung, bei gleichzeitiger Einreichung das Los.

§ n. Lehnt ein Gewählter die Wahl mit Erfolg ab, oder wird seine Wahl für ungiltig erklärt, so ist an seiner Stelle derselben Liste der Nächstberechtigte zu entnehmen; wenn ein solcher nicht vorhanden ist, so tritt die Ergänzungsliste ein (§ l).

Dieser Entwurf wäre einer noch weiteren Vereinfachung fähig, wenn man auf die „Ergänzungsliste" verzichten will, die nur als Zugeständnis an die Gegner der Verhältniswahl (entsprechend der späteren Ausgestaltung des Frankfurter Entwurfs) aufgenommen wurde.

Soweit bekannt geworden, haben die bisherigen Ortsstatute die die Verhältniswahl annahmen, sich durchweg zu vereinfachten Systemen bekannt. So neben Frankfurt a. M. vor allen München und Mannheim, ferner von kleineren Gewerbegerichten Göttingen, Bocholt und Glauchau (Amtshauptmannschaft). Ähnliche Fassungen waren nach einer Umfrage im Frühjahr 1902 in Aussicht genommen in Ulm, Darmstadt, Hagen i. W., Delmenhorst, Gelsenkirchen, Linden vor Hannover, Potsdam und in Liegnitz, wo sich Arbeitgeber und Arbeitnehmer übereinstimmend dafür ausgesprochen hatten.

Von den Erfahrungen, die diese Pioniere der Verhältniswahl machen, wird in erster Linie das Schicksal eines Wahlsystems abhängen, mit dem die Gewerbegerichte möglicherweise berufen sind, für eine Umgestaltung der Wahlkämpfe und für einen Schutz der Minderheiten gegen Mundtotmachen ein weithin wirksames Vorbild zu gewähren.

5. Verfahren und Statistik.

Zweimal ist die Rechtsprechung der deutschen Gewerbegerichte zum Gegenstande umfassender statistischer Aufnahmen gemacht worden: in den Jahren 1896 und 1900. Beidemal ging die Statistik zunächst sämtliche 284 (316) Gewerbegerichte durch und gab dann die Summen nach Staaten und Landesteilen. Wir geben hieraus zunächst (Tab. 12) die Summenzahlen von 1900 und lassen sodann (Tab. 13) einen vergleichenden Überblick über die 12 größten deutschen Gewerbegerichte des Jahres 1896 mit Hinzufügung der Zahlen von 1900 folgen.

(Siehe Seite 448 bis 451.)

Der Haupterfolg, den man sich von dem Verfahren der Gewerbegerichte im Vergleich zu den ordentlichen Gerichten versprach, sollte in der Schleunigkeit und Billigkeit des Verfahrens liegen. Über die Schleunigkeit gehen aus Tabelle 12 folgende Erfahrungen hervor. Von den Prozessen des Jahres 1900 wurden erledigt:

in weniger als 1 Woche	46401 = 57,0%
in weniger als 2 Wochen	19883 = 24,4%
in 2 Wochen und mehr	15081 = 18,6%

Das heißt: die meisten Prozesse wurden in weniger als einer Woche erledigt; und daß ein Prozeß sich bis in die dritte Woche hineinzog, kam nur in etwa 1/6 der Fälle vor. Zur vollständigen Charakteristik würde ja allerdings noch eine Feststellung darüber gehören, bis in welche Maximalzeiten sich die langsamsten Fälle hineinzogen. Immerhin genügt auch schon diese Statistik zu einem Vergleich mit der Schleunigkeit der ordentlichen Gerichte. Nach der deutschen

Justizstatistik ist es allerdings nicht möglich, für die amtsgerichtlichen Sachen die entsprechenden Fristen von ein oder zwei Wochen anzuführen, weil die niedrigste Rubrik bereits drei Monate sind. Von allen im Jahre 1899 durch kontradiktorisches Endurteil für die Instanz beendeten Prozessen hatten seit der Einreichung der Klageschrift gedauert:

weniger als 3 Monate:	123 080	Sachen	61,1 %
3 bis 6 Monate:	46 797	„	23,2 %
6 Monate bis 1 Jahr:	24 371	„	12,1 %
1 bis 2 Jahre:	6 211	„	3,1 %
2 Jahre und mehr:	954	„	0,5 %
Zusammen:	201 413	Sachen	100,0 %

In dieser Statistik spielt also die Frist von drei Monaten ungefähr dieselbe Rolle, wie in der Gewerbegerichts-Statistik die Frist von einer Woche. Eine genauere Statistik ist vorhanden für den Zeitraum zwischen Einreichung der Klage und erstem Termin. Dieser betrug im Jahre 1899:

	im ordentlichen Prozeß			in Wechselsachen		
weniger als 1 Woche bei	46370	Sachen =	2,9 %	43181	Sachen =	23,03 %
mehr als 1 Woche und weniger als 1 Monat bei	1275856	„ =	82,1 %	143796	„ =	76,71 %
1 bis 2 Monate bei	183032	„ =	10,7 %	408	„ =	0,22 %
2 bis 3 Monate bei	65843	„ =	4,2 %	51	„ =	0,03 %
3 und mehr Monate bei	2250	„ =	0,1 %	15	„ =	0,01 %
	1553351	Sachen =	100,0 %	187451	Sachen =	100,00 %

Also die Frist, binnen deren die Gewerbegerichte den größten Teil der Streitigkeiten bereits entschieden, reichte für die ordentlichen Gerichte noch nicht einmal aus, um auch nur den ersten Termin abzuhalten. Nur in einer verschwindend kleinen Anzahl von Fällen (2,9 %) erreichten die Gerichte in dieser Frist die Abhaltung eines Termins, und selbst bei Wechselsachen steigt dieser Prozentsatz nicht ganz auf 1/4 (23,0 %). Die obligatorischen Einlassungsfristen der Zivilprozeßordnung und der „möglichst nahe" Termin des Gewerbegerichts-Gesetzes (§ 36) bezeichnen psychologisch die entgegengesetzten Direktiven.

Dieses für die Gewerbegerichte an sich schon sehr günstige Ergebnis wird dadurch noch bedeutungsvoller, daß es bei einigen Gewerbegerichten sehr erheblich überboten wird, und wir bei dem

Tab. 12. Rechtsprechung der deutschen Gewerbegerichte.

Staaten und Landesteile	Seelenzahl der Gewerbegerichtsbezirke	Anhängig gewordene Klagen von[1]) Arbeitern gegen Arbeitgeber	Arbeitgebern gegen Arbeiter	Arbeitern desselb. Arbeitgebers	Von den anhängig gewordenen Klagen hatten einen Streitwert[1]) bis 20 Mk.	%	über 20 bis 50 Mk.	%	über 50 bis 100 Mk.	%	über 100 Mk.	%	Dauer in weniger als 1 Woche	%
1 u. 2.	3.	4.	5.	6.	7.	8.	9.	10.	11.	12.	13.	14.	15.	16.
Prov. Ostpreußen	312 714	2 049	121	8	1 299	59,6	608	27,9	165	7,6	106	4,9	1 402	64,9
„ Westpreußen	425 346	1 199	89	—	681	58,1	285	24,3	100	8,5	107	9,1	767	61,3
Stadt Berlin	1 888 326	11 249	601	17	5 070	45,7	3 804	34,3	1 608	14,5	602	5,5	1 418	12,6
Prov. Brandenburg	849 902	2 116	128	11	1 092	48,8	677	30,2	310	13,9	165	7,1	1 264	58,5
„ Pommern	400 299	924	46	1	535	55,1	297	30,6	71	7,3	68	7,0	440	47,2
„ Posen	379 135	895	74	—	608	62,7	231	23,8	75	7,8	55	5,7	448	47,1
„ Schlesien	1 698 838	3 553	415	20	2 090	56,3	1 083	29,2	325	8,7	216	5,8	1 648	44,9
„ Sachsen	812 491	1 735	206	11	923	48,3	710	37,2	190	10,0	86	4,5	1 198	63,3
„ Schleswig-Holstein	534 750	1 138	45	—	586	49,6	384	32,5	145	12,2	68	5,7	608	52,9
„ Hannover	646 923	1 813	96	10	934	48,6	602	31,4	263	13,7	120	6,3	1 075	57,1
„ Westfalen	1 122 500	4 325	310	25	1 837	47,6	1 303	33,8	432	11,2	286	7,4	1 841	49,1
„ Hessen-Nassau	597 532	3 363	140	25	1 637	47,2	1 239	35,7	423	12,2	172	4,9	2 450	71,0
Rheinprovinz	3 133 259	12 361	1499	46	6 109	43,9	5 125	36,9	1 747	12,6	918	6,6	7 971	58,3
Preußen	12 802 015	46 720	3770	174	23 401	48,2	16 348	33,7	5 854	12,0	2969	6,1	22 530	46,7
Bayern rechts d. Rh.	1 261 648	4 294	183	10	1 971	44,0	1 712	38,2	628	14,0	174	3,8	2 492	55,7
„ lks. d. Rh. (Pfalz)	227 862	1 384	156	56	891	55,8	529	33,1	129	8,1	47	3,0	853	54,3
Bayern	1 489 510	5 678	339	66	2 862	47,1	2 241	36,9	757	12,4	221	3,6	3 345	55,4
Sachsen	1 750 701	10 030	2341	36	6 318	55,1	3 599	31,4	1 168	10,2	383	3,3	10 620	86,1
Württemberg	497 912	2 191	344	20	1 395	56,4	743	30,0	250	10,1	87	3,5	1 958	80,5
Baden	479 763	2 733	310	6	1 793	59,4	743	24,6	303	10,0	183	6,0	1 433	47,8
Hessen	375 990	1 773	321	9	1 134	53,9	735	34,9	153	7,3	83	3,9	1 657	79,3
Mecklbg.-Schwerin	58 225	87	2	—	41	46,0	28	31,5	15	16,9	5	5,6	64	73,6
Sachsen-Weimar	104 976	403	172	3	397	68,8	113	19,5	39	6,7	29	5,0	441	76,8
Oldenburg	26 788	60	7	—	18	30,0	27	45,0	8	13,3	7	11,7	57	85,1
Braunschweig	178 956	792	63	6	469	54,5	289	33,6	75	8,7	28	3,2	790	92,0
Sachsen-Meiningen	24 999	96	67	—	61	59,8	26	25,5	8	7,8	7	6,9	153	93,9
Sachs.-Cob.-Gotha	64 372	130	36	—	83	50,0	54	32,5	15	9,0	14	8,5	120	74,1
Anhalt	68 139	115	10	2	58	45,7	55	43,3	9	7,1	5	3,9	101	78,3
Schwarzb.-Rudolst.	16 271	7	32	—	10	25,6	19	48,7	6	15,4	4	10,3	12	35,3
Reuß ä. L.	22 202	68	9	—	35	49,3	24	33,8	5	7,0	7	9,9	75	97,4
Reuß j. L.	65 636	117	6	—	36	29,3	47	38,2	21	17,1	19	15,4	99	80,5
Lippe	8 810	18	3	—	17	80,9	1	4,8	2	9,5	1	4,8	12	57,2
Lübeck	96 775	124	5	—	43	37,8	42	36,8	15	13,2	14	12,2	97	77,0
Bremen	220 783	545	23	3	232	40,6	220	38,6	83	14,5	36	6,3	45	8,0
Hamburg	709 613	2 963	182	5	1 587	50,4	1 005	31,9	404	12,8	155	4,9	2 211	70,4
Elsaß-Lothringen	428 719	1 111	26	5	524	45,9	421	36,9	140	12,2	57	5,0	581	52,3
Deutsches Reich 1900	19 491 155	75 761	8068	335	40 514	50,1	26 780	33,1	9 330	11,5	4314	5,3	46 401	57,0
1896	16 349 409	63 462	5176	160	33 048	50,9	22 400	34,5	6 543	10,1	2948	4,5	34 098	56,9

[1]) Wo die Zahl der anhängig gemachten Klagen und die Zahl der nach dem Streitwer geordneten unter sich oder mit einer der folgenden Rubriken nicht genau übereinstimmt, hat die seinen Grund darin, daß Klagen, bei denen es zur Festsetzung eines Streitwertes nicht kam, be

Übersicht nach Staaten und Landesteilen.

der Erledigung in: in weniger als 2 Wochen	%	in 2 Wochen und mehr	%	Art der Erledigung durch: Vergleich	%	Verzicht i. Sinne d. § 306 C.P.O.	%	Zurücknahme der Klage, Nichterscheinen, Liegenlassen und sonst	%	Anerkenntnis	%	Versäumnisurteil	%	andere Endurteile	%	Zusammen	Eingelegte Berufungen
17.	18.	19.	20.	21.	22.	23.	24.	25.	26.	27.	28.	29.	30.	31.	32.	33.	34.
536	24,9	219	10,2	880	40,8	3	0,2	477	22,1	7	0,3	210	9,7	580	26,9	2 157	2
272	21,7	213	17,0	451	35,5	72	5,7	329	25,9	33	2,6	89	7,0	296	23,3	1 270	5
5 307	47,0	4 573	40,4	5 850	52,5	3	0,0	3 208	28,8	37	0,3	976	8,8	1 067	9,6	11 141	38
369	17,0	530	24,5	712	32,7	7	0,3	565	26,0	53	2,5	173	8,0	666	30,5	2 176	15
297	31,9	195	20,9	347	42,0	1	0,1	84	10,2	17	2,1	75	9,1	302	36,5	826	3
244	25,6	260	27,3	364	38,3	10	1,1	248	26,1	14	1,6	85	9,0	227	23,9	948	3
615	16,8	1 403	38,3	1 464	38,1	50	1,3	1 085	28,2	45	1,2	319	8,3	877	22,9	3 840	22
446	23,5	250	13,2	666	35,4	1	0,1	600	31,9	37	2,0	134	7,1	422	23,5	1 880	6
302	26,3	240	20,8	370	31,9	11	1,0	258	22,3	9	0,8	94	8,1	416	35,9	1 158	7
453	24,0	357	18,9	716	37,9	4	0,2	432	22,9	45	2,4	205	10,9	486	25,7	1 888	8
951	25,4	958	25,5	1 415	31,9	29	0,6	1 028	23,1	173	3,9	395	8,9	1 403	31,6	4 443	25
705	20,5	294	8,5	1 548	44,7	3	0,1	927	26,8	42	1,2	311	9,0	628	18,2	3 459	4
2 964	21,7	2 741	20,0	6 594	48,2	103	0,8	3 209	23,5	113	0,8	832	6,1	2 822	20,6	13 673	42
13 461	27,9	12 233	25,4	21 377	43,7	297	0,6	12 450	25,5	625	1,3	3898	8,0	10 212	20,9	48 859	180
1 438	32,2	539	12,1	2 065	46,2	—	—	1 033	23,1	29	0,6	405	9,1	937	21,0	4 469	26
341	21,7	376	24,0	661	42,4	6	0,4	586	37,6	15	1,0	87	5,6	208	13,0	1 563	1
1 779	29,5	915	15,1	2 726	45,2	6	0,1	1 619	26,9	44	0,7	492	8,1	1 145	19,0	6 032	27
1 297	10,5	426	3,4	5 880	47,9	1	0,0	4 530	36,9	101	0,8	856	7,0	903	7,4	12 271	14
319	13,1	157	6,4	1 248	51,2	2	0,0	568	23,3	61	2,5	142	5,8	419	17,2	2 440	9
1 040	34,7	525	17,5	948	31,6	8	0,2	811	27,0	68	2,3	250	8,3	919	30,6	3 004	7
341	16,3	93	4,4	1 043	49,9	56	2,7	595	28,5	21	1,0	117	5,5	261	12,4	2 093	4
22	25,3	1	1,1	25	28,8	—	—	12	13,8	1	1,1	5	5,7	44	50,6	87	—
98	17,1	35	6,1	179	31,4	—	—	160	28,0	21	3,7	55	9,7	155	27,2	570	2
8	11,9	2	3,0	34	50,7	—	—	25	37,3	—	—	2	3,0	6	9,0	67	1
50	5,8	19	2,2	459	53,4	6	0,7	267	31,1	3	0,3	47	5,5	77	9,0	859	1
6	3,7	4	2,4	90	55,6	—	—	47	29,0	9	5,6	5	3,1	11	6,7	162	—
25	15,4	17	10,5	64	39,5	—	—	37	22,9	7	4,3	20	12,3	34	21,0	162	—
23	17,8	5	3,9	56	42,7	—	—	38	29,0	—	—	14	10,7	23	17,6	131	1
6	17,6	16	47,1	17	50,0	—	—	8	23,5	—	—	3	8,8	6	17,7	34	—
2	2,6	—	—	35	45,5	—	—	21	27,2	9	11,7	1	1,3	11	14,3	77	—
13	10,6	11	8,9	48	39,4	—	—	43	35,3	1	0,8	8	6,5	22	18,0	122	1
7	33,3	2	9,5	6	28,5	—	—	3	14,3	1	4,8	1	4,8	10	47,6	21	—
19	15,0	10	8,0	51	40,5	—	—	41	32,5	9	7,1	—	—	25	19,9	126	—
406	72,1	112	19,9	234	41,6	—	—	161	28,6	12	2,1	48	8,5	108	19,2	563	3
658	21,0	273	8,6	1 382	44,0	153	4,9	461	14,7	41	1,3	284	9,0	821	26,1	3 142	15
303	27,3	225	20,4	363	32,7	—	—	501	45,2	8	0,7	70	6,3	167	15,1	1 109	2
19 883	24,4	15 081	18,6	36 265	44,3	529	0,6	22 398	27,3	1 042	1,3	6318	7,7	15 379	18,8	81 931	267
15 297	25,5	10 546	17,6	30 798	45,6	428	0,6	16 057	23,8	775	1,1	5207	7,7	14 291	21,2	67 556	272

der Klassenbildung nach Streitwerten unberücksichtigt blieben, oder daß eine gemeinschaftliche Klage mehrerer Kläger bei der Anhängigmachung einheitlich, bei der Klassenbildung nach Streitwerten oder der Erledigungsstatistik mehrfach gezählt wurde.

Tab. 13. Rechtsprechung der größten

Nr.	Gewerbegericht	Seelenzahl der Gewerbegerichtsbezirke[1])	Anhängig gewordene Klagen von: Arbeitern gegen Arbeitgeber	Arbeitgebern gegen Arbeiter	Arbeitern desselb. Arbeitgebers	Von den anhängig gemachten Klagen hatten einen Streitwert: bis 20 Mk.	%	über 20 bis 50 Mk.	%	über 50 bis 100 Mk.	%	über 100 Mk.	%
1.	2.	3.	4.	5.	6.	7.	8.	9.	10.	11.	12.	13.	14.
1.	Berlin 1896	1 800 000	12805	433	3	6248	47,2	4803	36,3	1656	12,5	535	4,0
	1900	1 888 326	11249	601	17	5070	45,7	3804	34,3	1608	14,5	602	5,5
2.	Dresden 1896	334 066	3652	234	12	1795	52,6	1162	34,1	356	10,4	100	2,9
	1900	384 282	4711	234	19	2129	46,7	1689	37,0	656	14,4	86	1,9
3.	Leipzig 1896	399 963	2539	312	19	1311	57,3	762	33,3	159	6,9	56	2,5
	1900	455 089	2675	1598	—	2455	57,4	1002	23,4	279	6,6	115	2,7
4.	Hamburg 1896	635 085	2519	145	3	1301	48,8	809	30,3	400	15,0	157	5,9
	1900	698 363	2942	182	5	1574	50,3	1000	32,0	402	12,9	153	4,8
5.	München 1896	407 307	1897	61	5	661	33,6	814	41,5	408	20,8	80	4,1
	1900	499 932	2771	43	9	1013	35,9	1203	42,6	489	17,4	118	4,1
6.	Köln (Kgl.) 1896	321 548	1821	79	—	689	36,2	854	45,0	235	12,4	122	6,4
	1900	c. 370 685	2278	218	32	967	38,3	967	38,3	412	16,2	182	7,2
7.	Frankfurt a. M. 1896	236 800	1539	33	2	614	39,0	881	56,0	63	4,0	16	1,0
	1900	287 813	2087	65	20	971	44,7	861	39,7	264	12,1	76	3,5
8.	Düsseldorf (Kgl.) 1896	183 071	1380	128	1	718	47,6	534	35,4	172	11,4	85	5,6
	1900	213 767	1567	1	—	724	46,2	545	34,8	188	11,9	111	7,1
9.	Königsberg i. Pr. 1896	172 796	1340	31	6	890	64,6	355	25,8	90	6,5	42	3,1
	1900	189 454	1430	62	6	886	59,1	433	28,9	107	7,1	72	4,9
10.	Elberfeld (Kgl.) 1896	140 000	1126	191	4	842	63,7	349	26,4	78	5,9	52	4,0
	1900	156 963	1289	230	6	928	60,9	418	27,4	123	8,0	56	3,7
11.	Stuttgart 1896	158 321	1017	118	2	695	61,1	320	28,2	80	7,0	42	3,7
	1900	185 345	1179	148	3	620	48,9	445	35,1	156	12,3	47	3,7
12.	Dortmund 1896	118 000	1004	48	7	441	41,6	394	37,2	148	14,4	76	7,2
	1900	142 418	952	22	1	523	53,6	268	27,5	121	12,4	63	6,5

1) Die vorläufigen, im Dezember 1900 ermittelten Seelenzahlen sind unverändert

deutschen Gewerbegerichte 1896 und 1900.

Dauer der Erledigung in:						Art der Erledigung durch:													Eingelegte Berufungen
in weniger als 1 Woche	%	in weniger als 2 Wochen	%	in 2 Wochen und mehr	%	Vergleich	%	Verzicht im Sinne des § 306 C.P.O.	%	Zurücknahme der Klage, Nichterscheinen, Liegenlassen und sonst	%	Anerkenntnis	%	Versäumnisurteil	%	andere Endurteile	%	Zusammen	
15.	16.	17.	18.	19.	20.	21.	22.	23.	24.	25.	26.	27.	28.	29.	30.	31.	32.	33.	34.
2331	18,5	6675	52,8	3632	28,7	6086	48,2	3	0,0	3026	23,9	67	0,5	1136	9,0	2320	18,4	12638	56
1418	12,6	5307	47,0	4573	40,4	5850	52,5	3	0,0	3208	28,8	37	0,3	976	8,8	1067	9,6	11141	38
3729	96,7	109	2,8	21	0,5	2292	59,1	—	—	1097	28,3	6	0,2	313	8,0	174	4,4	3882	3
4098	82,4	737	14,8	129	2,8	2790	57,1	—	—	1355	27,7	19	0,4	482	9,8	241	5,0	4887	—
2591	90,8	148	5,2	115	4,0	1719	60,0	—	—	940	32,9	—	—	137	4,8	58	2,3	2854	1
4141	97,3	95	2,2	25	0,5	1492	35,0	—	—	2242	52,6	8	0,2	179	4,2	340	8,0	4261	7
1809	67,8	598	22,4	262	9,8	1301	48,8	129	4,8	400	15,0	65	2,4	210	7,9	564	21,1	2669	11
2197	70,4	651	20,9	272	8,7	1374	44,0	153	4,9	457	14,6	41	1,3	283	9,0	812	26,2	3120	15
755	38,5	705	35,9	502	25,6	595	30,3	—	—	459	23,4	31	1,6	166	8,5	711	36,2	1962	11
1347	48,1	1111	39,7	343	12,2	1317	47,1	—	—	592	21,1	13	0,4	271	9,7	608	21,7	2801	16
—	—	—	—	—	—	1112	60,4	—	—	283	15,0	—	—	91	4,8	375	19,8	1891	13
1666	66,2	508	20,2	341	13,6	1168	46,5	—	—	737	29,3	—	—	157	6,2	453	18,0	2515	5
1118	71,0	346	22,0	110	7,0	617	39,2	8	0,5	128	8,2	11	0,7	256	16,3	552	35,1	1572	10
1632	76,2	414	19,4	95	4,4	1002	46,7	1	—	520	24,3	4	0,2	202	9,5	412	19,3	2141	3
?	—	?	—	?	—	536	35,9	—	—	450	30,1	8	0,5	81	5,4	419	28,1	1494	2
1284	81,9	206	13,2	78	4,9	301	19,2	—	—	660	42,1	2	0,1	102	6,5	503	32,1	1568	13
1019	74,0	—	—	358	26,0	665	49,5	—	—	244	18,1	—	—	121	9,0	315	23,4	1345	1
999	66,9	403	27,0	91	6,1	642	43,0	2	0,1	318	21,3	2	0,1	133	8,9	396	26,6	1493	1
1062	81,7	174	13,4	64	4,9	851	65,5	102	7,8	138	10,6	3	0,2	70	5,4	136	10,5	1300	2
1092	72,6	224	14,9	188	12,5	1057	70,3	65	4,3	91	6,0	—	—	87	5,8	204	13,6	1504	1
962	88,7	95	8,8	27	2,5	499	43,9	—	—	272	23,9	—	—	51	4,5	315	27,7	1137	9
997	80,9	202	16,4	33	2,7	694	56,3	—	—	278	22,5	—	—	56	4,5	206	16,7	1234	4
575	55,0	384	36,7	87	8,3	456	43,5	—	—	252	24,0	35	3,2	96	9,0	216	20,3	1055	5
611	64,0	274	28,7	70	7,3	415	43,4	—	—	232	24,3	17	1,8	65	6,9	226	23,6	955	8

wiedergegeben. Sie beziehen sich auf den Gerichtsbezirk.

regen Wetteifer, mit welchem die Gewerbegerichte in dieser Beziehung tätig sind, annehmen dürfen, daß diese Gewerbegerichte mit noch günstigeren Ergebnissen die Ziele der Entwicklung bezeichnen. So zeigen nicht bloß kleinere Staaten, wie Reuß ältere Linie (97,4 %), Sachsen-Meiningen (93,9 %) und Braunschweig (92,0 %) in der Zahl der in der ersten Woche erledigten Prozesse einen besonderen Hochstand, sondern auch das Königreich Sachsen, das durch die Größe des Landes und der gewerblichen Tätigkeit bloße Zufallsergebnisse ausschließt, kommt in der ersten Woche auf 86,1 %. Dieser Landes-Durchschnitt wird selbst in Dresden (82,4) noch annähernd innegehalten, in Leipzig aber sogar so bedeutend überboten (97,8), daß man hier kurzweg sagen könnte: von vereinzelten Ausnahmen abgesehen, ist am Gewerbegericht Leipzig ein Prozeß spätestens in acht Tagen beendet. Buchstäblich und ausnahmslos war dieses Ziel (100 %) bei fünf sächsischen Gewerbegerichten erreicht. Daß Mylau seiner sechs Fälle in so kurzer Zeit Herr wurde, kann auf Zufall beruhen. Daß Hohenstein-Ernstthal und Hartmannsdorf ihre sieben und zehn Fälle sämtlich ebenso schnell erledigten, ist um deswillen schon weniger als Zufall anzusehen, weil diese beiden kleinen Gewerbegerichte in der Statistik von 1896 denselben Ehrenplatz einnehmen. Vollends ausgeschlossen ist der Zufall bei Bautzen mit 89 und Krimmitschau mit 112 Fällen, Hier hat man es mit Gewerbegerichten zu tun, die in jeder Woche zwar nur zwei Klagen haben, aber vollständig darauf eingerichtet sind, dafür ein bis zwei Termine in der Woche anzuberaumen. Für Gesamt-Deutschland wird der Durchschnitt sehr bedeutend durch Berlin herabgedrückt, wo infolge der örtlichen Schwierigkeiten einer besonders umfangreichen Verwaltung die Zahl der binnen einer Woche erledigten Fälle verhältnismäßig gering (12,6 %) ist. Immerhin ist es doch auch in Berlin nur die Minderheit der Fälle (40,4 %), die sich bis in die dritte Woche hinzieht. Ordnet man in Tab. 13 (Sp. 16) die größen deutschen Gewerbegerichte nach der Rangfolge ihrer Schleunigkeit im Jahre 1896, und setzt man ihre Ergebnisse für 1900 daneben, so ergiebt sich (unter Weglassun von Köln und Düsseldorf, deren Statistik im Jahre 1896 diese Rubriken noch nicht aufwies) folgendes Bild:

Von 100 erledigten Streitigkeiten waren in weniger als einer Woche erledigt:

in	1896	1900		in	1896	1900	
Dresden	96,7	82,4	—	Frankfurt a. M.	71,0	76,2	+
Leipzig	90,8	97,3	+	Hamburg	67,8	70,4	+
Stuttgart	88,7	80,9	—	Dortmund	55,0	64,0	+
Elberfeld	81,7	72,6	—	München	38,5	48,1	+
Königsberg	74,0	66,9	—	Berlin	18,5	12,6	—

Demnach haben also im allgemeinen die Gewerbegerichte, die 1896 die größten Schleunigkeits-Erfolge hatten, 1900 etwas davon eingebüßt, während umgekehrt die weniger schleunigen sich gehoben haben. Eine Ausnahme machen nur Berlin in ungünstiger und Leipzig in günstiger Beziehung.

Daß Gewerbegerichte und ordentliche Gerichte in Bezug auf Schleunigkeit in ganz verschiedenen Anschauungs-Sphären leben, zeigt sich namentlich, sobald eine Gewerbegerichts-Sache zur Requisition des Amtsgerichts führt. In Elbing hat einmal das dortige Amtsgericht die Requisition, die um die Zeit der Gerichtsferien eintraf, bis nach Schluß derselben liegen lassen. Der Elbinger Gewerbegerichts-Vorsitzende hat damals den Versuch gemacht, seine Kollegen zu einem Kollektivschritt bei dem Justizminister zu bewegen, damit dieser darauf hinwirke, daß die Richter Requisitionen in Gewerbe-Streitsachen stets als Feriensachen behandeln mögen, wenn ein bezüglicher Antrag des Gewerbegerichts vorliegt (danach zu schließen, hatte also das Elbinger Gewerbegericht diesen Antrag gestellt). Zu einem Kollektivschritt ist es damals nicht gekommen. Unter den Gewerbegerichts-Vorsitzenden war vielfach die Ansicht verbreitet, ein Richter, der bei Klage eines Arbeiters auf seinen Lohn dem Antrage, dies als Feriensache zu behandeln, nicht ohne weiteres stattgebe, handle geradezu pflichtwidrig. Bei nüchternem Durchlesen des § 202 des Gerichtsverfassungs-Gesetzes in der Fassung von 1877 konnte man dieser Auffassung kaum beipflichten. Der Paragraph zählte die Kategorien auf, die unbedingt als Feriensachen gelten, und überließ es im übrigen dem Richter, dem Antrage auf Ferialbehandlung stattzugeben. Daß ein Gesetz eine Wechselsache für unbedingt schleunig hält, die Klage eines hungernden Arbeiters um seinen Lohn aber nicht, mochte uns 20 Jahre nach Erlaß des Gerichtsverfassungs-Gesetzes unfaßbar vorkommen. Es war aber so und entspricht auch vollständig dem Ideenkreis, in dem wir in den 70er Jahren lebten; jenem Ideenkreis, in welchem die bedeutende Kapitalmacht und ihr Schleunigkeits-Interesse als höchst wichtig gilt, der Lohn des Arbeiters aber nicht etwa als unwichtig bezeichnet wird, sondern überhaupt nicht recht in den Horizont des im großen arbeitenden Gesetzgebers eintritt. Wie wäre es denn sonst denkbar gewesen, daß ein Gerichtsverfassungs-Gesetz (welches besondere Behörden für Gewerbe-Streitsachen doch damals nur als Ausnahmen betrachtete) die Arbeitslohn-Klagen nicht in erster Linie unter Feriensachen hätte aufzählen sollen. Der groteske Zwiespalt, der darin lag, daß das Gewerbegericht sich abmühte, um seine Sachen in der Regel in 8 Tagen zu erledigen, und der Amtsrichter eine Zeugenvernehmung über die 2 Monate dauernden Ferien lagern ließ, zeigte doch gleichzeitig den Fortschritt, den unsere Gesetzgebung in der Erweiterung ihres Ideenkreises gemacht hatte. Da übrigens das Gerichtsverfassungs-Gesetz in diesen Sachen die Ferialbehandlung anders als auf Antrag nicht einmal zuließ, so war gründliche Abhilfe nur durch Änderung der Gesetzgebung möglich; denn es war weder dem Gewerbegerichts-Vorsitzenden, noch den vor ihm stehenden Parteien zuzumuten, daß sie, wenn eine Requisition erforderlich wird, an die Gerichtsferien denken sollen. Auf die literarische Verwertung des Elbinger Falles als einer drastischen Illustration der verschiedenen Auffassung von Schleunigkeits-Bedürfnis geht es wohl auch zurück, daß man sich bei der Revision der Justiz-Gesetzgebung im Jahre 1898 entschloß, in die Aufzählung der Feriensachen eine neue Ziffer einzuschieben, unter welche die Lohnklagen fallen. Hierbei ist aber die Erwähnung der Gewerbegerichte in eine so verzwickte Ausdrucksweise gebracht, daß jetzt, wo inzwischen auch das Gewerbegerichts-Gesetz geändert worden ist, wiederum neue Zweifel über den Feriencharakter mancher gewerbegerichtlicher Sachen auftauchen werden.

Die neu eingeschobene Ziffer 4a in § 202 des Gerichtsverfassungs-Gesetzes bezeichnet als Feriensachen:

4a. Streitigkeiten zwischen Dienstherrschaft und Gesinde, zwischen Arbeitgebern und Arbeitern hinsichtlich des Dienst- oder Arbeitsverhältnisses, sowie die im § 3 Abs. 1 Nr. 1, 2 des Gesetzes, betreffend die Gewerbegerichte, vom vom 29. Juli 1890 bezeichneten Streitigkeiten.

Dem § 3 des alten Gewerbegerichts-Gesetzes entspricht § 4 der neuen Fassung. In diese neue Fassung sind aber neue Punkte aufgenommen (s. o.

S. 427). Fallen auch diese unter Ziffer 4a? Dem Wortlaut nach nicht. Denn in Ziffer 4a werden nur einzelne Punkte aus dem Paragraphen des Gewerbegerichts-Gesetzes herausgehoben, die übrigen also nicht für Feriensachen erklärt. Dem Sinne nach muß man aber doch annehmen, daß die neuen Punkte mit darunter fallen, da die neue Fassung des Gewerbegerichts-Gesetzes nicht eine Erweiterung der Zuständigkeit, sondern nur eine Verdeutlichung bezweckte. Die heutige Technik der Gesetzgebung kennt keine Unterscheidung zwischen Gesetzesschaffung und authentischer Interpretation. Wenn die letztere ebenso wie neu geschaffenes Recht behandelt und nicht von selbst überall, wo die alte Fassung in Gesetzen erwähnt wird, an deren Stelle treten sollte, so müßte die authentische Interpretation statt Klarheit zu schaffen, vielfach eine Quelle neuer Unklarheiten werden. Zu demselben Ergebnis dürfte wohl auch eine sachgemäße Interpretation der Ziffer 4a selbst führen. Die Erwähnung zweier Punkte aus der Zuständigkeit der Gewerbegerichte kann nicht den Zweck haben, das Gros dieser Streitigkeiten für Feriensachen zu erklären; denn das wäre überflüssig, da jetzt Streitigkeiten zwischen Arbeitgebern und Arbeitern hinsichtlich des Arbeitsverhältnisses schon allgemein für Feriensachen erklärt sind. Der Zusatz kann also nur den Zweck haben, hinsichtlich der in den beiden Punkten aufgeführten Gegenstände etwaige Zweifel über die Zugehörigkeit im bejahenden Sinne zu entscheiden. Dann aber dürfte von den neu eingefügten Punkten wohl dasselbe gelten. — Eine Interpretation nach der ratio legis ist allerdings bei der Ziffer 4a recht sehr erschwert, da bei der Auswahl, die sie aus den Gewerbegerichts-Sachen trifft, die ratio schwer zu entdecken ist. Sicher ausgeschlossen vom Feriencharakter sind nämlich „die Ansprüche, welche auf Grund der Übernahme einer gemeinsamen Arbeit von Arbeitern desselben Arbeitgebers gegeneinander erhoben werden". Wenn es irgend eine Kategorie von Lohnstreitigkeiten gibt, die man als die schleunigste von allen bezeichnen muß, so sind es sicher die, in denen der Lohnschuldner ebenfalls Arbeiter ist, in denen also zu dem drängenden Umstande, daß der Kläger den Lohn zum Aufessen braucht, noch der andere, ebenso drängende hinzukommt, daß der Beklagte ihn zu demselben Zwecke zu verwenden im Begriffe steht. Wenn eine derartige Klage nicht bloß nicht für schleunig erklärt, sondern nach der Fassung der Ziffer 4a sogar von der Schleunigkeit, wie ausdrücklich, ausgenommen wird, so muß die Interpretation, die sich auf eine ratio legis gründen will, notwendigerweise an Schwäche der Unterlage leiden. Der Gesetzgeber hätte die Gewerbegerichte entweder ganz unerwähnt lassen, oder aber in einer solchen Art erwähnen sollen, daß jede Sache, die bei Vorhandensein eines Gewerbegerichts zu dessen Zuständigkeit gehören würde, von den ordentlichen Gerichten als Feriensache zu behandeln wäre.

Der Versuch einer gütlichen Erledigung des Rechtsstreits ist nach dem Gewerbegerichts-Gesetz obligatorisch. (§ 41: „Erscheinen die Parteien in dem Termine, so hat das Gewerbegericht tunlichst auf eine gütliche Erledigung des Rechtsstreits hinzuwirken.") Die Bestimmung rührt daher, daß die Gewerbegerichte ursprünglich als Sühnestätten gedacht waren und auch an den sogenannten gewerblichen Schiedsgerichten ihre tatsächlichen Vorläufer hatten. In der Praxis hat es aber zu Unzuträglichkeiten geführt, daß dem Vorsitzenden die unbedingte Verpflichtung auferlegt war, einen Vergleich zu versuchen, selbst wenn er den einen Teil vollständig im Unrecht glaubte. Ein erfahrener Gewerbegerichts-Vorsitzender erzählte, daß er in der ersten Zeit seiner Praxis die hohen Vergleichsziffern für den bedeutendsten Erfolg seiner Tätigkeit hielt, bis er eines Tages einem Gespräch zweier halbwüchsiger Burschen zuhörte, von denen der eine behauptete, irgend einen Anspruch an seinen Arbeitgeber zu haben. Der andere, ohne erst lange die Gründe für den Anspruch anzuhören, gab ihm den Rat: „Geh nur ans Gewerbegericht, etwas kriegst Du sicher!" Das machte ihn stutzig. Wenn die Folge seiner Sühnetätigkeit war, daß sein Gericht in den Ruf kam, „etwas" sicher zu beschaffen, so mußte das ein Fingerzeig sein, nicht allzusehr auf Vergleiche hinzuwirken. Manche Vorsitzende sehen sich durch ähnliche Erfahrungen veranlaßt, in Fällen, in denen nach ihrer Überzeugung die Klage gänzlich unbegründet ist, die Verhandlung mit den Worten zu beginnen: „Nach § 41 liegt mir die Verpflichtung ob, auf eine gütliche Erledigung hinzuwirken; ich frage die Parteien, ob sie sich vergleichen wollen; da dies nicht der Fall ist, so schreiten wir zur Verhandlung." Sachgemäßer dürfte das Verfahren eines der Berliner Vorsitzenden sein, der in solchen Fällen die Partei, welche im zweifellosen Unrecht ist, darauf aufmerksam macht, daß sie gut tue, ihr Unrecht zuzugestehen; dann könne dies zu Protokoll gegeben werden und sei in Form eines Vergleichs kostenfrei (§ 58, Abs. 4), während andernfalls eine richterliche Entscheidung abgegeben und die Kosten angesetzt werden müßten. — Trotz gewisser Bedenken, die also einer Vergleichszüchtung entgegenstehen, bleibt es immerhin doch ein erfreuliches Ergebnis, daß bei den Gewerbegerichten die gütliche Erledigung die Regel und die Entscheidung des Richters nur die Ausnahme ist. Kommen schon auf wirkliche Vergleiche 44,3 %, so muß man den Verzicht (0,6 %), die Zurücknahme der Klage, Ausbleiben des Klägers u. s. w. (27,3 %), das ausdrückliche Anerkenntnis (1,3 %), ja sogar manche Fälle des Versäumnisurteils (7,7 %) zum

Teil auf Einwirkung des Vorsitzenden rechnen, der in dem ersten Termin mit der Partei gesprochen hat. Bezeichnet wird in dieser Beziehung die Tätigkeit der Gewerbegerichte durch die Restzahl von 18,8%, welche die durch kontradiktorisches Endurteil erledigten Sachen angibt. — Diese Zahlen treten in ihr rechtes Licht durch Gegenüberstellung der entsprechenden Zahlen von den ordentlichen Gerichten. Die deutsche Justizstatistik gibt allerdings nicht die Erledigung der Prozesse, sondern nur die Ergebnisse der einzelnen Termine. Von diesen ergaben im Jahre 1899:

	Endurteile auf Versäumnis, Verzicht, Anerkenntnis rc.	Andere Endurteile	Zwischenurteile	Vergleiche	Beweisbeschlüsse	Anordnungen eines vorbereitenden Verfahrens	Anderweite Ergebnisse	Summe
1	2	3	4	5	6	7	8	9
vor d. Amtsgerichten	791077	198772	3090	141189	374330	—	446834	1955292
vor d. Zivilkammern	52210	37593	967	8038	65656	492	54833	219789
vor den Kammern für Handelssachen	18041	8039	296	2317	13219	55	13449	55416

Zählt man Sp. 2, 3, 5 als Prozeß-Erledigungen, so würde sich ergeben:

	Prozeß-Erledigungen	davon Vergleiche	%
vor den Amtsgerichten	1131038	141189	12,4
vor den Zivilkammern	97841	8038	8,2
vor den Kammern für Handelssachen	28397	2317	8,1

Der Prozentsatz der Vergleiche ist also durchweg gering im Verhältnis zu den Gewerbegerichten (44,3%). So geringe Ziffern lassen vermuten, daß von der großen Zahl von Verzichten, Anerkenntnissen, Versäumnisurteilen nichts wesentliches auf Vergleichstätigkeit zu rechnen ist. Bei den ordentlichen Gerichten ist die Entscheidung die Regel und der Vergleich die Ausnahme, bei den Gewerbegerichten annähernd umgekehrt. Dieser Satz bleibt bestehen, auch wenn man die Verschiedenheit der Statistiken und die Verschiedenheit der Materien noch so hoch in Anschlag bringt. Darüber hinaus ist allerdings eine genauere Vergleichung wegen der verschiedenen Anlage der Statistik nicht möglich. — Besonders merkwürdig ist, daß auch die Kammern für Handelssachen in dieser Beziehung kein wesentlich anderes Bild als die rein juristisch besetzten Zivilkammern aufweisen.

Nach Staaten geordnet, zeigen bei den Gewerbegerichten die höchsten Vergleichssätze Sachsen-Meiningen (55,6%), Braunschweig (53,4%) und Sachsen (47,9%), d. h. in der Hauptsache dieselben Staaten, die auch die höchste Schleunigkeit zeigen, wie denn der beschleunigende Einfluß des Vergleiches auf die Prozeß-Erledigung selbstverständlich ist. Von den größten Städten des Königreichs Sachsen zeigt Leipzig jetzt nur 35% (aber 52,6% Zurücknahme 2c.), Dresden 57,1% an Vergleichen. Die Restzahl der Fälle, in denen es zu kontradiktorischen Endurteilen kam, betrug in Leipzig 8,0%, in Dresden 5,0%. Ausnahmsweise kommt in der Gewerbegerichts-Statistik auch einmal ein Gericht vor, in dem 100% der Fälle durch kontradiktorisches Endurteil entschieden wurden; es ist dies z. B. das Gewerbegericht Groß-Wartenberg in Schlesien, dessen 2 Fälle im Jahre 1900 so starrköpfig endeten. Wo aber eine irgendwie umfangreiche Tätigkeit der Gewerbegerichte stattfindet, sind fast überall an Vergleichen erhebliche Prozentzahlen erzielt worden. Selbst in Berlin, dessen Bevölkerung im allgemeinen die Neigung hat, Recht Recht sein zu lassen, konnte doch die Zahl der Vergleiche noch über den Durchschnitt, bis auf 52,5%, gebracht werden.

Die große Zahl der Vergleiche hat auch auf den Kostenpunkt einen Einfluß. Die Bestimmung, daß im Falle eines Vergleiches Kosten überhaupt nicht erhoben werden (§ 58 Abs. 4), hat unter diesen Umständen zur Folge, daß annähernd in der Hälfte der Fälle Kosten nicht zur Ansetzung gelangen. Nimmt man dazu, daß die an sich schon geringen Gebühren bei Anerkenntnis, Verzicht 2c. sogar noch auf die Hälfte herabgesetzt werden, so kann man beinahe sagen, daß die Gewerbegerichte einer kostenlosen Rechtsprechung näher stehen, als der Kostspieligkeit der ordentlichen Gerichte. Bei einzelnen Gewerbegerichten, z. B. Charlottenburg und Oldenburg, ist von dem Rechte Gebrauch gemacht worden (§ 57 Abs. 6), durch das Statut zu bestimmen, daß gar keine Gebühren erhoben werden. In Lübeck sind die älteren Bestimmungen konserviert worden, nach denen das Gewerbegericht nicht bloß bei Vergleichen, sondern auch sonst „unter geeigneten Umständen" Gebühren erlassen kann.

Der umstrittenste Punkt aus allen Vorschriften über das Verfahren der Gewerbegerichte ist die Inappellabilität ihrer Urteile. Die Berufung ist nur zulässig, wenn der Wert des Streitgegenstandes den Betrag von 100 Mk. übersteigt (§ 55). Da diese Höhe nur von 5,3 % der Sachen erreicht wurde, so hat die Begrenzung zur Folge, daß die Urteile der Gewerbegerichte in der Regel keine Berufung zulassen. Gleich nach Einsetzung der ersten Gewerbegerichte gingen von Unternehmerkreisen Bestrebungen auf Einführung der Berufung aus. Sie hatten ihren Sitz hauptsächlich in Berlin, wo der Zentral-Ausschuß kaufmännischer, gewerblicher und industrieller Vereine ebenso wie der Verein der Arbeitgeber-Beisitzer in diesem Sinne in Petitionen tätig waren. Die allgemeine Ausdehnung der gegenwärtig bestehenden Berufung würde allerdings mit einer Lähmung der Gewerbegerichte identisch sein. Alle die Kreise, denen die Gleichberechtigung des Arbeiters, wie sie sich in dem Gewerbegericht verkörpert, ein Dorn im Auge ist, würden grundsätzlich vor den Gewerbegerichten kein Recht nehmen, sondern jede Sache vor das Landgericht bringen. Der sinnlose Zustand unserer Straf-Rechtsprechung, in welcher die heutige Schöffengerichts-Verfassung Juristen und Laien zusammen das Recht gibt, ein Urteil zu fällen, und den Juristen ohne Laien das Recht, es wieder aufzuheben, würde hier potenziert erscheinen.

Übrigens wird von der Berufung, auch wo sie gegenwärtig zulässig ist, nur ein geringer Gebrauch gemacht. Mehr als 3 Berufungen im Jahre haben nur 1 bis 2 Dutzend Gewerbegerichte im Deutschen Reich aufzuweisen; darunter (1900) Berlin 38, München 16, Hamburg 15, Düsseldorf 13, Dortmund-Stadt 8; selbst Leipzig und Mannheim nur je 7, Breslau 6, Stuttgart 4. In Berlin kommen die 38 Berufungen auf 602 anhängig gewordene Sachen über 100 Mk., in München 16 auf 118, in Hamburg 15 auf 153, im ganzen Reich 267 auf 4314, d. h. 6,2%. Im Jahre 1896 kamen in Deutschland 272 Berufungen anf 2948 anhängig gewordene Sachen über 100 Mk. = 9,2%. 1900 kamen 267 auf 4314 = 6,2%. Der Prozentsatz der Berufungen ist also um 1/8 zurückgegangen.

Für eine genauere Würdigung des Rechtsmittels bedarf es noch einer Statistik seines Erfolges. Hierüber ist aus der bisherigen allgemeinen Gewerbegerichts-Statistik noch nichts zu entnehmen.

Nach Abschluß der Statistik von 1896 wurde bei den Gewerbegerichten mit den höchsten Berufungsziffern genauere Umfrage gehalten, deren Ergebnis in Tabelle 14 zusammengefaßt ist.

Tab. 14. Berufungen bei 6 deutschen Gewerbegerichten.

Nr.	Gewerbegericht und Jahr	Endurteile in Sachen über 100 Mk.			Eingelegte Berufungen	Die Berufungen wurden erledigt durch					
		Versäumnis-urteile	andere Urteile	Zusammen		Bestätigung	Abänderung	Vergleich	Zurücknahme	Anderweit	noch unerledigt (Mai 1897)
1	2	3	4	5	6	7	8	9	10	11	12
1	Berlin 1. April 1895/96	44	133	177	43	17	13	4	8	—	1
2	Hamburg 1896	13	74	87	11	7	1	3	—	—	—
3	München 1895	—	31	31	10	2	2	1	5	—	—
4	Stuttgart 1896	—	24	24	9	3	—	5	1	—	—
5	Frankfurt a. M. 1896	4	8	12	4	—	2	—	—	—	2
6	Köln 1. April 1895/96	1	38	39	14	7	2	—	4	—	1
		62	308	370	91	36	20	13	18	—	4

Bei diesen Gewerbegerichten spielt an sich die Berufung eine verhältnismäßig erhebliche Rolle. Wenn man selbst von den 91 eingelegten Berufungen alle abzieht, die durch Zurücknahme (18) oder auch nur durch Vergleich (13) erledigt wurden, so kommen immerhin noch auf 308 kontradiktorische Urteile in Sachen über 100 Mk. 60 Berufungen, d. h. gegen etwa ¹/₅ der berufungsfähigen Urteile wurde die Berufung auch tatsächlich durchgefochten. Von diesen 60 Berufungen hatten aber nur 20 einen Erfolg, während 36 mit Bestätigung des ersten Urteils endigten und 4 noch unerledigt waren. — Dem Erfolge von etwa ¹/₃ aller Berufungen steht ferner auf der anderen Seite die durch dieses Rechtsmittel herbeigeführte Verzögerung gegenüber. Obgleich Berlin für diese Angaben ein Geschäftsjahr zu Grunde legte, welches mit dem 1. April 1896 schloß, so war doch zur Zeit der Aufnahme (Mai 1897, also mehr als 1 Jahr nach Ablauf jenes Geschäftsjahres), 1 Sache noch immer unerledigt, ebenso in Köln. Frankfurt a. M., wo das Kalenderjahr 1896 zu Grunde gelegt wurde, mußte im Mai (etwa 4¹/₂ Monat nach Schluß des Geschäftsjahres) sogar noch die Hälfte als unerledigt angeben. In München war Mitte Mai 1897 von den 11 Berufungen des Kalenderjahres 1896 außer den 3 zurückgenommenen nur eine einzige erledigt, während die übrigen 7 noch sämtlich einer Entscheidung harrten, so daß für München daher in der obigen Tabelle das Jahr 1895 zu Grunde gelegt wurde. Wenn schon diese Liste einen Vorstellung davon gibt, wie lange sich die Entscheidung in der Berufungsinstanz hinzögert, so kann dies im einzelnen noch durch genauere Daten der beiden Gewerbegerichte München und Hamburg erhärtet werden. In München 1895 dauerte bei den 4 durch landgerichtliches Erkenntnis beschiedenen Berufungen die Zeit vom gewerbegerichtlichen bis zum landgerichtlichen Erkenntnis: 9, 19, 19, 29 Wochen; die Vergleichssache erforderte 8 Wochen, und die 5 Zurücknahmesachen dauerten 5, 8, 9, 21 und 27 Wochen. In Hamburg 1896 wurde in 14 Wochen ein abänderndes Erkenntnis erzielt, welchem 7 bestätigende Erkenntnisse gegenüberstehen mit 9, 10, 13, 13, 14, 47 und 52 Wochen (während die 3 Vergleichssachen 15, 16 und 22 Wochen erforderten). Dies wird auch bekräftigt durch die Angaben der Justizstatistik über die Tätigkeit der Landgerichte als Berufungsgerichte überhaupt. Denn danach haben im Jahre 1899 von allen durch kontradiktorisches Endurteil für die Berufungs-Instanz beendeten Prozesse in dieser gedauert:

weniger als 3 Monate	12111	Sachen	= 35,1 %
3 bis 6 Monate	11540	"	= 33,5 "
6 Monate bis 1 Jahr	7850	"	= 22,8 "
1 bis 2 Jahre	2475	"	= 7,2 "
2 Jahre und mehr	502	"	= 1,4 "

und selbst der Zeitraum zwischen Einreichung der Berufungsschrift und dem ersten Termin dauerte:

weniger als 1 Woche	in	35	Sachen	= 0,08 %
mehr als 1 Woche und weniger als 1 Monat	"	1092	"	= 2,33 "
1 bis 2 Monate	"	32159	"	= 68,55 "
2 bis 3 Monate	"	6053	"	= 12,90 "
3 Monate und mehr	"	7570	"	= 16,14 "

In der Berufung vor den Landgerichten kommt also nur etwa $^1/_3$ der Fälle in weniger als einem Vierteljahr zur Entscheidung. Als Durchschnitt wird ein Zeitraum von mindestens 3—6 Monaten anzusetzen sein, der zuweilen über 1 Jahr, in Ausnahmefällen sogar über 2 Jahre sich verlängert. Auch nur die Ansetzung des ersten Termins bringt schon eine Verzögerung von in der Regel 1—2 Monaten mit sich. Wenn es eine Hauptaufgabe der Gewerbegerichte ist, schleuniges Recht zu beschaffen, so ist die Berufung an die Landgerichte auch in dem beschränkten Umfang nur deswegen erträglich, weil ihr keine notwendig aufschiebende Wirkung beigelegt ist. Die Bestrebungen des obengenannten gewerblichen Zentral-Ausschusses aber, welche mit der Verallgemeinerung der Berufung zugleich ihre aufschiebende Wirkung verlangten, würde unter diesen Umständen in der Tat einer völligen Lahmlegung der gewerbegerichtlichen Tätigkeit nahegekommen sein.

Wenn der Prozentsatz der abändernden Erkenntnisse in Tab. 14 nicht unbedeutend erscheint, so ist dabei aber noch in Anschlag zu bringen, daß in diesen Fällen keineswegs immer die höhere Entscheidung die richtigere gewesen ist. Dieses Argument trifft auf die gewerbegerichtliche Rechtsprechung in ganz anderem Maße zu, als auf die Rechtsprechung im allgemeinen. Denn während wir in dem gewöhnlichen Prozeßgange als Regel annehmen, daß die höhere Instanz die weisere sei, während das insbesondere bei der Berufung von den Amtsgerichten an die Landgerichte noch darin seinen Ausdruck findet, daß diese in kollegialer Besetzung entscheiden, jene durch einen Einzelrichter: sind bei den Gewerbegerichten die beiden Instanzen so verschiedenartig gestaltet, daß eine einfache Vergleichung garnicht mehr möglich ist. Das juristische Element, auf welchem ausschließlich das Ansehen des Landgerichts beruht, kann unter Umständen im Gewerbegericht ganz fehlen (es besteht kein gesetzliches Hindernis, auch zum Vorsitzenden einen Laien zu ernennen) und wird, von Zufälligkeiten abgesehen, die ab und zu einmal einen juristisch gebildeten Fabrikanten unter die Beisitzer bringen, nie mehr als durch den Vorsitzenden allein vertreten sein. Andererseits aber fehlt in der landgerichtlichen Instanz das Widerspiel der Unternehmer- und Arbeiter-Vertreter, welches nach Ansicht des Gesetzgebers in diesen Streitigkeiten das beste Mittel für die Erzielung eines gerechten Spruches ist, gänzlich. Wollte man daher selbst die Ansicht, daß das Landgericht in strenger Gesetzes-Interpretation mehr leiste als das Gewerbegericht, als eine praesumptio iuris et de iure betrachten[1]), so gäbe selbst dies den-

[1]) Was wir unsererseits nicht tun, vgl. den folgenden Abschnitt.

jenigen Berufungs-Erkenntnissen, welche sich nur auf eine andere Darstellung oder Würdigung des Sachverhaltes gründen, keine Anwartschaft darauf, für gerechter zu gelten, als die gewerbegerichtlichen Erkenntnisse, die dadurch aufgehoben werden. Es kommen Fälle vor, in denen über allen Zweifel erhaben ist, daß das landgerichtliche Erkenntnis nur zustande kam, weil im Gerichtshof die Vertretung des praktischen Erwerbslebens fehlte. Auch hierfür ein Beispiel. Ein Lehrling klagte vor dem Gewerbegerichte Berlin mit der Behauptung, von seinem Meister zu unrecht entlassen zu sein. Der Lehrling, in dessen Lehrvertrag die Verpflichtung aufgenommen war, „sich jederzeit anständig und bescheiden zu betragen", war von dem Meister anch mehrfach dazu ermahnt worden. Trotzdem hatte er einem Gehilfen einen Hammer weggenommen und versteckt; ein anderes Mal über einen in die Werkstatt gekommenen Schlosser spöttische Bemerkungen gemacht, wie: „Hat der krumme Füße!", und als der fremde Schlosser ihm mit Beschwerde beim Meister drohte, erwidert: er werde ihm eins in die Fresse geben. Das Gewerbegericht sah in diesen Fällen lediglich Dummejungen-Streiche, wie sie in jeder Werkstatt vorkommen, und denen gegenüber der Meister von seinem Züchtigungsrecht hätte Gebrauch machen sollen; solche Streiche gäben noch kein Recht zur Entlassung. Der Meister wurde zur Herauszahlung der Kaution und zur Ausstellung eines Zeugnisses verurteilt. Auf eingelegte Berufung hat das Landgericht Berlin I das Urteil mit folgender Begründung aufgehoben:

Der Kläger hat sich trotz mehrfacher Mahnungen fortgesetzt unbotmäßig betragen nnd ein Benehmen an den Tag gelegt, welches weit über sog. „Dummejungen-Streiche, wie sie in jeder Werkstatt vorkommen", hinausgegangen ist. Durch dieses Benehmen hat der Kläger die bei einem Lehrlingsverhältnis erforderliche Disziplin auf das äußerste verletzt und der von ihm gemäß § 8 des Lehrvertrages übernommenen Verpflichtung, „sich jederzeit anständig und bescheiden zu betragen", zuwidergehandelt. In einem derartigen Zuwiderhandeln gegen die vertragsmäßig übernommene und sich überdies aus dem Lehrverhältnis (§§ 126, 127[1]) G.O.) ohne weiteres ergebende Verpflichtung liegt eine, durch die Tat sich bekundende Weigerung, jener Verpflichtung nachzukommen. Da nun nicht bloß ein einzelner Fall eines solchen Zuwiderhandelns vorlag, sondern der Kläger trotz mehrfacher Ermahnung von seinem Benehmen nicht abließ, so stellt sich die Handlungsweise des Klägers im Sinne

[1]) = jetzige §§ 127, 127a.

des § 123³ G.O. als beharrliche Weigerung dar, der vorgedachten Verpflichtung nachzukommeu. Hiernach war Beklagter befugt, den Kläger vor Ablauf der Lehrzeit zu entlassen und die Kaution einzubehalten.

Woher die drei studierten Richter die Kenntnisse haben, auf Grund deren sie besser beurteilen wollen, was zu „Dummejungen-Streichen, wie sie in jeder Werkstatt vorkommen", gehört, als die Handwerksmeister, die bei der ersten Entscheidung mitwirkten[1]), ist nicht recht zu ersehen. Im Pandektenkolleg spielt der Begriff des Dummejungen-Streiches keinerlei Rolle.

Das Verlangen nach Berufung gegen die Gewerbegerichte hängt zusammen mit einer Überschätzung der Rechtsmittel, die auch in anderen Zweigen der Rechtspflege hervortritt. Besonders charakteristisch hierfür ist die Forderung der Wiedereinführung der Berufung gegen die Urteile der Strafkammern, welche manche freiheitsliebenden Politiker so blind gemacht hat, daß sie darüber ganz vergessen haben, wie dieses Mittel für die von ihnen verfolgten Zwecke (Schutz des Angeklagten) sich in der Mehrzahl der Fälle geradezu in sein Gegenteil verkehrt, wenn die Berufung der mit Kostenfreiheit ausgestatteten Staatsanwaltschaft ebenso gegeben wird, wie dem Angeklagten. Wenn in unserer Strafprozeß-Reform auch nur der Gedanke auftauchen konnte, bedeutende Garantien zu Gunsten des Angeklagten fallen zu lassen, bloß um diese Berufung zu erhalten, die in Wahrheit ein Danaergeschenk ist, so kann es uns nicht wundernehmen, daß die in unserer Zivil-Rechtsprechung verhältnismäßig neue Einrichtung endgiltiger erstinstanzlicher Erkenntnisse zunächst noch einige Anfeindung findet. In allen Zweigen der Justiz sollte das Hauptgewicht auf die Einrichtungen gelegt werden, welche eine gewisse Garantie dafür geben, daß schon das erste Erkenntnis gerecht ausfällt, und die Mittel, ein ungerechtes Erkenntnis anzufechten, sollten mehr im Hintergrunde stehen. Statt dessen ist heute das Umgekehrte der Fall. Je mehr aber die Gewerbegerichte an Vertrauen gewinnen, desto deutlicher wird es, daß der Mangel der Berufung bei ihnen nicht ein Zurückbleiben hinter anderen Gerichten bedeutet, sondern in den besseren Garantien der Gerichtsbesetzung ein so bedeutendes Gegengewicht hat, daß sie vermutlich ein vorgeschrittenes Stadium der Entwicklung

[1]) und, wie bei einiger Kenntnis der lokalen Verhältnisse nicht zweifelhaft sein kann, sich in dem angegebenen Sinne ausgesprochen haben.

bezeichnen. Von den beiden Berliner Zentren der Berufungs-Agitation, dem kaufmännischen Zentral-Ausschuß und dem Arbeitgeber-Beisitzer-Verein hat sich gerade der letztere, der in Gewerbegerichtssachen praktisch tätig ist, in der Folgezeit beruhigt, während nur der erstere, der aus Großindustriellen und Großkaufleuten besteht, die dem Gewerbegericht fernbleiben, die Agitation noch fortsetzt.

Zu einem abschließenden Urteil in der Sache müßte man eine vollständige Sammlung aller in der Berufungsinstanz ergangenen Erkenntnisse wenigstens eines Jahres besitzen. Inzwischen sollte jedenfalls die Berufung nicht erweitert und damit die Konsistenz der Gewerbegerichte überhaupt aufs Spiel gesetzt werden. Übrigens sei noch erwähnt, daß es im Deutschen Reiche ein Gewerbegericht gibt, welches gar keine Berufung kennt, auch nicht bei den größten Objekten. Es ist dies das Gewerbegericht Lübeck, das aus der vorreichsgesetzlichen Zeit stammt (1877) und seine Bestimmungen über das Verfahren im wesentlichen beibehalten hat.

6. Rechtsprechung.

Über die Entscheidungen der Gewerbegerichte erhoben sich gleich zu Anfang zahlreiche Klagen. In der Tat las man in der Presse, und zwar namentlich in der Arbeiterpresse der verschiedensten Teile Deutschlands, gewerbegerichtliche Erkenntnisse, die in einer juristisch umfaßbaren Weise zu Gunsten der Arbeiter entschieden. Als der Verband deutscher Gewerbegerichte seine Veröffentlichungstätigkeit damit begann, zum Zwecke genauerer Feststellung über derartige auffallende Erkenntnisse in der Tagespresse genauere Erkundigungen einzuziehen, ergaben diese in weitaus den meisten Fällen, daß die Berichte entstellt waren. Diese Erfahrung wurde so häufig gemacht, daß für die Urteils-Sammlung des Verbandes die Benutzung der Tagespresse ausgeschlossen und der Grundsatz angenommen werden mußte, sich nur noch auf direkte Mitteilungen der Gewerbegerichte selbst zu stützen.

In einzelnen Fällen bin ich den Berichten der Tagespresse im Wege persönlicher Erkundigungen auf den Grund gegangen und habe den Sachverhalt authentisch festgestellt. Ich gebe im folgenden aus Berlin zwei solcher Entstellungen, welche als typisch gelten können. Während der Berliner Gewerbeausstellung ging durch die Presse ein Gewerbegerichts-Erkenntnis mit der Spitzmarke: „Darf eine Kellnerin sich küssen lassen?“ Darauf folgte die Bemerkung, daß das Gewerbegericht Berlin diese Frage bejaht habe. Ein Gastwirt in der Gewerbeausstellung hatte eine Kellnerin entlassen, weil sie bei einem Aufzuge in „Alt-Berlin“ sich aus dem Lokal entfernt, an dem Aufzug beteiligt und dann von einem der Gäste auf dem Marktplatz von

Alt=Berlin hatte küssen lassen. Das Gewerbegericht habe entschieden, daß dies kein Grund zur Entlassung sei. Die wahre Entscheidung des Gewerbegerichts lautete ganz anders. Es widerlegte die einzelnen Entlassungsgründe, die der Gastwirt angeführt hatte, und sagte von jenem Kuß, daß er keinen Entlassungsgrund bilden könne, weil der Wirt selbst diesen Vorfall mit ausdrücklichen Worten verziehen hatte. Diese Begründung des Gewerbegerichts sieht also dem Gegenteil dessen, was in der Tagespresse berichtet war, weit eher ähnlich. Nach der Tagespresse sollte das Gewerbegericht die Ansicht gehabt haben, daß ein Wirt verpflichtet sei, eine Kellnerin, die sich derart benommen hat, weiter in seinem Lokal zu dulden, während in Wirklichkeit das Gewerbegericht von der gegenteiligen Ansicht ausgegangen ist und sich nur darauf stützte, daß dieser Vorfall, einmal verziehen, nicht aufs neue geltend gemacht werden könne. — Ein andermal wurde berichtet, ein Meister habe seinen Gesellen entlassen, weil dieser ihn geprügelt hatte; trotzdem habe das Gewerbegericht entschieden, daß dem Gesellen der rückständige Lohn für eine Kündigungszeit auszuzahlen sei. Alle Versuche, bei dem Berliner Gewerbegericht ein derartiges Erkenntnis ausfindig zu machen, waren vergeblich. Im Wege persönlicher Nachforschung gelang es mir, festzustellen, daß zwar nicht ein solches Erkenntnis, aber ein ähnlicher Vergleich zustande gekommen sei. Da die Sache auch so noch auffallend blieb, suchte ich, den näheren Sachverhalt über das Zustandekommen des Vergleichs zu erfahren. Und da stellte sich denn heraus, daß der betr. Vorsitzende eben nur die gesetzlich vorgeschriebenen Worte gesprochen hatte, daß er verpflichtet sei, die Parteien zu fragen, ob sie sich vergleichen wollen (vgl. oben S. 456), als schon der Geselle erklärte, mit der Hälfte zufrieden sein zu wollen und der Meister zugriff. Demgegenüber war der Vorsitzende wehrlos.

Alle Urteile über die Gewerbegerichte, welche sich bloß auf Zeitungsberichte stützen, müssen daher ausscheiden. Speziell in Berlin, wo sonst die Berichterstattung über Gerichtsverhandlungen in den letzten Jahren an Zuverlässigkeit bedeutend gewonnen hat, ist die Berichterstattung über das Gewerbegericht noch so sehr zurückgeblieben, daß sie als Grundlage für eine Beurteilung dieser Gerichte gar nicht in Betracht kommt. Die einzige zuverlässige Unterlage bilden die Publikationen des Verbandes deutscher Gewerbegerichte, und die hier publizierten Erkenntnisse zeigen schwerlich einen größeren Prozentsatz von Fehlsprüchen als andere erstinstanzliche Urteile.

Daß ein Mißvergnügen über die gewerbegerichtliche Rechtsprechung fast ausschließlich auf seiten der Unternehmer sich geltend macht, hat aber einen ganz bestimmten Grund. Die Rechtskenntnis der kaufmännisch gebildeten Unternehmer ist zwar durchaus nicht gering; sie kennen das Handelsgesetzbuch besser als mancher Jurist und übertreffen in der Fertigkeit juristischen Denkens ganz sicher die meisten anderen Stände. Aber ihre Kenntnis des Tit. 7 der Gewerbeordnung (und um diesen dreht sich der größte Teil der Gewerbegerichts-Entscheidungen) ist auffallend gering. Welchen Anlaß hatte denn auch früher der Unternehmer, diese Bestimmungen zu lesen. Daß der zu unrecht entlassene Arbeiter auf das Gericht ging, war ein äußerst seltener Fall. Es fehlten ihm die Mittel, die Kosten zu erschwingen. Auch das Armenrecht zu erlangen, war kompliziert und nicht immer angenehm. Endlich hatte er auch gar keine Aussicht, das Geld so schnell zu erlangen, wie er es brauchte. Seit der Einführung der Gewerbegerichte ist aber für die Arbeiter der Tit. 7 der Gewerbeordnung ihr Hauptgesetz. Hat ein Arbeiterverein eine noch so kleine Bibliothek, die Gewerbeordnung befindet sich darunter und wird trotz des entsetzlichen Deutsch, das in ihr verbrochen ist, eifrig studiert. Mündliche Kommentare pflanzen sich fort. Während für den Groß-Unternehmer seine Handelskammer, für den Handwerker seine Innung oder Genossenschaft den Schwerpunkt des Standesinteresses bildet, während zahlreiche Mitglieder dieser Stände in den verschiedensten Ämtern der Selbstverwaltung tätig sind, ist für den Arbeiter das Gewerbericht fast die einzige Stelle, wo er Gelegenheit hat, sich praktisch juristisch fortzubilden, und er nützt diese Gelegenheit nach Kräften aus. Die Unternehmer kennen die Gewerbeordnung weniger als die Arbeiter. Ein großer Teil des Erstaunens über Gewerbegerichts-Erkenntnisse rührt daher, daß die einfachen und zweifellosen Bestimmungen der Gewerbeordnung in Unternehmer-Kreisen nicht bekannt sind. In Königsberg war um die Zeit, als das Gewerbegericht errichtet wurde, ein neuer Bürgermeister ins Amt eingeführt. Diesem wurde der Vorsitz übertragen (wie in der Regel in den Städten mit Oberbürgermeister und Bürgermeister dem letzteren das Gewerbegericht zuerteilt zu werden pflegt). Einer seiner ersten Prozesse war ein Truckprozeß. Einem Arbeiter war von seinem Arbeitgeber ein Anzug o. ä. geliefert, und darauf waren ihm monatliche Lohnabzüge gemacht worden. Nachdem er entlassen war, klagte er diese Einbehaltungen wieder ein, und da die Berechnung des Anzuges nach Lage des Falles zweifellos eine Übertretung des Truckverbots (§ 115 der Gewerbeordnung) darstellte, so wurde der Unternehmer zur Zahlung verurteilt. Sein Einwand, daß der Arbeiter mit diesem Abkommen sein ausdrückliches Einverständnis erklärt habe, war vergebens. Dieses Erkenntnis erregte in Königsberg ein ziemliches Aufsehen. Ähnliche Prozesse wiederholten sich. Die Tatsache, daß so entschieden werde, wurde schließlich allgemein bekannt. Bezeichnend aber ist es, daß sich das Gerücht bildete, es sei dies ein Ortsgesetz, das der neue Bürgermeister eingeführt habe. Selbst in einer Stadt mit so zweifellos intelligentem Kaufmannsstande wie Königsberg war in der Unternehmerwelt jene Bestimmung der Gewerbeordnung einfach unbekannt.

Schon kurze Zeit nach Inkrafttreten des Gewerbegerichts-Gesetzes hatte der damalige Stuttgarter Vorsitzende Lautenschlager gegen die Ansicht zu kämpfen, als ob die sozialdemokratischen Beisitzer dazu neigten, per fas et nefas für den Arbeiter und gegen den Unternehmer zu stimmen. Das Zeugnis gewissenhafter Unparteilichkeit, das er auch diesen Beisitzern ausstellte, findet seine Bestätigung in den Meinungsäußerungen aller Vorsitzenden, deren Urteile mir überhaupt bekannt geworden sind. Ganz besonders wichtig ist die ausdrückliche Zustimmung des Frankfurter Vorsitzenden zu dem Lautenschlagerschen Urteil, weil sie aus einer Zeit stammt, in der im Frankfurter Gewerbegericht sämtliche Beisitzer, auch die der Arbeitgeber, Sozialdemokraten waren.

„Im übrigen will ich mich noch ausdrücklich dem anschließen, was Herr Lautenschlager über die in der Regel durchaus unparteiische und einwandsfreie Tätigkeit der sozialdemokratischen Beisitzer sagt. Ich beklage es lebhaft, daß die Arbeiterführer die politische Parteizugehörigkeit als Bedingung der Aufnahme in die Wahlvorschläge zum Gewerbegericht aufstellen. Aber ich beklage es in erster Linie, weil dadurch unbegründete Vorurteile wachgerufen worden sind, und der Schein der Parteilichkeit hervorgerufen wird, den jedes Gericht fast ebensosehr meiden muß, als die Parteilichkeit selbst, und der speziell beim Gewerbegericht indirekt die Ausdehnung der gutachtlichen Tätigkeit des Gerichts erschwert und das Gewicht seiner Anträge bei manchen Behörden möglicherweise mindert. Für die Rechtsprechung dagegen habe ich bisher — wobei ich bemerke, daß im hiesigen Gericht auch als Arbeitgeber lediglich Sozialdemokraten gewählt sind — noch keinerlei Nachteil wahrgenommen; sie ist, insbesondere was das Entgegenkommen gegen die Arbeitnehmer angeht, nicht laxer, sondern eher strenger geworden."

Die Petition der Berliner Arbeitgeber-Beisitzer in Sachen der Berufung (oben S. 459) bezeichnete als ein offenes Geheimnis, daß die sozialdemokratischen Mitglieder des Gewerbegerichts „von einer Zentralstelle aus mit Rücksicht auf ihre Abstimmung beeinflußt und zur Verantwortung gezogen werden". Hieran ist zunächst richtigzustellen, daß die Zentralstelle, die in der Tat besteht, einen ganz andern Zweck hat. An diese Zentralstelle sind kurze Berichte der Beisitzer über alle verhandelten Sachen einzureichen. Diese Berichte dienen als Material zur Besprechung von Rechtsfällen. Die Einrichtung hat hauptsächlich den Zweck, die Beisitzer und solche, die es werden wollen, mit den einschlägigen Fragen an der Hand von Fällen aus dem praktischen Leben vertraut zu machen. Und das hat auch nach der Ansicht kompetenter Beurteiler diesen Zweck erreicht, während auf seiten der Arbeitgeber für die Heranbildung eines tüchtigen Beisitzer-Personals nichts geschieht. Wenngleich also die Zentralstelle keineswegs den Zweck hat oder auch nur dazu benutzt wird, Beisitzer für ihre Abstimmung zur Verantwortung zu ziehen, so ist freilich die Tatsache, daß Beisitzer zur Verantwortung gezogen worden sind, nicht wohl zu bestreiten. Kurz nach Eröffnung des Berliner Gewerbegerichts wurde von einem förmlichen Ehrengericht gesprochen, welches einmal über einen Beisitzer veranstaltet worden sei; auch in Versammlungen sind wiederholt Angriffe gegen Beisitzer wegen ihrer Abstimmung vorgekommen. Die Frage ist nur, ob die einem solchen Vorgehen zu Grunde liegende und mit dem Wesen des Richteramts allerdings unvereinbare Anschauung in den Kreisen der Arbeiter und Arbeiter-Beisitzer allgemein oder vereinzelt ist. Hierfür sind äußerst charakteristisch die Beratungen einer Konferenz, welche die Delegierten der Arbeiter-Beisitzer von 42 Gewerbegerichten am 15. und 16. November 1896 in Halle abhielten. Hier wurde der Antrag gestellt: „Die Aufsicht über die Arbeitnehmer-Beisitzer empfiehlt die Konferenz den örtlichen Gewerkschaften". In der Debatte wurde sehr entschieden betont, daß der Beisitzer richterliche Aufgaben habe, daß seine rechtsprechende Tätigkeit ausschließlich der Gerechtigkeit, und zwar dem, was er für recht halte, dienen müsse; eine Partei-Aufsicht sei hiermit unvereinbar. Andrerseits aber wurde ebenso entschieden betont, daß die Wähler die Aufsicht über den Eifer, mit dem die Beisitzer die Pflicht der Berichterstattung, sowie der Aufklärung in gewerbegerichtlichen Fragen erfüllen, nicht preisgeben können, daß es auch bei Gutachten und Anträgen ꝛc. sehr darauf ankomme, zu wissen, ob die Anschauungen des Vertreters und der Vertretenen übereinstimmen. Aus diesen Gründen nahm die Konferenz zwar den Antrag an, fügte aber die Worte „außer ihrer gerichtlichen Tätigkeit“ ein.

Wie wenig berechtigt die Klagen über eine einseitig arbeiterfreundliche Rechtsprechung sind, zeigte sich namentlich in einer zwanglosen Besprechung von Mitgliedern und Interessenten der Gewerbegerichte, welche im September 1895 gelegentlich des Armenpflegertages in Leipzig stattfand. Der Vorsitzende des Gewerbegerichts Karlsruhe, welcher gleichzeitig auch dem Gewerbegericht Durlach präsidiert, erzählte damals: der Fall, daß ein Urteil anders als einstimmig gefaßt wurde, sei ihm in seiner Praxis überhaupt noch nicht vorgekommen. Bei der großen Rolle, welche in den Gewerbegerichten die Vergleichstätigkeit spielt, könnte man diesem Zeugnis vielleicht eine geringere Bedeutung beimessen wollen. Zufälligerweise gehörten aber die Gewerbegerichte Karlsruhe und Durlach zu denen mit ganz merkwürdig hoher Zahl kontradiktorischer Endurteile. Im Jahre 1896 wurden in Karlsruhe von 635 Sachen nur 101 (15,9 %), in Durlach von 54 nur 6 (11,7 %) durch Vergleich erledigt, und nach Abzug der Zurücknahmen, Versäumnisurteile ꝛc. ergingen dort 303 (47,7 %) kontradiktorische Endurteile, hier 34 (62,3 %). Das Verhältnis hat sich inzwischen an beiden Gewerbegerichten noch schärfer entwickelt. 1900 betrugen die Vergleiche nur 14,4 und 13,7 %, die kontradiktorischen Endurteile hingegen 55,5 und 67,1 %. Wenn also Hunderte von Urteilen jahraus, jahrein einstimmig zustande kommen, so ist das doch ein Beweis, daß die gewerbegerichtliche Tätigkeit dazu dient, Unternehmer sowohl wie Arbeiter für den Dienst der Gerechtigkeit zu erziehen. Daß dieses Erziehungswerk nicht auf einmal gelingen kann, ist allerdings richtig. Unter den 80—90000 Sachen, welche die deutschen Gewerbegerichte alljährlich zu erledigen hatten, werden sich auch solche Erledigungen befinden, in denen eine einseitige Besetzung der Richterbank einseitige Urteile zur Folge hat. Das Hineinspielen politischer Momente in die Beisitzerwahlen, welches in einer Anzahl Städte nicht nur die Arbeiter-, sondern auch die Unternehmerstellen mit Angehörigen der sozialdemokratischen Partei besetzt hat, bedeutet wie jede einseitige Parteiwirtschaft in Gerichten eine gewisse Gefahr. Wo Recht und Politik einander berühren, kann es immer leicht geschehen, daß man das, was man als Gesetz anstrebt, schon als vorhandenes Recht hinstellen will, und diese Gefahr wird vergrößert, wenn alle Beisitzer eines Gerichts auf ein und dasselbe politische Glaubensbekenntnis hin gewählt sind. Die Frage ist aber nicht, ob infolgedessen einseitige Erkenntnisse vorkommen (das wird niemand bestreiten), sondern ob für die gewerbegerichtliche Judikatur die Ausbildung derartiger Einseitigkeiten charakteristisch ist. Dieses Letztere muß an der Hand der Erfahrungen entschieden bestritten werden. Wiewohl ich die Rechtsprechung der deutschen Gewerbegerichte von Anfang an aufmerksam verfolgt habe, so ist mir irgend eine Entwicklung, welche an solche Fehlsprüche anschlösse, nicht bekannt geworden. Wohl aber gibt es Fälle, in denen ganz klar zu Tage liegt, daß die fortlaufende Tätigkeit in dem Gewerbegericht die Beisitzer zu größerer und unbefangenerer Würdigung der rechtlichen Gesichtspunkte erzogen hat.

Ein merkwürdiges Beispiel hierfür bietet die Vertragsbruch-Klausel im Berliner Lithographen-Streik. Bei der Beratung des sogenannten Arbeiterschutz-Gesetzes (Gewerbenovelle von 1891) spielte die Buße für Vertragsbruch in Höhe des ortsüblichen Tagelohns eine große Rolle. Diese Buße sollte an den Nachweis eines Schadens nicht gebunden sein und daher bequem eingeklagt werden können. Diese Bestimmungen stießen nicht bloß bei der Sozialdemokratie, sondern fast bei allen politisch interessierten Arbeitern auf großen Widerstand. Obgleich die Bestimmung schließlich durchging (§ 124 b der Gewerbeordnung), so war ihr doch praktisch dadurch die Spitze abgebrochen, daß die Großbetriebe von ihr ausgenommen wurden (§§ 134 Abs. 2). Die Bestimmung war ziemlich in Vergessenheit geraten, als sie plötzlich im Berliner Lithographen-Streik des Jahres 1895 wieder auftauchte. Kleinere Betriebe klagten die Buße auf Grund des § 124 b ein, größere auf Grund einer ausdrücklichen Bestimmung in der Arbeitsordnung. Beides war juristisch zweifellos zutreffend. In der Berliner Arbeiterwelt erhob sich eine große Entrüstung. Man hatte von den Verhandlungen über das Arbeiterschutz-Gesetz so bestimmt die Erinnerung, daß jene Bestimmung nicht durchgegangen sei; dem Gedanken, daß selbst, soweit dies zutraf, der freien Vereinbarung der Parteien doch keine Beschränkung auferlegt war, war man so wenig zugänglich, daß sich allgemein unter den Arbeitern die Überzeugung bildete: das Gewerbegericht könne und werde eine solche Buße nicht zusprechen. Als der erste Fall vor dem Gewerbegericht zur Entscheidung gelangte, wurde in der Tat der klagende Unternehmer mit seinem Anspruch auf Buße abgewiesen. Die Begründung ging auf die Entstehungsgeschichte des § 124b ein und führte im einzelnen aus, daß der Bußanspruch für das Kleingewerbe kraft Gesetzes bestehe, daß er für das Großgewerbe durch den Arbeitsvertrag festgesetzt werden könne und in dem vorliegenden Falle auch festgesetzt sei. Dann schließt das Erkenntnis mit den Worten: Trotzdem hat die Mehrheit des Gewerbegerichts auf Abweisung des Klageanspruchs erkannt. — Die „Mehrheit des Gewerbegerichts" ist ein ebenso üblicher Ausdruck wie die „Mehrheit des Schöffengerichts" für das Salvavi animam meam des Vorsitzenden. In dem vorliegenden Falle kann kaum ein Zweifel darüber sein, daß außer den beiden Arbeiter-Besitzern auch auf seiten der Unternehmer ein oder zwei sozialdemokratische Vertreter saßen. Das Urteil entspricht der Rechtsüberzeugung, wie sie damals in den Kreisen sozialdemokratischer Arbeiter vorhanden, aber freilich juristisch in keiner Weise zu halten war. Die Wirkung dieses ersten Erkenntnisses in Arbeiterkreisen habe ich damals wiederholt beobachtet. Die Gründe wurden gesprächsweise durchgegangen und machten Eindruck. Ich habe selbst Unterhaltungen angehört, in denen nach diesem Erkenntnisse sozialdemokratische Arbeiter ihren Kollegen auseinandersetzten, daß das Urteil rechtlich nicht haltbar sei. Sämtliche darauf folgenden Prozesse wurden in der Tat im gegenteiligen Sinne entschieden.

Beweist nun dieses Beispiel einschließlich des Fehlspruchs, mit dem es beginnt, für oder gegen die erziehliche Wirkung der Gewerbegerichte? Für Erkenntnisse, wie jenes erste im Berliner Lithographen-Streik, hat sich die Bezeichnung „Zwar-Erkenntnisse" eingebürgert.

Der arme Vorsitzende, der das Urteil abzufassen hat, leitet mit einem „Zwar" seinen eigenen Gedankengang ein, um dann mit einem „Aber" die nackte Tatsache zu berichten, daß die Mehrheit des Gewerbegerichts es anders wollte. Diese Zwar-Erkenntnisse können in den Händen böswilliger Gegner der Gewerbegerichte ein furchtbares Anklagematerial bilden, in den Händen geschickter Vorsitzender sind sie das bedeutungsvollste Erziehungsmitel für die Beisitzer[1]).

Daß in den Gewerbegerichten Urteile vorgekommen sind, die gegen den klaren Wortlaut des Gesetzes verstoßen, Urteile, in denen ganz offenbar ihre Urheber über das, was Rechtens *ist*, sich hinwegsetzten, um an dessen Stelle das zu setzen, was nach ihren Überzeugungen, Wünschen oder Sympathien Rechtens sein *sollte*, ist unbestreitbar. Aber was bestritten werden muß, ist, daß dies eine spezifische Erscheinung gerade der Gewerbegerichte sei. Überall wo ein Machtinteresse in die Jurisdiktion hineinspielt (und der Gegensatz von Arbeitgeber und Arbeitnehmer erzeugt ein solches Machtinteresse), ist die Versuchung vorhanden, die jurisdiktionelle Befugnis zur Stärkung der Machtsphäre zu gebrauchen, die man nach eigener Überzeugung gestärkt sehen möchte. Wenn man daher wissen will, ob die Gewerbegerichte dieser Versuchung in besonders hohem oder besonders geringem Grade erlegen sind, so muß man sie nicht mit den Zivilgerichten vergleichen, in deren Tätigkeit die Machtgegensätze und ihre Versuchungen eine untergeordnete Rolle spielen, sondern man muß zum Vergleich

[1]) Mir sind eine größere Anzahl derartiger Zwar-Erkenntnisse bekannt. Doch ist es nicht möglich, aus ihnen zu einem einigermaßen sicheren Urteil darüber zu gelangen, inwieweit Willkür oder abweichende Rechtsanschauung der Beisitzer vorliegt. Im großen und ganzen zerfallen sie in zwei Klassen. Die einen beschränken sich darauf, die unterlegene Ansicht (des Vorsitzenden) zu begründen und die siegreiche (der Beisitzer) wirklich ohne Begründung gegenüberzustellen; dann fehlt jede auch nur psychologische Motivierung; man kann sich gar kein Bild davon machen, auf welchem psychologischen Irrwege der Spruch zustande gekommen ist, und man kann daher selbstverständlich sich auch kein Urteil darüber bilden, ob der Spruch wirklich so jeder Begründung bar ist, wie es von dem (überstimmten) Vorsitzenden hingestellt wird. Die andere Gruppe beschränkt sich nicht auf das bloße „Zwar" und „Trotzdem", sondern der Vorsitzende hält es für seine Pflicht, zu dem (gegen ihn) zustande gekommenen Spruch die Gründe, welche für die Mehrheit maßgebend waren, so gut wie irgend möglich zur Darstellung zu bringen. Hierbei gelingt ihm die Rolle des advocatus diaboli nicht selten über seine Absicht hinaus so vortrefflich, daß der Leser wirklich die Ansicht der Beisitzer mindestens ebenso haltbar findet, wie die des Vorsitzenden.

eine gerichtliche Tätigkeit heraussuchen, in der ebenfalls der Machtgegensatz eine erhebliche Bedeutung hat. Das ist in den Strafgerichten der Fall, in denen von jeher die herrschenden Klassen ein Mittel zur Ausdehnung und Befestigung ihrer Herrschaft gesehen haben. Wenn man die heutige Judikatur in Strafsachen, insbesondere auch die Judikatur des Reichsgerichts, in welchem weder Arbeiter noch überhaupt Laien sitzen, nach den psychologischen Elementen analysiert, welche für die Urteilsbildung maßgebend gewesen sind, so bleibt nach Ausscheidung aller juristischen Ausdrucksweisen ein gar nicht geringer Bodensatz rein politischer Vorstellungen übrig, welche im wesentlichen auf die Überzeugung von der Notwendigkeit größerer Kraftfülle der Regierungsorgane hinauslaufen. Die Strafjudikatur des Reichsgerichts ist beherrscht von dem Gedanken, daß die Einengungen der neueren Strafgesetzgebung verwerflich, daß es notwendig sei, die Staatsgewalt durch eine weitere Ausdehnung des Strafrechts zu schützen, und das Reichsgericht hat seine Vorläufer und Nebenläufer an anderen ebenfalls rein juristisch besetzten Gerichten. In dem preußischen Strafgesetzbuch von 1851 war dem Staatsoberhaupt gegenüber jede „Ehrfurchtsverletzung" strafbar. Das heutige Strafgesetzbuch hat dies abgeschafft und die Strafbarkeit unehrerbietiger Äußerungen über das Staatsoberhaupt ganz ausschließlich auf beleidigende Äußerungen eingeengt. Trotzdem wird heute auch die bloße Ehrfurchtsverletzung wiederum bestraft, indem man sie tatsächlich unter den Begriff der Majestätsbeleidigung bringt. — Um die Freiheit der Kritik zu schützen, hat das Strafgesetzbuch angeordnet, daß Äußerungen zur Wahrnehmung berechtigter Interessen niemals als Beleidigung bestraft werden können (es sei denn, daß aus der Form der Äußerung die Beleidigung hervorgehe). Das Gesetz hat hier dem Richter die möglichst weite Interpretation zur Pflicht gemacht, indem es mit einer, in der Gesetzessprache nicht häufigen Ausdrucksweise hinzufügte, daß auch „ähnliche" Fälle genau ebenso zu behandeln seien. Trotzdem wird die Kritik wieder strafgefährlich gemacht, indem die Wahrnehmung berechtigter Interessen bestritten wird, wo sie vorhanden ist, und über den Zusatz „ähnliche Fälle" ganz geschwiegen wird. — Es ist juristisch feststehend, daß, wo das Gesetz nichts anderes vorschreibt, zur Strafbarkeit der strafbare Vorsatz, der „dolus" erforderlich sei. Trotzdem hat das Reichsgericht entschieden, es könne auch gestraft werden, wo dieser Vorsatz nicht vorhanden sei, aber konstruiert werden könne, was diese Judikatur in ihrem greulichen Latein einen „dolus eventualis“ nennt. — Wie weit die Strafbarkeit des bloßen Versuchs gehen soll, ist de lege ferenda streitig. Ob man einen Menschen, der mit ungeladenem Gewehr schießen wollte, der in der Abenddämmerung, in der Meinung, seinen Feind vor sich zu haben, auf einen Baumstamm anlegte rc., wegen versuchten Mordes bestrafen soll, ist unter den Juristen von jeher kontrovers gewesen. Das Strafgesetzbuch hat die Kontroverse wenigstens insoweit entschieden, daß Handlungen vorliegen müssen, welche den Anfang der „Ausführung“ des Verbrechens enthalten. Es hat damit erklärt, daß solche Handlungen, welche gar nicht einmal den Anfang einer Ausführung enthalten, nicht genügen, um eine Verurteilung wegen Versuchs zu begründen. Trotzdem hat das Reichsgericht entschieden, daß auch in solchen Fällen Verurteilungen wegen Versuchs eintreten können. Ein verführtes Mädchen wendet sich verzweifelt an einen Arzt mit der Bitte um ein Mittel zur Kinderabtreibung. Der Arzt, auf ihren seelischen Zustand Rücksicht nehmend und um sie zunächst für den Augenblick zu beruhigen, verschreibt ihr Aqua destillata, und sie nimmt es ein. Nachträglich stellt sich heraus, daß das Mädchen gar nicht einmal schwanger gewesen ist. Handlungen, welche einen Anfang der Ausführung eines Verbrechens darstellen, liegen nicht vor. Trotzdem wird das Mädchen wegen Versuchs der Kinderabtreibung verurteilt. — Juristisch steht der Satz „nulla poena sine lege“ vollkommen fest. Trotzdem hat die herrschende Judikatur auch gestraft, wo eine Handlung im Gesetz nicht mit Strafe bedroht ist, indem sie dieselbe unter „groben Unfug“ brachte. Es ging das soweit, daß selbst dem preußischen Justizminister angst und bange wurde, und er in einer eigenen Zirkularverfügung seine Staatsanwälte darauf aufmerksam machte, daß doch der Grobe-Unfug-Paragraph nicht dazu gebraucht werden dürfe, um jede Handlung, die man vom Strafgesetzbuch übergangen glaube, strafbar zu machen. — Um einen Schutz gegen ungerechtfertigte Verfolgung seitens der Staatsanwaltschaft zu gewähren, schreibt die Strafprozeßordnung vor, daß die Anklage allein kein genügender Grund sei, um ein Hauptverfahren zu eröffnen, daß vielmehr das Gericht die Ergebnisse des vorbereitenden Verfahrens selbst prüfen müsse, und das Hauptverfahren nur dann eröffnen dürfe, wenn nach Überzeugung des Gerichts der Angeschuldigte in der Tat hinreichend verdächtig erscheine. Trotz des klaren Wortlautes dieses Gesetzes wird dennoch (von ganz seltenen Ausnahmen abgesehen) das Hauptverfahren bloß daraufhin eröffnet, daß die Staatsanwaltschaft eine Anklage eingereicht hat, und dieser Mißbrauch ist ebenfalls amtlich in einer Ministerialverfügung konstatiert. — Hängt eine ausgedehnte Handhabung der Strafjustiz ganz direkt mit den allgemeinen politischen Anschauungen über straffes oder loses Regiment zusammen, so fehlt es übrigens innerhalb des Zivilprozesses nicht ganz an solchen Versuchungen, und auch hier sind die Gerichte dieser Versuchung erlegen. Der Eisenbahnfiskus hat Eisenbahnbillets mit dem Vermerk „giltig für alle Züge" verkauft und trotzdem bei Einführung der sogenannten D-Züge die Giltigkeit des Billets nicht anerkennen wollen, wenn man nicht noch dem Tarif entsprechend eine Platzgebühr hinzuzahlte. Wenn es hier Gerichte gegeben hat, die sich auf die Seite des Eisenbahnfiskus stellten, so ist das psychologisch gar nicht anders zu erklären, als daß die allgemeine Anschauung, die Staatsverwaltung könne in ihrem Recht, Anordnungen zu treffen, mit einem gewöhnlichen Privaten nicht auf eine Stufe gestellt werden, hier mitgewirkt hat. Und doch ist es juristisch ganz zweifellos, daß der Eisenbahnfiskus in diesem Falle nicht anders stand, als wie der Besitzer eines Omnibus, der Billets verkauft, wenn es aber zur Benutzung kommt, noch eine Platzgebühr erheben wollte, weil für den 3-Uhr-Wagen es in seinem Tarif so stehe. Eine ganze Blütenlese von derartigen Urteilen zeigt die Handhabung der Stempelgesetze. Für die Beurteilung der Frage, die uns hier beschäftigt, macht es ferner keinen Unterschied, ob die jurisdiktionellen Befugnisse sich in den Händen von Juristen oder von juristisch gebildeten Verwaltungsbeamten befinden. Die Ministerialbeamten, welche dem Zollfiskus dadurch eine höhere Einnahme verschaffen wollten, daß sie von einer Sendung Sardinen behaupteten, es seien „Blechwaren in Verbindung mit Fischen", sowie der Minister, welcher eine Nachwahl sechs Monate lang unausgeschrieben ließ und dann behauptete, er befinde sich durchaus nicht im Widerspruch zum Wahlreglement, welches eben keine bestimmte Frist nenne, sondern nur verlange, daß die Behörde „sofort" eine neue Wahl veranlasse, sie und viele andere, die so der Versuchung erlegen sind, dem zuliebe, was sie politisch für wünschenswert oder notwendig hielten, sich über das Gesetz hinwegzusetzen, sie sind allesamt weder Arbeiter noch überhaupt Laien, sondern studierte Juristen gewesen.

Wo sind nun aus der Judikatur der Gewerbegerichte konsequente Versuche der Gesetzes-Umdeutung anzuführen, die sich dem an die Seite stellen ließen? Wo zeigt sich unter den Arbeiter-Beisitzern auch nur eine Agitation, um im Wege der Rechtsprechung Erweiterungen der Gesetze herbeiführen, wie sie die Staatsanwaltschaft beispielsweise mit Hilfe des Groben-Unfug-Paragraphen herbeigeführt hat? In dem einzigen Beispiel, das allenfalls angeführt werden könnte, in der Neigung der Gewerbegerichte, beim Bauschwindel nicht bloß den Strohmann, sondern auch dessen Hintermann für die Arbeitslöhne haftbar zu machen, ist der unfertige Zustand des gegenwärtigen Rechts so allgemein anerkannt, daß es wohl überhaupt kaum möglich sein wird, hier zu einer sachlich und technisch vollkommen befriedigenden Rechtsprechung zu gelangen. In allen anderen Fällen, wo durch die Rechtsprechung der verschiedenen Gewerbegerichte hindurch sich eine einheitliche Entwicklung zeigt, über die rechtliche Natur der Akkordarbeit, über die Verbindlichkeit der Arbeitsordnung, über die Stellung der Heimarbeiter u. a. m., sind es streng juristische Fragen, die auch streng juristisch erörtert und keineswegs gleichmäßig im Sinne einer (z. B. der arbeiterfreundlichen) Tendenz entschieden werden.

Unsere Untersuchung also, ob diese Abirrungen spezifische Erscheinungen der Gewerbegerichte sind, führt zu einem verneinenden Ergebnis. Der Einfluß der Tendenz ist ein allgemeiner Fehler aller unserer heutigen Jurisdiktions-Organe, in der Justiz wie in der Verwaltung (vielleicht ein Fehler der menschlichen Rechtspflege überhaupt). Der Unterschied ist nur der, daß da, wo Juristen wirken, die Tendenz in eine scheinbar juristische Form gebracht und dadurch salonfähig gemacht wird, während jene Verstöße bei den Gewerbegerichten nicht bloß in der Denkweise, sondern auch in der Form unjuristisch auftreten und beiseite geschoben werden. Daß die Gewerbegerichts-Vorsitzenden sich nicht dazu hergeben, für rechtswidrige Beschlüsse im Wege von Tüfteleien eine scheinbare Begründung herzustellen, sondern daß sie ein solches Erkenntnis als das hinstellen, was es ist: ein Machtspruch statt eines Rechtspruchs; daß sie den Machtspruch in seiner ganzen abschreckenden Nacktheit erscheinen lassen, das ist nicht ein Unrecht, sondern geradezu ein Verdienst. Hiermit eben wird bewirkt, daß die Beisitzer in sich gehen und ein andermal gerechter urteilen.

Weit entfernt davon, ein neues Moment der Parteilichkeit in unsere Gerichtsverfassung getragen zu haben, stellen vielmehr die Gewerbegerichte das erste organische Mittel dar, um dieser Parteilichkeit innerhalb des einzelnen Gerichts Herr zu werden. Der Versuch, die beiden Gegensätze in das Gericht selbst hineinzuverlegen und ihnen in einem unparteiischen Vorsitzenden einen Indifferenzpunkt zu geben, ist geglückt. Daß seitens der Vorsitzenden, die ihre Aufgabe demgemäß erzieherisch auffaßten, ein gewisses Gewicht darauf gelegt wurde, die vorgekommenen Fehler klar und deutlich zu markieren, macht es erklärlich, daß hier für jemanden, der den Vorwurf der Parteilichkeit erheben will, das Material leichter vorhanden ist, als seitens der rein juristisch besetzten Gerichte, in denen jenes pädagogische Element fehlt. In den Strafgerichten gelten die schneidigen Vorsitzenden gerade als die, welche jenen Versuchungen der Tendenz am ehesten erliegen. In den Gewerbegerichten bringt es die Natur ihrer ganzen Verfassung mit sich, daß der Vorsitzende seine Hauptaufgabe darin zu erblicken hat, die Rechtsprechung von Tendenzen freizuhalten.

Wenn also in der materiellen Rechtsprechung der Gewerbegerichte im Vergleich zur sonstigen Jurisdiktion die Tendenz eher einen geringeren als einen größeren Einfluß zeigt, so bliebe immerhin noch die Frage zu erörtern, ob (sei es verdienter-, sei es unverdientermaßen) die Gewerbegerichte in einem Maße den Ruf tendenziöser Rechtsprechung genießen, daß das Vertrauen zu ihnen darunter leidet. Auch diese Frage muß verneint werden. Die Mißstimmung gegen die Gewerbegerichte, wo sie überhaupt vorhanden war, hat nicht zu-, sondern abgenommen. Wenn man sich darauf beruft, daß im Vergleich zu den zahlreichen Klagen der Arbeiter gegen Unternehmer die letzteren das Gewerbegericht als Kläger nur wenig in Anspruch nehmen, daß sie also im allgemeinen zu dem Gewerbegericht kein rechtes Vertrauen zu haben scheinen, so trifft diese Schlußfolgerung nicht zu. Im Jahre 1896 wurden an Klagen bei den deutschen Gewerbegerichten anhängig:

von Arbeitern gegen Unternehmer	63 462 =	92,2 %
von Unternehmern gegen Arbeiter	5 176 =	7,5 %
unter Arbeitern desselben Unternehmers	160 =	0,3 %
Zusammen	68 798 =	100,0

Wenn man bedenkt, daß in weitaus den meisten Fällen, die zu Ansprüchen der Unternehmer gegen die Arbeiter führen könnten, jene sich im Wege der Lohneinbehaltung und Straffestsetzung außergerichtliche Hilfe schaffen können (§ 119a der Gewerbeordnung), während es nirgends üblich ist, daß der Unternehmer dem Arbeiter zum Schutze gegen widerrechtliche Entlassung eine Kaution stellt, so muß man es als den Ausdruck dieses Rechtsverhältnisses betrachten, daß bei Streitigkeiten aus dem Arbeitsvertrage die Rolle des Klägers in der Regel dem Arbeiter zufällt. Die Frage kann also nicht sein, ob die Unternehmer sehr viel seltener als die Arbeiter klagen (denn das ist selbstverständlich), sondern ob ihre Klagen nur noch so vereinzelt vorkommen, daß man annehmen muß, sie ließen sich lieber Unrecht tun, ehe sie vor dem Gewerbegericht klagten. Wenn nach der obigen Statistik etwa auf 14 Arbeiterklagen noch 1 Unternehmerklage kommt, so ist das durchaus nicht wenig. Wo lokale Gründe eine stärkere Inanspruchnahme des Gewerbegerichts durch die Unternehmer erforderten, da erschienen sie auch mit höheren Ziffern. So wurde z. B. in der Stickerei-Industrie in Plauen i. V. ganz besonders über die Vertragsbrüchigkeit der Arbeiterinnen geklagt, weil bei der Schiffchen-Stickmaschine das Fehlen einer Arbeiterin zur Folge hat, daß auch zwei andere unbeschäftigt bleiben. Dort haben die Industriellen ein Interesse daran, sich nicht an einem Strafgedinge schadlos zu halten, sondern auf Erfüllung des Vertrages zu klagen. In der Tat erschienen in Plauen auf 412 klagende Arbeiter nicht weniger als 311 klagende Unternehmer (also 57,0 und 43,0 %). Und dies, obgleich das geltende Exekutionsrecht die Hoffnungen der Unternehmer doch im wesentlichen auf den moralischen Einfluß des Gewerbegerichts beschränkt. In der Aufnahme von 1900 zeigte sich, daß die Inanspruchnahme der Gewerbegerichte durch die Arbeitgeber inzwischen nicht zurückgegangen, sondern gestiegen war; von 5176 Arbeitgeber-Klagen auf 8068, von 7,5 % aller Streitigkeiten auf 9,5 %. Von besonders zahlreichen Arbeitgeber-Klagen führen wir an:

in Spremberg 21 : 19. — Rawitsch 23 : 20. — Friedland in Schl. 7 : 11. — Reichenbach i. Schl. 36 : 13. — Schweidnitz 22 : 17. — Zabrze 272 : 45. —

Mühlhausen i. Th. 124 : 40. — Kammer III des Landkreises Schwelm 26 : 27. — Kreuznach 91 : 49. — Barmen 642 : 117. — Elberfeld 1289 : 230. — Solingen 740 : 228. — Plauen 459 : 262. — Pforzheim 244 : 150. — Offenbach 544 : 182. — Eisenach 193 : 123. — Sonneberg 41 : 52.

Von den 1598 Arbeitgeber-Klagen in Leipzig (auf 2675 Arbeiter-Klagen) gehen allerdings nicht weniger als 1271 auf den Buchbinder-Streik des Jahres 1900 und die durch ihn veranlaßten Kontraktbruch-Klagen zurück. Sie können also nicht in derselben Art als Beweis für zahlreiche Inanspruchnahme des Gewerbegerichts gelten. Aber so viel beweist doch auch dieser Fall, daß die Arbeitgeber, wenn sie meinen, daß ihnen von seiten der Arbeiter unrecht geschieht, in dem Gewerbegericht die rechtschaffende Stelle erblicken. Die Prophezeiung, die bei Einführung der Gewerbegerichte von einigen ihrer Gegner gemacht wurde, daß diese Gerichte „nur" für die Arbeiter da sein würden, hat sich nicht bloß als übertrieben, sondern als gänzlich unberechtigt herausgestellt. Denn ein Prozentsatz von rund 7 1/2 bis 10 % aller Klagen kann bereits annähernd dem wirklichen Prozentsatz der Fälle entsprechen, in denen im Vergleich zu den Lohnklagen der Arbeiter der Arbeitgeber Anlaß hat, den Weg der Klage zu beschreiten.

7. Kaufmännische Gewerbegerichte.

Nachdem wir über Verfahren und Rechtsprechung der Gewerbegerichte einen Überblick gewonnen haben, wird es nunmehr auch möglich sein, zu dem augenblicklich schwebenden Plane Stellung zu nehmen, einer weiteren Kategorie von Gehilfen dieselben Vorteile einer geeigneten Rechtsprechung zugänglich zu machen, die mit der Einführung von Gewerbegerichten bezweckt und erreicht worden sind. Es ist der Plan, für die Streitigkeiten zwischen den Handlungsgehilfen und ihren Prinzipalen eine gewerbegerichtliche Rechtsprechung zu schaffen. In der Erörterung dieses Gegenstandes werden wir uns vielfach auf die bisherigen Ergebnisse in aller Kürze beziehen können.

Das „Gewerbe" im Sinne der Gewerbeordnung umfaßt den Handel („das Handelsgewerbe") mit. Er ist von den Bestimmungen der Gewerbeordnung nur soweit ausgenommen, wie das Gesetz es ausdrücklich ausspricht. Die Rechtsverhältnisse der Handlungsgehilfen sind daher teils nach der Gewerbeordnung (z. B. Sonntagsruhe, Ladenschluß, Arbeitsordnung, Fortbildungsschule), teils nach dem Handels-Gesetzbuche (Kündigungsfrist, kündigungslose Entlassung, Gehaltszahlung, Nebenbeschäftigung) zu beurteilen. An sich aber gehören Handlungsgehilfen zu den Gehilfen, „auf welche der 7. Titel der Gewerbeordnung Anwendung findet", da sie diesem Titel nur in den Bestimmungen entzogen sind, von denen sie ausdrücklich (Gewerbeordnung § 154) ausgenommen sind. Da jene Worte für die Zuständigkeit der Gewerbegerichte maßgebend sind[1]),

---

[1]) S. 427—428.

so würden an sich auch die Handlungsgehilfen unter diese Zuständigkeit fallen. Sie sind ihr jedoch durch Spezialbestimmung des Gewerbegerichts-Gesetzes (§ 81) entzogen.

Bei der weitgehenden Beliebtheit, deren sich die Gewerbegerichte wegen ihrer prompten Rechtshilfe erfreuen, bei der geradezu herrschend gewordenen Überzeugung, daß vorenthaltenen Lohn im Wege Rechtens zu erlangen mit einem Gewerbegerichte möglich, ohne ein solches unmöglich ist[1]), konnte es nicht ausbleiben, daß aus den Kreisen der Handlungsgehilfen sich der Wunsch regte, die geschehene Vorenthaltung wieder gutzumachen. Dieselben Gründe, die für Lohnklagen ꝛc. in andern Gewerben die gewöhnlichen Gerichte als ungeeignete Rechtshilfe erscheinen ließen, sprachen für eine entsprechende Behandlung derartiger Klagen im Handlungsgewerbe. Diese Beweisführung war so zwingend, daß die Überzeugung von der Unhaltbarkeit des gegenwärtigen Zustandes geradezu allgemein wurde. Der Reichstag hat eine von nationalliberaler Seite beantragte Resolution die bestehende Lücke auszufüllen, am 25. Januar 1899 einstimmig angenommen. Als der Reichstag im Herbst 1900 wieder zusammentrat, um die Session zu beginnen, die noch gegenwärtig andauert, brachte der nationalliberale Abgeordnete Bassermann sofort wiederum einen einschlägigen Antrag ein. Der diesmalige Antrag war ausführlicher gehalten und hatte folgenden Wortlaut:

Der Reichstag wolle beschließen: die verbündeten Regierungen zu ersuchen, baldigst einen Gesetzentwurf, durch welchen besondere Gerichte für Rechtsstreitigkeiten aus dem kaufmännischen Dienstvertrag eingeführt werden, vorzulegen und in demselben folgende Grundsätze zur Anwendung zu bringen:

1. diese besonderen Gerichte sind den Amtsgerichten anzugliedern;
2. die Gerichte bestehen aus einem Amtsrichter als Vorsitzenden und je einem Prinzipal und einem Handlungsgehilfen als Beisitzern;
3. die Beisitzer werden mittels Wahl der Prinzipale und Handlungsgehilfen in getrennter Wahlhandlung bestellt. Die Wahl ist unmittelbar und geheim;
4. das Verfahren ist ein beschleunigtes, einfaches, mit geringen Kosten verknüpftes;
5. den Gerichten sind die Streitigkeiten aus dem kaufmännischen Dienstvertrag zu überweisen;
6. die Berufung gegen Urteile dieser Gerichte ist nur zulässig, wenn der Wert des Streitgegenstandes den Betrag von einhundert Mark übersteigt.

---

[1]) S. 406.

Dieser Antrag geht über eine allgemeine Anregung hinaus. Er gibt für die Erreichung dieses Zieles gleichzeitig ein bestimmtes Mittel an: die Vorteile der Gewerbegerichte sollen den Kaufleuten nicht durch Unterstellung unter die Gewerbegerichte zuteil werden, sondern durch Schaffung besonderer kaufmännischer Standestribunale im Wege der Angliederung an die Amtsgerichte. Damit ist die Erörterung der Frage in ein ganz neues Stadium getreten. Es handelt sich nicht mehr darum, ob für die Streitigkeiten aus dem kaufmännischen Arbeitsvertrage eine Rechtsprechung nach Art der gewerbegerichtlichen geschaffen werden solle (diese Frage wird vielmehr heute als allgemein bejaht angenommen), sondern in der Hauptsache darum, ob die geforderte Rechtsprechung an die bestehenden Gewerbegerichte oder aber an die Amtsgerichte angegliedert werden soll.

Läßt man die Gründe, die für die Einführung der Gewerbegerichte maßgebend waren, auch für den kaufmännischen Arbeitsvertrag gelten, so gelangt man von ihnen aus auch zum Anschluß an die bestehenden Gewerbegerichte, und zwar vom Standpunkte aller drei in Betracht kommenden Faktoren: sowohl der Parteien, wie der Amtsgerichte, wie auch der Gewerbegerichte.

Was die Parteien in der Entscheidung von Streitigkeiten zwischen Prinzipalen und Gehilfen verlangen, ist: sachgemäße, billige, schleunige Justiz. Die beiden ersten Dinge lassen sich durch Beisitzer-Zuziehung und veränderten Kostentarif auch an den Amtsgerichten erreichen, die Schleunigkeit aber nicht. Unser Versuch[1]), die Schleunigkeit der Gewerbegerichte mit der der Amtsgerichte zu vergleichen, scheiterte daran, daß die achttägige Frist, innerhalb welcher die Gewerbegerichte die meisten Prozesse erledigen, in der Justiz-Statistik nicht einmal erwähnt wird, weil diese sich mit Erledigungsfristen unter 3 Monaten überhaupt nicht abgibt; die Frist von einer Woche reichte bei den Amtsgerichten noch nicht einmal aus, um auch nur einen Termin herbeizuführen[2]). Dieser Abstand in der Schleunigkeit ist zu groß, als daß er für eine einzelne Gattung von Sachen überwunden werden könnte. Man mag den Amtsgerichten für diese Prozesse Handhaben geben, welche man wolle, die Gewöhnung eines Behördenkörpers, die Schulung der Subalternbeamten, die Einrich-

---

[1]) S. 446. [2]) S. 447.

tungen im Bureauwesen ꝛc. lassen sich nicht durch eine veränderte Zusammensetzung einer einzelnen Abteilung so umgestalten, daß dieselbe Behörde, die dort drei Monate braucht, hier in einer Woche fertig wird. Den glatten und sozusagen familiären Geschäftsgang, wie ihn die Gewerbegerichte bieten, werden die Parteien vor den Amtsgerichten nicht erlangen. Wenn die Gewerbegerichte fast die Hälfte aller Sachen (44,3 %) durch Vergleich erledigen, von den amtsgerichtlichen Terminen nur 12,4 % mir Vergleich enden, wenn die kaufmännisch besetzten Kammern für Handelssachen nicht mehr Vergleiche aufweisen, als die rein juristisch zusammengesetzten Zivilkammern — 8,1 und 8,2 %[1]) — so sehen wir deutlich den feststehenden und festbleibenden Charakter dieser Gerichtsverfassung und haben auch bereits den praktischen Beweis dafür, daß die Zuziehung von Standesvertretern in dieser Beziehung keinen Einfluß übt. — Die Einsetzung eines neuen Sondergerichts würde übrigens durch ihre Tatsache allein auf die Justiz verzögernd wirken. Schon jetzt ist bei einer Reihe von Personen fraglich, ob sie Gewerbegehilfen, ob Handlungsgehilfen, oder ob sie auch nur eines von beiden sind[2]). Bei Einführung von kaufmännischen Sondergerichten würden in der Kompetenzfrage diese neben die Gewerbegerichte und die Amtsgerichte treten, ganz abgesehen davon, daß bei Gehältern über 2000 Mk. (wenn diese Werkmeister-Grenze festgehalten wird) auch das Landgericht in Betracht kommen würde, und hier wiederum, da Kammern für Handelssachen nicht immer für den ganzen Bezirk errichtet sind, innerhalb des Landgerichts noch neue Kompetenzfragen auftauchen können. Das Interesse der Parteien erfordert heutzutage eine Vereinfachung der Gerichtsverfassung, nicht eine noch größere Kompliziertheit durch Einführung neuer Sondergerichte. In Österreich, wo durch das Gesetz von 1896 die Gewerbegerichte von vornherein mit dieser ausgedehnten Kompetenz begründet wurden, ist die Handelswelt mit der Gleichstellung von Gewerbe- und Handlungsgehilfen durchaus zufrieden.

Den Amtsgerichten selbst würde mit der neuen Angliederung ein Danaergeschenk gegeben. Der Antrag Bassermann sagt kurz und glatt: „Das Verfahren ist ein beschleunigtes, einfaches, mit gegeringen Kosten verknüpftes“. Als ob es eine Kleinigkeit wäre,

---

[1]) S. 457. [2]) S. 429.

einen Behördenkörper, der bisher in erster Linie unter dem Gesichtspunkte der Korrektheit prozediert hat, für einen einzelnen und zwar sehr kleinen Teil seiner Tätigkeit einen bestimmten modus procedendi aufzuzwingen. Wie unmöglich das ist, zeigt schon das heutige Verfahren in den sogenannten schleunigen Sachen, wo jeder nur einigermaßen erfahrene Rechtsanwalt weiß, daß die Begriffe von Schleunigkeit im gewöhnlichen Leben und bei den Gerichten geradezu in verschiedenen Provinzen der menschlichen Gedankenwelt liegen. Es ist ein Irrtum, zu glauben, daß die Schleunigkeitserfolge der Gewerbegerichte den wenigen veränderten Gesetzesbestimmungen in erster Linie zu verdanken sind. In erster Linie vielmehr verdankt man sie dem Umstande, daß die Gewerbegerichte nur diese Art von Streitigkeiten zu verhandeln haben und darum ganz auf dieses Verfahren zugeschnitten sind. — Aber auch in die Verfassung der ordentlichen Gerichte würde ein ihnen fremdes Element hineinkommen. Der Antrag Bassermann hat ganz richtig erkannt, daß Prinzipals- und Gehilfenvertreter nur dann einen Zweck haben, wenn sie aus der Wahl der Standesgenossen hervorgegangen sind. Eine Wahl von Richtern kennt aber die heutige Justizverfassung nicht. Auch die Handelsrichter, Schöffen, Geschworenen gehen auf Ernennung zurück. Wenn die eine Gattung von Beisitzern aus Wahlen hervorgehen, so kann die Anwendung der Wahl auf die andern nicht mehr grundsätzlich versagt werden. Die Anhänger der Angliederung an die Amtsgerichte haben zu prüfen, ob sie diese Konsequenz wünschen.

Für die Gewerbegerichte endlich ist die Frage kaufmännischer Sondergerichte in gewissem Sinne eine Existenzfrage. Die Fülle von Kompetenzstreitigkeiten, unter der die Gewerbegerichte gegenwärtig seufzen[1]) drängt auf Erweiterung des Kreises. Wenn das Prinzip der Gewerbegerichte sich in dem krummlinig begrenzten Ausschnitt der Arbeiterwelt, der ihnen bisher zugewiesen ist, bewährt hat, so kann nicht zugegeben werden, daß aus dieser Bewährung ein Grund für stets neue Gewerbegerichte hergeleitet werden soll; sie muß vielmehr den Gewerbegerichten für die mühevolle Arbeit der Durchkämpfung eines neuen Prinzips endlich auch den Lohn in Gestalt einer erweiterten und mehr natürlichen Abgrenzung bringen. Schon

---

[1]) S. 429—440 und unten Abschnitt 11.

jetzt gibt es Handlungsgehilfen, die dem Gewerbegerichte unterstehen[1]), schon jetzt sind alle kaufmännischen Geschäfte dem Gewerbegerichte unterstellt, soweit ihr Personal nicht-kaufmännischen Charakter trägt[2]). Die Scheidung zwischen Buchhaltern im kaufmännischen und in nicht-kaufmännischen Geschäften und innerhalb desselben Geschäftes zwischen Handlungs- und andern Gehilfen darf nicht verewigt werden. Müßte doch, wenn die Errichtung kaufmännischer Gewerbegerichte durchginge, den meisten Prinzipalen ein doppeltes Wahlrecht verliehen werden, in ihrer Eigenschaft als Arbeitgeber von Handlungsgehilfen bei den zukünftigen kaufmännischen Gewerbegerichten, als Arbeitgeber ihrer Hausdiener, Packer u. s. w. bei den bisherigen. Andrerseits reichen aber auch schon die gegenwärtigen gesetzlichen Grundlagen der Gewerbegerichte vollkommen aus, um den Eigentümlichkeiten in den Rechts- und Lebensverhältnissen des Handelsgewerbes gerecht zu werden; denn nichts steht dem im Wege, überall wo das Bedürfnis es erfordert, besondere Kammern für Klagen aus dem kaufmännischen Arbeitsvertrage mit kaufmännischen Beisitzern einzurichten. Auf dem Verbandstage deutscher Gewerbegerichte im Jahre 1900 sprach sich zu diesem Gegenstande der Referent, der Vorsitzende des kgl. Gewerbegerichts Solingen, in dem hier vertretenen Sinne aus und traf damit so vollständig die übereinstimmende Überzeugung der anwesenden Gewerbegerichtsmänner, daß sich an das Referat nicht einmal eine Debatte schloß. Als nach Auftauchen der neuen Pläne im nächsten Jahre die Angelegenheit auf mehrfache Wünsche aus Kreisen der Handlungsgehilfen wiederum auf die Tagesordnung gesetzt wurde, sprachen sich sämtliche Redner in demselben Sinne aus. Aber nicht nur die Gewerbegerichte, die heute eine Rolle spielen, sind an dieser Frage interessiert, sondern mehr noch vielleicht die in ganz kleinem Umfange vegetierenden Gewerbegerichte. Durch die Entziehung der Handlungsgehilfen wird einem erheblichen Teile der Gewerbegerichte die Möglichkeit voller Betätigung genommen. Unter den 316 Gewerbegerichten der Statistik über das Jahr 1900 befanden sich 56, die weniger als 12 Sachen, d. h. noch nicht einmal in jedem Monat eine Sache zu verhandeln hatten. Waren unter diesen auch manche, deren Gründung ganz

---

[1]) S. 429. [2]) Abschnitt 11.

gut hätte unterbleiben können, so sind doch auch darunter Städte wie Passau, Aschaffenburg, Lauenburg a. d. Elbe, Villingen. Der Fall ist nicht selten, daß den Gewerbegehilfen eines Ortes auf ihr widerholtes Drängen das Gewerbegericht gewährt werden muß, daß es aber zu voller Betätigung nicht gelangen kann, weil das Hauptgewerbe des Ortes, der Handel, ihm entzogen ist. Eine gerichtliche Tätigkeit kann nicht gedeihen, wenn das Gericht nicht ein genügend breites Betätigungsfeld hat. Die Schulung der Beisitzer und die Herausbildung eines gewohnheitsmäßigen Geschäftsganges hängt davon ab, daß das Gericht anders als bloß ausnahmsweise zusammentritt. Ein Gericht, das nicht beständig Sitzungen zu halten hat, entschwindet schließlich dem Gesichtskreise des Publikums, und dieses muß erst durch Abweisung der Klage an unzuständiger Stelle auf das Vorhandensein eines Gewerbegerichtes aufmerksam gemacht werden. Selbst die 71 Gewerbegerichte, die zwar mehr als 12, aber weniger als 50 Sachen zu verhandeln hatten, bei denen also nicht in jeder Woche eine Klage angebracht wurde, würden zu voller Betätigung erst dann gelangen, wenn die Entziehung der Handlungsgehilfen aufhörte.

In den Kreisen derer, die sich mit der Frage genauer beschäftigt haben, ist daher in den letzten Jahren die Überzeugung, daß auch die kaufmännischen Streitigkeiten den Gewerbegerichten überwiesen werden müßten, immer allgemeiner geworden. Schon im Jahre 1896, als der preußische Handelsminister eine Umfrage bei den Handelskammern veranstaltete, also in einer Zeit, in der unter den Prinzipalen gegen alle und jede gesetzliche Neuregelung dieser Angelegenheit noch Abneigung herrschte, sind einige Handelskammern wie Frankfurt a. M. und Solingen bereis so weit gegangen, nicht nur das Bedürfnis allgemein anzuerkennen, sondern ganz direkt die Angliederung an die Gewerbegerichte zu verlangen, und außerhalb Preußens haben die Handelskammern von Mainz und Plauen sich ebenso ausgesprochen. Inzwischen hat mit der zunehmenden Wertschätzung der Gewerbegerichte auch in Unternehmerkreisen (die Klagen über angebliche Parteilichkeit sind jetzt fast vollständig verstummt) diese Anschauung weitere Fortschritte gemacht. Von den Gehilfen-Verbänden haben sich (abgesehen von den sozialdemokratischen, die für die Gewerbegerichte grundsätzlich die Rechtsprechung über alle Arbeitsverträge in Anspruch nehmen) hauptsächlich zwei Richtungen mit der Frage beschäftigt: die deutschnationalen (antisemitischen) und die Hirsch-Dunckerschen Vereine. Ihnen hat sich der Verband reisender Kaufleute Deutschlands (Sitz Leipzig) angeschlossen. Die Petitionen, die von hier aus an den Reichstag gelangten, sind aus zahlreichen Vereins-Versammlungen hervorgegangen, in denen durchweg die Mitglieder sich dahin erklärten, daß sie von dem Anschluß an die Amtsgerichte sich in keiner Weise den gewünschten Erfolg versprechen konnten. So ist in dem Hirsch-Dunckerschen Verein die Frage seit dem Jahre 1897, zum Teil im Anschluß an vorgekommene Fälle der Praxis, unausgesetzt und zwar stets in demselben Sinne behandelt worden. Unmittelbar nach Bekanntwerden des Antrages Bassermann wurden von diesen Vereinen in Berlin, Stettin, Görlitz und einer Reihe anderer Orte für den Anschluß an die Gewerbegerichte Resolutionen gefaßt, die sich selbst als gegen den Antrag Bassermann gerichtet bezeichneten. — Im Interesse einer gleichmäßigen Abwägung der unter den Nächstbeteiligten vorhandenen Stimmungen wäre es erwünscht, auch abweichende Meinungsäußerungen in gleich beglaubigter Form zu besitzen. Allein die beiden dem Reichstage zugegangenen Petitionen, die sich für den Anschluß an die Amtsgerichte aussprachen, die des Vereins der Handlungskommis von 1858 (Sitz Hamburg) und des Verbandes deutscher Handlungsgehilfen (Sitz Leipzig) sind bloße Vorstands-, nicht Mitgliederpetitionen. Bei der letztgenannten Petition ist dies desto auffälliger, da sie in der Generalversammlung des Verbandes auf der Tagesordnung stand, aber aus Zeitmangel nicht mehr zur Verhandlung gelangt ist, und da der Vorstand selbst in seinem Verbandsorgan über das mutmaßliche Urteil der Generalversammlung sich nur mit folgenden kleinlautenden Worten zu äußern wagte: „Sie hätte vielleicht den Standpunkt des Vorstands nicht ganz gebilligt, oder sie hätte es vielleicht ausdrücklich getan; gemißbilligt hätte sie ihn jedenfalls nicht". — Unter den Prinzipalen ist gewiß keine Kategorie zu einem sachgemäßen Urteil so sehr berufen, wie diejenigen, welche die Rechtsprechung des Gewerbegerichts aus eigner Teilnahme her kennen. Die kaufmännischen Prinzipale, die selbst Beisitzer von Gewerbegerichten sind, haben sich, so weit sie sich zur Sache geäußert, entschieden für die Angliederung an die Gewerbegerichte ausgesprochen.

So in den Gewerbegerichten, die sich mit der Sache amtlich befaßt haben, Frankfurt a. M., Solingen und andern. So namentlich auch in Berlin, wo die Form einer freien Petition der beiderseitigen Beisitzer gewählt wurde. Unter Zustimmung aller an der Debatte beteiligten kaufmännischen Prinzipale hat hier eine Versammlung dieser Beisitzer folgende Resolution gefaßt.

„Die am 8. März 1901 im Bürgersaale des Rathauses versammelten Arbeitgeber- und Arbeiterbeisitzer des Gewerbegerichts Berlin erblicken in dem im Reichstage eingebrachten Antrag Bassermann, insoweit er für die geplanten kaufmännischen Schiedsgerichte den Anschluß an die Amtsgerichte verlangt, eine ernste Gefahr sowohl für die Interessen der Beteiligten, als auch für die weitere gedeihliche Entwicklung der Gewerbegerichte. Sie sprechen sich mit aller Entschiedenheit für die Angliederung an die Gewerbegerichte aus. Den Wünschen nach Rechtsprechung unter Mitwirkung kaufmännischer Beisitzer kann durch die Einrichtung besonderer Kammern in vollem Umfange entsprochen werden."

Die Resolution wurde mit einer sehr ausführlich gehaltenen Begründung dem Reichstage eingereicht.

Diese Bewegung hat auch ihres Eindruckes nicht verfehlt. Bereits in der Etatsberatung nahm der Abgeordnete Bassermann am 4. Februar 1901 Anlaß, zu seinem Antrage erläuternd zu bemerken, daß er als wesentlich nur die Einrichtung kaufmännischer Gewerbegerichte an sich betrachte, hingegen die Bestimmung, daß sie den Amtsgerichten angegliedert werden sollen, als eine bloße Zweckmäßigkeits-Frage. In der ersten Lesung des Antrages am 29. Januar 1902 stimmte dieser Erklärung des Antragstellers der konservative Redner zu. Der Zentrums-Abg. Dr. Hitze erklärte namens seines Fraktionsgenossen Trimborn (des Urhebers der Gewerbegerichts-Novelle), daß dieser für den Anschluß an die Gewerbegerichte sei; vielleicht könne man da, wo es Gewerbegerichte gibt, die Angliederung vollziehen. Der freisinnige und der sozialistische Redner sprachen sich kurzweg für diesen Anschluß aus. Der Antrag wurde einer Kommission von 14 Mitgliedern überwiesen. Da aber der Regierungsvertreter die Fertigstellung eines Entwurfes „in hoffentlich nicht zu ferner Zeit" in Aussicht gestellt hatte, vertagte sich die Kommission einstweilen bis zu diesem Zeitpunkte. Das Bemerkenswerte an der Debatte ist, daß in ihr auch nicht mehr ein einziger Redner, nicht einmal der Antragsteller selbst, mit prinzipieller Entschiedenheit für den Anschluß an die Amtsgerichte sich ausgesprochen hat.

Trotz dieser anscheinend günstigen Entwicklung scheint das Schicksal aller Bestrebungen, die auf Angliederung an die Gewerbegerichte gehen, besiegelt zu sein. Nach unwidersprochen gebliebenen Zeitungsnachrichten nähert sich die Fertigstellung der Vorlage im Reichs-Justizamt dem Abschluß. Wenn die Nachricht in dieser mehrfach wiederholten Form richtig ist, so kann sie nur die Angliederung an die Amtsgerichte enthalten; denn ein Gesetzentwurf über Erweiterung der Gewerbegerichte würde nach den bestehenden Ressortverhältnissen nicht im Reichs-Justizamt, sondern im Reichsamt des Innern auszuarbeiten sein.

Muß man danach also mit der Möglichkeit rechnen, daß an den Reichstag eine Vorlage gelangt, die zu den bestehenden noch eine neue Gattung von Gerichten hinzufügen will, so bleibt dringend zu wünschen, daß die kaufmännischen Kreise, die sich für die Gewerbegerichte ausgesprochen haben, ihre Haltung bewahren und eine solche Vorlage nicht als eine Abschlagszahlung begrüßen, sondern nach wie vor als eine „ernste Gefahr" bekämpfen. Als Zielpunkt der Bewegung würde dann zunächst nicht die Erweiterung der Gewerbegerichte anzusehen sein (die im Augenblick unerreichbar zu sein scheint), sondern die Verhinderung einer Neuschöpfung, die der wünschenswerten Reform dauernd im Wege stehen und die Weiterentwicklung der Gewerbegerichte auf unabsehbare Zeit hin unterbinden würde.

8. Die Anfänge der deutschen Einigungsämter.

Die Tätigkeit der deutschen Gewerbegerichte als Einigungsämter bei Streiks und Aussperungen bewegt sich immer noch in bescheidenem Umfange, ist aber in zweifellosem Vordringen begriffen. Von dem einen wie dem andern geben die Zahlen der Statistiken von 1896 und 1900 ein deutliches Bild. Die Zahl der Anrufungen ist von 42 auf 80, die der Vergleiche von 18 auf 28, der angenommenen Schiedssprüche von 2 auf 5, die Zahl der Schlichtungserfolge im ganzen also von 20 auf 33 gestiegen. Von 1893—1900 zusammengenommen haben 271 Anrufungen mit 119 Schlichtungserfolgen stattgefunden. Tatsächlich ist die Zahl der Anrufungen wie der Erfolge größer. Denn vielfach wird nicht das Gewerbegericht, sondern nur sein Vorsitzender persönlich und außeramtlich angerufen, und die amtlichen Fälle, die kein offizielles Ergebnis gehabt haben, sind nicht ohne weiteres als ergebnislos zu zählen. Nicht selten lehnt eine Partei einen Schiedsspruch ab, überzeugt sich aber nachträglich von seiner Berechtigung und legt ihn einem privaten Ausgleich zu Grunde, der dann freilich in den Akten des Gewerbegerichts in der Regel nicht erscheint.

Es gibt in Deutschland auch Gewerbegerichte, die nicht als Einigungsämter fungieren können. Die fünf elsaß-lothringischen Gewerbegerichte, die auf dem dortigen Landesgesetz vom 3. März 1880 beruhen, können aus diesem Gesetz keine einigungsamtliche Kompetenz herleiten. Da ihre Zusammensetzung den Erfordernissen des Gewerbegerichts-Gesetzes (§ 85) entspricht, so sind sie auch nach Erlaß des Reichsgesetzes stehen geblieben. Während die anderen Staaten, welche Gewerbegerichte besaßen und konservierten, sie mit dem Reichsgesetz in Einklang brachten (vergl. S. 419), ist es in Elsaß-Lothringen unterblieben. In Lübeck fehlt diese Kompetenz dem Gewerbegericht zwar auch.

Doch ist dort durch eigenes Gesetz vom 23. Juni 1890 dem jedesmaligen Gewerbegerichts-Vorsitzenden der Vorsitz im Einigungsamt gegeben worden, dessen Beisitzer dort mit den von den Parteien benannten Vertrauensmännern identisch ist.

In der Wertschätzung des heutigen Umfanges einigungsamtlicher Tätigkeit darf man nicht vergessen, daß wir immer noch in den ersten Anfängen der Entwicklung stehen. Diese Entwicklung geht langsam, aber sicher vor sich. In den ersten Jahren nach Erlaß des Gewerbegerichts-Gesetzes war die bezügliche Bestimmung so gut wie unbekannt, und selbst Anrufungen, die hier und da erfolgten, machten wenig von sich reden. Die erste mir bekannt gewordene Anrufung ist die seitens der Brauer- und Böttchergehilfen in Kiel im Jahre 1892; doch handelte es sich dort mehr um einen guten Rat über die zweifelsfreie Redaktion eines Arbeitsordnungs-Paragraphen, über den sachlich Übereinstimmung herrschte. Die erste ernstlich zu zählende einigungsamtliche Leistung dürfte der Schiedsspruch im Danziger Hauszimmerer-Streik sein (1. Febr. 1893); doch ist die Kenntnis davon wenig in weitere Kreise gedrungen. Der Schiedsspruch im Nürnberger Formerstreik, Februar 1894, wurde s. Z. als Merkwürdigkeit viel besprochen, und darauf folgten im nächsten Jahre Einigungsämter in mehreren Großstädten, die durch die Tagespresse allgemein bekannt wurden.

Die Ausbildung des Einigungsamtes ist gegenwärtig in Berlin besonders weit vorgeschritten und kann vielleicht als typisch für die Entwicklungstendenz gelten, der sich die Gewerbegerichte auch in anderen Gegenden Deutschlands allmählich zuwenden. In Berlin dauerte es von der Eröffnung des Gewerbegerichts (10. April 1893) fast 2½ Jahre, bis es zum erstenmal als Einigungsamt angerufen wurde. Nachdem das aber am 14. September 1895 geschehen war, folgte sofort am 28. September eine zweite und am 29. Oktober eine dritte Anrufung. Der Verwaltungsbericht über das Rechnungsjahr 1. April 1895/96 wies bereits 11 zweiseitige und 7 einseitige Anrufungen auf, neben denen 16 Streiks stehen, in denen das Gewerbegericht mit den Beteiligten Verhandlungen gepflogen hat, ohne daß es zur amtlichen Anrufung kam. Das Berliner Ortsstatut weist den Vorsitzenden ausdrücklich darauf hin, die Anrufung nicht erst abzuwarten, sondern auf dieselbe hinzuwirken und sie bei geeigneter Veranlassung den Parteien nahezulegen. Im Februar 1896 war das Einigungsamt in Berlin bereits so ausgebildet, daß es eine Aussperrung in der Hutindustrie an dem Tage beendigen konnte, an dem sie verfügt war. In der Firma Bambus & Ko. war eine Arbeiterin entlassen worden. Die Arbeiter behaupteten, die Entlassung trage den Charakter einer Maßregelung und legten am 5. Februar die Arbeit nieder. Der Verein der Berliner Wollhutfabrikanten erklärte: wenn binnen 3 Tagen die Arbeit in der genannten Firma nicht wieder aufgenommen sei, so werde er seine sämtlichen Fabriken schließen. Als diese Drohung ausgeführt wurde, gelang es am 10. Februar dem Vorsitzenden, beide Teile zur Anrufung des Einigungsamtes zu bewegen, worauf dann noch an demselben Tage die Streitigkeit durch Vereinbarung beglichen wurde: der entlassenen Arbeiterin wurde eine baldmöglichste Unterbringung in einem anderen Betriebe zugesagt; sämtliche ausgesperrten und ausständigen Arbeiter wurden auf ihre alten Plätze eingestellt; es wurde versprochen, keinerlei Maßregelung stattfinden zu lassen und für zukünftige Streitigkeiten eine gemeinschaftliche Kommission verabredet. Es war eine Aussperrung, die mehr als 2000 Arbeiter betraf. Sie war an dem Tage erledigt, an dem sie in Kraft trat (obgleich der amtliche Bericht in bescheidener Korrektheit eine 3tägige Dauer der ganzen Streitigkeit aufzählt).

Ein besonderes Aufsehen erregte die Vermittlung in dem Berliner Konfektionsstreik. Die große Ausdehnung des Streiks, die allgemeine Teilnahme der Bevölkerung, namentlich für die gering entlohnten Näherinnen, die Sympathie-Kundgebung im Reichstage durch die bekannte nationalliberale Interpellation, das vielerörterte Problem der Schwitzindustrie, alles das sicherte dem Vorgehen ein weites Interesse. Das Einigungsamt tagte am 28. Februar 1896 im Großen Bürgersaale des Rathauses unter Anwesenheit eines Zuhörer-Publikums von 4—500 Personen, welche sich zum großen Teil nach Parteien gruppierten, sodaß auf der einen Seite Arbeiter und Arbeiterfreunde saßen. Die Verhandlungen endeten mit der provisorischen Feststellung eines Mindesttarifs unter Beauftragung des Einigungsamtes mit Erhebungen zwecks Ausarbeitung eines endgiltigen Tarifs. Von da ab aber wandte sich die Sache. Ein Teil der Konfektionäre hielt sich an den provisorischen Tarif nicht gebunden; die meisten von ihnen weigerten sich, auch nur vor dem Einigungsamt zu erscheinen. Als dieses nach 6monatiger Arbeit (hauptsächlich einer genauen

Enquete über die tatsächlich gezahlten Löhne) einen Schiedsspruch zustande brachte, wurde dieser von den Konfektionären abgelehnt. Um nun für die Zukunft sich nichts zu vergeben, lehnten die Arbeiter den Tarif ebenfalls ab, sodaß dem Gewerbegericht nur übrig blieb, durch die Tageszeitungen vom 23. September 1896 dieses negative Ergebnis festzustellen. — Es läßt sich nicht verkennen, daß diese Hilflosigkeit des Einigungsamtes auf einen großen Teil seiner Verehrer niederdrückend gewirkt hat. Dennoch wäre es übertrieben, die lange und mühevolle Tätigkeit des Einigungsamtes als geradezu fruchtlos zu bezeichnen. Der anerkannte Wert der Erhebungen (Außerordentliche Beilage zum „Gewerbegericht" vom 3. Sept. 1896) geht über eine bloß theoretische Bedeutung hinaus. Diese Erhebungen bildeten mit eine Unterlage für die bezüglichen Arbeiten der Reichskommission für Arbeiterstatistik, gehen aber an Brauchbarkeit teilweise über die Publikationen dieser Kommission hinaus. Für die Änderung der Gesetzgebung ist ein Material gewonnen, das sonst unzugänglich geblieben wäre. Über kurz oder lang wird der Kampf für eine Verbesserung der Arbeitsbedingungen in der Konfektion neu aufgenommen werden, und dann werden durch die Arbeiten des Berliner Einigungsamtes wenigstens soviel Materialien herbeigeschafft sein, daß die plumpen Behauptungen über angeblich hohe Löhne, wie sie zu Anfang des Streiks auftauchten, unmöglich werden. Endlich aber hat dieser Streik dazu gedient, um die Aufgaben der Einigungsämter überhaupt in ein rechtes Licht zu stellen. Bei Erlaß des Gesetzes schwebte noch die Anschauung vor, daß gütliches Zureden des Vorsitzenden die Hauptsache für ein gutes Einigungsamt sei. Hier hat die Erfahrung gelehrt, daß freundliches und liebevolles Behandeln der Parteien ja gewiß nicht entbehrlich, aber keineswegs immer die Hauptsache ist. Die bloße Feststellung der Tatsachen nimmt unter den Aufgaben des Einigungsamts einen so breiten Raum ein, daß schon um deswillen ein geordnetes Verfahren erforderlich ist. Daß die Frage, wieviel Lohn in einer Industrie gezahlt wird, nur in wochen- oder monatelangen Erhebungen festgestellt werden kann, ist zwar eine Sache, die jedem theoretisch geschulten National-Ökonomen und Statistiker selbstverständlich erscheint, die aber nichtsdestoweniger die Praktiker erst lernen müssen. Ein solcher Lehrkursus war das Einigungsamt im Berliner Konfektions-Streik.

Zu prinzipieller Erörterung gelangte die Frage der Einigungsämter und Schiedsgerichte in dem großen Hamburger Hafenstreik 1896/97. Der Streik hat im ganzen 11 Wochen, vom 21. November bis zum 6. Februar, gedauert. Dabei war in diesem Streik der sachliche Gegensatz nicht entfernt so groß, wie in anderen ähnlichen Bewegungen. Das Vorhandensein von Mißständen wurde von seiten der Unternehmer nicht bestritten, und von seiten der Arbeiter wurden die aufgestellten Forderungen in keinem Stadium des Streiks als conditio sine qua non hingestellt, sondern stets als Unterlage für Verhandlungen betrachtet. Ob solche Verhandlungen geführt werden sollten, darum drehte sich der Streit. Die Hamburger Arbeitgeberschaft betrachtete die Frage als ihre gemeinsame Angelegenheit. Deswegen faßten die beteiligten Unternehmer der Hafenarbeit, die Reeder, Stauer ꝛc., nicht selbständige Entschließungen, sondern legten die Frage dem „Verein der Arbeitgeber von Hamburg-Altona“ vor. Dieser Verein beriet unter dem Eindrucke der in anderen Branchen, so namentlich in der Metallindustrie und der mit ihr verwandten Werftindustrie, für das bevorstehende Frühjahr geplanten Streiks. In der Metallindustrie, welche nicht bloß in Rheinland-Westfalen, sondern auch in Berlin und großen Teilen Deutschlands die straffste bei uns existierende Unternehmerorganisation besitzt, bestand ein Interesse daran, für die zum Frühjahr geplanten Streiks die Kassen der Gewerkschaften nach Möglichkeit zu leeren. Hierzu bot der Hamburger Streik, der von allen Gewerkschaften Deutschlands unterstützt wurde, eine geeignete Gelegenheit. Diesem Interesse entsprechend gestalteten sich die Haltung und die Beschlüsse des Arbeitgeberverbandes Hamburg-Altona, an welche die Reeder, Stauer ꝛc. sich banden. Zunächst wurde ein Schiedsgerichtsvorschlag, welcher von 3 Hamburger Honoratioren (darunter dem Gewerbegerichtsvorsitzenden) am 1. Dezember gemacht und von den Arbeitern einstimmig angenommen war, von den Unternehmern zurückgewiesen, und zwar nicht etwa bloß in Rücksicht auf die Zusammensetzung und Modalitäten des vorgeschlagenen Schiedsgerichts, sondern prinzipiell und unter sehr starker Betonung des Prinzips. Dasselbe Schicksal hatte ein Vorschlag, der von der Redaktion des „Hamburgischen Korrespondenten“ (des Senatsblattes) ausging. Und als endlich die streikenden Arbeiter eine schickliche Form zum Nachgeben suchten und selbst Verhandlungsvorschläge machten, wurden die Verhandlungen über die bloße Frage, ob verhandelt werden solle, noch 12 Tage hingezogen, was der Streikkasse 200000 Mk. kostete. Zuletzt hatten die Streikenden die Wiederaufnahme der Arbeit überhaupt nicht mehr von der Erfüllung irgend einer materiellen Bedingung abhängig gemacht, sondern nur davon, daß Verhandlungen „begonnen" haben sollten. Das Ergebnis war, daß sie die Arbeit wieder aufnehmen mußten, und daß erst nach Wiederaufnahme mit den Verhandlungen begonnen werden durfte. Wenn also im Hamburger Streik zweifellos die Partei siegte, welche Gegnerin des Verhandlungsprinzips war, so war doch wichtiger als das die Aufnahme, welche die Angelegenheit im übrigen Deutschland fand. Als der Verband der Deutschen Metallindustriellen dem Hamburger Arbeitgeberverband von Berlin aus eine Sympathiekundgebung zuschickte (welche in Hamburg mit dem Bemerken quittiert wurde, daß sie desto wertvoller sei, weil sie die einzige sei), fand am 13. Dezember 1896 im Berliner Konzerthaus eine Versammlung statt, an welcher u. a. hervorragende Vertreter der Berliner Industrie teilnahmen, so die Vorsitzenden der Speicherei- und Kellerei-Berufsgenossenschaft (zu welcher die Hafenarbeit gehört), der Norddeutschen Holz-Berufsgenossenschaft, des Zentralausschusses kaufmännischer und industrieller Vereine. Diese Versammlung nahm einstimmig folgende Resolution an:

> „Die am 13. Dezember im Konzerthaus versammelten Männer und Frauen aller Stände Berlins erblicken in den Arbeitsstreitigkeiten an dem ersten Hafen Deutschlands eine Angelegenheit von mehr als lokaler Bedeutung. Sie halten den Standpunkt, daß solche Streitigkeiten durch Niederwerfung des einen oder anderen Teiles beendigt werden müßten, für veraltet und sprechen die Überzeugung aus, daß der Versuch eines Schiedsgerichts oder Einigungsamts wiederholt werden muß. Die Versammlung beauftragt ihr Bureau, diesen Beschluß zur Kenntnis der beiden streitenden Teile zu bringen."

Trotz der weitreichenden und sehr geschickten Beeinflussung, welcher die Presse aller bürgerlichen Parteien durch einen konzentrierten Nachrichtendienst unterstellt wurde, fanden sich doch in Deutschland 4 angesehene bürgerliche Blätter, welche Tag für Tag den Streikenden in ihrem Kampfe um das Schiedsgerichts-Prinzip ihre Sympathien ausdrückten. Es waren dies die „Frankfurter Zeitung", die Berliner „Volkszeitung", die Naumannsche „Zeit" (damals Tageszeitung) und die „Neue Hamburgische Zeitung", welche letztere namentlich der Entrüstung des Hamburger Kleinbürgertums über die starrköpfige Verweigerung all und jeder Verhandlungen und die dadurch herbeigeführte Geschäftsschädigung Ausdruck gab. Zu den verzweifelten Mitteln, mit denen die Gegner des Verhandlungsprinzips ihre Position der öffentlichen Meinung gegenüber zu halten suchten, gehörte die fortgesetzte Behauptung, daß die gesamte nicht-sozialdemokratische Presse in ihrer Verurteilung der Streikenden einig sei. — Gerade der Hamburger Hafenstreik hat am meisten dazu beigetragen, die Notwendigkeit von Einigungsämtern und Schiedsgerichten weiteren Kreisen klarzumachen. Eine Verkehrssperre über den ersten Hafen Deutschlands für eine private Angelegenheit der Hamburger Unternehmer auszugeben, in die niemand dreinreden dürfe, war eine zu groteske Leistung, als daß nicht gerade an diesem Beispiel das Gegenteil besonders hätte klar werden müssen: daß es zu den Aufgaben der öffentlichen Gewalt gehört, bei großen, verkehrshindernden Arbeitsstreitigkeiten Organe zu schaffen, welche in irgend einer Form wenigstens Verhandlungen und gegenseitiges Anhören ermöglichen. Was aber am allerentschiedensten für die Richtigkeit dieser Ansicht spricht, das ist die Entwicklung der gleichzeitigen Vorgänge in Bremen. Ungefähr um dieselbe Zeit, wie in Hamburg, war auch im Bremer Hafen ein Streik ausgebrochen. Am Morgen der Arbeitseinstellung (25. November) begann der Vorsitzende des dortigen Gewerbegerichts mit seinen Vermittlungsversuchen, und da beide Teile darauf eingingen, waren am 2. Dezember die Verhandlungen mit einer vollständigen Einigung zum Abschluß gebracht. Allerdings wurden die Verhandlungen dadurch erleichtert, daß im Bremer Hafen nur ein Arbeitgeber (die Lagerhausgesellschaft) besteht. — Das Bremer Gewerbegericht hatte bereits früher eine erhebliche einigungsamtliche Tätigkeit entwickelt. Im Juli 1895 legte das dortige Gewerbegericht den Stuhlrohrarbeiterstreik bei, im April 1897 einen Generalstreik in der Schuhindustrie, und an dem Tage, an welchem die Bremer Schuhmacher die Arbeit wieder aufnahmen (27. April), sofort einen an diesem Tage ausgebrochenen Streik in der dortigen Jute-Spinnerei und

-Weberei, wo, wegen Maßregelung, von 1400 Arbeitern 800 in den Streik getreten waren.

Die bisherige Entwicklung der Einigungsämter ist durch die Gewerbegerichts-Novelle in einer Beziehung gefördert, in anderer aber ein wenig abgelenkt worden. Die Befugnis des Vorsitzenden, auch von Amtswegen auf eine Anrufung hinzuwirken, wurde zweifelsfrei gestellt. Ist eine Anrufung erfolgt, so wird dem Vorsitzenden das Recht gegeben, für den Fall des Nichterscheinens eine Geldstrafe bis zu 100 Mk. anzudrohen. Diese erhöhte Machtbefugnis ist aber mit dem Zugeständnis erkauft, daß das Einigungsamt in Zukunft nicht mehr aus Mitgliedern des Gewerbegerichts, sondern „aus Vertrauensmännern der Arbeitgeber und der Arbeiter", d. h. aus Personen, die von den Beteiligten selbst für den Einzelfall bestimmt werden, gebildet wird, und das Gewerbegericht lediglich den Vorsitzenden stellt. Erhebliche Erfahrungen über die Einigungsämter in der veränderten Zusammensetzung liegen noch nicht vor. — Bei dem immerhin noch geringen Umfange der Einigungsämter ist es aber zur Zeit überhaupt noch kaum möglich, über die Einzelheiten der Einrichtung nach den Erfahrungen eines einzelnen Landes zu einem Urteil zu gelangen. Hierzu ist vielmehr ein vergleichender Überblick über die Entwicklung der Einigungsämter in den europäischen Staaten erforderlich.

9. Das deutsche Einigungsverfahren in internationaler Vergleichung.

Die Entwicklung der Einigungsämter in Europa geht auf die gemischten Kommissionen zurück, die in England in den sechziger Jahren in verschiedenen Gewerben aus Arbeitgebern und Arbeitern zu gleichen Teilen, zunächst zur Besprechung von Streitigkeiten, sodann auch zur Entscheidung hier und da eingesetzt wurden. Die Arbitration Act von 1872 machte den Versuch, diese Einrichtung staatlich zu sanktionieren, indem eine Verpflichtung zur Anrufung anerkannt wurde da, wo sie in den Arbeitsvertrag aufgenommen war. Da aber die meisten und heftigsten Gesamtstreitigkeiten sich gerade um solche Fälle drehten, in denen der Arbeitsvertrag aufgehoben war, so hat das Gesetz keine erhebliche praktische Bedeutung gewonnen. Erst als das Gesetz von 1896 das Handelsministerium ermächtigte, ein amtliches Verzeichnis der Einigungsämter anzulegen, nötigenfalls den privaten Einigungsämtern einen behördlich ausgewählten Obmann zu geben und zu diesem Zwecke nicht bloß auf Anrufen, sondern unter Umständen auch aus eigener Initiative zu handeln, wurde die Bewegung zusammenhängender. Von 1896 bis 1901 sind von 113 Fällen, die vor Einigungsämter gebracht wurden, 80 zur Schlichtung gelangt, während nur bei dem kleineren Teil, bei 33, die Einigung mißlang. — Die Tendenz zur Schaffung staatlicher Organe, die hierin ausgesprochen ist, kam schneller und mächtiger als im Mutterlande auf kolonialem Boden zur Entfaltung. Neu-Seeland ist die Kolonie, in der diese Tendenz vollständig durchgedrungen ist. Ein staatliches Gesetz vom Jahre 1894 verbietet in diesem demokratischen Staatswesen den organisierten Arbeitern den Streik, weil es ihnen an dessen Stelle etwas Wirkungsvolleres gibt: unter staatlicher Mitwirkung konstituierte Einigungsämter, die nicht bloß Schlichtungsversuche machen, sondern auch Entscheidungen mit Rechtskraft fällen und zu diesem Zwecke in zwei Instanzen übereinander errichtet sind. — Dies etwa stellt den Längsschnitt der Entwicklung dar, die die Einigungsämter in der gesamten zivilisierten Welt genommen haben oder zu nehmen im Begriff stehen. Nord-Amerika ist, abgesehen von einigen Einzelstaaten, wie Massachusetts, im wesentlichen in dem englischen Anfangsstadium stehen geblieben. Auch in Belgien hat die staatliche Gesetzgebung keinen praktischen Erfolg aufzuweisen, sondern nur die privaten Einigungsämter des Ingenieurs Weiller in den Bergwerken von Mariemont und Bascoup. Eine höchst merkwürdige Entwicklung zeigt in dieser Beziehung Skandinavien. Die skandinavischen Länder sind, was bis jetzt von der sozialpolitischen Beobachtung wenig gewürdigt worden ist, der Teil Europas, in dem die Arbeiterbewegung und die Gegenbewegung der Arbeitgeber die größten Dimensionen angenommen hat. Die dänische Aussperrung von 1899, die sich auf 40000 Arbeiter erstreckte, ist vielleicht die größte Arbeitseinstellung, die in irgend einem Lande der Welt im Verhältnis zur Kopfzahl vorgekommen ist; denn man darf jene Summe auf den dritten Teil der gewerblichen Arbeiter des Landes schätzen. Hier haben die einander gegenüberstehenden mächtigen Organisationen von sich aus ebenfalls gemischte Kommissionen gebildet und auch hier ist die Tendenz dahin gegangen, in irgend einer Art eine gesetzliche Sanktion herbeizuführen: das dänische Gesetz von 1900 ermöglicht, diese Kommissionen mit dem Rechte des Zeugniszwanges auszustatten und ihnen so eine gerichtsähnliche autoritative Bedeutung beizulegen. Die vorgeschrittenste Art der rein staatlichen Einigungsämter hat von Neu-Seeland aus in der australischen Kolonie Neu-Südwales Eingang gefunden.

Zwischen dem System der privaten Kommissionen und der staatlichen Einigungsämter in der Mitte haben Frankreich und Deutschland einige gesetzgeberische Versuche durch Anlehnung an örtliche Behörden gemacht. Frankreich hat im Jahre 1892 hierzu die unterste Gerichtsinstanz, den „Friedensrichter", gewählt, Deutschland im Jahre 1890 die Gewerbegerichte. Das französische System hat m. W. nirgends auf der Erde Nachahmung oder auch nur einen Versuch der Nachahmung gefunden. Hingegen ist das deutsche System vollständig in die italienische Gesetzgebung (1893) übergegangen und hat in Dänemark einem allerdings nicht Gesetz gewordenen Entwurf (ebenfalls von 1893) zum Muster gedient; in Norwegen, wo es keine Gewerbegerichte gibt, wurde bei Errichtung des Kristiania Arbejdskontor die paritätische Kommission dieses Arbeitsnachweises genau in derselben Art wie ein deutsches Gewerbegericht als Einigungsamt bestimmt, und die Befolgung des deutschen Vorbildes ist hier um so zweifelloser, da diese Kommunaleinrichtung im ganzen auf Grund des Studiums deutscher Einrichtungen getroffen ist.

Dieser Überblick zeigt, daß die Einigungsämter in ihrer heutigen Gestalt überall ganz jungen Ursprungs sind. Über ihre Bewährung in den neuesten Formen fehlte bis vor kurzem jede Möglichkeit zusammenhängender Orientierung. Auch in der zweiten Auflage des Handwörterbuchs der Staatswissenschaften stammt der Stiedasche Artikel „Einigungsämter" aus dem Jahre 1899 und hat selbstverständlich das ausländische Material der letzten Jahre noch nicht vollständig verwerten können. Zudem befaßte sich die einschlägige Literatur überwiegend mit der Gesetzgebung und weit weniger mit der Praxis der Einigungsämter. Erst seitdem der Verband Deutscher Gewerbegerichte im Jahre 1901 eine internationale Berichterstattung über die Einigungsämter veranstaltet hat, die gerade auf die allerneuesten Ereignisse und auf die Praxis das Hauptgewicht legt, ist (soweit die Berichte bereits vorliegen) ein solcher Überblick möglich.

Die wichtigsten grundsätzlichen Verschiedenheiten beziehen sich auf die Zusammensetzung des Einigungsamtes und zwar nach drei Richtungen hin: ob für Einzelfälle oder ständig; ob privat oder behördlich; ob lokal oder territorial. In den beiden ersteren Beziehungen nimmt Deutschland eine gewisse Mittelstellung ein. Zwar ist nach dem deutschen Gewerbegerichts-Gesetz das Einigungsamt für jeden Fall der Anrufung einzeln zusammenzusetzen, und das Gesetz kennt keinerlei Kontinuität der Einigungsämter. Trotzdem hat die Praxis des Gewerbegerichts Berlin den

Beweis geliefert, daß es ohne jeden Verstoß gegen das Gesetz möglich ist, die Einrichtung bis zur Permanenz fortzubilden. In dieser Beziehung bezeichnet der Vergleich vom 24. Juli 1899, durch den das Gewerbegericht Berlin Streik und Aussperrung im Berliner Baugewerbe beendete, einen Wendepunkt von einschneidender Bedeutung. Bei der ungeheuren Erregung, die diese Streitigkeit mit sich brachte, und bei der merkwürdig glücklichen Art, in der das Gewerbegericht den erbittertsten Gegner aller Arbeiterorganisationen, den Bau-Arbeitgeberbund, durch die bloße Tatsache der Verhandlung zu einer ihm selbst vielleicht zuerst gar nicht bewußten Anerkennung der Organisation zu bringen wußte, begnügte das Gewerbegericht sich nicht damit, den Vergleich zu protokollieren und die weitere Entwicklung der Zukunft anheimzustellen, sondern es erfaßte die Gunst des Augenblicks und legte die gegenseitige Anerkennung der beiden Organisationen fest. Gleichzeitig mit einem einstweiligen Lohntarif wurde eine aus beiden Teilen zu je 9 Mitgliedern gebildete Kommission eingesetzt, die die Aufgabe hatte, als ständiges Tarifamt die Arbeiterbedingungen periodisch festzusetzen. Dadurch nun, daß gegen die Beschlüsse der Kommission binnen 3 Tagen die Entscheidung des Einigungsamtes angerufen werden konnte, wurde hier zum erstenmal in Deutschland, und zwar sofort für einen großen Erwerbszweig der Reichshauptstadt und ihrer Vorortsgebebiete, das Gewerbegericht als dauernde einigungsamtliche Behörde eingesetzt; bis zur endgiltigen Entscheidung durften Bausperren nicht verhängt werden. Hierin hatten die Parteien sich von vornherein dem Einigungsamt als einer Oberinstanz gefügt. Als daher zum erstenmal auf Grund dieses Vergleiches eine Sache von der Achtzehner-Kommission an das Einigungsamt gebracht wurde, und dieses in Ermanglung einer Einigung am 18. Dezember 1899 einen Schiedsspruch abgeben mußte, wurde derselbe nicht, wie das Gesetz es sonst vorschreibt, den Parteien zur Erklärung über Annahme oder Verwerfung vorgelegt, sondern die Annahme galt auf Grund des Vergleichs als bereits erklärt. Dieses Verfahren ist von dem Gewerbegericht Berlin festgehalten und von den Parteien, vielleicht zuerst nur unbemerkt, hingenommen, später aber auch als sehr wohltätig empfunden worden. Eine Kontinuität des zweiten gewerbegerichtlichen Einigungsamts mit dem ersten ist in diesem Verfahren nicht enthalten und war nach Lage der Gesetzgebung auch nicht zu erreichen. Wohl aber war in der Achtzehner-Kommission ein der Autorität des Gewerbegerichts unterstehendes Einigungsamt geschaffen, das volle Kontinuität zeigte. Im Berliner Tischlerstreik von 1901 ist das Gewerbegericht noch einen Schritt weiter gegangen und hat einer hier ebenfalls eingesetzten Achtzehner-Kommission von vornherein einen Vorsitzenden des Gewerbegerichts als Spitze gegeben. Hier ist ohne eine Änderung der Gesetzgebung praktisch dasselbe erreicht, was gesetzliche Bestimmungen über ein permanentes Einigungsamt nur irgend hätten bieten können.

Diese Entwicklung hat uns bereits in den zweiten Gegensatz, in die Frage, ob privates oder behördliches Einigungsamt, eingeführt, worin die deutsche Gesetzgebung ebenfalls eine Mittelstellung einnimmt. Das deutsche Gesetz von 1890 ging von dem vollkommen freiwilligen aber behördlichen Einigungsamt aus. Ob und inwieweit ein Einigungsamt in Wirksamkeit treten soll, hing ausschließlich von dem Willen der Parteien selbst ab. Sprachen sie aber den Wunsch aus, sich der Mittel des Gesetzes zu bedienen, so trug das ihnen zur Verfügung gestellte Einigungsamt behördlichen Charakter. Die Beisitzer des Gewerbegerichts wurden zu einer Sitzung des Einigungsamtes wie zu jeder anderen Gewerbegerichtssitzung vom Vorsitzenden bestimmt. Nur konnte das Einigungsamt sich durch Zuziehung von Vertrauensmännern beider Teile in gleicher Zahl ergänzen und mußte es tun, wenn beide Teile solche Vertrauensmänner bezeichneten. Ebenso wie hierdurch konnte auch durch die Bestimmung der Beisitzer ein privates Element hineinkommen. Denn während für die Zuziehung von Prozeßsitzungen das Statut dem Vorsitzenden nur die Grundsätze, nach denen er sich zu richten hat, bestimmt (z. B. alphabetische Reihenfolge, Auslosung, Abweichung davon bei Sachen, bei denen Sachkenntnis besonders wichtig ist), schrieb das Gesetz für das Einigungsamt die Benennung durch den Vorsitzenden vor, „sofern durch das Statut nichts anderes bestimmt ist". Das Statut konnte also z. B. vorschreiben, daß die Parteien die Beisitzer selbst ernennen oder vorschlagen sollen (wie das auch beispielsweise in Berlin geschehen ist). Immerhin blieb der behördliche Charakter in diesem Punkte dadurch gewahrt, daß die Parteien an die Auswahl unter den Beisitzern selbst gebunden waren. Man kann nicht sagen, daß diese Bestimmungen etwa der Ausbildung privater Einigungsämter hinderlich gewesen wären. Das System von Schlichtungskommissionen, mit dem das Gewerbegericht Berlin in das reichshauptstädtische Gewerbe eingedrungen ist, stellt ja in der Hauptsache ein System privater Einigungsämter dar. Aber auch die rein privaten Einigungsämter, an denen die Behörde nicht einmal durch Mitwirkung bei der Entstehung beteiligt ist, haben in Deutschland Boden gefaßt. Das Tarifamt der Buchdrucker stellt eine derartige Schlichtungskommission für einen Erwerbszweig über ganz Deutschland hin dar; eine an sich imposante Leistung, die dadurch noch wichtiger wird, daß Nebengewerbe, wie die Buchbinderei, mit davon beeinflußt werden. Das Tarifamt ist, wenn auch das bekannteste, so doch keineswegs das einzige Beispiel. Die „Vergleichskammern", die mit einem der französischen Gewerbegerichts-Gesetzgebung entlehnten Ausdruck in der Solinger Eisenindustrie mit den Lohnvereinbarungen verbunden wurden, haben im kleinen Kreise gewirkt, lange bevor die großen Einigungserfolge in der deutschen Buchdruckerei das allgemeine Aufsehen erregten, sie scheinen bis in die 70er oder gar bis in die 60er Jahre zurückzureichen. Diese Bildungen haben durch die Möglichkeit der gesetzlichen Einigungsämter von 1890 nicht nur nicht gelitten, sondern sind im Gegenteil sehr erheblich gefördert worden. — Trotzdem hat die deutsche Novelle von 1901 mit dieser Entwicklung gebrochen. Sie umgibt den Vorsitzenden nicht mehr mit seinen Beisitzern, sondern nur noch mit den Vertrauensmännern, die die Parteien bezeichnen. Die Zahl dieser Vertrauensmänner ist, wenn die Parteien sich darüber verständigen, an sich unbegrenzt. Während der Vorsitzende nur das Recht hat, eine oder höchstens zwei unbeteiligte Personen als „Beisitzer mit beratender Stimme" zuzuziehen. Diese neuere Bestimmung, die auch nicht die leiseste Andeutung mehr enthält, daß die Mitglieder des Einigungsamts aus den Beisitzern des Gewerbegerichts genommen werden müssen, hat in der Hauptsache nach der Seite der privaten Einigungsämter hin eingelenkt. Nun läßt sich aus dem oben gegebenen internationalen Überblick an sich ein Argument gegen die private Zusammensetzung ebensowenig, wie gegen die behördliche entnehmen. Allein wenn die Novelle diesem Prinzip den Vorzug geben wollte, so ist gar nicht einzusehen, weshalb sie vor dem Vorsitzenden Halt machte. Dann konnte dessen Auswahl ebenfalls den Parteien überlassen werden, sofern sie sich darüber einigten. Denn von diesem Standpunkte aus liegt kein Grund vor, einem Einigungsamte, welches rein aus der Initiative der Parteien hervorgegangen ist, die öffentliche Anerkennung etwa in der Form der Eintragung zu versagen. Nach deutscher Gesetzgebung um so weniger, da diese sogar in Zivilrechts-Streitigkeiten dem privaten Schiedsrichter ebenso gegenübersteht und in seiner Verpflichtung, das schiedsrichterliche Erkenntnis auf dem Amtsgericht niederzulegen, einen Akt schafft, der der Eintragung nahe genug verwandt ist.

Hätte man jene Konsequenz gezogen, so würde man die neue Art eingeführt haben, ohne darum die alte abzuschaffen. Auf diese Art wäre man zu einem lückenlosen System von Einigungsämtern gelangt, vom rein privaten bis zum rein behördlichen:

1. Zusammensetzung des gesamten Einigungsamtes durch die Parteien selbst, d. h. Ernennung je einer gleichen Anzahl von Vertrauensmännern durch jede Partei, gemeinschaftliche Bestimmung des Obmannes. Die Räume, die Bureaueinrichtungen u. s. w. des Gewerbegerichts werden diesem Einigungsamte zur Verfügung gestellt. Die Bekanntmachungen erfolgen unter Autorität des Gewerbegerichts (falls man Bedenken trägt, behördliche Einrichtungen und Formen unbekannten Privaten zur Verfügung zu stellen, so könnte ein Genehmigungsrecht des Gewerbegerichts vorbehalten bleiben).

2. Die Parteien einigen sich über die Vertrauensmänner, erbitten den Obmann vom Gewerbegericht.

3. Derselbe Fall, aber der Vorsitzende des Gewerbegerichts übernimmt als solcher selbst die Leitung.

4. Die Parteien oder eine derselben wendet sich an den Vorsitzenden des Gewerbegerichts. Dieser (wenn er nicht im Wege der Verhandlung in den Fall 3 zurücklenkt) setzt das Einigungsamt selbst aus Beisitzern des Gewerbegerichts zusammen; die Hinzuziehung von Vertrauenspersonen bleibt den Parteien in jedem Stadium vorbehalten.

Ein solches System hätte ausgereicht, um den verschiedenartigsten Wünschen in der Praxis die Möglichkeit einer Berücksichtigung zu sichern. Gleichzeitig wäre dabei die Nötigung für den Vorsitzenden vermieden worden, mit Vertrauenspersonen zu arbeiten, die ihm obtroyiert sind, oder, die er der Einigungssache für hinderlich hält. Ja, das Gesetz stellt dem Vorsitzenden sogar die Aufgabe, nötigenfalls die „Vertrauenspersonen" der Parteien durch einen Akt der Ernennung zu schaffen; eine Aufgabe, der vielleicht Gott im Himmel, aber sicher kein Mensch auf Erden gewachsen ist. — Vermutlich wäre wohl auch ein System wie das obige gewählt worden, wenn in den parlamentarischen Verhandlungen über diesen Punkt überhaupt noch Zeit zum Nachdenken gewesen wäre. Die Novelle ist aus Initiativanträgen hervorgegangen, deren keiner eine solche Bestimmung enthält. Ziemlich im letzten Augenblick nahm die Kommission, man weiß nicht wie, jene grundstürzende Änderung in der Zusammensetzung des Einigungsamtes an. Am 6. Mai wurde der Kommissionsbericht ausgegeben. Bevor er in der Öffentlichkeit noch durchgesprochen werden konnte, fand am 9. und 10. Mai die zweite Lesung statt und unmittelbar darauf wurde bekannt, daß die Parteien sich verständigt hätten, in der 3. Lesung nicht mehr das Wort zu ergreifen. Diese hat dann in der Tat am 13. Mai in der Hauptsache mit en bloc-Annahme geendet.

Aus den oben genannten Gründen habe ich s. Z. die Reichstagsbeschlüsse bekämpft („Gewerbegericht" Jg. 6, Nr. 9), nebenbei geleitet von dem sehnlichsten Wunsche, daß der deutsche Bundesrat den Mut haben möge, der kaum noch leichtherzig zu nennenden Art, in der in letzter Zeit in unseren Parlamenten gearbeitet wird, durch Ablehnung des Entwurfes eine Zensur zu erteilen. Nachdem der Entwurf Gesetz geworden ist, ist es freilich patriotische Pflicht, nach Möglichkeit mit dazu beizutragen, daß die gefürchteten schädlichen Wirkungen der ungeschickten Neuerungen nicht eintreten. Die Hoffnung hierauf ist nicht ganz aussichtslos. Denn trotz der Plötzlichkeit und Deutlichkeit der Änderung ist schließlich doch der Grundcharakter der deutschen Einigungsämter, die Mittelstellung zwischen privater und behördlicher Konstitutierung, erhalten geblieben.

Nur in einem Punkte nehmen die deutschen Einigungsämter keine Mittelstellung, sondern ihrer gesetzlichen Grundlage nach eine recht einseitige Stellung ein: in der Frage territorialer oder lokaler Zuständigkeit. Die englischen Schlichtungskommissionen sind von vornherein sowohl örtlichen, wie territorialen Ursprungs gewesen, indem Vereinbarungen, von Organisation zu Organisation, entweder für einen Ort, oder für die Branche einer ganzen Gegend getroffen wurden. Auch die gesetzliche Regelung in England läßt beides bestehen. Durch die einheitliche Tätigkeit des Handelsministeriums wird die Entwicklung zum Territorialen hin eher gefördert, die in Neu-Seeland durch die Einsetzung einer einheitlichen Oberinstanz geradezu einen Abschluß gefunden hat. Auch Skandinavien neigt zu großen Tarifvereinbarungen über ganze Länder und dementsprechend zu territorialen Kommissionen. Dem gegenüber ist Deutschland vermöge der Anlehnung des Einigungsamtes an das Gewerbegericht von vornherein streng bei der örtlichen Abgrenzung geblieben. Die Gewerbegerichte sind regelmäßig als Gemeindeeinrichtungen gedacht. Der Zusammenschluß mehrerer Gemeinden, sowie die Errichtung eines Gewerbegerichts durch einen weiteren Kommunalverband (etwa den landrätlichen Kreis), endlich auch die Konservierung der Königlichen

Gewerbegerichte in der Rheinprovinz, hat zwar zur Folge, daß es auch Gewerbegerichte gibt, die über einen Gemeindebezirk hinausgehen, aber nirgends bis zur Umfassung ganzer Territorien. Die Berg-Gewerbegerichte haben es in dieser Beziehung zu praktischer Tätigkeit nicht gebracht. Wenn ein Generalstreik oder eine Generalaussperrung in einem Gewerbe einen ganzen Landstrich, oder gar ganz Deutschland ergreift, oder zu ergreifen droht, so fehlt es geradezu an einem gesetzlich zuständigen Gewerbegericht für ein einigungsamtliches Eingreifen. Nun ist aber bei diesen großen Streitigkeiten einigungsamtliche Fürsorge in weit höherem Maße notwendig, als bei den örtlich beschränkten. Einmal, weil die großen volkswirtschaftlichen Interessen, die überhapt ein Eingreifen unter öffentlichen Gesichtspunkten rechtfertigen, in desto höherem Maße beteiligt sind, je weiter die Streitigkeit sich erstreckt. Sodann, weil bei Streitigkeiten, die einen ganzen Landstrich, oder das ganze Reich betreffen, die Häupter der beiderseitigen Organisationen weniger persönliche Berührungspunkte haben.

Die Macht der Verhältnisse ist auch hier stärker gewesen, als die Gesetzgebung und hat eine Beteiligung der Gewerbegerichte über die Grenzen ihrer örtlichen Kompetenz hinaus erzwungen. Eine höchst schwierige Aufgabe wurde in dieser Beziehung in dem großen Buchdruckerstreik des Jahres 1896 dem Gewerbegericht Leipzig gestellt. Im Februar 1896 traten gleichzeitig an mehreren Orten Deutschlands die Setzer mit Lohnerhöhungs-Forderungen auf. Dem Deutschen Buchdruckerverein (Prinzipalverein, Sitz Leipzig) gelang es in einstweiligen, mit angesehenen Gehilfenvertretern begonnenen Versammlungen, die in Leipzig am 13. März stattfanden, die Gehilfen von sofortiger Arbeitseinstellung abzuhalten und sie zur Mitwirkung an Tarif-Vorbereitungen zu bewegen, die durch Vertreter beider Teile vorgenommen werden sollten. In der zweiten Sitzung dieser privaten Schlichtungskommission erhob sich nun die Schwierigkeit, wie die Gehilfenvertreter zu bestimmen seien. Denn während die Prinzipale einheitlich organisiert waren, gab es für die Gehilfen aus den Zeiten des letzten Streiks und seiner Beseitigung zwei Organisationen: den Verband Deutscher Buchdrucker (Gewerkschaft) und den (als unternehmerfreundlich bezeichneten) Gutenberg-Bund; abgesehen davon, daß ein Teil der beteiligten Gehilfen garnicht organisiert war. Man konnte sonach auf keine andere Art als durch Urwahl zu einer Gehilfenvertretung gelangen. Für die Ausschreibung der Urwahl fehlte es an einer unparteiischen Stelle. Die Gehilfenvertreter wandten sich zu diesem Zwecke an das Gewerbegericht Leipzig. Dieses, das an sich zur Befassung mit Streitigkeiten außerhalb des Gemeindegebietes nicht befugt ist, nahm den Auftrag gleichwohl an. Denn da gesetzlich auch die Verhütung von Streiks im Gemeindebezirk Leipzig zu seinen Aufgaben gehörte, so erklärte es sich zur Vornahme einer Handlung kompetent, die zu dieser Verhütung sich als unumgänglich notwendig herausstellte. Das Gewerbegericht erklärte sich also bereit, in dieser Beschränkung tätig zu sein, schrieb die Wahlen in ganz Deutschland aus, nahm die eingehenden 23 000 Stimmzettel entgegen, stellte das Wahlergebnis fest und übergab es mitsamt den eingegangenen Anträgen auf Änderung des Tarifs an die erwählte Kommission, die am 15. April 1896 einen Waffenstillstand auf drei Jahre und einen Tarif vereinbarte. So ist das bedeutendste Einigungswerk des deutschen Gewerbes, die Tarifgemeinschaft der Deutschen Buchdrucker, in ihrem das ganze Reich umfassenden Charakter mit Hilfe eines rein örtlichen Einigungsamtes zu stande gekommen. — Dem Falle ist vier Jahre darauf ein zweiter gefolgt, in einer Industrie, die vielleicht um ihrer Kleinheit willen der Beobachtung ein eben so interessantes Objekt bietet, wie die Buchdruckerei in ihrer großen Ausdehnung. Es ist die Formstecherei (Herstellung von Druckwalzen und Formen zum Bedrucken von Tapeten, Linoleum, Wachs, Seide, Kattun). Es gibt in Deutschland nur 31 Formstechereien mit etwa 500 Gehilfen. Diese kleine Industrie zeigt einen in Deutschland selten hohen Grad beiderseitiger Organisation. Je 4/5 der Firmen und der Arbeiter sind organisiert. Als vornehmlichster Ort der Formstecherei kann Köln angesehen werden, wo 127 Gehilfen beschäftigt sind. Eine Lohnbewegung dieser Kölner Gehilfen, in der der Vorsitzende des Königlichen Gewerbegerichts Köln vergebens zu vermitteln suchte, erwiderte die Generalversammlung der vereinigten Formstecherei-Besitzer, die am 4. November 1899 in Hannover stattfand, mit einer Generalaussperrung sämtlicher Formstecher Deutschlands. Das Gewerbegericht ließ sich durch die weiter schlagenden Wellen nicht beirren und behandelte die Angelegenheit zunächst so weit, wie sie sich auf

Köln bezog. Sie fand ihre Erledigung dadurch, daß die Parteien sich zu gemeinsamem Verhandeln vor dem Gewerbegericht bereit erklärten, die Vermittlungsvorschläge zwar nicht in allen Punkten annahmen, sich aber schließlich außergerichtlich auf derselben Basis einigten und diese Einigung am 1. Februar 1900 zu gewerbegerichtlichem Protokoll gaben. Diese Einigung würde wie jeder Separatfrieden eine Fahnenflucht enthalten haben, wenn man ihr nicht die Form hätte geben können, daß beide Parteien sie als einen Frieden für ganz Deutschland ansahen. Diese Erklärung hat das Gewerbegericht Köln mit in das Protokoll genommen, und in der Tat ist auf diese Art der Friede für ganz Deutschland zu stande gekommen.

Nach einer anderen Richtung hin zeigt sich in Deutschland die gänzliche Vernachlässigung des territorialen Gesichtspunktes als schwer zu überwindender Übelstand. Sobald eine Kollektivstreitigkeit an einem Orte entsteht, für den es kein Gewerbegericht giebt (und für den möglicherweise das Bedürfnis eines solchen unter regelmäßigen Verhältnissen auch nicht vorhanden ist), fehlt es gänzlich an einer Behörde für Einigungsverhandlungen. Daher kommt es öfter vor, daß die Beteiligten sich an ein benachbartes Gewerbegericht wenden. So entstand in der Jutespinnerei und Weberei in Hemelingen, Provinz Hannover, im Mai 1899 ein Streik. Da die Direktion Verhandlungen ablehnte, wandten sich die Arbeiter an das benachbarte Gewerbegericht Bremen. Der Vorsitzende ging auf ihren Antrag insoweit ein, als er eine vollständige Sachdarstellung seitens der Parteien entgegennahm und unter Beifügung derselben den dortigen Landrat ersuchte, eine Vermittlung herbeizuführen. In der Tat war kurze Zeit darauf der Streit beendet. — Im nächsten Jahre wandten sich streikende Steinarbeiter aus Blauberg im Bayrischen Walde an das Gewerbegericht München mit der Bitte, eine Einigung herbeizuführen. Der Vorsitzende lud in der Tat beide Teile zu sich ein und brachte eine vorläufige Einigung unter dauernder Einsetzung einer Tarifkommission zu stande. Ebenso ist Frankfurt am Main bei einem Streik von Steinarbeitern in Burgreppach am Main angerufen worden, allerdings ohne daß es hier zu einem aktenmäßig ersichtlichen Ergebnis gekommen wäre. — Es scheint, daß bei Steinarbeitern, wo oft die Steinbrüche sich in entlegener ländlicher Gegend befinden, aber einer großstädtischen Firma gehören, der Mangel eines zuständigen Einigungsamtes besonders leicht in die Erscheinung tritt. In dieser Beziehung wird durch die Novelle von 1901 Abhilfe geschaffen. Denn da jetzt für Prozesse der Gerichtsstand der gewerblichen Niederlassung gegeben ist (§ 27), so wird man das Gewerbegericht auch in Einigungssachen für zuständig halten müssen, wenn sich die gewerbliche Niederlassung in seinem Gerichtsbezirke befindet.

In Betreff des Verfahrens dürfte heute insofern internationale Übereinstimmung herrschen, als der Grundsatz von der Formlosigkeit des Verfahrens in Einigungsämtern wohl allgemein anerkannt ist. Beengende Prozeßvorschriften wären mit einem Verfahren nicht vereinbar, das in neuen schwierigen Aufgaben in erster Linie darauf ausgehen soll, einen für beide Parteien gangbaren mittleren Weg zu finden. Es muß allgemein dem Einigungsamt und seinem Vorsitzenden überlassen bleiben, in welcher individuellen Art sie sich ihrer Aufgabe entledigen wollen. Allein Formlosigkeit des Verfahrens ist nicht etwa mit Entscheidung nach Willkür identisch. Auch das formlose Verfahren muß ebenso wie das formelle darauf gerichtet sein, eine sachgemäße Entscheidung hervorzurufen. Daher darf das Einigungsamt nicht etwa nach Belieben Tatsachen als erwiesen oder als unerwiesen annehmen, sondern es muß wie jede andere Behörde sich der zur Verfügung stehenden Mittel bedienen, um den Sachverhalt, über den es urteilen soll, mit möglichster Korrektheit festzustellen. Höchst bezeichnend ist in dieser Beziehung das dänische Gesetz von 1900 und der Anlaß, auf den es zurückgeht. Die große dänische Arbeiteraussperrung war am 5. September 1899 durch allgemeine Übereinkunft beendet. Ein Hauptpunkt dieser Übereinkunft war die Errichtung eines permanenten Schiedsgerichts, dem gegenüber dieselbe Zeugnispflicht bestehen sollte, wie vor den Gerichtshöfen des Landes. Auf diese Gewährleistung einer korrekten Ermittlung des Sachverhalts legten beide Parteien ein so großes Gewicht, daß von der Möglichkeit ihrer Erfüllung die ganze friedliche Übereinkunft abhing. Um diese Möglichkeit zu schaffen, legte die Regierung einen eigenen Gesetzentwurf vor, der in der Hauptsache unverändert angenommen wurde. Wenn zwei Zentralvereine von Arbeitgebern und Arbeitern eine Übereinkunft über die Ordnung der gewerblichen Arbeitsverhältnisse getroffen, und für Verletzungen dieser Übereinkunft ein Schiedsgericht bestimmt haben, so kann diesem durch Königliche Verordnung für die Hauptstadt Kopenhagen das Recht des Zeugniszwanges, für die Provinz das Recht der Requisition verliehen werden. Das dänische Gesetz über Einigungsämter könnte man also genauer als ein Gesetz betreffend den Zeugniszwang der Einigungsämter bezeichnen. So sehr trat hier die korrekte Beweiserhebung in den Vordergrund. — Auch das deutsche Gesetz von 1890 hat bei allem Festhalten an der Formlosigkeit als Grundsatz doch nicht verabsäumt, für das Verfahren wenigstens einige Direktiven zu geben:

§ 68. Das Einigungsamt hat durch Vernehmung der Vertreter beider Teile die Streitpunkte und die für die Beurteilnng derselben in Betracht kommenden Verhältnisse festzustellen. Das Einigungsamt oder, im Falle des § 64, der Vorsitzende des Gewerbegerichts ist befugt, zur Aufklärung der in Betracht kommenden Verhältnisse Auskunftspersonen vorzuladen und zu vernehmen.

Jedem Beisitzer und Vertrauensmann steht das Recht zu, durch den Vorsitzenden Fragen an die Vertreter und Auskunftspersonen zu richten.

§ 69. Nach erfolgter Klarstellung der Verhältnisse ist in gemeinsamer Verhandlung jedem Teile Gelegenheit zu geben, sich über das Vorbringen des anderen Teiles, sowie über die vorliegenden Aussagen der Auskunftspersonen zu äußern. Demnächst findet ein Einigungsversuch zwischen den streitenden Teilen statt.

Aus diesen, wenn auch wenig eindringlichen Bestimmungen geht immerhin doch soviel hervor, daß das erste Verfahren in drei Teile zerfallen soll: Ermittlung des Sachverhalts, Debatte der Parteien, Einigungsversuch. Der Ermittlung des Sachverhaltes wiederum ist sehr deutlich eine doppelte Aufgabe gestellt: sie soll sowohl die Streitpunkte, als auch die für ihre Beurteilung in Betracht kommenden Verhältnisse feststellen. Der Wortlaut des Gesetzes läßt auch keinen Zweifel darüber, inwieweit seine Bestimmungen eine *bindende* Reihenfolge enthalten. Nach § 69 darf die Debatte erst beginnen „nach erfolgter Klarstellung der Verhältnisse", und erst nach Aussprache der Parteien („demnächst") darf ein Einigungsversuch gemacht werden. Es ist also beispielsweise dem Einigungsamt untersagt, sofort mit einem Schlichtungsversuch zu beginnen. Ein keineswegs überflüssiges Verbot, da sehr viel vermeintliche Friedestifter sich um das ganze Ansehen ihrer Mission dadurch bringen, daß sie mit gutgemeinten Vorschlägen herausrücken, bevor sie sich noch darüber ausgewiesen haben, daß sie über den Sachverhalt richtig orientiert sind. Hingegen ist das Einigungsamt innerhalb seiner Ermittlungstätigkeit an keine bestimmte Reihenfolge gebunden. Das natürliche wird in den meisten Fällen sein, erst die Streitpunkte festzustellen und dann den Sachverhalt zu ermitteln. Es bleibt dem Einigungsamt aber unbenommen, auch die Reihenfolge umzukehren. Das kann zuweilen auch förderlich sein, namentlich in Gewerben, deren Herstellungsverfahren so verwickelt ist und so viel Kunstausdrücke erfordert, daß gewissermaßen eine orientierende Einleitung vorangeschickt werden muß, um das Verständnis und die korrekte Wiedergabe der Streitpunkte zu ermöglichen. Zuweilen wird auch eine Teilung in der Art stattfinden, daß man auf jeden einzelnen Streitpunkt erst eine Feststellung des Sachverhalts folgen läßt, um dann zum zweiten überzugehen. Nur darf nach dem bindenden Wortlaut des Gesetzes niemals die ausdrückliche Feststellung der Streitpunkte unterlassen werden. Oft genug stellt sich hierbei heraus, daß in dem bisherigen Verlauf der Streitigkeit die Streitpunkte sich verschoben haben, daß eine Partei über die Forderung der anderen garnicht mehr zuverlässig unterrichtet ist (es vielleicht auch nie war), daß endlich eine Partei selbst sich über ihre Forderungen im Unklaren ist. Wenn beispielsweise in einer Gießerei die Former streiken, um die Abschaffung der Akkordarbeit durchzusetzen, und sämtliche Arbeiter der Fabrik sich diesem Streik anschließen, so sollte man meinen, daß in diesem Falle der Streitpunkt vollkommen klar sei: die Streikenden verlangen Abschaffung, der Unternehmer verlangt Beibehaltung der Akkordarbeit. Es würde als das höchste Maß von Pedanterie erscheinen, wenn man bei einer so klaren Sachlage noch erst eine „Feststellung der Streitpunkte durch Vernehmung der Vertreter beider Teile" verlangen wollte. Und doch ist eine solche Feststellung durchaus erforderlich. Es hätte auch für den, der die Entwicklung von Streiks kennt, garnichts Auffallendes, wenn selbst in einem scheinbar so einfachen Falle das Ergebnis dieser Feststellung ein anderes wäre. Es ist in solchen Fällen garnichts teltenes, daß die Streikenden, wenn sie an die Formulierung herantreten sollen, sich selbst erst dessen vollkommen bewußt werden, was sie verlangen. Und wenn auch in einen Falle, wie diesem, die Former sicher dabei bleiben werden, die Abschaffung der Akkordarbeit als Streitpunkt zu bezeichnen, so ist es doch sehr leicht möglich, daß die andern Arbeiter mit ihrem Streik nur die Forderung der Former unterstützen wollten („Sympathie-Streik"), daß sie aber für sich nicht dieselbe Forderung aufstellen. Es kann dabei völlig dahingestellt bleiben, ob in einem solchen Falle die amtliche Formulierung wirklich der von vornherein gestellten Forderung entspricht, oder ob diese den schwankend gewordenen Verhältnissen zu Liebe nachträglich so gefaßt wird. Denn das Einigungsamt hat es in erster Linie mit den Forderungen zu tun, die in dem Augenblick der Verhandlungen erhoben werden.

Tatsächlich sind auch jene beiden Paragraphen des deutschen Gesetzes für die Entwicklung der Einigungsämter von grundlegender Bedeutung geworden. Die Eröffnung der Verhandlung mit der Feststellung der Streitpunkte und des Sachverhalts gab dem ersten Teil des Verfahrens einen verhältnismäßig ruhigen Charakter. Es schuf ein Objekt, an dem die Vertreter der streitenden Teile, sofern sie nur noch einigermaßen den Sinn für Wahrheit und Gerechtigkeit sich erhalten hatten, zu einem bedeutenden Teile ein gemeinsames Interesse haben. Tauchten Meinungsverschiedenheiten über die Streitpunkte auf, so wirkte der vom Vorsitzenden betonte Grundsatz, daß jeder Ehrenmann Interpret seiner Worte sei, sofort beruhigend. Wenn ein Teil dem andern eine unberechtigte Forderung vorwarf, dieser sich gegen die Forderung verwahrte, so war mit dieser Verwahrung die Meinungsverschiedenheit aus der Welt geschafft; denn die Forderung galt von jetzt an als nicht vorhanden. Wenn in den Vernehmungen über den Sachverhalt die Meinungen beider Teile auseinander gingen, so lenkten die Erhebungen in das gewohnte ruhige Geleise eines Gerichtsverfahrens unter der Leitung des Vorsitzenden ein. Dieser hatte die Möglichkeit, jeder Partei, die mit dem Ergebnis in einem Augenblick nicht zufrieden war, die Erhebung noch weiterer Beweise anzubieten. Wenn man dann endlich zum zweiten Teile des Verfahrens überging und die beiden Parteien aufeinander losließ, so waren sie zu einem großen Teile bereits beruhigt. Das Wichtigste war wenigstens aufgeklärt. Erfahrungsgemäß bewegten sich die Parteien in diesem zweiten Teile regelmäßig in einem sehr viel engeren Kreise von Vorwürfen, als vorher in ihren eigenen Versammlungen. Deswegen wird auch kein erfahrener Gewerberichter hier noch weitere Versuche zur Einengung machen. Dieser Teil des Verfahrens ist nach der Absicht des Gesetzes dazu bestimmt, daß der eine Teil sich über alles, was der andere ihm wirklich oder vermeintlich zugefügt hat, Luft machen soll. Nach dem Gesetz ist „jedem Teile Gelegenheit zu geben, sich über das Vorbringen des anderen Teiles zu äußern". Nicht bloß, daß das Einigungsamt die Partei an einer solchen bitteren Aussprache nicht hindern darf; es muß ihr sogar dazu ausdrücklich „Gelegenheit geben". Es liegt auch im Interesse eines dauernden Friedens, daß keine Galle zurückbleibt, und das kann nur verhindert werden, wenn man sie vorher recht reichlich überlaufen läßt. In unserer neuen Gesetzgebung gibt es nicht viel Bestimmungen, die in einer gänzlich neuen Materie mit so feinem psychologischen Verständnis das Richtige getroffen haben, wie diese beiden Paragraphen über das Verfahren in Einigungsämtern. — In einem ziemlich wichtigen Punkte hat das Verfahren durch die Novelle eine Fortbildung gefunden, die bisher noch wenig bemerkt worden ist. Der sogenannte Verhandlungszwang, der es ermöglichen sollte, eine widerwillige Partei zum Erscheinen zu nötigen, ist nämlich im § 66 in folgender Form Gesetz geworden.

„Der Vorsitzende ist befugt, zur Einleitung der Verhandlung und in deren Verlauf an den Streitigkeiten beteiligte Personen vorzuladen und zu vernehmen. Er kann hierbei, wenn das Einigungsamt gemäß § 63 oder § 64 angerufen worden ist, für den Fall des Nichterscheinens eine Geldstrafe bis zu einhundert Mk. androhen".

Hiernach gilt der Zwang nicht bloß für Parteien, sondern auch für die Auskunftspersonen. Allerdings hat das Einigungsamt nicht das Recht der Vereidigung. Auch kann die Geldstrafe nur „für den Fall des Nichterscheinens" angedroht werden, aber nicht für den Fall, daß der Erschienene seine Aussage verweigert. Immerhin ist hier doch wenigstens für einen bestimmten Personenkreis („an den Streitigkeiten beteiligte Personen") der Ansatz zu einem Vernehmungszwang gegeben. Denn in der Praxis wird weit weniger als die Geldstrafe oder ihre Androhung, die darin zum Ausdruck kommende höhere Autorität des Einigungsamtes wirksam sein, und diese wird dahin wirken, daß das Einigungsamt über einen immer größeren Kreis von auskunftsbereiten Personen verfügen wird. Auch daß die Befugnis dem Vorsitzenden nur gegeben wird, wenn er wenigstens von einem Teile angerufen ist, aber nicht schon für das Stadium, in dem er sich bemüht, eine Anrufung zu bewirken, wird nach den gegenwärtigen Verhältnissen durchaus zu billigen sein.

Im Vergleichsverfahren, oder wenn dieses mißlingt, im Schiedsspruch muß es für die Entscheidung irgend eine, wenn auch noch so weit gehaltene Entscheidungs-Norm geben. Wenn auch ein Schiedsspruch sich nicht gerade auf ein schriftliches Gesetz stützen muß, so müssen doch die Schiedsrichter im allgemeinen wissen, ob sie nach Recht, nach Billigkeitsgefühl, oder nach Machtverhältnissen entscheiden sollen; es ist sonst eine Ausübung schiedsrichterlicher Tätigkeit garnicht möglich. Aber auch im Vergleichsverfahren muß hierüber einigermaßen Klarheit herrschen. Weil sich hier die Zustimmung nicht nachträglich, sondern schon während der Verhandlung selbst mit unbeschränktem Einfluß auf das Ergebnis im einzelnen äußern kann, so ist der Vermittler nicht einmal imstande, sachgemäße Vorschläge zu machen und sachwidrige in den Hintergrund zu drängen, wenn er nicht weiß, unter welchen der obengenannten Gesichtspunkten seine Vermittleraufgabe in Anspruch genommen wird. Während man bei Schiedsgerichten in erster Linie an die Anwendung von Rechtssätzen zu denken gewohnt ist, hat gerade im Mutterlande der Einigungsämter, in England, die entgegengesetzte Anschauung die Oberhand gewonnen. Die Vorkämpfer der Einigungsämter in England stimmen in der Hauptsache darin überein, daß das Einigungsamt, mag es sich um Vermittlung (conciliation) oder um Schiedsspruch (arbitration) handeln, weder nach Recht, noch nach Billigkeit zu entscheiden hat; es habe sich vielmehr ausschließlich die Frage vorzulegen, welchen vermutlichen Ausgang ein Kampf zwischen den Parteien haben würde. Es läßt sich durchaus nicht leugnen, daß das in der Tat die Hauptaufgabe eines Einigungsamtes ist, und daß ein Einigungsamt auch in der Beschränkung auf diese Hauptaufgabe noch die Wirksamkeit entfalten könnte, den Parteien die Kriegskosten und dem Volkswirtschaftskörper die Mitleidenschaft zu ersparen. Daß das aber die einzige Aufgabe des Einigungsamtes sei, kann nicht zugegeben werden. Solange das Einigungsamt eine rein private Angelegenheit bleibt, mag es hingehen, wenn ihm diese begrenzte Aufgabe gestellt wird; denn schließlich hat niemand das Recht, streitende Teile an einem begrenzten Einigungsamt zu hindern, bloß deswegen, weil man ein weniger eingeengtes wünscht. Ganz anders aber wird der Sachverhalt, sobald in irgend einer Form der Staat dem Einigungsamt die Autorität einer öffentlichen Einrichtung leiht. Von diesem Augenblick an ist es unzulässig, Recht und Unrecht, Billigkeit und Unbilligkeit vollkommen gleich zu setzen. Man kann nicht eine Forderung, die sich bloß auf die Übermacht stützt, ebenso behandeln, wie eine andere, die Rücksichten des Rechts, der Billigkeit, der Menschlichkeit ꝛc. geltend zu machen weiß. Nur die Neuheit der Materie macht es erklärlich, daß die einschlägige Gesetzgebung einstweilen noch von ausdrücklichen Instruktionen für die Einigungsämter in dieser Beziehung abzusehen sucht.

Ganz freilich fehlt es nicht an Versuchen, dem Machtfaktor zur angemessenen Rücksicht zu verhelfen. Die beiden entgegengesetzten Möglichkeiten in dieser Beziehung zeigt das Finnländische Senats-Gutachten von 1899 und das italienische Gewerbegerichts-Gesetz, indem jenes durch Scheidung, dieses in gewisser Weise durch Vereinigung der beiden Gesichtspunkte das Gleiche zu erreichen sucht. Das finnische Gutachten will eine scharfe Scheidung zwischen Rechtsstreit und Interessenstreit einführen, je nachdem über die Auslegung einer Arbeits-Übereinkunft (Lohn, Arbeitszeit ꝛc.) gestritten wird, oder über ihre Abänderung. In dem ersten Falle sollen die Industrie-Verordneten (als solche sind erwählte Arbeitgeber und Arbeiter unter einem unparteiischen Vorsitzenden gedacht) auf Anrufen nach Rechtsgrundsätzen entscheiden und ein rechtskräftiges Urteil abgeben. In dem anderen Falle sollen sie, wenn sie die Forderung nicht als gänzlich unberechtigt von vornherein abweisen, Vergleichsvorschläge nach Billigkeit machen. Umgekehrt geht das italienische Gewerbegerichts-Gesetz darauf aus, dem Einigungsamt ein möglichst weites Betätigungsfeld zu sichern, indem es ihm in Fällen solcher Streitigkeiten alle Institutionen der Gewerbegerichte für die streitige Gerichtsbarkeit zur Verfügung stellt. Es wird hier nicht einmal unterschieden, ob es sich zwischen einem Arbeitgeber und einem Arbeiter um einen gewöhnlichen Lohnprozeß handelt, oder zwischen zwei Koalitionen um die Vereinbarung einer neuen Platzordnung. In dem einen wie in dem anderen Falle macht das Gewerbegericht auf Anrufen einen Sühneversuch. Es geht das soweit, daß, als die erste deutsche Übersetzung des italienischen Gesetzes erschien (im Archiv für soziale Gesetzgebung und Statistik 1893), man dieses Durcheinander von richterlichem Sühneversuch und einigungsamtlichen Aufgaben auf eine Mangelhaftigkeit der Übersetzung zu schieben versucht war. Indes der Vergleich mit dem italienischen Original ergiebt, daß die Übersetzung korrekt war, wenngleich in den Ausdrücken etwas ungeschickt. Das italienische Gewerbegerichts-Gesetz läßt nach dem Vorgange der französischen und unserer rheinischen Gewerbegerichte jede Prozeßsache zunächst vor eine Vergleichskammer (ufficio di conciliazione) kommen; und erst, wenn diese erfolglos gewesen ist, vor eine Spruchkammer (giuria). Wenn vor die Vergleichskammer eine Kollektivstreitigkeit gebracht wird, so wird sie unwillkürlich zu dem, was das deutsche Gesetz unter Einigungsamt versteht; nur mit dem Unterschiede, daß sie keinen Spruch abgeben kann. Zum Spruch kann es in einer Kollektivstreitigkeit nur insoweit kommen, als die Sache geeignet ist, in eine Prozeßstreitigkeit umgewandelt zu werden; und insofern tritt durch die unterschiedslose Zusammenwerfung von Einzel- und Kollektivstreitigkeiten in den letzteren an einer Stelle eine Gabelung ein, je nachdem sie bloße Interessen- oder aber Rechtsstreite sind. Bei einem Gerberstreik in Mailand traten die Reiniger (purgatori) in Streik, weil plötzlich eine andere Art der Lohnberechnung eingeführt werden sollte; die Fleischabnehmer (scaruatori) traten in Sympathie-Streik. Die Streikenden wandten sich an die Vergleichskammer, deren Vergleichstätigkeit unmöglich wurde, da sämtliche Stellen sofort besetzt wurden. Sie ließen nun die Sache an die Spruchkammer weitergehen. Diese prüfte nur die rechtliche Seite, befand die einseitige Einführung der neuen Lohnbewegung als nicht rechtsverbindlich und verurteilte daher die Firma zu einer Entschädigung von 60 Lire an jeden der Reiniger, wies dagegen die Fleischabnehmer ab, weil sie ihrerseits die Arbeit unrechtmäßig verlassen hatten.

Nicht ganz ebenso klar liegt das Verhältnis von Vergleichs- zur Spruchkammer bei einem Mailänder Gasarbeiter-Streik von 1899. Aus Anlaß einer Vermehrung der Öfen verlangten die Arbeiter, daß zunächst die schon angestellten Arbeiter an die Öfen geschickt werden sollten; außerdem verlangten sie auch eine Erhöhung der Zahl. Vor der Vergleichskammer wurde die erste Forderung durchgesetzt, die zweite zurückgewiesen. Die Arbeiter nahmen die Arbeit auf, legten sie aber sofort wieder nieder, weil sie verlangten, daß die Zahl der Arbeiter für jede Batterie von 15 auf 30 erhöht werden müsse. Sie brachten nunmehr die Streitigkeit vor die Spruchkammer, und diese sprach eine Erhöhung von 15 auf 17 aus. Man muß sich den Vorgang wohl folgendermaßen denken. Obwohl die Vergleichskammer die Erhöhung im allgemeinen abwies, so leiteten die Arbeiter aus den angeordneten Anstellungen eine gewisse Regelung für die einzelne Batterie implicite ab, so daß sich dieser Streik als ein Rechtsstreit darstellte, und vor die Spruchkammer gebracht werden konnte, die dann den Klägern in der Tat, wenn auch nur in einem sehr geringen Maße, Recht gab.

Damit dürfte aber auch alles erschöpft sein, was sich aus dem Verfahren in Einigungssachen von irgend einem Lande der Erde über Herausschälung der Rechtsfrage oder überhaupt der Grundsätze der Entscheidung anführen ließe. Was sonst noch unter diesen Gesichtspunkten gebracht wird, scheint auf Mißverständnisse zurückzugehen. Den Weillerschen privaten Einigungsämtern in Belgien sind Aussprache-Kammern (chambres d'explication) beigegeben, vor welche jede Sache, bevor sie an das Einigungsamt geht, genau ebenso gebracht werden muß, wie im Zivilprozeß der französischen Gewerbegerichte die Verhandlung in der Vergleichskammer der in der Spruchkammer vorangehen muß. Da in einem privaten Einigungsamt, das in einem einzelnen Betriebe errichtet wird, eine derartige Aussprache-Kammer den allgemeinen Zweck hat, den Arbeitern einen bequemen Weg zum Vorbringen von Beschwerden zu gewähren: so wird vor diese Kammer die individuelle Klage des einzelnen Arbeiters über zu wenig gezahlten Lohn ganz ebenso gebracht, wie die allgemeine Beschwerde einer ganzen Gruppe, die auf Abänderung des Arbeitsvertrages hinzielt. Auf den ersten Blick scheint hier die Eingliederung des Einigungsamtes in das gewöhnliche französische System der Gewerbegerichte so genau vorzuliegen, daß man versucht sein könnte, in diesen schon seit 1876 und 1888 fungierenden belgischen Einrichtungen die Vorbilder des italienischen Gesetzes zu erblicken. Dennoch haben sie unter dem hier behandelten Gesichtspunkte nichts mit ihm gemein. Denn da das der Spruchkammer parallele Einigungsamt ebenfalls eine private Einrichtung ist, gedeckt durch die vorausgehende Unterwerfung der Parteien unter seinen

Spruch, so werden auch hier individuelle und allgemeine Streitigkeiten unterschiedslos und mit völliger schiedsrichterlicher Freiheit entschieden, ohne daß jene Abgabelung der bloßen Rechtsstreitigkeiten einträte, die mit der Anrufung der italienischen giuria verbunden ist. — Auch die mehrfachen Instanzen des Einigungsverfahrens in den verschiedenen englischen Industriezweigen haben mit Unrecht den Eindruck hervorgerufen, als ob hier eine Ausscheidung der reinen Rechtsfrage stattfände. Man darf sich durch die Namen, die diesen Instanzen gegeben sind, nicht täuschen lassen. Das englische Einigungsamt führt in der Regel den Namen „Vermittlungs- und Schiedsrichteramt" (board of conciliation and arbitration). Aus demselben wird ein ständiger Ausschuß (standing committee, auch joint committee) gebildet. Die Kompetenzteilung zwischen Ausschuß und Plenum (full board) ist nicht in allen Industrien die gleiche. Mögen vor den Ausschuß die individuellen, vor das Plenum die Kollektivstreitigkeiten gehören, oder mögen jenem die unbedeutenderen, diesem die bedeutenderen Streitigkeiten überwiesen werden, in jedem Falle beschränkt sich die Tätigkeit des Amtes bei Kollektivstreitigkeiten auf Vermittlungsversuche. Führen diese zu keinem Ergebnis, so ist das Amt mit arbitration nur insoweit befaßt, als es für Zusammensetzung eines court of arbitration sorgt, dessen Entscheidung sich die Parteien im voraus unterwerfen. Diesem court of arbitration sind aber keinerlei bindende Vorschriften über die Grundsätze gegeben, nach denen er zu entscheiden hat. — Daß derartigen Bildungen das deutsche Gesetz nicht entgegen ist, läßt sich schon aus dem ersehen, was über Berliner Kommissionen ausgeführt ist (S. 503). Diese Kommissionen stellen gewissermassen das full board dar, innerhalb dessen die Parteien in der Regel zur Verständigung gebracht werden sollten. Gelingt das nicht (sei es, daß im full board keine Vereinbarung zustande kommt, oder daß in der Berliner Kommission der eine Teil mit der Entscheidung unzufrieden ist), so wird in England der court of arbitration gebildet, und in Berlin tritt das Gewerbegericht zusammen. Nimmt man dazu, daß das Gewerbegericht Berlin den kühnen, aber sachlich und logisch gleich gerechtfertigten Schritt getan hat, für seinen Spruch von der nachträglichen Zustimmung der Parteien abzusehen, so haben wir hier ein bemerkenswertes Beispiel dafür, wie aus den gleichen Verhältnissen heraus, wiewohl gänzlich unabhängig von einander, sich die gleichen Institutionen bis ins einzelne hin entwickeln. Insofern geht das Berliner System über das englische hinaus, als schon die Achtzehner-Kommission sich der Form einer Entscheidung bedient, also der Übereinanderbau zweier quasi-gerichtlichen Instanzen in voller Deutlichkeit hervortritt. Einen wirklich staatlich geordneten Instanzenzug im Einigungsamt besitzt bisher nur das Neu-Seeländer System. Aber selbst hier hat eine Herausschälung streitiger Rechtsfragen nicht stattgefunden.

Man sollte sich eigentlich darüber nicht wundern, daß die so naheliegende Unterscheidung, inwiefern nach Rechts-, nach Billigkeits- oder nach Zweckmäßigkeits- und Machtgrundsätzen entschieden werden soll, fast durchgehends mit Stillschweigen übergangen wird. Denn in zahlreichen Fällen hängt der Erfolg eines Einigungsverfahrens davon ab, daß diese Unterscheidungen möglichst in den Hintergrund gedrängt werden. Der Richter, der in einem Prozeß den Parteien zugeredet hat, von der Rechtsfrage absehen zu wollen, muß, wenn er trotzdem genöthigt wird, eine Entscheidung abzugeben, diese ausschließlich auf eine Behandlung der Rechtsfrage gründen. Das gewerbliche Einigungsamt aber, das den Parteien jenen Rat gegeben hat, hat im Schiedsspruch noch die Möglichkeit, unverändert dieselbe Linie inne zu halten. Es kann zwar der Fall eintreten, daß gegenüber einem offenbaren Unrecht das Einigungsamt erklärt, das Recht schützen zu wollen. Es kann aber auch der gegenteilige Fall vorkommen, daß der, dem Unrecht geschehen ist, bei verständiger Würdigung der Sachlage zu dem Ergebnis kommen müßte, daß der Verzicht auf sein Recht mehr in seinem Interesse läge; und in einem solchen Falle muß das Einigungsamt einen notwendig werdenden Schiedsspruch ohne Rücksicht auf die rechtliche Seite der Frage abgeben (sei es, daß es sich begnügt, dem Verletzten die Genugtuung einer anerkennenden Erwähnung seines Rechts zu gewähren, sei es, daß es für angemessen hält, auch darüber zu schweigen). So incommensurabel uns Recht und Macht erscheinen müssen, so ist es dennoch die Aufgabe des Einigungsamtes, zwischen ihnen abzuwägen. Und so hart es sich auch anhören möge: die Entscheidung der Rechtsfrage hat desto geringeren Anspruch auf eine maßgebende Stellung, je bedeutender die Streitigkeit ist. — Andererseits soll nicht gesagt sein, daß bei der Entscheidung vom Interessen- und Macht-Standpunkte aus die Rechtsfrage garnicht zur Prüfung gelangen könnte. Denn das Bewußtsein, Recht oder Unrecht zu haben, die Sicherheit, die öffentliche Meinung auf der eigenen Seite, oder auf der des Gegners zu wissen, ist ebenfalls ein Machtfaktor. Und wenn auch nicht leicht ein Schiedsgericht, das sich schlüssig geworden ist, vom Macht-Standpunkte aus zu urteilen, aus solchen Erwägungen heraus dazu gelangen wird, gegen eiuen Goliath zu Gunsten eines David zu entscheiden, so gibt es doch zwischen diesen beiden Extremen sehr viele Zwischenstufen der beiderseitigen Machtverhältnisse, in denen wohl das Einigungsamt sagen kann: das Übergewicht des Stärkeren ist nicht so groß, daß er sich einbilden dürfte, auf die Dauer gegen Recht, Billigkeit und öffentliche Meinung ankämpfen zu können. — Es mag sein, daß spätere Generationen imstande sein werden, aus langen Erfahrungen auch hier einige leitende Sätze zu abstrahieren und in gesetzgeberische Form zu bringen. Einstweilen beruht die Möglichkeit, alle jene Gesichtspunkte zu wahren, gerade darauf, daß einschlägliche gesetzliche Bestimmungen uicht getroffen, sondern den Schiedsrichtern völlig freie Hand gegeben wird.

Übrigens ist die Frage nach Recht und Billigkeit nicht die einzige, die dem Gesichtspunkte der Macht Konkurrenz bereitet. Auch Rücksichten der Menschlichkeit kommen dabei in Betracht. Sie treten besonders in die Erscheinung, wo es sich um Arbeiter mit Hungerlöhnen handelt, und zwar, wenn wir den Grenzfall nehmen wollen, in einer guten, Gewinn abwerfenden Industrie. Hier kann die Machtfrage ganz auf Seiten der Unternehmer sein, es mag Arbeiter am Markte in Hülle und Fülle geben; und dennoch kann man die Ansicht vertreten, daß aus Gründen der Menschlichkeit die Unternehmer darauf verzichten sollen, diesen Vorteil ganz auszunutzen. Wirtschaftlich angesehen, läuft das darauf hinaus, daß den Unternehmern zugemutet wird, eine Arbeit höher zu bezahlen, als sie am Markte zu haben ist. Diese Zumutung ist aber in einem solchen Falle gerechtfertigt. Denn es entspricht unseren heutigen Anschauungen nicht, den Machtvorteil bis aufs Äußerste auszunutzen (ganz abgesehen davon, daß sich unter Umständen die Rücksichtnahme auch unter dem Gesichtspunkte des Unternehmers-Vorteils empfehlen läßt). In dem Berliner Konfektions-Streik von 1896 wurde von keiner Seite behauptet, daß die Marktlage den Streikenden günstig sei, und dennoch liegt hier gerade ein Fall vor, bei dem die Einstimmigkeit der öffentlichen Meinung zu gunsten der Streikenden sich konstatieren läßt: im versammelten Reichstag haben die Redner aller Parteien des Hauses, sowie vom Bundesratstisch, sich einmütig nach dieser Seite hin ausgesprochen. So fest steht es für unsere heutigen Anschauungen, daß in einer gewinnabwerfenden Industrie auch in der Lohnbemessung Rücksichten der Menschlichkeit neben denen des Marktes zu nehmen sind. Andererseits kann die Forderung derartiger Rücksichtnahme unter Umständen auch an die Arbeiter gerichtet werden. Wenn beispielsweise beim Hereinbrechen der Cholera in den Fabriken, die Desinfektionsmittel herstellen, die Arbeiter einen Generalstreik inscenieren wollten, so würde mit Fug und Recht das als unmenschlich empfunden werden (insofern es nicht etwa sich um so schlecht gelohnte Arbeiter handelt, daß sie für *jede* Ausnutzung der Lage entschuldigt sind).

Nach Recht und Billigkeit zu entscheiden, ist eine Aufgabe, die staatlichen und Schiedsgerichten von jeher gestellt wurde. Rücksichten der Menschlichkeit zu nehmen, liegt jedem empfindenden Menschen nahe. Aber eine Entscheidung nach der Marktlage zu treffen, war bis vor kurzem die ausschließliche Sache des Individuums und fängt erst jetzt an, Aufgabe von Kommissionen oder Behörden zu werden. Darum ist es erklärlich, daß gerade da, wo diese Aufgabe zuerst auftauchte, es nötig war, ihren Trägern einzuschärfen, sich nicht durch jene gewohnten Rüchsichten bestimmen zu lassen. Gerade aus England stammen die eindringlichsten Warnungen davor, nur ja nicht aus Sentimentalität vor Schiedssprüchen zurückzuschrecken, die durch die Marktlage geboten sind. Von hier stammt jene Formulierung, daß es die einzige Aufgabe des Einigungsamtes sei, die Entscheidung vorwegzunehmen, die ein Kampf herbeiführen würde. In dieser Schärfe ist die Formulierung nicht richtig. Es wird vielmehr von dem Volkstemperament im ganzen abhängen, wie weit ein Einigungsamt auch auf die genannten anderen Rücksichten eingehen kann. In Deutschland entspricht es entschieden dem Volkscharakter, diesen Rücksichten einen gewissen Raum zu gewähren. Richtig ist an der Formulierung aber, daß die Kenntnis der Lage des Arbeitsmarktes die wichtigste Voraussetzung für die richtige Enscheidnng des Einigungsamtes bildet.

Das Einigungsamt muß stets im Auge behalten, was sein eigentlicher Zweck ist. Und dieser läßt sich mit voller Schärfe formulieren. Zweck des Einigungsamtes ist: das Zustandebringen eines Kollektiv-Arbeitsvertrages (S. 189). Dieser kann wie jeder andere Vertrag sachgemäß nur zustande gebracht werden, wenn die Lage des Marktes richtig geschätzt ist.

Man kann für die Grundsätze der schiedsrichterlichen Entscheidung auch eine andere, etwas weiter gehaltene Formulierung aufstellen, die dann vielleicht alle jene Nebenrücksichten schon in sich enthält. Die Formulierung nämlich, der Schiedsspruch solle das Ergebnis vorwegnehmen, das der Kampf zeitigen würde, hat zur Voraussetzung, daß die Parteien entschlossen sind, das Ergebnis durch Kampf festzustellen. Diese Voraussetzung trifft aber keineswegs immer zu. Ja, in den Ländern mit rein freiwilligen Sühneversuchen beweist ja schon das bloße Erscheinen der Parteien, daß sie gewillt sind, auch anderen Rücksichten Raum zu gewähren; wie denn in jedem Kampfe die Kämpfenden zu versichern pflegen, daß sie sich keineswegs auf ihre Übermacht stützen, sondern ihre Forderungen auf Recht, Billigkeit und Menschlichkeit begründen wollen. Man könnte daher sagen: der Schiedsrichter solle es als seine Aufgabe betrachten, das Ergebnis vorweg zu nehmen, zu dem die Parteien ohne ihn erst nach längerer Zeit (sei es nun im Kampf, sei es in Verhandlungen) gelangen würden. Hiernach würde der Schiedsrichter Macht und Recht ꝛc. so gegeneinander abwägen, wie nach seiner Ansicht die Parteien in selbstständigen Verhandlungen es schließlich (vielleicht durch eine lange Kampfesweise kirre gemacht) auch tun würden. Die Kunst des Schiedsrichters würde sich dann als die sokratische Maeeutik darstellen, die an den in Wehen kreißenden Parteien geburtshilfliche Funktionen versieht. So aufgefaßt, ist der Schiedsspruch von der Vermittlungstätigkeit prinzipiell nicht unterschieden. In Deutschland tritt das auch gesetzgeberisch hervor, indem der auf Grund des Gesetzes ergehende Schiedsspruch erst beiden Teilen zur Annahme oder Verwerfung vorgelegt werden muß, also für sich garnicht in Anspruch nimmt, etwas anderes zu sein, als ein mit einer gewissen Autorität ausgestatteter Vergleichsvorschlag. Aber auch da, wo der Schiedsspruch bindend ist (und wir haben gesehen, daß auch unter der Herrschaft der deutschen Gesetzgebung bindende Schiedssprüche nicht ausgeschlossen sind), muß der Schiedsrichter sich dieses Charakters seiner Spruchtätigkeit bewußt bleiben. Denn die Dauerhaftigkeit der Befriedigung hängt überall von der Sachgemäßheit des Spruches ab. — Stimmt man dieser Formulierung zu, so gelangt man notgedrungen dazu, in jeder Vermittlung durch Außenstehende einen bloßen Notbehelf zu sehen, veranlaßt durch die Unfähigkeit der Parteien, sich selbst zu verständigen. In der Tat erblickt selbst inmitten verhältnismäßig so hoch entwickelter Organisationen, wie die englischen sind, Sidney Webb den Hauptgrund für die Bedeutung, die die schiedsrichterliche Vermittlung erlangt hat, in dem immer noch unvollkommenen Zustand der Organisationen. Bei aller Hochachtung vor der Institution staatlich autorisierter Einigungsämter gelten sie ihm doch nicht als die höhere, sondern vielmehr als die niedere Stufe, im Vergleich zu den Einrichtungen beispielsweise der Baumwollindustrie und Kesselschmiede, die keine Vermittlung Außenstehender kennen. Bei uns in Deutschland sind wir genötigt, gegenüber zurückgebliebenen Anschauungen, die in jedem behördlichen Vermittler oder Schiedsrichter, die „Einmischung eines Dritten" erblicken, gerade immer wieder und wieder zu betonen, daß der organisatorische Gedanke staatlich autorisierter Vermittlungs- und Einigungsämter die höhere, modernere Form darstelle. Diese beiden Anschauungen stehen aber keineswegs in unlöslichem Widerspruch. Die Entwicklung stellt sich vielmehr wie folgt dar. Arbeitgeber und Arbeiter geraten über die Bedingungen des Arbeitsvertrages in Streit und suchen sich gegenseitig auszuhungern (Streik, Aussperrung); sie nähern sich einander entweder garnicht in Unterhandlungen, oder diese bleiben erfolglos. In diesem Stadium bedeutet es einen Fortschritt, wenn von Staatswegen Organe geschaffen werden, die ihnen die Annäherung und Aussprache erleichtern, ja vielleicht durch eine autoritative Entscheidung ersparen. Sub specie aeterni betrachtet, soll aber die Hauptaufgabe dieser Organe sein: sich schließlich einmal überflüssig zu machen. Die dritte und höchste Stufe der Entwicklung ist dann die, in der die beiden Parteien das Verhandeln so gut gelernt haben, daß sie nun im Falle eines Konfliktes miteinander fertig werden und imstande sind, das mutmaßliche Ergebnis auch ohne fremde Hilfe schon möglichst früh vorwegzunehmen. — Dieser Entwicklungsgang findet sein Gegenstück in der Geschichte des Zivilprozesses. Im Urzustande suchte jedermann sich selbst sein Recht, sei es mit Gewalt, sei es im Wege der Verhandlung. Die Einsetzung der staatlichen Gerichte diente dazu, den Parteien Recht zu finden. Die Aufnötigung eines Rechts mußte mit den größten Machtmitteln durchgesetzt werden, und die Exekution hat nicht selten das Aussehen eines Feldzuges gewonnen. Heute ist die freiwillige Unterwerfung unter den Richterspruch die Regel, und für viele Streitigkeiten schaffen die Parteien sich selbst Schiedsgerichte, sodaß ganze Gruppen (z. B. Börsensachen) fast garnicht mehr an staatliche Gerichte gelangen.

Allerdings unterscheidet sich die Entwicklung der Justiz von der Schlichtung der Kollektivstreitigkeiten dadurch, daß jeder Justiz die gesamte Zwangsgewalt des Staates zur Verfügung steht, während die Vollstreckung der hier behandelten Schiedssprüche in hohem Maße problematisch ist. Wir haben daher der Vollstreckbarkeit der Schiedssprüche noch einige Worte zu widmen. Sie ist in England streitig (wiewohl sie gegenwärtig wohl überwiegend angenommen wird). In Neu-Seeland steht überhaupt nicht die zivilrechtliche Vollstreckung im Vordergrunde, weil man die Befolgung unter strafrechtlichen Schutz gestellt hat; die Verletzung wird durch hohe Geldstrafen geahndet, und zwar an Arbeitgebern bis zu 500 Pfund (10000 Mk.), an Arbeitern bis zu 10 Pfund (2000 Mk.), wofür die Gewerkschaftskasse haftet. Auch in Dänemark ist es neuerdings (1900/01) einmal vorgekommen, daß eine Formergewerkschaft, die wegen Einstellung eines Nicht-Organisierten dem Übereinkommen zuwider in Streik getreten war, vom Gericht zu einer „Geldstrafe" verurteilt wurde. In den meisten anderen Ländern wird wohl allgemein angenommen, daß die Schiedssprüche der Einigungsämter nicht vollstreckbar, sondern auf freiwillige Befolgung angewiesen seien.

Die Debatten über die Vollstreckbarkeit leiden fast durchgehends an dem Mangel, daß sie diese in rein juristischem Sinne fassen, während es in erster Linie auf eine Vollstreckbarkeit in wirtschaftlichem Sinne ankommt. Kein Staatsgesetz ist im stande, eine Handlung erzwingbar zu machen, wenn sie nicht erzwingbar ist. Der Hauptzweck eines Kollektiv-Arbeitsvertrages geht dahin, dem Betriebe eines Gewerbes bestimmte Arbeitsbedingungen zu sichern. Diese Sicherung ist aber in keinem Falle vollständig erzwingbar. Gesetzten Falles, eine Gesetzgebung entschlösse sich dazu unter gewissen Voraussetzungen, die Abmachungen, die für einen bestimmten geographischen Bezirk getroffen sind, für alle Mitglieder des Gewerbes bindend zu erklären, auch für solche, die erst später in diese Bezirke ziehen; gesetzten Falls also, jede Konkurrenz neuer Arbeitgeber oder Arbeiter zu Bedingungen, die dem Übereinkommen widersprechen, wären auf diese Art rechtlich ausgeschlossen, — so bleibt immer noch die entgegengesetzte negative Möglichkeit. Ein Arbeitgeber kann, wenn ihm nach einiger Zeit die Arbeitsbedingungen nicht behagen, durch kein gesetzliches Mittel verhindert werden, seine Fabrik zu schließen, sie entweder in ein anderes Land zu verlegen, oder sich einem anderen Erwerbszweig zuzuwenden; ebensowenig wie man die Arbeiter an dem entsprechenden Entschluß hindern kann. In beiden Fällen wird der Hauptzweck des Kollektiv-Arbeitsvertrages, dem Gewerbe bestimmte Arbeitsbedingungen zu sichern, nicht erreicht, indem das Gewerbe ganz oder teilweise von seinen Trägern aufgegeben wird. Lord Penrhyn, der seine nordwallisischen Schieferbrüche von 1896 bis 1900 stilliegen ließ, weil er jede fremde Einmischung ablehnte, wäre dazu ebenso im stande gewesen, wenn ihn ein Schiedsspruch an Bedingungen gebunden hätte, an die er nicht gebunden sein wollte. In einem solchen Falle ist es ganz gleichgiltig, ob ein Gesetz den Schiedsspruch für vollstreckbar erklärt oder nicht; denn nach dieser Seite hin ist der Schiedsspruch unvollstreckbar und bleibt es, auch wenn das Gesetz das Gegenteil sagt. Ein solches Gesetz hat nicht mehr Sinn, wie etwa ein Gesetz, das bestimmen wollte, daß vom heutigen Tage ab die Elbe nicht mehr bei Hamburg, sondern bei Bremen münde. — Bei den hier vorgebrachten Fällen braucht man nicht gerade an böswillige Auflehnung der Arbeitgeber oder der Arbeiter zu denken. Ändern sich die Verhältnisse in einem Gewerbe, wird die Produktion zu den im Schiedsspruch festgesetzten Löhnen innerhalb der Periode, für die er gilt, unlohnend, so wird es keine Möglichkeit geben, Arbeitsverträge zu den Bedingungen des Schiedsspruchs abzuschließen. Die Arbeiter werden, wenn beispielsweise die Lebensmittelpreise steigen, und andere Industrien mit einem Steigen der Löhne folgen, sich allmählich aus dem Gewerbe oder aus der Gegend, die dem Schiedsspruch untersteht, wegziehen. In dem einen, wie in dem andern Falle ist der Zweck, dem Gewerbe bestimmte Arbeitsbedingungen zu sichern, nicht erreicht. In dieser Beziehung gibt es nur eine Möglichkeit, dem Schiedsspruch seine Vollstreckung zu gewährleisten: ihn nämlich in so weiser Voraussicht zu erlassen, daß er in der Tat mit der Entwicklung der Jahre, für die er gilt, übereinstimmt. In dem Maße, in dem er sich diesem Ideal nähert, wird er beobachtet werden; je mehr er davon abweicht, desto größer wird die Gefahr, daß er gegenstandslos wird.

Auf der anderen Seite gibt es einzelne Bestandteile des Schiedsspruches, die einen so zweifellos konkreten Vertragscharakter tragen, daß ihre Vollstreckbarkeit außer allem Zweifel ist. So z. B. die Abmachung, daß die streikenden oder ausgesperrten Arbeiter wieder einzustellen sind. Hier ist nur erforderlich, als vertragschließende Teile bestimmte (physische oder juristische) Personen kenntlich zu machen und die Folge eines Vertragsbruches festzustellen (z. B. Konventionalstrafen), um die zivilrechtliche Klage und die Vollstreckung zu gewährleisten. Man wende auch nichts dagegen ein, daß den Arbeitern alsbald oder nach kurzem gekündigt werden könne. Denn in alle derartigen gewerblichen Vergleiche oder Schiedssprüche wird jetzt bereits allgemein die Klausel aufgenommen, daß Maßregelungen aus Anlaß der nunmehr beendeten Streitigkeiten nicht vorgenommen werden dürfen. Der Einwand, der früher gegen solche Klauseln erhoben wurde, daß man doch einer Entlassung nicht ansehen könne, ob sie eine Maßregelung sei, ist durch die Praxis, selbst ohne Zuhilfenahme eines Gerichtsverfahrens, genugsam widerlegt worden. Hier, wo auf Grund des Vergleiches den Personen, die ihn geschlossen haben, oder für die er (mit gehöriger Vollmacht) geschlossen ist, der Weg der gerichtlichen Klage offen steht, kommt nicht nur die zeugeneidliche Vernehmung, sondern unter Umständen auch die Eideszuschiebung in Betracht. Denn wenn man auch vielleicht über die Behauptung, Grund der Entlassung sei die Beteiligung am Streik, nicht wohl den Eid zuschieben kann, weil dem bloßen Beweggrund der Charakter als „Tatsache" bestritten werden könnte, so kann doch im Wege der freien Beweiswürdigung das Gericht dazu gelangen, seine Überzeugung schließlich von einzelnen Tatsachen abhängig zu machen; z. B. ob es wahr ist, daß der Beklagte im engsten Familienkreise geäußert hat, er werde trotz des Gewerbegerichts dem Streiker kündigen; oder, ob es wahr ist, daß ihm ein Auftrag der Firma Smith u. Ko. in Liverpool entzogen worden sei (was er als Grund für die Entlassungen angegeben hatte).

Allein so zweifellos schon unter der gegenwärtigen deutschen Gesetzgebung es möglich ist, derartige Bestimmungen im Vergleich oder im Schiedsspruch vollstreckbar zu gestalten, so sind dies doch alles nur Einführungsbestimmungen, die gewissermaßen das Insleben-treten der Vereinbarungen erst einleiten sollen. Der eigentliche und auf die Dauer der bestimmten Zeit berechnete Inhalt steht in dieser Beziehung anders. Die typischen Bestimmungen einer Streik-Schlichtung betreffen Arbeitslohn und Arbeitszeit. Die in der Literatur weitestgehende Ansicht gibt diesen Abmachungen die Bedeutung, daß sie schon nach geltendem deutschem Recht obligatorische Bestandteile jedes in der Zukunft geschlossenen Arbeitsvertrages werden. Ebenso wie im einzelnen Betriebe gewisse Bestimmungen der Arbeitsordnung gelten, selbst wenn der einzelne Arbeitsvertrag andere Bestimmungen enthält. Mit Sicherheit läßt sich die Bedeutung dieser Auffassung nur dann erörtern, wenn man die einzelnen Hindernisse, die die deutsche Gesetzgebung noch bietet, als beseitigt hinwegdenkt. Insbesondere müßte der § 152 Absatz 2 der Gewerbeordnung, der Koalitionen für unklagbar erklärt, für aufgehoben angesehen werden. Nehmen wir ferner an, eine dem Tarifvertrage günstige Gesetzgebung würde positiv festsetzen, daß in den Bezirken und innerhalb der Zeit für die die gewerbegerichtliche Abmachung zustande gekommen ist, sie in der Tat obligatorischer Bestandteil jedes daselbst geschlossenen Arbeitsvertrages wird. Dann wäre die Vollstreckbarkeit juristisch zweifellos. Wie stände es aber wirtschaftlich, wenn wegen veränderter Verhältnisse dennoch Arbeitsverträge mit niedrigerem Lohn geschlossen werden? Feststellungsklagen auf Anerkennung, daß gleichwohl die höheren Löhne gelten, sind nach der heutigen Struktur der Verhältnisse noch schwer denkbar. Kommt doch selbst der Fall, daß der Arbeiter klagt, während er in seiner Stelle bleibt, so gut wie garnicht vor. Dieser Weg hätte eine ganz andere Ausbildung der Organisationen zur Voraussetzung, als sie bisher vorhanden ist. Gegenwärtig würde praktisch nur der Fall in Betracht kommen, daß ein Arbeiter, nachdem er entlassen, oder ausgetreten ist, die Differenz einklagt. Praktisch würde sich also das Verhältnis so stellen, daß im Niedergang der Konjunktur die Arbeiter sich fügen würden, aber ein böswilliger Arbeiter nachträglich das Gesetz zum Schutze seiner mala fides aufrufen könnte. Oder stellt man sich vor, daß das nicht einzeln, sondern massenweise geschehe, daß Hunderte von Arbeitern nachträglich die Differenz rückwärts bis zur Verjährungsgrenze einklagen, so kann dies unter Umständen zum Bankerott der Gewerbetreibenden führen, und es ist dabei garnicht ersichtlich, in wessen Interesse diese Unabänderlichkeit der einmal getroffenen Abmachung gelten sollte. Nehmen wir als einzelnes Beispiel das Baugewerbe. Es ist gelungen, für eine Stadt und Umgegend, ihre Hunderte von Baufirmen und Tausende von Arbeitern in völliger Übereinstimmung auf eine neunstündige Arbeitszeit und einen Stundenlohn für die nächsten drei Jahre zu einigen. Zu allgemeiner Zufriedenheit fungiert der Tarif das erste Jahr. Im Laufe des Winters stellt sich heraus, daß eine Überproduktion an vornehmen Wohnungen stattgefunden hat; hingegen kann das Baugewerbe noch Beschäftigung finden, wenn es sich mehr der Errichtung kleiner, billiger Wohnungen zuwendet. Da inzwischen sich ohnedies ein wirtschaftlicher Niedergang angebahnt hat, so liegt für das Baugewerbe ein doppelter Grund vor, jede noch irgend lohnende Beschäftigung anzunehmen. Hierbei müssen alle Beteiligten in ihren Preisen etwas heruntergehen, also auch die Arbeiter in ihren Löhnen. Welches wirtschaftliche Interesse besteht nun, sie daran zu hindern? — Wie bei jeder privatrechtlichen Abmachung (auch der von beiden Teilen angenommene Schiedsspruch kann schließlich als solche Abmachung gelten) bleibt die Möglichkeit einer Aufhebung durch die Parteien selbst. Allein wo sind die Parteien? Jene Abmachung war einheitlich zustande gekommen. Ein Umschwung der Meinungen kann sich nur allmählich vollziehen und wird bis zu völliger Einstimmigkeit selten, oder sicher erst sehr spät gelangen. — Wirtschaftlich hat also für die Hauptbestimmungen der Tarifverträge die Klagbarkeit nur dann einen Sinn, wenn ihr Maßregeln zur Seite gehen, die eine Beweglichkeit der Tarife leisten. Solche Maßregeln können in einer gleitenden Lohnskala bestehen, oder es müssen mindestens Organe vorausbestimmt werden, die die Abänderung mit allgemeiner Giltigkeit aussprechen. Wenn keines von beidem der Fall ist, so ist für die Arbeitgeber wie für die Arbeiter die Möglichkeit, sich von einem unhaltbar gewordenen Tarifvertrage loszumachen, die letzte Zuflucht der Erwerbsfreiheit und der Ernährungsmöglichkeit. Hierin liegt auch der Grund, weswegen unsere Gesetzgebung sich bis jetzt noch gescheut hat, die Klagbarkeit der gewerbegerichtlichen Schiedssprüche auszusprechen. Diese Schiedssprüche werden die Klagbarkeit erlangen in demselben Maße, in dem sie für ihre Beweglichkeit sorgen.

Das Gesamtergebnis der internationalen Vergleichung ist der deutschen Gesetzgebung nicht ungünstig. Deutschland ist weder zu den Ländern zu zählen, die erst in den Anfängen der industriellen Entwicklung stehen, noch kann es sich mit dem höchstentwickelten England auf eine Stufe stellen. Wenn dementsprechend in den meisten das Einigungsamt betreffenden Punkten die deutsche Gesetzgebung und Praxis, wie wir gesehen haben, eine mittlere Linie einnimmt, so kann man wohl sagen, daß Deutschland für seine Verhältnisse im großen und ganzen das Richtige getroffen hat. Eine Richtung, die etwa verlangte, die Einigungsämter obligatorisch zu machen (Neu-Seeländer System) ist in Deutschland kaum vorhanden. Der Ausführung eines solchen Planes würden einstweilen alle Voraussetzungen, namentlich eine genügende Organisation und ein ausreichendes Solidaritätsgefühl fehlen; denn wir haben in Deutschland auf Arbeiterseite in den meisten Gewerbszweigen erst die Anfänge einer Organisation, auf Arbeitgeber-Seite aber zumeist nicht einmal diese. Eine Richtung, die dem Eingreifen von Einigungsämtern grundsätzlich abgeneigt gegenübersteht, ist in Deutschland zwar vorhanden. Sie ist auch in mächtigen und angesehenen Arbeitgeber-Verbänden organisiert. So im Zentralverbande deutscher Industrieller, im Deutschen Bau-Arbeitgeberbunde, in zahlreichen Verbänden der Metall-Industrie und im Arbeitgeber-Verbande Hamburg-Altona. Alle diese Verbände haben, solange das Gewerbegerichts-Gesetz besteht, gegen die weitere Ausbildung der Einigungsämter Widerstand geleistet. Aber die Vergeblichkeit dieses Widerstandes erscheint gerade nach jenem internationalen Überblick ganz besonders begreiflich. Die Einigungsämter sind nicht, wie in diesen Kreisen vielfach geglaubt wird, eine Aushecktung deutscher Professoren, die sie in England kennen gelernt und ohne Rücksicht darauf, daß es sich um eine spezifisch englische Einrichtung handle, die Übertragung nach Deutschland betrieben haben. Wir haben gesehen, daß das Verlangen nach staatlich eingesetzten oder organisierten Schlichtungsorganen keineswegs spezifisch englisch, sondern daß es der gesamten Kulturwelt gemeinsam ist. Und gegen eine Einrichtung, die von Norwegen bis Sizilien, ja man kann sagen, vom nordischen Eismeer bis zu den Gestaden des indischen Oceans ihren Siegeszug hält, mit Verbandsgründungen ankämpfen, das heißt gegen den Sturmwind eine Schildwache aufstellen.

---

10. Gutachten und Anträge.

In dem ursprünglichen Entwurf des Gewerbegerichts-Gesetzes waren die Entscheidungen von Prozessen und die Schlichtung von Kollektivstreitigkeiten die einzigen den Gewerbegerichten zugedachten Funktionen. Unter den damals in Deutschland bestehenden „gewerblichen Schiedsgerichten" gab es aber eines, dessen Entwicklung weiter gegangen war. Die Flesch-Miquelschen Pläne (S. 140), die aus dem gewerblichen Schiedsgericht in Frankfurt a. M. eine Art Arbeitskammer zu entwickeln im Begriffe standen, hatten bereits dazu geführt, dort das Schiedsgericht von Gemeindewegen als die Stelle zu bestimmen, die andern Gemeindebehörden über gewerbliche Angelegenheiten gemeinschaftliche Gutachten von Arbeitgebern und Arbeitern zu erstatten habe, und gaben ihm gleichzeitig die Befugnis, auch von sich heraus derartige Anträge zu stellen. Nach diesem Frankfurter Muster wurde in der Kommission des Reichstages das Recht zu Gutachten und Anträgen in Gestalt eines eigenen (vierten) Abschnittes in den Gesetzentwurf eingeschoben.

Einen ungefähren Überblick über den Umfang, in dem von diesen Befugnissen Gebrauch gemacht wird, geben auch hier die beiden Statistiken von 1896 und 1900.

Zur Einforderung von Gutachten ist nicht bloß die Gemeinde berechtigt, die das Gewerbegericht errichtet hat, sondern auch jede Staatsbehörde. Die Gegenstände, auf die sich die Gutachten zu erstrecken haben, sind mit dem allgemeinen Ausdruck „gewerbliche Fragen" in einem Umfange von jeder nur wünschenswerten Weite umgrenzt. Dem gegenüber muß es auffallen, wie wenig die Behörden von dieser Gelegenheit Gebrauch gemacht haben, sich sachkundige

Beratung zu beschaffen. Die Statistik des Jahres 1896 weist aus dem ganzen Deutschen Reiche nur 28 Fälle auf. Davon entfallen 6 auf Hamburg, 5 auf Frankfurt a. M., 3 auf Stuttgart, je 2 auf Höchst und Gotha, je 1 auf Elbing, Hirschberg Schl., Hannover, Dortmund Stadt, Koblenz Land, Leipzig, Reutlingen, Tuttlingen, Mainz, Worms. — In der Statistik des Jahres 1900 ist die Zahl der eingeforderten Gutachten allerdings auf 50 gestiegen. Dafür fehlen aber diesmal vollständig Beispiele einer etwas umfangreicheren Tätigkeit ein und desselben Gewerbegerichts. Frankfurt a. M. mit 3 Gutachten stand diesmal bereits an der Spitze. Je 2 sind eingefordert worden von: Berlin, Kottbus, Bromberg, Pinneberg, Dortmund, Gelsenkirchen, Biebrich und Köln. Alle übrigen Fälle sind vereinzelte Inanspruchnahmen eines Gewerbegerichtes:

Königsberg, Tilsit, Potsdam, Eberswalde, Rawitsch, Breslau, Halberstadt, Oschersleben, Halle a. S., Erfurt, Mühlhausen i. Th., Nordhausen, Worbis, Flensburg, Lägersdorf, Hildesheim, Peine, Osterholz, Minden, Bielefeld, Hagen i. W., Kassel, Wiesbaden, Höchst a. M., Elberfeld, Malstadt-Burbach, Passau, Stuttgart, Worms, Hamburg, Mülhausen i. Els.

Aus der geographischen Anordnung ergibt sich, daß Norddeutschland stärker vertreten ist, als der Süden. Bayern (Passau), Württemberg (Stuttgart), Hessen (Worms), Elsaß-Lothringen (Mülhausen) stellen mit je einem Falle alles dar, was aus den süddeutschen Staaten zu melden ist. Von den 50 Gutachten entfallen 45 allein auf Preußen. Außerhalb Preußens erscheint im Jahre 1900 die Gutachtertätigkeit wie auf rein zufällige Ausnahmen beschränkt.

Daß bei einem so reichen Stoffe für begutachtende Tätigkeit der Gewerbegerichte diese bis jetzt noch sehr gering ist, kann in der Fassung der gesetzlichen Bestimmungen kaum seinen Grund haben. Selbst die Beschränkung des Initiativrechtes gegenüber der Zuständigkeit bei erforderten Gutachten war praktisch ganz unerheblich. Denn wenn auch das Gewerbegericht für seine Initiative auf solche Betriebe beschränkt war, die „seiner Gerichtsbarkeit unterstehen“, so war doch anderseits die Grenze wiederum recht weit gezogen, wenn nur verlangt wird, daß die gestellten Fragen diese Betriebe „berühren“ müssen. Es wird sich kaum eine Frage, die sich für das Antragsrecht der Gewerbegerichte eignet, nennen lassen, welche für die seiner Gerichtsbarkeit unterstellten Betriebe so bedeutungslos wäre, daß sie

sie nicht einmal berührte. Für die Zukunft hat die Novele diese Beschränkung des Antragsrechtes beseitigt, die Anträge den Gutachten gleichgestellt und auch nach einer anderen Richtung hin Klarheit geschaffen. Das Gewerbegericht war nach der alten Fassung nur berechtigt zu Anträgen „an Behörden und an Vertretungen von kommunalen Verbänden". Wenn Gewerbegerichte sich auch an parlamentarische Körperschaften wandten, so wurde daran nicht Anstoß genommen. Als aber im Jahre 1899 das Gewerbegericht Berlin an den Reichstag den Antrag richtete, den Gesetzentwurf zum Schutze des gewerblichen Arbeitsverhältnisses (sog. Zuchthausvorlage) abzulehnen, verweigerte der Oberpräsident, durch dessen Vermittlung das Gewerbegericht den Antragsbeschluß an seine Adresse gelangen lassen wollte, die Weitergabe. Auf eingelegte Beschwerde entschied der Handelsminister, daß Anträge von Gewerbegerichten an gesetzgebende Körperschaften unzulässig seien. Die Novelle hat hieraus Anlaß genommen, die „gesetzgebenden Körperschaften der Bundesstaaten oder des Reichs" ausdrücklich einzufügen.

Wenn trotz der ausreichenden gesetzlichen Grundlage die Gutachtertätigkeit der Gewerbegerichte bisher keine rechten Fortschritte gemacht hat, so liegt der Grund dafür zunächst in der mangelnden Organisation der interessierten Kreise. Auf seiten der Unternehmer besteht in dieser Beziehung überhaupt keine Organisation. Der einzige Ort, an dem ein tätiger Verein von Arbeitgeber-Beisitzern besteht, ist meines Wissens Berlin. In Hannover scheint ein derartiger Verein nur vorübergehend in Tätigkeit gewesen zu sein. Für bedeutende Interessen der Groß-Unternehmer genügen überall die Handels- und Gewerbekammern; diese sind zudem einflußreicher als die Gewerbegerichte, und die Unternehmer sind unter sich. Dem Kleingewerbe, so weit es an öffentlicher Tätigkeit teilnimmt, bieten die Innungen und Handwerkskammern den genügenden und in letzter Zeit auch laut genug erklingenden Resonanzboden. Die Arbeiter andrerseits sind dadurch, daß unsere Gesetzgebung ihnen bisher nur das Reichstags-Wahlrecht erteilte, aber jede maßgebende Beteiligung an der Landes- und Ortsverwaltung entzog, noch zu sehr gewöhnt, sich nur mit den Fragen der hohen und höchsten Politik zu beschäftigen; erst seit einigen Jahren wächst die Arbeiterbevölkerung in die kleinen Fragen der Verwaltung hinein. Die gewerkschaftliche

Arbeiterbewegung ist hinter der politischen in Deutschland zurückgeblieben. Verstreut sind hier und da zahlreiche Anregungen von seiten der Arbeiter-Beisitzer ausgegangen, die an allen größeren Gewerbegerichten durch ein System von Obmännern organisiert sind. Aber die von den Arbeiterorganisationen ausgehenden Vorschläge zu Anträgen, stoßweise erfolgend und nicht immer mit genügender Sachkenntnis redigiert, können zwar im Einzelfalle einen Erfolg haben, sind jedoch bis jetzt nicht imstande gewesen, das sehr bedeutende Hilfsmittel, welches die deutsche Arbeiterbewegung auch für einen Teil ihrer Interessen an einer Gutachter-Tätigkeit der Gewerbegerichte herausbilden könnte, genügend in Bewegung zu setzen. Soweit ist andrerseits an allen großen Plätzen die gewerkschaftliche Organisation vorgeschritten, daß es ihr ein leichtes ist, in jeder ihre Lebensinteressen ergreifenden Frage eine imposante Volksversammlung zustande zu bringen, die auf die Öffentlichkeit einen größeren Einfluß übt, als ein in behördlichen Formen zustande gebrachter Beschluß.

Überall also, wo es sich darum handelt, einen Interessen-Standpunkt mit möglichster Energie zur Geltung zu bringen, besitzen beide Teile geeignetere Mittel, als das Gewerbegericht: die Arbeitgeber an ihren gesetzlichen Vertretungen, die Arbeiter in der Veranstaltung von Massendemonstrationen. Die Bedeutung der gewerbegerichtlichen Gutachten liegt nicht in der größeren Energie des hier gebotenen Mittels, sondern in der Verschiedenheit seiner Grundlage. Interessenvertretungen sprechen sich mit Einseitigkeit aus und sollen es tun. Ein gewerbegerichtliches Gutachten stellt in unserm ganzen öffentlichen Leben die einzige Möglichkeit dar, eine autoritative Meinungsäußerung zustande zu bringen, deren Wesen in ihrer Zweiseitigkeit liegt. Es bewegt sich ganz in der Richtung des Gesetzes, wenn die preußischen „Vorschläge" zu Ortsstatuten die Anordnung empfehlen, daß bei Meinungsverschiedenheiten in Protokollen ersichtlich gemacht werden muß, welche Meinungen von den Arbeitgebern und welche von den Arbeitern vertreten worden sind. Liegt in einem solchen Falle die Eigenart des Gutachtens darin, daß es gerade die Anschauungen der beiden Seiten widerspiegelt, so muß freilich auch das Wahlsystem derart eingerichtet sein, daß der Ausspruch der Beisitzer in der Tat als Meinungsäußerung der Klasse gelten kann, die sie vertreten. Das ist in vollem Umfange bei der Mehrheitswahl nicht der Fall, wohl aber bei der Verhältniswahl. Wo die Verhältniswahl eingeführt wird (S. 444), da ist sie gleichzeitig ein Schritt vorwärts in der Gewährung höheren Ansehens an die Gutachten und Anträge des Gewerbegerichts. In diesem Punkte bedeutet die Verhältniswahl nicht bloß für die Minderheit, zu deren Schutz sie bestimmt ist, sondern sogar für die Mehrheit, die Sitze abgibt, einen Machtzuwachs. Andrerseits opfert die Mehrheit durch ihren Verzicht in dieser Beziehung nichts. Denn für Meinungsäußerungen, deren Kraft gerade in ihrer Einseitigkeit liegen soll, stehen ihr die oben erwähnten wirksameren Mittel nach wie vor zur Verfügung.

Man sollte meinen, daß die Gewerbegerichte, wenn sie nicht gefragt werden, von ihrem Initiativrecht einen desto reichlicheren Gebrauch machen würden. Aber die Zahl der gestellten Anträge ist noch geringer, als die der Gutachten. Auch hier stand im Jahre 1896 Hamburg an der Spitze mit 6 Anträgen. Dann folgten Brandenburg und Trier mit je 4, Dortmund, Kassel und Frankfurt a. M. mit je 2, Barmen, Ludwigshafen, Ravensburg, Stuttgart mit je 1 Antrage, zusammen 24. Diese Gesamtzahl ist im Jahre 1900 nicht bloß nicht gestiegen, sondern sogar noch ganz erheblich, auf 15, zurückgegangen. Neben Frankfurt a. M. mit 3 Anträgen erscheint Ludwigsburg in Württemberg, eine Stadt von etwa 20000 Einwohnern mit derselben Ziffer; eine jedenfalls nur darauf zurückzuführende Leistung, daß an der Spitze dieser Stadt wie ihres Gewerbegerichts eine Persönlichkeit steht, die für die Bedeutung des Gewerbegerichts auch nach dieser Seite hin besonders viel Verständnis und Umsicht zeigt. Nimmt man dazu noch Gelsenkirchen mit 2 Anträgen, so bleiben im übrigen nur 7 vereinzelte Fälle: Halberstadt, Lägerdorf, Kassel, Biebrich, Höchst a. M., Köln, Trier.

Allerdings scheinen die beiden Jahre 1896 und 1900 — die einzigen, über welche vollständige Aufnahmen vorliegen — an Gutachten und Anträgen nicht gerade zu den fetten Jahren zu gehören. Im Jahre 1893, wo die damals schwebende Frage der Ausnahme-Bestimmungen für die industrielle Sonntagsruhe, sowie später die Berlepschschen Grundzüge einer Handwerkervorlage in allen Gegenden des Reiches den Gewerbegerichten vorgelegt wurden, muß dadurch allein schon eine bedeutende Anzahl von Gutachten (mehrere hundert) herbeigeführt worden sein. Auch sonst zeigen die bisher vorgekommenen Gutachten und Anträge, wie weit der Kreis der Mißstände ist, über welche die Gewerbegerichte mit Erfolg anzuhören wären. So geht die Einführung schriftlicher Arbeitszettel, einer für die Vermeidung von Unklarheiten höchst wichtigen Einrichtung, auf die Anträge von Gewerbegerichten in Düsseldorf, Trier, Dortmund, Leipzig, Köln, Königsberg u. a. O. zurück. Mit der Frage von Ortsstatuten zur Einführung wöchentlicher Löhnung, über Auszahlung des Lohnes für Minderjährige u. a. haben sich Berlin, Königsberg, Mainz und Köln beschäftigt, letzteres außerdem mit der Einführung von Lohnbüchern zum Zwecke reellerer Lohnberechnung in der dortigen Textil-Industrie. Die Freitags-Löhnung, eine Einrichtung von gar nicht zu unterschätzender wirtschaftlicher Bedeutung für die Sonntags-Einkäufe der Arbeiterfrauen, hat Ravensburg befürwortet. Die Erweiterung der Sonntagsruhe ist mehrfach Gegenstand der Gutachtertätigkeit gewesen (so Ulm betreffend 2 Uhr-Ladenschluß.) Über die Frage, ob der Arbeiter einen Anspruch auf ein Zeugnis über seine Ehrlichkeit habe, hat sich Hanau in Rücksicht auf die dortige Edelstein-Industrie geäußert. Als in Dortmund vielfach Arbeitsordnungen beanstandet wurden, und über die Polizeibehörde Beschwerden bei dem Regierungspräsidenten eingingen, hat dieser das Gewerbegericht Dortmund zur Meinungsäußerung aufgefordert und ein umfassendes, ausgezeichnet orientierendes Gutachten erhalten. Ganz besonders geeignet dürften die Gewerbegerichte zur Mitwirkung bei allen Reformen sein, welche sich auf die Arbeitsverhältnisse der städtischen Arbeiter beziehen. In Frankfurt a. M. hat auf Anlaß des Gewerbegerichts der Magistrat bestimmt, daß bei städtischen Arbeitern der Sonnabend als Löhnungstag ausgeschlossen sei. Auch in Köln hat sich das Kgl. Gewerbegericht mit den Arbeitsverhältnissen der städtischen Arbeiter beschäftigt. Damit hängt zusammen die Vergebung städtischer Arbeiten im Wege der Submission (S. 321), weil auch hierbei durch die Gemeinde ein Einfluß auf die Arbeitsverhältnisse geübt werden kann (Frankfurt a. M.). Von einzelnen Berufsgruppen haben namentlich die Bauarbeiter die Gewerbegerichte beschäftigt, sowohl die Verhütung von Unfällen (Frankfurt a. M.), als auch die Ausfälle der Forderungen bei Bauschwindel (Berlin, Trier). Berlin hat sich ferner mit den Übelständen im Buchdrucker-

und im Bäckergewerbe beschäftigt. Aber auch Fragen außerhalb des Arbeitsvertrages sind für die Gewerbegerichte geeignet: anderweite Normierung des ortsüblichen Tagelohns für Krankenversicherung ꝛc. (Köln, Kiel u. a.), Abänderung des Krankenversicherungs-Gesetzes überhaupt (Königsberg), Polizeistunde (dass.) u. ä. In Frankfurt a. M. hat sich im Sommer 1893 das Eisenbahn-Betriebsamt an das Gewerbegericht gewendet, um die Wünsche der Arbeiter für den Winter-Fahrplan kennen zu lernen. — Endlich gibt die eigene Verfassung den Gewerbegerichten Stoff zu Gutachten und Anträgen. So die Einführung von Wählerlisten (Frankfurt a. M.), die Wahl nach Berufsgruppen (Köln), die Beschränkung der Gewerbegerichte durch Innungs-Schiedsgerichte (S. 436), kaufmännische Gewerbegerichte (S. 482). Die leidige Frage nach der Kompetenz des Gewerbegerichts für Hausdiener, Köchinnen ꝛc. der Restaurateure wurde für Berlin durch übereinstimmendes Vorgehen der Behörden im Anschluß an ein gewerbegerichtliches Gutachten erledigt (S. 430). Gegenwärtig scheint der Notschrei der Gärtnergehilfen über ihre gerichtliche Heimatlosigkeit (S. 431) eine größere Anzahl von Gewerbegerichten zu Anträgen zu veranlassen. Wenigstens einen Punkt gibt es auch, in dem Initiativanträge von Gewerbegerichten oder doch eine damit nahe verwandte Tätigkeit ihrer Mitglieder, einer großen ganz Deutschland durchziehenden Reform die Wege gebahnt hat: die Einführung öffentlicher paritätischer Arbeitsnachweise (S. 140—141).

11. Die Zukunft der deutschen Gewerbegerichte.

Unsere Versuche, die Bewährung des Gewerbegerichts-Gesetzes an den nun bereits 10—12jährigen Erfahrungen zu messen, haben weitaus überwiegend ein günstiges Ergebnis zu Tage gefördert. Nicht einmal da, wo die Tätigkeit unbedeutend geblieben ist (Gutachten und Anträge), konnte den gesetzlichen Bestimmungen die Schuld beigemessen werden. In Betreff der Einigungsämter ergab der Vergleich mit dem Auslande, daß Deutschland trotz der völligen Neuheit des Gebietes in der gesetzlichen Formulierung sogar besonders glücklich gewesen ist. In der Prozeßtätigkeit spricht die weitgehende Beliebtheit der Gewerbegerichte in der Arbeiterwelt und das nach anfänglichem Mißtrauen jetzt beständig steigeude Ansehen bei den Arbeitgebern das günstigste Urteil, das einer Gerichtsbarkeit gesprochen werden kann. Nur in einem Punkte hat sich die gesetzliche Grundlage so ganz entschieden nicht bewährt, daß eine zukünftige Reform zweifellos an diesem Punkte wird einsetzen müssen. Er betrifft die Regelung der Zuständigkeit.

Sucht man die Fülle von Kompetenzstreitigkeiten, die an uns vorübergezogen sind (S. 429—440), nach gewissen Gesichtspunkten zu ordnen, so ergeben sich hauptsächlich folgende Gruppen:

1. Die Fälle, welche in dem Gewerbegerichts-Gesetz selbst mit direkten Worten bezeichnet sind, über deren Eximierung vom Gewerbegericht man sich beim Erlaß des Gesetzes vollständig klar war. Diese stellen bereits 3 Gruppen dar: a) die Werkmeister und höheren Angestellten mit mehr als 2000 Mk. Gehalt (§ 3); b) die Gehilfen in Apotheken und Handelsgeschäften, sowie die Arbeiter der Militär- und Marineverwaltungen (§ 81); c) die Lehrlinge der Innungen und die Gesellen der Innungsschiedsgerichte (§ 84). Die Abgrenzung

schon dieser Gruppen hat sich in der Praxis sehr viel schwieriger und zweifelhafter gestaltet, als man ahnte.

Hierzu kommen

2. solche Kategorien von Arbeitern, die nicht unter das Gewerbegerichts-Gesetz fallen, weil auf sie die Gewerbeordnung oder ihr siebenter Titel keine Anwendung findet. Diese stellte man sich bei Erlaß des Gesetzes nicht eigentlich als eximiert, sondern als außerhalb des Gesichtskreises liegend vor. Dennoch haben wir gesehen, daß weder die landwirtschaftlichen Arbeiter, noch das Gesinde, noch gar die Arbeiter der Eisenbahn-Verwaltungen von dem Gesichtskreis so entfernt sind, daß sie nicht teilweise hineinragten; und selbst aus dem Gebiete des Unterrichts haben wir ein Beispiel kennen gelernt, wo es für die Klagende zum mindesten sehr nahe lag, an das Gewerbegericht zu gehen. Ebenso spielte die Frage wissenschaftlicher und künstlerischer Tätigkeit hinein.

3. Auch eine Tätigkeit, die an sich der Gewerbeordnung untersteht, fällt gleichwohl aus ihrem Rahmen heraus, wenn sie nicht gewerbsmäßig betrieben wird; also wenn sie betrieben wird a) nur gelegentlich, oder b) zu gemeinnützigen Zwecken, oder c) nur zum eigenen Bedarf (Regiebauten).

4. Ist der gewerbliche Charakter ganz zweifellos, so kann noch ein Zweifel darüber auftauchen, ob der Klagende ein Arbeiter oder nicht vielmehr selbst ein kleiner Unternehmer ist, und zwar a) Zweifel, ob Akkordarbeit oder Werkverdingung; b) Zwischen-Unternehmer und vorgeschobene Person; c) Hausindustrielle. Von diesen Kategorien kann nur die letztere durch das Statut zweifelsfrei gestellt werden (§ 5, Abs. 2), übrigens auch nicht ohne damit alle Fragen über die Qualität als Heimarbeiter abzuschneiden.

5. Bei zweifellosem Charakter des Gewerbebetriebs ist noch die Frage, ob der Betreffende im Gewerbebetrieb beschäftigt ist, und nicht vielmehr a) bloß beim Verkauf, also im Handel, oder b) ob er Arbeiter, oder nicht vielmehr Objekt des Gewerbebetriebes ist (Frankfurter Schiebkärrcher).

Dazu kamen

6. Zweifel, ob der Anspruch aus dem Arbeitsverhältnis herrührt. Diese sind aber, soweit sie Ansprüche des Arbeiters betrafen, durch die Novelle klar gestellt (S. 427) und soweit sie Arbeitgeber betreffen können (Gegenklage), scheinen sie durch das Verbot der Aufrechnung im B. G. B. (§ 394) in die — von uns nicht behandelten — Kontroversen des materiellen Rechts hinübergespielt zu sein.

Mit dieser sonderbar geregelten Zuständigkeit nehmen die Gewerbegerichte in unserer heutigen Justizverfassung eine Ausnahmestellung ein. In einer Verfassung der Zivilgerichte, die fast durchweg die Zuständigkeit nach der Höhe des Objekts bemißt, wird hier ein gänzlich verschiedener Einteilungsgrund gewählt und eine Gerichtsbarkeit nach einer Gattung von Streitigkeiten geschaffen (S. 426); eine solche Abweichung mag belanglos sein, wenn man für gewisse kleine Kategorien Gerichte wie etwa die Rheinschiffahrts-Gerichte schafft. Aber für einen Vertrag, der für die weitaus große Mehrzahl der Bevölkerung den einzigen beruflich in Betracht kommenden bildet, eine eigene Gerichtsbarkeit zu schaffen, bedeutet eine Durchbrechung der Gerichtsverfassung, deren Folgen eben in der Schwierigkeit einer sachgemäßen Scheidung zwischen diesem und anderen Gerichten hervortreten.

Für die zukünftige Entwicklung aus diesem Zustand heraus bieten sich zwei Wege dar.

Entweder wird der Grundgedanke, auf dem die Gewerbegerichte beruhen, noch weiter entwickelt, und es werden dieser Gerichtsbarkeit alle Arbeitsverträge, auch die der landwirtschaftlichen Arbeiter und der Dienstboten, unterstellt. Damit würde der größte Teil der gegenwärtigen Zuständigkeits-Zweifel beseitigt werden. In dieser Richtung liegen die Anträge, die die sozialdemokratische Fraktion des Reichstags bereits wiederholt eingebracht hat. Entwickeln sich dann die Einigungsämter sowie die Gutachter-Tätigkeit in der von uns skizzierten Form, so kann daraus mit dem Arbeitsnachweis und einer Arbeitslosen-Versicherung zusammen ein System kommunaler Arbeitsämter hervorgehen, dessen Grundzüge wir bereits gezeichnet haben (S. 251). In diesem System würden etwa übrig bleibende Schwierigkeiten der Abgrenzung gegenüber den Justizgerichten dadurch aufgewogen, daß andrerseits der individuelle und der kollektive, der streitige und der unstreitige Arbeitsvertag, endlich auch der abgeschlossene und der unabschließbare (Arbeitslosigkeit) einer einheitlichen Verwaltung unterstellt wären.

Der entgegengesetzte Weg würde dazu führen, eine Zuständigkeits-Begrenzung, die sich in der Praxis so wenig bewährt hat, wie die der Gewerbegerichte, gänzlich fallen zu lassen und sich dem allgemeinen Grundsatz der heutigen Gerichtsverfassung anzubequemen, wonach die Zuständigkeit sich nach der Höhe der Objekte richtet. Dann würde aus den Gewerbegerichten das unterste Glied der allgemeinen Gerichtsverfassung hervorgehen, dem alle kleinen Objekte bis zu einer gewissen oberen Wertgrenze (mag dieselbe nun 100 oder 300 Mark sein) unterstellt werden. Dies würde zwar eine

Rückkehr zu dem Prinzip bedeuten, dessen Verlassen die erste Vorbedingung für das Entstehen der Gewerbegerichte war. Allein es würde hierin nicht eine Aufhebung sondern eine Verallgemeinerung der Gewerbegerichte liegen. Drei Fortschritte würden hauptsächlich mit dieser Verallgemeinerung in die Gerichtsverfassung hineingetragen werden. Erstens die veränderte Besetzung der Richterbank. Nicht nur daß zur Zivilrechtsprechung Laien hinzugezogen würden. Es müßte auch der zukünftige Wahlmodus Garantien dafür geben, daß nicht wie bei Schöffen und Geschworenen die Arbeiter trotz gesetzlicher Gleichberechtigung tatsächlich hinausgedrängt werden. Eine leichte Aufgabe würde der Wahltechnik damit nicht gestellt sein. Denn die begriffliche Notwendigkeit zweier Wahlkörper nach Arbeitgebern und Arbeitern hört auf, wenn der Arbeitsvertrag nicht mehr die einzige Kompetenz dieser Gerichte ist. Immerhin wäre es nicht gerade unmöglich, auch zu einem Gericht mit allgemeiner Kompetenz Arbeitgeber- und Arbeiter-Vertreter wählen zu lassen, indem man sich begnügt, die Gegensätze, die zwar für diese Gerichte nicht mehr die einzigen, aber immerhin doch noch die bedeutsamsten sein werden, zu Worte kommen zu lassen. — Ein zweiter Fortschritt würde darin liegen, daß die unterste Stufe von der übrigen nun doch einmal auf große Sachen zugeschnittenen Justizverfassung losgelöst und in einen nahen Zusammenhang mit der Ortsgemeinde gebracht ist. Erst das ermöglicht den Grad von Schleunigkeit, der für diese Angelegenheiten erforderlich ist (S. 446). Diese Reform würde darauf hinauslaufen, daß Gemeindegerichte (Gerichtsverfassungs-Gesetz § 14[3]), wie sie sich in Württemberg erhalten haben, aber in erweiterter und selbständiger Form im ganzen Reich allgemein gemacht würden. Allerdings hätte eine solche Reform auch eine bedeutende finanzielle Seite, und es ließe sich den Gemeinden nicht zumuten, dem Staate die Kosten für die unterste Stufe der Justiz einfach abzunehmen. — Endlich würde drittens die Rückkehr zum alten Prinzip und die bloße Zusammenfassung kleiner Streitigkeiten nach dem Objekte in einem wesentlich anderen Sinne geschehen, als das früher der Fall war. Wenn beispielsweise in Preußen eine derartige unterste Wertstufe durch die Verordnung von 1833 eingeführt wurde, so geschah es deswegen, weil man die Objekte für zu unbedeutend hielt, um ihnen den ganzen Apparat des sonstigen Gerichtsverfahrens zu widmen.

Diese Geringschätzung kam auch äußerlich zum Ausdruck, indem der Gesetzgeber Sachen, bei denen es sich um 50 Thaler oder darunter handelte, glattweg als „Bagatelle" bezeichnete und behandelte. Daß diese so verächtlich benamten Angelegenheiten in Wahrheit für den größten Teil der Bevölkerung ihr gesamtes geschäftliches Lebensinteresse ausmachen, übersah der Gesetzgeber und übersah der praktische Jurist, weil die Streitigkeiten aus dem Arbeitsvertrage vor Gerichte, die auf sie nicht eingerichtet waren, in der Regel gar nicht erst gebracht wurden. Jetzt aber würde diese unterste Stufe in allem Wesentlichen als eine Gerichtsbarkeit über den Arbeitsvertrag aufgefaßt werden. Es würden ihr nicht etwa bloß die 100000 Sachen zufließen, auf die man gegenwärtig die jährliche Rechtsprechung der Gewerbegerichte schätzen kann, sondern die ungeheure Zahl von Lohnstreitigkeiten, die heute uneingeklagt bleiben, weil es keine geeignete Gerichtsbarkeit für sie gibt. Für eine derartige zukünftige unterste Stufe der Gerichtsbarkeit würde der Arbeitsvertrag ebenso form- und farbegebend sein, wie seine Ignorierung die Voraussetzung des alten Bagatell-Prozesses bildet.

Dies die beiden grundsätzlich möglichen Entwicklungswege. Wahrscheinlich wird aber weder der eine, noch der andere beschritten werden. Unsere Zeit neigt nicht zu gesetzgeberischen General-Bereinigungen. Voraussichtlich werden die Gewerbegerichte als Gerichte für den gewerblichen Arbeitsvertrag bestehen und die Unterstufe der Justiz durch eine Wertgrenze bestimmt bleiben. Man wird eine Weiterentwicklung der Gewerbegerichte, wenn sie von den beteiligten Bevölkerungsschichten mit Entschiedenheit verlangt wird, nicht hemmen; aber man wird vor jeden gründlichen Umgestaltung zurückschrecken. Das ist der Hauptgrund, weswegen es für die Befriedigung der Anforderungen, die die große Mehrzahl der Bevölkerung an die Zivilgerichtsbarkeit stellt, wenigstens für die nächste Zeit von so großer Wichtigkeit ist, den Gewerbegerichten keinerlei luftbeengende Konkurrenz zu schaffen (S. 491), sondern diesem jungen Schößling unseres öffentlichen Lebens seine Keim- und Triebkraft ungeschwächt zu erhalten.

12. Der Verband deutscher Gewerbegerichte.

In noch höherem Maße, als die Gewerbegerichte selbst, kann der Verband, zu dem sich der größte Teil derselben zusammengetan hat, als eine vereinzelt dastehende Erscheinung unseres öffentlichen Lebens bezeichnet werden. Zwar daß Behörden zu verbandsartigen Vereinigungen zusammentreten, ist in Deutschland nichts unerhörtes. Die Selbstverwaltungsbehörden pflegen diese Art der Zusammenkünfte und betrachten die Befugnis dazu als einen Ausfluß ihrer, nur der gesetzlichen Beschränkung unterliegenden, Autonomie. Die Städtetage, die Zusammenkünfte der Landesdirektoren in Preußen, der Landes-Versicherungsanstalten (wenn man diese hierher rechnen kann) in ganz Deutschland, der Statistischen Ämter geben Beispiele reiner Behördenkongresse. Daß aber Gerichte eine Vereinigung unter sich bildeten, war sonst noch nicht vorgekommen. Eine richterliche Behörde unterscheidet sich von allen andern dadurch, daß bei ihren Entscheidungen Zweckmäßigkeitsgründe ausgeschlossen sind, daß hier ausschließlich die persönliche Überzeugung ihrer Mitglieder, nicht die Rücksicht auf die Überzeugung anderer in Betracht kommen darf. Es war wohl möglich, von einer Verbandsgründung Beeinflussungen zu befürchten, welche die Rechtsprechung in irgend eine bestimmte Bahn drängen sollten. Solchen Befürchtungen hätte man vielleicht entgegenhalten können, daß die Gewerbegerichte nicht bloß Gerichte sind, sondern kraft ihrer Gutachter und einigungsamtlichen Tätigkeit auch Verwaltungsbehörden und in besonders weitem Umfange mit Zweckmäßigkeits-Aufgaben befaßt sind. Der Verband deutscher Gewerbegerichte hat sich jedoch niemals hinter diese Kulisse zurückgezogen, sondern offen bekannt, daß die Rechtsprechung, wie sie der Hauptteil der gewerbegerichtlichen Tätigkeit ist, auch den nächstliegenden Teil der Verbandstätigkeit zu bilden habe. Diese Offenheit hat für den Verband und für die Tätigkeit der Gewerbegerichte selbst die segensreichsten Folgen gehabt. Denn jene Gefahr einer ungehörigen Beeinflussung konnte nur vermieden werden, indem man ihr ins Gesicht sah.

Das Bedürfnis für eine Verbandsbildung war bei den Gewerbegerichten im Unterschiede zu anderen Gerichten dadurch gegeben, daß für sie keine einheitliche höhere Instanz besteht. Wenn sonach eine gewisse Einheitlichkeit der Rechtsprechung sich entwickeln sollte, so konnte als übergeordnete Instanz nur noch die Wissenschaft vom Arbeitsvertrage angesehen werden. Eine solche Wissenschaft aber fehlte, und das Material dazu floß eben nur in den Gewerbegerichten zusammen. So ergab sich hier die Notwendigkeit einer Vereinigung zum Zwecke des Austausches von Erfahrungen und Meinungen, aber unter Fernhaltung jeder Beeinflussung der einzelnen Gerichte oder vuch nur des Anscheines einer solchen.

In wie hohem Maße das Bedürfnis nach einer solchen Vereinigung vorhanden war, geht aus der Entstehungsgeschichte des Verbandes hervor. Die Vorsitzenden der beiden benachbarten Gewerbegerichte Mainz und Frankfurt, der damalige Beigeordnete (jetzige Oberbürgermeister) Gaßner und Stadtrat Flesch, standen seit Erlaß des Gewerbegerichts-Gesetzes in einem derartigen persönlichen Meinungsaustausch und wünschten diesen auf einen größeren Kreis auszudehnen. Auf ihre Einladung fanden sich am 11. Juni 1893 in Mainz 14 Gewerbegerichte aus der Rhein-Maingegend, aus Baden und Württemberg zusammen, begründeten einen „Verband südwestdeutscher Gewerbegerichte" und setzten einen Ausschuß zur Vorbereitung von Satzungen ein. Bevor diese Satzungen noch einer neuen Versammlung vorgelegt werden konnten, waren auf eine Benachrichtigung der anderen deutschen Gewerbegerichte aus den verschiedensten Gegenden Deutschlands so viele Aufnahmegesuche eingegangen, daß der Name nicht aufrecht erhalten werden konnte, sondern in „Verband deutscher Gewerbegerichte" geändert werden mußte. Unter den ersten Beitretenden befanden sich München, Leipzig, Hannover, aber auch Mittel- und Kleinstädte, wie Beuthen O./S., Graudenz u. a. m. Die rheinischen Gewerbegerichte, die zuerst die

Absicht hatten, eine Vereinigung für sich zu begründen (wahrscheinlich in der Annahme, daß für den Erfahrungsaustausch hauptsächlich Versammlungen in Aussicht genommen seien), gaben diese Absicht sehr schnell auf. Die Tendenzen, aus denen der Verband hervorging, sind in dem Antwortschreiben Osnabrücks vom 10. Juli 1893 besonders deutlich zum Ausdruck gebracht:

„Während über die Tätigkeit und Rechtsprechung der übrigen Gerichte ein Material in fast überreichlichem Maße zu Gebote steht, waren die Gewerbegerichte bislang im wesentlichen auf die in ihrer eigenen Praxis gemachten Erfahrungen beschränkt. Eine nähere Kenntnis desjenigen, was bei anderen Gewerbegerichten vorkommt, ist für das einzelne Gewerbegericht mindestens ebenso wichtig, wie die Urteilssammlungen u. s. w. anderer Gerichte es für diese und die untergeordneten Gerichte sind; und wenn irgendwo, so ist bei den gewerblichen Streitsachen eine nur durch Kenntnis der Rechtsprechung von anderen Gewerbegerichten und die dadurch beförderte Prüfung der eigenen Rechtsprechung ermöglichte gleichmäßige Judikatur für das gewerbliche Leben von größter Wichtigkeit. — Vorderhand gestatte ich mir darauf hinzuweisen, daß auch die Mitteilung wichtiger Urteile der Berufungsgerichte und eine fortlaufend zu ergänzende Übersicht sämtlicher vorhandenen Gewerbegerichte und ihrer sachlichen und örtlichen Zuständigkeit wünschenswert sein würde."

Der Verband zählte ein Jahr nach seiner Begründung 73 Gewerbegerichte und umfaßt gegenwärtig 193, das ist die Mehrzahl aller in Deutschland bestehenden Gewerbegerichte, und zwar wenn man die mit minimalem Umfang — die bloßen Zwerg-Gewerbegerichte — wegläßt, die weitaus große Mehrzahl.

Der Verband hat seine erste und wichtigste Aufgabe in der Veröffentlichung von Urteilen und in der wissenschaftlichen Besprechung einschlägiger Streitfragen erblickt, wofür im Jahre 1896 seinen Verbandsmitteilungen die Gestalt einer selbständigen Monatsschrift „Das Gewerbegericht" gegeben wurde. Nach einiger Zeit stellte sich heraus, daß es für diesen Zweck neben der Zeitschrift einer zweiten Veranstaltung bedurfte, die das einschlägige Material im weiteren Umfange, als es im Druck möglich war, handschriftlich sammelte und ordnete. Zu diesem Zwecke wurde im Jahre 1900 eine eigene Archivverwaltung begründet, die zunächst ebenfalls die Rechtsprechung bearbeitete. Um die Sammlung nicht einseitig zu gestalten, mußte versucht werden, auch Urteile der Amts-, Land- und Oberlandesgerichte, soweit sie das Recht des Arbeitsvertrages betrafen, zu erlangen. Auf ein bezügliches Rundschreiben an die deutschen Landes-Justizverwaltungen sind zunächst von 19 Justiz- und Staatsministerien (darunter die fast aller größeren deutschen Staaten zustimmende Antworten eingegangen; weitere stehen in Aussicht. — Mit der Zeitschrift und dem Archiv steht eine dritte Einrichtung in Verbindung: die Statistik. Zunächst handelte es sich darum, den Bestand der Gewerbegerichte aufzunehmen; denn auch hierfür fehlte es an jeder einheitlichen amtlichen Veranstaltung. Auf Antrag des Verbandes wurde im August 1895 in allen deutschen Staaten eine amtliche Aufnahme der vorhandenen Gewerbegerichte veranstaltet, die der Verband zu einem geographisch geordneten Verzeichnis mit Angabe der Zuständigkeit zusammenstellte. Sodann wurde versucht, einen statistischen Überblick über die Tätigkeit jedes einzelnen Gewerbegerichts (Zahl und Dauer der Prozesse, Art der Erledigung, Höhe der Streitobjekte, Berufungen, — Einigungsämter, Gutachten und Anträge) zu erlangen und durch den Druck zu veröffentlichen. Eine solche Statistik ist bis jetzt zweimal, über die Jahre 1896 und 1900 aufgenommen worden und bildet eine Hauptquelle für die Kenntnis der gewerbegerichtlichen Tätigkeit in Deutschland. Als bei der Beratung der ersten Gewerbegerichts-Novelle (1898/99) der Reichstag statistisches Material über die bisherige Tätigkeit der Gewerbegerichte verlangte, legte der Bundesrat die Statistik des Verbandsorgans vor, wie diese auch fortlaufend für das Statistische Reichsamt in seinem „Jahrbuch" die Grundlage bildet. Die einigungsamtliche und Gutachter-Tätigkeit ist (abgesehen von der Statistik) bis jetzt in gleichem Umfange wie die Rechtsprechung noch nicht behandelt worden; doch ist eine derartige Behandlung sowohl seitens der Archivverwaltung, als auch seitens der Zeitschrift in Aussicht genommen.

Gestützt auf diese immerhin umfangreiche Tätigkeit und auf die Anerkennung ihres wissenschaftlichen Charakters ist der Verband ganz allmählich dazu übergegangen, auch größere Versammlungen zu veranstalten und hat hierbei die günstigsten Erfahrungen zu verzeichnen gehabt. Für die Versammlung setzte sich gewohnheitsmäßig der September fest. Auf zwanglose Zusammenkünfte, die aus Anlaß des Armenpfleger-Tages in Leipzig (1895) und in Straßburg (1896) stattfanden, folgte im Jahre 1897 eine formelle Verbandsversammlung in Karlsruhe, die sich an die Arbeitsnachweis-Konferenz

(S. 74) und den von dieser gewählten Termin des Vereins für Gesundheitspflege anschloß. Der Verbandstag in Mainz (1900) nahm einen solchen Umfang an, daß der Versammlungsbericht ausführlich gedruckt wurde. Der Verbandstag in Lübeck (1901) wurde außerdem durch gedruckte Vorberichte unterstützt, zu denen die Archivverwaltung nicht nur das Material an Statuten deutscher Gewerbegerichte für eine erste vergleichende Behandlung, sondern auch internationales Material für die Einigungsämter in den europäischen Staaten beschaffen konnte. Für die nächsten Jahre ist in Aussicht genommen, daß der Verband deutscher Gewerbegerichte und der Verband deutscher Arbeitsnachweise abwechselnd tagen. Im Jahre 1903 wird der Verband für die Dresdener Städteausstellung einen Rückblick über seine dann 10jährige Tätigkeit veranstalten und damit eine Ausstellung der deutschen Gewerbegerichte (geographische Verbreitung, Statistik 2c.) verbinden.

FSC
www.fsc.org
MIX
Papier | Fördert gute Waldnutzung
FSC® C083411

Kolibri 360 GmbH
Ferdinand-Jühlke-Straße 7
99095 Erfurt, Deutschland
produktsicherheit@kolibri360.de